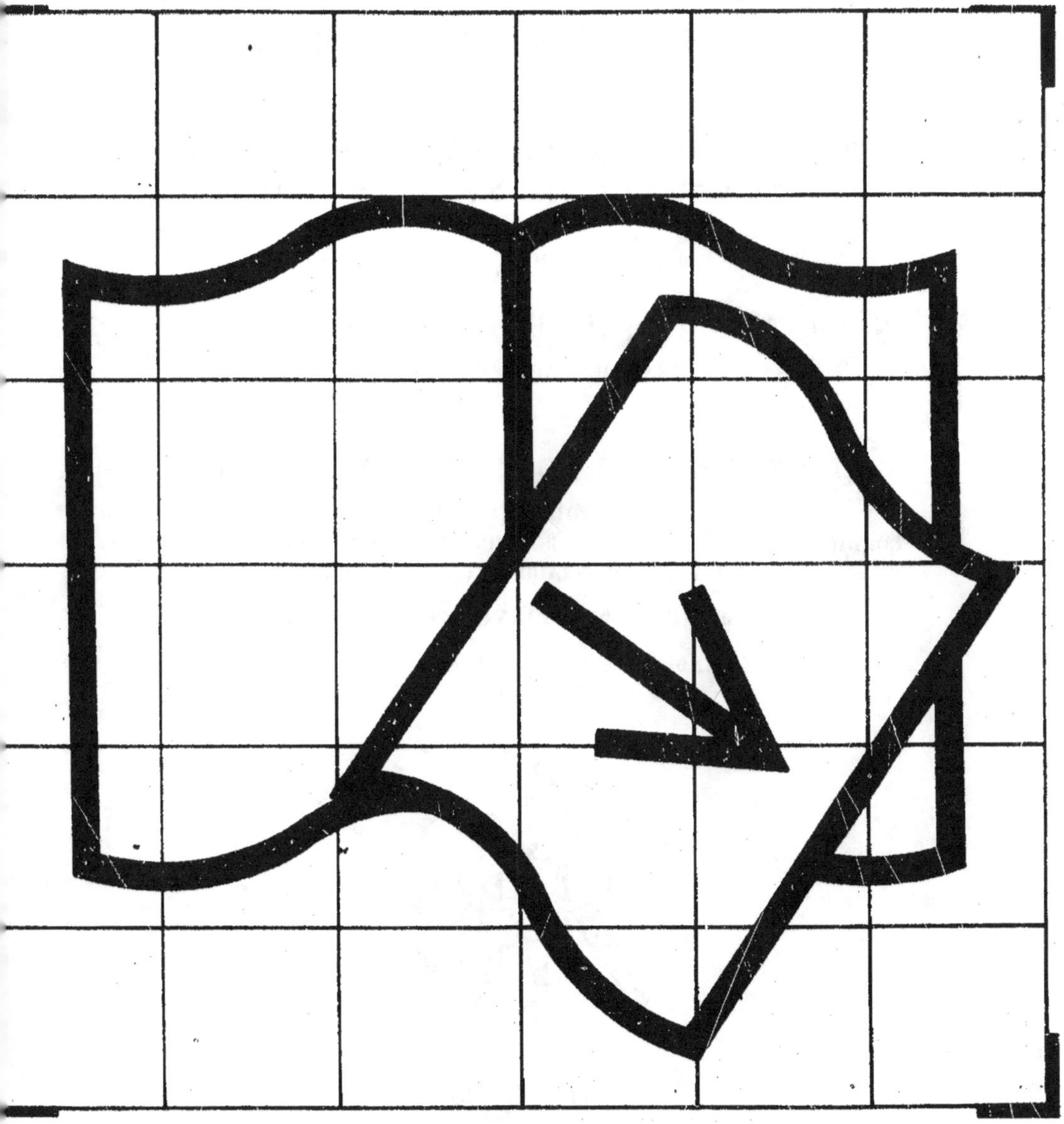

... LÉGA
Seine & Ois
№

SUZETTE

LIVRE DE LECTURE COURANTE

A L'USAGE DES JEUNES FILLES

Morale — Leçons de Choses — Économie domestique

MÉNAGE — CUISINE — COUTURE

PAR

Mme MARIE ROBERT HALT

LAURÉAT DE L'ACADÉMIE FRANÇAISE

BIBLIOTHÈQUE NATIONALE
R.F.

LIVRE DE LA MAITRESSE

CONTENANT, AVEC TOUTE LA PARTIE DE L'ÉLÈVE,
LE CORRIGÉ DES SUJETS PROPOSÉS POUR EXERCICES ORAUX ET ÉCRITS,
DES QUESTIONNAIRES ET UN LEXIQUE

ACCOMPAGNÉ DE 250 GRAVURES DANS LE TEXTE

ET D'UNE TABLE INDIQUANT LA RÉCAPITULATION DES SUJETS PROPOSÉS
POUR EXERCICES ORAUX ET ÉCRITS

PARIS
LIBRAIRIE CLASSIQUE PAUL DELAPLANE
48, RUE MONSIEUR-LE-PRINCE, 48

1889

COURS DE GRAMMAIRE FRANÇAISE

(THÉORIE ET APPLICATIONS)

CONFORME AU PROGRAMME OFFICIEL DU 27 JUILLET 1882

Par E. LAPORTE

DEGRÉ PRÉPARATOIRE

à l'usage des **commençants** et des classes élémentaires.

Livre de l'élève, 1 vol. in-12, ill., cart. (225 exercices)... » 60
Livre du maître, 1 vol. in-12, ill., cart. **avec 150 dictées.** 2 25

DEGRÉ ÉLÉMENTAIRE

à l'usage des élèves de **9 à 11 ans** (*Classes moyennes*).

Livre de l'élève, 1 vol. in-12, cart. (250 exercices)....... » 75
Livre du maître, 1 vol. in-12, cart. **avec 150 dictées**.. 2 »

DEGRÉ MOYEN

à l'usage des élèves de **11 à 13 ans** (*Certificat d'études*).

Livre de l'élève, 1 vol. in-12, cart. (300 exercices)....... 1 25
Livre du maître, 1 vol. in-12, cart. **avec 135 dictées.** 2 50

DEGRÉ SUPÉRIEUR

à l'usage des candidats aux **brevets de capacité.**

PAR MM.

E. LAPORTE
Inspecteur de l'enseignement primaire.

C. RAGUET
Agrégé de grammaire, Professeur au collège Stanislas.

Livre de l'élève (Histoire de la langue. — Grammaire et Vocabulaire. — Résumé d'histoire littéraire. — Composition et style. — Littérature et prosodie). 1 volume in-12 de 600 pages accompagné de nombreux exercices, relié toile anglaise souple 2 80
Livre du maître, 1 vol. in-12 (*sous presse*)............. » »

COURS DE COMPOSITION FRANÇAISE

EXERCICES D'INTELLIGENCE ET D'INVENTION,
COMPTES RENDUS DE LECTURES ET DE LEÇONS DE CHOSES, RÉDACTIONS SUR IMAGES, DESCRIPTIONS, PROVERBES, PENSÉES MORALES, LETTRES,
EXERCICES GRADUÉS DE VOCABULAIRE

Par E. LAPORTE

DEGRÉ ÉLÉMENTAIRE ET MOYEN

à l'usage des élèves de **9 à 13** ans, et des **aspirants au certificat d'études.**

Livre de l'élève, 1 vol. in-12, ill., cart. (390 exercices)... » 80
Livre du maître, 1 vol. in-12, ill., cart. de 380 pages..... 2 »

DEGRÉ SUPÉRIEUR

à l'usage des candidats **au brevet de capacité**, aux écoles normales primaires et des élèves des écoles primaires supérieures.

Livre de l'élève, 1 vol. in-12, ill., cart. (250 exercices) ... 1 25
Livre du maître, 1 fort vol. in-12, ill., cart., de 525 pages. 3 »

SUZETTE

LIVRE DE LA MAITRESSE

8° R
8806

216-88. — Corbeil. Imprimerie Crété.

SUZETTE

(LIVRE DE LA MAÎTRESSE)

Je dédie ce livre aux institutrices de France.

MARIE ROBERT HALT.

1. — A l'abandon. (*Élève*, p. 3.)

Par terre, devant l'âtre*, une grosse soupière blanche à ramages* rouges et verts s'étalait entre un grand chaudron noir et une paire de bottes dont les semelles avaient apporté avec elles un assez lourd morceau du chemin boueux. Tout autour, une jonchée de fétus de paille, de pampes de navets et d'autres épluchures.

NOTA. — 1° Les mots suivis d'un astérisque sont expliqués à la fin du volume, et, pour faciliter les recherches, ont été classés lecture par lecture et non suivant l'ordre alphabétique.

2° Nous avons fait suivre chacun des récits de questionnaires sur divers sujets se rapportant au texte qui précède, et qui peuvent donner lieu à de nouveaux exercices soit oraux, soit écrits.

Sous la crémaillère brûlait un restant de bûche; à côté, un gros chat et un chien roux, tous deux couchés, clignaient paresseusement des yeux vers une grande table ronde, au milieu de la pièce. Des gens y mangeaient d'un plat qui, sans doute, n'était pas à la convenance des deux bêtes, car elles ne bougeaient pas.

Le chien de garde.

Il y avait là cinq convives, quatre assis, un debout. Celui-là, gamin de cinq à six ans, rose et joufflu, mangeait lentement. Ses grands yeux bleus vaguement étonnés regardaient devant lui comme cherchant quelque chose qu'ils ne trouvaient pas.

Personne, cela se voyait, ne lui avait appris à manier sa cuiller, ou bien il avait eu le temps d'oublier l'enseignement. Il la tenait à pleine main, et, d'un mouvement pataud, la plongeait dans la casserole de terre qui lui servait d'assiette. De l'autre main il y pêchait les haricots égarés parmi le pain trempé et les avalait un à un en les comptant.

Le chat de la maison.

Auprès de lui, deux garçons plus grands; l'un à figure éveillée, au nez en trompette, et dont la veste bâillait largement aux coudes.

L'autre avait bien douze ans; son visage, un peu gâté par quelques taches de rousseur, n'en était pas moins un franc et honnête visage. Ces deux garçons-là semblaient savoir comment on tient sa cuiller. Une fillette, qui leur faisait face, la maniait encore plus joliment qu'eux. Elle avait une dizaine d'années, une physionomie * vive, des yeux frais, très ouverts, pleins d'affabilité*. Ce n'était pas une beauté, mais bien une de ces bonnes et aimables têtes qu'on aime à voir sur les épaules d'une petite fille.

Non, il n'y avait pas à cette table une seule figure de méchant enfant. Et tant mieux! tant mieux pour le père qui présidait le repas, et qui, à la façon pensive et lasse dont il courbait la tête, semblait avoir assez d'autres soucis en ce monde pour se passer de celui d'une mauvaise lignée*.

On mangeait en silence; le couvert à peine mis n'était pas plus engageant que l'odeur fade des légumes bouillis à la *va-te-promener* qui emplissait la pièce.

Questionnaire. — Que voyait-on devant l'âtre? — Quels animaux se trouvaient auprès de la cheminée? — Quels étaient les convives réunis autour de la table? — Que vous souvient-il du plus jeune des enfants du fermier? — Comment mangeait-il? — Donnez quelques détails sur les deux aînés; — sur la fillette. — Pourquoi le père courbait-il la tête durant le repas? — Pourquoi chacun mangeait-il silencieusement?

N. B. — Quoique les questions relatives au sujet de chaque leçon n'aient pas été multipliées outre mesure, il est bon d'accoutumer les enfants à faire des réponses et, plus tard, de petits exposés comprenant plusieurs propositions. Ce sera d'ailleurs une manière efficace de les préparer aux exercices de composition.

DÉVELOPPEMENT DES SUJETS PROPOSÉS POUR EXERCICES.

Morale. — *Que prouvait l'aspect de la chambre où la famille était réunie? — Qu'est-ce qu'avoir de la propreté, de l'ordre et du soin? — Quel est l'enfant du fermier qui est le plus à plaindre, et pourquoi?*

L'aspect de la chambre où la famille était réunie, prouvait que personne n'avait eu jusqu'alors la pensée de la nettoyer. En effet, le sol était couvert de débris que les enfants auraient pu enlever s'ils eussent été plus soigneux, comme le font d'ailleurs la plupart de ceux dont les parents sont retenus longtemps au dehors par leurs travaux quotidiens.

Avoir de la propreté, c'est ne laisser aucune tache, aucune souillure sur son corps, sur ses vêtements et dans la maison que l'on habite : nulle qualité ne dispose mieux les autres en notre faveur. — *Avoir de l'ordre*, c'est réserver une place à chaque chose et placer toujours cette chose à sa place. Dans une chambre, par exemple, les chaises seront rangées le long des murs; la vaisselle s'alignera sur les rayons du dressoir; les vêtements seront suspendus, l'un à côté de l'autre, dans la garde-robe; enfin, le linge reposera sur les tablettes de l'armoire. — *Avoir du soin*, c'est apporter beaucoup d'attention et d'application à ce qu'on fait. Une jeune fille soigneuse n'oubliera pas de recoudre un bouton, de nouer un lacet, de surveiller le lait qu'elle met bouillir, de ponctuer ses devoirs, etc.

L'enfant du fermier qui me semble le plus à plaindre, est le bébé. A son âge, on a tant besoin de la maman ! et la sienne n'est plus auprès de lui et elle ne reviendra jamais dans la maison de famille.

Sciences naturelles. — *Comment appelle-t-on les animaux qui vivent à la maison? — Quels services rend le chien? — Quels services rend le chat ? — Quelles sont les principales qualités du chien ? — Quels sont les défauts du chat? — Nommez les principales espèces de chiens et leurs aptitudes.*

Les animaux qui vivent à la maison et nous rendent des services, sont appelés *animaux domestiques :* tels sont le chien, le chat, l'âne, le cheval, le bœuf et la vache, la brebis, la chèvre.

Le chien met au service de l'homme son courage, sa force, ses talents. Il garde les troupeaux et veille à la sûreté du logis; il seconde son maître dans la poursuite du gibier et des bêtes dangereuses ou féroces; enfin, il n'hésite pas à exposer sa vie pour sauver celle des personnes qu'il aime.

Le chat débarrasse la maison des souris et des rats, animaux malfaisants qui mangent les grains et les provisions mises en réserve, rongent le linge, les papiers et dévastent nos jardins.

Le chien est affectueux pour son maître et les personnes de la maison; il est tout zèle, tout ardeur, tout obéissance, plus sensible au souvenir des bienfaits qu'à celui des outrages. Il ne se rebute pas par les mauvais traitements; il les subit, les oublie; il n'oppose que la plainte à la main qui le frappe et la désarme par sa patience.

Le chat ne paraît jamais complètement apprivoisé; il est rusé, vindicatif; il aime à vivre de rapine, et, en général, s'attache moins aux personnes qu'aux lieux où il fut élevé.

Les principales espèces de chiens sont: le chien de berger, qui dirige et surveille les troupeaux; le chien de garde, qui veille à la sûreté des habitations; les épagneuls, les bassets, les lévriers, dressés pour la chasse; les caniches, remarquables par leur intelligence; les terre-neuve et les chiens du Saint-Bernard, qui se dévouent pour l'homme; enfin, les chiens d'agrément.

Civilité. — *Comment doit-on se tenir à table ?*

Les enfants doivent être silencieux et réservés pendant les repas; ils n'y prennent la parole que pour répondre ou demander poliment quelque chose. La civilité leur prescrit d'attendre, pour être servis, que les grandes personnes l'aient été d'abord. Ils mangeront posément, sans bruit; ils se garderont d'appuyer les coudes sur la nappe et d'éloigner leur siège de la table. Leur vin sera toujours trempé d'eau, et ils boiront modérément. Il n'est pas de bon usage de couper son pain; on le rompt. La viande doit être découpée seulement à mesure qu'on mange. Pour les autres détails, les enfants observeront comment agissent les personnes dont les manières indiquent une bonne éducation.

N. B. — Les gravures qui accompagnent les divers chapitres de l'ouvrage, fourniront le sujet de nombre de remarques et de questions intéressantes : peu d'exercices sont aussi profitables aux élèves pour les accoutumer à observer, à regarder et enfin à s'exprimer correctement.

Le Cours de composition française, de M. Laporte, *degré élémentaire et moyen* (ive série), donne, sur les exercices de composition d'après une image, des conseils très précieux. Nous renvoyons à ce traité spécial.

2. — Le grillon du foyer. (*Élève*, p. 5.)

Et pourtant cette pièce n'annonçait pas la pauvreté. Elle était spacieuse *, suffisamment éclairée par deux fenêtres donnant sur un jardin. Un pied de bleus volubilis *, un autre de haricots rouges, aux fleurs couleur de feu, accrochaient gracieusement leurs vrilles aux barreaux des fenêtres. Mais fleurs et jardin ne s'entrevoyaient qu'à travers un nuage de toiles d'araignées.

La cour, aperçue par la porte ouverte, se dorait de ses derniers rayons.

Il s'en balançait un peu plus encore aux solives qui, par la régularité, la solidité, la teinte brune dont le temps les avait colorées, annonçaient une construction soignée, quoique ancienne.

Dans un coin, se voyaient un vieux bahut à moulures* d'un bon travail, et, en face, un dressoir à colonnes cannelées *, sur lequel, jadis, une main coquette avait assemblé des assiettes à fleurs, des pots joliment décorés. Mais où était la main coquette? Et où était le plumeau?

Le soleil se couchait. La cour, aperçue par la porte ouverte, se dorait de ses derniers rayons; le chaume de la grange, en face, barrant l'horizon, paraissait presque noir sur le fond d'or pâle du ciel. Puis l'air fraîchit, le jour tomba ; une étoile parut, avec l'éclat scintillant* et doux d'un beau regard.

Envahis par le calme du soir, tous se taisaient.

A la fin, le père dit :

— Suzette, va chercher la lampe.

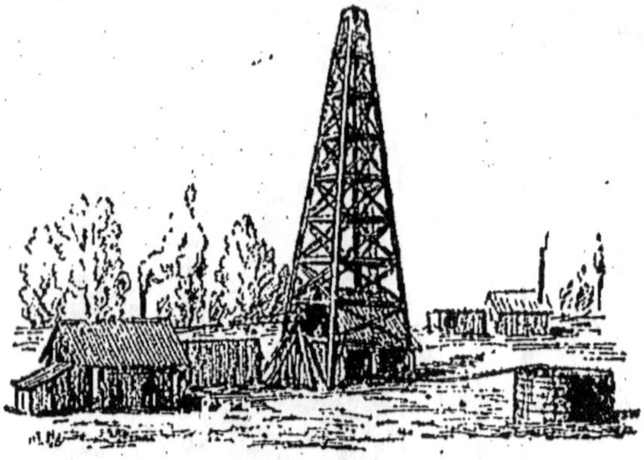

Puits à pétrole.

Le pétrole brut, qui est extrait du sol au moyen de puits forés, est soumis à la distillation avant de servir à l'éclairage ; il faut prendre les plus grandes précautions lorsqu'on emploie des lampes à pétrole et ne jamais transvaser ce liquide à la lumière.

Les enfants, se levant alors, se rapprochèrent du chat, du chien, des bottes, du chaudron, de la soupière à ramages, devant l'âtre.

Suzette revint de la pièce à côté.

— Eh bien! et la lampe ?

— La voici, papa, sur la table.

— Bon. Mais te voilà, toi, comme un bourgeois de Falaise*; ce n'est pas tout de porter la lanterne, il faut l'allumer!

— C'est qu'il n'y a plus de pétrole.

— Ah! oui, soupira le père, j'ai oublié. Trop de choses à faire ou à dire. Eh bien! nous passerons la soirée à ne voir goutte.

Grillon.

Ce petit insecte aime les lieux chauds et obscurs. Il adopte de préférence, en hiver, les cheminées et les fours.

Les garçons se nichèrent les uns à côté des autres, comme de petits oiseaux de cheminée. Il y eut quelques poussées, quelques grogneries, ainsi qu'il se passe dans un monde où oiseaux et gens veulent avoir la meilleure place; puis on se tassa et le calme se fit.

Suzette prit le tisonnier, en frappa la braise : une gerbe d'étincelles monta, qui éclaira tous les visages. Et alors, comme à un signal, descendit de la cheminée une chanson joyeusement stridente * et pressée.

C'était le grillon qui, chaque soir, vers cette heure, donnait sa jolie sérénade*.

Questionnaire. — Quel était l'aspect de la chambre, ce qui l'égayait et ce qui montrait qu'elle était mal tenue ? — Que direz-vous du plafond ? — Parlez des meubles de la chambre. — Quel spectacle présentait la cour par la porte entr'ouverte ? — Que demanda le père à sa fille ? — Que manquait-il pour passer la soirée ? — Comment se placèrent les enfants ? — A quel moment le grillon se mit-il à chanter ?

DÉVELOPPEMENT DES SUJETS PROPOSÉS POUR EXERCICES.

Français. — *Formez de petites phrases par lesquelles vous indiquerez comment étaient la chambre, les volubilis, les haricots, le bahut, les colonnes, les pots, l'horizon, l'éclat de l'étoile.* (Voir COURS DE GRAMMAIRE, *degré élémentaire*, par E. LAPORTE, chap. Ier, page 9, 1er exercice.) — La chambre était malpropre. — Les volubilis étaient bleus. — Les haricots étaient rouges. — Le bahut était orné de moulures. — Les colonnes étaient cannelées. — Les pots étaient décorés. — L'horizon était presque noir. — L'éclat de l'étoile était scintillant.

Composition. — *Racontez l'anecdote relative au bourgeois de Falaise et à sa lanterne.*

Un duc de Normandie avait prescrit aux bourgeois de Falaise de ne sortir la nuit que porteurs d'une lanterne. Ils obéirent, mais leurs lanternes étaient sans chandelle. Nouvel ordre : il faut mettre une chandelle. Les bourgeois s'empressèrent de placer la chandelle là où l'ordre du duc l'indiquait, mais ils se gardèrent de l'allumer. D'où le proverbe : Il est comme le bourgeois de Falaise ; il n'allume pas sa chandelle.

Sciences naturelles. — LE PÉTROLE. — *Ce qu'il est. — D'où on le tire. — Où sont les principales sources ou dépôts souterrains de cette huile. — Ce à quoi sert le pétrole. — Ce qu'il coûte le litre. — Ses dangers.*

Le pétrole est une huile minérale qui brûle avec une belle lumière blanche. Il est le produit de la décomposition lente de plantes marines dans l'intérieur de la terre où, autrefois, elles se sont accumulées. Le liquide bitumineux qui en est résulté, s'est amassé en lacs ou a formé des ruisseaux entre les couches argileuses et les roches du sol. Si, au moyen d'une sonde, on fore un trou jusqu'à ces couches, le pétrole jaillit, mêlé à un gaz semblable à celui de l'éclairage ; dans le cas contraire, on l'extrait à l'aide d'une pompe soutenue par une charpente formée de quatre montants reliés par de solides traverses. (Voir la gravure.)

Les principaux puits et sources de pétrole se trouvent aux États-Unis, dans les vallées des monts Alleghany. On en trouve, en Europe, dans la Valachie et sur les bords de la mer Caspienne.

Le pétrole sert à l'alimentation des lampes au lieu et place des huiles végétales ; il donne une lumière brillante et de moitié moins coûteuse que les autres (0 fr. 45 le litre).

Les vapeurs qu'il dégage continuellement sont très inflammables, et si l'on ne prend de grandes précautions, la flamme se communique au liquide et il se produit une terrible explosion.

Le Grillon. — *Ce qu'il est. — Le décrire. — Où il se réfugie.*

Le grillon est un insecte de couleur noirâtre muni d'une double paire d'ailes et de longues antennes. Il recherche les lieux chauds et obscurs et y fait entendre, à la chute du jour, un bruit particulier dû au frottement des ailes supérieures ou élytres. On a cru longtemps que la présence du grillon portait bonheur à la maison.

Économie domestique. — *Comment se nettoient les verres de lampes; les bouteilles, les fioles qui ont contenu de l'huile? — De quelles huiles se sert-on pour l'éclairage? — Précautions à prendre avec les lampes à pétrole et à essence.*

Pour nettoyer les verres de lampe, ainsi que les bouteilles et les fioles ayant servi à contenir des huiles ou des matières grasses, on les plonge et on les lave dans un bain d'eau tiède où l'on a fait dissoudre des cristaux de soude; ensuite, on les essuie et les frotte avec un linge sec. Quand un verre de lampe est simplement terne, on le rend brillant en y introduisant un bâton ou une règle entourée d'un chiffon, et en les agitant vivement de haut en bas le long des parois intérieures.

Outre l'huile de pétrole, on se sert, pour l'éclairage, des huiles de navette et de colza imparfaitement épurées.

En raison des dangers auxquels expose l'inflammation subite des vapeurs et de l'huile de pétrole, il faut tenir les lampes pleines surtout au moment de les allumer. Quand le liquide s'abaisse par trop, la mèche brûle jusqu'au bout; le pétrole alors prend feu et une explosion se produit. Il est encore imprudent de remplir les lampes autrement que pendant le jour, et il est sage, dans ce cas, de se servir d'une bouteille ou d'un vase fermé par un bouchon auquel est adapté un tube étroit.

Les mêmes précautions sont conseillées pour l'usage des lampes alimentées avec de l'essence.

3. — Où est la maman? (*Élève*, p. 8.)

Mais bientôt la tête joufflue du petit bambin se mit à dodeliner*, puis tomba sur le genou paternel.

— Voilà Charlot endormi. Il faut aller se coucher, mes enfants, dit le père.

Il eut un brusque soubresaut*, se frappa le front :

— Ah! j'ai encore oublié! Les leçons pour demain, les sait-on au moins? Hum! hum! j'y pensais cette après-midi aux champs. Vous êtes aussi une terre où l'on sème, et je ne veux pas récolter en vous des ronces et des chardons. Au vieux temps*, dans ce village de Fragicourt, un seul homme, — les registres en font foi — un seul homme savait lire : c'était mon grand-père Mathias Dumay, celui-là même qui a bâti la maison qui nous abrite. Et il ne faut pas que vous redeveniez des sauvages. J'aurais dû vous dire de prendre vos livres après souper; encore un oubli... Et puis, pas de pétrole. Quatre enfants, une charrue, une ferme à conduire! Trop à faire, trop à faire!... Ma pauvre femme!... Ma chère aide si tôt partie!...

Il secoua la tête tristement et reprit :

— Ainsi, on ne saura pas ses leçons!

— Moi, je les sais presque, répondit Suzette; si vous voulez m'éveiller demain, papa, je les repasserai, et cela suffira.

Jacques, l'aîné, en dit autant. Charlot, le dernier, qui d'ailleurs ne connaissait encore de l'alphabet que les premières lettres, ronflant déjà, ne pouvait répondre.

— Et toi, François ?

François était le monsieur au nez en trompette. Il déclara qu'il savait ses leçons sur le bout du doigt *. C'était son habitude. Suzette se mit à rire :

— Quand le bout du doigt, dit-elle, sera chargé de réciter les leçons, tu auras de bonnes notes.

— J'éveillerai aussi François, dit le père.

Soulevant le petit Charlot, il le prit dans ses bras pour le mettre au lit.

Mais, sous la pression un peu gauche et rude de ses mains, l'enfant s'éveilla. Ses yeux bleus étonnés se tournèrent vers la fenêtre par où entrait un clair rayon de lune, et, comme tout à l'heure, parurent chercher quelque chose qu'ils ne trouvèrent pas. Puis, appesantis de sommeil, ils se refermèrent; la petite tête, avec un soupir, retomba sur l'épaule du père.

François et son nez en trompette.

Bientôt après, dans le grand silence de la nuit, la maisonnée * entière reposait.

Pauvre maisonnée, pauvre foyer sans âme! La mère

aussi dormait, mais au cimetière, depuis tantôt deux ans ; et c'est elle, sans doute, que cherchait, depuis ce temps-là, l'œil bleu vaguement* étonné de Charlot, le dernier né.

Questionnaire. — A quel moment le père annonça-t-il qu'on allait se coucher? — Quel nouvel oubli avait-il fait? — N'avait-il pas cependant songé aux leçons pendant le jour? — Que dit-il pour montrer combien il tenait à l'instruction de ses enfants? — Qu'est-ce qui l'avait préoccupé au point de ne plus songer aux leçons? — Que répondirent successivement Jacques, Suzette et François lorsque le père demanda s'ils savaient leurs leçons? — Quelle remarque fit Suzette à François? — Donnez des détails sur le coucher de Charlot.

DÉVELOPPEMENT DES SUJETS PROPOSÉS POUR EXERCICES.

Morale. — *Que doivent faire les enfants raisonnables, au retour de l'école, dans la maison paternelle? — Que cherchaient les regards de Charlot quand on le porta au lit? Pourquoi?*

Au retour de l'école, les enfants, après avoir salué et embrassé leurs parents, demanderont s'il n'y a pas quelque travail à leur confier, et s'ils ne peuvent rendre service en partageant les occupations de leur père et de leur mère. Si l'on répond affirmativement, ils s'acquitteront avec soin de la tâche qui leur sera confiée; puis ils rédigeront les devoirs et étudieront les leçons à préparer pour le lendemain; le tout, sans hâte et avec réflexion. Ils joueront aux heures et aux endroits désignés par les parents. Une jeune fille ne s'amuse point sur la voie publique sans être accompagnée, surtout dans les grandes villes.

Le pauvre petit Charlot avait, bien sûr, gardé le souvenir de sa mère et des soins affectueux dont elle l'entourait. A travers le demi-sommeil qui appesantissait ses paupières, ses yeux regardaient vaguement autour de la chambre pour voir si cette mère chérie ne reviendrait pas, comme autrefois, le prendre dans ses bras et le porter doucement au berceau.

Économie domestique. — *Quels sont les travaux d'intérieur et les soins qui sont à la charge d'une mère de famille?*

Les travaux intérieurs et les soins qui sont à la charge de la mère de famille se rapportent :

1° Aux enfants; — 2° à la tenue de la maison; — 3° à la préparation des aliments; — 4° à l'entretien du linge et des vêtements. Il s'y ajoute, à la campagne, la direction de la basse-cour et la culture d'une partie du jardin.

Parmi les soins qui concernent les enfants, citons ceux que réclament leur éducation, la propreté de leur corps, l'entretien de leurs vêtements, la direction et la surveillance des jeux et, en cas de maladie ou d'accident, l'application du traitement ordonné par le médecin : c'est alors le moment des longues veilles, des inquiétudes et des larmes.

La mère est souvent levée la première, quoique souvent encore le repos de ses nuits soit troublé par l'appel des bébés souffrants. Elle prépare le déjeuner, allume les feux, habille les enfants; plus tard, elle s'occupe du ménage, range, nettoie, époussète. A-t-elle fini? peut-elle avoir un moment de loisir? Non. Il faut songer aux autres repas, aux vêtements déchirés, au linge sali et usé, aux achats divers, sans compter les visites obligatoires et la tenue de la comptabilité domestique. Son rôle, en un mot, est de s'oublier et se sacrifier pour tous.

Histoire. — *Racontez ce que vous savez de l'instruction des gens* *de la campagne aux siècles passés. — Que racontent les personnes âgées, et entre autres vos grands-parents, de l'école qu'ils fréquentaient dans leur enfance?*

La misère qui régnait dans les campagnes, aux siècles passés, ne permettait ni aux communes de rétribuer convenablement les instituteurs et les institutrices, ni aux familles d'envoyer les enfants régulièrement à l'école. Il en résultait que les maîtres étaient ignorants et les classes irrégulièrement fréquentées; la plupart d'entre elles se formaient pendant la belle saison.

Quant aux maisons d'école, elles étaient aussi pauvres que les habitations environnantes; le matériel se composait de bancs grossiers et de tables incommodes, pesantes et mal équilibrées sur un sol de terre battue. Point de cartes aux murailles, point de ces belles images qui représentent les minéraux, les végétaux, les animaux; à peine si l'on possédait un petit tableau noir.

Tour à tour, on allait lire auprès du maître dans de vieux livres où il y avait plus de latin que de français; on écrivait ensuite lorsqu'on savait lire, et, plus tard, on s'essayait au calcul: c'était tout. Combien aujourd'hui la situation est améliorée, et qu'il est facile aux enfants d'acquérir les connaissances nécessaires à chacun!

4. — La femme de la caverne*. (*Élève*, p. 10.)

Le soleil frappait en plein dans les vitres; les grands stores* de calicot blanc étaient baissés devant les trois fenêtres ouvertes, par où pénétrait le bon air matinal, tout chargé des brises champêtres. La lumière ainsi tamisée*jetait un blanc et joli reflet * sur toutes les petites têtes assemblées le long des tables de l'école.

La salle de classe de Mme Valon.

Les leçons récitées, les devoirs corrigés, une quantité de paires d'yeux de toutes couleurs regardaient Mme Valon en train de feuilleter un livre.

Mme Valon était l'institutrice nouvelle de Fragicourt, arrivée depuis un mois à peine avec son mari, le maître de l'école des garçons. Elle leva son visage encore jeune, promena autour de la classe un regard gravement souriant et commença la lecture attendue :

LA FAMILLE AUX TEMPS PRÉHISTORIQUES.

C'était un lieu sauvage. De grands arbres surplombaient* une excavation de terrain ; des ronces, des clématites* énormes, suspendues aux talus ravinés *, aux branches, aux déchirures des roches, formaient de leurs innombrables et souples lianes * un inextricable * rideau.

Loup.

Ce quadrupède est carnassier et d'une très grande force ; il habite nos régions et on le rencontre fréquemment en France.

Au profond de la forêt s'entendaient des clameurs sinistres, les terribles voix du loup, du chacal, du lynx, du grand ours des cavernes. Çà et là un roucoulement de tourterelle, un pépiement* de passereau rompaient, comme un murmure d'espérance, la sombre désolation de ces lieux.

Lynx.

Ce quadrupède, également carnassier, est du genre chat ; on le trouve principalement en Sibérie et au Canada.

Tout à coup, dans le sentier à peine frayé, les branches sèches craquèrent.

Vêtu de peaux de bêtes, les cheveux et la barbe incultes et longs, le corps ployé sous le poids d'une biche morte, sa main musculeuse appuyée sur un épieu*, un homme s'avançait avec précaution, l'œil, l'oreille au guet. Il s'arrêta; de ses lèvres sortit un sifflement strident. Presque aussitôt le rideau de broussailles s'entr'ouvrit: une autre créature humaine, vêtue de peaux de bêtes comme la première, apparut. Elle tenait dans ses bras un petit enfant. Il était frais, blond, enveloppé d'une peau d'agneau et portait sur la tête une couronne faite de baies* de sorbiers, de feuillage et de fleurs. Avec un regard de triomphe, la mère l'éleva dans ses bras.

Chacal.

Quadrupède carnassier, originaire des pays chauds, tient du loup et du renard.

Alors le farouche visage du chasseur s'éclaira, s'adoucit; sous ses sourcils épais, ses yeux sourirent à l'enfant si bien paré; il caressa la petite tête fleurie.

Puis la famille disparut derrière le rempart de lianes et s'enfonça dans la caverne qui lui servait de demeure.

C'était une sombre habitation, aux parois de roc inégalement superposées, et faiblement éclairée par un brandon enflammé de sapin résineux.

L'homme, après avoir laissé tomber le gibier de sa chasse, alla s'asseoir sur une pierre dans un coin et regarda autour de lui avec surprise. Des feuillages, des branches d'églantier en fleurs ornaient le roc; l'aire*, débarrassée des débris de la veille, était jonchée de mousse et d'odorantes herbes.

Puis ses yeux regardèrent à ses pieds, où la mère, sur une peau de renard, qu'elle venait d'étendre, déposa le petit enfant, en lui donnant pour jouets des glands de chêne et des cailloux polis. Comme tout à l'heure, le père sourit, mais cette fois son sourire s'adressait à la femme.

Car c'était la femme qui venait de créer la première délicatesse du nid familial, pour adoucir l'homme et le charmer, pendant qu'au dehors hurlaient les loups et les autres ennemis.

Questionnaire. — Quel était l'aspect intérieur de l'école? — Que savez-vous de Mme Valon? — Que fit-elle avant de commencer sa leçon? — Comment étaient les alentours de l'habitation de la famille préhistorique? — Qu'entendait-on dans la forêt? — Décrivez l'homme arrivant de la chasse; — la femme et l'enfant. — Quel effet produisit cette apparition sur le chasseur? — Décrivez la caverne habitée par la famille. — Qu'avait fait la mère? — Pourquoi le père était-il satisfait?

DÉVELOPPEMENT DES SUJETS PROPOSÉS POUR EXERCICES.

Géographie et Notions de cosmographie. — *Quels grands astres nous éclairent? — Quelle différence y a-t-il entre la lumière du soleil et celle de la lune? — Autour de quel astre tourne la terre? — Autour de quel astre tourne la lune? — Sous quelles formes nous apparaît ce dernier astre? — Que voit-on à sa surface?*

Outre les innombrables étoiles qui brillent au ciel, deux grands astres nous éclairent : le soleil qui produit le jour, la lune qui diminue l'obscurité des nuits. *Le soleil* est une étoile énorme située à 150 millions de kilomètres de la terre; son diamètre dépasse 1,430,000 kilomètres et son volume est égal à quatorze cent mille fois celui de notre globe. Il tourne sur lui-même en 25 jours et demi, et s'avance dans les espaces célestes vers un centre inconnu avec une vitesse de 250 millions de kilomètres par an. Le soleil forme une masse enflammée qui donne à la terre la lumière et la chaleur.

La lumière du soleil vient de cet astre lui-même; celle de la lune n'en est que le reflet; elle est 800,000 fois plus faible.

La terre, qui mesure 40,000 kilomètres de circonférence et qui est 49 fois plus grosse que la lune, tourne autour du soleil dans l'espace d'une année, soit 365 jours; la lune, de son côté, tourne autour de la terre en 29 jours et demi.

La lune nous apparaît sous des formes différentes ou *phases*, selon la position qu'elle occupe par rapport au soleil et à la terre. D'abord c'est un croissant lumineux; puis brille dans le ciel le quart de l'astre; on dit alors qu'on est au *premier quartier*. Sept jours après, on aperçoit la face tout entière de la lune; c'est la *pleine lune*. Après le même intervalle, on n'en voit plus que le quart ou le *dernier quartier;* enfin, l'astre cesse d'être visible; il y a alors *nouvelle lune*.

Sur la surface de la lune on distingue, à l'aide de fortes lunettes, de très hautes montagnes, des cratères de volcans éteints, des plaines immenses qui paraissent avoir été le lit d'anciennes mers.

Histoire. — *Comment étaient les premiers habitants de notre France? — De quoi vivaient-ils? — Où habitaient-ils? — Comment étaient ces abris? — De quoi étaient formés leurs vêtements?*

Les premiers hommes qui habitèrent sur le sol de notre France, y apparurent à une époque prodigieusement éloignée dite *âge quaternaire*, et en même temps que d'énormes animaux, aujourd'hui disparus, tels que le mammouth, le rhinocéros, l'ours des cavernes (1).

C'étaient des sauvages; armés de silex taillés et grossièrement emmanchés, ils chassaient, à travers les marécages et les forêts, les animaux dont ils faisaient leur nourriture; ils vivaient encore de poissons et des âpres fruits qu'ils recueillaient sur les arbres.

Ils habitèrent d'abord sous les arbres, puis s'établirent à l'abri de

(1) Les musées d'histoire naturelle de Paris et des grandes villes renferment des squelettes de ces animaux. Le mammouth était un éléphant gigantesque à longs poils; on en a trouvé de congelés en Sibérie.

roches surplombantes, et enfin dans des cavernes où des fouilles récentes ont mis à découvert des débris de leurs foyers, des os et des silex taillés dont ils se servaient comme d'armes, de couteaux ou de grattoirs. A une époque assez rapprochée de la nôtre, nos ancêtres élevèrent des huttes qu'ils construisaient souvent sur des pilotis, non loin du bord des lacs et des rivières et en pleine eau, pour éviter l'attaque de leurs ennemis.

Ils se couvrirent de peaux de bêtes pendant longtemps. Lorsque la civilisation eut fait des progrès parmi eux, ils se confectionnèrent des vêtements avec de grossiers tissus de laine dont on a retrouvé quelques spécimens dans les tourbières danoises.

Sciences naturelles. — *Qu'est-ce que l'églantier? — Décrire sa tige, sa feuille, sa fleur. — Où croît-il et à quoi l'emploie-t-on? — Décrivez les feuilles et les fruits du houx. — Usage des plus belles tiges de cet arbuste.*

L'églantier, ou rosier sauvage, est un arbuste des régions tempérées.

Sa tige, munie de fortes épines et remplie d'une moelle blanchâtre, s'élève à deux ou trois mètres. Elle porte des rameaux garnis de feuilles dentelées, à l'extrémité desquels apparaissent, au printemps, de nombreux bourgeons qui s'épanouissent en jolies fleurs aux pétales roses, garnies intérieurement d'étamines jaune d'or qui exhalent un doux parfum.

L'églantier croît naturellement le long des haies et dans les bois; on l'emploie comme sujet, dans les jardins, pour greffer les diverses variétés de roses.

Le houx est un arbrisseau toujours vert dont les feuilles luisantes et coriaces sont garnies de piquants sur leur pourtour. Il porte de petits fruits réunis en grappes d'un très beau rouge.

Les plus belles tiges de houx sont employées à faire des manches de fouets ou des cannes, parce que le bois de cet arbuste est à la fois élastique et résistant.

5. — Le bon chemin. (*Élève*, p. 13.)

La classe s'acheva ; les enfants sortirent. Mme Valon arrêta Suzette, qui s'en allait aussi, mais lentement et l'œil songeur * :

— A quoi pensons-nous, Suzette ?

— A cette femme des premiers temps, Madame.

— Ah ! tu as compris : je savais bien que tu comprendrais. Viens !

Elle la fit entrer dans la salle à manger. Qu'elle était propre, jolie et animée, cette salle à manger !

Deux jolis bébés y jouaient sous les yeux souriants de leur grand'mère, Mme Liénard. Placés en ce moment devant la fenêtre encadrée de clématite, ils semblaient couronnés de feuillage, comme le petit enfant de la lecture. Le buffet, les chaises brillaient, le carreau était rouge, éclatant de netteté*. Une appétissante odeur de bonne cuisine sortait de droite. M. Valon, le mari, dont la classe venait aussi de finir, entra, sourit à la bonne grâce des choses et des gens réunis là. C'était certai-

Les deux enfants de Mme Valon, sous les yeux souriants de leur grand'mère.

nement le sourire de l'homme des vieux temps à l'aspect de sa caverne fleurie !

Suzette soupira.

— Parle, mon enfant, lui dit Mme Valon en l'emmenant dans sa chambre.

— Oh ! Madame... chez nous... tout traîne en désordre ; il n'y a que des toiles d'araignées et de la poussière...

— Oui, chère enfant ; en passant hier, j'ai vu, par la fenêtre ouverte, de grandes bottes pleines de boue se prélassant* près de la soupière au milieu d'épluchures, d'escarbilles*, de brins de paille, sans compter des toiles d'araignées à prendre toutes les mouches du pays. C'est un peu pour cela que j'ai fait tout à l'heure cette lecture; je te savais des oreilles et du cœur. Je savais également, par ce qu'on m'en a dit, l'ordre, la propreté, la gentillesse de ta pauvre maman.

Suzette se mit à pleurer:

— Oui, Madame, je me rappelle bien maman... Mais papa, par bonté, me trouvant encore trop jeune, ne veut pas que je me fatigue trop. Et voilà pourquoi, — ajouta-t-elle en souriant à travers ses larmes, — voilà pourquoi je ne me fatigue pas du tout, laissant les épluchures à terre et les araignées au plafond. Il est plus commode de laisser aller les choses que de les gouverner*. Mais certainement, Madame, je vais me mettre au ménage, car j'ai bien compris que c'est à moi à embellir notre maison, à la rendre riante, agréable, comme faisait la femme de la caverne, et comme faisait ma mère.

Elle disait si juste, la petite Suzette; son visage exprimait une si bonne, si tendre résolution* que Mme Valon l'embrassa pour toute réponse.

Heureux les bons petits esprits qui ont du cœur! heureuse la famille où ils sont nés!

Questionnaire. — Comment Suzette quittait-elle l'école? — Que lui demanda Mme Valon; que répondit l'enfant? — Que voyait-on dans la salle à manger? — Quelle odeur la parfumait? — Pourquoi M. Valon souriait-il en entrant dans cette pièce? — Pourquoi Suzette soupirait-elle? — Quelle remarque lui fit doucement madame l'institutrice? — Pourquoi cette dernière avait-elle choisi le sujet de la lecture? — Que lui répondit la petite fille? — Quelle bonne résolution prit Suzette? — Quels esprits, quelle famille sont heureux?

DÉVELOPPEMENT DES SUJETS PROPOSÉS POUR EXERCICES.

Sciences naturelles. — *Que vous a-t-on raconté des loups? — Savez-vous une fable où il est parlé de cet animal? — Que vous rappelez-vous des ours, des chacals, des lynx?*

LES LOUPS. — Parmi les animaux carnassiers de nos régions, le loup est le plus redoutable. De tout temps, il a été le fléau des campagnes et la terreur des bergers; il ressemble au chien, mais sa constitution est plus vigoureuse; il peut, dit-on, parcourir jusqu'à 100 kilomètres dans une nuit. Lorsqu'il est tourmenté par la faim, il sort, dès le crépuscule, des bois où il s'est réfugié pendant le jour, puis se met à rôder autour des habitations; il pénètre même dans les villages et s'efforce de briser les clôtures des bergeries. Quand la chasse de la nuit a été infructueuse, il se jette en plein jour sur les troupeaux, et se défend avec rage contre les hommes et les chiens qui ont le courage de le poursuivre.

Dans les contrées septentrionales, alors que des neiges abondantes couvrent le sol, les loups affamés se réunissent par bandes, et malheur aux créatures humaines qu'ils rencontrent! Parfois ils s'acharnent à la poursuite des traîneaux, et si les chevaux, excédés de fatigue, viennent à s'abattre, les loups se jettent sur eux et les mettent en pièces comme les malheureux voyageurs.

Ce terrible animal n'est cependant pas insensible aux bons traitements. On a connu des loups qui, élevés dans les habitations, se sont montrés aussi doux, aussi caressants et aussi fidèles que des chiens.

L'ours est un quadrupède carnassier très velu, de haute taille, à pattes larges et munies d'ongles recourbés; sa force est très grande et il montre beaucoup d'intelligence. Il se nourrit, de préférence, avec des racines et des fruits, et l'on a remarqué qu'il recherche le miel. On ne le trouve plus en France que dans les Alpes et les Pyrénées. L'ours blanc des régions glaciales est connu pour sa vigueur et sa férocité.

Les chacals, qu'on rencontre seulement dans le nord de l'Afrique, la Syrie et l'Asie centrale, sont des animaux au poil fauve et de la taille d'un chien ordinaire. Ils rôdent la nuit autour des lieux habités et font leur nourriture des cadavres abandonnés ou des débris de cuisine.

Le lynx est un gros chat sauvage remarquable par le pinceau de poils qui termine ses oreilles; il a un pelage roux tacheté de brun. On le trouve encore dans les Pyrénées, dans l'Italie méridionale, en Afrique. Il se réfugie sur les arbres les plus élevés et il commet des dégâts considérables parmi les troupeaux et le gibier des campagnes. On dit que le lynx a la vue extrêmement perçante.

Composition. — *Décrire la chambre où vous couchez, en prenant pour modèle la description de la salle à manger de Mme Valon.*

(Voir, page 223, la Partie du Maître du COURS DE COMPOSITION FRANÇAISE (*degré élémentaire et moyen*), par E. LAPORTE.)

Économie domestique. — *Comment faut-il tenir une chambre, et notamment une cuisine?* (Entrer dans quelques détails.) — *Quel aspect présente une pièce mal tenue?*

Dans quelque situation qu'on se trouve et quelle que soit la profession qu'on exerce, on peut toujours tenir avec ordre et propreté les chambres où l'on habite. Chaque matin, avant de commencer son travail professionnel, on procède à un nettoyage général; on dispose ensuite les feux et l'on range les meubles et les sièges à leur place habituelle dans toutes les pièces.

La tenue de la *cuisine* exige des soins particuliers afin que rien ne puisse souiller les mets qu'on y prépare. La maîtresse de maison ou la bonne devra nettoyer chaque jour les fourneaux et les frotter à la mine de plomb. La vaisselle, les ustensiles, lavés à l'eau tiède et essuyés, auront une place particulière à l'abri de la poussière et à portée de la main. Les débris des aliments et des légumes séjourneront le moins possible dans cette pièce en raison de l'odeur désagréable qui s'en dégage. L'intérieur des placards et des meubles sera, au moins chaque semaine, épousseté et lavé; on les frottera extérieurement, en même temps que les bancs, les planches et les sièges, de façon qu'ils présentent ce brillant, cette netteté qui charment le regard. Enfin, on dissimulera les linges et éponges en usage pour la vaisselle et l'évier.

Une *pièce mal tenue* présente un spectacle révoltant et exhale une odeur nauséabonde. Qui n'a vu, dans les villes, les chambres d'ouvriers négligents et, dans les campagnes, celles des ménagères paresseuses? Murs, carrelage ou parquet, boiseries, sont souillés de taches noirâtres et graisseuses; une crasse immonde salit les vitres que voilent des toiles d'araignées ; le foyer présente un amas de cendres et de débris entouré de vases ébréchés et malpropres. Tables, chaises, meubles couverts de poussière ne montrent aucune symétrie dans leur disposition : tels on les a laissés la veille, tels on les retrouve le lendemain. Et l'intérieur des placards, des tiroirs, des armoires? quel désordre, quelle odeur fétide frappent les regards et l'odorat!

Disons-le bien haut : une telle habitation n'est pas digne d'êtres civilisés ni de gens qui se respectent.

6. — Monsieur François est un homme! (*Él.*, p. 15.)

Le lendemain, jeudi, fut un jeudi fameux en balayage et en rangement.

— Vous, les bottes, par ici! toi, la soupière, par là!

Vous, les bottes, par ici! toi, la soupière, par là!

toi, le chaudron, de ce côté! chacun à votre place, s'il vous plaît! et qu'on n'en bouge plus que pour le service! Tout le reste de l'encombrement*, à la porte! En avant le balai! Et de l'eau à pleins seaux!

Tout animée, les joues rouges, Suzette allait, allait! Elle s'était mise au ménage à six heures, après le départ du père pour les champs, et sans le prévenir.

Vers dix heures, toute haletante, n'en pouvant plus, elle appela François, qui, revenant d'on ne sait où, passait en sifflant comme un merle.

— François, où sont Jacques et Charlot?

— Ils se promènent.

— Ne pourrais-tu m'aider un peu?

— A quoi?

— Au ménage.

— Tu dis?

— Au ménage.

François releva la tête en arrière; son nez, déjà si bien retroussé, se retroussa encore plus, sa bouche se fendit jusqu'aux oreilles: il en sortit un grand éclat de rire.

— Le ménage, dit-il, c'est donc l'affaire des hommes? Ah! ah! ah!

Après quoi, s'avançant, il commença par imprimer sur le carreau frais lavé une demi-douzaine d'empreintes de ses vilaines pattes chaussées de galoches; puis, pour tirer de l'armoire un mouchoir, en bouleversa tous les rayons et, ayant de cette manière montré son savoir-faire*, il reprit sa sifflerie.

— Oh! le petit singe! s'écria Suzette.

Il se retourna :

— Moi, un petit singe?

— Non, un grand! et qui devrait au moins se taire, puisqu'il ne veut pas travailler. Tu sais bien ce que disent les nègres : que les singes ont la parole, mais que par malice ils feignent* d'être muets, craignant que l'homme ne les mette à la besogne!

François haussa les épaules et tourna les talons.

Cependant le grand nettoyage s'acheva. Le soir, le père, au retour des champs, s'arrêta sur le seuil de la porte, regarda autour de lui, aspira l'odeur d'une fricassée de pommes de terre, une bonne odeur depuis longtemps oubliée; son visage s'éclaira : voilà le sourire attendu!

M. Dumay se tourna vers Suzette, et, les yeux mouillés :

— Est-ce que ta pauvre maman serait revenue?

— Hélas ! non, papa, dit-elle, en se jetant dans ses bras ; mais si je pouvais lui ressembler !

Questionnaire. — Que disait Suzette animée de zèle pour le nettoyage de la maison ? — Racontez comment elle s'acquitta de ce travail. — Que pensez-vous de cette jeune enfant ? — Reproduisez de votre mieux le dialogue qui s'engagea entre elle et François. — Quelles vilaines choses fit-il au moment de quitter la maison ? — Que pensez-vous de la manière de répondre et d'agir de François ? — Qu'aurait fait, à sa place, un bon petit frère ? — Que lui dit Suzette indignée ? — Quel effet produisit sur le père la vue de la cuisine nettoyée et rangée ?

DÉVELOPPEMENT DES SUJETS PROPOSÉS POUR EXERCICES.

Morale. — *Qu'est-ce qu'une maison bien tenue? — Effet qu'elle produit sur le mari.*

Une maison bien tenue n'est pas toujours une élégante habitation richement meublée, ornée de peintures, ayant de larges et commodes escaliers et de belles dépendances ; mais elle est celle où une main intelligente et courageuse fait régner l'ordre et la propreté.

Toute maison, tout appartement, peuvent être bien tenus : ferme ou chaumière, atelier de l'ouvrier ou chambre de famille. Il suffit pour cela d'un peu de cœur et de volonté. Le temps ne fait jamais défaut qu'aux paresseux et aux paresseuses qui ne peuvent se résoudre à quitter le lit dès le matin, ainsi qu'à ces commères dont le meilleur de la journée se consume en bavardages où la futilité s'allie plus d'une fois à la méchanceté.

Un mari qui, à la fin d'une rude journée de labour, revient des champs ou de l'atelier, sourit et oublie ses fatigues à la vue d'un intérieur brillant de propreté, du poêle luisant où le feu ronfle gaiement, et du repas disposé avec goût sur une nappe blanche. Si les mets sont préparés avec soin et économie, si les verres étincellent sous les rayons d'une lampe à la flamme claire, si près de lui s'assoyent une femme et des enfants à la mise simple mais d'une irréprochable netteté, il se dira que nulle part ailleurs il ne sera mieux et on ne l'aimera mieux. Ne craignez plus alors que le cabaret l'attire ; il sait où il trouvera les plus douces jouissances.

Économie domestique. — *Comment s'y prend-on pour nettoyer le carrelage ou le parquet d'une salle ; — pour laver les vitres ; — pour laver et ranger la vaisselle ; — pour rendre les meubles nets et brillants?*

Pour nettoyer le carrelage ou le parquet d'une salle, on fait dissoudre du savon noir ou des cristaux de soude dans un seau d'eau tiède, et avec une brosse de chiendent qu'on trempe dans le liquide, on frotte ce carrelage et ce parquet. Lorsqu'on a ainsi opéré sur un demi-mètre carré environ, on rince à l'eau claire et l'on éponge à l'aide d'une toile d'emballage qu'on lave fréquemment. Le travail se poursuit ainsi jusqu'à ce qu'il soit achevé. On emploie les cristaux de soude de préférence au savon noir lorsqu'il y a des taches graisseuses à faire disparaître.

On procède de deux manières au nettoyage des vitres :

1° Au moyen d'un chiffon préalablement trempé dans une bouillie de craie ou de blanc d'Espagne ; on barbouille les vitres sur chaque face, et on laisse sécher. Lorsqu'elles sont sèches, on les frotte avec soin en n'oubliant pas de débarrasser tous les angles des matières qui s'y accumulent.

2° On lave les vitres avec de l'eau contenant un vingtième d'eau-de-vie, et on les frotte ensuite avec un linge propre jusqu'à ce qu'elles soient bien claires.

Le *lavage de la vaisselle* suppose qu'à l'avance on a fait chauffer de l'eau à une température voisine de l'ébullition et que, si les pièces à nettoyer sont très grasses, on a jeté dans le liquide quelques cristaux. Alors on plonge les assiettes et les plats dans ce liquide, et on les y frotte séparément avec un chiffon de vieux linge fixé à l'extrémité d'un petit bâton. Il ne reste plus qu'à les retirer, à les faire égoutter et à les essuyer avec un torchon bien propre.

Pour rendre les *meubles nets et luisants*, s'ils sont recouverts d'un placage et vernis, on les frotte avec des chiffons de vieux linge de coton. Les meubles de bois ciré sont brossés d'abord, puis frottés comme il vient d'être dit, avec une peau souple.

Civilité. — *Comment, à votre avis, les plus jeunes enfants doivent-ils parler à leurs aînés et les écouter? — Pourquoi? — Comment seront, à leur tour, les aînés pour leurs frères et sœurs ?*

Dans une famille bien unie, les plus jeunes enfants parleront à leurs aînés avec une certaine déférence, et ils se conformeront à leurs ordres si le père ou la mère leur ont confié la surveillance de la maison, eux se trouvant empêchés. De leur côté, les aînés se feront un plaisir d'aider et de protéger leurs frères et sœurs plus jeunes, et de leur donner en toute occasion de bons exemples.

Comme l'a dit un moraliste : « Que l'amour que vous devez à vos semblables commence à se manifester en vous, dans toute sa perfection, à l'égard de ceux à qui vous êtes lié par la plus étroite des fraternités : celle qui naît de la communauté du sang. »

Sciences naturelles. — *Ce qu'est la pomme de terre. — Ses usages comme plante alimentaire, pour l'homme et pour les animaux.*

La pomme de terre est un tubercule rempli de fécule qui est produit par le renflement de la tige souterraine. Elle provient des plateaux du Chili et du Pérou. Les feuilles de cette plante sont cotonneuses au-dessous et d'un vert pâle au-dessus; elle porte des fleurs blanches, violettes et roses qui peuvent passer pour jolies; quant aux fruits, ce sont des baies sphériques et verdâtres grosses comme des marrons.

La pomme de terre entre pour une part importante dans l'alimentation de l'homme en Europe et en Amérique; on l'a introduite dans le régime des animaux de la basse-cour, du porc, par exemple, auquel elle procure un engraissement rapide.

7. — Le petit héroïsme. (*Élève*, p. 17.)

L'héroïsme* est une des plus belles vertus de l'humanité.

En 1472, Beauvais est assiégé par Charles le Téméraire *; à la tête des femmes, Jeanne Hachette arrache un étendard * bourguignon déjà planté sur le rempart et détermine la victoire.

En 1870, en Lorraine, un régiment français, poursuivi, passe devant la ferme de Villedieu. Bientôt après arrivent les Prussiens : — « Quelle route ont suivie les Français? » demande le capitaine à la jeune fermière,

Jeanne Hachette arrache un étendard bourguignon...

Suzanne Didier. La compatriote de la grande Jeanne d'Arc refuse de répondre. — « Parle ! ou tu vas mourir. » — Elle se tait. Les fusils sont braqués sur elle; elle se tait encore. — « Feu ! » — La noble fille tombe foudroyée.

Ces deux femmes sont des héroïnes. Ce sont des héros aussi les citoyens qui, spontanément*, sans le moindre souci de récompense, se jettent à la tête d'un cheval emporté*, dans les flammes d'un incendie, ou à l'eau, pour sauver leur semblable.

Mais, à côté de ces coups de force et de dévouement

Paf! voilà un verre par terre, ou le balai qui s'allonge comme un balourd et accroche une pile d'assiettes.

qui emportent l'admiration, il est un autre héroïsme, celui-là tout petit, terre-à-terre, et pourtant admirable aussi. C'est la persévérance patiente dans la poursuite du devoir journalier, continu et effacé*; modeste plante qui ne fleurit pas toujours dans la volonté des jeunes filles.

Il fait beau temps, un de ces bons soleils qui appellent au dehors; c'est dimanche ou jeudi; les petites amies jouent là-bas, chantent des rondes sur l'herbe :

« Entrez dans la danse!
« Voyez comme on danse. »

Les frères sont sous bois; Jacques cherche des papillons; Charlot court à ses côtés, et probablement monsieur François grimpe de branche en branche à la poursuite des oiseaux.

Mais ici on balaye, on range, on frotte; et parfois, à la moindre distraction des yeux ou des mains, paf! voilà un verre par terre ou le balai qui s'allonge comme un balourd* et accroche une pile d'assiettes.

— Ah! il y a des jours où tout va de travers!

Questionnaire. — Racontez ce que vous savez de Jeanne Hachette; — de Suzanne Didier. — Où se trouvent Beauvais, la Lorraine, Metz? — Quels citoyens donnent également des exemples d'un courage héroïque? — Quel héroïsme modeste est admirable encore? — Que faisaient, un certain jeudi, les amies de Suzette; — ses frères? — Comment passait-elle, à son tour, cette même journée? — Que pensez-vous d'elle? — Quel accident représente la gravure?

DÉVELOPPEMENT DES SUJETS PROPOSÉS POUR EXERCICES.

Morale. — *Montrez, en citant un exemple, que vous comprenez ce que c'est de sacrifier son plaisir à son devoir.*

Maman est occupée à un travail qu'elle ne peut abandonner un instant; moi, je joue dans le jardin avec mes amies, et voici que j'entends mon frère crier dans son berceau. Je pourrais continuer à jouer, mais combien le pauvre petit se tourmenterait, et combien maman serait chagrine de ne pouvoir venir à son secours! Alors je sacrifie mon plaisir à mon devoir, et, prenant le bébé dans mes bras, je m'efforce de soulager son mal et de l'égayer par mes sourires ou de douces paroles.

Il en est de même lorsque, pour préparer mes leçons du lendemain, je refuse de prendre part à une partie de plaisir organisée par mes compagnes.

Histoire. — *Quelle est votre patrie? — Pourquoi l'aimez-vous? — Que font les ennemis lorsque, pendant la guerre, ils entrent en France? — Qui défend la patrie? — Connaissez-vous des femmes qui ont exposé ou sacrifié leur vie pour la patrie?*

Ma patrie est la France, cette belle et vaste contrée habitée par une nation honnête, laborieuse et vaillante. Je l'aime, parce que sur son sol habitent ceux qui sont l'objet de mes affections; parce que c'est là que mes ancêtres ont vécu et que reposent leurs restes vénérés; parce qu'il n'y a rien dans le monde de grand et de généreux auquel elle n'ait participé. C'est de plus un magnifique pays, fertile, pittoresque et situé de la manière la plus heureuse sur le continent européen.

Lorsque les ennemis envahissent la France, et nous avons connu cette honte en 1814, 1815, 1870, ils portent partout la dévastation et la ruine; ils agissent en maîtres, maltraitent les gens, et tuent sans pitié ceux qui leur résistent. Il n'est pas de situation plus affreuse.

La défense de la patrie est confiée à l'armée; en cas d'invasion, tout homme valide devient soldat.

Souvent des femmes courageuses ont exposé et sacrifié leur vie pour la patrie; parmi elles, je citerai l'héroïque Jeanne d'Arc, que les Anglais brûlèrent vive à Rouen; les femmes de Beauvais, en 1472; celles de Marseille, en 1525. En 1871, une jeune receveuse des postes et des télégraphes, Mlle Dodu, intercepta au péril de sa vie les dépêches ennemies; et à la même époque, combien de sœurs de charité tombèrent sous les balles allemandes en soignant les blessés, sur les champs de bataille!

Sciences naturelles. — *Qu'est-ce qu'un bois; une forêt? — Qu'est-ce que l'on en retire? — Que font les pauvres gens qui ne peuvent acheter du bois? — A quoi sert le bois des grands arbres?*

Un bois est un espace de terrain couvert d'arbres que l'on coupe à des époques fixes, soit pour les besoins du chauffage, soit pour en obtenir des pièces de charpente, des pieux, des cercles, etc.

Une forêt est un bois qui couvre une grande superficie et où on laisse croître les grands arbres dont l'État et les particuliers ont besoin pour les constructions navales. Une foule d'animaux sauvages y habitent; tels sont les cerfs et les biches, les chevreuils, les sangliers, les blaireaux, sans compter le gibier à poil et à plume. Dans les régions montagneuses, elles donnent asile aux loups, aux ours et à d'autres bêtes carnassières. Les plus belles forêts de France sont celles de Fontainebleau, de Compiègne, d'Orléans et celles qui couvrent les Landes ainsi que les pentes du Jura, des Vosges, du Morvan.

Au commencement de la saison rigoureuse, les pauvres gens auxquels leur position de fortune ne permet pas d'acheter du bois de chauffage, ramassent, dans les forêts, ou les bois les rameaux desséchés et les branches mortes; ils en forment des fagots qu'ils transportent péniblement dans leurs habitations.

Le bois des grands arbres sert aux constructions navales, comme nous l'avons déjà dit; on en tire encore des pièces de charpente: poutres, solives, planches; on en confectionne des pilotis, des machines, des meubles, des outils et une foule d'objets d'un usage quotidien.

8. — Tenons bon! (*Élève*, p. 20.)

Un joli papillon, fleur ailée, vient voltiger devant la fenêtre; sur les arbres voisins, les oiseaux se répondent; au-dessous, les voix des fillettes en font autant:

« Entrez dans la danse!
« Voyez comme on danse. »

Le papillon.

Que cette chanson est autrement gentille et gaie que celle du ragoût* clapotant* là sur le poêle!

M. et Mme Valon passent avec leurs bébés et s'arrêtent:

— Eh! Suzette, ton ragoût brûle! vite de l'eau!...

— Madame, aujourd'hui, je ne sais pas ce que je fais!

— Ma chère enfant, il faut toujours savoir ce qu'on fait. Tenons bon!

Suzette est désolée, car elle connaît déjà l'importance de la cuisine qui donne les bonnes ou les mauvaises digestions, le plaisir ou le dégoût de la table. Gâter un morceau de viande, un légume frais, les transformer en charbon ou même manquer de leur faire rendre toute leur qualité nutritive, toute leur saveur*, ce sont là de grosses fautes. Elle a heureusement du nez, du

Elle le transvase, le rafraîchit de quelques aromates nouveaux : il sera presque mangeable.

palais; c'est avec cela et de l'attention que se fait la bonne soupe, et le reste. Mme Liénard, la mère de Mme Valon, qui s'y entend, conseille Suzette.

On sait donc ici le moyen de sauver à peu près le ragoût brûlé. Sous les yeux de Mme Valon, elle le transvase, le rafraîchit de quelques aromates* nouveaux: il sera presque mangeable.

Pourtant elle se sent le cœur gros. Et il faut la consoler:

— Courage, ma mignonne! Tenons bon!

Mais il y a aussi des jours heureux, et ils sont de plus en plus nombreux, à mesure que le temps s'écoule et que Suzette grandit en taille et en bon vouloir.

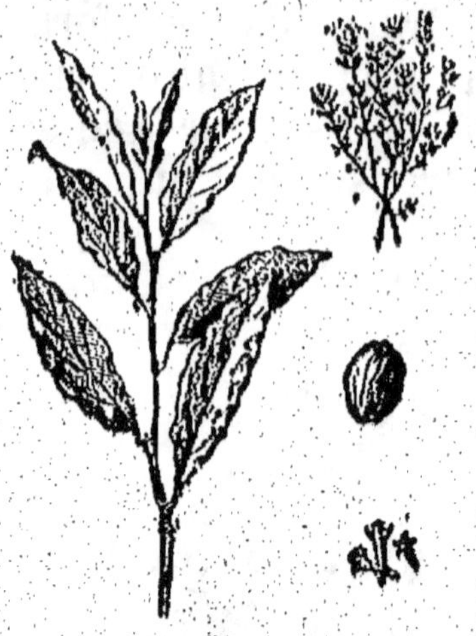

Les aromates les plus employés en cuisine sont: 1° le *thym*, plante odoriférante; 2° le *clou de girofle*, bouton à fleur du giroflier; 3° la *feuille du laurier*; 4° la *noix de muscade*, fruit du muscadier, plante qui croît dans l'Inde.

Par l'habitude, le ménage, si long au début, est troussé maintenant en quelques tours de main; et la marmite, qui obéit au doigt et à l'œil, jette de bonnes senteurs réconfortantes*. Suzette n'a pas abandonné le devoir. Elle a à cœur de continuer le beau, le noble rôle de sa maman et de la femme de la caverne: l'embellissement et la joie du foyer.

Et, à cette heure, la maison est toute gaie de propreté et de fraîcheur; aux repas, la famille se régale de mieux en mieux; le père, rasséréné*, sourit à la petite ménagère, qui même, aujourd'hui, trouve encore le temps de jouer.

Questionnaire. — Que faisaient un joli papillon, les oiseaux et les fillettes, pendant que Suzette préparait le repas de famille? — Que direz-vous de la chanson? — Pourquoi Suzette agissait-elle ainsi? — Quel accident survint pendant qu'elle cuisinait? — En quoi est-il fâcheux de laisser brûler un mets qu'on accommode? — Quel conseil fut donné à Suzette par Mme Liénard? — Pourquoi était-elle triste? — Dites un mot de ses progrès dans la tenue du ménage. — Pourquoi la chère petite a-t-elle réussi de la sorte? — Quelle heureuse transformation avait subie la maison?

DÉVELOPPEMENT DES SUJETS PROPOSÉS POUR EXERCICES.

Français. — *Formez des propositions dans lesquelles vous indiquerez ce que font ou faisaient: le papillon, les oiseaux, les fillettes, le ragoût, Mme Liénard, Suzette, la marmite, la famille à table.*

Le papillon voltigeait devant la fenêtre. — Les oiseaux se répondaient. — Les fillettes dansaient en chantant une ronde, etc., etc.

Économie domestique. — *Quelles précautions faut-il prendre lorsqu'on fait cuire de la viande ou bouillir du lait? — Comment rend-on mangeable un mets brûlé? — A quoi servent les aromates dans la cuisine? — Quels sont les principaux? — Où se les procure-t-on? — Où met-on du thym, du laurier?*

Il est prudent, lorsqu'on fait cuire un mets ou bouillir du lait, de ne pas pousser le feu trop vivement, car la partie voisine du fond du vase serait exposée à brûler. Le lait déborderait alors et se perdrait en partie, tandis que le reste contracterait un goût détestable; il ne faut donc jamais le perdre de vue, ce qu'oublie plus d'une petite fille à qui la maman a donné commission de veiller au fourneau.

On rend *mangeable* un mets brûlé en le plaçant dans un autre vase après avoir enlevé du morceau la viande détériorée; on fait cuire ce qui reste sur un feu doux, en ayant soin de le couvrir de nouveaux aromates et de mettre soit du beurre frais, soit quelques tranches de lard au fond de la casserole.

Les *aromates* ou *condiments* communiquent à la viande quelque chose de l'odeur forte et agréable qui leur est particulière, et en rendent la digestion plus prompte et plus facile. Tels sont : l'ail, la ciboule, l'oignon, l'échalote, le laurier, le poireau, les câpres, les capucines, le persil, le cerfeuil, l'anis, l'estragon, le thym, le serpolet. Sur la même ligne, nous mettrons les *épices*, c'est-à-dire le poivre, le piment, la vanille, la cannelle, le girofle, la muscade. La plupart viennent de la Malaisie.

On se procure les aromates ou condiments ainsi que les épices, soit en les cultivant dans son jardin, soit en les achetant chez les épiciers.

Les cuisinières mettent du thym et du laurier dans les ragoûts et sur les viandes qu'on fait cuire dans leur jus.

Sciences naturelles. — *Qu'est-ce que le palais? — A quoi nous sert le nez qui est l'organe de l'odorat? — Qu'est-ce qu'un papillon? — Nommez-en quelques espèces. — D'où naissent-ils? — Citez un papillon très utile.*

Le palais est la partie supérieure de l'intérieur de la bouche; on le regarde comme le siège du goût.

Le nez est l'organe de l'odorat; par lui nous avons la sensation des odeurs. Il forme saillie sur la face de l'homme, et les deux trous ou narines qui se trouvent à sa base donnent passage à l'air, lorsque ce gaz pénètre dans l'intérieur de la poitrine ou en est expulsé. Intérieurement, le nez est tapissé d'une membrane secrétant continuellement une humeur particulière qui maintient à l'organe toute sa sensibilité.

Le papillon est un insecte dont la bouche en forme de trompe a une conformation telle que l'animal peut aspirer le suc des fleurs; ses deux paires d'ailes sont membraneuses et souvent ornées des plus riches couleurs.

Le papillon provient d'un œuf qui bientôt donne naissance à une larve ou chenille. La chenille, à son tour, change d'état et se transforme en *nymphe* ou *chrysalide* après avoir filé un cocon où elle repose privée de mouvement jusqu'à l'instant où, une nouvelle métamorphose s'étant produite, on en voit sortir un papillon qui prend immédiatement son essor dans les airs.

Les papillons se divisent en un très grand nombre d'espèces; nous indiquerons le *Vulcain*, à bandes de feu; le *Paon de jour*, avec quatre superbes yeux d'un bleu violet; la *Belle-Dame*, les *Piérides*, papillons blancs funestes aux choux, navets, radis, etc.; le *Sphinx*, très nuisible aux abeilles, dont il mange le miel. Parmi les papillons utiles, nous citerons le *bombyx* du ver à soie, dont la chenille tisse un cocon formé par un fil brillant et solide, la soie, avec lequel on confectionne de superbes étoffes.

9. — La clef du trésor. (*Élève*, p. 22.)

Suzette avait maintenant douze ans, et c'était pour elle la fin des classes qui arrive toujours un peu trop vite.

A ces douze ans-là s'ajoutaient un teint clair, des dents blanches et propres, une souple et longue chevelure ornant un visage à l'air ouvert et avenant. Le jour de son anniversaire* tombait juste la veille des vacances.

Comme les élèves, assez pressées de les commencer, se levaient, sans attendre le coup de l'horloge, Mme Valon les fit rasseoir.

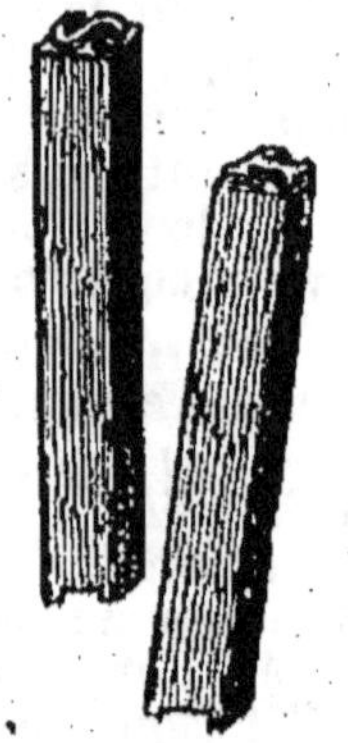

L'art du livre.

Les *caractères d'imprimerie* sont de petites tiges de métal qui portent en relief à l'une de leurs extrémités une lettre de l'alphabet. L'ouvrier appelé *compositeur* forme, avec ces lettres, des mots, puis des lignes, enfin une page. La page composée et corrigée est placée sous une machine appelée *presse;* un rouleau imbibé d'encre d'imprimerie recouvre de noir les caractères; on place ensuite sur ces caractères une feuille de papier sur laquelle on opère une pression, de façon que les lettres mouillées d'encre s'impriment en noir sur le papier.

— Encore un moment, dit-elle; plusieurs d'entre vous ne me reviendront plus: je dois leur adresser une question. Elles s'en vont sachant au moins lire; mais savent-elles pourquoi l'école leur a appris à lire?

La plupart des nez se levèrent vers le plafond comme si la réponse eût dû s'y trouver, et Mme Valon répéta sa demande.

— Eh bien! reprit-elle, après un nouveau silence, on vous a appris à lire, tout simplement pour que vous lisiez!

Les demoiselles de douze ans, et les autres plus jeunes, se mirent à rire.

— Oui, reprit Mme Valon, vous emportez d'ici la lecture, clef d'un vaste trésor qui est le savoir. Beaucoup de celles qui vous ont précédées sur ces bancs ont oublié cette clef au fond de leur poche et sont retournées aussitôt à la pauvreté, à la stérilité d'esprit * d'où l'école avait voulu les tirer. Voyons, Jeanne, et toi, Madeleine, et toi, Suzette, vous me comprenez?

— Oui, Madame.

— Eh bien! que ferez-vous de la clef?

— Nous ouvririons le trésor, répondit Suzette, si nous avions des livres.

— A la bonne heure!

— Mais nous n'en avons pas.

— Vraiment! pas un seul chez aucune de vous?

— Moi, dit Madeleine, j'en ai un : l'almanach * de Mathieu Lænsberg.

— Moi, s'écria Jeanne, j'en ai trois.

— Moi, quatre, dit Suzette.

— En y comprenant l'almanach, reprit en souriant Mme Valon, cela fait déjà huit. Et vous autres?

Chacune dit son chiffre, et l'addition donna soixante-trois livres.

— Vous me les apporterez; j'en ferai un choix; avec une quarantaine d'ouvrages de ma bibliothèque * que j'ajouterai, voilà le trésor commun à vous toutes; vous y puiserez librement et nous l'accroîtrons avec un peu de bonne volonté. Ce sera le commencement de la bibliothèque scolaire du village. J'attends vos livres demain... Et maintenant, séparons-nous sans adieu. Vous, grandes filles, qui quittez l'école, n'oubliez pas qu'avec cette bibliothèque, vous avez encore ici une amie.

Spontanément les grandes filles se levèrent de leurs bancs, et entourèrent Mme Valon. Les petites, celles qui devaient revenir dans six semaines, firent de même. On embrassa l'institutrice, car on l'aimait.

—Allons, hop! en vacances! dit-elle avec un sourire ému.

Ce fut une envolée d'oiseaux à qui l'on ouvre la cage.

Suzette, qui avait le cœur tendre et réfléchi*, dit adieu d'un mélancolique regard à ces murs, à son banc, aux six années de sa jeune vie déjà passées là.

Questionnaire. — Faites le portrait de Suzette à douze ans. — Qu'entendez-vous par anniversaire, par vacances? — Quelle question adressa Mme Valon à ses élèves sur l'utilité de la lecture? — Pourquoi tant d'élèves oublient-elles ce qu'elles ont appris à l'école? — A quelle condition peut-on lire? — Que proposa madame l'institutrice pour former une bibliothèque scolaire? — Quels avantages présente une bibliothèque scolaire? — Quel mot affectueux dit Mme Valon aux enfants? — Comment celles-ci prirent-elles congé d'elle? — Pourquoi aimaient-elles Mme Valon? — Quelle pensée attristait Suzette en reprenant le chemin de la maison?

DÉVELOPPEMENT DES SUJETS PROPOSÉS POUR EXERCICES.

Morale. — *Pourquoi voit-on avec plaisir arriver les vacances? — A qui pensez-vous avec reconnaissance à la fin de l'année scolaire, et pour quelle raison? — Comment doit-on employer les vacances?*

Les élèves voient arriver avec plaisir l'époque des vacances, parce qu'elles sont fatiguées des études et des travaux de l'année scolaire; rien d'ailleurs n'est plus agréable que de se reposer lorsque, pendant de longs mois, on s'est montrée laborieuse et appliquée. C'est pour elles un bonheur de rester tout le jour à la maison paternelle ou à la campagne, au moment de la récolte des fruits et des vendanges. A la ville, elles ont la perspective de promenades dans les jardins publics, dans les musées et dans les beaux édifices qui ornent les grands centres de population.

Au moment de prendre congé de la classe, à la fin de l'année scolaire, les élèves pensent avec reconnaissance aux sacrifices de leurs parents, qui ne ménagent rien pour que livres, cahiers, plumes ne fassent pas défaut, et qui sont frappés par l'État de lourds impôts à l'occasion de la bonne installation des écoles et du traitement du personnel enseignant. Elles se rappellent encore avec attendrissement les soins dévoués de madame l'institutrice, ses fatigues, ses préoccupations, et la tendre sollicitude dont elle entoure chacune d'entre elles.

Une jeune fille raisonnable emploiera ses vacances à seconder sa mère dans les travaux du ménage, à lire de bons livres, à revoir le texte de quelques leçons importantes, et enfin à jouer avec ses compagnes dans le lieu et pendant le temps que ses parents fixeront.

Composition. — LES LIVRES. — *Ce qu'ils sont; — ce que nous y apprenons. — Donnez le résumé d'un livre* (non classique) *que vous avez lu. — Quels livres aimeriez-vous posséder? — Pourquoi?*

Les livres nous font connaître ce que savent et ce que pensent les hommes les meilleurs ou les plus instruits; le fruit des études d'une vie entière s'y peut recueillir en quelques heures. Ils sont à l'âme ce que les aliments sont au corps.

Un auteur célèbre, Pétrarque, parlait ainsi des livres : « Ce sont des amis dont la société m'est fort agréable, des amis de tous les pays et de tous les temps. Les uns me racontent les événements des siècles passés; d'autres me révèlent les secrets de la nature. Celui-ci m'enseigne le moyen de bien vivre et de bien mourir; celui-là dissipe mes soucis par son enjouement; il en est qui m'apprennent à maîtriser mes désirs, à me supporter moi-même; enfin, ils me conduisent sur la route de la science et satisfont à tous les besoins de mon esprit. »

(Donner ici le résumé d'un livre qu'on aura lu. Voir, page 407, le COURS DE COMPOSITION (*degré supérieur*, Maître), par E. LAPORTE.)

Industrie. — *Comment compose-t-on, imprime-t-on les livres? — Qui a découvert l'imprimerie? — Donnez quelques détails. — Pourquoi les livres coûtent-ils moins que les manuscrits? — Qu'est-ce qu'un livre in-folio, in-quarto, in-octavo, in-douze, in-dix-huit?*

Avant le quinzième siècle, on n'avait que des livres écrits à la main (les manuscrits), ce qui les rendait à la fois rares et coûteux; seuls, les riches pouvaient s'en procurer. Grâce à l'imprimerie, il s'en trouve aujourd'hui dans toutes les mains, et l'on en a composé sur tous les objets des connaissances humaines.

Pour *imprimer un livre*, on reproduit le texte du manuscrit de l'auteur au moyen de lettres de métal alignées les unes à côté des autres, de manière à former les mots. L'ouvrier prend les lettres dans de petites cases, et il les dispose sur un cadre ayant les dimensions d'une feuille de papier. (Voir, pour la suite, la légende de la gravure de la page 30.)

L'*imprimerie* fut découverte en 1434, à Strasbourg, par Jean Gutenberg, né à Mayence en 1400 : c'était alors un riche bourgeois. Ruiné par les frais de sa découverte, il retourna à Mayence vers 1444 et, en 1450, s'y associa avec Jean Fust. Tous deux publièrent la Bible; mais dès que Fust connut les procédés de l'art nouveau, il poursuivit Gutenberg afin d'obtenir le remboursement des avances qu'il lui avait faites, puis l'abandonna sans ressources pour s'adjoindre Pierre Schœffer. Le malheureux inventeur parvint néanmoins à fonder une imprimerie qu'il posséda jusqu'à la fin de sa vie (1468).

Une fois composés en lettres métalliques, les livres peuvent être reproduits à peu de frais à un nombre considérable, ce qui explique leur bon marché.

Les feuilles de papier sur lesquelles on imprime ont de grandes dimensions ($0^{m},80$ sur $0^{m},60$ environ). Si on plie chacune d'elles en *deux* pour former le livre, on dit que l'ouvrage est du format *in-folio;* si on la plie en *quatre*, on obtient l'*in-quarto;* en *huit*, l'*in-octavo*, etc., et comme chacune de ces feuilles est imprimée sur les deux faces, le nombre de pages de chaque format est toujours le double de la quantité qu'indique le nom du format lui-même; ainsi l'in-folio comprend 4 pages (2 fois 2 pages); l'in-quarto, 8 pages (2 fois 4 pages); l'in-octavo, 16 pages (2 fois 8 pages); l'in-douze, 24 pages; l'in-18, 36 pages, etc. Ces différents formats comprennent un ou plusieurs cahiers portant chacun un numéro d'ordre particulier, lequel sert surtout à classer méthodiquement à la suite l'une de l'autre les feuilles d'un même livre.

10. — Grosse affaire. (*Élève*, p. 25.)

— Ah! ah! tout va marcher comme il faut! Papa m'a confié la maison, me voilà la maîtresse!

Dans un petit miroir, elle regarda la figure que faisait ce matin-là la maîtresse de la maison en robe d'indienne* lilas à pois blancs, et en tablier de cotonnade* frais déplié. Eh bien! on n'était pas tout à fait mal dans ce nouveau rôle!

Il n'y avait plus à cette heure qu'à faire sentir la main*, d'abord, à la basse-cour qui, tant qu'on allait à l'école, ne se gênait pas pour vagabonder, ou se perdre; et puis à MM. François et Charlot, plus indociles encore que la volaille.

Dans un petit miroir, elle regarda la figure que faisait, ce matin-là, la maîtresse de la maison.

Quant à Jacques, il se conduisait tout seul, en aîné; il travaillait bien avec M. Valon, qui le poussait vers la culture de la terre, et, convaincu qu'il n'y a pas de meilleure, de plus saine, de plus utile profession, le préparait avec ardeur à entrer à l'École d'agriculture *.

Mais ce beau projet n'incitait pas le « singe » et le jeune frère à travailler davantage.

De plus en plus François passait en contrebande * son temps sur les arbres, ou dessous, à dresser des appeaux *, et Charlot consacrait le sien à admirer et à imiter les imaginations * fraternelles. Avec cela, tous deux mettaient leurs vestes, leurs pantalons en loques. Pour le débarbouillage de leurs vilaines mains et de leurs joues de charbonniers, ils refusaient d'y entendre; autant leur proposer une médecine.

La basse-cour, bien dirigée, doit suffire à l'entretien du ménage.

Justement, ce matin-là, le père et Jacques étant partis ensemble, les deux gamins se présentèrent, au saut du lit, avec les visages de la veille et de l'avant-veille, tatoués* des plis de l'oreiller, les cheveux en broussailles.

— Oh! mais, on va cette fois m'obéir, se laver, et à grande eau! dit Suzette avec une voix de commandement.

François entonna :

« C'est le roi Dagobert
« Qui a mis sa culotte à l'envers! »

— C'est vous, c'est vous, Monsieur! reprit sévèrement la maîtresse de la maison. Le roi Dagobert était beaucoup plus soigneux que cela, et il n'allait pas à l'école sans se laver au moins le nez. Le vôtre est fort malpropre. A la cuvette, Monsieur François! obéissez, et rondement!

Tous deux mettaient leurs vestes, leurs pantalons en loques.

Comme on venait de parler de nez, le « singe » posa sur le sien son pouce, et agita les quatre doigts pour marquer ce qu'il pensait de l'obéissance due à Suzette.

Et Charlot, fidèle à l'exemple, en fit autant.

Sur quoi Suzette, de fort mauvaise humeur devant la rébellion*, leva la main.

Mais François, la saisissant, la lui serra à la faire presque crier.

— Tout le monde est ici autant que toi, dit-il; nous nous laverons quand il nous plaira, pas avant!

— Non! pas avant! répéta Charlot sur le même ton.

Et ils se sauvèrent.

Restée seule, Suzette se mit à pleurer. Quel début dans la maîtrise! Et comment s'y prendre pour obtenir des gens leur débarbouillage? Oh! que bien faire est difficile!

Questionnaire. — Qu'espérait Suzette, devenue maîtresse de maison? — Comment était-elle au matin du premier jour où elle prit la direction du ménage? — Où et à qui fallait-il faire sentir la main? — Que faisait Jacques? — Que pensait M. Valon de l'agriculture? — Comment se conduisait François? — A quoi Charlot employait-il son temps? — Ménageaient-ils leurs vêtements, faisaient-ils leur toilette? — Comment, ce matin-là, se présentèrent-ils à Suzette? — Quel ordre donna cette dernière et que répliquèrent-ils? — Qu'aurait fait Suzette irritée, si François ne lui eût saisi la main? — Pourquoi pleura-t-elle quand elle fut seule?

DÉVELOPPEMENT DES SUJETS PROPOSÉS POUR EXERCICES.

Morale. — *Que pensez-vous des amusements de François? — Pourquoi sa conduite n'est-elle pas exemplaire pour Charlot? — Pourquoi n'est-elle pas celle d'un bon petit frère à l'égard de Suzette? — Qu'auraient dû faire les deux jeunes garçons?*

Je pense que François ne pouvait choisir de pires amusements. D'abord, il négligeait l'école et il employait le meilleur de son temps à dénicher les oiseaux, plaisir imbécile et cruel; puis il déchirait ses vêtements en grimpant aux arbres, ce qui constituait pour son père un surcroît de dépenses, et pour Suzette le motif d'un travail fatigant.

Sa conduite à l'égard de Charlot est très blâmable; en qualité d'aîné, il était tenu de donner de bons exemples au pauvre petit orphelin, et, loin de là, il l'accoutumait à la paresse tout en l'excitant à la rébellion contre leur sœur. Cette façon d'agir était d'autant plus coupable que la jeune fille remplaçait la mère, qui n'était plus, dans la tenue du ménage, tâche bien lourde et bien méritoire pour cette enfant à peine adolescente.

Les deux jeunes garçons auraient dû tenir compte des ordres de Suzette; peut-être leur commandait-elle d'un ton trop absolu, mais la bonté de l'intention la rendait excusable. La façon de répondre de François prouve combien la légèreté d'esprit gâte le cœur.

Économie domestique. — *Dites ce qu'est une basse-cour et quels animaux la peuplent. — Quelles petites constructions y voit-on? Donnez quelques détails sur chacune. — Quel animal de basse-cour vous paraît le plus utile? — Pourquoi?*

La basse-cour est un enclos attenant à une maison d'agriculteur ou compris dans les dépendances d'une ferme. On y entasse ordinairement les fumiers, et l'on en fait le séjour habituel des volailles, des lapins et des porcs. Tous ces animaux sont logés, soit à demeure, soit de nuit seulement, dans des constructions légères fermées ordinairement de treillages métalliques; celles qu'on destine aux volailles sont munies de tout ce qu'il faut pour faciliter la ponte et l'éclosion des œufs. Les pigeons habitent un local élevé de 3 ou 4 mètres au-dessus du sol, auquel on donne fréquemment la forme d'une tour; ils y pénètrent par une étroite ouverture qu'on ferme à la nuit tombante. On remarque dans les colombiers nombre de petites cases pour nicher les pigeonneaux de chaque couple.

Les animaux de basse-cour les plus utiles sont le porc et les lapins. Les porcs sont installés dans des loges dont l'entrée est au niveau du sol; quant aux lapins, on les enferme dans des clapiers, petites cabanes étroites, fermées par une toile métallique et exposées au midi.

Civilité. — *Quels gestes sont peu polis et peu convenables?*

La plupart des jeunes filles comprennent ce que proscrivent, au point de vue des gestes, la modestie et les convenances; cependant il en est quelques-unes qui ne craignent pas de répondre comme François à un ordre et à une observation. D'autres agitent les bras, hochent la tête avec accompagnement de grimaces, mettent le poing sur la hanche, se tortillent sur leurs jambes, etc., etc. Combien elles sont ridicules quand elles s'oublient de la sorte, et combien elles donnent une idée peu favorable de leurs manières! On ne saurait donc leur recommander trop instamment de conformer leur tenue à celle des dames bien élevées, si elles ne veulent pas qu'on les classe parmi les enfants grossières et effrontées.

Histoire. — *Donnez quelques détails sur Dagobert et sur saint Éloi, son ministre.*

Dagobert, roi des Francs, gouverna d'abord l'Austrasie au nom de son père Clotaire II. Il lui succéda en 631, et posséda de plus la Neustrie. Le reste de la France, connu sous le nom d'Aquitaine, ne lui advint qu'après la mort de son frère Charibert.

Dagobert fut un roi magnifique : la splendeur de sa cour frappa à tel point les populations barbares, que le souvenir de son règne est resté vivant dans la mémoire du peuple. Il eut une conduite peu exemplaire, et il crut obtenir le pardon de ses fautes par des dons considérables aux églises; on lui doit la fondation de l'abbaye de Saint-Denis, où dorénavant furent inhumés les rois.

Entouré d'habiles ministres, parmi lesquels nous citerons l'orfèvre saint Éloi (588-659), qui devint évêque de Noyon, Dagobert maintint son autorité sur les peuples tributaires. On lui reproche le massacre de dix mille Bulgares, qui avaient demandé et obtenu asile dans le royaume. Il mourut prématurément en 638, après un règne de dix ans.

11. — La petite hirondelle. (*Élève*, p. 28.)

Le lendemain, Suzette revenait à cette pensée par une de ces matinées dorées qui annoncent l'automne; un léger voile de brouillard flottait au loin sur la plaine, et, sous un vent doux, s'en allait par lambeaux.

Levée la première, Suzette, à ce charme matinal, secoua un peu le souci* qui la tenait de voir recommencer la scène de la veille. Elle fit quelques pas hors de la porte, admira la pureté du ciel, puis regarda le faîte du portique à colombier où les hirondelles allaient, venaient à tire-d'aile*, fort animées, bavardant du départ prochain.

Hirondelles.

Ces oiseaux de passage habitent nos régions du printemps à l'automne et les régions tropicales pendant l'hiver. L'hirondelle est un animal utile qui se nourrit d'insectes.

Une d'entre elles, toute mignonne, toute jeunette, décrivait ses courbes avec des cris de joie, s'élevait, descendait en ondulant*; deux fois elle passa près de la jeune fille à la toucher; Suzette lui dit :

— Bonjour, bonjour, petite sœur hirondelle!

Et l'oiseau revint à elle avec un pépiement doux, comme s'il voulait entendre encore la caresse de cette

Bonjour, bonjour, petite sœur hirondelle!

voix. Dans son vol balancé, il lui frôla la joue et, comme il remontait, Suzette poussa un cri : une pierre venait de frapper l'hirondelle, qui tournoya et tomba sur le sol.

François était là derrière, un sourire gêné aux lèvres.

Suzette, frémissante, eut un mouvement vers le meurtrier; elle s'arrêta, puis alla ramasser l'hirondelle, et sans un mot, toute pâle, rentra dans la maison.

M. Dumay, Jacques et Charlot, qui venaient ensemble du jardin, approchèrent.

— Qui l'a tuée? demanda M. Dumay.

— Oui, qui l'a tuée? répéta Jacques.

Mais Suzette ne nomma pas le coupable. — Il se tenait derrière la porte entr'ouverte, et elle l'avait aperçu. Elle dit seulement, d'une voix mouillée de larmes :

— Il y a un instant la pauvre créature vivait là, et chantait. Maintenant, la vie et le chant sont finis; elle est morte !

— C'était l'amie de la maison, dit Jacques.

Le père ajouta :

— Que de fois votre mère et moi nous avons, au printemps, guetté* le retour des hirondelles en tremblant qu'elles ne désertassent* les nids de notre demeure!

Suzette tendit du côté de Charlot sa main, où l'oiseau, saignant de sa blessure, la tête pendante, était étendu.

— Réchauffe-le bien, dit Charlot; peut-être il revivra.

— Non; c'est fini, c'est la mort! Tu vois, on ôte la vie, mais on ne la rend pas. Pauvre petite hirondelle !

— Enfin! s'écria Jacques avec indignation, qui donc l'a tuée?

— Où est François? demanda le père, l'air soupçonneux.

Questionnaire. — Que voyait-on dans la plaine par une belle matinée d'automne? — Que fit Suzette en ce moment? — Que se passait-il sous le portique du colombier? — Que faisait une de ces gentilles hirondelles? — Parlez de ses jeux avec Suzette. — Quel événement interrompit cette scène charmante? — Qui avait tué l'hirondelle et quelle fut la conduite de Suzette à l'égard de son frère? — Reproduisez le dialogue qui eut lieu entre les membres de la famille. — Que demanda Jacques indigné?

DÉVELOPPEMENT DES SUJETS PROPOSÉS POUR EXERCICES.

Morale. — *Que pensez-vous de l'acte de François? — Est-il permis de frapper ou de tuer inutilement les animaux, et pourquoi? — Que pensez-vous de la discrétion de Suzette? — Que feriez-vous si vous voyiez commettre à l'école une action répréhensible?*

L'acte de François témoigne combien il est fâcheux d'agir sans prendre le temps de réfléchir sur ce qu'on va faire. Que les enfants se défient d'une première impulsion : rarement elle est bonne ou prudente, et ils se préparent ainsi d'amers regrets. Si François eût pris le temps de songer aux services que rendent les hirondelles, à l'affection de sa sœur pour le gentil oiseau, enfin à la lâcheté qu'il y a de frapper les êtres inoffensifs, nul doute que la pierre n'aurait pas quitté sa main. Il est, en effet, bien peu d'enfants capables d'un acte de froide cruauté.

Les animaux sentent comme nous; ils souffrent des mauvais traitements et des privations qu'on leur inflige, et la mort n'a pas moins d'angoisses pour eux que pour les hommes. C'est donc commettre une mauvaise action que de les faire souffrir et de les priver de la vie. De telles choses sont permises seulement lorsque la nécessité les justifie : tel est, par exemple, le besoin de pourvoir à la conservation et à la défense de notre vie.

Suzette, en ne dénonçant pas son frère, a agi comme une personne généreuse et discrète. Celles qui se font un malin plaisir de rapporter ce que font les autres, et notamment leurs condisciples, commettent une lâcheté, à moins qu'elles n'aient une surveillance à exercer. Elles montrent ainsi qu'elles n'ont aucune affection pour leurs compagnes et aucune délicatesse de cœur.

Si je voyais une de mes compagnes commettre une action répréhensible, disait une jeune fille, je lui ferais observer discrètement, et dans un entretien particulier, qu'elle aurait pu mieux agir; je lui rappellerais les avis et les bons exemples qui condamnent cette action. Si elle se disposait à recommencer et qu'il en dût résulter de graves inconvénients, j'en préviendrais mes parents ou madame l'institutrice, afin d'aviser aux mesures que réclamerait la circonstance.

Sciences naturelles. — *Quels oiseaux habitent nos contrées seulement pendant la belle saison? — Parlez de leur arrivée, de leur départ. — Comment s'y prennent ces oiseaux pour construire leurs nids? — Où les placent-ils? — Détails sur les nids d'hirondelles.*

Certains oiseaux ne quittent jamais nos contrées; tels sont les moineaux, les rouges-gorges, les chardonnerets, les corbeaux, les hiboux. D'autres les abandonnent à la fin des beaux jours et ne reviennent qu'avec le printemps; par exemple, les hirondelles, les rossignols, les mésanges, les cailles, les oies et les canards sauvages, les cigognes, les grues. Les oiseaux des quatre dernières espèces que nous venons d'énumérer, gagnent les pays chauds en bandes qui forment un angle aigu, et cela afin de diminuer la résistance de l'air.

La plupart des oiseaux déploient, dans la construction de leurs nids, une adresse, une habileté remarquables; et chose non moins surprenante, c'est la régularité avec laquelle les différentes générations bâtissent des nids exactement semblables, lors même que les circonstances ne leur ont jamais permis d'en voir et de prendre des leçons de leurs parents.

Les parois des nids sont ordinairement établies avec de petites tiges flexibles, mastiquées quelquefois avec de la terre délayée dans de l'eau. L'intérieur en est presque toujours garni de fils de crin, de laine ou d'un duvet moelleux qu'ils arrachent de leur poitrine.

Les nids des hirondelles sont maçonnés et fixés sous des abris, soit aux angles supérieurs des fenêtres, soit aux entablements, aux solives des hangars et d'autres lieux demi-clos dont l'accès est facile; ils durent plusieurs années et servent au même couple.

Agriculture. — *De quoi se nourrissent les insectes? Citez quelques exemples. — Qu'est-ce qui souffre des ravages des insectes? — Quels services rendent à l'homme les hirondelles en particulier et les oiseaux en général?*

Des milliers d'espèces d'insectes, toutes douées d'une effrayante fécondité, vivent aux dépens des végétaux les plus utiles à l'homme : le blé, la vigne, la pomme de terre, la betterave, sans compter les fruits des arbres. Plusieurs variétés de ces animaux détruisent le plant à sa sortie de la terre : les limaces, par exemple, dont les ravages sont incalculables lors des années humides. D'autres s'attaquent aux racines des légumes, comme les courtilières et les larves des hannetons.

Ce n'est pas tout : des bandes de rongeurs, souris, rats, mulots, campagnols, pénètrent dans les granges après avoir vécu pendant la belle saison aux dépens de nos récoltes; elles dévorent les grains et mettent la paille en miettes.

L'homme succomberait dans sa lutte contre de si terribles adversaires, si Dieu ne lui eût donné dans les oiseaux des auxiliaires précieux : hirondelles, moineaux, fauvettes, mésanges, chardonnerets, détruisent une quantité prodigieuse d'insectes. Les oiseaux de proie nocturnes, et nous voulons désigner par là les hiboux, les chouettes, les grands-ducs, font une guerre d'extermination aux rongeurs, et avec bien plus de succès encore que les chats.

Il est donc doublement imbécile et méchant celui qui tue ces utiles animaux, ou détruit leurs nids.

12. — On se débarbouille. (*Élève*, p. 30.)

Alors la porte s'ouvrit tout à fait; François s'avança en sanglotant*.

— Oh! dit-il, c'est moi! c'est moi!... Je tenais à la main une pierre; je l'ai jetée, je ne sais comment... mais j'ai tué l'hirondelle! je l'ai tuée! Oh!

Ses sanglots* devinrent si déchirants* qu'il fallut s'occuper de le calmer.

Eh bien! il avait du cœur, ce vilain enfant; oui, il avait la meilleure, la plus précieuse chose de ce monde, le seul remède au mauvais caractère et au mauvais esprit*. Il dit à sa sœur, en l'embrassant :

— Je t'ai fait beaucoup de chagrin, et tu ne m'as pas dénoncé... — Puis, avec un geste brusque : — Tiens! je vais me débarbouiller.

— J'y vais aussi! dit Charlot en suivant son cadet.

Et voilà! Suzette avait trouvé le joint*; la bonté, l'appel à la raison et au cœur valent mieux, pour se faire obéir, que la rudesse du commandement ou le reproche amer et ironique*. Tout le monde ici continua de se débarbouiller; les mœurs s'adoucirent et l'autorité morale de la bonne âme supérieure en raison et en dévouement fut respectée.

D'ailleurs on grandissait; et il faut bien qu'avec la taille grandisse aussi la sagesse.

Malheureusement les choses, en vieillissant, ne changent pas toutes aussi favorablement que les gens : les robes du dimanche, par exemple. Il arriva un moment où, après cent nettoyages, repassages, raccommodages, Suzette dut renoncer à la sienne.

Et quelle grosse affaire que la robe du dimanche quand on atteint ses quatorze ans ! Suzette y était ; elle poussait comme une asperge. Mais la robe, tout en prenant de l'âge comme elle, suivait une marche inverse * et lui découvrait de plus en plus les chevilles.

De leur côté, les souliers de Charlot ne voulaient rien entendre à l'allongement des pieds du bonhomme. Un beau jour, ils crevèrent à l'empeigne * et montrèrent les bas et les reprises.

Questionnaire. — Dans quels termes François fit-il l'aveu de sa faute? — Que peut-on penser de cet enfant ? — Comment prouva-t-il qu'il avait bon cœur ? — Quelle est la meilleure manière de se faire obéir ? — Quelle chose doit croître, avec la taille, chez l'enfant ? — En quel état se trouvait la robe de Suzette, et pourquoi? — N'y avait-il que ce vêtement à renouveler ?

DÉVELOPPEMENT DES SUJETS PROPOSÉS POUR EXERCICES.

Hygiène. — *Au point de vue des soins de propreté, que doit faire une jeune fille après son lever, pour ce que réclament le corps, ses vêtements et sa chambre? — Comment faut-il s'y prendre pour bien se débarbouiller, pour nettoyer ses vêtements et ranger sa chambre? — Avantages de la propreté tant pour la santé que pour la conservation des vêtements.*

Chaque jour, après avoir fait sa chambre et rangé ses vêtements, une jeune fille doit procéder à sa toilette. Pour débarrasser la peau des souillures ou de la poussière, elle lavera son visage, ses oreilles, son cou, ses mains et ses poignets, à l'eau froide, pendant l'été ; à l'eau légèrement attiédie en hiver. Elle se servira fréquemment du savon pour les mains.

Afin de conserver la fraîcheur de l'haleine et la fermeté des gencives, elle lavera sa bouche et promènera sur ses dents une brosse douce trempée dans de l'eau tiède. Les frictions à la brosse ne doivent pas être rudes, sinon elles déchausseraient les dents.

On se gardera d'oublier l'usage du cure-oreille et de la lime à ongles ; rien n'est répugnant comme les ongles noirs de malpropreté.

En usant chaque jour du peigne et de la brosse, on débarrasse les cheveux des pellicules et des sécrétions qui leur donnent une odeur fétide. De temps en temps, on pratiquera des onctions de corps gras, huile ou pommade, pour corriger la rudesse des chevelures dites sèches.

On *nettoie ses vêtements* en les brossant doucement après avoir frotté entre les mains les parties tachées de boue ; on les agite ensuite au grand air afin de les débarrasser de ce qui reste de poussière. Les *chaussures* devront être décrottées aussitôt après qu'on les aura quittées ; elles sécheront pendant la nuit et, au matin, rien ne sera plus facile que de les cirer. Le cirage entretient la souplesse du cuir et en assure la durée.

Dans une chambre, les meubles, les sièges et les tapis ont une place déterminée; il faut donc chaque jour, après le nettoyage de la pièce, remettre ces objets à l'endroit habituel; ainsi l'on s'accoutume à l'ordre et l'on prévient les accidents.

La *propreté* assure le fonctionnement de la peau et, surtout, de cette transpiration invisible qui débarrasse le corps des substances malsaines; elle enlève les souillures qui obstruent ou recouvrent les pores. Elle prévient une foule de maladies inflammatoires, les éruptions de boutons, les dartres qui défigurent les plus jolis visages. Les soins donnés aux vêtements en assurent la durée et leur conservent longtemps l'apparence qu'ils ont lorsqu'ils sont neufs.

Industrie. — LE SAVON. — *De quelles matières se compose-t-il? — Où le fabrique-t-on en grand? — Quelles sont les diverses sortes de savons? — A quels usages applique-t-on le savon? — Comment fait-on un savonnage?*

Le savon est une composition d'huile ou d'une autre matière grasse combinée avec de la potasse ou de la soude. On fait bouillir pendant 24 à 28 heures ces substances dans de vastes chaudières en remuant de temps à autre. Le savon se forme et surnage en grumeaux; on l'enlève, on le lave et il ne reste plus qu'à l'introduire dans des moules où, sous une forte pression, il prend les formes les plus variées. Le savon se fabrique principalement à Paris, à Rouen, à Nantes, à Reims, à Marseille. Dans cette dernière ville, on en produit près de 100 millions de kilos par an.

Le *savon de toilette*, dur et transparent, est préparé avec de la graisse de rognons et de la soude. On dessèche le produit obtenu et on le dissout ensuite dans l'alcool; on filtre et on fait évaporer cette sorte de bouillie après l'avoir parfumée; lorsqu'elle a acquis une consistance suffisante, elle est coulée dans des moules.

Les *marbrures* des savons communs s'obtiennent en mêlant au savon blanc du savon où il est entré de l'alumine et de l'oxyde de fer.

Le savon dissout les graisses; on l'emploie pour le nettoyage des tissus, des boiseries et aux divers soins de la toilette.

Pour *faire un savonnage*, mettez de l'eau tiède dans un baquet ou une grande terrine; faites-y tremper le linge, puis frottez-le avec du savon jusqu'à ce que disparaissent les souillures les plus apparentes. Plongez ensuite le linge dans une eau plus chaude; savonnez de nouveau et laissez tremper le tout. Deux ou trois heures après, si la chose vous paraît nécessaire, frottez de nouveau au savon, puis rincez à grande eau dans un baquet d'eau fraîche, sauf toutefois pour les lainages, qui exigent de l'eau tiède. En dernier lieu, mettez ce linge au bleu, de manière à obtenir une nuance très pâle, et étendez jusqu'à ce qu'il soit bien sec.

LE CIRAGE. — *Qu'est-ce que le cirage? — Quels avantages présente-t-il? — Avec quelles matières le fabrique-t-on? — Comment conserve-t-on la souplesse des chaussures de fatigue?*

Le cirage est une composition où domine le noir de fumée délayé dans un acide; on l'étend sur les chaussures, auxquelles il donne du brillant, après avoir été frotté vivement à la brosse. Comme nous l'avons précédemment indiqué, il conserve la souplesse du cuir et empêche qu'il ne soit pénétré par l'humidité.

Pour conserver la souplesse des chaussures de fatigue, il faut les graisser de temps en temps avec du suif ou de l'huile de pied de bœuf.

13. — Une bonne idée. (*Élève*, p. 31.)

Suzette exposa la double question au papa.

— Hum! hum! répondit-il en se grattant l'oreille, des souliers, une robe, tout à la fois! Si tu attendais que j'eusse vendu mon blé? car je ne pourrais, jusque-là, t'offrir qu'une vingtaine de francs.

— Parfait, vingt francs! Vingt et trente font cinquante; j'ai trente francs d'économies.

— Trente francs! Tu ne m'as donc pas remis tout le produit des œufs et de la volaille?

— Si, papa.

— Eh bien, alors?

Suzette leva l'index :

— Eh bien, papa, écoutez! Les quinze grammes de café que nous dépensons chaque matin coûtent dix centimes; à ce prix-là, combien coûte le demi-kilogramme?

Elle attendit la réponse, qui ne vint pas vite : M. Dumay ne se piquait pas d'arithmétique*.

— Il coûte trois francs trente-trois centimes, reprit Suzette. Or j'ai eu, depuis quelque temps,

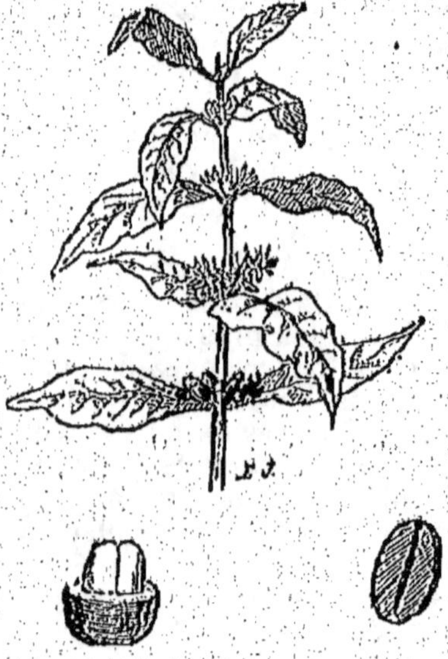

Le café.

Branche de caféier, avec ses fruits; à côté, un de ces fruits contenant deux grains de café verts; c'est dans cet état que le café est brûlé par l'épicier dans un cylindre qu'il tourne avec une manivelle au-dessus d'un brasier. Le café prend alors une couleur marron foncé.

l'idée de l'acheter, non plus par miettes, mais par

demi-kilogramme d'un coup, et je ne le paye plus que deux francs soixante. J'épargne ainsi au marchand la peine de peser trop souvent, et il me reste, à moi, soixante-dix centimes. Avec quelques autres économies de ce genre sur diverses denrées *, en dix mois ç'a été trente beaux francs. Rien n'est plus cher que d'acheter sou à sou, par petite quantité.

La préparation du café.

Il faut avoir soin de moudre le café soi-même pour que l'arome se conserve plus longtemps; faites bouillir de l'eau, jetez-la ensuite sur le café en poudre que vous avez mis sur le tamis de la cafetière et, dès qu'il est passé, versez-le bien chaud. En été, le café froid coupé d'eau est une boisson hygiénique et réconfortante.

Elle tira d'une boite deux pièces jaunes toutes brillantes, puis alla chercher son livre de comptes.

Le père mit ses lunettes, les promena du haut en bas de la comptabilité* proprette qui se voyait là, et courut à l'addition, aux deux pièces d'or présentes et probantes*.

— Bien! dit-il, enchanté; ta mère n'a pas trouvé ça, parce qu'elle était moins instruite que tu ne l'es. C'est d'un cœur ingénieux* et tendre que naissent les bonnes idées ménagères. D'une économie aussi sage nous viennent un peu plus d'abondance, de bien-être*. Et vive ma fillette qui est une bonne petite mère!

Les yeux de Suzette brillaient joyeusement. Il lui caressait doucement les cheveux :

— Je veux donc, reprit-il, qu'elle ait une jolie robe; et elle l'achètera elle-même, dès demain ; j'attellerai le char à bancs* pour la conduire à la foire de Saint-Quentin!

Questionnaire. — Que répondit le père lorsqu'il fut question de l'achat d'une robe et de souliers ? — Comment Suzette s'était-elle procuré les 30 francs nécessaires aux achats en question ? — Donnez des détails sur le genre d'économies qu'elle avait pratiqué ? — Qu'en pensez-vous ? — Que répondit le père ? — Quelle décision fut prise alors ? — Qu'est-ce que le caféier ? — Comment grille-t-on le café ? — De quelle manière se prépare une tasse de café noir ?

DÉVELOPPEMENT DES SUJETS PROPOSÉS POUR EXERCICES.

Morale. — *Faut-il dépenser tout ce qu'on gagne, et pourquoi ? — Comment appelle-t-on l'argent qu'on épargne ? — Quelles dépenses inutiles font bien souvent les hommes ? — Que pensez-vous des fâcheuses habitudes qu'ils contractent de cette manière ?*

Les personnes qui dépensent au jour le jour ce qu'elles gagnent, ne sont ni raisonnables ni prudentes. Qu'il survienne un chômage, une maladie : comment alors fera celui dont toutes les ressources dépendent du travail quotidien ? Si un vêtement se trouve hors d'usage, si le moment arrive de renouveler la provision de chauffage, si le terme de loyer vient à échoir, comment se pourvoira-t-on de ces objets et comment réglera-t-on ses affaires si l'on n'a point d'argent réservé ? Il faut donc ne jamais dépenser tout ce qu'on gagne à mesure qu'on en touche le montant.

L'argent qu'on met de côté en vue des besoins de l'avenir, constitue ce qu'on appelle des économies.

Souvent les ouvriers s'habituent à dépenser chaque jour de petites sommes : 10, 15, 20, 30 centimes pour tabac, café, liqueurs. Il leur semble que ce n'est rien, et cependant ces menues dépenses, par leur répétition même, s'élèvent en fin d'année à une somme considérable avec laquelle ils pourraient assurer le repos de leur vieillesse ou faire face à des nécessités urgentes.

Calcul. — *Avec les 10 ou 15 centimes qu'un homme dépense inutilement chaque jour, quelle somme est prélevée sur le gain d'une année ? — Que pourrait-on payer ou acheter avec cet argent pour l'entretien du ménage ?*

A raison de 0 fr. 10 par jour, la dépense en question s'élèverait à.. 36 fr. 50
A raison de 0 fr. 15, la dépense s'élèverait à........... 54 fr. 75

Avec cet argent sottement dépensé, il aurait pu louer un jardin dont on aurait tiré les légumes nécessaires à la cuisine du ménage, — acheter la provision de bois ou de charbon pour l'hiver, — ou bien encore payer un semestre de loyer, munir les enfants de chaussures et de bas bien chauds, lorsque survient la saison rigoureuse.

Industrie. — *A qui et à quoi servent les lunettes ? — Quelle est la forme des verres de lunettes ? — Comment nous apparaissent les choses à travers les deux sortes de verres employées dans les lunettes ? — Qu'est-ce que l'instrument appelé lunette ? — Quels services rend-il ?*

Les lunettes ou *besicles* remédient aux défauts des vues faibles ou fatiguées, comme celles des vieillards et des personnes myopes.

Les premiers ne peuvent bien voir s'ils n'éloignent les objets de leurs yeux, ce qui fait qu'il leur est presque impossible de distinguer les petits objets et de lire ou écrire facilement. Les myopes doivent, au contraire, rapprocher les choses de manière à les amener presque au contact des yeux, de sorte qu'ils ne peuvent apercevoir celles qui sont éloignées ; pour eux, il n'y a ni beaux paysages, ni horizons étendus.

Selon que les lunettes sont pour l'usage des vieillards ou des myopes, les verres sont bombés des deux côtés ou concaves, c'est-à-dire creusés vers le centre.

L'instrument appelé *lunette* est un tube cylindrique, noirci intérieurement, dans lequel on dispose des verres de forme lenticulaire. La lunette rapproche les objets situés à de grandes distances; elle rend ainsi les plus utiles services aux navigateurs, aux militaires, enfin aux astronomes à qui elle a donné le moyen d'étudier les astres dans tous les détails de leur conformation.

14. — Brunehaut. (*Élève*, p. 34.)

Dans les villages où les chemins de fer ne sont encore qu'à l'état de jalons* peints en rouge et faisant la file indienne* par les plaines, un char à bancs ne s'attelle pas pour aller à la foire sans provoquer quelque émotion :

— Denis Dumay, s'il vous plait, une petite place, deux petites places, ou trois?

— Bon!

— Dites donc! si seulement vous en aviez quatre?

Tout fut accordé jusqu'à ce qu'il n'y eût plus moyen de loger même une sardine.

Cinq Dumay et sept voisins, vieux ou jeunes, étaient tassés à ne pas pouvoir se moucher.

Il y avait la voisine Ludivine, une petite femme à grosse tête comme un point d'interrogation, et son fils Vincent; puis, entre Baptiste Gardinet et Pierre Colas, un monsieur fumant la cigarette et un autre, encore plus monsieur, fumant le cigare.

C'était le gros Florentin Lejoly, qui, ayant voyagé à travers le département, feignait de ne plus comprendre le patois* de son village, et s'y donnait comme le meilleur parleur de français.

Auprès de lui, Morisot, le garde champêtre, une bonne tête de vieux soldat. Il avait cassé, la veille, sa pipe de deux sous achetée à la foire de l'an dernier, et allait la remplacer à la foire nouvelle.

On prit la grande route de Cambrai à Paris, par une chaussée* cailloutée de grès bleu, qui grinçait sous les roues.

— La traverse eût abrégé, dit M. Dumay, mais, chargés comme nous le sommes, la chaussée Brunehaut est plus sûre.

Il prononça Bruneau.

— Ah çà! demanda Ludivine, pourquoi cette chaussée-là s'appelle-t-elle Bruneau plutôt que Blondeau?

Sur quoi, très vite, Florentin Lejoly, qui portait, comme tous les jours où il allait à la ville, un chapeau trop haut sur une tête trop pommadée, un veston trop petit et une chaîne de montre trop grosse, demanda à son tour à Ludivine pourquoi Blondeau au lieu de Bruneau.

Cinq Dumay et sept voisins, vieux ou jeunes, étaient tassés à ne pas pouvoir se moucher.

Il se mit à rire le premier de ce qu'il prenait pour une excellente plaisanterie * et la moitié des gens en fit autant. Car le char à bancs charriait ce matin-là, ainsi qu'il arrive aux chars à bancs et à beaucoup d'autres voitures, l'ignorance naïve et l'ignorance prétentieuse * qui prend la parole sur toute chose.

Mais d'un coin de banquette une voix s'éleva; — était-ce celle de Suzette ou une autre? en tout cas, c'était la voix de l'histoire.

Et en quelques mots Ludivine, M. Florentin Lejoly et le voisinage apprirent pourquoi cette chaussée, et plusieurs autres du nord de la France, s'appelaient du nom de la reine d'Austrasie*, Brunehaut, qui les avait frayées, voilà douze siècles, à travers les grandes forêts couvrant alors ce pays. Peut-être la vieille reine avait-elle, dans son chariot attelé de bœufs, parcouru cette chaussée en examinant son œuvre utile aux hommes d'alors et même à ceux d'aujourd'hui, qui ont gardé la mémoire de son nom.

Cela se lisait dans un des livres de la bibliothèque scolaire fondée à Fragicourt par Mme Valon.

Questionnaire. — Que demandèrent les voisins en apercevant qu'on attelait la voiture? — Que pensez-vous de M. Dumay en cette circonstance? — Quelles personnes s'étaient entassées dans le char à bancs? — Que savez-vous sur Florentin Lejoly? — Pourquoi le garde champêtre allait-il à la foire? — Quelle raison détermina M. Dumay à prendre la grande route? — Que demanda Ludivine à propos de la chaussée? — Donnez quelques détails sur la toilette prétentieuse de Lejoly. — Quelle sotte question posa-t-il après Ludivine? — Quelle explication historique donna Suzette?

DÉVELOPPEMENT DES SUJETS PROPOSÉS POUR EXERCICES.

Morale. — *Quelle qualité montra M. Dumay en donnant place, dans son char à bancs, à chacun de ses voisins? — Comment une élève se montrera-t-elle obligeante envers ses parents, son institutrice, ses compagnes? — Avec lesquelles de ces dernières sera-t-elle le plus obligeante, et pourquoi? — Pourquoi les gens prétentieux sont-ils ridicules?*

En donnant place à ses voisins dans son char à bancs, M. Dumay fit preuve d'*obligeance*. Obliger, c'est rendre service avec l'intention de faire plaisir, et tel est notre devoir envers les personnes qui vivent dans notre société habituelle, envers les faibles et surtout envers les enfants, si faciles à décourager. Comme le dit un moraliste : « Si l'on ne fait jamais rien pour les autres, on ne peut attendre d'eux ni reconnaissance, ni amitié, ni secours. » Qui ne connaît la touchante histoire de Fénelon, archevêque de Cambrai? Il se promenait un soir dans la campagne et y rencontra une famille de pauvres paysans tout en larmes. Ils lui dirent que la vache de la maison, leur principale ressource, s'était égarée et que les recherches pour la retrouver n'avaient point abouti. Après avoir essayé de les consoler, il poursuivit sa route et rencontra l'animal, qu'il reconnut au portrait qu'on lui en avait fait. Aussitôt il saisit la longe et ramena la vache à ceux qui l'avaient perdue, heureux de sécher leurs larmes.

Entre écolières, nulle qualité ne rend plus agréables et plus faciles les relations quotidiennes que l'obligeance; elle est la marque d'un cœur délicat et devient l'occasion de rapports sur lesquels se fonde peu à peu une solide amitié. On reconnaît les élèves obligeantes à l'attention qu'elles montrent pour rendre à leurs compagnes ces mille petits services dont le besoin se manifeste si fréquemment dans la vie de l'école : tantôt c'est un livre, une plume, un crayon que l'on prête, une leçon qu'on explique, un problème dont on communique l'énoncé, un jouet dont on se prive; toutefois, l'obligeance ne saurait aller jusqu'à favoriser la négligence des esprits paresseux, en leur épargnant des recherches ou des travaux préparatoires.

S'il est, dans les compagnes de classe d'une élève, une catégorie d'enfants envers qui l'on sera davantage porté à l'obligeance, ne croyons pas qu'il s'agisse des plus grandes, des plus instruites, voire même des plus intelligentes et des plus riches, mais de celles qui sont les plus faibles, les plus souffrantes, les plus timides et les moins favorisées de la fortune.

Généralement les gens prétentieux sont ridicules parce qu'ils manquent de goût et de discrétion; ils s'affublent plutôt qu'ils ne s'habillent; ils pérorent à tort et à travers; ils veulent faire étalage de savoir lorsque eux-mêmes sont les pires des ignorants; chacun s'en égaye.

Histoire. — *Que savez-vous de Brunehaut? — Que savez-vous de sa sœur Galswinthe? — Quelles autres femmes célèbres sont citées avant elles dans l'histoire de notre pays? — Donnez quelques détails sur chacune d'elles.*

Brunehaut, fille d'un roi des Wisigoths d'Espagne, épousa en 566 Sigebert, roi d'Austrasie. Pour venger le lâche assassinat de sa sœur Galswinthe, femme de l'odieux Chilpéric, elle décida son mari à la guerre; mais il ne tarda pas à tomber victime d'un assassin dépêché par Frédégonde, seconde femme de Chilpéric.

Orgueilleuse et violente, Brunehaut poursuivit la guerre pendant la minorité de ses fils. Plus tard, elle tenta d'abaisser la puissance des grands seigneurs pour affermir la couronne de ses petits-fils; mais elle ne réussit point dans son entreprise. Méprisée pour son inconduite, redoutée par son ambition, elle fut livrée à Clovis II, roi de Neustrie, qui la fit périr cruellement (613).

Parmi les *femmes célèbres* qui ont figuré avant Brunehaut et sa sœur dans l'histoire de France, nous citerons: *les druidesses*, qui soutinrent le courage des Gaulois dans leur lutte contre J. César; — *Eponine*, si connue par son dévouement envers Sabinus, son époux; — *Blandine*, qui périt à Lyon, martyre de sa foi; — *sainte Geneviève*, qui releva le courage des Parisiens, lors de l'invasion d'Attila; — *Clotilde*, femme de Clovis, à qui l'on attribue la conversion de son époux.

Industrie. — *Comment établit-on une route, une chaussée? — Avec quelles pierres fabrique-t-on les pavés?*

Pour établir une chaussée ou une route, on nivelle le sol dans le sens de la direction tracée au moyen de jalons; sur une largeur déterminée, on le recouvre de grosses pierres dures, placées debout les unes à côté des autres, sur lesquelles on dispose une couche de cailloux concassés plus épaisse au milieu que sur les côtés. Afin d'assurer l'adhérence de ces matériaux, on répand du sable à la surface; on arrose et l'on fait passer un rouleau de fer d'un poids considérable. Il ne reste plus qu'à creuser, à droite et à gauche de la route, un fossé d'écoulement pour les eaux pluviales.

Les pavés sont en pierres très dures, ordinairement du grès ou du granit.

Français. — *Quelle différence y a-t-il entre un sentier, un chemin rural, un chemin vicinal, une route, une rue, un quai?*

Un sentier est une voie étroite que l'on suit dans les champs, les bois ou les prairies; il peut être facilement détruit ou rétabli, car il n'est ni pavé, ni entretenu.

Un chemin rural est une voie tracée entre les champs, où l'on circule avec difficulté parce qu'il n'est l'objet d'aucun travail de réparation.

Un chemin vicinal est une route étroite, établie dans de bonnes conditions de durée, qui facilite les communications entre les localités voisines.

Une route est une large voie de communication construite avec soin pour que les hommes et les voitures y circulent en tout temps avec facilité.

Une rue est une route bordée de maisons.

Un quai est une route longeant un cours d'eau ou la mer ; il est bordé, dans un sens, de maisons ou de magasins.

15. — La charte* du comte Herbert. (*Élève*, p. 36.)

Comme le carillon* de Saint-Quentin entonnait sa chanson joyeuse, les voyageurs arrivaient sur la place de l'hôtel de ville* et au même moment, d'un gros nuage menaçant, se mit à tomber une forte ondée.

A peine avait-on eu le temps de jeter un coup d'œil au monument, à ses ogives*, à sa rosace* en dentelle de pierre, à ses sculptures, puis aux baraques de la foire qui formaient comme une ville de tentes* sur toute l'étendue de la place, qu'on dut chercher un refuge.

Assez souvent il ne faut pas moins d'une grosse averse pour inviter les gens à la visite d'un monument.

Tous les Fragicourtois, sauf M. Dumay, en train d'abriter sa voiture et sa bête, se précipitèrent à l'intérieur de l'hôtel de ville et le parcoururent.

Il n'est pas grand. On fut bientôt au premier étage, dans la salle du Conseil, une des plus belles salles qui nous restent de la Renaissance*, avec son immense cheminée de pierre toute décorée des plus délicates sculptures. On admira les grandes fenêtres aux vitraux peints qui furent données par les corporations* d'alors, dont elles portent les armoiries*, et sa voûte de bois, aux charpentes apparentes, artistement ouvrées.

On en fit le tour, puis on regarda une grande peinture décorative qui tenait tout le pan du mur en face des fenêtres.

A gauche de la composition, un homme debout; il a à ses côtés un jeune enfant qui, très attentif, écoute la lecture d'un parchemin* que fait un scribe*. Derrière ce groupe, une garde d'hommes d'armes massés, la lance au poing, prouve qu'on a ici affaire à des personnages d'importance. En face, une foule de gens pauvrement

Hôtel de ville de Saint-Quentin.

vêtus de costumes divers, et aux visages exprimant l'émotion, lèvent la main droite, dans l'attitude du serment.

— Eh! murmura Ludivine, les yeux très écarquillés*,

pour être habillés comme ça, c'est au moins des gens de l'Amérique!

Elle dit l'Amérique comme elle eût dit la lune.

M. Florentin Lejoly ricana de nouveau. Les pouces dans les entournures de son gilet, le chapeau en arrière, il semblait narguer* les personnages de la peinture et leurs costumes qui n'étaient pas à la dernière mode comme le sien.

Mais nos jeunes écoliers venaient d'apprendre d'un

Ogive et rosace (architecture du xiie au xve siècle). — Chambranle d'une cheminée style Renaissance (xve et xvie siècle).

visiteur le sujet du tableau : « Le comte Herbert IV de Vermandois* donnant la charte de commune aux Saint-Quentinois du onzième siècle. »

Jacques, Suzette, même François évoquaient là devant leurs souvenirs* historiques de l'école.

Ce monde d'artisans, de manants* en pauvres souquenilles* et mal chaussés, ne leur était ni si étrange, ni si étranger : c'étaient là les chaînons passés de la grande famille française dont ils étaient, eux, les chaînons vivants. Et ces pères avaient travaillé à l'œuvre de l'émancipation*, de l'amélioration de l'existence humaine, noble tâche continuée par leurs fils des derniers siècles et du siècle présent.

Vis-à-vis, dominant les maisons de la place, la grosse tour carrée, le beffroi, qui rappelait le vieux beffroi*, détruit aujourd'hui, le signe et le gage de l'indépendance des communes*. Là sonnait la « bancloque », la cloche banale* qui, pour le conseil ou pour le péril, convoquait les gardiens des droits de la cité*.

Voilà aussi, à gauche, la vieille basilique gothique

fondée par la sœur du comte Herbert IV, Adèle de Vermandois. L'église, le beffroi, l'hôtel de ville, c'étaient

Beffroi de Douai.

les monuments dont s'enorgueillissait le moyen âge.

La pluie avait cessé, le soleil était de retour : on sortit.

Questionnaire. — Quelle cause obligea les voyageurs de Fragicourt à entrer à l'hôtel de ville de Saint-Quentin? — Qu'avaient-ils eu à peine le temps de considérer dans ce moment, avant la chute de la pluie? — Que remarquèrent-ils dans la salle du conseil? — Que représentait une grande peinture décorative? — Quelle remarque fit Ludivine et quelle attitude prit M. Lejoly? — Qu'est-ce qu'un visiteur avait appris aux enfants touchant le sujet du tableau? — Qu'ont fait nos pères et qu'avaient fait les personnages populaires figurant sur la toile? — Que remarque-t-on à Saint-Quentin vis-à-vis de l'hôtel de ville? — Qu'est-ce qu'on sonnait au beffroi? — Quel édifice s'élève à gauche de l'hôtel de ville?

DÉVELOPPEMENT DES SUJETS PROPOSÉS POUR EXERCICES.

Instruction civique. — *Quelle assemblée se réunit à l'hôtel de ville ou à la mairie pour s'occuper des affaires ou des intérêts de la commune? — Quelles fonctions remplit le maire? — Quelles fonctions remplissent les adjoints? — Combien de conseillers municipaux dans votre commune? — Qui les nomme?*

L'assemblée qui se réunit à l'hôtel de ville ou à la mairie est *le conseil municipal*, auquel appartient la direction des affaires communales : acquisition d'immeubles, baux de maisons à l'usage de la commune ou sa propriété, projets de travaux, plans et devis de bâtiments, tarif des droits de place et des concessions du cimetière, vote des contributions extraordinaires n'excédant pas cinq centimes par franc pendant cinq ans, vote des emprunts, octrois, examen des comptes d'administration présentés par le maire et le receveur municipal.

Les conseillers municipaux sont élus par le suffrage universel et sont nommés pour trois ans.

Le maire, qui est choisi par le conseil municipal dont il fait nécessairement partie, reçoit les actes de naissance, de mariage et de décès. Il assiste le procureur de la République et le juge d'instruction dans la recherche des crimes, délits et contraventions. Il est chargé de la publication des lois et des règlements, ainsi que de l'exécution des mesures de sûreté générale. C'est à lui que revient la confection des listes électorales; enfin, il est le fidèle exécuteur des délibérations du conseil municipal.

Les adjoints secondent ou remplacent le maire empêché.

Industrie. — LE VERRE. — *Avec quelles matières se fait le verre? — Comment raconte-t-on qu'il fut découvert? — Quelles sont les propriétés du verre? — Quels sont ses usages? — Qu'appelle-t-on vitraux? — Où sont les plus anciens? — Que représentent-ils? — Comment fait-on les glaces; — une bouteille?*

Le verre est un corps transparent et fragile produit par la fusion d'un mélange de sable blanc et très fin avec de la potasse ou de la soude.

Dans le verre à bouteilles qui est verdâtre, il entre du fer; dans le cristal, de l'oxyde de plomb (1). Le verre blanc des vitres se fait avec 60 parties de sable, 30 de potasse, 15 de nitre, 2 à 2 1/2 de borax ou d'arsenic.

On croit que le verre a été découvert par les Égyptiens. Les Phéniciens l'ont aussi connu très anciennement, et l'on raconte qu'ils l'obtinrent, pour la première fois, en faisant sur le sable un feu violent dans un foyer entouré de blocs de sel de nitre, substance que l'on trouve naturellement sur le bord de la mer, en Égypte.

Le verre a pour *propriétés* principales sa transparence et sa dureté; il raye presque tous les corps, et l'on peut dire qu'il est inaltérable à l'air dans les circonstances ordinaires.

Il sert à clore les fenêtres, les châssis, les serres, et l'on en confectionne encore ces belles glaces qui ornent nos appartements, ainsi que nombre de vases : bouteilles, fioles, coupes, verres, cloches, enfin des tuyaux et des lentilles pour lunettes, etc. On l'applique devant les gravures pour les préserver des effets du contact de l'air.

(1) *Oxyde de plomb*, corps gris noirâtre qui se forme à la surface du plomb exposé à l'air. Tous les oxydes de plomb sont de violents poisons.

Les vitraux sont des clôtures de fenêtres formées de petits morceaux de verre de différentes couleurs qui représentent soit des personnages, soit des animaux, des plantes, ou qui offrent des combinaisons de lignes. Ils font le plus bel ornement des édifices religieux, et l'on commence à les adopter dans les appartements. Les plus anciens vitraux sont ceux de la cathédrale de Saint-Denis, qui remontent à 1140; les rosaces de Notre-Dame de Paris datent du treizième siècle, ainsi que les admirables vitraux de la Sainte-Chapelle.

Pour *fabriquer le verre*, on réduit les matières premières en poudre et on les soumet à un feu violent dans des creusets rangés à l'intérieur de grands fours. Bientôt le mélange fond et se transforme en une substance pâteuse qui, étendue sur de grandes tables de métal, donne les vitres ou les glaces.

Le poli des glaces s'obtient en les appliquant deux à deux l'une sur l'autre, et en imprimant un mouvement de va-et-vient à celle qui occupe la position supérieure; puis on applique sur l'autre face un amalgame de mercure et d'étain qu'on nomme le *tain*.

Quant aux *bouteilles*, l'ouvrier cueille la pâte dans le creuset au moyen d'un long tube creux, et l'égalise en le tournant sur une plaque de métal. Un second ouvrier lui donne une forme allongée par un mouvement circulaire rapide; enfin un troisième souffle dans le tuyau. Sa matière se gonfle et, introduite dans un moule, y prend la forme et les dimensions requises. Le creux du fond s'obtient avec une palette qu'on applique sur la base de la bouteille.

Il est à remarquer que ces opérations n'exigent pas plus d'une minute.

Histoire. — *Qu'exigeaient continuellement les seigneurs des habitants des villes? — Quels pouvoirs avaient-ils sur ces derniers? — Dites comment ils en abusaient. — Que firent les habitants des villes pour être administrés selon la liberté et la justice?*

Les vassaux étaient frappés d'une multitude d'impôts: dîmes ou dixièmes des récoltes, taille (*impôt foncier*) seigneuriale fournie en argent, corvées ou travaux gratuits et obligatoires, dans les champs et sur les chemins, droits sur la mouture du blé, sur la cuisson du pain, la fabrication du vin. Aux seigneurs appartenaient les terres, les eaux, les pacages, la forêt, l'air même; ils étaient seigneurs absolus dans leurs domaines.

Le seigneur rendait la justice, conduisait les vassaux à la guerre, levait les impôts à sa guise et selon ses besoins; il héritait des biens des serfs.

Pour se soustraire à ces maux, les habitants des villes se soulevèrent au onzième et au douzième siècle; après des luttes acharnées et moyennant finance, ils obtinrent de s'administrer eux-mêmes, à la seule condition de payer au seigneur un tribut annuel.

16. — Hésitations. (*Élève*, p. 40.)

Que c'était beau sur la place! des rangées de tentes de toile grise ou blanche, ornées de lambrequins* de toute couleur flottant au vent; des drapeaux, du bruit, de la musique!

Et quelle agréable odeur de gaufres! les spacieuses*

narines de François étaient à une grande fête ; quelques bons morceaux de la pâtisserie dorée passèrent immédiatement par sa bouche, tout aussi affriandée *.

Le plaisir coûta trois sous.

Charlot, lui, tenait la main de sa sœur en même temps

Que c'était beau sur la place !

que quatre sous donnés par le père pour qu'il les dépensât à son gré. Mais Charlot ne se pressait pas. Il semblait perdu dans ce tohu-bohu * de magnificences. Et Jacques, qui marchait à côté de M. Dumay, regardait toute cette tentation, mais froidement, en aîné de la famille.

Les yeux de Suzette vaguant à travers les baraques

aperçurent tout à coup des ribambelles de souliers à cheval sur de longues ficelles très tendues :

« *A la chaussure du Juif-Errant! * Inusable!* »

disait l'enseigne à grosses lettres jaunes sur toile rouge en même temps qu'un homme, du fond de la baraque, criait à tue-tête, un bras en l'air :

La tonte des moutons.

Le produit de cette opération donne la laine qui sert à faire le drap, la flanelle, le mérinos, le cachemire, etc.; les principales fabriques de lainage sont à Tourcoing, Roubaix, Reims et Sedan.

— Allons, la chaussure inusable! la chaussure du Juif-Errant! C'est pour rien! Tout à six francs quatre-vingt-quinze!

Et voilà! Monsieur Charlot, essayez les souliers du Juif-Errant!

— Oh! comme ils sont grands! dit Charlot, après être entré dans une paire presque aussi aisément que dans la baraque.

— Grands? pas du tout, c'est une idée. Tu mettras du coton au bout — je donnerai le coton par-dessus le marché; — oui, le coton, les souliers, tout pour six francs quatre-vingt-quinze!

Le marchand, en parlant ainsi, avait l'air ravi de sa générosité et de sa marchandise.

Le cotonnier.

Cet arbrisseau est cultivé aux États-Unis, dans l'Inde, en Égypte et en Algérie; la bourre qui enveloppe les graines du cotonnier est le coton. Nos principales manufactures de coton sont dans le Nord et dans la Seine-Inférieure.

— Ils sont grands, dit tout bas Suzette à son père, mais les pieds de Charlot ne vont pas rapetisser.

— Le voilà chaussé pour le restant de ses jours! ajouta le marchand.

On était déjà loin avec les souliers qu'on entendait

encore son boniment* : « Inusable, inusable ! la chaussure du Juif-Errant ! »

Maintenant il ne s'agissait plus que de la robe : bleue ? verte ? rouge ? orange ? jaune ? violette ? ou même de toutes ces couleurs à la fois ? Et l'étoffe ? s'il vous plaît : laine ? coton ? ou laine et coton ensemble ? Et le tissu ? cachemire*, sergé*, broché*, cheviotte*, bourrette*, mérinos*, popeline* ?

Mme Valon, consultée la veille, avait opiné pour le sergé, étoffe résistante, souple, moelleuse à l'œil et préférable au cachemire, que l'usage rend luisant ; elle avait conseillé le bleu marine, qui sied aux jeunes et frais visages.

Suzette était très perplexe* ; le papa, se fiant à elle, l'avait quittée pour aller à des affaires de graineterie. Immobile au milieu d'une allée, le doigt sur les lèvres, elle songeait.

Questionnaire. — Que voyait-on sur la place où se tenait la foire ? — Quelles choses acheta d'abord François ? — Que faisaient Charlot et Jacques ? — Que regardait Suzette ? — Que criait le marchand ? — Que disait Charlot en essayant la chaussure ? — Que répondait le marchand ? — Comment se conclut enfin l'achat des souliers ? — Quel fut ensuite l'objet des préoccupations de Suzette ? — Quel conseil lui avait donné Mme Valon, la veille du départ ? — Qu'est-ce que le coton, la laine, le cachemire, le calicot, le sergé, le broché, la cheviotte, la bourrette, le mérinos, la popeline ?

DÉVELOPPEMENT DES SUJETS PROPOSÉS POUR EXERCICES.

Économie domestique. — *Comment appelle-t-on les mets préparés avec de la pâte, du beurre, du sucre et autres assaisonnements ? — Quelles sont les diverses sortes de pâtisseries ?*

On entend par *pâtisseries* des mets préparés au moyen de pâte pétrie avec du beurre, du lait, des œufs, et à laquelle on a ajouté divers assaisonnements dont le sucre est le plus important.

Les principales sortes de pâtisseries sont : 1° les *entremets sucrés*, tels que gâteaux et croquettes, pots de crème au chocolat ou au café, crème renversée, beignets, pommes au beurre, charlottes ; — 2° les *tartes* aux abricots, aux cerises, à la purée de pommes, aux prunes, à la frangipane ; — 3° les *gâteaux* ou *galettes* de ménage, biscuits de ménage, tôt-fait ou gâteau quatre-quarts, etc., etc.

Hygiène. — *Quels inconvénients présente l'abus des pâtisseries pour les enfants ? — Comment en doivent-ils manger ?*

Les pâtisseries sont moins saines que le pain ; elles se digèrent facilement quand elles ne contiennent pas trop de beurre et de jaunes d'œufs. Mais comme le contraire arrive presque toujours, et que souvent aussi le beurre y est remplacé par des graisses de qualité inférieure, elles causent des indigestions aux enfants qui en abusent. On ne saurait trop les inviter à en user avec discrétion.

Industrie. — LE CUIR. — *Comment prépare-t-on le cuir ? —*

Quelles peaux tanne-t-on? — A quels usages applique-t-on : 1° les peaux des bœufs et des vaches; — 2° des chevaux; — 3° des veaux, des chevreaux? — Quelles chaussures fabrique-t-on avec le cuir? — Quels sont leurs avantages et leurs inconvénients?

Le cuir est la peau de certains grands animaux rendue imputrescible (non sujette à se pourrir) et propre à divers usages industriels, par une opération appelée *tannage.*

On prépare le cuir en faisant ramollir les peaux dans une eau courante; puis on les débarrasse des poils et de tout ce qui peut adhérer à la face intérieure en les raclant avec un couteau d'une forme particulière. Cette opération terminée, on les plonge dans de l'eau de chaux et ensuite dans une eau acidulée qui les fait gonfler.

On dispose alors les peaux dans de grandes fosses cylindriques boisées, couche par couche, avec un lit de tan entre elles. (Le tan est de l'écorce de chêne broyée.) On y verse de l'eau qui dissout une certaine matière contenue dans le tan, laquelle pénètre la substance des peaux et les convertit en cuir après un séjour de 8, 10, 12 et même 14 mois dans les fosses.

Les peaux tannées sont assouplies et lustrées par des ouvriers appelés *corroyeurs;* on peut alors les livrer à l'industrie.

On tanne les peaux des bœufs, des vaches, des veaux, des chevaux, des mulets, des ânes, pour en obtenir le cuir. Celles des moutons, des chèvres et d'autres animaux, préparées avec de l'alun, servent à la fabrication des gants et des doublures de chaussures.

Les peaux qui doivent conserver leurs poils sont également traitées par l'alun et le sel.

On emploie le cuir provenant des peaux de gros animaux à la confection des semelles, des malles; — celles des chevaux servent pour les harnais, tandis que celles des veaux et des chevreaux sont préférées pour les empeignes, les sacs et divers objets légers d'usage commun.

Avec les cuirs et les peaux, on fabrique les chaussures suivantes : souliers, bottes, bottines, brodequins, pantoufles, galoches, etc. Elles protègent les pieds contre les objets durs qu'ils rencontrent sur le sol et les préservent des atteintes de l'humidité, ainsi que de l'influence du froid. Celles qui sont trop étroites ou à talons très élevés blessent le pied, le déforment et en font le siège de douloureuses infirmités.

Calcul. — *Calculer ce qu'une fillette de dix ans peut coûter pendant l'année à ses parents en chaussures de toutes sortes, selon qu'elle est ou non soigneuse. Etablir le compte détaillé.*

On disposera ce compte de la manière suivante :

Chaussures d'hiver.

Sabots. . . . paires à. . . . .
Galoches. . . . paires à. . . . .
Souliers ou bottines. . . . .
Raccommodage des galoches. . . . .
— *des bottines* . . . .
Lacets, courroies . . . .

TOTAL. . . . .

Chaussures d'été.

. . . .
. . . .

TOTAL. . . . .

17. — Tout laine. (*Élève*, p. 43.)

Tout à coup elle se sentit attrapée par la manche, en même temps qu'une voix très caressante lui disait :

— Ah ! la jolie robe que j'ai pour vous, ma petite dame !

A quatorze ans, s'entendre traiter de dame, c'est toujours flatteur.

— Du sergé, Madame : en avez-vous ?

— Du sergé ? Madame... mais le sergé ne se porte pas du tout cette année ; l'ignorez-vous ? Voici ce qui se porte.

Solennellement elle déplia, étala une pièce de cachemire vert-bouteille, tapa dessus :

—Voilà la nouveauté de la saison !

— Oui, dit doucement Suzette, mais le cachemire prend du luisant*.

Voilà la nouveauté de la saison.

— Du luisant ! Vous prendriez plutôt la lune que ce cachemire du luisant ! Madame, vous porterez cela dix saisons, aussi frais que le voilà.

— Je le voudrais au moins bleu marine.

— Bleu marine, Madame ? mais c'est une couleur du temps de ma tante Aurore* ! Bleu marine ? dites cela tout bas, vous feriez rire. Vert, Madame, vert ! cette année, tous les gens comme il faut portent du vert : chapeau vert, manteau vert, robe verte, bas verts, voilà la toilette d'une Parisienne !

Assez embarrassée, Suzette regarda autour d'elle. Ses trois frères étaient en ce moment à quatre pas, occupés par les lazzi* d'un paillasse faisant la parade*; et d'ailleurs, qu'entendraient-ils au vert et au bleu?

La marchande continuait de chanter les mérites de sa marchandise, et la portait aux nues*.

— Est-elle tout laine? demanda Suzette.

Vivement on la lui tendit.

— Pure laine! Touchez-moi ça. Et quatre francs le mètre! c'est donné!

De l'air le plus délibéré*, elle prit ses ciseaux.

Eh bien! voyons, quand on a marchandé depuis dix minutes, sans être faite à cet exercice, est-il possible de laisser là la marchandise, même celle qui ne vous plaît qu'à moitié?

Suzette cependant essaya de se tirer de cette glu-là :

— Madame, dit-elle, je n'ai que trente francs à mettre à l'étoffe ; il m'en faut dix mètres.

Comme à une terrible nouvelle, la marchande leva les bras au ciel, avec des exclamations, puis, les laissant retomber, coupa dans la pièce, empaqueta :

— Voilà, ma petite dame! mais si ce n'avait pas été pour vous!...

Suzette rejoignit les siens avec son paquet au bras et quelque inquiétude en tête.

Charlot, qu'elle prit par la main, l'entendit murmurer :

— Au moins est-ce bon teint*? Est-ce tout laine?

Questionnaire. — Que sentit et qu'entendit tout à coup Suzette? — Quel mot la flatta? — Que demanda-t-elle? — Que fit la marchande? — Reproduisez les observations de la jeune fille sur le cachemire et les répliques de la marchande. — Quelle couleur désigna Suzette? — Quelle couleur la femme lui vanta-t-elle? — Comment se faisait-il que personne ne se trouvait là pour la conseiller? — Quelles questions Suzette adressa-t-elle concernant la nature de l'étoffe proposée? — Comment la femme parvint-elle à lui faire prendre un coupon d'étoffe verte? — Qu'aurait dû faire la jeune fille? — Montra-t-elle seulement de la timidité?

DÉVELOPPEMENT DES SUJETS PROPOSÉS POUR EXERCICES.

Morale. — *Quels motifs portent certaines gens à flatter les autres? — Qu'est-ce que les flatteurs? — Devons-nous accueillir les flatteries avec plaisir, et pour quelle raison? — Pourquoi est-il bon de ne pas prodiguer les compliments aux enfants? — Citez une fable où il est question d'un flatteur.*

Flatter, c'est donner à quelqu'un des louanges excessives dans le but de lui plaire et d'en obtenir quelque avantage. Le flatteur est celui qui se fait une habitude de dire aux autres des choses agréables, vraies ou non; il nous trompe et nous corrompt pour avoir ce qu'il souhaite tirer de nous. Défions-nous des gens qui complimentent, qui exagèrent nos faibles mérites et qui font, en notre présence, ressortir nos belles actions. Répondons froidement à leurs avances, et ne craignons pas de laisser voir que nous regardons leurs louanges comme une marchandise. Le flatteur est généralement doublé d'un menteur, et celui qui l'écoute montre peu de jugement : souvenons-nous du corbeau de la fable.

Prodiguer des compliments aux enfants, comme le font tant de parents, leur rend le pire des services; que de jeunes filles accoutumées à entendre des éloges flatteurs sont devenues orgueilleuses et égoïstes!

Sciences naturelles et Industrie. — LA LAINE. — *D'où provient la laine? — A quelle époque se pratique la tonte des moutons? — Comment a lieu cette opération? — Comment arrive-t-on à obtenir des fils de laine? — Quelle est la meilleure laine, et pourquoi? — D'où viennent les mérinos? — Comment élève-t-on, nourrit-on et soigne-t-on les moutons? — Quelles étoffes fabrique-t-on avec la laine? — Prix du mètre de chacune.*

La laine provient de l'épaisse toison des moutons, qui est composée d'une multitude de fils frisés et très fins, de couleur blanche ou brune.

On tond les moutons une fois l'année, lors des premières chaleurs de l'été. Le troupeau est alors amené sur les rives d'un cours d'eau ou d'un étang; on fait entrer dans l'eau les animaux par petites bandes; puis chaque bête est lavée et frottée, pour débarrasser sa toison des souillures et d'une matière grasse, appelée *suint*, sécrétée par la peau. Lorsque la toison est sèche, les bergers étendent l'animal sur une table et le tondent avec de grands ciseaux.

La laine ainsi recueillie se lave une première fois à l'eau chaude et une seconde dans de l'eau acidulée presque bouillante, enfin dans une dissolution de savon. Elle devient alors blanche et soyeuse.

Pour obtenir des *fils*, on la carde en la faisant passer entre de gros tambours armés de pointes d'acier très fines, d'où elle arrive par des bobines ou des entonnoirs de fer-blanc sur une autre machine appelée la *peigneuse*.

Au sortir de la peigneuse, la laine apparaît sous la forme de longues mèches qui se rendent sur un cylindre recouvert d'une étoffe épaisse, et elles s'y joignent bout à bout. A la filature, ces mèches, amincies, étirées lentement, se transforment en fils blancs qui s'enroulent autour de bobines et sont propres alors à être tricotés ou tissés.

La meilleure laine provient des moutons *mérinos*. Cette race, originaire d'Espagne, est perfectionnée et améliorée dans la magnifique bergerie de Rambouillet. On estime à 6 ou 700,000 le nombre des mérinos de race pure en France.

Les moutons sont des animaux domestiques qu'on élève pour leur chair et leur laine; durant le jour on les conduit au pâturage et, pendant la nuit, on les abrite dans de grands bâtiments connus sous le nom de *bergeries*. Ils y séjournent également lorsque le temps est pluvieux.

La nourriture des moutons se compose de l'herbe des champs et de celle qui croît spontanément sur les friches et sur les bords des chemins. En toute saison, on y ajoute de la paille, du foin et, parfois, des feuilles d'arbres.

(Pour les étoffes tissées de laine, voir le lexique de la 10e leçon.)

LE COTON. — *Qu'est-ce que le coton? — De quelles contrées le tirons-nous? — Que savez-vous de la culture et de la récolte du coton? — Comment est-il expédié en Europe? — Quelles étoffes fabrique-t-on avec le coton? — Prix du mètre de chacune. — Quelles sont les qualités et les inconvénients des étoffes de coton?*

Le coton est la bourre qui enveloppe les graines d'un arbre appelé cotonnier; elle s'échappe des gousses sous forme de flocons blancs, dont la ouate nous donne l'idée. Nous tirons cette matière textile des États-Unis, de l'Égypte, de l'Hindoustan, de l'Algérie, où on la cultive dans de vastes plantations. Lorsque le coton est recueilli, on l'amasse en balles qui, fortement pressées et cousues, sont expédiées en Europe, où ce produit est employé à la confection de nombre d'étoffes : calicot, mousseline, indienne, jaconas, velours, dentelle, bonneterie, etc.

L'industrie du coton occupe en Europe plus de cinq millions d'hommes. Les étoffes qu'on en tire sont légères, chaudes, mais d'une résistance inférieure à celle du chanvre ou du lin; leur extrême bon marché en rend l'usage général.

Géographie. — *Dans quelles villes de France fabrique-t-on des étoffes de laine; — des étoffes de coton?*

Les villes de France où l'on fabrique des draps et d'autres étoffes de laine sont : Elbeuf, Louviers, Sedan, Mazamet, Castres, Roubaix, Tourcoing, Amiens, Troyes, Lodève, Rethel, Privas, Carcassonne, Orléans, Tours, Beauvais, Aubusson, Puteaux.

Les villes où se développe l'industrie du coton sont : Rouen et les localités environnantes, Reims, Chantilly, Saint-Omer, Arras, Armentières, Épinal et toute la vallée de la Moselle, Lavaur, Valence, Grenoble, Le Puy, Roanne, Laval, Cholet, Le Mans, Angers, Condé-sur-Noireau, Flers, Lisieux, Bernay, Cambrai.

18. — Laine et coton. (*Élève*, p. 45.)

Le soir même, après la rentrée au village, au bruit des trompettes de deux sous dont sonnaient ses deux jeunes frères, Suzette alla montrer son achat à Mme Valon.

— Est-ce là de la laine?

Mme Valon ayant examiné l'étoffe et parfilé* plusieurs

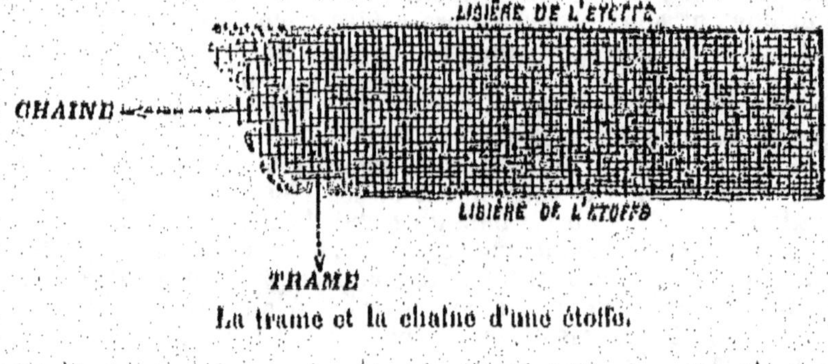

La trame et la chaîne d'une étoffe.

fils de la trame* et de la chaîne*, fit une petite moue peu rassurante.

Puis elle alluma une bougie, en approcha un fil; le fil commença de brûler avec une petite flamme courte, laissant après elle une cendre compacte* et grasse; en même temps, une légère odeur de roussi particulière et connue se dégagea. Quatre autres fils, éprouvés de même, donnèrent la même flamme, la même odeur, et Suzette se rassérénait; son nez lui disait : Voilà l'odeur de la laine qui brûle.

Le métier à tisser.

Mais au cinquième fil, changement de spectacle. Celui-ci s'enflamma et, comme un petit éclair, d'une seule et rapide traînée, arriva au doigt qui le tenait, répandant une odeur nouvelle également caractéristique* et connue, celle du brûlain.

Et le brûlain c'est du coton ou du fil, chacun le sait; et Suzette le savait aussi pour en avoir empli plus d'une fois la boîte du briquet* paternel.

Le brûlage d'autres fils ne donna guère que cela.

Le résumé de l'analyse* fut : sept parties de laine, trois de coton; article de fabrication étrangère; mauvaise contrefaçon* de nos honnêtes tissus de Reims et de Roubaix.

— Tu as payé cela de deux francs à deux francs vingt-cinq centimes?

— Trois francs, hélas! oui, Madame, trois francs! Il n'y avait ni sergé ni bleu marine. Les Parisiennes n'en veulent plus!

Elle se mit à pleurer sur sa sottise, sur son bon argent, sur son mauvais cachemire vert-bouteille.

— On apprend à ses dépens comme le corbeau de la fable, lui dit Mme Valon. Tu as laissé tomber dans la gueule du renard un fromage d'une dizaine de francs. J'aurais dû songer à te prévenir, à te dire aussi que depuis longtemps on n'achète plus ses robes à la foire.

Le chanvre.

On tire de cette plante, comme du *lin*, une filasse abondante avec laquelle on fabrique du fil, de la toile et des cordes.

Les chemins de fer, qui tranportent partout, et à commandement, les tissus d'Elbeuf, de Lodève et de Sedan, les toiles de Cambrai, de Lisieux, les soieries de Lyon, les dentelles d'Alençon, de Valenciennes, les jambons de Bayonne, les couteaux de Châtellerault, les armes de Saint-Étienne, et non seulement les produits de la France, mais aussi ceux du monde entier, les chemins de fer ont supprimé les foires.

Jadis, une fois l'an, elles se tenaient en des lieux marqués, comme, par exemple, à Aix-la-Chapelle *, d'où celle du Landit, instituée par Charlemagne, fut

Le ver à soie.

Le ver à soie se nourrit de feuilles de mûrier. Il laisse échapper de sa lèvre inférieure une sorte de liquide qui, en séchant, forme un fil; le ver s'enveloppe petit à petit de ce fil et finit par s'en faire une prison; après vingt jours de cet emprisonnement, de la dépouille du ver sort, par un trou fait dans le cocon, un joli papillon.

C'est avec les fils provenant du cocon dévidé que se fabriquent les étoffes de soie, robes, rubans, velours. C'est à Lyon que se trouvent les plus grandes fabriques de soieries.

transférée à Saint-Denis par Charles le Chauve.

Beaucaire, Provins, Troyes, Saint-Quentin, « ville drapante », appelaient à elles tous les acheteurs du monde. Aujourd'hui, les foires sont en permanence* chaque jour dans chaque ville, en de beaux magasins.

— Hélas ! dit tristement Suzette, j'ai aussi acheté à la foire des souliers pour Charlot, les souliers du Juif-Errant.

— Les souliers du Juif-Errant? Il les y avait donc laissés? dit en riant Mme Valon. Puis, redevenue sérieuse :

— Ma chère enfant, il faut apprendre de tout côté ce qu'on doit savoir; il faut se connaître en étoffes, en souliers, comme en pain, en légumes, en viande; sans quoi, tu vois ce qui vous arrive.

Questionnaire. — Quel était l'objet de la visite que fit Suzette à Mme Valon ? — Comment cette dernière discerna-t-elle la nature de l'étoffe ? — Qu'en conclut-elle ? — Que dit Suzette pour expliquer son achat ? — Pourquoi pleura-t-elle ensuite ? — Est-il prudent d'acheter aux foires l'étoffe des robes ? — Pour quel motif ? — Que savez-vous des anciennes foires ? — Qu'est-ce qui en explique l'importance ? — Quelles villes étaient renommées pour leurs foires ? — Quel dernier conseil donna Mme Valon à Suzette ?

DÉVELOPPEMENT DES SUJETS PROPOSÉS POUR EXERCICES.

Économie domestique. — *Qui est chargé des achats du ménage? — Comment faut-il s'y prendre pour acheter en de bonnes conditions? — A quels marchands vous adresserez-vous de préférence ? — Est-il prudent de s'attacher à acheter à bon marché?*

Dans chaque ménage, le soin des achats revient à la mère de famille ; par conséquent, la bonne situation du budget de ménage dépend de l'intelligence avec laquelle elle règle les dépenses. Il faut qu'elle sache acheter à propos ; acheter lorsqu'elle a de l'argent disponible et non à crédit, car le crédit se paye cher ; acheter enfin en connaissance de cause, de manière à ne pas se laisser séduire par des marchands peu scrupuleux.

Elle s'adressera de préférence aux négociants de la localité ou de son quartier ; ce lui sera une garantie. Un passant, un forain, n'a point intérêt à vous satisfaire, puisqu'il ne reviendra jamais.

Voici une dernière condition pour n'être pas dupe : ne recherchez pas le meilleur marché. Ce qui est bon coûte cher et doit coûter cher. Comme le dit un proverbe : *On en a toujours pour son argent.* Évitons donc ces soi-disant occasions, les annonces tapageuses où les naïfs se laissent prendre ; car, une fois le marché conclu, il n'y a plus à revenir, et l'argent si péniblement gagné est irrévocablement perdu.

Français. — *Écrire et analyser tous les noms propres de la leçon.*

Exemple. — *Suzette*, n. pr. fém. sing. — *Reims*, n. pr. masc. sing.

N. B. — Cet exercice sera fait oralement, de préférence. Il donne un spécimen des sujets d'analyses qu'on peut tirer du texte d'une leçon de lecture.

Sciences naturelles. — *Qu'appelle-t-on ver à soie? — A quel animal ressemble-t-il? — Quels sont les quatre états sous lesquels le ver à soie nous apparaît successivement? — D'où cet insecte est-il originaire? — Où l'élève-t-on en France? — Comment le nourrit-on? — Qu'est-ce que les cocons?*

Le ver à soie naît des œufs que pond un joli petit papillon de couleur grise, originaire de la Chine et du Japon. On élève cet insecte, dans nos pays du moins, à l'intérieur de salles chauffées, et on le nourrit avec les feuilles du mûrier. Il croît rapidement et devient une chenille blanchâtre qui, au bout de quelques semaines, se met à filer un cocon (voir la gravure, 18e leçon) dont la matière est la soie.

L'animal s'y transforme en chrysalide, et, si on le laissait dans cet état, il arriverait qu'au moment où la chrysalide devient un papillon, le nouvel insecte salirait et crèverait le tissu pour se créer une issue, puis s'envolerait.

Le Chanvre. — *Quel est l'aspect de la plante qui donne le chanvre? — Décrire l'opération du rouissage, en dire l'objet, ainsi que pour le teillage. — Comment peigne-t-on le chanvre?*

Le chanvre, plante textile annuelle des régions tempérées, est une sorte d'arbuste qui atteint deux à trois mètres de hauteur et qui porte des feuilles allongées dont l'odeur est pénétrante. Il donne des graines noirâtres et luisantes, de nature huileuse, connues sous le nom de chènevis. On le cultive dans les terrains d'alluvion, car il réussit seulement sur les sols riches.

A la fin du mois d'août, les tiges, arrachées à la main, sont rassemblées en bottes de 20 à 25 centimètres de diamètre. Pour que la pellicule qui recouvre ces tiges puisse se détacher facilement, on fait séjourner les bottes pendant une quinzaine de jours dans l'eau d'un ruisseau ou d'un étang : c'est l'opération du rouissage. Puis on les expose au grand air et au soleil pour qu'elles sèchent, et l'on procède au teillage, c'est-à-dire qu'on enlève à la main ou à l'aide de machines les fibres qui les recouvrent. Pour peigner le chanvre, deux ouvriers assis à chaque bout d'un banc passent à tour de rôle, entre les dents de fer d'un peigne établi au milieu de ce banc, leur poignée de chanvre.

Le lin est une autre plante textile de petite dimension, cultivée dans la région septentrionale de la France. On en fabrique des toiles estimées et des dentelles.

Industrie. — *Que fait-on des cocons, puis des fils de soie? — Citer les étoffes fabriquées avec des fils de soie. — Prix du mètre de chacune. — A quoi servent-elles? — Leurs avantages et leurs inconvénients. — (Questions analogues sur le chanvre.)*

Lorsque les cocons sont achevés, on en fait périr la chrysalide en les jetant dans une chaudière d'eau bouillante. Lorsqu'ils sont retirés et séchés, des femmes et des jeunes filles les dévident, et l'on obtient ainsi des écheveaux d'une soie blanche ou jaune qu'on teint et qu'on tisse de manière à obtenir ces belles étoffes connues sous le nom de soieries.

Les principales sont : le satin, la faille, la moire, le surah, le foulard, la gaze, le velours, les dentelles, le brocart, le damas, et celles si connues sous le nom de rubans.

Le mètre de satin coûte..... ; celui de faille....., etc.

Ces étoffes servent à confectionner les robes, les rideaux, les chapeaux, les écharpes, les drapeaux, les bannières, les bas; on en recouvre les parapluies et les ombrelles. En général, elles ont un brillant très doux à l'œil ; mais elles se coupent et se graissent facilement par l'usage.

La filasse de *chanvre* donne des fils résistants avec lesquels on fabrique des toiles de ménage, des toiles à voiles et les cordages employés dans la navigation principalement.

Géographie. — *Indiquer les provinces et les départements où sont situées les villes françaises nommées dans la leçon.*

EXEMPLE. — *Reims*, dép. de la Marne, Champagne. — *Roubaix*, dép. du Nord, Flandre. — *Elbeuf*, dép. de la Seine-Inférieure, Normandie, etc.

19. — Où ira Jacques? (*Élève*, p. 48.)

Quand Suzette rentra à la maison, avec son chagrin, on n'eut pas trop le temps de la plaindre ; on lisait une lettre qui, depuis le matin, attendait chez le vieux Benoît, père de Ludivine, M. Dumay, parti avant l'arrivée du facteur.

Le père Benoît, peu pressé, avait attendu pour la remettre que le cheval fût dételé, le char à bancs rentré.

Cette lettre appelait Jacques Dumay au concours*, sur la présentation de son maître M. Valon.

Or, au bout de ce concours pendaient une bourse* entière ou une demi-bourse de l'État, et l'entrée dans un lycée ou dans une école d'agriculture :

Eh bien, voyons ! si le concours nous classait parmi les premiers, se déciderait-on pour le latin : *hortus*, le jardin, *horti*, du jardin, comme disait parfois le maître, ou bien pour le jardin même, pour le travail des champs?

M. Valon avait toujours incliné de ce dernier côté; mais M. François et M. Charlot penchèrent pour *hortus*, *horti;* ils trouvaient très bien de pouvoir se servir de mots que tout le monde ne connaît pas ; cela vous pose un jeune homme.

M. Dumay se grattait la tête. Malgré sa vieille attache à la terre, il ne lui déplaisait pas tout à fait de voir son aîné monter en grade jusqu'à parler latin, ce qu'on n'avait pas encore fait dans la famille, devenir un jour bachelier*, puis avocat*, puis député*...

Et ce beau spectacle de M. Jacques comptant au village et à la ville pour un personnage considérable ne blessait pas trop M. Jacques lui-même, ni sa sœur, Mlle Suzette.

Mais le petit orgueil familial ne tint pas trois minutes devant le bon sens aussitôt évoqué * par ces paroles de M. Valon qui revinrent à temps à la mémoire du papa : « Un latiniste c'est bon, quand il est bon, quoique ça coûte cher; mais un savant producteur de blé, de fruits, c'est-à-dire de richesse publique *, c'est encore mieux. Brave paysan sorti de la terre, attache-toi à elle; enrichis-la pour y vivre largement; enrichis le pays; voilà un honneur qui en vaut bien un autre ! »

Jacques alla au concours; il en revint avec la place de troisième dans le classement et une demi-bourse. Il choisit l'école d'agriculture.

Questionnaire. — Que lisait-on à la maison lorsque Suzette rentra ? — A qui la lettre avait-elle été remise ? — Quel était son objet ? — Quel pouvait être le résultat du concours pour Jacques ? — S'il était admis parmi les premiers, sur quoi aurait-il à prendre un parti ? — Quelles étaient les opinions de M. Valon, de François, de Charlot ? — Que faisait et pensait d'abord M. Dumay ? — Qu'entrevoyait-il pour Jacques, dans l'avenir ? — Quelles raisons fit valoir M. Valon en faveur de l'école d'agriculture ? — Quel fut le résultat du concours et que choisit Jacques ?

DÉVELOPPEMENT DES SUJETS PROPOSÉS POUR EXERCICES.

Morale. — *Faut-il juger les gens selon l'habit qu'ils portent ? — Pourquoi ? — Quels services rendent les professions manuelles ? Exemples. — Quels services rendent les autres professions ? Exemples. — Montrez qu'elles sont toutes honorables. — La jeune fille qui travaille de ses doigts, soit à la ville, soit à la campagne, est-elle l'égale de celle qui est à un comptoir ? — Est-ce l'homme qui fait la place ou la place qui fait l'homme ? — Quelle profession désirez-vous embrasser, et pourquoi ?*

Quand le vêtement est propre et assorti à la condition de celle qui le porte, il est sot de juger les gens plus ou moins favorablement selon le plus ou moins de valeur qu'on peut attribuer à ce vêtement. C'est aussi peu logique que d'apprécier un fruit d'après la pelure, l'arbre d'après l'écorce, les bonbons d'après la richesse de la boîte qui les contient. On doit estimer ses compagnes selon les qualités de leur esprit et de leur cœur, et les grandes personnes selon leur conduite et les services qu'elles rendent ou ont rendus à la société.

Il est de mode, dans certains milieux bourgeois, de mépriser les travaux manuels et de faire peu de cas de ceux qui s'en occupent. Volontiers ce serait, pour une femme, chose humiliante que de prendre part aux soins du ménage, à la tenue des enfants, à la culture du jardin, à l'entretien du linge, — tandis que tapoter sur un piano trois ou quatre heures par jour, courir les magasins et les visites pendant le reste du temps que laissent disponible des soins minutieux de toilette, constituerait seulement un régime de vie qu'on pût avouer.

Évitons ces travers d'esprit égoïstes et ridicules et honorons les professions manuelles.

L'agriculteur donne le pain quotidien; au maçon nous devons les maisons; aux couturières, nos vêtements; aux cuisinières, les aliments qui entretiennent la vie; etc., etc. Les uns et les autres rendent d'éminents services; témoignons que nous savons les apprécier!

Il faut avoir l'intelligence bien étroite pour faire moins de cas des jeunes filles qui s'occupent de travaux agricoles, que de celles qui vendent ou écrivent derrière un comptoir. Les unes et les autres sont égales en mérite et ont droit à la même considération, si leur conduite et leur tenue sont pareillement estimables.

On l'a dit avec raison : « C'est l'homme qui fait la place et non la place qui fait l'homme. » En d'autres termes, on peut être honorable et honoré dans la condition la plus humble, et méprisable au sommet des grandeurs.

Instruction civique. — *Je vais mettre une lettre à la boîte; que se passera-t-il jusqu'à ce qu'elle arrive à destination?* (Ne pas oublier les timbres.) — *Qui dirige le service des postes? — Quels avantages nous procure ce service? — S'il n'y avait pas de poste aux lettres, à quoi serait-on obligé pour faire parvenir une lettre? — Comparez cette situation avec celle qui existe actuellement. — Qu'appelle-t-on lettre taxée, lettre affranchie, lettre chargée, lettre recommandée, carte postale?*

J'habite Roubaix et je viens d'écrire une lettre à destination de Bordeaux. La distance est considérable : quelque chose comme 840 kilomètres; mais je ne m'en préoccupe guère. Je colle au coin gauche de l'adresse un timbre de quinze centimes et je jette ma lettre dans une *boîte* quelconque de la ville; un facteur l'y vient prendre et la dépose au bureau de poste. Là, on la timbre et on la met, en compagnie de beaucoup d'autres, dans un paquet sur lequel est écrit Paris. Le chemin de fer le transporte dans cette dernière ville, où un fourgon spécial vient prendre les correspondances et les amène au bureau central. Dans ce vaste local, des employés décachètent les paquets et classent les lettres selon leur destination. La mienne prendra place dans un gros sac qui contient toutes celles à distribuer sur le parcours de la ligne de Paris à Bordeaux.

A la gare centrale du chemin de fer, l'énorme sac est déposé dans un wagon des postes, où l'on a établi autant de casiers qu'il existe de bureaux à desservir. Pendant que le train file à toute vapeur sur le Midi, des employés répartissent les correspondances dans tous les casiers, et y ajoutent celles qu'on leur remet en route.

Voici que ma lettre parvient à Bordeaux. Elle est dans un paquet ficelé et cacheté qu'on ouvre au bureau de poste. Les facteurs y prennent chacun les lettres destinées au quartier qui forme leur circonscription; la besogne achevée, ils entassent dans leur boîte les correspondances, soigneusement classées selon l'ordre des rues, et les remettent à domicile.

En moins de 24 heures, toutes ces opérations ont été menées à bonne fin.

Si le service des postes n'existait point, j'aurais dû charger un messager de porter ma lettre à Bordeaux; il lui eût fallu au moins 45 à 48 jours pour l'aller et le retour, lesquels, réglés à raison de 5 francs, don[illegible]ient une note finale à payer de 240 francs. De plus, ma lettre me[illegible] autant de jours pour arriver au destinataire qu'elle a employé d'heures. Cela suffit pour montrer les avantages de l'institution du service des postes.

(Voir sur un calendrier postal ce qu'il en est des diverses catégories de lettres, et effectuer cette recherche en présence des enfants, pour

qu'au besoin ils sachent où sont les renseignements de ce genre.)

— Pourquoi est-ce un bien que l'État fonde des bourses dans les lycées, collèges et écoles ?

Tous les parents d'enfants très intelligents et très laborieux n'ont pas les ressources nécessaires pour donner à ces derniers une éducation supérieure. L'État, qui entend favoriser le développement des aptitudes chez les sujets vraiment remarquables, accorde des bourses, c'est-à-dire la faveur d'une admission gratuite dans les établissements publics d'instruction, aux jeunes filles et aux jeunes gens qui sont classés les premiers dans les concours annuels.

20. — La veille du départ. (*Élève*, p. 50.)

Comme une bonne petite mère attentive et tendre, Suzette prépara le trousseau* du grand frère.

Pendant huit jours, sans bruit, avec cette hâte discrète* qui était sa manière de travailler, elle reprisa, détacha, lessiva. Le linge blanc de neige, parfumé de racine d'iris*, les vêtements pliés s'empilèrent peu à peu dans la malle :

— Jacques, voici dans ce coin, à droite, une brosse pour tes habits; et ici, à gauche, cette petite boîte d'aiguilles passées de fil blanc et de noir.

— Toutes passées! ah! Suzette, la gentille précaution!

— Et, à côté, des boutons, car maintenant tu sais coudre.

— Hum! hum! je sais coudre...

Pendant les deux dernières soirées, sous la direction de sa sœur, il avait attaché deux boutons tout à fait, et un troisième à moitié. Ce ne fut pas sans quelques piqûres à ses gros doigts inexpérimentés*. Mais enfin, couci-couci, il emportait le talent de rattacher un bouton, talent précieux pour un garçon peu millionnaire.

Jacques partait le lendemain matin.

Comme la malle s'achevait, M. Dumay rentra des champs. Il faisait encore grand jour; d'habitude on ne le voyait pas si tôt.

— Tout est prêt? dit-il, après un regard à la malle.

Sa voix était émue :

— Eh bien! mes enfants, avant ce départ de Jacques notre première séparation depuis que votre pauvre mère nous a quittés, je voudrais aller avec vous sur sa tombe.

Suzette appela Charlot et François qui jouaient au jardin et y cueillit un bouquet des plus belles pensées.

On partit.

A l'extrémité du petit cimetière était la tombe maternelle, déjà fleurie de roses.

Après un moment de recueillement *, M. Dumay posa sa main sur l'épaule de Jacques.

— Mon fils, dit-il, tout à l'heure, seul aux champs et songeant à toi, j'ai revu ta mère, comme je la vis un jour devant ton berceau. Tu n'avais que quelques semaines, tu dormais; nous te regardions, toi, notre premier-né! Son visage s'émut*, elle me prit la main :

Le cimetière.

« Oh! Denis, dit-elle, nous le ferons plus savant que nous; nous affinerons* son esprit, qui vaudra mieux que le nôtre! Mais avant tout, n'est-ce pas? nous lui inspirerons la volonté d'être un honnête homme et la bonté, car, sans cela, le reste n'est rien!... »

Ainsi parla ta mère. Aujourd'hui, mon Jacques, j'ai

pensé qu'au moment où tu vas nous quitter, entrer dans une vie nouvelle, dans une liberté plus grande de tes actions, oui, j'ai pensé qu'il était bon que tu entendisses ici, sur cette tombe, et comme de ta mère elle-même, ces paroles qu'elle prononça sur ton berceau. Emporte-les, mon fils ; qu'elles soient toujours avec toi comme sa douce présence!... qu'elles te gardent!

François, Charlot, Suzette, pleuraient doucement. Les yeux mouillés, Jacques pressa la main de son père, qui reprit :

— Votre mère était une âme droite et pure, bonne à nous, bonne à tous, pleine d'humanité... Croyons, mes enfants, qu'elle n'est pas perdue pour ceux qu'elle aima. Elle nous a devancés, elle nous attend ; nous la retrouverons dans une vie où il n'y aura plus ni séparation, ni larmes.....

Questionnaire. — Comment s'y prit Suzette pour préparer le trousseau de son frère? — Quelles indications donna-t-elle à Jacques? — Que lui avait-elle appris à faire pendant les deux dernières soirées? — Que proposa M. Dumay à son retour des champs? — Quelle bonne pensée eut Suzette? — Que dit le père à Jacques sur des souvenirs qui avaient occupé sa pensée tout le jour? — Quelles paroles de la mère rappela-t-il? — Quels derniers conseils donna-t-il à son fils? — Pendant ce temps, que faisaient Suzette et ses frères? — Par quelles paroles consolantes M. Dumay termina-t-il cette scène touchante?

DÉVELOPPEMENT DES SUJETS PROPOSÉS POUR EXERCICES.

Morale. — *Que devons-nous rappeler à notre mémoire lorsque nous pensons à ceux de nos parents qui ne sont plus? — Par quelles attentions pouvons-nous prouver que leur souvenir nous est cher? — Est-il bien de négliger d'aller sur la tombe de ses parents, d'un frère, d'une sœur? — Pourquoi?*

Lorsque nous avons eu le malheur de perdre quelques-uns des membres de notre famille, leur souvenir ne se présentera point à notre mémoire sans que nous nous rappelions leur affection, leurs soins, leurs sacrifices, comme les marques d'intérêt qu'ils nous donnèrent. Et pour mieux comprendre ce dont nous leur sommes redevables, n'oublions pas ce qu'il y a de pénible, d'assujettissant et de coûteux à élever ses enfants.

Nous prouverons que le souvenir de nos parents nous est cher en nous rendant souvent auprès de leur tombe, en l'entretenant, en la parant de fleurs, et, mieux encore, en suivant leurs avis et leurs derniers conseils. Ceux qui oublient ce devoir montrent qu'ils n'ont pas la mémoire du cœur et méritent d'avoir des enfants semblables à eux.

Français. — *Copier successivement tous les verbes du discours de M. Dumay* (Mon fils, dit-il, tout à l'heure...) ; *écrire après chacun le sujet entre parenthèses, lorsque ce verbe en aura un d'exprimé.*

Exemple : *Dit* (sujet, *il*). — *Ai revu* (sujet, *je*). — *Vis* (sujet, *tu*). — *Avais* (sujet, *tu*), etc., etc.

Industrie. — *Qu'est-ce que les boutons? — De quelles matières premières sont-ils formés? — Nommez différentes sortes de boutons. — Parlez des formes diverses qu'on leur donne. — Combien coûte une douzaine de boutons ordinaires en os, en bois, en métal, en étoffe, en porcelaine?*

Les boutons sont de petites pièces de métal ou d'une autre matière dure, de forme généralement arrondie, qui servent à fixer ensemble différentes parties d'un vêtement. On les passe, à cet effet, dans des fentes appelées boutonnières ou dans des ganses.

On fabrique les boutons soit avec du métal fondu dans des moules, soit en les découpant dans des plaques minces de fer, de cuivre ou de zinc auxquelles on soude les queues. Il y en a encore en os, en nacre, en porcelaine, en verre, que l'on confectionne d'une manière analogue. Ceux de corne s'obtiennent en pressant fortement cette substance ramollie dans l'eau bouillante. En général, les boutons de bois sont revêtus d'étoffe, tandis que ceux de métal sont teints de diverses couleurs et vernis.

Les doubles boutons servent à fixer les cols, les devants de chemises, les poignets des manches, les guimpes, etc.

Les boutons présentent les formes les plus variées : circulaires, sphériques, ronds, ovales, lenticulaires, aplatis, concaves, convexes, etc. Actuellement, il est de mode de les orner de figures en relief quand ils servent à la garniture des vêtements.

Une douzaine de boutons ordinaires coûte : 1° en bois...; en os..., etc.

Économie domestique. — *Qu'entend-on par taches? — Nommez différentes sortes de taches. — Comment s'y prend-on pour faire disparaître des taches de graisse ou d'huile sur de la toile, du drap, une étoffe de soie, une étoffe de laine, une étoffe de coton? — Comment enlève-t-on les taches de fruits sur les étoffes légères?*

Tout ce qui souille et laisse sur quelque chose une marque malpropre constitue une *tache*. Le plus souvent les taches sont produites, sur les vêtements, par des corps gras, des acides ou des matières colorantes.

Il y a des taches de graisse, d'huile, de sauce, de peinture, de rouille, de verdure, d'encre, etc. : la liste en est longue, si l'on s'en rapporte aux dires des mamans d'enfants peu soigneuses.

Pour faire *disparaître les taches* de graisse, on applique du papier buvard sur l'étoffe souillée et l'on promène un fer chaud sur le tout. On emploie dans le même cas avec succès la benzine, pourvu que le tissu soit teint solidement.

Les taches d'huile et de peinture à l'huile s'enlèvent avec de l'essence de térébenthine; celles d'encre, avec le sel d'oseille employé à dose modérée; et celles dues à un acide, par l'ammoniaque étendu d'eau.

On fait disparaître les taches de fruits sur les étoffes légères en mouillant légèrement l'étoffe et en brûlant au-dessous du soufre en bâton; on rince ensuite. L'eau de Javel étendue dans beaucoup d'eau produit le même résultat.

21. — Une lettre de Jacques. (*Élève*, p. 52.)

(LA FERME-ÉCOLE)

« Cher père,

« Sans le regret du village qui me tient toujours, je serais ici comme un poisson dans l'eau.

« Le Paraclet est charmant*. L'école, bâtie sur le flanc d'une colline, domine une belle vallée où coulent l'Avre et la Moye. Un petit village de maisonnettes rouges et blanches, avec son clocher qui ressemble à celui de Fragicourt, c'est notre horizon.

« Cent vingt hectares, voilà mon domaine maintenant.

« Quel grand propriétaire je fais, n'est-ce pas? Il est vrai que je partage avec de nombreux camarades.

« Et le travail des champs marche ici avec celui de l'esprit; l'histoire, la chimie *, la physique *, l'horticulture, l'arboriculture, nous occupent une partie du jour.

« Des professeurs et un laboratoire*! rien ne nous manque. Aux vacances, vous verrez comme on taillera, greffera*! Et quels beaux fruits mangeront ceux qui les aiment, par exemple, une jeune fermière de ma connaissance qu'on appelle Suzette!

« La chimie agricole surtout me passionne. Quelle ressource pour l'agronome*! La chimie vous analyse * une plante, en montre un à un les éléments* : tant d'azote*, tant de carbone*, tant de soufre, d'oxygène*, d'hydrogène*, etc.; et le cultivateur ayant appris tout cela, sait encore que les plantes puisent ces éléments pour la plus grande partie dans le sol par leurs racines et radicelles*. Il lui devient alors aisé de donner, par des engrais appropriés, à chacune la nourriture qui lui convient, et de la rendre ainsi belle et vigoureuse.

« A étudier et à bêcher tour à tour, je me porte comme un charme*. Un professeur nous disait hier que les hommes devraient à peu près tous pouvoir partager ainsi leur journée entre le travail des mains et celui de l'esprit. Ils s'en porteraient mieux intellectuellement, et peut-être en viendront-ils là dans l'avenir.

« J'ai fait ici la connaissance d'un homme que vous aimeriez beaucoup, cher père : c'est Olivier de Serres*. Sa pensée vit encore, quoiqu'il soit mort depuis à peu près trois cents ans. On l'appelle le père de l'agriculture. Il créa l'agronomie, il aima les champs, et, par grand désir d'être utile aux hommes, écrivit des livres qui, après trois siècles, continuent de nous éclairer.

« Le directeur du Paraclet est un brave. En 1870, sergent de mobiles *, en pleine bataille, il retourna sur ses pas et se rejeta dans la mitraille pour aller reprendre le drapeau de la compagnie aux mains de celui qui le portait et qu'une balle venait de frapper. Il sauva le drapeau. C'est beau, cela, n'est-ce pas?

« On appelle pour une promenade agricole. Nous allons visiter une ferme importante des environs.

« Je vous quitte : je vous embrasse de tout mon cœur, cher papa, et toi, Suzette, et vous, François et Charlot.

« JACQUES DUMAY. »

Questionnaire. — Qu'adresseriez-vous à vos parents si vous étiez en pension depuis quelques jours? — Donnez un aperçu de ce que contiendrait votre lettre? — Comment la commenceriez-vous et l'achèveriez-vous? — Que disait Jacques de la ferme-école du Paraclet? — Quelle était l'étendue du domaine? — Quel était l'objet du travail de chaque jour? — Quel résultat Jacques prévoyait-il pour la ferme de son père? — Que disait un professeur de son école sur l'utilité du travail manuel? — Qu'est-ce qu'Olivier de Serres? — Quels détails Jacques donnait-il sur le directeur de l'école d'agriculture?

DÉVELOPPEMENT DES SUJETS PROPOSÉS POUR EXERCICES.

Français. — *Écrire en marge d'une feuille de papier, et les uns au-dessous des autres, tous les verbes de l'alinéa commençant par* Aux vacances... *et ceux des deux suivants.* — *Indiquer à côté de chacun de ces verbes le mode et le temps auxquels ils sont employés.*

MODÈLE. — *Verrez*, mode indic., temps futur.
Taillera, mode indic., temps futur.

Sciences naturelles. — *Rappelez ce que nous enseignent : 1° la physique, — 2° la chimie, et donnez une idée de l'utilité de ces sciences. — Qu'est-ce qu'un gaz? — Quels gaz composent l'air; — l'eau? — Quel corps solide forme la matière de tous les végétaux? — Dans quels combustibles naturels se trouve encore le carbone?*

La physique étudie les propriétés des corps, telles que l'élasticité, la pesanteur, la divisibilité, ainsi que les phénomènes (1) qui ne changent pas leur nature.

La chimie étudie les combinaisons des corps, comme celle de l'huile et de la soude qui donne le savon, et les phénomènes qui modifient leur nature, par exemple celui de la fermentation du vin nouveau dans les fûts.

Un gaz est un corps semblable à l'air que nous respirons. Les gaz

(1) On appelle *phénomène* toute chose qui vient à apparaître dans les corps, comme, par exemple, la formation de la vapeur, la dilatation de l'eau chauffée, l'apparition de l'arc-en-ciel, l'ascension d'un liquide dans un morceau de sucre dont la base seule est en contact avec ce liquide, l'écho, le grossissement des objets à travers les lunettes.

sont élastiques, souvent invisibles, et les moins pesants de tous les corps ; la plupart dégagent une odeur caractéristique. On connait celle de l'acide sulfureux, gaz produit lorsque le soufre brûle et celle des gaz qui se dégagent des chairs en putréfaction.

L'air est composé de deux gaz : l'oxygène et l'azote, tous deux inodores et invisibles.

Le carbone ou *charbon* est le corps solide qui forme les végétaux ; si on les soumet, en effet, à une forte chaleur dans un lieu clos, l'eau qu'ils contiennent s'évapore et il ne reste plus qu'une substance noirâtre : le charbon.

Industrie. — *Quels vases, quels appareils, quels instruments voit-on dans un laboratoire?*

On remarque dans un laboratoire des fourneaux, des creusets, des fioles et des tubes de verre, des chalumeaux, des lampes à esprit-de-vin, des cornues, des appareils qui produisent de l'électricité.

Les *cornues* ressemblent à des poires creuses de verre et se prolongent en un tube allongé.

Agriculture. — *Que nous apprennent l'horticulture et l'arboriculture?*

L'horticulture, branche de la science de l'agriculture, nous apprend quels soins il faut donner à un jardin (*hortus*, en latin) pour en obtenir de bons produits en abondance. *L'arboriculture* traite des arbres fruitiers et des moyens de les améliorer.

22. — Un éteignoir à chandelle. (*Élève*, p. 54.)

— Voilà une bonne lettre! dit le père, celle d'un garçon qui a déjà du cœur au métier. — Et regardant M. François : — Jacques

Cerises.

Les cerises sont un excellent fruit, que l'on peut manger aussi en confiture ou à l'eau-de-vie.

Poires et pommes.

Les pommes et les poires cuites au four forment un dessert très agréable ; les pommes sont utilisées aussi en pâtisserie. Le cidre est une boisson faite avec du jus de pommes fermenté ; le poiré est un cidre fait avec des poires.

est un brave enfant ; Suzette, une brave fille ; Charlot... euh! euh!... mais François est un polisson!

Une demi-heure auparavant, François avait détruit une chaise, — c'était la troisième ; l'horloge, le bac à charbon* avaient péri de sa main ; le jardin montrait un cerisier, deux poiriers et trois pommiers fort éclopés* de son fait. Les serrures des portes et des armoires avaient été démontées plusieurs fois pour laisser voir ce qu'elles contenaient, comme il arrive aux poupées dont les petites filles curieuses crèvent la peau pour s'assurer de ce qu'il y a dedans.

Une couveuse.
Ne dérangez jamais la poule qui couve.

La curiosité n'est cependant pas toujours mauvaise, et celle de François avait un côté assez intéressant. Il en tirait, quoique à grands frais*, des idées parfois ingénieuses*.

Une nuit de jeudi, Suzette, affairée à ses couveuses*, qui lui donnaient en ce moment pas mal de surcroît* de besogne, n'avait pu regarder que d'un œil aux agissements du galopin. Sur le coup de onze heures, toute la famille étant au lit depuis longtemps, un grand fracas d'écroulement s'entendit soudain.

Suzette, M. Dumay, se levèrent, accoururent :

— Qu'est cela ? Qui va là ?

Profond silence. Castor, le chien de garde, n'aboyait que légèrement.

M. Dumay ouvrit la seconde porte, celle de la chambre de MM. François et Charlot. Si Charlot s'était réveillé au bruit, il ronflait maintenant.

Mais M. François s'épongeait le nez au-dessus de sa cuvette, et le nez saignait beaucoup.

— Eh bien ! qu'est-ce que c'est ?

— La machine, papa, c'est la machine...

— Quelle machine, Monsieur ?

— La machine à éteindre la chandelle, papa.

Questionnaire. — Quelles réflexions fit M. Dumay après avoir lu la lettre de son fils ? — Pourquoi disait-il que François était un polisson ? — Qu'indiquaient les polissonneries de cet enfant ? — Qu'est-ce qu'on entendit, une nuit, vers onze heures ? — Qu'aperçut M. Dumay en pénétrant dans la chambre de ses garçons ? — Comment François expliqua-t-il l'accident ?

DÉVELOPPEMENT DES SUJETS PROPOSÉS POUR EXERCICES.

Morale. — *Quand la curiosité est-elle louable? Exemples. — Quand est-elle blâmable? Exemples. — De quoi les enfants doivent-ils être curieux?*

La curiosité, autrement dit, le désir ou l'empressement de voir et d'apprendre des choses nouvelles et rares, est louable en soi lorsqu'elle s'applique à des sujets utiles. Mais si elle a pour but de découvrir le secret des affaires d'autrui, de connaître ce que les convenances ne nous permettent pas de pénétrer, elle constitue un des plus fâcheux défauts de la jeune fille et de la femme.

Les curieux, les curieuses regardent par les fenêtres pour savoir ce qui se passe chez le voisin; elles écoutent aux portes; elles ouvrent les correspondances; elles fouillent les poches et les tiroirs; rien ne survient dans le quartier qu'elles ne laissent tout pour obtenir des détails, quitte à recueillir des rebuffades et des affronts.

Ce dont les enfants des deux sexes doivent être curieux, c'est de rechercher ce en quoi ils peuvent être utiles ou agréables; c'est de compléter le cercle de leurs connaissances par des lectures profitables; c'est, pour les jeunes filles en particulier, de s'initier aux détails du ménage et aux procédés relatifs à la cuisine, à l'entretien des vêtements, afin d'être en mesure de mieux seconder leurs mères.

Agriculture. — *Qu'appelle-t-on arbres fruitiers? — Où les plante-t-on? — Quels soins réclament-ils? — Décrire un cerisier : tronc, feuilles, fleurs, fruits. — Récolte des cerises; leur vente; qualités de ces fruits. — Espèces de cerisiers. — Prix d'un kilogramme de fruits de chaque espèce. — (Mêmes questions pour le poirier et le pommier).*

Les arbres fruitiers produisent des fruits propres à la nourriture de l'homme; tels sont : les pommiers, les poiriers, les cerisiers, les pêchers, les abricotiers, les noyers, les figuiers, les orangers, les châtaigniers, les noisetiers.

On les *plante* dans des enclos ou dans des champs désignés sous le nom de vergers. L'exposition du terrain doit être celle du levant ou du midi; il faut à ces arbres un sol profond et meuble, légèrement en pente pour l'écoulement des eaux surabondantes.

Les arbres fruitiers, comme toutes les plantes alimentaires, demandent des soins particuliers. Le sol sera pioché plusieurs fois l'an, débarrassé des mauvaises herbes et légèrement fumé. Au printemps, on taillera les arbres et on les débarrassera des rameaux inutiles au profit de ceux qui portent des boutons à fruits.

Le cerisier est un bel arbre des climats tempérés, à tige droite, recouvert, quand il est jeune, d'une écorce brune et luisante; il porte des feuilles vert foncé allongées en pointe. Ses fleurs ressemblent à de petites roses blanches, et rien n'est charmant comme le spectacle qu'il présente aux premières belles journées du printemps. Les fruits apparaissent de bonne heure, sous la forme de petites boules vertes qui, peu à peu, se gonflent d'un suc frais et sucré, et qui prennent une belle couleur rouge. On cueille les cerises au mois de juin dans la plus grande partie de la France, et elles sont recherchées pour leur saveur délicieuse comme pour leurs propriétés rafraîchissantes.

Les *principales espèces de cerises* sont : les cerises douces, dont les meilleures se cultivent à Montmorency et dans les environs d'Auxerre, les bigarreaux, les cerises jaunes, les cerises aigres et les merises, au suc presque noir.

Économie domestique. — *Quels mets prépare-t-on avec les cerises, les poires, les pommes? — Donner quelques détails sur cette préparation. — Quelles liqueurs fabrique-t-on avec ces fruits? — Comment fait-on des conserves de cerises? — Comment convient-il d'agencer un fruitier? — Soins à donner aux fruits.*

Avec les *cerises*, on prépare des tartes et des confitures; avec les *pommes*, des beignets, des charlottes, de la marmelade, des gelées; on les mange encore cuites au four ou au beurre; avec les *poires*, des mets analogues, et, lorsqu'on les fait cuire et réduire dans du vin doux, on obtient une sorte de confiture appelée *cotignac*.

En distillant les cerises communes et les cerises sauvages, on fabrique une liqueur forte connue sous le nom de *kirsch*. Les pommes et les poires donnent la boisson connue sous le nom de *cidre*.

Conserves de cerises. — On choisit des fruits nouvellement cueillis avant leur complète maturité, encore fermes au toucher et bien sains; on coupe la moitié de la queue en laissant les noyaux, puis on en remplit des bouteilles d'une forme particulière. Les cerises sont arrangées avec ordre au moyen d'une petite spatule de bois, et on fait disparaître les vides en versant un sirop plus ou moins chargé de sucre, à 25°. On bouche hermétiquement et l'on donne quatre minutes d'ébullition au bain-marie.

Fruitier. — A la campagne, on conserve les fruits en les privant d'air, de chaleur et de lumière. Ils seront placés dans une chambre à l'abri de la gelée, dont la fenêtre devra être calfeutrée et fermée intérieurement de volets; la porte elle-même ne sera jamais ouverte. On rangera les fruits sur des planches de manière à ne point se toucher; durant les froids, on couvrira de paillassons le devant de ces planches ainsi que les portes et les fenêtres; ajoutons qu'il est nécessaire d'enlever soigneusement les fruits gâtés.

On *conserve les raisins* en les plaçant séparément dans des sacs de bon papier collé, qu'on lie de manière à les priver d'air, et qu'on accroche de telle sorte que le fruit ait la queue en bas.

Civilité. — *Comment faut-il manger à table les cerises, les pommes et les poires?*

Les enfants prendront à table leurs cerises une à une, et ils déposeront discrètement les noyaux sur l'assiette, car il est dangereux et malsain de les avaler. Ils diviseront les pommes et les poires qu'ils pèleront à l'avance, et mangeront chaque tranche après en avoir enlevé les pépins au couteau.

Hygiène. — *A quel moment faut-il manger les fruits? — Quelles suites fâcheuses résultent, pour la nourriture des enfants, de l'usage des fruits à demi mûrs?*

Lorsqu'on veut consommer des fruits, il faut attendre qu'ils soient bien mûrs et en user modérément. Alors, c'est un aliment de facile digestion, sain et rafraîchissant.

La consommation des fruits encore verts nuit à la santé; il en résulte des irritations de l'estomac et des intestins souvent durables et fâcheuses pour la santé générale. Les enfants devront, en conséquence, s'en abstenir, quelque plaisir qu'ils trouvent à les manger.

23. — Le secret de Ludivine. (*Élève*, p. 56.)

Il dit cela avec la belle tranquillité de l'inventeur* sans reproche, et il continua :

— La ficelle a cassé ; et comme j'étais couché, le cliquet * m'est tombé sur le nez.

Il montrait le plafond, où se voyaient encore quelques clous, des trous, des dégradations du plâtre :

— Papa, ça a très bien marché, au moins vingt fois ; l'éteignoir descendait tout seul et fonctionnait à ravir. — Son regard rencontra la bougie à demi consumée et, sur une chaise, une cinquantaine d'allumettes brûlées : — Mais, à la vingt-unième fois, la ficelle casse ; paf ! le cliquet sur.... !

— C'est la ficelle qui a cassé et le cliquet m'est tombé sur le nez.

La main paternelle fit un petit mouvement du côté de l'éteigneur de chandelles. Mais Suzette, déjà en train de bassiner * la blessure, arrêta d'un regard cette main.

— Papa, dit-elle, ne prenez pas la peine, je vous prie, de vous occuper de ce mauvais garçon. Et vous, Monsieur, tournez-vous par ici, cachez à votre père cette vilaine trompette de nez que vous venez de changer en pomme de terre !

Le papa grommela * un instant, puis :

— Bon, pose-lui là-dessus une toile d'araignée, quoiqu'il ne mérite pas tant de soins.

Mais où étaient-elles les toiles d'araignées ? Depuis longtemps cela avait déserté * la maison.

Avant qu'on eût le temps de le retenir, François

s'élança, escalada le grenier, et redescendit; il en tenait une.

— Je l'ai découverte ce matin à la lucarne d'en haut.

La toile fut appliquée sur le mal.

— Maintenant dormez, Monsieur, et laissez-nous dormir!

Mais pendant le reste de la nuit, ah! comme elle poussa, la pomme de terre! et comme au matin elle était haute en couleur!

— Pourtant, dit M. Dumay à Ludivine, lorsqu'en passant elle vit l'accident, la toile d'araignée, voilà bien, dit-on, ce qu'il faut pour les écorchures!

Ludivine hocha la tête:

— La toile d'araignée, c'est bon et ça ne l'est pas; vous me comprenez, Denis? ça dépend. Mais j'ai un secret de ma défunte mère. — Puis, doucement, en femme qui a un secret, et qui ne veut pas le laisser tomber en route, Ludivine alla au colombier. Elle reparut bientôt, tenant quelque chose dans sa main fermée, et annonça à voix basse qu'avant une heure elle rapporterait un onguent* dont on lui dirait des nouvelles.

Après trois quarts d'heure, elle revint avec le visage d'une personne enchantée de faire le bien, et de ses propres mains plaça sur la toile d'araignée un cataplasme. François poussa une exclamation, renifla, et avec une grimace:

— Pff! pff! qu'est-ce que c'est que ça?

— Trois jours et trois nuits garde-le-moi là où il est, dit Ludivine, et tu seras pour longtemps à l'abri des maux de nez et même d'oreilles. Ma grand'mère, ma mère en ont guéri beaucoup... et demande à Plectrude, à Jean-Marie, à Morisot, si je leur ai fait du mal.

Mais, le soir, la douleur commencée avec l'application de la toile d'araignée s'accrut beaucoup.

— Pff! pff! qu'est-ce que c'est que ça? répétait François.

Cependant, comme il voulait guérir au plus vite pour chercher une ficelle plus solide et reprendre son expérience *, ou quelque autre de ce genre, il tenait bravement.

Mais Suzette devenait inquiète.

Questionnaire. — En quels termes François acheva-t-il le récit des causes de l'accident? — Que dit et fit Suzette pour apaiser la colère de M. Dumay et pour soulager François? — Quel remède singulier indiqua le père et comment se le procura-t-on? — Comment se comporta le nez pendant la nuit? — Quel remède secret prépara Ludivine? — Racontez comment il fut appliqué par elle et accueilli par le malade? — Quels conseils donna la voisine pour assurer le succès de son emplâtre?

DÉVELOPPEMENT DES SUJETS PROPOSÉS POUR EXERCICES.

Morale. — *Faut-il se moquer des enfants qui s'amusent à confectionner des machines? — Pourquoi? — Connaissez-vous des enfants auxquels on doit des découvertes utiles? — Résultats fâcheux des moqueries entre élèves.*

En général, les enfants sont observateurs; ils aiment à examiner les choses, à se rendre compte de ce qu'elles sont, comment elles fonctionnent et quel parti on en peut tirer. Il est donc juste de les encourager quand ils manifestent de semblables dispositions, et de leur venir en aide par des conseils; peut-être ainsi une vocation se manifestera-t-elle et sera-t-elle le point de départ d'une existence utile à la société.

C'est à un enfant qu'on doit la découverte de l'appareil qui règle l'entrée et la sortie de la vapeur dans le cylindre où se meut le piston de la machine; Galilée, enfant, remarqua à l'église les mouvements égaux d'une lampe suspendue et imagina le pendule; Franklin, enfant aussi, fit une observation pendant un orage en jouant au cerf-volant, et plus tard en tira l'idée du paratonnerre. On raconte que l'usage des lunettes provient de la remarque d'un petit Hollandais qui regardait les objets avec un morceau de glace convexe.

La *moquerie* a pour objet de rendre ridicules certaines personnes au moyen de critiques malveillantes, exagérées, présentées sous une forme plaisante. On peut montrer ainsi quelque esprit, mais on dévoile en même temps qu'on manque de tact et de cœur, surtout si les observations malignes sont inspirées par une difformité naturelle. Les moqueurs amusent parfois, mais personne ne les estime : que les jeunes filles ne l'oublient pas, elles si promptes à signaler ce qu'il peut y avoir de singulier dans la physionomie, la tenue et les vêtements de leurs compagnes!

Hygiène. — *Qu'appelle-t-on remèdes secrets, remèdes de bonne femme? — Sont-ils tous efficaces? — Pourquoi? — Lorsqu'un enfant est malade ou blessé, qui faut-il consulter : 1° si le mal est léger; — 2° s'il est grave? — En quoi est-il très avantageux que les jeunes filles étudient l'hygiène et reçoivent des notions de médecine usuelle?*

On appelle *remèdes secrets, remèdes de bonne femme*, des remèdes simples en usage parmi les gens peu instruits, et qui, presque toujours, n'ont aucune efficacité quand ils ne présentent pas d'inconvénients. Il faut se défier des personnes qui font métier de préparer ces remèdes; car souvent, parmi elles, il se trouve des fripons effrontés; de plus, comment peut-on croire à la valeur des compositions qu'elles offrent aux naïfs, puisqu'elles-mêmes n'ont aucune notion de la médecine?

Lorsqu'un enfant est malade ou simplement indisposé, il faut :

Si le mal est léger, consulter une personne expérimentée, une mère de famille autant que possible.

Si l'indisposition ou la blessure sont graves, il est nécessaire de demander sans retard l'aide du médecin : l'argent ainsi dépensé est toujours bien employé. En attendant la venue de l'homme de l'art, l'enfant malade sera mis au lit, et on se gardera de lui donner autre chose que des boissons tièdes et rafraîchissantes, telles que la tisane au chiendent, à la réglisse.

Chacun sait que les médecins ne sont pas toujours libres de venir auprès d'un malade, lorsqu'on les en prie, car ils se trouvent fréquemment retenus au chevet d'un autre; il est donc très désirable que, dans chaque maison, une personne sache donner les premiers soins en cas d'indisposition ou de blessure, ce qui, plus d'une fois, enrayera le développement du mal. Tel est le motif pour lequel, dans la plupart des écoles, les maîtresses se font une obligation de dicter aux élèves les conseils et les recettes pour remplir le rôle de garde-malade ou d'auxiliaire du médecin. Toutes devraient, à la fin de leurs études, se munir d'un bon traité d'hygiène et des excellents petits livres intitulés : *Remèdes des champs* et *l'Art de vivre longtemps* (Libr. Hachette ; 0 fr. 50 chacun).

Industrie. — CHANDELLES. — *Décrivez une chandelle. — Quelle est la matière d'une chandelle? — Quelle est la matière de sa mèche? — Comment fabrique-t-on les chandelles? — Quels sont leurs avantages et leurs inconvénients? — Combien coûte le kilogramme de chandelle? — (Mêmes questions sur les bougies).*

Les chandelles sont des cylindres de suif fondu à l'intérieur desquels on a introduit une mèche de coton.

Pour les fabriquer, on met fondre de la graisse de bœuf ou de vache dans une grande chaudière, et, lorsque le liquide qu'on obtient est suffisamment limpide, on le coule avec une cuiller de fer dans des moules de bois où l'on a tendu une mèche de coton.

Le procédé est le même pour les *bougies ;* seulement la matière employée est la stéarine, qui provient d'huiles grossières ou de graisses animales, et qui jouit de la propriété de se durcir et de blanchir en se refroidissant, tandis que les chandelles sont molles et jaunâtres pour peu que la température s'élève.

Les chandelles donnent un éclairage peu dispendieux; mais il est insuffisant et il se produit avec un dégagement de fumée et de gaz dont l'odeur n'a rien d'agréable.

La lumière des bougies est plus vive, plus blanche, et pendant que la flamme brûle, il n'y a ni odeur ni fumée ; de plus, la mèche étant tressée, elle se consume tout entière et il n'y a pas besoin de la couper de temps en temps comme celle des chandelles.

Le kilogramme de chandelle coûte de 0 fr. 90 à 1 fr. 20; celui de la bougie revient à 1 fr. 80 ou 2 francs dans la plupart des localités.

24. — La bohémienne. (*Élève*, p. 58.)

Après le coucher du soleil, comme elle causait sur la porte avec le patient*, qui se trouvait mieux à l'air, tout à coup surgit* à quelques pas une longue et maigre femme, au teint bronzé, avec des yeux hardis, perçants, une tignasse de cheveux, noirs comme aile de corbeau.

— La charité, s'il vous plaît? dit-elle en tendant une main osseuse.

— François, dit Suzette, va chercher un morceau de pain.

Pendant que François obéissait, la bohémienne, après avoir jeté un regard à l'enfant, s'approcha de Suzette :

— Il est malade, le petit?

— Oui, d'un bobo qui ne se presse pas de guérir.

— Et qui ne guérira pas! repartit aussitôt l'étrange créature, avec un ton qui fit frissonner la jeune fille.

— Vous dites... qu'il ne guérira pas? demanda Suzette, la voix soudainement altérée.

— Je le dis!

En même temps, elle tendit l'index vers le ciel, d'où la nuit tombait déjà, et Suzette vit, au-dessus de la maison, le vol tournoyant et silencieux de deux grandes ailes blanches.

— Connais-tu cet oiseau, ma fille?

— C'est une chouette! répondit Suzette, toute tremblante.

— Oui, l'oiseau de malheur!...

François revenait avec le morceau de pain qu'il était allé chercher.

— Si tu veux en savoir davantage, reprit la bohémienne, viens tout à l'heure, là-bas, seule.

Et, ce disant, elle montrait, à gauche de la ferme, une encoignure ombragée. Puis, prenant le pain que lui tendait l'enfant, elle s'éloigna.

Eh bien! que faire?

Très émue, Suzette se demanda s'il était sage d'aller à ce rendez-vous.

Mais le pauvre petit François était malade, il n'y avait pas à en douter; le cliquet, fait d'une vieille ferraille, était peut-être empoisonné; et la chouette venait de paraître ici comme un avertissement de mort. C'est François qui était menacé! car, en ce moment, point d'autre malade que lui au village. Ah! ne fallait-il pas tout tenter* contre ce terrible souci? Quand cette grande femme, qui semblait avoir quelque puissance mystérieuse, attendait là, à côté, pouvait-on se défendre d'aller la trouver ?

Une demi-heure avant le souper, Suzette sortit à pas de loup* et fut bientôt sous les arbres indiqués.

Assise sur la margelle* d'un vieux puits, la femme l'attendait.

— Ah! ah! dit-elle avec un petit ricanement, tu as tardé; tu ne voulais pas venir... tu vois que je sais tout! Approche... Je peux sauver ton frère!

— Connais-tu cet oiseau, ma fille ?

Suzette, dont les jambes fléchissaient, s'accota au puits.

— Montre ta main.

La jeune fille tendit sa main droite :

— Croise-la avec de l'argent.

— Je ne comprends pas.

— Mets-y de l'argent.

Suzette avait dans sa poche cinq francs de monnaie; elle tira vingt sous.

D'un rapide mouvement de chat, l'autre agrippa la pièce.

— Tu en as plus d'une; donne le reste.

Sans se défendre, machinalement, Suzette donna le reste des cinq francs.

— C'est tout?

— C'est tout.

— Bon. Qu'as-tu là au cou? Un foulard? donne-le.

Elle prit le foulard avant que l'enfant eût pu obéir.

— Ce foulard et ces cent sous serviront à commencer les conjurations* nécessaires. Mais il faut que demain, à la même heure, tu reviennes ici avec d'autre argent, autant que tu pourras en prendre, au moins vingt francs, et sans avoir parlé de moi à personne... à personne ! tu entends ?

Chouette.

Cet oiseau est fort utile à l'agriculture, en ce qu'il détruit une grande quantité de rongeurs.

Suzette fit signe qu'elle entendait.

A ce moment, un sifflet strident troubla le silence de la nuit. La bohémienne se leva et fila comme un lièvre.

Comme Suzette repassait le seuil de sa maison, elle entendit le pas de plusieurs chevaux qui s'avançaient au grand trot. Bientôt ils parurent.

C'était la gendarmerie en tournée*.

Questionnaire. — Qui apparut à Suzette à la fin du jour? — Que demanda la femme? — Reproduisez le début de la conversation entre elle et Suzette. — Que lui montra la bohémienne et quelle signification cette dernière attribuait-elle à l'apparition de l'oiseau? — Que proposa la femme à Suzette? — Cette dernière fut-elle sage de céder à ce qu'on lui demandait? — Quel bon sentiment peut faire excuser la pauvre petite? — Racontez comment la bohémienne eut les cinq francs et le foulard. — Qu'ajouta cette vilaine femme en quittant Suzette? — Qu'est-ce qui la porta à s'enfuir?

DÉVELOPPEMENT DES SUJETS PROPOSÉS POUR EXERCICES.

Morale. — *Causes de nos maux.* — *Puisque nos maux viennent de nous-mêmes ou de choses bien connues, que pensez-vous des craintes superstitieuses de certaines gens? — Citez des choses, des circonstances qu'on regarde sottement comme de mauvais augure. — Qu'appelle-t-on revenants? — Y a-t-il vraiment des revenants? — Que pensez-vous de ceux qui en rient?*

Nos maux viennent de nos imprudences, de la vieillesse ou de causes et d'accidents dont nous discernons parfaitement l'origine. Il est ridicule, il est sot de les attribuer à des influences étrangères, comme le mauvais vouloir d'une personne, l'apparition de certains oiseaux, ou d'un insecte plus ou moins répugnant. C'est faire de la Providence, si juste, si sage, un être méchant et dépourvu de raison qui subordonnerait le bonheur ou le malheur de l'homme, non à ses bonnes ou à ses mauvaises actions, mais à des hasards ou à des événements imprévus, ou bien encore aux intentions de gens méprisables.

Il y a des ignorants qui s'effrayent quand, au matin, ils aperçoivent une araignée; qui tremblent sur l'issue d'un voyage lorsqu'il est entrepris le vendredi ou un 13; qui pâlissent à la vue d'un couteau croisé sur la table avec une fourchette; qui n'oseraient prendre part à un repas s'il y avait treize convives, etc., etc. On ne comprend pas que des êtres doués de raison aient de telles faiblesses d'esprit.

Rien n'est plus comique que d'entendre les bonnes femmes parler des *revenants* en tremblant de frayeur; elles s'imaginent que les morts reparaissent pour nous effrayer, surtout la nuit, surtout aux environs du cimetière. Les seules apparitions bien constatées de revenants sont dues à de mauvais plaisants qui, affublés d'un drap blanc, se promenaient dans les ténèbres, et s'amusaient follement des terreurs des vieilles commères et des petites filles qui les rencontraient.

Ceux qui rient lorsqu'on leur parle de revenants, font preuve de bon sens et d'un joyeux caractère; choses qui ordinairement marchent de compagnie.

Composition. — *Décrire une famille de bohémiens ou de vagabonds errants : leur voiture, leur mode de vie, leur façon d'élever leurs enfants. — Que doit-on penser de ces gens? — Pourquoi faut-il s'en éloigner?*

(Voir COURS DE COMPOSITION FRANÇAISE, *Degré supérieur*, par E. LAPORTE, 5e exercice, page 295, et 12e exercice, page 307.)

Sciences naturelles. — *Qu'entend-on par oiseaux de nuit? — Quels sont les principaux? — Où nichent-ils?*

Les oiseaux de nuit sont ceux qui ne prennent leur vol qu'au moment du crépuscule; tant que le soleil reste sur l'horizon, ils se confinent dans des trous. Il est à remarquer qu'ils ont, en général, des couleurs sombres et le plumage moelleux, ce qui les favorise dans la chasse à laquelle ils se livrent pendant la nuit. Les principales espèces sont : les hiboux, les chouettes, les orfraies, les grands-ducs, qui se plaisent à nicher dans les édifices solitaires ou abandonnés, dans les greniers et les granges où ils détruisent un nombre prodigieux de rats, de souris et de mulots, sans compter les serpents.

Économie domestique. — *Quel remède faut-il appliquer à une écorchure; — à une coupure; — à une contusion provenant d'une chute, d'un coup?*

Pour guérir *une écorchure*, lavez la plaie à l'eau fraîche et, si elle n'est pas très étendue ou exposée à des chocs et à des frottements, laissez-la telle quelle; autrement, posez dessus un linge doux, légèrement enduit de beurre et maintenu par une bande faiblement serrée.

On lave à l'eau tiède la plaie qui résulte d'*une coupure*, et l'on s'assure qu'il n'y reste aucun corps étranger. Si la blessure saigne abondamment, user d'eau froide. Ensuite, on l'essuie avec un linge fin, et l'on en rapproche les bords que l'on fixe avec du taffetas d'Angleterre ou du diachylon. Lorsque le mal est considérable, la présence du médecin devient obligatoire.

Pour *les contusions ordinaires*, consistant dans le meurtrissement des tissus par suite d'une chute ou d'un coup, il suffit de combattre l'inflammation par l'application de l'eau froide, et d'envelopper ensuite le membre atteint. Si l'enfant contusionné se trouvait indisposé à la suite de l'accident, il serait bon de lui donner à boire quelque chose de chaud et de le mettre au lit.

25. — Un peu de lumière. (*Élève*, p. 61.)

La journée commença mal : une poule des plus belles, une grise pailletée *, à toupet blanc, fut trouvée morte dans le poulailler; François, dans son lit, avait toujours la fièvre.

Oh ! la chouette, la chouette ! l'oiseau de malheur !... Et il fallait attendre encore presque un jour entier avant de revoir la bohémienne ! Aurait-elle au moins commencé les conjurations ? A ces pensées, Suzette se sentait défaillir *.

Son père parti aux champs où le travail pressait, Charlot ronflant encore, et le patient allongé dans son lit, elle s'assit devant l'âtre, sans force pour l'ouvrage matinal, et demeura là toute brisée. Quelqu'un entra qui, d'une voix bien connue, lui demanda des nouvelles de François.

Coq et poule.

— Ah ! Madame ! s'écria Suzette en se levant pour se jeter tout en pleurs au cou de Mme Valon.

— Eh bien ! qu'y a-t-il, mon enfant?

— François est malade, bien malade !

— Bien malade ?... de ce mal au nez dont on vient de me parler à l'instant ?...

— Il a la fièvre. Voulez-vous le voir?

Elle la mena jusqu'au lit. François se réveilla, tout rouge, tout bouffi de fièvre. Il sourit à Mme Valon ; le sourire était vivant, et le regard aussi.

— Ah ! quel potiron de nez ! s'écria-t-elle ; mais qu'est-ce que c'est que ce cataplasme ?

— Un cataplasme fait par Ludivine.

— Par Ludivine !

— Oh ! Madame, dit le pauvre garçon ; il me fait de plus en plus mal. Mais c'est sans doute la force du remède, qui est un secret* de la grand'mère de Ludivine. Il me faut encore garder cela près de deux jours et deux nuits ! Oh ! oh ! oh !

D'un coup de doigt, sans respect pour le secret, Mme Valon fit sauter le cataplasme : elle le déplia en détournant un peu le visage et éclata de rire :

— Ah ! le voilà donc le secret de Ludivine ! de la fiente de pigeon !

— De la fiente de pigeon !

— Oui, regardez. Mais que vois-je encore là ? Un second secret ?

— Non, de la toile d'araignée, Madame.

— Toile d'araignée, fiente de pigeon ! Mais vous avez donc donné rendez-vous à toutes les ordures de la création sur ce pauvre nez ! s'écria Mme Valon, mi-riant, mi-fâchée. Il faut qu'il soit solidement accroché pour n'être pas encore parti devant un pareil traitement* ! Vous avez introduit dans une petite plaie des corps étrangers, malpropres, qui ont exaspéré* le mal et produit la vilaine suppuration* que voilà. Hop ! hop ! qu'on me nettoie cela ! De l'eau ! de l'eau, petite sotte, et vite !

Questionnaire. — Quelles choses fâcheuses attristèrent le commencement de la journée de Suzette ? — A quoi la jeune fille ne pouvait-elle se défendre de penser ? — Où était-elle lorsque Mme Valon entra ? — Comment apprit-on à madame l'institutrice la maladie de François et l'instruisit-on du remède de Ludivine ? — Que répondit François sur l'effet du cataplasme ? — Comment Mme Valon traita-t-elle l'emplâtre ? — Quelles observations fit-elle sur les ingrédients dont il était composé ? — Que réclama-t-elle immédiatement ?

DÉVELOPPEMENT DES SUJETS PROPOSÉS POUR EXERCICES.

Économie domestique. — *Comment conserve-t-on les œufs ? — Comment prépare-t-on les œufs à la coque, sur le plat, en omelette, à la matelote, puis les œufs à la neige, la salade aux œufs ?*

Lorsqu'on désire *conserver des œufs* frais pendant toute l'année, on les recouvre d'un vernis, d'une couche de cire ou d'un corps gras qui empêche l'accès de l'air par les pores de la coquille. On conseille encore de placer les œufs par couches dans un vase, et d'y verser de l'eau de chaux contenant en excès un peu de chaux en poudre, de manière qu'ils soient couverts de 0m,15 à 0m,18 de liquide.

Les œufs se conservent assez longtemps lorsqu'ils sont placés dans du sable sec, de la cendre, du son, de la sciure de bois, du poussier de charbon, en un mot, dans tout ce qui peut empêcher l'introduction de l'air à l'intérieur de la coque.

Œufs a la coque. — On choisit des œufs frais, et on les plonge dans l'eau bouillante où ils séjourneront trois minutes.

Œufs sur le plat. — Mettez fondre dans un plat de faïence, de porcelaine ou de cuivre, autant de fois 45 grammes de beurre que vous vous proposez de faire cuire d'œufs. Lorsqu'il commence à bouillonner, cassez les œufs en vous gardant de rompre les jaunes, ce qui arriverait si on les faisait tomber de haut; saupoudrez de sel et de poivre, et retirez lorsque le blanc commence à prendre. Quelquefois on pose sur le plat un couvercle chargé de braise ou de charbons ardents.

Omelette. — Dans un vase de terre, cassez les œufs, saupoudrez de sel et de poivre et battez-les pendant deux ou trois minutes avec un peu de persil ou d'oseille hachée. Mettez sur le feu une poêle où vous ferez fondre du beurre à raison de six ou sept grammes par œuf; lorsque le beurre devient clair et pétille sur les bords, versez les œufs et agitez-les doucement avec une fourchette, puis remuez la poêle de l'autre main. Lorsque le mélange a acquis quelque consistance, repliez l'omelette en deux après que vous l'avez retirée du fourneau; placez-la ensuite quelques instants sur le feu, étendez-la sur un plat et servez immédiatement.

Œufs en matelote. — Dans une sauce au vin bouillante où l'on n'a pas ménagé le beurre, cassez des œufs frais et retirez le tout au bout de trois minutes; versez dans un plat et servez.

Œufs à la neige. — Prenez un demi-litre de lait, deux cuillerées à bouche de fleurs d'oranger, 60 grammes de sucre; mettez le tout dans une casserole et faites bouillir. Prenez six œufs; séparez les jaunes des blancs, battez les blancs en neige bien ferme dans un lieu frais, et saupoudrez de sucre mêlé de vanille en poudre ou de fleurs d'oranger. Quand le lait a bouilli, mettez dedans vos œufs en neige par cuillerées; retournez-les avec une écumoire pour faire cuire de tous les côtés; quand ils sont bien cuits, retirez-les et dressez-les sur le plat que vous devez servir. Faites lier le lait sur le feu avec des jaunes d'œufs délayés dans une cuillerée de lait; versez sur les œufs à la neige; laissez refroidir et sucrez. (*Cuisine des campagnes*, par Audot.)

Salade aux œufs. — Faites cuire des œufs durs à raison d'un par convive; coupez-les en tranches sur la salade; assaisonnez à l'huile et au vinaigre; tournez et faites passer ensuite le saladier à la ronde.

Hygiène. — *Comment reconnait-on qu'un enfant a la fièvre* (le pouls)? — *Premiers soins à donner à un enfant qui parait malade. — Tenue d'une chambre de malade : faut-il clore le lit avec des rideaux? — Faut-il fermer toujours les fenêtres? — Faut-il amonceler couvertures et édredons sur le lit du malade? — Pourquoi? — Qu'est-ce qu'un cataplasme? — Comment le prépare-t-on à la graine de lin? — Effets du laudanum; précautions à prendre avec ce médicament.*

On reconnait qu'un enfant a la fièvre lorsque le pouls, au lieu de 75 à 80 pulsations à la minute, en bat 90 à 100; lorsque le malade éprouve de légers frissons, de la lassitude et une pesanteur dans la tête. Il faut alors le coucher en évitant de surcharger le lit de couvertures, soumettre le patient à la diète et lui donner des boissons rafraichissantes en attendant l'arrivée du médecin.

La *tenue d'une chambre de malade* exige une extrême propreté et comporte le fréquent renouvellement de l'air, soit par la cheminée, soit par les fenêtres dans la saison chaude. Il s'exhale, en effet, des poumons et de la peau des malades, certaines émanations animales à odeur fétide qui altèrent l'air en s'y décomposant, et rien n'est plus propre à compromettre la guérison.

C'est pour ce motif qu'il faut se garder de *clore le lit* avec des rideaux et de l'installer dans une alcôve. L'accumulation des couvertures et des édredons provoque des sueurs qui affaiblissent le malade.

Un cataplasme est une matière molle et gluante (telle que la mie de pain, la farine de lin, délayées et cuites à l'eau) qu'on étend sur un linge très fin et qu'on applique aux endroits du corps indiqués par le médecin.

Le laudanum a pour effet d'engourdir les douleurs provenant de l'irritation des nerfs par suite d'inflammation, comme il arrive pour les maux de dents, les crampes et douleurs d'estomac ou d'intestins. A dose un peu considérable, c'est un poison ; d'où il suit que ce médicament ne devra jamais rester à portée de la main des enfants.

26. — De l'eau ! (*Élève*, p. 63.)

Suzette, toute secouée par cet entrain, courut à la cuisine.

— Madame, voilà de l'eau, dit-elle, en rentrant tout essoufflée.

— Quelle est cette eau?

— De l'eau propre.

— De l'eau propre? ah! vraiment? Tu es bien sûre de sa propreté? Ne sais-tu pas que cette eau propre peut être pleine d'impuretés, de bêtes malfaisantes ; que la fièvre typhoïde *, le choléra *, bien d'autres maladies peuvent y attendre que nous les absorbions *, n'ayant pas su les détruire? Songe qu'en ce moment il s'agit de laver une plaie à vif *, qui n'a été que trop infectée *. Va faire bouillir cette eau pour détruire tous les germes malsains qui s'y trouveraient. Pendant ce temps je cours prendre chez moi de l'acide phénique *, un excellent caustique * désinfectant qu'il faut toujours avoir dans son armoire.

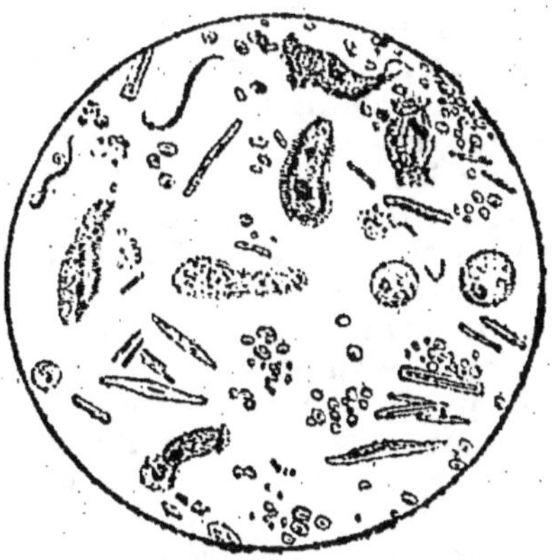

Goutte d'eau vue au microscope.

Ne buvez jamais d'eau sans qu'elle soit filtrée et, dans les temps d'épidémie, sans l'avoir fait bouillir.

Elle reparut bientôt avec un petit flacon dont elle versa deux gouttes dans un grand verre d'eau.

Et désinfectons, désinfectons le pauvre nez !

François poussait des soupirs de soulagement :

— Ah ! disait-il, je ne m'exposerai plus à de pareils accidents ; je sais un moyen.

— Quel moyen, Monsieur ?

— C'est d'employer du fil de fer, au lieu de ficelle, pour manœuvrer le cliquet.

— Encore le cliquet ! Voulez-vous bien vous rendormir tout de suite ! lui dit sa sœur.

Questionnaire. — Qu'apporta Suzette ? — Quelle remarque fit Mme Valon sur la difficulté d'obtenir de l'eau pure ? — Quelle nécessité y a-t-il de traiter les blessures par l'eau pure ? — Comment détruit-on les germes dangereux de l'eau ? — Qu'est-ce que l'acide phénique ? — Comment Mme Valon soigna-t-elle François ? — Quel moyen ce dernier avait-il découvert pour éviter le retour de l'accident qui le retenait au lit ?

DÉVELOPPEMENT DES SUJETS PROPOSÉS POUR EXERCICES.

Sciences naturelles. — *Qu'est-ce que l'eau ? — Où est le grand réservoir des eaux ? — Ce que sont et à quoi servent les nuages ? — Origine des sources, des rivières, des ruisseaux. — Qu'est-ce qui se développe dans l'eau exposée à l'air ? — Ce qu'on y voit avec un instrument grossissant. — Ce qui peut la corrompre, la rendre dangereuse. — Comment l'eau transmet-elle les maladies ?*

L'eau est le liquide le plus universellement répandu ; sous le nom de mer, l'eau couvre les trois quarts de la surface du globe.

La mer est le grand *réservoir* des eaux ; il s'en élève continuellement des vapeurs qui s'amassent dans l'air en masses considérables appelées *nuages*. Sous l'influence du froid des hautes régions de l'atmosphère, les vapeurs des nuages se condensent en gouttelettes dont la chute produit le phénomène de la pluie.

La *pluie* pénètre à l'intérieur du sol ; elle s'accumule sur les roches ou sur les couches terreuses impénétrables à l'eau, et, suivant la pente du terrain, elle coule et jaillit en *sources* limpides. La réunion de plusieurs sources forme un *ruisseau*, et celle de plusieurs ruisseaux, une *rivière*.

Dans l'eau exposée à l'air, il tombe une foule de germes de plantes et d'œufs d'animaux infiniment petits ; les uns et les autres se développent dans le liquide avec une rapidité surprenante, et si, après quelques jours, on l'examine avec un verre grossissant, l'œil y distingue tout un monde animé circulant à travers des plantes microscopiques (1).

La cause la plus fréquente de la *corruption des eaux* des rivières, des sources et des puits, est l'infiltration de liquides provenant de déjections animales, tels que ceux ayant traversé des fumiers et des fosses d'aisances. Il en résulte que ces eaux, où se sont développés les germes de maladies épidémiques, donnent lieu à de véritables empoisonnements. Il est donc toujours prudent et utile de prendre

(1) *Microscopique* se dit des choses si petites qu'on ne peut les voir qu'au moyen d'un instrument grossissant appelé *microscope*.

los précautions nécessaires pour s'approvisionner d'une eau de bonne qualité.

Industrie. — Les Filtres. — *Comment l'eau se purifie-t-elle naturellement? — Où la puise-t-on souillée ou infectée? — Avec quel appareil peut-on la rendre limpide et saine? — Propriétés du charbon et du sable. — Description d'un filtre. — Le papier Joseph.*

Presque toujours les eaux se purifient naturellement en traversant les couches de terre et de sable, mais quand la source est trop voisine de la surface, il n'en est plus ainsi, et il faut aviser à un moyen mécanique de la débarrasser de ses impuretés. On a imaginé à cet effet un appareil connu sous le nom de *filtre.*

Un *filtre* est un appareil formé d'une caisse métallique dans laquelle on dispose alternativement des lits de charbon pulvérisé et de sable. En traversant ces matières, l'eau se débarrasse de ses impuretés et apparaît limpide à la sortie du robinet adapté à la partie inférieure.

Il existe des filtres composés d'un vase de terre cuite vernissée au milieu duquel on scelle une pierre poreuse, placée de biais, qui le divise en deux compartiments. Dans le compartiment supérieur, on verse l'eau à épurer; elle arrive dans l'autre après avoir passé lentement au travers de la pierre dont il a été question, et dans un état de limpidité qui ne laisse rien à désirer.

Le *papier Joseph* est un papier épais qu'on roule en cornet et dans lequel on verse le liquide à clarifier. Il filtre au travers de l'appareil et coule en gouttelettes, à la partie inférieure, dans un vase disposé à cet effet.

Hygiène. — *Qu'entend-on par épidémie? — Citez des épidémies et parlez de leurs suites affreuses. — Où se trouvent souvent les germes de ces maladies? — Comment les détruire dans l'eau? — Parlez des désinfectants et de la manière de s'en servir.*

On entend par *épidémies* des maladies qui se propagent par le contact avec les malades ou par l'infection de l'air et des eaux. Telles sont celles qui sont connues sous le nom de *fièvres typhoïdes, rougeole, fièvre scarlatine, choléra.* Elles déciment les populations et portent le deuil dans les familles.

Comme nous l'avons déjà fait connaître, les germes des épidémies existent principalement dans les eaux; il est alors prudent de ne boire que de l'*eau bouillie* et conservée en vase clos, car l'ébullition détruit tous les organismes. On ne peut prévenir la contagion de certaines maladies, la rougeole par exemple, qu'en évitant tous rapports avec ceux qui en sont atteints, et en ne laissant sortir ces derniers qu'après la période durant laquelle ils peuvent communiquer le mal.

La vapeur du soufre et l'acide phénique sont les principaux *désinfectants.* Le premier fait périr les germes dans les vêtements, les étoffes et jusque dans la peau des personnes atteintes; l'autre détruit les miasmes qui infectent une salle. On emploie le soufre en le faisant brûler sur un fourneau dans une chambre hermétiquement fermée, où sont disposés les objets sur lesquels il faut opérer. L'acide phénique étendu d'eau, dans la proportion de dix à douze fois son volume, est répandu sur le carrelage ou le parquet.

Géographie. — *Qu'appelle-t-on eaux thermales et eaux minérales? — Où sont, en France, les principales sources de ces eaux?*

Les *eaux minérales* sont des eaux qui jaillissent à la surface du sol après avoir dissous, dans les couches de terrain qu'elles ont parcourues, des substances minérales connues pour être efficaces contre certaines affections, telles que les *rhumatismes*, l'*anémie*, le *mal de gorge*, etc.

Si elles sortent de la terre à une température de beaucoup supérieure à celle de l'atmosphère, on les dit *thermales*. Quelques-unes atteignent 40, 50, et même 90 degrés.

Il existe des sources d'eaux thermales et d'eaux simplement minérales à Plombières, à Bussang, à Vichy, à Contrexéville, au mont Dore, à la Bourboule, à Royat, à Uriage, à Chaudesaigues, à Aix en Provence, à Bourbonne-les-Bains, à Bagnères, à Barèges, à Aulus, à Enghien près Paris, à Saint-Galmier, etc.

27. — L'aveu. (*Élève*, p. 65.)

Elle suivit Mme Valon qui s'en allait, et, toute honteuse, les larmes aux yeux :

— Ah ! Madame, dit-elle, pourquoi ne suis-je pas allée hier vous demander conseil ? Quelle chose terrible que l'ignorance ! J'ai un aveu * à vous faire.

Elle conta toute son aventure avec la bohémienne, depuis l'aumône du morceau de pain et l'apparition de la chouette jusqu'à l'escroquerie * des cinq francs et du foulard :

— Et j'ai donné rendez-vous pour ce soir, à la brune, sous ces arbres.

Elle montra l'endroit.

— Comment ! s'écria Mme Valon, c'est vous, Mademoiselle Suzette, qui, sans compter la toile d'araignée et le cataplasme de pigeon, avez fait cela ! Vous, qui en êtes encore à ces folies, à ces sottises ! Hier, tu avais donc mis ton esprit sous tes pieds ?

— Je croyais mon frère bien malade, et cette chouette m'a tant épouvantée !

— Oui, la peur est la mère de la superstition. Tu n'ignorais pourtant pas que la chouette a, comme les autres oiseaux, un estomac à remplir, par conséquent une chasse quotidienne * à faire. Cette chasse, elle la fait la nuit, ne voyant clair qu'à ce moment, et elle nous débarrasse des souris, des rats, des mulots et autres noctambules * pillards de grains et de semences. Les pauvres hiboux, petits et gros, sont des bienfaiteurs de l'agriculture ; et ces braves gens dont, à cause de leur cécité * pendant le jour, tous les oiseaux diurnes * se moquent, et qu'ils pourchassent à coups de bec, nous, nous en avons peur ! Tu as lu un jour en classe que les Grecs autrefois honoraient le hibou jusqu'à le mettre comme un emblème * sur le casque de leur déesse de la sagesse, Minerve.

— Oui, je me rappelle.

— C'est bien la peine ! Après les Grecs, voilà où nous en sommes aujourd'hui ! Ce n'est pas flatteur pour notre temps... Et cette bohémienne mendiante et voleuse, par

Le hibou.

Cet oiseau de proie ne se montre que la nuit. Comme la chouette, il détruit quantité de rats et de rongeurs.

Rats et mulot.

Les rats et les mulots sont des animaux nuisibles qui mangent les récoltes, les grains, la paille, la farine, les fruits, les papiers, etc., et qu'il faut détruire dès qu'on s'aperçoit de leur présence.

qui tu te laisses mener comme un toton *, est-ce encore joli, cela ? est-ce intelligent ?

— J'étais si triste ! murmura Suzette.

— Cinq francs, un foulard perdus ! J'espère bien que ce soir tu iras lui porter tes bas, tes bottines, ta robe du dimanche, la fameuse robe vert-bouteille, et tout l'argent de la maison !

— Je n'irai pas, Madame.

Après une minute, Mme Valon reprit, cette fois sérieusement :

— Si, il faut y aller.

— Ah ?

— Oui, et sois sans crainte. Sous ces arbres là-bas, n'est-ce pas ? et à la brune, m'as-tu dit ?

— Oui, Madame.

— Bon, cela suffit.

Questionnaire. — Comment Suzette annonça-t-elle à Mme Valon l'aveu qu'elle se proposait de faire? — Que lui conta-t-elle? — Quelles observations lui furent adressées par madame l'institutrice? — Que dit cette dernière sur la chouette et le hibou? — Pour quelle raison ces oiseaux chassent-ils leur proie durant la nuit? — Quel était l'oiseau de la déesse Minerve? — Qu'ajouta Mme Valon d'un ton ironique, au sujet de l'argent donné à la bohémienne et du foulard? — Quel conseil donna-t-elle finalement à la jeune fille?

DÉVELOPPEMENT DES SUJETS PROPOSÉS POUR EXERCICES.

Morale. — *Que doit faire un enfant qui a commis une faute? — Pourquoi est-ce le meilleur parti? — Une faute a été commise en classe, toutes les élèves ont été punies; que doit faire la coupable?*

Une enfant qui a commis une faute doit l'avouer soit à ses parents, soit à une amie, soit à son institutrice, pour qu'ils lui facilitent les moyens de la réparer. Elle éprouvera ainsi un véritable soulagement; il lui semblera qu'un poids énorme lui a été enlevé sur le cœur; elle se sentira plus digne d'estime. L'aveu des fautes, a dit un sage, ne coûte guère à ceux qui ont le véritable désir de les réparer.

C'est d'ailleurs le meilleur parti à prendre. L'auteur d'une faute est tôt ou tard reconnu, et alors, à l'humiliation d'un aveu tardif, s'ajoute le sentiment de la lâcheté qu'il y a à laisser soupçonner autrui.

Il peut arriver qu'à l'occasion d'une faute grave commise à l'école, et dont l'auteur est inconnu, la maîtresse soit obligée d'en venir à infliger une punition générale. Si la coupable n'est pas dépourvue de bons sentiments, elle doit aller demander la levée de la punition en se désignant pour la subir seule. Sans doute, elle sera l'objet d'une mesure sévère, mais du moins elle n'aura pas une bassesse à se reprocher.

Sciences naturelles. — *Faites successivement le portrait de la souris, du rat, du mulot. — Où et de quoi vivent-ils? — Pourquoi les appelle-t-on rongeurs? — Quel préjudice nous causent-ils? — Quels oiseaux leur donnent la chasse? — Tirez une conclusion de ce fait. — Que sont les gens qui prennent au piège ces oiseaux et les clouent aux portes des granges ou des écuries? — Pourquoi?*

La souris est un petit quadrupède de 8 à 10 centimètres de longueur au pelage gris cendré, muni d'une longue queue et dont la bouche est armée d'incisives tranchantes. Elle a les mouvements vifs, gracieux et se défend courageusement contre ses nombreux ennemis, dont le plus redoutable est le chat. Elle fait sa demeure entre les planchers et, de préférence, dans les murailles des greniers et des granges.

Le rat ressemble beaucoup à la souris, mais avec des dimensions 3 ou 4 fois plus considérables. Il habite dans tous les lieux : maisons, granges, vergers, champs, égouts, bords des ruisseaux, et commet de grands ravages parmi les récoltes et les provisions amassées. Il se multiplie parfois en tel nombre qu'il devient un véritable fléau.

Le mulot est une espèce de souris qui vit dans les champs; il creuse de longues galeries sous les sillons et y amasse des grains pour sa provision d'hiver.

Ces quadrupèdes appartiennent à l'ordre des rongeurs dont l'animal le plus intéressant est *le castor*, si connu par sa fourrure et les habitations qu'il sait se construire sur le bord des eaux. Tous rongent ce qui est à portée de leurs dents, et sont des ennemis redoutables pour l'homme.

Les chouettes, les hiboux et les autres oiseaux de nuit font une guerre acharnée à ces bêtes malfaisantes. Sans leur concours, il serait presque impossible de recueillir les fruits et les céréales. Aussi considère-t-on comme une chose insensée que de pourchasser et de tuer ces utiles animaux; le dernier degré de la stupidité est de les clouer aux portes des granges comme on le fait dans les campagnes.

Français. — *A quels noms se rattachent les adjectifs* honteux, terrible, diurne, quotidien, voleur, clair, intelligent? — *Quels adjectifs correspondent à* ignorance, aveu, pain, folie, superstition, peur, peine, argent, crainte?

Honteux se rattache à honte; — *terrible*, à terreur; — *diurne*, à jour; — *quotidien*, à un mot latin qui veut dire chaque et à jour (*dies*); — *voleur*, à vol; — *clair*, à clarté; — *intelligent*, à intelligence.

A *ignorance* correspond l'adjectif ignorant; — à *aveu*, avouable; — à *pain*, pané; — à *folie*, fou; — à *superstition*, superstitieux; — à *peur*, peureux; — à *peine*, pénible; — à *argent*, argentin; — à *crainte*, craintif.

28. — Sous les arbres. (*Élève*, p. 67.)

A la brune, le nez en trompette était déjà réduit de moitié, et M. François chantait à tue-tête, quoique la chouette planât comme la veille au-dessus de la maison.

Suzette, en allant au rendez-vous, la vit, mais, cette fois, d'un œil tranquille, sachant ce qu'elle faisait là. Et, du même œil, elle aperçut sur la margelle du vieux puits la terrible femme, arrivée la première, avec son regard hardi et son nez crochu :

— Bonsoir, petite!

Elle ricanait encore joyeusement; sa bouche édentée* exhalait des vapeurs d'eau-de-vie :

— Que m'apportes-tu, ma fille? J'ai rudement travaillé pour toi! J'ai passé toute la nuit et une bonne partie du jour en conjurations; et cinq francs n'y font pas long feu*! L'enfant est de plus en plus menacé; j'ai vu cela dans un foie* de crapaud. Et le chât-huant, tu l'as entendu ce soir encore? Ah! il y aura beaucoup à faire! Tu apportes de l'argent?... Combien? voyons...

Elle s'était levée et, comme pour fouiller Suzette, avançait vers elle ses longs bras, lorsque brusquement une main s'abattit sur son épaule. C'était une forte main qui la tint en place, quoique la bohémienne essayât de fuir.

— Monsieur... que voulez-vous ?

Le monsieur, qui n'était autre que M. Valon, la secoua :

— Je veux d'abord que vous me disiez ce que vous avez fait des cinq francs volés à cette jeune fille.

— Monsieur..... mon bon monsieur ! laissez-moi aller, je vous prie !

Elle tremblait comme la feuille.

— Vous en aller ! Oui ! à la gendarmerie, où je vais vous conduire, comme une voleuse que vous êtes !

La bohémienne essaya de lui baiser les mains :

— Oh ! oh ! non, ne faites pas cela... je n'ai pas volé ; je ne vole pas ; les niais me donnent leur argent, et je le prends ; voilà tout.

C'était une forte main qui la tint en place.

Suzette intervint :

— Elle dit bien à peu près la vérité, sauf pour le foulard qu'elle m'a arraché du cou. Mais je lui en fais cadeau avec les cinq francs, que d'ailleurs elle a déjà dépensés au cabaret. Il faut payer nos sottises.

— Eh bien ! dit M. Valon en lâchant la bohémienne, allez vous faire pendre ailleurs, mais qu'on ne vous reprenne plus ici !

Sans demander son reste, elle détala *.

Questionnaire. — Que savez-vous de François et de son nez? — Dans quelle disposition d'esprit Suzette alla-t-elle au rendez-vous de la bohémienne? — Qu'aperçut-elle sur la margelle du vieux puits? — Quels mensonges ridicules conta-t-elle à Suzette? — Où avait-elle vu des présages de malheur? — Qui survint au moment où elle allait fouiller Suzette? — Reproduisez le dialogue qui eut lieu entre elle et monsieur l'instituteur.

DÉVELOPPEMENT DES SUJETS PROPOSÉS POUR EXERCICES.

Morale. — *Pourquoi est-il mal de prendre le bien d'autrui? — Comment peut-on s'approprier injustement le bien d'autrui? — Définir le vol, la maraude, l'escroquerie, la tromperie sur la nature ou la qualité de la matière vendue. — Qu'arrive-t-il aux voleurs? — Une domestique fait payer à sa maîtresse plus cher qu'elle ne les a achetées les choses qu'elle rapporte de chez les marchands; jugez cette action.*

Tout ce que nous possédons est le fruit de notre travail personnel ou de celui de nos ancêtres; nous avons donc sur cette propriété des droits indiscutables, et la loi nous en garantit la jouissance. Le malfaiteur qui nous l'enlève, commet un acte aussi injuste que s'il refusait de payer, à l'ouvrier qu'il a occupé, le salaire de sa journée.

Dérober ce qui est aux autres, c'est leur enlever les moyens de subvenir à leur existence et à l'entretien de leur famille; c'est les empêcher de prendre dans leur vieillesse le repos nécessaire; c'est leur interdire de soutenir ceux auxquels ils doivent l'existence; c'est les mettre dans l'impossibilité d'exercer la bienfaisance envers les pauvres et les abandonnés.

On s'approprie injustement le bien d'autrui de plusieurs manières: en le volant, en vendant avec tromperie sur la quantité ou la qualité de la marchandise, en négligeant de payer ses dettes, en prélevant des remises secrètes sur des achats, en esquivant le paiement d'un droit d'octroi, d'un impôt, des frais de voyage en chemin de fer, etc.

Le *vol* est un acte qui a pour objet de s'approprier le bien d'autrui.

Il prend le nom de *maraude* s'il s'applique aux fruits des champs.

Une *escroquerie* consiste à tirer de l'argent de quelqu'un au moyen d'une tromperie, d'un mensonge.

Tromper sur la qualité de la matière vendue, c'est donner, par exemple, de la marchandise de seconde qualité comme si elle était de première; c'est remettre des produits avariés à celui qui entend acheter quelque chose d'excellent.

La loi punit sévèrement les voleurs. Selon la gravité de l'action, elle inflige au coupable une amende, la prison ou les travaux .

Une domestique que sa maîtresse charge des acquisitions du marché, est une voleuse si elle fait, au retour, payer les denrées plus cher qu'elle ne les a achetées. Elle est, en conscience, tenue à restitution; de plus, elle s'expose à être déférée aux tribunaux.

Instruction civique. — *Quels sont les gens qui menacent les biens ou la vie des autres? — Qui les surveille, les arrête? — Y a-t-il du mérite et du danger à se charger de cette tâche? — Citez des exemples. — Que pensez-vous des gendarmes, des sergents de ville? — Qui sont ceux qui les haïssent? — Devez-vous les redouter?*

Les gens qui menacent les biens ou la vie de leurs concitoyens sont des assassins et des voleurs; ils se recrutent parmi les paresseux et les mauvais sujets, toujours ennemis du travail et envieux des plaisirs et de l'abondance dont jouissent les hommes laborieux, économes, sobres et intelligents.

Ils forment comme l'armée du mal. La société leur oppose une autre armée choisie dans l'élite des défenseurs de la patrie. Les gendarmes, les sergents de ville ou gardiens de la paix, tous anciens soldats, munis d'excellents états de service, ayant la plupart versé leur sang sur le champ de bataille, sont placés sous les ordres du ministre de la guerre ou de l'intérieur pour prêter main-forte à la justice et prévenir les attaques des malfaiteurs. Au risque de leur vie, ils poursuivent les voleurs et les assassins, les arrêtent, les conduisent dans les prisons d'où ils les amènent devant les juges.

C'est une tâche pénible et méritoire que celle remplie par le corps honorable de la gendarmerie et par les agents de police. Jour et nuit, ils veillent à la sûreté publique au prix de dangers de toutes sortes; à tout instant, ils exposent leur vie pour remplir leur ministère.

Ceux qui les haïssent, les insultent ou les raillent ne sont pas dans la catégorie des honnêtes gens : un coquin, un mauvais sujet, un criminel se trahissent par la haine qu'ils portent à ces hommes dévoués et désintéressés.

On a tort de faire des gendarmes des épouvantails pour les enfants. On apprend ainsi à ces derniers à craindre sans raison, à s'effrayer sans motif et à rougir quand la conscience ne reproche rien.

29. — Grands projets. (*Élève*, p. 69.)

Il y avait belle lurette * que le nez de M. François était rendu à sa forme naturelle, à sa taille ordinaire, et que, grâce à l'emploi du fil de fer, l'éteignoir à chandelle avait manœuvré sans accident. Il manœuvrerait peut-être encore, si M. Dumay, en mettant enfin sous clef la boite aux outils et aux clous, n'eût arrêté toute cette mécanique.

Mais des outils, il y en a plein la nature * : les épines, les cailloux, les pierres, les os, le bois : voilà la matière et les premiers instruments du travail; et comment, avec tout cela, empêcher un inventeur d'inventer? François, maintenant, fabriquait des briquets, des porte-allumettes, des manches de couteaux.

Charlot, lui, prenait ses neuf ans et la tournure d'un garçon posé et gentil, faisant vraiment honneur à Suzette, très occupée de son éducation *.

Et le trio fraternel était reconstitué *, car Jacques, après trois ans d'études à l'école d'agriculture, venait précisément d'en sortir.

Presque aussi grand que le papa, auquel il ressemblait beaucoup, avec une grosse voix d'homme et des moustaches qui se voyaient sans lunettes, c'était un de ces grands frères qu'on a du plaisir à regarder. On ne s'en faisait pas faute, et le papa en était tout ému.

Le jour de l'arrivée, il s'écria :

— Enfin, enfin! le voilà, mon fils! il va m'aider!

Il l'attendait impatiemment : le poids de sa tâche avait déjà courbé le dos et la force de l'excellent homme.

— Oui, cher père, dit Jacques en l'embrassant, me voilà avec des bras solides et quelques bonnes idées en tête!

Il regarda autour de lui : le buffet, la table, les chaises, brillaient comme des bijoux. Du plafond, une jardinière * suspendue laissait tomber des traînées fleuries de géranium-lierre ; un gros bouquet d'œillets, de roses, de réséda ornait le manteau de la cheminée pour fêter son arrivée. Le couvert était mis sur une nappe blanc de neige, parfumée de muguet. Sur le poêle, la marmite exhalait de bonnes senteurs.

L'étable.

On doit traire les vaches immédiatement avant qu'elles aillent aux champs ou aussitôt après qu'elles en sont revenues ; on les trait deux fois par jour en été et une fois en hiver.

— Merci, Suzette, tout cela est bien joli, bien cordial *. Ce que tu as fait si gentiment dans ton domaine, je le ferai dans le mien. Vous verrez, mon père, quelle belle culture je vous apporte de l'école, le bon emploi des choses que nous gâchons * par ignorance, la création de ressources nouvelles, la sélection, c'est-à-dire le choix à faire des semences, des races de bétail, de la volaille. Une basse-cour bien menée doit, à elle seule, suffire à l'entretien de la famille. Cette maison de nos pères est encore solide ; ils l'ont soigneusement bâtie ; nous y ajouterons des granges, des étables, pour continuer, en l'élargissant, l'œuvre commencée ; car le présent n'est que l'amélioration du passé.

Questionnaire. — Qu'était-il advenu de François? — Que transformait-il en outils, et quels outils fabriquait-il? — Que devenait Charlot? — Parlez du retour de Jacques et faites le portrait de ce jeune homme. — Pourquoi le père désirait-il le revoir à la ferme? — Quel aspect gracieux présentait la chambre de famille? — Parlez des préparatifs du repas. — Quel compliment fit Jacques à sa sœur? — Quelles améliorations projetait-il pour la ferme? — Que doit être le présent pour les gens laborieux?

DÉVELOPPEMENT DES SUJETS PROPOSÉS POUR EXERCICES.

Morale. — *Qu'est-ce que l'on acquiert par l'instruction? — A quoi sert chacune de nos diverses connaissances? — Qu'entendez-vous par l'éducation du cœur? — Pourquoi cette éducation doit-elle toujours accompagner l'instruction?*

L'instruction nous fait acquérir les connaissances nécessaires pour que chacun puisse tirer parti de ses facultés; elle contribue puissamment à former l'esprit et le jugement; elle facilite l'éducation de la conscience et du caractère.

A l'école, l'instruction se fonde sur la morale dont « Dieu est le dernier mot, comme la morale elle-même est la base de la vraie liberté et du vrai patriotisme. » (*Franck*, de l'Institut.) Elle comprend, outre la lecture et l'écriture, des notions sur les éléments de la langue maternelle, du calcul, de l'histoire nationale, de la géographie et des sciences naturelles, dans leurs applications les plus utiles aux usages de l'industrie, de l'agriculture, de l'économie domestique et de l'hygiène. La loi prescrit d'ajouter à ce programme, où rien n'est superflu, les premiers principes du dessin, du chant et de la gymnastique.

Chacune de ces diverses connaissances a un objet précis indiqué par le nom qu'on lui attribue, et toutes correspondent aux nécessités, aux obligations et aux devoirs de la vie réelle chez une nation civilisée.

L'instruction doit être égale pour les enfants des deux sexes, en ce sens que chacun a le droit de connaître ce qui lui est rigoureusement utile, mais elle est différente dans ses détails. Comme le dit M. Legouvé : « Elle présente l'égalité dans la différence. »

On entend par *éducation du cœur* les directions, les conseils et les exemples qui font aimer aux enfants ce qui est bien, ce qui est bon, délicat et généreux.

Dans tous les temps, chez tous les peuples civilisés, on n'a jamais séparé l'instruction de l'éducation. Autrement, « l'instruction serait un mal pire que l'ignorance, parce qu'elle fait naître de nouveaux besoins sans fournir de moyens honnêtes pour les satisfaire. » (*De Sandis*, ministre de l'instruction publique en Italie, 16 janvier 1875.)

« Utile compagne des métiers et des professions de tout genre, « source de jouissances dans la solitude et d'agrément dans le com- « merce de la vie, l'instruction n'est ni la directrice de la conduite, « ni la régulatrice des mœurs; elle est un secours, une parure, et, « par conséquent, elle peut servir au mal comme au bien, et couvrir « le vice comme la vertu. Si elle accroît la moralité humaine, elle ne « l'inspire pas; mal dirigée, elle devient un danger. » (*Vessiot*, inspecteur d'académie.) Donc, tout système d'instruction doit être fondé sur un enseignement moral : ainsi d'ailleurs l'a compris le gouvernement français dans la rédaction des Programmes scolaires.

Horticulture. — *Quelles fleurs une jeune fille, une ménagère peuvent-elles cultiver dans le jardin de la maison; — dans des pots, à la ville, pour orner les chambres à la belle saison? — Comment se* *procure-t-on ces fleurs à bon compte? — Récolte des graines; manière de les conserver.*

Dans le jardin de la maison, une jeune fille ou sa mère peuvent cultiver successivement des perce-neige, des violettes, des pervenches, des primevères, des tulipes; puis, quand la température devient plus chaude, elle plante des dahlias, des géraniums, des pois de senteur, des haricots d'Espagne, des belles-de-nuit, des pétunias, des balsamines, des verveines, des giroflées, des juliennes, des phlox, des reines-marguerites, des œillets d'Inde, des tagettes, etc. Elle entretiendra comme plantes vivaces et arbustes, les pivoines, les lis, les rosiers, les fuchsias, les hortensias.

A la ville, on aura, en hiver, des jacinthes, des crocus, des primevères, des roses de Noël; au printemps, des tulipes, des narcisses, des giroflées, et à mesure qu'avancera la belle saison, des rosiers nains, des fuchsias, des géraniums, des fulgens, des bégonias, des azalées et divers feuillages.

A la campagne, on se procure facilement des fleurs en semant des graines recueillies en automne ou achetées chez les grainiers de la ville. Les graines seront choisies sur les pieds vigoureux; on ne prendra que les plus mûres et les plus saines, et on les conservera dans des sachets, en un lieu sec dont la température sera toujours égale pendant la saison rigoureuse.

Économie domestique. — *Quelles fleurs placerez-vous: sur vos fenêtres, sur la cheminée, sur la table?*

Je placerai de préférence sur les fenêtres des plantes grimpantes qui tamiseront les rayons brûlants du soleil d'été, telles que les volubilis, les pois de senteur. Sur la cheminée, il convient de placer des fleurs peu encombrantes, comme les jacinthes, les tulipes, les giroflées ou un feuillage. Enfin, sur la table, des feuillages à larges feuilles, des azalées, un camélia égayeront les regards.

Hygiène. — *Quand ne faut-il pas laisser de fleurs dans les chambres? — Quel effet y produisent-elles? — Comment procéder lorsqu'on a des fleurs?*

Pendant la nuit, les fleurs dégagent de l'acide carbonique, gaz malsain qui peut produire l'asphyxie ou causer de violents maux de tête quand il entre en trop forte proportion dans l'air que nous respirons. Il est donc dangereux de maintenir des fleurs pendant la nuit dans les chambres à coucher; il faut, jusqu'au matin, les déposer soit dans un vestibule, soit dans une pièce non habitée.

Industrie. — *Préparation et usages de la crème. — Fabrication et usages du beurre* (baratte, pétrissage, moulage, etc.). — *Régions d'où l'on tire le meilleur beurre. — Fabrication et usages du fromage. — Diverses sortes de fromages. — Pays d'où viennent les meilleurs fromages. — Prix de la crème, du litre de lait, du demi-kilogramme de beurre, d'un fromage dont vous mangez ordinairement: le tout au cours du dernier marché.*

La Crème. — La crème est la partie la plus grasse du lait; elle est plus légère que l'autre, ce qui fait qu'elle tend à monter à la partie supérieure des pots où l'on verse le lait. On la recueille au moyen de cuillers dans des vases larges et peu profonds quelques heures après que le lait y repose. C'est un aliment agréable, rafraîchissant, et on l'emploie principalement en cuisine pour les sauces et les liaisons.

Le Beurre. — Le beurre est une substance alimentaire, grasse, onctueuse, de couleur jaunâtre et qui provient de la crème.

Pour *faire le beurre*, on introduit de la crème dans un vase de bois conique appelé *baratte*, dont le couvercle supérieur est percé d'un trou par où passe un bâton terminé par une épaisse rondelle de bois. On élève et l'on abaisse rapidement ce bâton, dit *bat-beurre*, dans la crème. Peu à peu le beurre apparaît et se réunit en grumeaux; alors on le retire à la main; on le pétrit et finalement on le lave à grande eau pour qu'il y reste le moins possible de petit-lait. On obtient ainsi des pains auxquels on donne diverses formes à l'aide de moules en bois.

Le meilleur beurre provient de la Normandie et de la Bretagne, parce qu'on y donne à la fabrication les soins qu'elle exige.

Le Fromage. — Le fromage est un aliment qui se fait avec du lait séparé de la crème et du petit-lait. Toutefois, lorsqu'on veut qu'il soit tendre et de bon goût, on y laisse un peu de crème.

Pour faire le fromage, on introduit la matière tirée du lait, le *caillé*, dans un moule cylindrique en osier; elle s'y égoutte et prend de la consistance. Ce produit, connu sous le nom de *fromage frais*, peut être mangé. Si on fait égoutter plus longtemps le fromage, après l'avoir salé à diverses reprises et en le retournant tous les jours, on obtient du fromage plus ferme et de longue conservation. Ceux qui contiennent de la crème deviennent, après ce traitement, onctueux comme du beurre; tels sont les fromages de Brie, de Camembert, d'Epoisses, de Rollot, de Gérardmer, d'Auvergne, de Neufchâtel.

Nous ne parlerons que pour mémoire des énormes fromages de Gruyère fabriqués dans le Jura et qui sont si appréciés, du roquefort à la pâte duquel on mêle des moisissures pour qu'il présente des marbrures. Ce dernier est d'un prix élevé et il est très recherché des amateurs.

30. — Vive le blé de France ! (*Élève*, p. 71.)

Pendant les trois jours qui suivirent, le père, Jacques, Suzette, ne s'entretinrent que de beaux et bons travaux à faire. Jacques voulait être renseigné sur la situation exacte du petit bien, sur ses charges*, ses ressources*.

Il le parcourut en compagnie du père, qui acceptait parfaitement l'idée d'en doubler le rapport, mais sans changer grand'chose au train ordinaire et en rechignant* un peu aux innovations*, comme font d'ordinaire les gens ancrés* dans leurs habitudes.

— Nous aurons beau faire, disait-il, le blé du vieux sol d'Europe, fatigué par tant de récoltes, ne peut pas lutter contre le blé d'Amérique, qui pousse là-bas presque sans travail dans des terres toutes neuves. La semaine dernière, ta sœur me lisait dans un livre qu'en ce pays, il y a d'immenses espaces encore à défricher. Un seul Américain en possède des milliers d'hectares. A l'automne, il transporte dans ces solitudes une population d'ouvriers à peupler une ville; ceux-ci lancent des charrues à vapeur qui remuent le sol; puis, la terre à peine retournée, on l'ensemence. Cela fait, on lui dit adieu; on l'abandonne au hasard des chardons, de l'ivraie*, des troupeaux de bisons, à l'aventure des pluies et des sécheresses. On revient à l'heure de la récolte. Elle ne donne que le plus faible rendement de nos plus mauvaises terres; mais c'est un blé qui, n'ayant presque rien coûté, écrase le nôtre sur nos marchés.

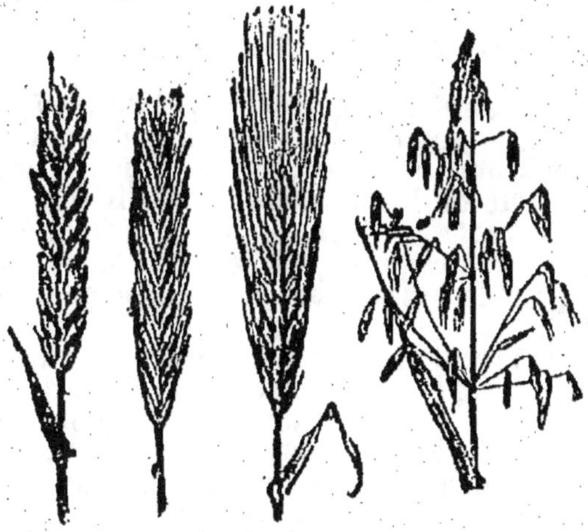

Blé, seigle, orge, avoine.

Le blé, l'orge et le seigle servent à faire le pain; l'avoine est la principale nourriture des chevaux. L'orge entre également dans la fabrication de la bière. La paille de ces céréales est employée à différents usages : nourriture et litière des chevaux, paillasses, etc.

— Et c'est de la culture, cela! s'écria Jacques avec mépris.

— Non; mais c'est une culture qui tue la nôtre.

— Parce que la nôtre se laisse tuer, se décourage au lieu de lutter par les soins, la science, les méthodes * nouvelles qui, appliquées à notre merveilleuse terre, la rendraient sans rivale. Et je veux vous entendre crier bientôt : Vive le blé de France!

Le bison.

Cet animal sauvage, de la taille d'un bœuf, vit en Amérique, où il est l'objet d'une chasse opiniâtre.

Questionnaire. — Quel fut l'objet des entretiens de la famille pendant les trois jours suivants? — Quelle était l'opinion de M. Dumay sur les améliorations proposées par Jacques? — Quelles objections faisait-il sur la culture du blé? — Suzette n'avait-elle pas lu quelques détails sur la semaille et la récolte du blé en Amérique (États-Unis)? — A quoi Jacques attribuait-il l'infériorité de la production du blé en France?

DÉVELOPPEMENT DES SUJETS PROPOSÉS POUR EXERCICES.

Géographie. — *Qu'est-ce que l'Amérique? — En tracer le croquis. — Racontez comment elle fut découverte.*

L'Amérique est un immense continent situé à l'ouest de l'Europe, de l'autre côté de l'Atlantique. Il se divise en deux régions : l'*Amérique septentrionale* et l'*Amérique méridionale*, réunies par l'isthme de Panama, à travers lequel M. de Lesseps a entrepris de creuser un canal pour le passage des navires, comme il l'a déjà fait pour l'isthme de Suez.

L'État le plus important de cette partie du monde sont *les États-Unis*, qui comptent environ soixante millions d'habitants; on désigne parfois cette contrée sous le nom d'Amérique, comme on l'a fait dans cette leçon, en parlant du blé.

Le continent américain fut découvert par Christophe Colomb, navigateur génois né à Calvi, en Corse (1440-1505). Plusieurs voyages et l'étude des cartes géographiques lui inspirèrent l'idée que la terre est ronde, et que l'on pouvait arriver aux Indes en faisant voile vers l'ouest. Dès lors, il n'eut plus pour pensée que de faire ce voyage, et il sollicita de toutes parts les moyens de l'accomplir. Son courage fut égal à la force de son esprit, car il eut à combattre tous les préjugés. Gênes le traita de visionnaire. Henri VII, roi d'Angleterre, n'écouta pas le frère de Colomb; lui-même essuya un refus de Jean II, roi de Portugal. Il ne pouvait s'adresser à la France, dont la marine était toujours négligée. L'empereur d'Allemagne n'avait ni flotte, ni ports, ni argent. Colomb n'espéra qu'en la cour d'Espagne. Après huit ans de sollicitations, la reine Isabelle et le roi Ferdinand consentirent à lui prêter leur appui; mais la cour d'Espagne était pauvre; il fallut que le prieur Pérez et deux négociants, nommés Penzone, avançassent 17,000 ducats pour faire l'armement. Colomb partit enfin de Palos, en Andalousie, avec trois petits vaisseaux dont un seul était ponté, le 3 août 1492. Trois mois après, le 12 octobre, il découvrit la première terre de l'Amérique : c'était l'une des îles du groupe des Lucayes, appelée Guanahain par les indigènes; Colomb lui donna le nom de San-Salvador. Il visita ensuite les autres îles Lucayes, puis il découvrit Cuba et Haïti, que les Espagnols appelèrent plus tard Saint-Domingue.

C'est une erreur de penser que le nom d'Amérique vient d'Albertino Vespucci, navigateur italien; les indigènes de ce continent le désignaient sous ce nom même dès la première période de l'arrivée des Européens.

Sciences naturelles. — Les Céréales. — *Décrire une tige et un épi de blé, — de seigle, — d'orge, — d'avoine.*

(Les élèves, sous les yeux desquels on placera ces objets, en feront la description de vive voix au cours d'une *Leçon de choses.*)

Agriculture. — *Quand et comment sème-t-on, sarcle-t-on et moissonne-t-on le blé? — (Mêmes questions et mêmes développements pour le seigle, l'orge et l'avoine).*

Le blé peut être semé du 1er octobre à la fin de novembre, soit à la volée, c'est-à-dire à la main, soit au moyen d'une machine désignée sous le nom de semoir qui économise le grain et le dispose en lignes régulières dans les pièces de terre. Après les gelées, on fait passer le rouleau sur les champs de blé afin de tasser le sol autour des racines de la plante. Dans le courant de mai, on arrache les mauvaises herbes, autrement dit, on sarcle. Enfin, en juillet, la maturité des épis étant complète, on les moissonne à la faucille, à la faux ou à l'aide d'une machine. Le blé est ensuite lié en bottes et conduit dans les granges.

On sème *le seigle* au mois de septembre, *l'orge* en octobre et *l'avoine* en février ou en mars. Ces diverses céréales reçoivent les mêmes soins que le blé jusqu'à la récolte, qu'on fait suivant des procédés semblables et qui s'effectue à peu près à la même époque.

Industrie. — LE MOULIN. — *Quelles sont les deux méthodes pour séparer le grain de la paille? — Lorsque le grain est battu, comment le sépare-t-on des menues pailles et des poussières? — Qu'est-ce qu'un moulin? — Diverses sortes de moulins. — Quelle est la principale pièce du moulin? — En quoi sont faites les meules? — Où descend le grain qui est broyé, et que se passe-t-il alors?*

On sépare le grain de la paille, soit en frappant les gerbes au *fléau*, soit au moyen d'une machine, le *battoir*. A son tour, le grain est séparé des pellicules appelées menues pailles, ainsi que des poussières, avec un large plateau d'osier connu sous le nom de *van*, ou bien avec une machine particulière dans laquelle un violent courant d'air est produit par un mouvement très rapide imprimé à une roue à volants.

Un moulin est une usine où divers appareils mis en mouvement soit par l'air, soit par l'eau, soit par la vapeur, réduisent en poudre le grain des céréales. Les pièces principales d'un moulin sont les *meules*, grosses pierres poreuses comme des éponges, très dures et de forme cylindrique, superposées l'une à l'autre à un ou deux millimètres de distance. La meule inférieure est immobile; la supérieure tourne avec vitesse et écrase le blé qui tombe de la *trémie*. La poudre ainsi obtenue descend dans un cylindre de toile fine qui tourne lentement, et dans lequel la *farine* se sépare du *son*, qui descend peu à peu dans un sac. On recueille la farine dans des tiroirs où l'amènent des tuyaux de métal.

Économie domestique. — *Comment se fait le pain?* (farine, eau, levain, fermentation, cuisson). — *Diverses sortes de pains. — Prix actuel du pain. — Usages de la farine et du son. — Prix du kilogramme de farine et du double décalitre de son.*

LE PAIN. — Pour faire du pain, on délaye de la farine avec de l'eau tiède dans un coffre nommé *pétrin*, et l'on obtient ainsi de la pâte à laquelle on mêle du *levain*, pâte de la veille déjà aigrie, ou de la *levure de bière*. Ce mélange détermine la fermentation, c'est-à-dire la production de gaz qui font gonfler la pâte et y forment un grand nombre de cavités auxquelles le pain doit sa légèreté et une cuisson plus parfaite.

La pâte est ensuite divisée en morceaux de poids égaux ou différents qu'on façonne en pains de toutes formes. Pendant cette opération, le *four* a été chauffé et, après l'avoir débarrassé des cendres et des charbons, on y introduit les pains au moyen d'une large pelle; leur surface subit immédiatement l'action de la chaleur, se durcit et prend une belle couleur brune ou blonde; l'intérieur, de moindre consistance, reste blanc; c'est la *mie*, qui est criblée de trous.

La farine sert encore à confectionner les gâteaux et à préparer les sauces et les liaisons.

On emploie le son pour la nourriture des volailles, des bêtes de somme, des porcs; ordinairement, après qu'on l'a mouillé, on y mêle des légumes hachés ou bien des betteraves et des pommes de terre. C'est un aliment peu coûteux et rafraîchissant.

31. — Le prince Kang-Hi. (*Élève*, p. 73.)

Ils rentrèrent. Suzette les attendait avec le dîner prêt, et un livre qui devait servir de dessert. Elle était allée le demander à la bibliothèque de l'école et l'avait déjà parcouru aux trois quarts.

Le repas achevé, elle s'empressa de l'ouvrir et lut tout haut ceci :

« ***Histoire tirée du « Grand recueil sur l'agriculture », livre antique* chinois, d'après les Mémoires domestiques* du prince.***

« Aux premiers jours de la sixième lune *, dit l'empereur Kang-Hi, je me promenais dans des champs où l'on avait semé du riz qui ne devait donner sa moisson qu'à la neuvième lune. Je remarquai par hasard un pied de riz. Il s'élevait au-dessus de tous les autres, était déjà monté en épi et mûr. Je me le fis apporter. Le grain en était très beau et bien nourri. Cela me donna la pensée de le garder pour un essai, et de voir si, l'année suivante, il conserverait ainsi sa précocité*.

Culture et récolte du riz en Chine.

*Le riz est un farineux dont on fait une excellente nourriture, en outre de ses nombreuses applications à l'industrie.

« Il la conserva en effet. Tous les pieds qui en étaient provenus* montèrent en épis avant le temps ordinaire, et donnèrent leur moisson à la sixième lune.

« Chaque année, dès lors, a accru la récolte de la précédente, et, depuis trente ans, c'est le riz qu'on sert sur ma table.

« Le grain en est allongé, la couleur un peu rougeâtre; il a un parfum fort doux et une saveur très agréable. On le nomme le riz impérial, *Yu-mi*, parce que c'est dans mes jardins qu'il a commencé à être cultivé.

« C'est le seul qui puisse mûrir au nord de la grande muraille*, où les froids finissent très tard et recommencent de fort bonne heure. Mais dans les provinces du midi, où le climat est plus doux et la terre plus fertile, on peut aisément en avoir deux moissons par an. Et c'est une bien douce consolation pour moi d'avoir procuré cet avantage à mon pays. »

Questionnaire. — D'où provenait le livre que tenait Suzette? — Quel était le titre du chapitre qu'elle se disposait à lire? — Que remarqua l'empereur Kang-Hi en se promenant parmi les champs de riz? — Que fit-il du riz qu'il avait remarqué? — Que donnèrent les grains semés par ordre de Kang-Hi? — Comment ce dernier parvint-il à multiplier cette nouvelle espèce de riz? — Quelles sont les propriétés du riz impérial? — Quels avantages trouve-t-on à le cultiver?

DÉVELOPPEMENT DES SUJETS PROPOSÉS POUR EXERCICES.

Morale. — *Quelle est la plus utile des professions manuelles? — Quels produits doit-on à ceux qui cultivent la terre? — Tirez-en une conclusion. — Que pensez-vous de ceux qui dédaignent les cultivateurs et les personnes de leur famille?*

La plus utile des professions manuelles est celle d'agriculteur. En effet, le premier besoin auquel il faut pourvoir dans les sociétés humaines est la nourriture de chaque individu; d'où la nécessité indispensable de cultiver le sol, puisque la chasse et la pêche seraient tout à fait insuffisantes; d'où encore l'importance des professions agricoles.

On doit à ceux qui les exercent: le blé et les autres céréales, les fourrages avec lesquels on nourrit le bétail et d'autres animaux domestiques, la vigne dont nous vient le vin, puis les fruits et les racines comestibles.

Sans les agriculteurs, nous mourrions de faim, car ce n'est ni la chair des bêtes sauvages, ni l'herbe des champs, ni le feuillage des arbres qui pourraient entretenir notre vie. Honorons donc cette utile et nombreuse classe de travailleurs.

Ceux qui dédaignent ces hommes laborieux montrent qu'ils manquent de jugement; du reste, il n'y a que les sots, les gens superficiels et ignorants qui se rendent coupables d'un tel oubli des convenances.

Géographie. — *Où se trouve la Chine? — Donnez une idée de la grandeur, de la population, des produits de cet immense empire. — Quels produits en retirons-nous? — Que savez-vous du costume et des usages des habitants de la Chine?*

La Chine, située à l'est de l'Asie, a une étendue à peu près égale à celle de l'Europe, et sa population dépasse trois cents millions d'habitants. Elle renferme un grand nombre de villes populeuses, industrielles, commerçantes; telles sont : Péking, 1,200,000 âmes; Han-kéou, 4,000,000; Nan-king, 1,000,000; Nan-tchang, 1,000,000; Sou-tchéou, 3,000,000; Shang-haï, 800,000; cette ville fait un commerce annuel qui dépasse 700 millions; Canton, 1,200,000; Tien-Tsin, 400,000.

Nul pays au monde n'est mieux cultivé que la Chine, et ne renferme de plus riches mines de houille. Nous en tirons du riz, du thé, de la soie, des porcelaines. Les habitants portent des robes et conservent leurs cheveux qu'ils tressent en une longue queue; ils sont intelligents, laborieux, sobres, économes et montrent une aptitude singulière pour les arts industriels et le commerce. Les enfants y témoignent toute leur vie une soumission entière à leurs parents et un respect dont on est malheureusement bien éloigné dans nombre de familles appartenant à des pays plus civilisés.

Agriculture. — *Qu'est-ce que le riz? — Comment cultive-t-on le riz? — Quels terrains conviennent à cette plante? — Quels peuples en font la base de leur nourriture? — Dans quelles contrées de l'Europe cette céréale est-elle cultivée?*

Le riz est une céréale que l'on cultive dans les terrains humides et marécageux des pays chauds; on en tire un grain farineux qu'on appelle également riz, et qu'on mange cuit à l'état naturel ou en farine. On le sème au printemps dans des sillons; puis on inonde le sol à diverses reprises, et au milieu de l'été ou au commencement de l'automne, on le récolte. L'Hindoustan, la Chine, l'Indo-Chine, le Japon en produisent des quantités considérables et il y forme la base de la nourriture des habitants; on cultive encore cette plante dans les riches plaines de la Lombardie qu'arrose le Pô.

Économie domestique. — *Comment cuit-on le riz? — Quels mets prépare-t-on avec le riz? — Comment fait-on un gâteau au riz? — Le riz est-il une denrée économique? Dites-en le prix.*

Le riz, après avoir été débarrassé de la pellicule qui recouvre chaque grain, peut être cuit à l'eau ou au lait. Il se gonfle dans le liquide et crève. On en prépare des potages.

Pour cet objet, on fait fondre du beurre de bonne qualité dans une casserole, et l'on y met cuire et roussir un oignon afin de pouvoir le passer. Ajoutez la quantité d'eau nécessaire pour le bouillon avec du sel, du poivre, et jetez-y ensuite le riz qui doit y crever entièrement.

On accommode au riz les volailles, comme les poules, les canards.

Pour préparer un *gâteau de riz*, épluchez, lavez et faites crever dans du lait 250 grammes de riz avec un zeste de citron râpé et un peu de sel. Mouillez avec du lait à mesure qu'il crève, et sans le remuer, car il brûlerait. Lorsque le mélange est bien épais, ajoutez du beurre frais gros comme la moitié d'un œuf, du sucre en poudre, quatre œufs entiers, de l'eau, de la fleur d'oranger, si vous n'avez pas mis de citron ou de vanille. Enduisez après un moule avec du beurre ou du sucre râpé; remplissez-le de votre préparation jusqu'aux trois quarts; faites cuire au four une demi-heure environ.

Le riz est une denrée économique; il coûte, selon la qualité, de 0 fr. 25 à 0 fr. 70 le demi-kilogramme.

32. — Sélection. (*Élève*, p. 74.)

La lecture finie :

— Ma foi ! dit M. Dumay, voilà un brave homme d'empereur chinois dont je suis content. Il me fait voir assez clair à votre « sélection ». Oui, tout comme les bonnes qualités d'une plante, ses mauvaises, sa maigreur, sa faiblesse, son peu de fécondité* se perpétuent* dans ses graines. Vraiment, on devrait savoir cela ; et tout se travaille chez nous un peu à l'aveuglette. Nous ferons de la sélection, mon fieux !

— A la bonne heure, mon père ! Mais quel singulier empereur, n'est-ce pas, que celui qui, au lieu de faire la guerre, de détruire son peuple, ne s'occupe qu'à le nourrir du mieux qu'il se peut ?

— Oui, ce Kang-Hi était né homme des champs ; il aimait la terre ; nous l'aimons aussi, nous !

Alors, tendrement, ses yeux firent le tour de la demeure paternelle. Il l'aimait autant que ses champs ; il se félicita* de son lot de paysan possesseur d'un petit bien.

— Et vous allez voir, cher papa, tout ce qu'il va nous valoir ! dit Jacques ; l'abondance de la terre est inépuisable*.

A ce moment, Charlot entra, l'air affairé, atteignit quelque chose au coin de la cheminée et se sauva.

— Où vas-tu, Charlot ? demanda Suzette.

— Au fournil*, rejoindre François, répondit le petit en courant.

Quelques minutes après, ils revinrent ensemble, triomphants. François tenait dans ses mains une brillante rondelle de plomb :

— Une pièce de cent sous ; voilà ! dit-il, je l'ai fondue et moulée moi-même dans un moule de pierre.

A peine, hélas ! si ce semblant de pièce de cent sous fut regardé ; on était tout à la question des semences, des labours, de l'outillage*, des modifications* à faire dans l'agencement* de la ferme. Et, l'heure venue, on s'alla coucher avec un beau rêve de travail et de prospérité* que le sommeil n'avait qu'à continuer.

Questionnaire. — Que pensait M. Dumay de l'empereur chinois ? — Qu'est-ce qui se perpétue, se transmet d'une plante à une autre par les graines? — Comment peut-on améliorer les plantes et créer de nouvelles espèces ? — Qu'ajouta le fermier au sujet de Kang-Hi ? — Que regarda-t-il avec plaisir ? — Que répondit Jacques ? — Qu'avaient fait François et Charlot pendant l'entretien du père avec les deux aînés? — Que revinrent-ils apporter en triomphe? — Pourquoi n'y fit-on aucune attention ? — Dans quelles pensées alla-t-on se coucher ?

DÉVELOPPEMENT DES SUJETS PROPOSÉS POUR EXERCICES.

Instruction civique. — *Quel titre porte le chef du gouvernement français? — Combien compte-t-on de ministres? — Que font les ministres? — A quoi doivent songer ceux qui gouvernent une nation? — Lequel vaut mieux d'un gouvernement pacifique ou de celui qui cherche des aventures de guerre? — Pourquoi?*

Actuellement, le chef du gouvernement porte, en France, le titre de *président de la République*. Il est nommé par les sénateurs et les députés réunis à Versailles en assemblée nationale, et la durée de ses pouvoirs a été fixée à sept ans. Il est rééligible et jouit d'un traitement annuel de douze cent mille francs.

Le président nomme les *ministres*, dont les principaux sont : le ministre de l'intérieur, des affaires étrangères, de la guerre, de la marine et des colonies, de la justice et des cultes, de l'instruction publique et des beaux-arts, de l'agriculture, du commerce et de l'industrie, des travaux publics.

Les ministres sont chargés d'administrer les grands services de l'État que nous venons d'énumérer, sous l'autorité du président ; ils sont, en général, choisis parmi les sénateurs et les députés.

Ceux qui gouvernent doivent songer à maintenir la paix et la sûreté publique, et se sacrifier pour l'honneur, la tranquillité et la prospérité du pays.

Le meilleur des gouvernements est celui qui maintient une paix honorable ; le plus funeste, celui qui excite des guerres sans autres motifs que la satisfaction d'une vaine gloire ou d'une coupable ambition.

Pendant la paix, tout prospère à la condition qu'on fera régner la justice et qu'on protégera les gens honnêtes contre les attaques de ceux qui désirent vivre sans travail aux dépens de leurs concitoyens. Pendant la guerre, l'État est ruiné par des dépenses excessives et des milliers de soldats périssent sur les champs de bataille. Heureux quand le vainqueur n'écrase pas le vaincu sous d'énormes contributions et ne démembre pas la patrie !

Agriculture. — *Comment améliore-t-on les espèces de plantes?*

On les améliore en recueillant les plus beaux grains qu'on sème afin d'obtenir de plus beaux produits que l'on réserve pour la semaille suivante, et ainsi de suite.

On améliore les races d'animaux domestiques et de volailles en ne conservant que les individus les plus parfaits parmi ceux qu'on obtient. En cela consiste la sélection.

Sciences naturelles. — LE PLOMB. — *Comment est ce métal, ou, en d'autres termes, quelles sont ses propriétés? — Questions analogues sur l'or, l'argent, le cuivre. — Nommez des contrées où ces métaux se trouvent en abondance. — Qu'est-ce que le bronze? — Indiquez ses propriétés, ses emplois divers.*

PLOMB. — Ce métal, l'un des plus anciennement connus, est d'un blanc bleuâtre, assez mou pour être rayé par l'ongle et d'une faible ténacité. — Il fond à une température relativement peu élevée, et l'on en fabrique des tuyaux, des plaques pour couvrir les toits des grands édifices; il est encore employé pour les soudures et la fabrication des caractères d'imprimerie. On le trouve dans tous les pays.

Or. — L'or est un métal jaune, très brillant, inaltérable à l'air et qui a la propriété de se réduire en feuilles excessivement minces et en fils ténus. Il pèse 19 fois plus que l'eau : c'est le plus précieux de tous les métaux; il sert à faire des monnaies, des bijoux, des vases. On en exploite des mines en Sibérie, dans la Californie, le Pérou, l'Australie.

Argent. — L'argent est d'un blanc très éclatant; après l'or, c'est le métal qui se réduit le mieux en feuilles et en fils; il est inaltérable à l'air et s'allie facilement au cuivre. On en fabrique des monnaies et une foule de vases, d'outils, d'ustensiles, d'instruments, de bijoux. On en recouvre quantité d'objets pour les rendre inaltérables, comme on le fait d'ailleurs avec l'or. Les mines d'argent sont très abondantes aux États-Unis, au Mexique et au Pérou; l'une de ces mines, celle de Potosi, a donné, jusqu'ici, dix-sept milliards d'argent.

Cuivre. — C'est un métal très anciennement connu, d'un beau rouge et d'une grande ténacité; il est peu sonore. L'air humide l'altère et il se forme à sa surface une substance verdâtre, le *vert-de-gris*, qui est un poison. Il sert à faire des ustensiles, des vases de cuisine qu'on étame pour qu'ils ne soient pas d'un usage dangereux, des instruments.

Allié à l'étain, il constitue le *bronze*, connu dès la plus haute antiquité, et qui aujourd'hui entre dans la fabrication des monnaies, des cloches, des statues.

L'alliage de cuivre et de zinc donne le *laiton*, dont la belle couleur jaune est connue; on l'emploie pour confectionner des instruments, des ornements, des pièces de machines, etc., etc.

Il y a des mines de cuivre en Espagne, aux environs du lac Supérieur et au Chili. Ces dernières fournissent la moitié du métal employé dans le monde.

Industrie. — Monnaies. — *Qu'est-ce qu'une pièce de monnaie? — Quelle est l'utilité des monnaies? — Avec quels métaux les fabrique-t-on? — Quel métal allie-t-on à l'or et à l'argent destinés aux monnaies? — Pourquoi et dans quelle proportion? — Comment obtient-on les rondelles de métal qui, plus tard, seront des pièces? — Avec quoi y imprime-t-on l'empreinte particulière à chaque sorte de pièce? — Que représente chacune des faces des diverses pièces de monnaie?*

Les monnaies sont des plaques de métal de forme ordinairement circulaire, frappées d'un signe particulier par des agents de l'État, et destinées à être échangées contre les objets à l'usage de tous. Elles ont par elles-mêmes une valeur réelle et bien déterminée, et, sous un petit volume, elles représentent une somme considérable. Elles sont connues et acceptées de tous et, pour cette raison, constituent un moyen commode d'échange; sans les monnaies, le commerce serait très difficile.

On fabrique les monnaies avec l'or, l'argent, le cuivre, le nickel. Aux deux premiers métaux, on allie une faible quantité de cuivre, $\frac{1}{10}$ ou $\frac{825}{1000}$, pour augmenter leur dureté et retarder d'autant l'usure des pièces.

On frappe les pièces dans les hôtels des monnaies, et l'on obtient chacune des rondelles en découpant de minces plaques de métal à l'emporte-pièce. Il ne reste plus qu'à les presser entre des *coins* pour qu'elles reçoivent, sur leurs deux faces, les empreintes déterminées par la loi.

Une des faces représente soit la figure du souverain, soit une figure emblématique; sur l'autre sont indiquées la valeur de la pièce et l'année où elle a été frappée.

33. — Au feu! (*Élève*, p. 76.)

Mais le sommeil ne le continua pas. Il apporta à Suzette un autre songe, affreux, épouvantable. Elle escaladait une montagne à pic*, au-dessus d'un abîme; la peur, le vertige* lui coupaient la respiration, elle suffoquait*. Tout à coup une pierre énorme roulant d'en haut la renversa et la réveilla.

Hélas! pourquoi M. Dumay n'avait-il pas assuré sa maison?

Égarée, elle s'accouda sur son lit. Elle étouffait réellement, non pas sous une pierre, mais sous une âcre* fumée qui emplissait la chambre. Une flamme lourde, rampante, léchait par en bas la porte de communication de la chambre et du fournil; puis brusquement, s'élevant en fusée de feu d'artifice, elle lança une gerbe d'étincelles crépitantes*.

Aussitôt à terre, Suzette avait déjà passé un jupon, jeté sur son dos une petite couverture, tout en essayant de crier; mais l'épouvante, la suffocation retenaient sa voix qui n'était qu'un murmure :

— Au feu! au feu!

Enfin, se traînant hors de cette atmosphère asphyxiante*, dans le corridor seulement elle put donner l'alarme. La famille se leva et cria comme elle :

— Au feu! au secours!

Il fallut fuir aussitôt; la flamme gagnait avec une furieuse rapidité!

— Malheureux enfant! s'écria le père en poussant François devant lui; le feu a pris par le fournil; c'est certainement toi l'incendiaire!

Le village s'éveilla, accourut; la cloche tinta pour appeler les villages voisins. Des pompes? on parlait, et même depuis longtemps, d'en avoir à Fragicourt. On en parla encore en ce moment. Mais ce ne sont pas les paroles qui éteignent les incendies.

Les flammes se moquèrent à l'aise des quelques potées d'eau qu'on leur jetait de ci, de là. Elles éclatèrent de partout, éclairant les visages consternés.

Enfin la pompe du chef-lieu de canton arriva et engagea la bataille. Plus d'une fois on la crut gagnée; mais soudain la flamme abaissée se redressait victorieuse au bruit d'épouvantables effondrements :

— Voilà la maîtresse* poutre qui flambe!... voilà le plafond qui s'écroule... Tout est perdu! Sauvez la grange! criait M. Dumay, vacillant comme un homme ivre.

La pompe, bien manœuvrée, inonda les murs de la grange, de l'écurie et parvint enfin à les préserver.

De l'habitation, il restait les quatre murs; du mobilier si tendrement soigné, quelques débris fumant sur le sol inondé.

Là, fut le vieux buffet de famille; là, furent les lits qui avaient vu partir les morts et naître les vivants! Adieu à toutes ces reliques! adieu à tous ces amis! Le buffet venait de l'aïeul, la table à manger du grand-père; la pauvre maman avait choisi les chaises!

Des lamentations* accompagnaient ces souvenirs. C'était fini!

Les villageois se dispersèrent. M. et Mme Valon, et tout aussitôt la voisine Ludivine, offrirent un gîte. M. Dumay remercia :

— Oui, à tout à l'heure !

Questionnaire. — Quel songe affreux agitait Suzette? — Qu'est-ce qui produisait ce cauchemar, cet étouffement? — Comment l'incendie lui apparut-il? — Que fit la jeune fille pour donner l'alarme? — Comment abandonnèrent-ils tous la maison? — Qui empêcha qu'on donnât immédiatement des secours efficaces? — Comment l'incendie fut-il combattu par la pompe du chef-lieu de canton? — Que restait-il de la maison? — Quels regrets navrants inspirait le désastre? — Qui donna asile à la pauvre famille?

DÉVELOPPEMENT DES SUJETS PROPOSÉS POUR EXERCICES.

Composition. — *Décrivez la dernière maison incendiée que vous avez vue (rappelez vos souvenirs du lendemain du désastre). — Donnez quelques détails sur l'incendie. — Qui combat les ravages du feu? — Que pensez-vous des pompiers?*

(Voir COURS DE COMPOSITION FRANÇAISE, *Degré élémentaire et moyen*, par L. LAPORTE, Partie du maître, page 247.)

Sciences naturelles. — *Qu'est-ce que respirer? — Par quoi respire-t-on? — Quelles sont les différentes parties de l'appareil respiratoire? — Quelle action l'air a-t-il sur le sang amené aux poumons par les veines? — Quels conduits distribuent le sang régénéré dans tous les organes du corps? — Fonctions du cœur.*

Respirer, c'est introduire de l'air dans la cavité de la poitrine par la bouche ou le nez et la trachée-artère; ainsi l'on rend au sang les propriétés qu'il avait perdues en circulant dans le corps.

Outre les organes que nous venons de citer, l'appareil respiratoire comprend les *bronches*, formant deux canaux qui naissent à la base de la trachée-artère, et les *poumons*, grosses masses charnues disposées à droite et à gauche de la poitrine, dans lesquelles les bronches se ramifient en une multitude de petits conduits dont la fonction est d'introduire l'air dans toutes les parties des poumons.

L'air, en pénétrant dans ce dernier organe, y purifie le sang veineux chargé de carbone (1); il se produit une sorte de combustion lente à laquelle il faut attribuer la cause de la chaleur naturelle de notre corps. Le sang, ainsi régénéré et chargé d'oxygène, se rend au cœur, qui le refoule violemment dans les *artères*, d'où il est dirigé dans les membres et les diverses parties du corps. Les veines, qui prennent naissance aux extrémités des ramifications des artères, le ramènent au point de départ en passant par les poumons.

Industrie. — LE FEU. — *Ce qui le produit. — Ce qui l'entretient. — Quels combustibles servent à cet objet? — Services que rend le feu pour les divers besoins de l'homme.*

Le feu est le résultat de la combinaison rapide d'un gaz appelé oxygène avec un corps, tel que le carbone, le soufre. Il se produit alors de la flamme, des vapeurs, avec un dégagement considérable de chaleur.

(1) Le *carbone* ou *charbon* est l'élément dont le bois et la chair sont formés en presque totalité, ce qui explique comment, en circulant dans le corps, le sang est chargé de cette matière.

On entretient le feu avec des substances appelées *combustibles*, et dans cette catégorie nous citerons le bois, la houille, la tourbe, les résines, les huiles, les graisses, les essences, l'alcool, le gaz hydrogène, etc.

Le feu rend d'immenses services. Il donne aux aliments la saveur et les qualités digestives qui les rendent plus agréables au goût et plus nourrissants; il nous permet de combattre les rigueurs de l'hiver; il assouplit et amollit les métaux de manière qu'on les travaille avec facilité. Le feu transforme l'eau en vapeur et nous dote ainsi d'une force bien plus puissante que l'air et l'eau sous le même volume. La flamme qu'il développe éclaire nos appartements, nos ateliers, nos rues, pendant les longues nuits d'hiver; il détruit enfin les substances dont la décomposition à l'air libre serait une cause d'infection.

Économie domestique. — *Dangers que présente le voisinage du feu pour les enfants. — Quelles précautions doivent prendre surtout les petites filles? — Quels soins réclament les brûlures légères? — Quels soins réclament les brûlures graves? — Comment éteint-on ou diminue-t-on la violence d'un feu de cheminée? — Comment éteint-on ou diminue-t-on la violence d'un feu de pétrole, d'essence? — Comment doit-on secourir une personne dont les vêtements sont enflammés? — Quand dit-on qu'une personne est asphyxiée? — Quelles causes peuvent produire l'asphyxie? — Quels sont les secours à donner aux asphyxiés?*

Si le feu présente de grands avantages, on n'en use point toujours sans danger, et si l'on ne prend pas toutes sortes de précautions pour éviter qu'il ne s'étende, il peut causer des accidents terribles et des dommages considérables.

Les petites filles, dont les vêtements sont amples et flottants, se garderont d'approcher des poêles et des foyers allumés; elles ne manieront pas sans attention les chandelles, les bougies, les lampes à pétrole ou essence, et les tiendront à distance des rideaux. Qu'elles ne jouent jamais avec les allumettes!

Les *brûlures légères* sont traitées par l'eau froide. Celles qui produisent des ampoules, n'ont de gravité que si elles s'étendent sur une surface considérable. Quand la peau est atteinte ou détruite, le mal est grave.

Voici le traitement que l'on conseille pour les brûlures :

Baigner la plaie dans de l'eau froide qu'on renouvellera fréquemment, ou laisser tomber dessus un filet d'eau sur la partie atteinte. On peut encore y appliquer des linges humides, qu'on remplacera par d'autres dès que le retour de la douleur annoncera qu'ils sont échauffés.

Une fois la douleur passée, on panse la brûlure avec des compresses de ouate et des décoctions de racine de guimauve ou de fleurs de sureau. On pique les ampoules pour faire écouler le liquide qu'elles renferment, et l'on applique sur la partie malade des feuilles de papier brouillard ou du linge troué derrière lequel sera de la charpie. Papier et linge seront enduits, soit de cérat, soit de beurre frais. Si l'épiderme est profondément atteint, appelez sans retard le médecin, et, en attendant son arrivée, plongez le membre dans l'eau froide ou versez dessus un filet d'eau.

On *éteint un feu de cheminée* ou l'on en diminue la violence en fermant l'ouverture du foyer, soit au moyen de paille humide, soit en plaçant en avant une couverture mouillée. Sur un feu de pétrole ou d'essence, on jette du sable ou de la terre.

Lorsque les vêtements d'une personne sont enflammés, il faut la coucher sur le sol et l'y rouler en attendant qu'on ait apporté une couverture, mouillée ou non, pour l'envelopper. On intercepte ainsi l'accès de l'air qui seul permet la combustion.

Une personne est *asphyxiée* lorsqu'elle a perdu connaissance par suite de la suspension de l'acte de la respiration. Les noyés meurent par asphyxie comme les personnes qui pénètrent dans une atmosphère formée d'acide carbonique. Ce dernier gaz se dégage des cuves et des tonneaux où fermente le vin ; il se trouve encore dans les puits abandonnés et les cavités souterraines où l'air pénètre difficilement.

On *secourt les asphyxiés* en les transportant au grand air et en cherchant, par des frictions et le mouvement lent des bras, à ranimer la sensibilité ainsi que le jeu des organes respiratoires.

34. — Enfant perdu. (*Élève*, p. 78.)

Le soleil, indifférent, se levait au-dessus de cette douleur, aussi radieux* qu'il eût pu l'être au-dessus de la joie. Le père contempla tout le désastre et tomba assis sur une pierre du chemin. De grosses larmes roulaient le long de ses joues ; un tremblement nerveux le secouait de la tête aux pieds.

Alors sur son épaule se posa doucement une tendre main. De son visage navré*, Suzette essayait de sourire :

— Père, dit-elle, ce que l'ancêtre fit, l'enfant peut le refaire.

— Oui, père, ne vous laissez pas abattre ; nous vous aimons, nous voici tous, dit Jacques.

Il fit signe à Charlot d'approcher :

— Où est François?

— Oui, où est François? demanda Suzette, brusquement troublée.

Tous les quatre se dirent qu'ils ne l'avaient pas vu depuis l'arrivée de la pompe à incendie. Le père se dressa, appela l'enfant de toute sa voix. Puis vivement, dans une même pensée, ils allèrent tous regarder aux décombres*, y fouiller.

— Charlot, ce sont des allumettes que, du fournil, tu es venu prendre hier?

— Oui, papa. François voulait des allumettes.

— François a mis le feu ; je le lui ai dit... Ah! si...

Il n'acheva pas, mais il fut compris : Ah! si le pauvre enfant, dans son désespoir, s'était jeté dans les flammes!

Castor, le chien, avait aussi disparu. On l'appela, il ne répondit pas plus que François.

Ludivine se rappela que, vers la fin du sinistre*, elle avait vu François raser* la grange et s'en aller vers le champ de betteraves. On y courut; on battit* les environs en appelant. Rien!

— Et nous pleurions sur de la pierre et du bois perdus! Ah! mon fils! mon cher fils! disait le père.

Il fallut les ramener tous les quatre au village, les forcer à prendre un peu de nourriture contre la faiblesse et la douleur qui les abattaient.

Questionnaire. — Que fit M. Dumay au matin du jour du désastre? — Qu'est-ce qui marquait sa douleur? — Que firent et dirent Suzette et Jacques? — Que demanda-t-on à Charlot? — Où allèrent-ils tous? — Qui manquait encore à l'appel? — Que révéla Charlot? — Quel renseignement donna Ludivine? — Que craignait M. Dumay? — Où fallut-il ramener la famille désolée?

DÉVELOPPEMENT DES SUJETS PROPOSÉS POUR EXERCICES.

Morale. — Amour filial. — *Rappelez les soins que vous prodiguent vos parents depuis votre naissance, les sacrifices qu'ils s'imposent. — Quelles marques d'affection vous donnent-ils chaque jour? — Sans eux, que deviendriez-vous? — Quels services leur rendez-vous? — Ont-ils besoin de votre aide? — Cette aide a-t-elle beaucoup de valeur? — Tirez une conclusion de tout cela. — Que ferez-vous pour vos parents lorsqu'ils seront âgés?*

Depuis sa naissance, l'enfant est l'objet des soins et de la tendresse de ses parents. Au début de sa vie, jour et nuit, le père et la mère veillent sur sa frêle existence; rien ne leur coûte pour lui épargner non seulement une souffrance, mais un malaise, une privation légère. Ils se priveront, s'il le faut, de toutes les douceurs de la vie et même du repos nécessaire après la fatigue du travail. Pour l'enfant, ils n'ont que des sourires et de douces paroles. Plus tard, si leurs soins réclament moins d'assiduité, leurs charges augmentent, et cependant jamais ils ne murmurent.

Que les enfants n'oublient pas ces marques d'un amour constant et dévoué; qu'ils songent encore à ce que serait leur situation s'ils perdaient leurs parents, et ils comprendront mieux encore ce qu'ils leur doivent.

Le père, la mère n'ont aucun besoin de leurs enfants, et même quand il en serait autrement, la valeur des services qu'ils en tirent est bien faible. Aussi, que ces derniers accordent leur aide avec empressement et qu'ils sachent reconnaître l'affection dont on les entoure par des attentions, une soumission affectueuse, beaucoup de reconnaissance et de respect. Que leur plus chère pensée se rapporte à ce qu'ils feront pour embellir les dernières années de ces bons parents.

Courage. — *Qu'est-ce qu'un homme courageux, une femme, un enfant courageux? — Quel est le courage le plus difficile et le plus méritoire?*

Un homme, une femme, un enfant courageux envisagent le danger et la souffrance sans perdre le sang-froid; ils savent combattre l'un et supporter l'autre. Si la vie de leur semblable est menacée, ils se portent à son secours le cœur ferme, l'esprit résolu, et l'arrachent au péril. Le courage le plus difficile est celui qui consiste à supporter patiemment la douleur, la persécution, les injures, l'ingratitude de ceux qu'on aime.

Sciences naturelles. — *Quand le vent souffle, que se produit-il? — En quoi ces phénomènes prouvent-ils que l'air est pesant? — Comparez le poids de la colonne d'air qui presse votre corps à celui d'une colonne d'eau de même grosseur. — Si l'air pèse sur tous les objets, pourquoi l'eau d'un vase monte-t-elle dans le tuyau d'une seringue vide d'air? — Si l'air pèse sur tous les objets, pourquoi l'eau monte-t-elle dans le tuyau d'une pompe? — A quelle hauteur l'eau peut-elle ainsi s'élever dans ce tuyau?*

Lorsque le vent souffle, les objets offrant une certaine surface subissent une poussée qui les courbe ou les porte en avant; on voit alors les arbres incliner leurs tiges, les voiles des bateaux se gonfler et les faire avancer; nous-mêmes, si le courant d'air est violent, nous éprouvons de la difficulté à marcher dans la direction contraire.

Si l'air n'avait pas de la pesanteur, il ne pourrait produire ces effets; nous devons donc en conclure qu'il jouit à cet égard de la même propriété que les autres corps.

L'atmosphère forme au-dessus de la terre une couche gazeuse épaisse de 50 à 60 kilomètres; d'où il suit que notre corps supporte une colonne d'air de cette hauteur, et dont le poids est équivalent à celui d'une colonne d'eau de même grosseur ayant $10^{m},30$ d'élévation. On calcule que nous subissons, de ce fait, une pression de 12 à 15,000 kilogrammes; mais comme elle s'exerce aussi bien au-dessous qu'au-dessus de nous, elle ne nous incommode pas et ne met obstacle à aucun de nos mouvements.

C'est en vertu de cette pression atmosphérique à la surface de tous les corps que l'eau s'élève dans le corps d'une seringue qui a sa pointe dans le liquide, et cela lorsqu'on soulève le piston, car alors un vide se produit sous ce piston, et l'eau se précipite pour le remplir.

L'eau s'élève pour la même cause dans un tuyau de pompe où l'on pratique le vide par le mouvement successif du balancier; mais elle ne peut monter au delà de $10^{m},30$, puisqu'une colonne d'eau de cette hauteur fait équilibre à la pression atmosphérique, comme nous l'avons déjà dit.

Industrie. — LES ALLUMETTES. — *Qu'est-ce que le soufre? — Quelles sont ses propriétés? — D'où est-il tiré? — Mêmes questions pour le phosphore. — Comment fabrique-t-on les allumettes? — Pourquoi les enfants ne doivent-ils jamais se servir d'allumettes?*

Le soufre est un minéral sec, friable, de couleur jaune, qui brûle avec une flamme bleue en dégageant des vapeurs à odeur suffocante. On le tire du sol dans le voisinage des volcans, où il se présente ordinairement mélangé à des substances terreuses.

Le phosphore est également un minéral; il est mou, transparent, jaunâtre et brûle lentement à l'air libre. Dans l'obscurité, il laisse une trace lumineuse sur les corps avec lesquels il a été mis en contact; on l'extrait des os des animaux.

Ces deux substances servent à la fabrication des allumettes. On enduit de soufre des aiguilles d'un bois sec et léger, puis on en recouvre l'extrémité soufrée avec une pâte où il entre du phosphore. Si l'on frotte vivement cette partie de l'allumette sur un corps dur, il se produit assez de chaleur pour enflammer le phosphore qui, à son tour, fait brûler le soufre; alors le bois s'allume et une flamme apparaît.

Les allumettes ordinaires prennent feu très facilement; il est donc prudent de ne jamais en laisser à la disposition des enfants, car en jouant ils pourraient incendier leurs vêtements ou les habitations.

35. — Le chien Castor. (*Élève*, p. 80.)

Voici que le jour tombait.

Sur le fond clair du couchant se dressaient, par places, les silhouettes * tordues de vieux saules, d'ormes tronqués *, derniers vestiges * des bois qui, au dernier siècle, couvraient encore ces plaines.

Saules et ormes.
Ces arbres croissent de préférence dans les lieux humides.

Suzette marchait vers les buissons qui coupaient l'horizon de leur ligne noire, pendant que son père et Jacques battaient les champs d'un autre côté.

De temps à autre, le vent apportait un lointain appel de leurs voix. La recherche durait depuis le matin.

La jeune fille, dont l'argile des sillons alourdissait de plus en plus les pieds très las, se laissa tomber, à deux cents pas des arbres.

Là, après quelques minutes, les yeux voilés, elle aperçut, comme dans un rêve, une forme sombre venir à elle, et bientôt crut distinguer des jappements sourds. Elle murmura :

— Le chien...

Oui, oui, c'était le chien, c'était Castor qui, arrivé près d'elle, se mit à lui lécher les mains. Alors, avec le même murmure de voix, elle dit :

— Et François!

A ce nom, Castor partit d'un trait vers le fourré *.

Aussitôt Suzette, sortant de son rêve et de sa faiblesse, se redressa avec toute sa connaissance et sa volonté revenues. A la lisière du bois, le chien l'appelait d'un aboiement ému.

Elle courait : plus de doute! François était là. Mais vivant ou mort? Derrière le guide, elle s'engagea dans les broussailles et après une cinquantaine de pas se trouva en face d'un corps inerte au pied d'un orme :

— François!

Elle se baissa, le secoua plusieurs fois ; il paraissait dormir. Enfin, à ce mouvement et aux aboiements de Castor, il ouvrit les yeux.

Questionnaire. — Quel aspect la campagne présentait-elle au soleil couchant? — Où se trouvaient alors les membres de la famille qui étaient à la recherche de François? — Qu'entendait-on de temps en temps? — Qu'advint-il à Suzette? — Que crut-elle voir et entendre? — Qui arriva auprès d'elle? — Comment découvrit-elle François? — Où et en quel état le trouva-t-elle?

DÉVELOPPEMENT DES SUJETS PROPOSÉS POUR EXERCICES.

Morale. — Amour fraternel. — *Quels motifs doivent nous porter à aimer nos frères et sœurs? — Quels actes témoignent qu'on les aime? — Quels égards les plus jeunes enfants doivent-ils aux aînés?*

Je ne connais pas d'obligation plus naturelle que de s'aimer et de vivre unis entre frères et sœurs. N'est-on pas les enfants du même père et de la même mère? N'est-ce pas sous le même toit qu'on a commencé sa vie, qu'on a reçu les mêmes caresses, les mêmes soins? On y a vécu comme les rejetons sous l'ombre protectrice de l'arbre paternel.

On montre qu'on aime ses frères et sœurs par des égards réciproques, une obligeance que rien n'arrête, par des prévenances aimables, enfin par l'empressement à les secourir dans le danger.

Les plus jeunes frères et sœurs doivent montrer de la déférence pour leurs aînés et les regarder comme leurs protecteurs naturels après le père et la mère. C'est pour eux un devoir de leur obéir lorsque les parents leur confient la direction d'un travail ou la surveillance de la maison. A leur tour, les aînés rendront de bons offices à leurs frères et sœurs, sans toutefois s'en prévaloir ni les rappeler sans nécessité.

Français. — *Acceptions diverses des mots :* Ligne, pied, œil, ombre, lisière, connaissance.

Ligne : 1° Trait simple sans largeur ni profondeur. — 2° Caractères d'imprimerie ou d'écriture, personnes, objets rangés sur la même direction. — 3° Fil de crin ou de chanvre au bout duquel on attache un hameçon. — 4° L'équateur. — 5° Suite des descendants d'une même famille.

Pied. — (Consulter un dictionnaire et disposer comme précédemment.)

Géographie et Temps. — *Qu'entend-on par : jour, heure, minute,* *seconde; — semaine, mois, trimestre, semestre, saison, année, année bissextile, siècle, solstice, équinoxe, anniversaire?*

On entend par *jour* l'espace de temps que la terre met à effectuer un tour complet sur elle-même. L'*heure* est la vingt-quatrième partie d'un jour; la *minute*, la soixantième partie d'une heure, et la *seconde*, la soixantième partie d'une minute.

On appelle *semaine* une unité de temps formée de sept jours consécutifs; elle commence le dimanche. Le *mois* est un espace de 28, 29, 30 ou 31 jours. Un *trimestre* comprend trois mois; un *semestre*, six mois. Une *saison* est une des quatre grandes divisions de l'année; chacune dure trois mois. L'*année*, espace de temps que la terre met à exécuter sa révolution autour du soleil, renferme 365 jours et 6 heures. Les *années bissextiles* ont 366 jours; elles reviennent tous les quatre ans. Un espace de cent ans s'appelle *siècle*.

Les *solstices* sont les deux époques de l'année où, à midi, le soleil est le plus ou le moins élevé sur l'horizon. Ils se produisent le 21 juin et le 21 décembre. Au 21 mars et au 21 septembre, la durée des jours et celle des nuits sont égales, d'où le nom d'*équinoxes* qui est donné à ces époques. Un *anniversaire* est l'époque qui rappelle le souvenir d'un événement arrivé à pareil jour, une ou plusieurs années auparavant.

Sciences naturelles. — SAULES ET ORMES. — *Quel aspect présente, au printemps, chacun de ces arbres? — Où les plante-t-on ordinairement? — Comment est le bois du saule? — Comment est le bois de l'orme? — Quel est l'usage qu'on en fait? — Remarque sur le nombre des graines de l'orme.*

SAULE. — Le saule est un arbre qui croît ordinairement dans les terrains humides et le long des cours d'eau. Il a un tronc solide, à écorce rugueuse, et il pousse de longues branches flexibles au feuillage léger. On tire parti du saule en coupant les rameaux dont on fait des fagots, et en renouvelant cette opération tous les trois ou quatre ans. Le bois du tronc est blanc et tendre, et on ne peut l'employer que pour le chauffage.

ORME. — L'orme est un bel arbre qui se couvre au printemps d'une multitude de fleurs verdâtres dont chaque pétale enveloppe une graine. Ces fleurs se dessèchent rapidement, tombent et font place à un feuillage vert sombre.

L'orme vient de préférence dans les terres fraîches et profondes; il atteint alors des dimensions considérables; on le plante fréquemment sur le bord des routes, qu'il ombrage dans la belle saison. On coupe ses rameaux comme ceux du saule et pour le même usage. Quant à son bois, dur et résistant, il est employé par les charrons pour la confection des roues et des moyeux. Peu d'arbres ont autant de graines; on les compte par centaines de mille sur un même sujet; chacune est entourée d'une membrane légère qui permet aux vents de la transporter à de grandes distances.

36. — Pauvre petit ! (*Élève*, p. 81.)

Ah! quels yeux! Ce n'étaient plus ceux du vif et gentil enfant. Convulsés *, hagards *, ils reconnurent à peine Suzette. Elle lui parlait avec tendresse, et, penchée sur lui, l'embrassait.

Il l'écarta en disant :

— Laissez-moi ; j'ai mis le feu.

— Bon, mon François, mais viens !

— Non, j'attends les gendarmes pour qu'ils m'emmènent.

Elle savait qu'au délire * il n'y a pas de raison à donner et qu'on le conduit surtout en paraissant se plier à sa fantaisie *.

— Mais, reprit-elle, ce sont les gendarmes qui t'attendent, toi, au Câtelet ! Ils sont prévenus...

— Que j'ai mis le feu !

— Oui.

— Bon, allons aux gendarmes !

Elle l'aida à se relever, prit sa main, qui était brûlante de fièvre, et l'entraîna en parlant doucement à ce pauvre cerveau en détresse *.

Le chagrin lui dévorait le cœur : François était retrouvé, mais dans quel état !

En ce moment le vent apporta les appels de voix lointaines. Le chien, reconnaissant les voix, répondit si longuement, si fortement que les appels se rapprochèrent.

Bientôt parurent, chacun de son côté, M. Dumay et le fils aîné.

— Voilà, père ! dit Suzette ; François s'en va au Câtelet trouver les gendarmes.

— Parce que j'ai mis le feu ! ajouta l'enfant.

A ces mots, à cette mine égarée, aussi bien qu'à quelques signes de Suzette, ils comprirent. Et cachant leur émotion, ils répondirent qu'en effet ils cherchaient François pour le mener aux gendarmes.

Et marchons ! Au bout d'une centaine de pas, l'enfant, épuisé par la fièvre et par sa longue course affolée * à travers les terres, se laissa porter. Sur le dos de son père, il s'endormit.

On le coucha dans le lit de Vincent, le fils de Ludivine, chez qui Charlot attendait.

Dors, petit malade ; qu'un bon et long sommeil emporte ton mal !

Questionnaire. — Comment étaient les yeux de François? — Que fit Suzette? — Que pensez-vous d'elle? — Que disait le pauvre petit? — Que répondait-elle? — Pourquoi ne le contredisait-elle point? — Que fit-elle enfin? — Qu'entendit-on, qui apparut? — Que dit Suzette à son père? — Comment fit-elle comprendre que François avait le délire? — Qu'arriva-t-il au bout d'une centaine de pas? — Chez qui amena-t-on le malade?

DÉVELOPPEMENT DES SUJETS PROPOSÉS POUR EXERCICES.

Morale. — LE REMORDS. — *Qu'éprouve-t-on lorsqu'on a commis une méchante ou honteuse action? — Qu'est-ce qui nous la reproche? — Qu'est-ce que la conscience? — Faut-il écouter la conscience, et pourquoi? — Comment s'y prend-on pour n'avoir plus de remords ou pour les adoucir? — Exemple.*

Après avoir commis une action blâmable, il semble qu'il s'élève en nous une voix intérieure répétant sans cesse : « Tu as mal agi. » Cette voix est celle de la conscience; elle produit le *remords*, sentiment pénible qui nous trouble et nous afflige au souvenir d'une faute que nous avons commise.

La *conscience* est une lumière intérieure, un avertissement qui nous fait reconnaître ce qui est bien et ce qui est mal. Écoutons sa voix, sa voix qui exprime toujours la vérité morale; elle nous apprend ce qui est notre devoir; suivons-la docilement et jamais nous ne connaîtrons les tourments du remords.

Personne n'est parfait, c'est-à-dire exempt de commettre des fautes; mais si on les regrette sincèrement, si l'on est disposé à ne plus y retomber et enfin si on les répare dans la mesure du possible, le remords disparaît, et il nous semble entendre une voix intérieure s'écriant : « Tu es pardonné ! »

(L'élève devra elle-même trouver l'exemple demandé.)

Instruction civique. — *Copier sur un bon dictionnaire la définition : d'une* contravention, *d'un* délit, *d'un* crime. — *Devant qui comparaissent les auteurs : 1° d'une contravention; — 2° d'un délit; — 3° d'un crime? — Qu'est-ce que le juge de paix? — Pourquoi est-il nommé ainsi? — Quel magistrat soutient l'accusation devant les tribunaux? — Que font les juges dans une affaire? — Qu'est-ce que la cour d'assises? — Qu'est-ce que les jurés? — Qu'est-ce qu'un avocat? — Qu'est-ce qu'un greffier?*

Une *contravention* est un manquement, une infraction à un règlement de police. Exemples : injurier quelqu'un en public; ne pas éclairer pendant la nuit un tas de décombres qu'on a déposés dans la rue; ne pas écheniller ses arbres. Toute contravention est punie de l'amende ou de 1 à 5 jours de prison.

Un *délit*, en général, est une violation légère de la loi, susceptible cependant d'être punie de cinq jours à cinq ans de prison selon la gravité des faits, ou bien d'une amende. Tels sont : voler des fruits dans un verger, blesser l'animal du voisin, frapper une personne, faire une dénonciation calomnieuse.

Un *crime* est une infraction grave aux lois. Le coupable peut être puni de la prison avec travail obligatoire, par les travaux forcés dans une de nos colonies, par le bannissement, la perte des droits de citoyen, et quelquefois par la mort sur l'échafaud. L'incendie d'une maison habitée, le vol avec effraction, les blessures graves faites à autrui, la trahison à l'ennemi, le meurtre, sont des crimes.

Le *juge de paix* est un magistrat installé au chef-lieu d'un canton. Il est chargé de prononcer sur une foule d'affaires peu considérables qui divisent les gens, et sur les contestations. Il juge les contraventions, convoque et préside les conseils de famille, appose ou lève les scellés et dresse les actes d'adoption. On le nomme ainsi parce qu'il a mission de concilier les différends qui surgissent dans les affaires entre particuliers.

Le magistrat qui poursuit les délits et les crimes, en saisit la justice, demande contre les accusés l'application de la loi, en un mot, qui soutient l'accusation, est le *procureur de la République.*

Les *juges* des tribunaux institués dans chaque chef-lieu d'arrondissement étudient les affaires portées devant eux et, après avoir entendu le procureur de la République, l'accusé et son avocat (1), ils se prononcent sur la culpabilité de l'accusé ; s'ils le jugent coupable, ils lui infligent la peine indiquée par la loi.

Les *cours d'assises* sont des tribunaux institués pour juger les crimes. Trois juges y prononcent sur l'application de la peine à infliger à l'accusé lorsque douze citoyens honorables, appelés *jurés*, ont décidé qu'il est coupable. La réunion des jurés en cour d'assises forme le *jury.*

Un *greffier* est un officier ministériel chargé de copier, d'expédier et de conserver les *minutes* des arrêts, des jugements et des différentes pièces d'une affaire. (Une *minute* est le premier exemplaire d'un acte émanant d'un juge, d'un notaire, par exemple.)

Histoire naturelle. — L'ŒIL. — *Quel organe est l'œil ? — Quelles sont les parties de l'œil, 1° à l'extérieur; 2° à l'intérieur? — Comment nomme-t-on la membrane colorée de l'œil? — A quel objet servent les sourcils et les cils ? — Décrivez les instruments avec lesquels on remédie aux vues faibles ou fatiguées.*

L'œil est l'organe de la vue. Extérieurement, il se compose d'un globe rempli d'humeurs plus ou moins liquides, et protégé par les *paupières*, membranes bordées de poils appelés *cils*. La partie antérieure de l'œil, désignée sous le nom de *cornée*, est transparente; derrière elle, on aperçoit une sorte de cloison, l'*iris*, colorée diversement selon les personnes, et présentant dans son milieu une ouverture circulaire nommée *pupille.*

Presque immédiatement en arrière de la pupille, se trouve une *lentille* transparente, le *cristallin*, logée dans une petite poche et composée d'une multitude de couches de dureté variable. Le reste de l'œil est rempli d'une substance gélatineuse et diaphane, analogue au blanc d'œuf, qu'entoure une membrane appelée *rétine.*

L'image des objets se peint sur la rétine, à la surface de laquelle s'épanouit un nerf qui transmet au cerveau les impressions qu'il reçoit par la rétine ; ce qui nous donne la sensation de la vue des objets.

Les *sourcils* et les *cils* protègent le globe de l'œil contre les poussières dont l'air est souvent rempli.

On remédie aux vues faibles, mauvaises ou fatiguées, par les *lunettes*, instruments formés de deux verres convexes ou concaves qui éloignent ou rapprochent les objets que l'on considère, de manière à en donner la vision claire et nette. Ces verres sont enchâssés chacun dans un ovale d'acier que des tiges flexibles de même métal assujettissent à la place convenable.

(1) Un *avocat* est une personne qui fait profession de défendre les accusés et les causes devant les tribunaux.

37. — **Fraternité.** (*Élève*, p. 83.)

Sous l'auvent * du pignon de la grange détérioré * par la pompe à incendie, une hirondelle, tenant au bec un peu de boue, l'ajoutait vivement à un petit tas déjà amassé, puis repartait.

Aussitôt une autre hirondelle vint façonner ce commencement de nid, et avec une même ardeur.

Mais, sans doute la besogne ne marchait pas assez vite, car, après une assez courte absence, la première reparut avec une bande d'amies qui aussitôt se mirent à l'œuvre. Ce fut alors un rapide, un joli travail de maçonnerie, au milieu de l'agitation des maçons ailés, allant, venant, poussant, donnant du bec, refaisant en grande hâte le nid détruit la veille.

Toutes les hirondelles du voisinage accouraient contribuer à l'œuvre de réédification.

Il avait été construit d'abord par un seul couple, comme le sont tous les nids; mais, à cette heure de misère pour deux pauvres sœurs, toutes les hirondelles du voisinage accouraient contribuer à l'œuvre de réédification.

Le travail de tous pour un seul, ce beau travail fraternel, la famille Dumay, rassemblée à quelques pas de la grange, le contemplait avec une admiration attendrie :

— Pourquoi les hommes ne viennent-ils pas ainsi en aide à l'homme malheureux? demanda Suzette.

— Ils ont trop à faire, répondit douloureusement le

père. Pour chacun le pain du jour est si dur à gagner!

— Oui, mais pourquoi n'ont-ils pas encore songé à s'assurer * entre eux contre le malheur frappant ici et là, aujourd'hui sur nous, demain sur le prochain!

— Pourquoi? Parce que les idées les plus simples, les plus humaines ne nous viennent à l'esprit que les dernières, que trop souvent il faut être frappé soi-même dans son bien pour songer au bien général, et pour comprendre enfin que ce bien général c'est encore le meilleur bien particulier!

— Mon père, dit Jacques, il existe des compagnies d'assurances *... Il est vrai que ce n'est pas tout à fait la même chose.

— Non, ce n'est pas la même chose, mais j'aurais pu sans doute m'assurer à une de ces compagnies. Dans la conduite de sa vie, on néglige toujours quelque grave détail, hélas!

Questionnaire. — Que faisait la petite hirondelle sous l'auvent du pignon? — Qui l'aidait dans son travail? — Comment le nid fut-il achevé rapidement? — Comparez cette façon de construire à celle du premier nid? — Quelle réflexion cette particularité, ce concours amical, inspira-t-il à Suzette? — Reproduisez la réponse du père. — A quoi peut servir une assurance? — Pourquoi tant de gens négligent-ils de s'assurer? — Quel regret exprima le fermier?

DÉVELOPPEMENT DES SUJETS PROPOSÉS POUR EXERCICES.

Morale. — *Quelle vertu pratiquent les hommes qui vivent entre eux comme des frères? — Pour que la fraternité règne entre élèves, comment doivent-elles être les unes pour les autres? — Pourquoi celles qui méprisent et dédaignent les pauvres agissent-elles mal? — Pourquoi les égoïstes, les envieux, les médisants ne pratiquent-ils pas la fraternité?*

Les hommes qui vivent entre eux comme les enfants d'un même père, c'est-à-dire qui se prêtent un mutuel concours dans les circonstances difficiles, pratiquent la fraternité. Dans nul pays du monde on ne la pratique aussi largement et aussi délicatement que dans notre France.

Parmi les élèves d'une même école, la fraternité ne règne pas toujours. Combien d'entre elles sont égoïstes, dures, moqueuses à l'égard de leurs compagnes, surtout quand ces dernières sont faibles, timides, disgraciées de la nature! Ne devraient-elles pas toutes être indulgentes les unes pour les autres, prévenantes et disposées à partager leur superflu avec celles qui n'ont pas le nécessaire? Elles montreraient ainsi qu'elles se regardent comme des sœurs dans cette grande famille qu'on appelle l'école.

Mépriser, dédaigner la société d'une jeune fille douce, sage, bonne, parce qu'elle appartient à une famille peu favorisée de la fortune, c'est quelque chose à la fois de sot, de méchant et de lâche. Parce que cette pauvre enfant n'a pas une aussi jolie robe ; parce que sa coiffure est moins fraîche, ses bottines moins élégantes ; parce qu'elle n'a pas de bijoux à suspendre à ses oreilles ou de bagues pour orner sa main laborieuse, on prend avec elle des airs de hauteur, on la regarde avec mépris, on s'égaye à ses dépens, on s'en éloigne avec ostentation. Une telle conduite, de tels procédés sont indignes et ne sauraient être blâmés trop sévèrement.

L'*égoïste* ne songe qu'à lui et ne voit que ses intérêts ou sa convenance. Le *médisant* dévoile sans nécessité et avec un méchant plaisir ce qui a été répréhensible dans la vie d'autrui, dans le but de l'affliger et de lui nuire. L'*envieux* est chagrin toutes fois qu'il apprend qu'une chose avantageuse survient à son prochain. De telles personnes ignorent ce qu'est la fraternité ; et elles feraient de ce monde un enfer, si elles étaient en majorité.

Instruction civique. — DES ASSURANCES. — *Qu'est-ce que faire une assurance contre l'incendie ? — Quel avantage en résulte ? — Qu'est-ce que faire une assurance sur la vie ? — Quelle sécurité, quelle consolation est-ce pour un père, pour une mère ? — Quels avantages y a-t-il à faire une assurance sur la tête d'un enfant ?*

Faire une *assurance* contre l'incendie, contre la grêle, contre la perte du bétail, c'est s'engager par un acte écrit à payer annuellement une somme déterminée à une compagnie financière, afin d'être indemnisé dans le cas où le feu consumerait tout ou partie de notre habitation, où la grêle détruirait nos récoltes, enfin où une épidémie ferait périr notre bétail. Ainsi, grâce à un sacrifice peu considérable, on évite les pertes ruineuses qui sont la conséquence d'événements de cette sorte.

Faire une *assurance sur la vie*, c'est payer chaque année à une société financière une somme déterminée pour toucher, à la mort de la personne sur laquelle a été contracté l'engagement, une somme fixée par un règlement approuvé par l'administration supérieure. Pour un père, une mère, peu favorisés de la fortune, c'est une consolation de savoir qu'au prix d'un sacrifice modéré, ils assurent à leurs enfants une certaine aisance lorsque la mort aura enlevé à ces derniers leurs soutiens naturels.

L'*assurance sur la tête d'un enfant* assure à celui-ci, et ordinairement pour l'époque de sa majorité, la jouissance d'un capital qui lui permet de s'établir dans des conditions favorables. C'est un acte de haute prévoyance de la part des parents.

Composition. — *Un vigneron tombe malade au printemps, précisément à l'époque des travaux les plus importants : que pourraient faire ses voisins ? — Qu'en résulterait-il ?* — (Exposer le sujet sous forme de récit.)

Pour les élèves d'une ville : *Une ouvrière tombe malade ; elle est veuve et chargée de trois enfants...* (Comme précédemment.)

(Voir, pour la manière d'établir le plan de ce récit et pour donner les développements, page 150, *Les vacances de Pâques*, COURS DE COMPOSITION FRANÇAISE (*Degré élémentaire et moyen*), par E. LAPORTE.)

Industrie. — UNE MAISON. — *Parties d'une maison, 1° établies par les terrassiers ; — 2° bâties par les maçons ; — 3° faites par les charpentiers, les fumistes, les plâtriers, les menuisiers ; — 4° par d'autres ouvriers.*

Avant de commencer la construction d'une maison, on choisit un emplacement convenable, puis l'architecte trace le plan et l'entrepreneur on indique sur le sol les lignes principales au moyen de piquets et de cordes tendues.

Les *terrassiers* viennent alors et creusent les fondations, la cave et les fosses. Puis c'est le tour des *maçons*, qui établissent en grosses pierres les fondations ; ils élèvent ensuite les murs extérieurs et intérieurs, construisent la voûte de la cave, le tuyau de chaque cheminée et les escaliers, quand les marches sont de pierre.

Les *charpentiers* disposent les poutres, les solives et établissent les planchers ; lorsque les murailles sont terminées, ils placent la charpente qui supportera la toiture, dont la confection regarde les couvreurs. Les *fumistes* arrangent le foyer et achèvent les cheminées ; les *plâtriers* recouvrent les murailles, cloisons et plafonds d'un enduit de plâtre blanc ; ordinairement, ils se chargent encore du carrelage ; les *menuisiers* posent les escaliers de bois, les boiseries, les portes, les fenêtres, les parquets, les rayons des placards, etc. D'autres artisans se chargent des papiers de tenture, de la serrurerie, des vitres, des peintures, des tapis et des rideaux.

38. — Le nid familial. (*Élève*, p. 84.)

— J'ai passé la nuit à me demander quel parti nous devons prendre à cette heure, mes chers enfants. Plus d'argent comptant*, ou si peu que rien. Il nous reste la grange, le bétail, sept à huit mille francs en terres. Le blé commence à peine à épier*, et avant qu'il soit mûr, coupé, rentré, battu, vendu, la grêle ou l'ouragan peut en faire litière*. Même menée à bien, que donnera la récolte ? À peine le pain d'une année. Or cette pauvre maison brûlée coûterait à rebâtir quatre à cinq mille francs au bas mot. Voilà la situation. Eh bien, faut-il vendre les terres dont on ne me donnera pas cher en ce moment, puis louer une maisonnette et travailler bravement en valets là où nous avons été maîtres ? Dites votre avis.

— Mon père, répondit Jacques, pendant que vous veilliez cette nuit tout à vos pensées, moi j'étais aux miennes. Je songeais à une terre jeune, fertile, au climat heureux, où le bon travail a un bon salaire : c'est l'Algérie, dont on nous parlait beaucoup à l'école. Grâce à mes études et aux ressources qui nous restent, nous fonderions là-bas une exploitation* et nous y vivrions en travaillant. Vendez le bétail, vendez les terres, et partons !

M. Dumay baissa la tête :

— Soit, dit-il. Ma vie est brisée; je porterai mes vieux os dans la terre que vous voudrez, mes enfants.

Mais à cette résignation navrée du père, Jacques et Suzette sentirent passer dans leur cœur sa tendresse pour ce vieux foyer où leurs ancêtres* avaient vécu d'une existence d'honnêteté et de travail.

— Non, dit Suzette, ne quittons pas Fragicourt que nous aimons tous. Jacques sait bien que son habileté, son courage, peuvent s'exercer ici, comme ailleurs! Il ne veut pas vous être, cher papa, un nouveau sujet de chagrin.

— Suzette dit vrai, mon père, ajouta le garçon, tout ému devant les yeux de M. Dumay qui les avait relevés pleins de larmes; le travail est bon partout, et puis, en Algérie comme ici, nous n'en serions pas moins à l'état de Robinsons*.

— Robinson était tout seul dans son île, dit Suzette, et nous, nous sommes cinq Robinsons unis! chacun mettra du sien* dans la construction de la cabane, dans la chasse à la nourriture quotidienne, pour alléger d'autant notre peine. Pauvre vieux Robinson! Ah! qu'il eût, j'en suis sûre, abandonné volontiers les trois quarts de son île, et son parapluie par dessus le marché, pour sentir à son côté des aides, des cœurs courageux, aimants et tout à lui!

Questionnaire. — Que s'était demandé le père pendant la nuit? — Que lui restait-il en argent, denrées et propriétés? — Que pouvait coûter la reconstruction de la maison? — Quelle est la question que le père posa à ses enfants? — Qu'avait pensé Jacques? — Quelle réponse fit le père? — Quelle impression produisit-elle sur les deux aînés? — Que répondit Suzette? — Qu'ajouta Jacques? — Que proposa finalement Suzette? — Par quelle réflexion encourageante la jeune fille termina-t-elle l'entretien?

DÉVELOPPEMENT DES SUJETS PROPOSÉS POUR EXERCICES.

Instruction civique et Économie domestique. — DES EMPRUNTS. — *Qu'est-ce que faire un emprunt? — A quelles conditions se fait-il? — Quelles garanties est-on tenu de donner? — Que faut-il régler chaque année? — Et à la fin? — Si l'on ne peut payer, qu'arrive-t-il? — Quelles réflexions faut-il faire et quelles résolutions faut-il prendre avant de se décider à conclure un emprunt?*

Faire un *emprunt*, c'est demander à quelqu'un une somme d'argent avec promesse de la rendre à une époque déterminée.

On emprunte généralement à la condition de payer à la fin de chaque année une somme supplémentaire qu'on appelle intérêt, laquelle est égale à 5 francs, 4 fr. 50 ou 4 francs par 100 francs de capital (1).

Lorsqu'on demande à emprunter, on s'engage presque toujours par une promesse écrite à ne pas vendre une propriété quelconque de valeur supérieure au capital emprunté, avant le remboursement de ce capital. Cette formalité s'appelle donner une *hypothèque*. On rédige ensuite une promesse écrite qui indique le montant de la somme prêtée, le taux de l'intérêt et la date du remboursement. Exemple :

B. P. F. 150.

Au vingt-sept mai prochain, je payerai à M. Cazotte, propriétaire à Issy, avec les intérêts à cinq pour cent, la somme de cent cinquante francs, valeur reçue en espèces.

Paris, le 14 mars 1888.

GEORGES VALLÉE,
Rue de Buci, n° 2.

Si l'on ne peut payer les intérêts, ni rembourser le capital, le créancier fait mettre en vente les biens du débiteur sur lesquels il y a hypothèque à son profit, et cette opération comporte des frais considérables que doit supporter ce même débiteur. N'empruntons donc jamais sans avoir la certitude de pouvoir tenir les engagements que nous contractons au sujet du remboursement de la somme et du règlement des intérêts.

Composition.—*Racontez ce que vous savez de l'histoire de Robinson.*

SOMMAIRE. — Enfance de Robinson. — Son départ et son naufrage. — Son installation dans une île déserte. — Ses travaux pour assurer sa nourriture et pourvoir à la sûreté de son existence. — Vendredi et les sauvages. — Retour de Robinson dans son pays natal.

Géographie. — *Tracer sur une feuille blanche la route à suivre pour aller à Alger, en partant de Saint-Quentin et en passant par Paris, Lyon et Marseille. — Marquer les villes principales.*

(Cet exercice se rapporte aux tracés de cartes si instamment recommandés pour l'enseignement de la géographie; autant que possible, on évitera de calquer sur un atlas.)

Industrie. — *Qu'est-ce qu'un parapluie, une ombrelle ? — Pièces d'un parapluie et d'une ombrelle. — Matières qui servent à fabriquer chacune de ces parties. — Ce que coûterait un parapluie de coton, un parapluie de soie, une ombrelle de coton, une ombrelle de soie pour votre usage particulier.*

Le parapluie est un assemblage de pièces d'étoffe taillées de manière à prendre une forme demi-sphérique quand elles sont tendues sur des baleines soudées à un cylindre creux glissant sur un manche de bois. On s'en sert pour se préserver de la pluie.

L'ombrelle est un petit parasol à l'usage des dames et des jeunes personnes. Il a exactement la forme d'un parapluie, mais il est presque toujours d'une étoffe de couleur claire et comporte plus d'ornements.

Les parties principales d'un parapluie et d'une ombrelle sont :

1° Le *manche*, qui est ordinairement en bois ou en bambou, avec poignée de corne ou d'ivoire;

2° Les *baleines*, qui soutiennent et tendent l'étoffe. Actuellement, ces tiges sont faites en acier;

(1) Le *capital* est la somme prêtée ; on appelle *taux* l'intérêt annuel de 100 francs.

3° Une *douille* ou *cylindre*, sur lequel sont fixées avec charnière les baleines;

4° L'*étoffe*, qui recouvre le tout et qui est formée d'un tissu de coton ou de soie.

N'oublions pas le *ressort*, qui empêche la douille de descendre lorsque le parapluie est ouvert, ni la tresse en caoutchouc avec laquelle on rassemble le tissu quand on a fermé le parapluie.

Un parapluie de soie coûte..... et une ombrelle de.....

39. — La pièce de cent sous. (*Élève*, p. 86.)

M. Dumay prit la main de Suzette et celle de Jacques :

— Vous êtes les meilleurs des enfants; le cœur de votre mère vit en vous ; oui, vous avez senti que votre père n'a pas la force de s'expatrier et qu'il veut mourir sur le coin de terre qui l'a vu naître.

— Parlons de vivre d'abord et longtemps, reprit Suzette, et de demeurer nos maîtres. Vous nous avez dit un jour que celui à qui reste une motte de terre n'a pas le droit de se dire pauvre.

— Et ma foi ! s'écria le père, enchanté de voir si bien tourner les choses, et en montrant d'un geste les champs voisins, cela est-il au Grand Turc*, ou à nous? C'est à nous, parbleu !

— Si bien à nous, papa, dit Jacques, que nous pouvons, si vous voulez, emprunter dessus pour rebâtir la maison.

Emprunter dessus ! M. Dumay se gratta l'oreille. Il avait été élevé et il avait vécu dans la crainte des usuriers *.

— Et à qui emprunter?

On chercha, et Jacques se rappela qu'à Paris, ville de ressources et de compagnies d'assurances, il y a aussi, à défaut de mieux, un établissement de Crédit foncier* qui prête sur immeubles *.

— C'est vrai, dit le père; nous frapperons à cette porte-là.

Ainsi conclu, tous trois s'en retournèrent chez Ludivine pour voir François. Il était encore couché; mais, après une nuit d'un sommeil de plomb *, il s'éveillait, reposé. L'ébranlement cérébral* avait cédé à ce simple repos. On le vit bien, dès l'entrée dans la chambre.

Il regarda douloureusement son père, Suzette, Jacques, dont les yeux anxieux* étaient fixés sur lui, puis se mit à pleurer, à sangloter, en battant l'air de ses bras et en demandant pardon.

Ensuite il dit comment il avait mis le feu : la vue d'un vieux bout de tuyau de plomb, trouvé dans le fournil, lui avait donné l'idée de le fondre, pour en faire une pièce de cent sous. Après avoir creusé un moule dans une pierre, il avait allumé par terre de la paille, des brindilles et il s'était mis à l'œuvre avec Charlot, chargé de se procurer des allumettes sans éveiller l'attention.

Mais dans le fournil se trouvait un fagot de menues branches, dont on tirait le bois pour allumer le poêle. La paille, les brindilles, éparses çà et là sur l'aire, enflammées par les cendres mal éteintes, avaient très probablement gagné le fagot : voilà l'origine de l'incendie !

Le malheureux enfant, dans un nouvel accès de désespoir, reparla de se livrer aux gendarmes. Charlot, le voleur d'allumettes, s'était uni à cette douleur de son frère et se lamentait comme lui. Des paroles de pardon, des caresses les calmèrent enfin ; et pas plus tard que trois heures après, on trouva M. François occupé à la confection d'une brouette qui devait lui servir, dit-il, à transporter les briques de la nouvelle maison.

Questionnaire. — Que dit le père à Suzette et à Jacques ? — Que répondit la jeune fille à propos du mot mourir que M. Dumay avait laissé échapper ? — Quelle joyeuse exclamation attesta la joie du brave fermier ? — Quelle proposition fit Jacques relativement à un emprunt ? — Comment trouvèrent-ils François à leur arrivée chez Ludivine ? — Comment l'enfant témoigna-t-il son repentir et en quels termes avoua-t-il sa faute ? — Que dit-il du fournil ? — Quelle scène attendrissante eut lieu ? — Comment leur pardonna-t-on ?

DÉVELOPPEMENT DES SUJETS PROPOSÉS POUR EXERCICES.

Morale. — La Patrie. — *Qu'entend-on par la patrie ? — Pour l'enfant, quel est le village, la ville qui lui est le plus chère ? — Pourquoi ? — Que veulent dire ces expressions : Vivre, travailler pour la patrie ; défendre sa patrie ?*

La patrie est la contrée où nos pères ont, depuis des siècles, vécu, lutté, triomphé ou souffert pour les mêmes causes ; c'est la terre où vivent aujourd'hui sous les mêmes lois, en parlant la même langue et unis dans une même pensée pour la prospérité et la sécurité de tous, les membres de cette grande famille qu'on appelle la nation française.

Pour l'enfant, la ville ou le village natals résument la patrie; et il les préfère à tous parce qu'il y vit au milieu de ceux qui l'aiment et le protègent. Plus tard seulement, il arrive à comprendre que cette ville, ce village se sont réunis à d'autres pour le bien commun, et ainsi de suite jusqu'aux frontières : alors il comprend le sens du mot patrie et les sentiments qu'il éveille.

Vivre et travailler pour la patrie, défendre la patrie, c'est donner à sa vie et à son travail non seulement pour objet de pourvoir à nos besoins particuliers, mais encore, pour une certaine part, à ceux de nos compatriotes. Défendre la patrie, c'est se porter au-devant de l'ennemi qui l'envahit, et combattre jusqu'à la mort, s'il le faut, pour le repousser.

Instruction civique. — Le Crédit foncier. — *Lorsqu'on emprunte une somme, est-ce pour bien longtemps? — Qu'en résulte-t-il? — Si l'on avait, pour s'acquitter, un délai de* 15, 20, 30 *ans, à la fin de chacun desquels on payerait l'intérêt et un faible acompte sur le capital, qu'en résulterait-il? — Quel est l'objet du Crédit foncier?*

Il est très rare qu'on emprunte une somme à un particulier pour une longue période : 3, 4, 5 ans au plus, telle est la limite extrême. Il en résulte que le débiteur non seulement doit économiser le capital à rembourser, mais encore les intérêts, et souvent cette obligation cause de cruels embarras : le moindre événement défavorable peut amener des empêchements, compromettre le succès d'une entreprise; alors on se trouve dans l'impossibilité de régler sa dette à l'époque convenue, et l'on est exposé à être poursuivi et à solliciter de nouveaux délais.

On aurait donc avantage à emprunter de manière à s'acquitter en 10, 15, 20, 30 ans par le paiement annuel des intérêts auxquels on ajouterait une faible partie du capital dû. La charge serait facilement supportée quoi qu'il arrivât, et elle n'imposerait ni soucis cruels, ni labeurs excessifs.

Il existe à Paris un grand établissement financier, patronné par l'État, qui effectue les prêts dans les conditions qui viennent d'être exposées, moyennant une garantie sur immeubles égale au double du montant du prêt sollicité : c'est le Crédit foncier.

Sciences naturelles. — *Qu'est-ce que le crâne? — Que contient-il? — Que voit-on dans le cerveau d'un mouton, d'un veau? — D'où partent nos nerfs : 1°...; 2°...? — Où est placée la moelle épinière? — Que font les nerfs : 1°...; 2°...?*

Le crâne est une boîte osseuse de forme sphérique percée d'ouvertures où logent les organes de la vue, du goût, de l'ouïe et de l'odorat. A l'intérieur, il contient une masse pulpeuse, grise au dehors, blanchâtre au dedans et divisée en deux moitiés séparées par une cloison membraneuse. La surface de chacune de ces parties est creusée par un grand nombre de sillons tortueux, irréguliers et plus ou moins profonds, ainsi qu'on le voit dans les cervelles de mouton et de veau.

A la base postérieure de cet organe est un autre organe analogue, le *cervelet*, dont le volume est à peine le tiers de celui du cerveau. Le cervelet se prolonge en une grosse corde blanche, partagée également en deux moitiés dans le sens de la longueur : c'est la *moelle épinière*, placée le long du dos dans un conduit formé de petits os dont l'ensemble constitue l'*épine dorsale*. De ce cordon partent tous les nerfs qui commandent les mouvements de nos membres; ceux qui viennent du cerveau agissent sur les organes logés dans la tête, tels que l'œil, l'ouïe. Il y a une troisième sorte de nerfs : ceux qui mettent en mouvement les organes de la circulation du sang, de la respiration et de la digestion : ils sont indépendants de notre volonté et partent de petites éminences placées à l'intérieur du corps dans le sens de l'épine dorsale.

Industrie. — La Brouette. — *Qu'est-ce que la brouette? — A quels usages sert-elle? — Y a-t-il plusieurs sortes de brouettes? — Indiquez ce en quoi elles diffèrent. — Quelles matières entrent dans la fabrication d'une brouette? — Prix d'une brouette ordinaire.*

La brouette est une machine fort simple formée d'un cadre de bois dur qui se prolonge en deux manches, et sur lequel est établie une sorte de caisse ouverte où l'on place les objets à transporter. Elle appuie sur une roue et deux pieds, à l'état de repos; mais lorsqu'on l'emploie, on soulève les deux manches et la roue seule est en contact avec le sol. Il existe plusieurs sortes de brouettes : les unes sont munies de la caisse dont il vient d'être question ; d'autres ne présentent qu'une espèce de plate-forme ; il en est à claire-voie ; certaines sont garnies de fer pour faciliter le chargement et le déchargement.

Une bonne brouette se paye de 15 à 25 francs.

Hygiène. — *Qu'appelle-t-on à tort rhume de cerveau? — Qu'est-ce qui est enflammé quand on a un rhume de cerveau? — Que se produit-il? — Comment soigne-t-on les rhumes de cerveau?*

On appelle *rhume de cerveau* une inflammation de la membrane tapissant l'intérieur du nez ainsi que du conduit qui le met en communication avec le gosier. Peu d'incommodités sont aussi désagréables ; il se produit un écoulement continuel d'un liquide âcre et incolore, dans la première période du rhume, et il est d'autant plus difficile de l'étancher que le gonflement des fosses nasales rend impossible le passage de l'air dans l'organe.

Cette indisposition se guérit d'elle-même ; on parvient quelquefois à l'enrayer en faisant fréquemment, avec le petit doigt, des onctions d'huile d'olive dans les fosses nasales et le plus haut possible. S'il se produisait des ulcérations, on ferait renifler quatre ou cinq fois par jour au malade une solution de chlorure de chaux.

40. — A l'œuvre. (*Élève*, p. 88.)

— Hardi ! dormons-nous ? vite du mortier !... Hé ! là-bas, de l'eau sur la chaux pour l'éteindre* !

Le maître maçon, un gaillard trapu, à la voix forte, donnait ses ordres à l'équipe *.

La maison s'élevait, le Crédit foncier ayant prêté trois mille cinq cents francs sur les terres.

On rebâtissait suivant un plan nouveau ; Jacques et Suzette avaient voulu, contre l'humidité, l'exhaussement* sur quelques marches, l'exposition au midi, l'aérage* par des fenêtres opposées, enfin des prises d'air aussi hautes et aussi larges que possible, l'air et la lumière constituant les premières conditions de la santé. D'un léger rétrécissement de la cuisine et des chambres, on avait tiré la place d'une petite salle qui devait être plus tard le centre délicat de la maison, le lieu où on lit et cause.

Mais aussi on gagnait soi-même son argent. Aux heures de liberté que laissaient le travail des champs et celui de l'école, tout le monde se mettait au service du maçon. François, surtout, s'en donnait là comme quatre.

Pendant ce temps, Suzette faisait la cuisine chez Ludivine pour la nourriture des travailleurs.

Enfin le toit se couronna d'un « mai », une branche de verdure ; le nouveau nid familial était achevé, et l'on s'y installa, aussitôt les plâtres séchés. Ah ! le mobilier n'était pas encombrant. Dans un coin, un vieux pétrin retiré de l'écurie où il servait à serrer l'avoine. Maintenant passé au brou* de noix et à la cire, il figurait un coffre à linge. Quelques bonnes voliges de hêtre clouées sur deux tréteaux servaient de table ; des planches, étagées * contre les murs et garnies de lambrequins de papier bleu découpé à jour, formaient, selon l'emploi de leurs rayons, un dressoir à vaisselle et une bibliothèque.

La construction d'une maison.

Les corps de métiers qui concourent à la construction d'une maison sont principalement : 1° le menuisier ; 2° le serrurier ; 3° le maçon ; 4° le couvreur.

La seule dépense un peu grosse fut celle d'une pièce de vingt francs, qu'on échangea, dans une vente, pour un gros bahut tant soit peu bancal* et disloqué*. Mais ses moulures et quelques fioritures* qu'une couche de couleur jaune clair ne parvenait pas à dissimuler entièrement, rappelaient à Suzette celui d'autrefois, le bahut de famille envolé en fumée.

Et voici qu'une fois lessivé de son jaune, guéri de sa boiterie par les bons soins de Jacques et de François, bien rassis sur ses gonds, tout brillant d'encaustique*, caressé artistement de la brosse et de la flanelle, ce fut un bahut de noyer façonné de la bonne manière, et qui semblait venu là pour donner le ton et l'exemple au mobilier futur.

Les lits étaient de fer ; la literie, de la balle d'avoine*. Et qu'on dormait bien là-dessus! Quelques chaises, quelques escabeaux composaient le reste de l'ameublement. Mais de la propreté, il s'en voyait là autant que dans un palais.

Dans la hutte reconstruite, nos Robinsons étaient entrés enfin, avec la joie que procurent le plus rude des labeurs accompli, la victoire remportée sur l'inertie* des choses, et le souvenir même des malheurs passés, qui souvent fait une partie du bonheur présent.

Questionnaire. — En quels termes le maître maçon excitait-il ses ouvriers au travail? — Comment le fermier s'était-il procuré les fonds nécessaires à la reconstruction de sa maison? — Quel plan avait-on adopté? Donnez quelques détails à cet égard. — Quand et comment aidait-on les maçons? — A quoi s'occupait Suzette? — Parlez du nouveau mobilier. — A quel usage avait-on affecté une somme de 20 francs? — Comment remit-on à neuf le vieux meuble? — Qu'est-ce qui composait le reste de l'ameublement? — Dans quels sentiments était-on entré dans la maison nouvelle?

DÉVELOPPEMENT DES SUJETS PROPOSÉS POUR EXERCICES.

Composition. — *Si votre mère vous disait : « Ma fille, je désire que tu aies une chambre tapissée, meublée et ornée selon tes goûts, » quelles indications lui donneriez-vous?*

Tu m'as dit hier, ma chère maman, que ton désir est que j'aie une chambre tapissée, meublée et ornée selon mes goûts; je ne saurais t'exprimer combien je suis heureuse de ce témoignage de ton affection, et avec quel plaisir je te soumets les propositions que tu m'as demandées. J'ai réfléchi, j'ai examiné, j'ai recueilli tous mes souvenirs avant d'arrêter mon choix; puissé-je avoir réussi, c'est-à-dire te prouver que je n'ai oublié ni notre situation de fortune, ni mon âge, ni mon sexe!

(Continuer ainsi en suivant l'ordre indiqué par l'énoncé du sujet.)

Calcul. — *Votre choix fait, établissez ce que coûterait chacun des objets que vous vous proposez d'acquérir, car il ne faut rien acheter sans s'être bien rendu compte de la dépense.*

Modèle. —	15 rouleaux de papier, pose comprise, à 3 fr. 80.	57f	»
	Un lit de fer émaillé, blanc et bleu.	65	»
	Sommier recouvert de toile rayée.	32	50

. . . .

Sciences naturelles. — *Qu'est-ce que les pierres? — D'où elles sont tirées. — Diverses sortes de pierres en usage dans le pays. — A quoi servent les pierres de chacune des sortes indiquées? — Qu'est-ce que la chaux? — Quel en est l'usage? — Qu'est-ce que le plâtre? — Nom de la pierre qui donne le plâtre. — A quels usages emploie-t-on le plâtre? — Ne sert-il pas en agriculture?*

Les Pierres. — On entend par pierres des corps durs et solides qu'on emploie dans la construction des édifices. Elles sont ordinairement tirées de grandes excavations appelées *carrières*, où on les trouve disposées en bancs épais, formés à une époque très éloignée par les dépôts de la mer ou par les matières fondues qui se sont épanchées à la surface du sol. On trouve dans la première sorte de pierres des coquillages, des animaux pétrifiés et des débris de plantes.

Parmi les diverses sortes de pierres, on distingue les *pierres calcaires* propres à faire de la chaux; le *granit*, qui présente un empâtement de petits grains de diverses couleurs; le *marbre*, matière très dure susceptible de prendre un beau poli qui met en relief de riches teintes; le *grès*, formé de petits grains de silice agglomérés; la *craie*, blanche, friable et qui contient de gros rognons de silex; le *gypse*, pierre blanche dont on fabrique le plâtre. Il y a encore les *pierres volcaniques*, qui ont pour origine les laves vomies par les volcans; elles sont dures, souvent poreuses et de couleur noire ou brun foncé. Tels sont les *basaltes*, les *gneiss*, les *trachytes*.

Les pierres calcaires, les granits, le grès, le gypse, la craie, les pierres volcaniques servent aux constructions ordinaires; le marbre est employé pour les monuments, les statues et divers ornements.

La chaux n'est pas autre chose que de la pierre calcaire qui a été soumise, dans des fours, à une haute température; elle jouit de la propriété de former pâte avec de l'eau. Dans cet état, on l'emploie à la confection des mortiers.

Le plâtre est du gypse qu'on a soumis à une haute température dans des fours, et qu'on a ensuite réduit en poudre. Délayé dans de l'eau, il durcit rapidement; aussi convient-il pour joindre les pierres des murailles et enduire les diverses parties d'un bâtiment. Au printemps, on le répand à l'état naturel sur les prairies artificielles pour en augmenter le produit.

Économie domestique. — *Que faut-il pour établir un lit de jeune fille? — Comment fait-on un lit? — Où doit être placé le lit? — Inconvénients des alcôves, des rideaux. — Que prescrit l'hygiène avant qu'on fasse le lit? — Est-il sain de coucher sur la plume? — Pour quel motif? — Que peut coûter un lit? — Établissez le compte détaillé, pièce par pièce.*

Pour établir un lit de jeune fille, la pièce la plus importante est le meuble qui est en bois ou en fer; puis viennent le sommier ou la paillasse, les matelas, des draps, un traversin, un oreiller, une couverture de laine, une autre de coton, un édredon pour la saison d'hiver, enfin une courtepointe qui recouvre le tout. Souvent on y ajoute un lit de plume et on le garnit de rideaux légers.

Pour *faire un lit* où l'on a passé la nuit, on enlève et dépose successivement sur une table ou deux chaises, l'oreiller, le traversin, les couvertures, les draps, les matelas et le lit de plume; s'il y a une paillasse, on en remue le contenu en passant la main par les ouvertures pratiquées à cet effet, et on lui donne une forme légèrement bombée au milieu. Après que les diverses pièces du lit ont été exposées quelque temps à l'air, on les replace dans l'ordre habituel, en engageant les draps et les couvertures sous les matelas et sous le traversin qui en est entouré; enfin on arrange la courtepointe sur le tout, et on place l'édredon en dernier lieu. Remarquons que la courtepointe est toujours enlevée lorsqu'on prépare le lit pour le coucher.

Les lits doivent être placés de préférence au milieu de la chambre, le dos du meuble étant appuyé contre le mur; le plus souvent, on les installe dans un angle de la pièce pour la facilité de la circulation. Il est malsain de les renfermer dans des alcôves closes par des rideaux, parce que l'air s'y renouvelle difficilement.

Avant de faire le lit, il est nécessaire de renouveler l'air de la pièce en laissant les fenêtres grandes ouvertes et, comme nous l'avons dit, en exposant au dehors les draps, matelas et couvertures.

Les lits de plume conservent la chaleur du corps et absorbent les miasmes qui s'en exhalent; il est donc anti-hygiénique de les placer immédiatement sous le drap inférieur.

Coût d'un lit. (L'établir en suivant la disposition précédemment indiquée dans le devis d'achat d'une chambre de jeune fille.)

41. — Veillons au grain*. (*Élève*, p. 90.)

Et les terres? C'est maintenant qu'elles doivent rendre ce qu'emporta le feu! c'est maintenant qu'il faut les ensemencer, les soigner, les pomponner de la herse et de la charrue!

Jacques eut, par l'école d'agriculture, tous les renseignements qu'il fallut. Un de ses professeurs offrit même de lui prêter une petite somme d'argent. On y joignit tout ce qu'il en restait ici. On savait que c'était argent bien placé. Et si, par aventure*, le papa, encore timide, s'effrayait un peu des largesses de son fils avec la terre :

— Papa, répondait-il, autrefois, on ne la gâtait pas tant, mais aussi elle ne donnait guère que du pain bis. Maintenant c'est du pain blanc qu'elle fournit; et croyez-

Herse.

Les dents dont cet instrument d'agriculture est garni servent à arracher les racines, à rompre les mottes de terre et à en recouvrir les grains que l'on vient de semer.

vous qu'elle le livre contre des pierres? Oui, elle doit manger, et du bon, pour que nous-mêmes nous mangions du meilleur.

Charrue.

A François et à Charlot, il dénonçait le chiendent, la camomille, l'ortie, le chardon, la fumeterre comme de terribles ennemis :

— Et ayez soin, quand vous les rencontrerez chez

1. *Chiendent.* — 2. *Camomille.*
Le chiendent et la camomille servent à faire des tisanes et des infusions; les racines du chiendent servent, en outre, à la fabrication des brosses et des balais.

1. *Coquelicots.* — 2. *Lacerons.*
Une infusion de pétales de coquelicots donne une tisane calmante et adoucissante.

nous, de les arracher, d'en faire deux parts ; la première sera composée de ce qui peut servir de nourriture au bétail, comme par exemple les coquelicots, les lacerons, dont les lapins se font de bons râbles*. La seconde, vous l'amasserez, vous la laisserez pourrir au bout du champ pour l'y répandre ensuite en fumier.

Cabane à lapins.

Ah! s'il n'y avait que des plantes ennemies, bien visibles et facilement arrachables!

Mais un matin de jeudi que Charlot, chargé de la chasse aux lacerons pour le déjeuner de messieurs les lapins, s'asseyait sur son sac, à peu près plein, pour casser une croûte, il fut frappé d'un spectacle nouveau :

La betterave.

Racine qui sert de nourriture aux bestiaux et dont l'industrie extrait du sucre et de l'alcool.

Un des champs paternels, un grand champ de betteraves, s'étendait à ses pieds. Les betteraves commençaient à prendre tournure. Les feuilles déjà grandes luisaient comme satin au soleil. C'était riant au possible.

Mais sur près de deux rangées, et en outre çà et là, par places, elles ne brillaient pas du tout; elles étaient fanées, comme mortes.

Il s'approcha, les tâta; tout vint sans effort, tige, collet et racine. La racine était creusée à l'intérieur.

Charlot, qui ne plaisantait pas avec sa surveillance, courut à cinq cents pas du champ, où Jacques, en compagnie de Suzette, était à planter des pommes de terre, et les amena tous deux.

Questionnaire. — Qu'est-ce qu'il était alors nécessaire d'exiger des terres? — Qui vint en aide à Jacques et de quelle manière? — Que répondait-il à son père inquiet des dépenses faites pour améliorer les terres? — Que signalait Jacques à ses deux jeunes frères? — Que leur prescrivait-il à l'égard des mauvaises herbes? — Que faisait Charlot, dans les champs, un certain jeudi? — Qu'est-ce qui s'étendait devant lui? — Que remarqua-t-il dans le champ de betteraves? — Comment s'y prit-il pour découvrir la cause du mal? — Qui s'empressa-t-il d'avertir?

DÉVELOPPEMENT DES SUJETS PROPOSÉS POUR EXERCICES.

Sciences naturelles. — *Quelles plantes inutiles croissent naturellement dans les champs? — Quelles sont celles qui sont les plus communes dans le canton? — Décrivez chacune d'elles. — Parlez du préjudice qu'elles causent par leur multiplication. — Quels sont les moyens de les détruire?*

Les *plantes inutiles* qui croissent naturellement dans les champs sont : le chiendent, l'ortie, le chardon, la camomille, la moutarde sauvage, la mercuriale, l'ivraie, la fumeterre, etc.

Dans notre canton, on remarque...

(Ici se place la description de chaque plante dont il faudra présenter aux élèves *une image exacte* ou mieux *un spécimen* cueilli le jour même ou tiré de l'herbier du musée scolaire. Viendra ensuite l'indication des moyens les plus efficaces pour les détruire.)

LA POMME DE TERRE. — *Décrire la plante. — Parler de la manière de la cultiver, des terrains qu'elle affectionne, des principales espèces de cette plante. — Raconter comment Parmentier la fit adopter comme plante alimentaire.*

On classe le végétal qui produit la pomme de terre parmi les plantes herbacées. Sa tige atteint une hauteur de 0m,40 à 0m,60; elle porte des feuilles cotonneuses en dessous et d'un vert foncé à la partie supérieure. Les fleurs, réunies en touffes, sont blanches, violettes ou roses, et les fruits forment des baies sphériques verdâtres, grosses comme des noix au minimum.

Au pied de la plante et dans l'intérieur du sol, apparaissent des renflements de la tige souterraine, sous la forme de tubercules pleins de fécule qui fournissent un aliment précieux.

On cultive la pomme de terre de préférence dans les terrains calcaires ou sablonneux. Aux premiers jours d'avril, on creuse des trous dans un champ préalablement fumé et labouré, et l'on jette dans chacun une petite pomme de terre ou un fragment d'un gros tubercule muni d'un œilleton. La plante croît et fleurit; on bine le terrain plusieurs fois; enfin on butte les pieds et, finalement, quand, au mois de septembre, les tiges fanent, on arrache les pommes de terre.

Les principales espèces de pommes de terre sont :

La pomme de terre *marjolin*, peu productive, mais très précoce;

La jaune longue de *Hollande* ou *quarantaine*, un peu plus tardive, mais d'un meilleur rapport;

La pomme de terre *saucisse* ou *Canada*, rouge, plate et d'excellente qualité;

La pomme de terre *Chardin*, grosse, jaune, avec des yeux profonds;

La pomme de terre *Champien*, blanche, ronde, dont les tubercules sont d'excellente qualité.

La pomme de terre, importée en Angleterre en 1568, passa de là en Hollande et en France; mais elle ne fut cultivée dans notre pays que comme un fruit rare et précieux. Ce fut à la suite de la grande famine de 1771 que, l'académie de Besançon ayant proposé pour sujet de concours « *la recherche de substances pouvant atténuer les calamités de la disette* », Parmentier (natif de Montdidier) se mit à étudier la pomme de terre. En 1779, il prouva qu'elle renferme tous les principes d'un aliment substantiel et sain. Sa démonstration cependant ne convainquit personne et rencontra les plus étranges préjugés. Il ne perdit pas courage, acheta près de Versailles la concession d'un vaste terrain sablonneux et y planta des pommes de terre. Peu à peu, grâce à la protection éclairée de Louis XVI, on apprécia le précieux tubercule, on en mangea sur les tables des riches, et bientôt la culture s'en étendit rapidement.

Économie domestique. — *Qu'entend-on par tisane? — Comment fait-on de la tisane au chiendent? — Quelles en sont les propriétés? — Comment prépare-t-on une infusion de camomille? — Dans quelles indispositions boit-on l'infusion de camomille? — Connaissez-vous d'autres infusions? — A quelles indispositions remédient-elles?*

La tisane est une préparation dans laquelle on a fait bouillir ou infuser diverses plantes, ou bien de l'orge, de la réglisse, afin d'en composer une boisson calmante ou adoucissante à l'usage des malades.

Parmi les tisanes, nous citerons la décoction de *chiendent*, qu'on prépare en faisant bouillir doucement les racines de cette plante pendant une ou deux heures, de manière à réduire le liquide d'un tiers environ. Elle est très rafraîchissante.

Une *infusion* consiste à verser de l'eau bouillante sur une substance végétale pour en extraire certains principes actifs. On traite surtout de cette manière les feuilles et les fleurs de la violette, du sureau, du tilleul, des ronces, etc., dans la proportion d'une forte pincée de cinq doigts par litre d'eau.

L'infusion de camomille calme les maux d'estomac, celle de tilleul provoque la sueur, celle de feuilles de ronces est efficace contre les maux de gorge.

42. — Luttons ! (*Élève*, p. 93.)

— Diable! dit Jacques dès le premier regard, voilà la larve * du hanneton qui fait son entrée chez nous.

D'un coup de bêche il enleva une des betteraves mortes et une pelletée de terre où s'étalait une grosse chenille blanc sale, à tête rousse, à pattes noires, une larve de hanneton, la plus terrible des ravageuses.

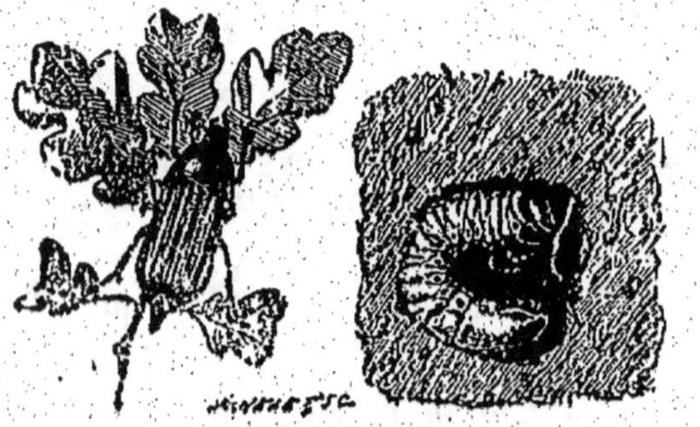

Le hanneton et sa larve.

Le hanneton est un des plus grands fléaux de nos vergers, de nos jardins maraîchers, de nos cultures en général. A l'état de larve (ver blanc), il vit sous terre et se nourrit des racines de toutes les plantes ; à l'état de hanneton, il vit dans les airs et ronge les feuilles des arbres. Il faut détruire impitoyablement les hannetons.

Quatre nouveaux coups de bêche en amenèrent deux autres. Jacques, ayant ensuite jeté les yeux aux environs, montra de la main un champ de betteraves confinant au sien et où les tristes feuilles penchées se voyaient en bon nombre.

— L'ennemi vient de là !

Suzette et Charlot regardèrent d'un air consterné *.

— Ah! reprit-il, quelle bataille que celle de la vie ! Il est vrai que sans les nécessités de l'éternelle lutte, nous passerions notre existence couchés sur le dos, sommeillant, indifférents à tout, sans force même pour chasser les mouches.

— Comment arrêter l'invasion * de cet ennemi? dit Suzette.

— Impossible de l'arrêter; tout est perdu, ma chère. Il n'y a plus qu'à bêcher profondément, à mettre à l'air les larves pour les détruire, et à repiquer *, à la place des betteraves, quelque autre plante tardive.

Peu de jours après, M. Florentin Lejoly se promenant par là, la canne à la main, le cigare aux lèvres, s'arrêta devant les Dumay, qu'il vit très occupés à un travail nouveau :

— Eh! eh! que fait-on là?

— On repique des choux de Bruxelles, répondit le père.

Chou de Bruxelles. Plante potagère qui constitue un légume très délicat.

Le chou de Bruxelles, qui n'est pas du tout de Bruxelles, et qui ressemble à un petit chou de poupée, n'avait pas l'honneur d'être connu de M. Florentin Lejoly.

— Tiens! dit-il, c'est original, planter des choux parmi les betteraves; ça ne s'est pas encore vu à Fragicourt.

— Oui, dit M. Dumay assez sèchement, c'est vrai qu'à Fragicourt, quand le ver blanc détruit une récolte, on se contente de se lamenter, et de laisser chômer * la terre; le destructeur a le dernier. Mais il y a des gens plus malins qui remplacent le perdu par du gagné. Et vous devriez bien être de ceux-là! Regardez un peu vos betteraves, là à côté, toutes flétries. C'est d'elles qu'est venu le ravage des nôtres! Riche comme vous l'êtes, vous devriez rougir d'une pareille incurie *!

Tout enchanté qu'on reconnût sa richesse, M. Florentin Lejoly se mit à sourire :

— Vous entendez bien, répondit-il, qu'un homme comme moi n'a pas à s'occuper d'un champ de betteraves malade, et d'autant moins que je l'ai loué, ce champ. Adressez-vous à mon locataire.

Là-dessus, M. Florentin Lejoly envoya au ciel une bouffée de cigare, puis un bonjour à la compagnie et s'en alla en se dandinant, pendant que M. Dumay murmurait entre ses dents une vieille histoire : malgré lui, pour quelques centaines de francs de plus qu'il n'en offrait, sa sœur, Jeanne Dumay, mariée à un Parisien qui la menait, avait jadis vendu au père de Lejoly cette terre, bon morceau de l'héritage paternel, aujourd'hui terre de perdition *.

Pour cela, pour quelques autres raisons d'intérêt, on s'était brouillés. Et comme il y a loin de Fragicourt à Paris, où demeurait la sœur, la brouille durait encore.

Jacques et Suzette se taisaient, sachant la peine de leur père à ces tristes souvenirs dont il ne parlait jamais qu'aux heures d'ennui.

Questionnaire. — Comment Jacques s'assura-t-il de la présence de la larve du hanneton? — Qu'aperçut-il dans le champ voisin? — Qu'en conclut-il et quelle réflexion lui suggéra ce malheur? — Qu'y avait-il à faire alors? — Qui passa près du champ des Dumay quelques jours après, et qu'y vit-il? — Qu'est-ce que le chou de Bruxelles? — Reproduisez la réflexion désobligeante de Lejoly et la sage réponse de M. Dumay. — Que pensez-vous de Lejoly? — Comment la pièce de terre était-elle arrivée en sa possession?

DÉVELOPPEMENT DES SUJETS PROPOSÉS POUR EXERCICES.

Morale. — *Quelles personnes ont des manières naturelles? — A quoi reconnait-on qu'une jeune fille est prétentieuse? — De quelles gens se moque-t-on le plus et toujours? — Quelles qualités manquent aux personnes prétentieuses?*

On a des *manières naturelles* lorsque notre façon d'agir, de nous tenir, de parler est en parfaite harmonie avec les convenances d'abord, puis avec notre situation, notre âge, notre sexe. Ces manières, à la fois discrètes et mesurées, ont pour qualité première de n'attirer l'attention de personne : elles plaisent, elles sont agréables, mais avec une teinte de modestie qui leur donne un mérite de plus.

Une jeune fille *prétentieuse*, et Dieu sait si l'espèce en est rare, cherche à se distinguer des autres et à paraître au-dessus d'elles par une façon particulière de s'exprimer, de marcher, de porter la tête, qui traduit un orgueil niais avec l'imitation maladroite ou plutôt la caricature des manières en usage dans la haute société. Elle a l'air hardi, les lèvres pincées, la voix tranchante ou ridiculement mielleuse, des gestes forcés qui sont parfois extrêmement comiques et provoquent le sourire à bon droit.

On a toujours constaté que les personnes prétentieuses sont égoïstes, ignorantes et dépourvues de tact.

Composition. — LE LAPIN. — *Décrire le lapin. — Où vit-il et comment se nourrit-il? — Quelles ressources diverses tirons-nous de cet animal? — Pourquoi, dans les campagnes, a-t-on intérêt à élever des lapins? — Qu'entend-on par garenne; par lapin de garenne?* (Voir le COURS DE COMPOSITION FRANÇAISE (*Degré élémentaire et moyen*) de E. LAPORTE, Partie du maître, page 126.)

Sciences naturelles. — Le Hanneton. — *Qu'est-ce que le hanneton? — Sous quels états se montre-t-il successivement ? — A quelle époque de l'année apparait-il ? — Que doit-on faire alors? — Sous quelle forme est-il le plus à redouter? — Parler des ravages qu'il commet. — Décrire la betterave. — Diverses sortes de betteraves. — Usages de cette plante : les indiquer seulement.*

Le hanneton est un insecte muni de fortes mandibules ou mâchoires et pourvu de deux paires d'ailes dont la supérieure forme une espèce de bouclier dur et corné qu'on désigne sous le nom d'*élytres*.

De l'œuf du hanneton naît une larve d'un gris blanchâtre qui reste trois ans dans la terre et y vit aux dépens des racines des plantes : c'est un des fléaux de l'agriculture. L'insecte parfait apparaît aux premiers jours du printemps et ronge les premières feuilles des arbres; parfois, il est tellement multiplié qu'il cause de véritables désastres. Il faut le détruire sans pitié, et l'on recommande aux enfants des campagnes de lui faire, dans la saison, une chasse continuelle, car non seulement ils mettent fin à ses ravages, mais ils empêchent la multiplication de ces larves voraces qui causent tant de préjudice aux cultures printanières.

La Betterave. — *La betterave* est une plante bisannuelle dont la racine volumineuse a une forme pivotante; elle porte des feuilles d'un beau vert luisant. Lorsqu'on laisse cette plante monter à graine, sa tige atteint une hauteur d'un mètre et produit des fleurs vertes d'où naissent quantités de graines.

Il existe trois variétés de cette plante : la betterave potagère, que l'on cultive dans les jardins pour la manger en salade; la betterave à sucre, et la betterave fourragère, qu'on donne en nourriture aux animaux à l'étable.

Économie domestique. — *Exposer la préparation d'un plat de pommes de terre à l'étuvée ; — des pommes de terre frites ; — d'une purée de pommes de terre; — d'un ragoût de mouton aux pommes de terre.*

Pommes de terre a l'étuvée ou a la vapeur. — Les pommes de terre étant lavées, on les dispose dans une marmite de fonte sur un lit de cendres, puis on pose le couvercle et on place le vase sur un feu modéré. On reconnaît que les pommes de terre sont cuites à point lorsqu'elles fondent ou que le doigt y enfonce. On les sert alors soit sur un plat, soit dans une corbeille, et on les mange saupoudrées de sel avec du beurre frais.

Pommes de terre frites. — Après avoir lavé et essuyé les pommes de terre, coupez-les en tranches d'un demi-centimètre d'épaisseur; plongez-les dans de la friture bouillante, huile, beurre ou graisse, et laissez-y-les pendant deux ou trois minutes. Il ne restera plus qu'à les égoutter, à les saupoudrer de sel fin et à les servir immédiatement.

Si l'on veut que les pommes de terre frites soient *soufflées*, on les plonge une seconde fois dans la même friture bien chaude.

Purée de pommes de terre. — Pelez d'abord les pommes de terre que vous ferez cuire ensuite à la vapeur; passez-les à la passoire ou au cylindre; mettez-les dans une casserole avec du beurre frais, du poivre et du sel. Remuez et mouillez avec du lait; faites bouillir un instant et servez.

Ragout de mouton aux pommes de terre. — Prenez un demi-kilogramme de collet de mouton coupé en morceaux; jetez dans une casserole une cuiller à bouche de graisse; chauffez, puis mettez les morceaux. Faites-les revenir; ajoutez une cuillerée de farine, et après avoir fait roussir, versez un demi-litre d'eau. Ajoutez un bouquet de persil, trois oignons moyens, du sel, du poivre, et donnez deux heures de cuisson. Une demi-heure seulement avant de retirer la casserole, mettez-y les pommes de terre coupées en morceaux ; dégraissez et servez.

Calcul. — *Calculer le prix de revient d'un ragoût de mouton aux pommes de terre pour cinq personnes : le père, la mère et trois jeunes enfants.*

. . kilogr. . . .	de mouton à . . fr. le kilogr. . .	. . . .
. . kilogr. . . .	de pommes de terre à . . fr. . .	. . . .
. . kilogr. . . .	de graisse à . . fr.	. . . .
. . . .	de charbon, etc., etc.	. . . .
	TOTAL.	. . . .

43. — Cours, mon aiguille !... (*Élève*, p. 95.)

« Cours, mon aiguille, dans la laine », et dans le coton et dans la toile, partout où tu as à faire ! Car le rapiécetage* d'une maisonnée de deux hommes et de deux gamins est une rude besogne.

Le meilleur de la garde-robe* avait brûlé ; et ce qu'il en restait devait être soigné comme la prunelle des yeux, afin de pouvoir durer le plus longtemps possible, jusqu'à ce qu'on eût gagné quelque argent.

La main industrieuse de la couturière allait, vive et leste.

De bon matin, avant le ménage, et tard, après la journée faite, la main industrieuse* de la couturière allait, vive et leste, décousant, rapiéçant, faufilant, cousant, sans débrider.

M. François, à lui seul, l'eût empêchée de chômer. Oublieux de son crime et aussi des constantes recommandations de ménager son pantalon, ses chaussures, sa veste, il reprenait sa bonne vie de coureur des bois.

Suzette avait beau lever les bras au ciel, gémir, se

fâcher devant chaque nouvelle déchirure; la déchirure ne guérissait pas sur de simples discours; il y fallait l'aiguille. François avait, d'ailleurs, sa façon de s'excuser :

— Je t'assure, Suzette, qu'en grimpant à l'arbre, j'ai pris mille précautions! C'est le drap qui ne vaut rien.

Cependant, Monsieur ne manquait pas de coquetterie. Un soir que sa sœur appliquait au bon endroit d'un pantalon gris une pièce verte, d'un vert assez passé :

— Qu'est-ce que c'est que ça? demanda-t-il avec mauvaise humeur.

— Ça, Monsieur? répondit-elle vivement, un peu piquée, car elle savait bien qu'elle ne faisait pas là un chef-d'œuvre *, ça, Monsieur, ce n'est pas de la tôle; et c'est grand dommage, la tôle étant le drap qui conviendrait à un muscadin * de votre sorte!

— Je ne mettrai pas ce pantalon, je t'en réponds bien!... Je t'en fais cadeau.

— Merci; je vous donnerai un jupon en échange.

Le père, Jacques et Charlot venaient d'entrer pour le souper. M. Dumay regarda de loin le travail de Suzette, et s'approcha pour regarder encore :

— Je ne me trompe pas, non, c'est l'habit vert! Où as-tu trouvé cette pièce-là, Suzette?

— Dans un paquet de vieux chiffons sauvés de l'incendie.

— Eh bien! ma fille, reprit-il en souriant, voilà le reste d'un vêtement célèbre.

— Célèbre! Racontez-nous ça, père, je vous en prie!

A ce moment parut le vieux Benoît, le père de Ludivine, un vieux, tout ratatiné *, en bonnet de coton bleu, qui venait de temps en temps fumer sa pipe en compagnie. Dès qu'il fut assis :

— Papa, racontez! répétèrent les enfants.

Questionnaire. — Que disait Suzette pour s'encourager au raccommodage? — Que savez-vous de la garde-robe de la famille? — Dites comment Suzette se montrait laborieuse. — Quelle était la façon d'agir de François? — Que faisait Suzette en constatant le mauvais état des vêtements de son frère? — Que répondait ce dernier? — Reproduisez la conversation qu'ils eurent ensemble à propos d'une pièce verte. — Que dit le papa en regardant le travail de la jeune couturière? — Qui entra sur ces entrefaites? — Faites le portrait du père Benoît.

DÉVELOPPEMENT DES SUJETS PROPOSÉS POUR EXERCICES.

Morale. — Du Travail. — *Quels travaux, quelles occupations sont le lot de la femme dans son ménage, 1° si elle n'a pas de fortune, — 2° si elle est obligée de se faire servir? — Conséquences heureuses du travail de la femme et de la bonne direction qu'elle donne à son intérieur.*

Parmi les femmes qui ont à cœur leurs devoirs et qui comprennent leurs responsabilités, il n'en est aucune qui reste oisive dans son ménage.

Si elle ne peut se faire servir, que d'occupations s'imposent à elle! Tenir propres les enfants, le linge, la maison; préparer la cuisine; mettre le couvert, laver la vaisselle; raccommoder les vêtements, faire les achats, enfin partager avec son mari les soins que réclament l'éducation des enfants et leur santé. Souvent, à cette tâche écrasante s'ajoute, à la campagne, la tenue de la basse-cour et du potager; à la ville, la pratique d'un métier. Dans ces conditions, la vie de la femme est bien méritoire et digne de tous les respects.

La plupart des femmes qui peuvent se faire servir, sont déchargées des travaux les plus fatigants du ménage, mais leur responsabilité augmente par suite des devoirs que leur imposent la direction et la surveillance des domestiques. Cependant elles ne sauraient rester étrangères aux soins que réclament leurs enfants, quelque pénibles qu'ils soient. Elles ont également à s'occuper de la tenue de leur maison, à régler les dépenses de façon à éviter le gaspillage, à recevoir les personnes avec lesquelles elles sont en relation, à participer aux bonnes œuvres qui incombent à tous ceux que la fortune favorise.

C'est la femme qui fait la maison, c'est-à-dire qui l'enrichit ou la ruine. Le mari apporte le fruit de son travail et la femme administre. C'est à elle, qu'en tout temps, revient d'ailleurs la plus forte part dans l'éducation des enfants et le soin de former ses filles à leur rôle futur.

Les femmes que rien ne saurait fixer dans leur intérieur et qui, pour leur distraction et leur agrément, passent la meilleure partie du jour en promenades et en visites, ne sont dignes ni du titre d'épouses ni du beau nom de mères.

Industrie. — *Qu'est-ce qu'une aiguille? — Comment fabrique-t-on les aiguilles? — Qualités d'une bonne aiguille à coudre. — Diverses sortes d'aiguilles. — Mêmes questions pour les épingles.*

Aiguilles. — Une *aiguille* est une petite tige d'acier ou d'un autre métal pointue par un bout et percée par l'autre; on s'en sert pour coudre, pour broder ou pour fixer les objets de toilette dans une position déterminée.

La fabrication des aiguilles est une opération compliquée qui nécessite le concours de nombreux ouvriers. On prépare des fils d'excellent acier qu'on assemble en bottes, et un ouvrier les coupe en brins d'une longueur égale à celle de deux aiguilles (1). Un second ouvrier placé devant une meule qui tourne rapidement, les aiguise à chaque extrémité, et les passe à un autre qui les coupe par le milieu.

Ensuite on aplatit l'extrémité opposée à la pointe au moyen d'un marteau, et l'on y pratique une rainure qui dirigera le fil et le maintient droit. Des enfants sont chargés de l'opération délicate de percer le trou ou *chas* par lequel passera le fil; on polit l'intérieur de cette ouverture, et enfin, après avoir fait rougir les aiguilles, on les jette

(1) En une heure, il en peut couper de 36 à 40,000.

toutes brûlantes dans un bain d'eau glacée, ce qui leur donne une extrême dureté.

Le dégraissage, le polissage et la mise en paquets sont les dernières opérations.

Épingles. — *La fabrication des épingles* est beaucoup moins compliquée et analogue à celle qu'on a décrite pour les aiguilles.

Un ouvrier coupe les fils de laiton en longueurs égales à celle de trois ou quatre épingles; un autre les divise; un troisième forme la pointe sur une meule; d'autres font la tête, soit en roulant un fil de laiton autour du sommet de la petite tige, soit en aplatissant une extrémité de cette dernière. Il ne reste plus qu'à nettoyer les épingles, à les étamer, à les polir et à les réunir en paquets, à moins qu'on ne les entasse dans des boîtes d'un poids déterminé.

Les épingles d'acier sont d'un usage très restreint.

Économie domestique. — *Quels travaux peut-on exécuter avec une aiguille à coudre? — Quels travaux peut-on exécuter avec une aiguille à tricoter? — Combien y a-t-il d'aiguilles dans un paquet? — Quel est le prix d'un paquet d'aiguilles de qualité moyenne? — Quelles sont les qualités des épingles en acier? — Quelles épingles sont préférables pour les usages ordinaires?*

Les travaux que l'on peut exécuter avec une aiguille à coudre sont : les ourlets, les surjets, les reprises, les piqûres, les broderies, les boutonnières, etc., etc.

Avec une aiguille à tricoter, on confectionne des bas, des chaussettes, des mitaines, des poignets, des fichus, des cache-nez, des bretelles, des jupons, etc.

N. B. — On a jugé superflu de donner la matière des réponses qui terminent le paragraphe, mesdames les institutrices étant d'excellents juges en la matière.

Calcul. — *Que gagne-t-on à raccommoder, à repriser et à rapiécer? — Prenez pour base de votre calcul un tablier, un corsage, six paires de bas de coton, une paire de chaussons.*

Un tablier non raccommodé, non rapiécé est hors de service après ..... mois d'usage. Si on le raccommode, si l'on y met des pièces, on dépensera en fil ....., en étoffe ....., etc.; total ...... Mais le tablier pourra faire encore un bon usage pendant ..... mois.

L'usage d'un tablier qu'on ne raccommode pas, revient à ..... par mois.

On le fait durer ..... de plus. Bénéfice brut. . . . .
A déduire le prix du fil et des pièces. . . . .

Bénéfice net. . . . . . .

(Procéder de la même manière pour les autres objets.)

44. — Le vieil habit vert. (*Élève*, p. 97.)

— Bon, écoutez. Mon grand-père, Mathias Dumay, avait un bel et grand habit vert avec des boutons de cuivre; je le vois encore sur le dos de mon père qui en hérita, et qui ne le mettait qu'aux grandes occasions*.

Pour le surplus du temps, l'habit restait accroché dans une armoire avec des paquets de mélilot * desséché. Le mélilot avait alors la réputation d'écarter les mites. Cependant, un beau jour, elles l'attaquèrent, ne s'en prenant heureusement qu'aux manches, qui, d'ailleurs, furent aussi bien trouées que des écumoires.

Ici le père Benoît ôta sa pipe de ses lèvres :

— Pardon, dit-il, Denis Dumay, si je t'arrête; le mélilot n'a jamais chassé les mites. Nous avions dans ce temps-là, et ma fille Ludivine a encore un secret de conjuration qui les empêche de nuire en les ensorcelant *; mais ta mère aimait à faire à sa tête.

M. Dumay, qui connaissait la manie du père Benoît, sourit et continua :

— Les basques et le reste étaient intacts *. Ma mère, devant le désastre, poussa quelques lamentations contre les ravageurs du pauvre monde, puis, l'habit en main, le tint devant moi en me disant de ne pas bouger. Elle prenait ma mesure, me comparait au vêtement : « Ah! bien! ça ira, dit-elle enfin; je pourrai t'en faire un habillement complet! »

Les mites.

Petits insectes qui se développent dans les étoffes de laine, dans les peaux, dans les fourrures, dans les plumes, dans les crins et qui les rongent. Pour éviter ce dégât, il faut battre soigneusement et souvent les étoffes et avoir la précaution de mettre dans les armoires où l'on renferme ses vêtements, des morceaux de camphre et des sachets de poivre.

Cette nouvelle m'enchanta, quoique je n'aimasse pas beaucoup le vert, le bleu étant alors à la mode. Bref, j'en eus veste et pantalon, un vêtement des dimanches qui, après long usage, devint vêtement de tous les jours. Mais alors je me mis à grandir comme une perche, et malheureusement il se garda d'en faire autant. Plus je m'allongeais, plus il remontait, des manches vers les coudes, des ourlets du pantalon vers les genoux.

Ma mère, à qui plusieurs fois je fis constater ces fâcheuses dispositions de l'ancien habit vert, finit par additionner les jambes du pantalon d'un bon bout de velours côtelé. Des manches, elle ne s'occupa pas et mes bras prirent l'air tant qu'il leur plut.

M. Dumay s'interrompit pour recevoir M. et Mme Valon, qui venaient passer la soirée chez leurs amis. On leur fit place, on les mit au courant de l'histoire, et il continua :

Questionnaire. — Comment était l'habit du grand-père? — Quand le mettait-il? — Où restait-il ensuite? — Quels ravages commirent les mites? — Quelle fut la remarque du père Benoît? — Qu'est-ce qui prouve que le fermier ne partageait pas les idées de son voisin? — Quel parti la mère tira-t-elle des restes de l'habit? — Qu'arriva-t-il au bout de quelques années? — Quel remède y apporta la mère? — Quelles personnes survinrent?

DÉVELOPPEMENT DES SUJETS PROPOSÉS POUR EXERCICES.

Morale. — *Qu'est-ce qu'être économe? — Qu'est-ce que des économies? — Qu'est-ce que l'économie? — Pourquoi est-il sage d'économiser dans toutes les conditions? — Qu'arrive-t-il lorsqu'on ne se montre pas économe? — Quelles personnes peuvent être toujours charitables? — Résultat des plus faibles économies.*

Être économe, c'est ne pas dépenser au delà de ce qui est nécessaire, tout en mettant quelque argent en réserve pour les nécessités de l'avenir. L'argent ainsi épargné prend le nom d'économies.

L'économie est l'ordre, la règle qu'on apporte dans un ménage afin que la dépense soit toujours au-dessous des recettes. Lorsqu'elle est exagérée, cette qualité devient le vice connu sous le nom d'avarice, odieuse disposition qui ferme la main de l'homme riche même quand on sollicite auprès de lui quelques secours.

Le sage Franklin dit quelque part:

« Celui qui ne sait point épargner à mesure qu'il gagne, mourra sans « avoir un sou, après avoir été toute sa vie collé sur son ouvrage. Si « vous voulez être riche, n'apprenez pas seulement comment on gagne, « mais encore comment on épargne. Un peu répété fait un beaucoup; « soyez en garde contre les petites dépenses. Si vous voulez toujours « avoir de l'argent dans votre poche, dépensez un sou de moins que « votre bénéfice net. »

Quand un homme ne se montre pas économe, il tombe dans la misère à la première suspension de travail; il ne peut secourir les pauvres, et il se prive ainsi de l'une des plus douces satisfactions de la vie. Seuls, les gens qui épargnent se trouvent en mesure d'être charitables : il y a toujours dans leur bourse une pièce pour l'indigent, et dans leur cuisine un morceau de pain pour celui qui en manque.

Les économies les plus faibles finissent, à la suite des années, par produire des sommes considérables. Celui qui met de côté un sou par jour, peut placer chaque année à la Caisse d'épargne 18 fr. 25. — S'il commence à l'âge de 20 ans, et qu'il continue ainsi à vivre jusqu'à l'âge de 50 ans, il posséderait alors 18 fr. 25 × 137 fr. 50 = 2,509 francs, qu'il ne sera pas embarrassé de placer de manière à avoir 100 francs de rentes.

S'il eût économisé 0 fr. 10 par jour, il eût obtenu 5,000 francs, soit 200 francs de rentes. L'homme qui dépense quotidiennement 0 fr. 25 en tabac et en liqueurs, pourrait avoir à la même époque 12,500 francs.

soit au minimum 500 francs de rentes. De plus, il serait en mesure de léguer à ses enfants, au lieu de dettes et de meubles délabrés, un fort joli petit héritage.

Composition. — *Comparez deux jeunes filles dont l'une sait ménager ses affaires de classe et économiser plumes, papier et crayons, tandis que l'autre n'est pas soigneuse. Ne pas oublier d'indiquer ce que l'avenir réserve à chacune d'elles.* (Voir le COURS DE COMPOSITION FRANÇAISE (*Degré élémentaire et moyen*) de F. LAPORTE, pages 276, 281, 305, Partie du maître.)

Sciences naturelles. — *Quels sont les ennemis des vêtements d'hiver et des fourrures pendant la belle saison ? — Quels ravages commettent ces insectes ? — Comment préserve-t-on les vêtements ? — Décrire une mite.*

Il est une espèce d'insectes qu'on appelle *mites* ou *teignes* qui, non seulement, vivent aux dépens des récoltes amassées dans nos greniers, mais qui s'attaquent aux étoffes, aux fourrures, à la laine des matelas, etc.

A l'état parfait, ces insectes sont de petits papillons blancs ou jaunâtres, sauf l'extrémité de leurs ailes supérieures qui est noire ; leur larve ou chenille se construit une demeure dans les étoffes et dans les matières que nous venons d'indiquer ; elle en use même comme d'une nourriture. Ainsi la destruction marche rapidement, et souvent le désastre est irrémédiable.

Pour préserver des mites ou teignes les vêtements de laine et les fourrures, le meilleur procédé est de les exposer fréquemment à l'air, de les battre, de les agiter un peu en pleine lumière. Les plantes ou substances à odeur forte, telles que le camphre, le poivre, le tabac, les éloignent. On emploie encore, pour détruire, avec succès, ces insectes, les fumigations de tabac et l'essence de térébenthine.

Une mite... (Voir la description plus haut.)

Économie domestique. — *Quand est-ce qu'un vêtement est vraiment hors de service ? — Quel usage convient-il de faire des vieux habits, des habits trop courts,* 1° *dans une famille de personnes qui travaillent pour vivre ;* — 2° *dans une famille riche ? — Que pensez-vous des personnes qui s'attachent à suivre continuellement les modes ? — Comment faut-il être à ce point de vue ?*

Un vêtement est vraiment hors de service lorsqu'il est usé au point de ne plus être utilement reprisé ou raccommodé, et encore lorsqu'il est devenu trop étroit et trop court. Dans le premier cas, on en détache les parties en meilleur état pour les employer comme doublure ou pièces. Dans le second cas, on découd les habits, on les nettoie et il est facile à une ménagère intelligente et adroite d'en confectionner d'autres à l'usage des plus jeunes enfants.

Dans les familles riches, les vêtements mis au rebut pourront être donnés à des familles pauvres qui sauront certainement en tirer bon parti.

Il faut se garder de ce travers dangereux et coûteux qui consiste à suivre exactement tous les caprices de la mode, quelque ridicules qu'ils soient bien souvent ; il n'y a point dans un ménage de source plus directe d'embarras d'argent. Les personnes sages adoptent les changements généraux que la mode impose aux vêtements, mais en se gardant de descendre dans tous les détails, et encore en évitant de mettre au rebut ce qui peut faire bon usage, sous prétexte qu'on serait ridicule.

45. — Veste, gilet, calotte. (*Élève*, p. 99.)

— Quoique toujours à l'air, mes bras n'en grossirent pas moins, si bien qu'un beau jour, à l'école — dans ce temps-là, c'était un vieux soldat de la retraite de Moscou qui nous faisait la classe, et chacun de nous, pour le chauffage, apportait sa bûche à son tour, — donc ce

La retraite de Moscou.

En 1812, Napoléon Ier, après être entré à Moscou, y pensait hiverner. Mais les Russes incendièrent la ville, qu'il fallut abandonner, et l'armée dut battre en retraite à travers d'immenses plaines de neige, par un froid terrible. Le désastre des Français fut complet au passage de la Bérésina, et en sortant de la Russie, la grande armée ne comptait plus que 24,000 hommes sur près de 400,000.

beau jour-là, portant la mienne, qui était de taille, je me baisse.... Crac! crac! la veste se partage dans le dos, du haut en bas.

Je fus à la fois content et peiné. Car ce vieil habit, voyez-vous.... bon, vous le saurez tout à l'heure!... Ma mère resta un moment en contemplation, les yeux sur ce dos. Puis m'ayant retourné, elle me sourit comme si je venais de faire une bonne action.

Et huit jours après, j'endossais ma veste sous la forme d'un gilet. Je le portai trois ans. Dans ce gilet, j'achevai mes études, qui n'étaient pas alors très compliquées *. Mais il fallut enfin lui donner un remplaçant.

— Cette fois, ce fut fini? demanda Suzette.

— Fini? ah, que nenni! et que vous ne valez pas votre grand'mère, ma Suzette, si vous croyez qu'un habit a fini son temps quand il a passé d'habit en veste et de veste en gilet! L'hiver qui suivit m'en trouva coiffé.

— Coiffé de votre gilet, papa!

— Oui, de mon gilet, mais il était devenu calotte. Et voilà ce qu'il reste de la calotte, dit-il, en prenant le morceau de drap vert. Je le croyais bien perdu.

— Bon, s'écria François joyeusement, je disais bien à Suzette qu'il n'en fallait pas rapetasser * mon pantalon.

— En effet, dit Jacques, ce morceau est le reste d'un vêtement célèbre, comme vous l'avez appelé, papa.

M. Dumay était devenu tout grave :

— Un vêtement ne peut pas être célèbre parce que je l'ai porté sous plusieurs formes, répondit-il; j'aurais dû dire « glorieux » au lieu de « célèbre » — il regarda M. et Mme Valon, très attentifs, — oui, glorieux! Car mon grand-père, Mathias Dumay, en était vêtu lorsqu'il alla, comme délégué * de Fragicourt, voter pour l'élection des députés aux États généraux * de 1789.

Les enfants battirent des mains, Jacques, Suzette, François, et même Charlot ayant appris, par l'école et par les livres, la grandeur de cette époque dans notre histoire nationale. Quelque petit qu'eût été le rôle * de Mathias Dumay à cette heure magnifique de l'affranchissement humain *, ses descendants saluaient l'ancêtre avec une fierté attendrie *.

— Oui, nous conserverons cela comme une relique! s'écria Suzette en élevant le morceau de drap, que M. et Mme Valon prirent ensuite pour le regarder.

Et les enfants répétèrent :

— Nous le conserverons !

Questionnaire. — Qui dirigeait l'école au temps où M. Dumay la fréquentait? — Quel accident y arriva un certain jour? — Que fit la mère quand son fils fut de retour? — Quel parti sut-elle tirer des restes de la veste; — de ceux du gilet quand ce dernier vêtement fut hors de service? — Quel souvenir rappelait à M. Dumay le dernier morceau du vieil habit? — Que firent les enfants quand leur père eut parlé des États généraux de 1789? — Qu'ajouta Suzette?

DÉVELOPPEMENT DES SUJETS PROPOSÉS POUR EXERCICES.

Histoire. — *Racontez dans quelles conditions désastreuses l'armée française, pendant l'hiver de* 1812, *battit en retraite de Moscou à la frontière russe.*

RETRAITE DE RUSSIE. — Napoléon quitta Moscou le 23 octobre 1812, après avoir fait sauter le Kremlin; arrêté dans sa marche par les forces considérables des Russes, il se porta avec l'armée sur Smolensk. C'était une grande faute que lui faisaient commettre ses généraux, car le pays était entièrement dévasté. Le froid, qui descendit à 25 et même 30° au-dessous de zéro, fit d'innombrables victimes; la route était couverte de débris humains qui perçaient sous la neige.

Au milieu de plaines immenses, sous une neige qui effaçait les chemins et s'amoncelait dans les ravins, l'armée, harcelée par les cosaques, avait à lutter à la fois contre la nature et contre l'ennemi. Chevaux et vivres manquaient; on ne pouvait recueillir les blessés, qui jonchaient le sol, et restaient abandonnés aux loups et aux vautours quand ils n'étaient pas achevés par les Russes. Aussi beaucoup de soldats quittaient le drapeau, jetaient leurs armes et suivaient l'armée en traînards jusqu'à ce qu'ils tombassent épuisés de fatigue et de misère.

L'épisode le plus terrible de la retraite de Russie est le passage de la Bérésina. L'ennemi avait détruit le pont; Napoléon en fit élever à la hâte deux autres sur chevalets par les pontonniers, qui, plongés dans l'eau glacée pendant deux jours et deux nuits, périrent presque tous. Une partie de l'armée put gagner l'autre rive; mais les traînards et la multitude qui s'étaient refusés à passer quand la chose était sans danger, se précipitèrent sur les ponts avec un désordre qui causa d'affreux malheurs, quand apparurent les Russes. Les boulets ennemis, tombant au milieu de cette foule compacte, y traçaient d'horribles sillons et arrachaient des cris de terreur aux pauvres femmes fugitives qui étaient sur des voitures avec leurs enfants. On se serrait, on se foulait, on montait sur ceux qui étaient trop faibles pour se soutenir et on les écrasait sous les pieds. Quand il fallut détruire les ponts pour arrêter l'ennemi, nombre de traînards qui s'étaient obstinés à rester sur le rivage se précipitèrent sur les ponts en flammes, tandis que d'autres se jetaient dans l'eau glacée et y trouvaient la mort.

L'armée s'éloigna profondément affectée de ce spectacle.

Industrie. — *Objet des cheminées. — Parties dont elles se composent. — Qu'est-ce que la suie? — Comment en débarrasse-t-on le tuyau? — Parler des petits ramoneurs. — Décrire un poêle de fonte ou de faïence.*

On appelle *cheminées* des foyers ouverts adossés à un mur et surmontés d'un tuyau de maçonnerie par lequel les produits de la combustion se rendent au dehors. Elles se composent chacune de l'*âtre* ou *foyer* proprement dit, du chambranle qui l'encadre et du tuyau dont il a été question. Des ouvertures appelées *ventouses* amènent près du foyer l'air extérieur et facilitent l'ascension de la fumée. Les cheminées donnent un chauffage agréable et sain, quoiqu'elles utilisent à peine un dixième de la chaleur produite.

La fumée dépose sur les parois du tuyau une matière noirâtre et bitumineuse, la *suie*, qui s'enflamme et brûle avec facilité. Si on la laisse s'accumuler, elle constitue un véritable danger d'incendie. On en débarrasse les cheminées en y faisant passer un fagot qui monte et descend au moyen d'une corde. De petits enfants, appelés *ramoneurs*, rendent le même service en s'introduisant dans le tuyau et en détachant la suie avec une lame de fer emmanchée solidement.

Les poêles sont des espèces de caisses de fonte ou de terre à poterie, recouverte de faïence, dans lesquelles on allume du feu. La flamme échauffe l'appareil, qui répand une douce chaleur dans la pièce ; la fumée se rend au dehors par un système de tuyaux qui permet d'utiliser, à peu de chose près, toute la chaleur produite.

Hygiène. — *Quels avantages présente le chauffage au moyen des cheminées ? — Quels en sont les deux inconvénients principaux ? — Quels avantages présente l'usage des poêles ? — Comment remédie-t-on à l'insuffisance du renouvellement de l'air et à la sécheresse de l'atmosphère de la chambre où l'on a installé un poêle ? — Quel gaz dangereux dégagent les poêles de fonte chauffés au rouge ? — Quels effets pernicieux produit ce gaz ? — Comment remédier à ce grave inconvénient ?*

Le chauffage au moyen des cheminées assure la ventilation des pièces où elles sont installées ; on y respirera donc en tout temps un air suffisamment pur ; mais ce mode de chauffage est dispendieux en raison du peu de chaleur utilisée.

Il n'en est pas de même des poêles à ce dernier point de vue ; mais, à leur tour, ils ont le grave inconvénient de ne pas assurer le renouvellement de l'air de la chambre ou de la salle, de dessécher cet air et, souvent, de laisser échapper certains gaz malfaisants produits par la combustion.

On remédie à l'insuffisance de la ventilation en ouvrant assez fréquemment les fenêtres, et à la sécheresse, en plaçant sur l'appareil un vase à large ouverture qu'on maintient rempli d'eau.

Les poêles de fonte, dont l'usage est si répandu, laissent filtrer à travers leurs parois, lorsqu'elles sont chauffées au rouge, un gaz empoisonné qui provoque des maux de tête et occasionne, en bien des cas, des fièvres dangereuses et même mortelles. Tout poêle de fonte devrait être recouvert d'une enveloppe de tôle, car le fer ainsi préparé ne présente plus l'inconvénient que nous venons de signaler.

46. — Hier et aujourd'hui. (*Élève*, p. 101.)

Mais le père Benoît mit bientôt un terme à cette légère émotion dont il profita pour remonter sur son dada qui était de rabaisser le présent au bénéfice du passé :

— Voilà ! dit-il, les hommes de ce temps-là étaient des hommes, comme le drap dont ils s'habillaient était du drap. On savait le faire durer ; on n'était pas des mirliflors *.

Et tout en regardant d'un air narquois la propreté, la

gentillesse de la salle, les fleurs en pots qui égayaient les appuis des fenêtres, il ajouta :

— Nous n'avions pas besoin de tout ça pour vivre; une maisonnette bien terrée * nous suffisait contre l'hiver; la porte y servait de fenêtre.

— Et quand vos petits terriers étaient bloqués par les neiges? demanda M. Valon.

— Nous restions chez nous.

— Et quand vos rues sans gravier se délayaient à n'y pouvoir mettre le pied?

— Nous avions des échasses! Il vous faut, à vous, des rues pavées, des maisons de millionnaire * avec de grandes fenêtres, du sable sur le carreau, le diable à quatre *! Sans compter les fins morceaux *: de la viande presque tous les jours, tandis que nous en mangions une ou deux fois l'an, nous contentant de choux, de pois secs, de pommes de terre, de lait. Parlez-moi des gens que nous étions!

La pomme de terre.

Ce précieux tubercule, dont Parmentier a propagé la culture en France, constitue une nourriture solide et saine. La fécule de pomme de terre est utilisée en pâtisserie et en médecine.

— Il y en avait avant vous de plus accommodants encore, répondit Mme Valon, c'étaient ceux qui habitaient des creux de rocher. Tu te souviens de la femme de la caverne, Suzette?

— J'y pensais, Madame.

— Mais, ajouta M. Valon, ceux-là étaient encore des raffinés * auprès de leurs ancêtres, qui, sachant se passer même de ces antres, vivaient dans les fourrés, et couchaient sur la terre nue à l'abri des arbres.

— La vérité, dit Mme Valon, c'est, il me semble, que l'homme quitta le fourré pour la caverne, et celle-ci pour la hutte au soleil, bâtie de ses mains, à son gré. Le groupement * lui permit alors la vie en société pour laquelle il est fait. Il commençait à s'affiner*, à se donner une existence de plus en plus assurée et délicate.

Et cette continuelle recherche du mieux ennoblit l'homme en élevant sans cesse le but à atteindre, en stimulant* ses facultés * d'intelligence et de travail. Et elle accroit aussi son plaisir de vivre. J'imagine encore, père Benoit, que nous n'échangerions pas trop facilement le pot-au-feu de chaque dimanche contre celui d'une fois l'an, les souliers contre les sabots, les moissons contre les jachères*, les fleurs contre les ronces.

Là-dessus, le père Benoit, qui était au bout de sa pipe, donna le bonsoir, sans en dire plus.

Questionnaire. — Quelle était la manie du père Benoit? — Répétez son observation malveillante. — Quel aspect présentait la salle à manger? — Quelle nouvelle observation fit le vieux voisin? — Reproduisez la conversation qu'il eut avec M. Valon. — Que lui dit Mme Valon sur les hommes des premiers âges? — Qu'ajouta son mari? — Comment Mme Valon exposa-t-elle les progrès de l'homme pour son habitation? — Quel est le résultat de cette recherche du mieux? — Quelle chose plaisante finit-elle par dire au père Benoit?

DÉVELOPPEMENT DES SUJETS PROPOSÉS POUR EXERCICES.

Morale. — *Ce qu'est la société. — Avantages que les hommes trouvent à vivre en société. — Obligations des hommes réunis en société, les uns envers les autres. — Quelles sont, dans une société, les seules personnes dispensées de travailler?*

La société est un assemblage d'hommes unis par les liens de la famille et par des lois qui règlent leurs rapports communs.

L'homme est né pour vivre avec ses semblables. « En dehors de la « société, il devient une brute, » disait un ancien philosophe. L'homme isolé est condamné, soit à périr s'il devient malade ou âgé, soit à vivre misérable.

Les hommes réunis en société se protègent et se prêtent un secours mutuel. Tout ce que fait l'un d'entre eux profite aux autres; il naît ainsi des relations, des sentiments qui adoucissent les misères de la vie et diminuent les craintes que cause l'incertitude de l'avenir.

Les sociétés humaines sont fondées sur des engagements qui obligent chacun des membres à ne rien faire qui porte préjudice à autrui, et sur la soumission à une autorité protectrice des droits de chacun et de tous. Il en serait autrement que les faibles seraient opprimés par les plus forts, régime qui détruirait la morale et troublerait les relations qui se forment entre les hommes.

Celui qui vit en société a pour obligation principale de travailler, puisque le travail de chacun profite à la société entière; les infirmités de la vieillesse, la faiblesse du premier âge seules peuvent en dispenser, en dehors de certains cas exceptionnels, comme la perte de la vue, une paralysie, etc.

Composition. — *Décrire une petite maison rurale que ses habitants se plaisent à entourer, à garnir, à embellir d'arbustes d'agrément, de fleurs, d'espaliers. Opposer à ce tableau celui de ces habita-*

tions malpropres dont l'intérieur et l'extérieur témoignent de l'incurie des gens qui les occupent.

(Voir *Degré élémentaire et moyen* du COURS DE COMPOSITION FRANÇAISE, par E. LAPORTE, pages 230 et 312.)

Horticulture. — *Quelles fleurs et plantes peut-on entretenir, en hiver, dans les chambres d'une maison? — Quels soins réclament-elles? — Quelles plantes d'agrément peut-on conserver, en hiver, dans un lieu chaud, pour les repiquer au printemps?*

Les fleurs sont l'ornement de la maison; durant la belle saison, elles s'épanouissent aux alentours, grimpent le long des murailles, ornent les fenêtres de leurs corolles embaumées, aux couleurs éclatantes. En hiver, elles font à l'intérieur la joie des regards; elles nous procurent comme un reflet des beaux jours.

On peut avoir à peu de frais nombre de fleurs à la maison pendant la saison rigoureuse, pourvu qu'on ait eu la précaution de les rentrer avant les premières gelées d'automne. Telles sont les chrysanthèmes, les géraniums, les pensées, les crocus, les jacinthes, les tulipes, les primevères, les bruyères et jusqu'aux violettes.

Ces plantes ne prospèrent qu'à la condition d'être maintenues à une température douce et égale et de recevoir le plus longtemps possible les rayons du soleil. Il est utile de les arroser de temps en temps avec de l'eau attiédie et de les débarrasser des poussières provenant de l'atmosphère des chambres. A cet effet, on a la précaution de les changer de pièce lorsqu'on balaye ou époussète, à moins qu'on ne les recouvre d'un voile.

Économie domestique. — *Combien en coûterait-il à une jeune fille pour orner sa chambre, en hiver, de deux pieds de jacinthes, d'une bruyère, d'un feuillage et d'un petit camélia?* (Calculer séparément le prix des pots, des caïeux de jacinthes, etc.) — Voir au besoin un jardinier fleuriste.

MODÈLE. — Prix de 5 pots à fleurs à $0^{f},15$ l'un. . . . .
Prix de 2 caïeux de jacinthes à $0^{f},25$ l'un. . . . . . .
Prix d'un pied de bruyère. . . . .
. . . .

TOTAL. . . . . .

47. — Récolte. (*Élève*, p. 103.)

Juillet arriva avec son chaud soleil qui gonfle, dore les épis et donne à la terre son aspect le plus doux, le plus maternel.

C'était l'heure de la moisson, le coup de collier * des longs jours, le fauchage, la mise en gerbe, le charroi, l'engrangement, le battage, l'ensachement de la récolte; l'heure après laquelle, tout ce labeur achevé, le travailleur essuie la sueur de son front, contemple le fruit de sa peine et se dit d'un cœur joyeux : « La misère, le froid, la faim ne viendront pas s'asseoir cet hiver à mon foyer; je verrai autour de ma table des visages frais, souriants de santé et de plaisir! »

Quand le chariot des Dumay passa et repassa avec ses gerbes de blé, de seigle, d'orge, plus pressées, plus

Les travaux des champs.

1° Le fauchage; 2° la mise en gerbes; 3° le chargement sur la voiture 4° le battage avec le fléau; 5° la mise au grenier de la paille; 6° la mise en sac du grain.

grenues * qu'en tout autre chariot du village, on le regarda avec un peu de surprise et d'envie.

Car les gens de Fragicourt, comme de beaucoup d'autres endroits de France et d'ailleurs, avaient cru jusqu'ici que, seul, un insensé * pouvait ne pas agir selon la vieille routine *.

Ils avaient donc ri presque tous des chasses continuelles des Dumay aux chardons, à la camomille, à la fumeterre, aux autres pestes. Ils s'étaient surtout moqués de la singularité * de Jacques à combler le moindre espace de terre laissé vide par quelque accident, soit en y repiquant la plante, soit en l'y rempla-

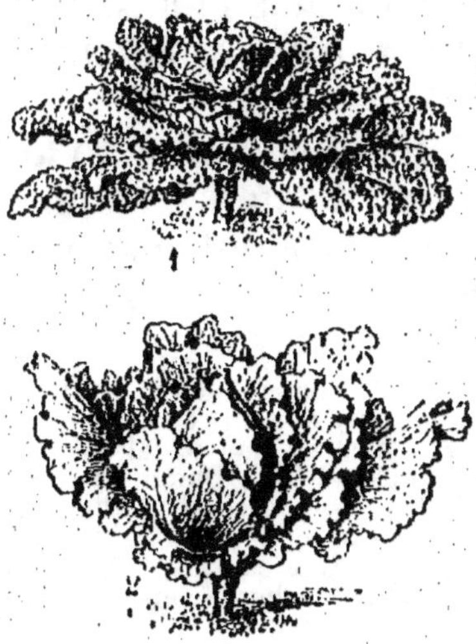

1. *Chou cabus.* — 2. *Chou Milan.*
Plantes potagères alimentaires, légèrement indigestes cependant.

Chrysanthème.
Plante d'ornement, à fleurs jaunes.

çant par une plante d'autre espèce, ainsi qu'il avait été fait pour le champ où les betteraves, ravagées par les vers blancs, furent remplacées par les choux de Bruxelles.

Le potiron.
C'est une plante potagère qui donne une soupe rafraîchissante.

Ah! quelles gorges chaudes * se firent encore de ces gringalets de choux, hauts sur tige et maigres comme petits bâtons! Si seulement, en plantant des choux là où on n'en avait jamais vu, ces Dumay eussent mis des cabus, des milans, des choux connus! Mais des bruxelles! trois ou quatre feuilles au bout d'un manche à balai!

Cependant, à la longue, les manches à balai virent leur tige écailleuse se couvrir de petits bourgeons; et chaque bourgeon était un des mignons choux attendus. Suzette et Jacques les guignaient de l'œil; ils savaient bien tous deux ce qu'on en ferait!

Ils guignaient aussi, dans leur basse-cour, de jolis lapins, des volailles non pas grasses, non pas extrêmement distinguées*, mais de ces volailles bien en chair, robustes, qui ont presque autant d'approbateurs que les grasses.

Et dans un coin du jardin allait s'épanouir une abondante floraison de chrysanthèmes, d'asters * blancs, de réséda, en face du carré où se prélassaient, comme des rentiers, deux maîtres potirons.

Questionnaire. — Quels effets produit le chaud soleil de juillet? — Exposez les travaux du laboureur pendant ce mois. — Que se dit le laboureur à la vue d'une abondante récolte? — Comment était le chariot des Dumay au retour des champs? — Expliquez ce que représente chaque vignette de la page 104; — de la page 105. — Pourquoi les gens de Fragicourt étaient-ils surpris à la vue de la récolte du fermier? — De quoi avaient-ils ri, de quoi s'étaient-ils moqués? — Sur quel légume se faisaient-ils des gorges chaudes? — Que disaient-ils? — Qu'est-ce qui excitait l'attention de Suzette et de Jacques à propos des choux? — Que considéraient-ils également dans la basse-cour; — dans le jardin?

DÉVELOPPEMENT DES SUJETS PROPOSÉS POUR EXERCICES.

Morale. — La Routine. — *Qu'est-ce qu'agir selon la routine? — Puisque les hommes découvrent chaque jour de nouveaux moyens d'améliorer leur vie, que doit faire une personne sensée? — Si jamais on ne changeait rien dans ses habitudes de travail et dans ses procédés, que verrions-nous? — Montrez qu'il est cependant nécessaire de n'accueillir les nouveautés qu'avec prudence. Exemples.*

Agir selon *la routine*, c'est faire les choses selon une méthode depuis longtemps pratiquée sans se préoccuper de savoir s'il existe ou non des améliorations.

Une personne sensée, qui n'ignore pas que chaque jour les hommes apportent des modifications avantageuses aux procédés en usage dans toutes les professions, cherche à s'instruire de ces modifications, à les essayer pour son compte personnel, et finalement à les adopter si l'expérience donne des résultats favorables.

Supposons qu'on n'ait jamais rien changé dans la manière de se loger, de se vêtir, de travailler, de se nourrir, etc., etc., où en serions-nous aujourd'hui? Nous couvririons notre corps de peaux infectes; nous ferions notre nourriture des fruits âpres des bois ou de la chair crue des animaux; nous cultiverions la terre comme les sauvages avec un os ou un morceau de bois durci; enfin, nous nous abriterions et nous coucherions soit sous les arbres, soit dans les cavités humides et sombres des rochers.

Et même si nous nous reportons à une époque à peine éloignée de nous d'un demi-siècle, nous n'userions ni des machines qui fabriquent les étoffes à un bon marché fabuleux, ni des chemins de fer, ni des télégraphes électriques, ni de ces procédés qui, en 50 ans, ont doublé la production de blé dans notre beau pays de France.

Toutefois il faut n'accueillir qu'avec prudence les modifications qu'on nous vante; elles peuvent avoir produit de bons effets au loin et, chez nous, ne pas répondre aux espérances des inventeurs. Le plus sage consiste à faire des essais sur une petite échelle et à consulter les gens expérimentés, avant de prendre un parti. Sinon on s'expose à des mécomptes qui, plus d'une fois, ont conduit à la ruine ceux qui les ont subis.

Composition. — *Plus d'une fois, vous avez fait, au mois de juillet, une promenade dans la campagne ou dans un jardin public; décrivez ce que vous avez vu en cette circonstance. — N'oubliez pas de joindre des réflexions, des remarques, à vos souvenirs.* (Voir comme modèles : *Les quatre saisons* et *Le printemps*, pages 245 et 249, *Degré élémentaire et moyen* du COURS DE COMPOSITION FRANÇAISE, par E. LAPORTE.)

Agriculture et Horticulture. — LE CHOU. — *Dire ce qu'est cette plante et, si l'on peut, comment on la cultive. — Indiquer le procédé suivi pour conserver les choux en hiver. — Espèces de choux; ce qui en fait la différence.*

Le chou est une plante potagère dont certaines espèces cependant peuvent être adoptées comme plantes fourragères.

Le chou que nous cultivons au point de vue alimentaire est une plante bisannuelle dont les feuilles épaisses, à grosses nervures, se réunissent en une boule souvent plus volumineuse que la tête d'un homme. On le sème en pépinière et, au mois de mai, on le repique sur un terrain bien fumé; il ne tarde pas à croître et, en fin de saison, on peut l'utiliser.

Pour conserver les choux en hiver, il convient de les mettre à l'abri de la gelée, soit en les arrachant et en les enfouissant dans la terre, la racine en l'air, soit en les transportant dans une cave.

Les principales espèces de choux comestibles sont : les *choux milans* aux feuilles frisées, les *choux cabus*, les *choux rouges*. On appelle *choux-fleurs* une variété de choux dont les rameaux et les fleurs forment une masse blanche et tendre qui fournit un légume délicat. Le *chou navet* a une racine ronde et charnue comme celle du navet.

Les *variétés fourragères* sont : le *chou cavalier rouge* ou *caulet de Flandre*, le *chou branchu* ou *chou mille-têtes* du Poitou, et le *chou moellier*.

Économie domestique. — *Comment fait-on cuire les choux pour un plat maigre? — Comment fait-on cuire les choux avec du bœuf ou du porc salé? — Que savez-vous de la choucroute? — Comment la mange-t-on?*

CHOU EN RAGOUT. — Faites-le blanchir dix minutes avec du sel; foncez la casserole de graisse, de lard de poitrine ou de jambon dessalé, et placez-y moitié de vos choux, soit par feuilles entières, soit hachés grossièrement. Assaisonnez de nouvelle graisse, de poivre, de sel, si l'on n'a pas mis de lard; ajoutez l'autre moitié du chou; versez du bouillon ou de l'eau à hauteur de la moitié de la cuisson; faites cuire d'abord vivement, puis ensuite longtemps à petit feu. Quand la cuisson est achevée, faites écouler le jus produit, renversez le chou sur un plat en versant dessus la cuisson. On fait ce plat au maigre en n'employant que du beurre.

Souvent, le chou entre dans les légumes du pot-au-feu préparé soit à la viande de bœuf, soit à celle de porc salé. On l'introduit dans le pot en quartiers lorsque l'écume a monté et a été complètement enlevée.

Choucroute. — On appelle *choucroute* du chou préparé en conserve. On la fabrique avec des choux à grosse pomme, non frisés, que l'on coupe en filets minces au moyen d'un couteau spécial. On place dans un baril, sur un lit de sel, une couche de ces choux de huit centimètres de hauteur, et l'on sème dessus du genièvre, du poivre en grains et des feuilles de laurier; on foule avec un morceau de bois. On place une nouvelle couche de choux, une couche de sel, et de deux en deux lits, du genièvre, du poivre et du laurier, comme il vient d'être dit. Le baril étant plein aux trois quarts, est recouvert d'une forte toile, d'un couvercle de bois qui entre dans le fût, puis d'un poids de 30 à 40 kilogrammes. Bientôt la fermentation commence; le couvercle descend et l'eau qui se forme surnage; on en enlève une partie sans laisser le couvercle à sec. Au bout d'un mois, la choucroute commence à être bonne.

Pour *accommoder et manger la choucroute*, après l'avoir retirée du baril et lavée à plusieurs eaux, on la met dans une casserole avec un bon morceau de lard de poitrine fumé, des saucisses et des cervelas, de la graisse de rôti, du genièvre, du vin blanc et du bouillon. Faites cuire six heures, et même plus, à feu doux. Servez dessus le petit lard, les saucisses et les cervelas.

48. — **Au marché.** (*Élève*, p. 106.)

C'est un samedi, c'est le marché de Saint-Quentin. La grand'place s'anime. A terre ou sur les étals, légumes, fruits, fromages, s'empilent en tas; le marchand est à son poste, guettant la ménagère. Elle passe:

— Combien la carotte?

— Trois sous la botte.

— Trois sous la botte! Oh! oh!

Elle pousse des exclamations presque indignées devant cette cherté, se sauve de là comme d'un lieu de brigandage. Dame! elle doit défendre le porte-monnaie de la famille.

— Voyons, combien en offrez-vous?

Lentement elle retourne la tête: on dispute deux minutes; enfin la botte est abandonnée à dix centimes. Le marchand a l'air désolé; il y perd un sou, « aussi vrai que je vous le dis! »

La carotte.

Plante potagère qui sert d'aliment à l'homme comme aux animaux domestiques.

Vers neuf heures apparaissent les dames, de belles dames aux mains gantées, tenant de jolis petits paniers, où déjà se nichent coquettement et visiblement une poire de beurré, une grappe de beau raisin, quelques pêches. Leurs bonnes, en tablier blanc, les suivent avec de grands paniers à entasser les victuailles*.

On se salue, on s'aborde :

— Bonjour, Madame !

— Ah ! Madame, que tout est cher !

— Et quelle disette* !

— A qui le dites-vous ?

— C'est à faire venir ses légumes de Paris !

— Comme on en fait venir déjà sa volaille. Ces paysans ont horreur de la basse-cour et du jardinage. Parcourez le marché : des poulets de carême ! Je viens là-bas de demander des choux de Bruxelles ; le marchand m'a regardée comme si je lui parlais hébreu.

La dame qui écoutait poussa tout à coup une petite exclamation :

— Mais en voilà, des choux de Bruxelles ! Et bien d'autres choses aussi !

Questionnaire. — Que voyait-on sur la grande place du marché ? — Quels propos échangeaient les ménagères et les marchands ? — Qu'est-ce qui indignait les ménagères ? — Quelles personnes apparurent vers neuf heures ? — Que tenaient les belles dames et leurs bonnes ? — Que se disaient les dames en s'abordant ? — Quelles réflexions faisaient-elles sur les paysans et la rareté des produits ? — Quelle exclamation fit une dame qui écoutait les propos des autres ?

DÉVELOPPEMENT DES SUJETS PROPOSÉS POUR EXERCICES.

Instruction civique. — *Comment appelle-t-on l'échange des produits contre de l'argent ou contre d'autres produits? Exemples. — Comment le commerce est-il une source de bien-être et de richesse pour tous? Exemples. — Qualités d'un commerçant. — Comment choisira-t-il ses marchandises? — Quelle est la meilleure manière de vendre?*

On ne connaît personne qui puisse *produire* ou *fabriquer* ce qui est nécessaire à tous les besoins de la vie. Chacun a une spécialité, c'est-à-dire qu'il produit ou fabrique certains objets, certaines choses ; et, selon les nécessités auxquelles il doit pourvoir, il les échange contre d'autres produits ou contre une somme d'argent. Ainsi, la *modiste*, qui confectionne des coiffures, les échange contre de l'argent avec lequel elle achètera des aliments, du chauffage, des vêtements, etc.

Cet échange mutuel constitue *le commerce*, l'une des sources les plus sûres de la richesse. Par le commerce, le cultivateur est assuré de se défaire de ses denrées à un prix rémunérateur ; — le menuisier, de ses meubles ; — le libraire, de ses livres ; — l'épicier, de ses provisions si variées, etc., etc., et dans des conditions telles que chacun en tire des bénéfices dont l'accumulation aboutit à constituer une réserve pour l'avenir et, parfois, une fortune.

Un commerçant qui désire se former et conserver une clientèle nombreuse, tient à vendre toujours de bonnes choses et se contente d'un bénéfice modéré; on fréquentera d'autant plus volontiers sa boutique qu'il se montrera plus obligeant et plus consciencieux. S'il comprend bien ses intérêts, il choisira ses marchandises parmi celles qui correspondent aux moyens, aux goûts, aux besoins et aux habitudes de sa clientèle, et il ne trompera jamais sur la qualité. Il se souviendra encore que la meilleure manière de vendre est de ne point surfaire le prix réel pour se donner le mérite de paraître faire une concession. En général, on n'estime pas le négociant qui ne dit point immédiatement le prix auquel il peut céder sa marchandise.

Industrie. — LES PANIERS. — *De quelles matières est formé le tissu des paniers? — Comment fabrique-t-on les paniers, les corbeilles? — Quelles sont les diverses sortes de paniers? Dites leurs usages. — A quoi servent les corbeilles? — Comment orne-t-on les petits paniers et les corbeilles où les jeunes filles placent leurs instruments de couture, leurs fils, leurs pièces, etc.?*

Les paniers sont des ustensiles formés d'un tissu d'osier, de jonc ou de paille; ils servent à contenir les marchandises, les provisions et, en général, tout ce qu'on veut transporter.

On les fabrique, ainsi que les corbeilles, en tressant les substances dont il vient d'être question; on commence d'abord à établir le fond sur des planchettes amincies; on fait ensuite le contour, les anses, le couvercle s'il y a lieu. Parmi les diverses sortes de paniers, nous citerons: le panier à anse, le panier à claire-voie, le panier de marée, le panier à vendange, le panier à ouvrage, sans oublier l'énorme panier où les cuisinières entassent leurs achats du marché.

Les corbeilles ne servent pas au transport des denrées ou des objets, mais à contenir ce que l'on met en réserve pour quelque temps, comme les fruits, les fleurs, les graines, les œufs, les pièces de couture.

On orne les petits paniers et les corbeilles où les jeunes filles placent ce qui est nécessaire à leurs travaux de couture, avec des rubans et des tresses de diverses couleurs; on les double avec des étoffes choisies et on les ferme avec des cordons de passementerie terminés par des glands ou des effilés.

Agriculture. — LA CAROTTE. — *Description de cette plante. — Quelle est la saveur de sa racine? — Variétés de carottes. — Donnez quelques détails sur la récolte et la conservation de cette racine. — Usages de la carotte.*

La carotte est une plante-racine potagère ou fourragère dont la racine, de forme conique allongée, est la partie nourrissante. Le suc de cette racine a une saveur sucrée très agréable. Parmi les meilleures espèces, on distingue la *carotte de Hollande* et la *carotte nantaise;* cette dernière est jaune et d'excellente qualité. Les carottes fourragères les plus connues sont: la *blanche* à collet vert et la *rouge de Flandre*, qui se conserve facilement jusqu'au mois de mars.

On arrache les carottes à la pioche fourchue, et lorsqu'elles sont débarrassées de la terre qui adhère à leur surface, on les entasse dans des lieux à demi souterrains, sains et suffisamment aérés, mais de telle sorte que la température n'y descende jamais à zéro.

La carotte entre dans l'alimentation de l'homme et des animaux.

Économie domestique. — Les Volailles. — *Qualités que doit présenter une volaille mise en vente. — Manière de l'apprêter pour le marché. — Ce qu'on fait de la plume. — Prix des volailles au dernier marché. — Comment prépare-t-on un poulet rôti, une poule au riz, un canard aux navets?*

Une volaille mise en vente doit avoir la peau fine et blanche et un embonpoint satisfaisant. Il vaut mieux la plumer aussitôt tuée et la vider immédiatement, sans rien déchirer, par le moyen d'une incision faite sous la cuisse. On écrase l'os saillant de l'estomac et, après l'avoir épluchée, on la flambe légèrement. La plume la plus fine de ces animaux sert à remplir les oreillers et les traversins.

Le prix d'un poulet de l'année est de..., etc., etc.

Poulet rôti. — On prépare de la manière suivante un poulet rôti : Brûlez les pattes de manière à pouvoir enlever la peau écailleuse en frottant; coupez le dessous du bec et le petit bout des ailes, puis ficelez et bardez de lard. Embrochez le poulet ou posez-le sur un plat de fer dans un four très chauffé. Arrosez de son jus à mesure que vous le retournez; si le jus est insuffisant, mêlez-y trois cuillerées d'eau, de sel et de bouillon. Quand il est cuit à point, servez avec du cresson autour assaisonné de vinaigre et de sel, ou mieux à part dans un saladier.

Poule au riz. — On la fait cuire une heure et demie dans l'eau où elle baigne avec un peu de jambon, carotte, oignon, deux clous de girofle, céleri, sel. Débridez-la et servez-la sur du riz peu crevé où on a employé du bouillon non coloré et une partie du jus de la poule.

Canard aux navets. — Après avoir plumé et vidé le canard, faites roussir de petits navets dans une casserole avec du beurre et un peu de sucre; retirez-les; faites revenir dans la même casserole votre canard; retirez-le et, après avoir nettoyé le fond de la casserole, faites un roux avec du beurre frais et mouillez avec du bouillon. On y met ensuite le canard et un bouquet garni, sel, poivre; joignez-y les navets que vous faites cuire avec le canard; dégraissez et servez.

(*Cuisine à la campagne*, chez Audot.)

49. — Il faut s'ingénier. (*Élève*, p. 108.)

Là, en effet, à quatre pas, tout près du puits de fer forgé, sur un étal s'élève une jolie colline de ces choux. A la base, en couronne, une quinzaine de poulets bien plumés, bien blancs, bien en chair, une douzaine de lapins de la meilleure mine, autant de pigeons, et un panier d'œufs. Puis, dans un coin, en masse gracieuse et colorée, des chrysanthèmes, du réséda parmi un fouillis léger de mignons asters blancs et de feuillage de romarin *.

Derrière ces fraîcheurs, Mlle Suzette, un peu timide, en débutante, regarde de temps en temps vers son frère qui l'a amenée ici, persuadé que le fermier doit se passer d'intermédiaire *, vendre lui-même, autant pour son propre avantage que pour celui de l'acheteur.

En deux heures, choux de Bruxelles, volailles, lapins, œufs, bouquets, tout file ; dames et ménagères se disputent l'étalage.

Mais voici les deux dames qui viennent ensemble fondre* sur le végétal et sur l'animal ! Elles en emplissent les paniers des deux bonnes, échangent des regards étonnés, quoique prudents, devant la modicité de prix de ces marchandises excellentes. Elles payent et s'en vont contentes.

En deux heures, choux de Bruxelles, volailles, lapins, pigeons, œufs, bouquets, tout file ; dames, ménagères, se disputent l'étalage :

— Eh ! Mademoiselle ! revenez samedi prochain ; apportez-nous encore des choux, des volailles, des lapins !

— Et aussi du fromage à la crème !

— Et du bon beurre fin.

— Et des épinards !

— Et des poires, des pommes !...

Les feuilles d'*épinards* se mangent hachées ou non hachées, cuites au gras ou au maigre, seules ou avec des viandes.

— Nos campagnes ne se préoccupent pas assez de l'estomac et de la friandise des villes, disait Suzette à son frère, dans la carriole qui les ramenait à Fragicourt. Tu avais raison, il faut aller à ces fines bouches.

L'argent qu'on venait de gagner tinta dans sa poche.

— Oui, ma chère, il faut s'ingénier*, trouver du neuf en ce monde!

Questionnaire. — Que voyait-on sur un étal près du puits de fer? — Qu'y avait-il derrière ces fraîcheurs? — Pourquoi Jacques avait-il amené Suzette au marché? — Que firent les deux dames devant l'étalage de la fermière? — Comment marcha la vente? — Que demanda-t-on à Suzette pour le marché suivant? — Quelle remarque faisait, au retour, Suzette à son frère?

DÉVELOPPEMENT DES SUJETS PROPOSÉS POUR EXERCICES.

Morale. — *Dans quels cas peut-on penser qu'une jeune fille est hardie; — timide? — Pourquoi préfère-t-on les jeunes filles timides à celles qui sont hardies comme des garçons? — Quand la timidité n'est point exagérée, de quelle qualité est-elle le signe? — Qu'entend-on par la modestie? — Quelle fleur en est l'emblème, et pourquoi?*

On reconnaît qu'une jeune fille est *hardie* quand, à un air assuré, elle joint des manières impérieuses et cassantes; elle expose ce qu'elle pense avec autorité, discute, tranche, juge sans appel, même en présence de personnes plus âgées et plus instruites qu'elle. Elle porte haut la tête, regarde tout le monde en face, exagère ses gestes; elle n'a, en un mot, rien de cette grâce délicate, de ce tact discret, de cette parole réservée auxquels on reconnaît les personnes bien élevées.

Une jeune fille *timide* à l'excès n'ose exprimer sa pensée ni faire acte de volonté; elle s'effraye sans raison sérieuse, et sans raison aussi perd souvent le sang-froid qui garde à l'esprit la liberté dont il a besoin. Ce travers, ce défaut est évidemment nuisible, mais il ne faut pas s'en préoccuper outre mesure, car la timidité exagérée se guérit facilement au contact de personnes justes et bienveillantes. Aussi préfère-t-on de beaucoup les enfants timides à celles qui affectent des allures garçonnières.

Une timidité raisonnable est l'indice de la *modestie*, et la modestie annonce le vrai mérite, la justesse de l'esprit et le sentiment des convenances. Elle consiste en une certaine retenue dans la manière de penser et de parler de soi; elle laisse le cœur ouvert à la vérité; elle est enfin la plus belle vertu de la jeune fille. Son emblème est l'humble violette qui se dérobe sous l'herbe, mais dont l'odeur exquise révèle bientôt la présence.

Sciences naturelles. — *Que nous procurent les puits? — Pourquoi leur eau est-elle, à la campagne, préférable à celle des ruisseaux, des mares? — Qu'est-ce qui gâte, dans le voisinage des habitations, l'eau que donnent les puits? — Où faut-il les creuser? — Qu'est-ce que la margelle, — la poulie, — le seau? — Pourquoi les enfants prudents ne doivent-ils pas regarder dans les puits?*

Les puits nous procurent une eau fraîche, généralement saine et pure. A la campagne, cette eau est préférable de beaucoup à celle des mares et des ruisseaux qui reçoivent en tout temps l'écoulement des égouts, des chemins et des lieux habités.

Quelquefois il y a des inconvénients graves à employer l'eau des puits pour les usages ordinaires de la vie; il en est ainsi lorsque les infiltrations des fumiers et des fosses d'aisances pénètrent jusqu'à la couche inférieure d'où provient la source qui alimente le puits. Il faut donc les creuser à une distance éloignée des lieux où de pareils accidents peuvent survenir.

La *margelle* est la pierre creuse circulaire posée à la partie supérieure du puits; on amène l'eau à la surface au moyen de vases de bois, appelés *seaux*, qui sont remontés à l'aide d'une machine, connue sous le nom de *poulie*, formée par un cylindre de bois sur le pourtour duquel on a creusé un sillon où circule la corde qui soutient le seau.

On conseille aux enfants de ne jamais se pencher sur les margelles pour considérer le fond du puits ou y jeter quelque chose; encore moins de s'y asseoir, car une chute dangereuse, sinon mortelle, résulte souvent d'une telle imprudence.

Économie domestique. — 1° *Qu'est-ce que les épinards? — Dans quelle saison commencent-ils à donner? — Comment les récolte-t-on? — Comment prépare-t-on un plat d'épinards au beurre? — Avec quelle viande les accommode-t-on?*

On connaît sous le nom d'*épinards* une plante herbacée que l'on mange comme légume.

Les épinards commencent à produire des feuilles dès le mois de juin et on les coupe à mesure qu'elles atteignent leur croissance. Elles repoussent avec rapidité et fournissent ainsi plusieurs coupes jusqu'au moment où l'hiver arrête la végétation.

Pour préparer un plat d'*épinards au beurre*, on les épluche et on les fait cuire à l'eau bouillante avec de la laitue pour les rendre plus doux; retirez-les; placez-les dans de l'eau fraîche et pressez ensuite pour en faire sortir l'eau; hachez-les menu et mettez-les dans une casserole avec un bon morceau de beurre. Faites bouillir à petit feu pendant un quart d'heure, et ajoutez après très peu de sel, du sucre, de la muscade, une pincée de farine; ajoutez encore un bon morceau de beurre; faites mijoter pendant un autre quart d'heure, et servez avec une garniture de croûtons frits.

On accommode les épinards avec le veau, sous le nom de *fricandeau*. La viande est rôtie préalablement et on la dispose sur les épinards par tranches.

2° *Quel avantage trouvez-vous à vendre directement vos marchandises à ceux qui en ont besoin? — Dans quel cas la chose sera-t-elle préjudiciable à vos intérêts? — Quand est-ce qu'une ménagère devra aller vendre ses produits au marché?*

Il y a presque toujours du gain, pour les habitants des campagnes, à vendre leurs produits directement sur le marché; car ils gagnent ainsi la somme que prélèvent les intermédiaires qui viennent leur demander ce qu'ils ont à envoyer à la ville.

Toutefois, pour qu'il y ait avantage à procéder ainsi, il faut que les producteurs puissent conduire au marché une quantité considérable de denrées; autrement, les frais de voyage et la perte du temps réduiraient le bénéfice dans une proportion considérable, et même constitueraient le vendeur en perte.

50. — Faisons nos comptes. (*Élève*, p. 110.)

Jusqu'à épuisement de la basse-cour, du clapier*, des choux, des chrysanthèmes, ils retournèrent à la ville, le samedi.

Et maintenant faisons nos comptes! d'abord ceux du

ménage et de la ferme. Ils furent rendus en famille, un soir, et joyeusement, par la ménagère. Pendant cette dure année, elle avait nourri, blanchi, habillé la maisonnée, et, tous les frais déduits, elle posa sur la table deux cent quarante francs de gain.

L'économie, l'ingéniosité, l'industrie * de Suzette furent louées comme il convenait par le père.

Mais François et Charlot réclamèrent leur part des compliments : François, pour avoir confectionné les cabanes à claire-voie * pour les lapins, de jolies petites cabanes bien élevées au-dessus du sol, très gentiment exposées au midi, comme M. Valon lui avait dit de le faire. Si les dames de Saint-Quentin s'étaient si bien jetées sur les lapins, c'était en partie à lui, François, qu'on le devait!

— Et à moi aussi! ajouta Charlot; car, qui est allé chercher les herbes, les lacerons, les coquelicots, la luzerne?

MM. Charlot et François furent donc félicités, et ils se rengorgèrent un peu. Après quoi Jacques, ouvrant un grand livre posé devant lui sur la table, y lut l'énumération * des recettes et des dépenses. Parmi ces dernières se trouvait l'intérêt * payé des 3,500 francs de l'emprunt pour la reconstruction de la maison.

Avec cela on joignait les deux bouts, et sans trop tirer dessus *. Pour une année qui débuta par un incendie, n'était-ce pas admirable?

M. Dunay se frotta joyeusement les mains :

— Voilà de bons chiffres, dit-il, et de braves enfants.

— Mon père, répondit Jacques, répétons-le encore : celui qui possède un morceau, quelque petit qu'il soit, de cette bonne, généreuse et nourricière terre de France, n'a pas le droit de se dire sans ressources. Tant qu'il nous en restera une motte, nous sommes sûrs de ne pas mourir de faim!

— Eh bien! dit le père gaiement, c'est le moment de pendre la crémaillère! Après-demain, le premier janvier, grande fête! Nous avons le temps d'inviter des amis.

Questionnaire. — Jusqu'à quelle époque le frère et la sœur retournèrent-ils à la ville? — Qui avait tenu les comptes de la famille? — De quoi Suzette avait-elle été chargée? — Quel était le montant du gain définitif? — Que dit le père; pourquoi François et Charlot réclamèrent-ils leur part d'éloges? — Que fit Jacques et que lut-il? — Qu'avait-on payé en premier lieu? — Pourquoi le résultat était-il très satisfaisant? — Que disait joyeusement le fermier? — Quelle fut la réflexion de Jacques sur la terre de France? — Quelle fête fut décidée?

DÉVELOPPEMENT DES SUJETS PROPOSÉS POUR EXERCICES.

Morale. — *Comment les plus jeunes enfants même peuvent-ils se rendre utiles à la maison, soit qu'ils habitent la campagne, soit qu'ils résident à la ville? — Doivent-ils attendre qu'on demande leurs petits services, et pourquoi? — Comment agira, dans ce cas, une jeune fille prévenante?*

Les enfants, même les plus jeunes, peuvent se rendre utiles de bien des manières. A la campagne, imitant François et Charlot, ils arracheront les mauvaises herbes, surveilleront les volailles, nettoieront la cour, arroseront les légumes et les fleurs, aideront leur père et leur mère dans leurs travaux multiples. A la ville, les jeunes filles participeront aux soins du ménage et de la cuisine, garderont leurs plus jeunes frères et sœurs, se chargeront sans murmurer des commissions qu'on leur confiera, etc., etc. Leur concours sera d'autant plus méritoire, qu'ils l'offriront de meilleur cœur; ils n'attendront donc point qu'on le leur réclame, s'ils prévoient à l'avance ce à quoi ils peuvent être employés.

Dans cet ordre d'idées, une jeune fille prévenante se rendra compte chaque jour, et dès la première heure de la matinée, des travaux à la charge de sa mère; elle lui offrira immédiatement de la seconder; puis, au retour de la classe, elle agira de même aussitôt qu'elle aura achevé le travail supplémentaire que madame l'institutrice aura prescrit.

Composition. — (A LA CAMPAGNE). *Décrire un colombier que l'on devra visiter. — Parler non seulement de sa construction, de son agencement, mais encore des oiseaux, de leurs nids et du produit.*

(A LA VILLE). *Décrire une cage avec ses oiseaux.*

(Voir comme modèles les exercices 1 et 2, pages 230 et 231 du COURS DE COMPOSITION FRANÇAISE (*Degré élémentaire et moyen*, Partie du maître), par E. LAPORTE.)

Économie domestique. — *Combien se vendent: un bon poulet, une douzaine d'œufs frais en hiver et en été, deux poulets de l'année, une oie grasse, un canard, un lapin d'un an, une couple de pigeons de moyenne grosseur?*

MODÈLE. — Prix d'un bon poulet en hiver. . . . .
Prix d'un bon poulet en été. . . . .
Prix d'une douzaine d'œufs frais en hiver. . . . . . .
Prix d'une couple de pigeons. . . . .
Prix d'une douzaine d'œufs, etc., etc. . . . .

TOTAL. . . . . . .

Comment sera établi le livre de comptes d'une ménagère soigneuse et économe? — En donner le modèle écrit et le remplir pour une semaine de la saison où l'on se trouve. (Prendre des renseignements auprès de sa maman pour le prix des choses.)

Livre de comptes d'une ménagère.

DATES.		OBJETS DES DÉPENSES ET DES RECETTES.	DÉPENSES.		RECETTES.	
1888.						
Juin.	25	Légumes frais....................	1	35	»	»
	»	1^{kg},500 de bœuf à 2^{fr},10..........	3	15	»	»
	»	Montant d'une semaine de mon mari.	»	»	56	»
»	26	3^{m},80 d'indienne à 1^{fr},40..........	5	30	»	»
	»	Pain de la semaine précédente : 6 kilogrammes à 0^{fr},42..........	2	52	»	»
	»	Soldé la note de l'épicier.........	17	25	»	»
»	27	Touché le coupon d'une obligation.	»	»	7	15
	»	Lait, 0^{fr},15 ; crème, 0^{fr},30........	»	45	»	»
	»	Beurre et fromage..............	1	80	»	»
»	28	Cravate et mouchoirs d'enfant.....	6	50	»	»
	»	4 côtelettes à 0^{fr},30 (pour mémoire).	»	»	»	»

A la fin de chaque mois, on totalise les recettes et les dépenses et l'on calcule la différence ; c'est ce qu'on appelle établir la *balance*. On voit ainsi la situation où l'on se trouve. Les objets achetés à crédit seront suivis de la mention *pour mémoire* et l'on n'en inscrira point le montant dans la colonne des dépenses. A la fin du mois, on les totalisera à part et on les ajoutera aux dépenses pour reconnaître ce qu'on possède net ou ce dont on est endetté.

Modèle de reçu ou quittance.

Je, soussignée, reconnais avoir reçu de mademoiselle Quignon (Sylvia), la somme de dix-sept francs vingt-cinq centimes, pour solde de l'achat de volailles que je lui ai fait le 2 avril courant.

ESTELLE DEBRIE.

Bordeaux, le 15 avril 1888.

51. — Au gui* l'an neuf! (*Élève*, p. 111.)

La maison était en grande tenue de bas en haut, jusqu'à la girouette toute neuve, en forme de moulin à vent, l'œuvre de François. Ce jour de premier de l'an, elle indiquait le nord d'une façon fort décidée.

L'air, très froid, semblait fait d'invisibles aiguilles ; le givre habillait de blanc les arbres du jardin, à peine voilé d'une buée* légère.

D'un des arbres, un petit rouge-gorge depuis un moment avançait sa jolie tête, guettant de ses yeux perlés, à droite, à gauche, devant, derrière. Il prit bientôt son vol jusqu'à la fenêtre, sachant bien que la manne*, si rare aux oiseaux par ce temps d'hiver, se trouvait là assez souvent. C'était le premier invité.

Presque aussitôt la porte s'ouvrit, et la face de François, suivie de celle de Charlot, se montra. Toutes deux luisaient de bon savonnage au-dessus d'une belle cravate cerise en nœud à coques. Les chemises bien blanches, les vestes et les pantalons parfaitement brossés, tout cela annonçait le grand gala *.

Le *givre* est le brouillard qui se dépose sous forme de glace sur les végétaux, les toits des maisons, etc., lorsque l'air se refroidit suffisamment.

Comme le petit oiseau de tout à l'heure, les deux frères regardèrent à droite, à gauche, puis encore à droite, puis encore à gauche, et enfin ils s'écrièrent :

— Les voilà ! les voilà !

D'un côté arrivaient bras dessus, bras dessous, M. et Mme Valon, en compagnie de monsieur Georges Valon, tout fier de sa première culotte qu'il étrennait, et de mademoiselle Lucie Valon, une blondinette en capeline de tricot blanc de neige, semblable à un bouton de rose dans le duvet. Entre les enfants marchait la maman de toute la troupe, l'excellente Mme Liénard.

En même temps, paraissaient sur la droite la voisine Ludivine, son fils Vincent, sa fille Lisa et le vieux père Benoit.

M. Dumay, endimanché, tout rajeuni par un rasage de barbe soigné et par son linge blanc, les attend sur le seuil.

— Mes amis, soyez les bienvenus ! bonne année à vous tous !

Bonne année ! bonne année !

On s'embrasse.

— Salut, ami Jacques !.. Et Suzette ? où est Suzette ? Allez la chercher par là d'où vient une si bonne, si accueillante odeur de bouillon savamment mené * et de viande rôtie!

On se presse dans la jolie salle où, pour la circonstance, le couvert est mis. La table est en bois blanc, et cela se voit, car il n'y a pas de nappe. Mais une chanson le dit : « On peut bien manger sans nappe », surtout si quelque main pleine de goût a suppléé * à ce petit luxe par un autre aussi joli, sinon plus. Près de chaque

Branche de houx.
Le houx est volontiers recherché pour l'ornement des bosquets.

Le *gui* est une plante parasite qui croît sur certains arbres; le gui de chêne était la plante sacrée des Gaulois.

assiette étaient posées des branches de houx avec leurs graines rouges et des brins de gui avec leurs graines blanches comme de brillantes perles.

Mme Valon, pour qui rien de délicat n'était perdu, prit, au moment où l'on se mettait à table, une de ces branches de gui, et, l'élevant en l'air, poussa le cri joyeux de nos ancêtres les Gaulois :

— Au gui l'an neuf!

Et les Dumay répétèrent joyeusement :

— Au gui l'an neuf!

Questionnaire. — Comment était la maison au matin du 1er janvier? — Qu'indiquait la girouette et quel temps faisait-il? — Qu'est-ce que le givre? — Que faisait un petit rouge-gorge? — Parlez de la toilette de François et de Charlot. — Que regardaient-ils; qui virent-ils arriver? — Donnez quelques détails sur les enfants de Mme Valon. — Quels étaient les autres invités? — Comment furent-ils tous reçus? — Où était occupée Suzette pendant que son père recevait tout le monde? — Comment avait-elle disposé le couvert? — Quelle idée délicate eut Mme Valon?

DÉVELOPPEMENT DES SUJETS PROPOSÉS POUR EXERCICES.

Morale. — *Rappelez brièvement ce que vous devez à vos parents. — En quelles occasions leur exprime-t-on particulièrement son affec-*

tion, sa reconnaissance? — Que préparerez-vous, que présenterez-vous alors à votre père, à votre mère, à vos frères, à vos sœurs, aux grands parents? — Pourquoi aimez-vous le premier jour de l'année? — Quelles résolutions prend-on en ce jour?

« Mes enfants, au premier jour de l'année surtout, gardez-vous d'oublier ce que vous devez à vos parents : le bienfait de la vie, les soins donnés à votre enfance, la sollicitude, les fatigues, les veilles de celles qui vous ont mises au monde, leur indulgence, le travail auquel vos pères et vos mères s'assujettissent pour vous élever et pour préparer votre avenir, l'éducation que vous avez reçue et les bons exemples qu'ils vous ont offerts. Souvenez-vous qu'il y a dans ces mots, *piété filiale*, quelque chose qui indique que le père et la mère représentent Dieu sur la terre, et qu'il faut les honorer, les servir, leur obéir et les aimer. (D'après L. DE JUSSIEU.)

C'est une obligation de leur témoigner chaque jour son affection et son respect, mais il se présente des occasions où de touchants usages font aux enfants une loi d'exprimer leurs sentiments aux auteurs de leurs jours. Le premier jour de l'an, l'anniversaire de leur naissance et de leur fête, sont au nombre de ces époques. Qui n'est heureux alors de leur présenter, avec des fleurs, un travail, un objet préparés en secret à leur intention?

Ces modestes offrandes, ces assurances d'une tendresse fidèle, resserrent les liens de la famille. Elles éclairent d'un rayon de joie les plus humbles chaumières; elles donnent l'espoir de jours meilleurs lorsque le présent est attristé.

Histoire. — *Que vous rappelez-vous de la religion des Gaulois? — Qu'étaient les druides et les druidesses? — Racontez avec quelles cérémonies on procédait à la récolte du gui de chêne.*

Les Gaulois, nos pères, adoraient un dieu suprême, *Ésus*, le tout-puissant inconnu, le seigneur des forêts que les prêtres tremblaient de voir apparaître sous la voûte des chênes. Ils adressaient encore leurs hommages à d'autres divinités d'un ordre inférieur : *Teutatès*, le dieu du commerce et des relations sociales, le dieu redoutable de la nuit auquel on dédiait des monceaux de pierres; *Belen*, le roi du soleil, qui réchauffait le cœur des braves et faisait croître le blé, la vigne et les plantes salutaires; le premier mai, des feux étaient allumés de montagne en montagne dans toute l'étendue des Gaules, célébrant le triomphe annuel du radieux Belen sur le sombre hiver. Puis venaient : *Camul*, le dieu de la guerre, et *Tarann*, personnifié par le tonnerre. Les superstitions populaires peuplaient les forêts et les alentours des pierres sacrées, *dolmens* et *menhirs*, de génies malfaisants et de fées bonnes ou méchantes.

Les druides étaient les prêtres des Gaulois; ils formaient une grande association et partageaient leur temps entre la méditation et l'enseignement. Ils ne sortaient de leurs sanctuaires que dans des occasions solennelles, pour présider aux sacrifices et remplir les augustes fonctions de juges.

Les druidesses, moins nombreuses que les druides, vivaient retirées dans des asiles situés parmi les îles les plus sauvages des côtes de la Bretagne; on leur attribuait le pouvoir de guérir les maladies, d'apaiser par leurs chants les vents et les flots, et de prédire l'avenir.

(D'après HENRI MARTIN.)

(Voir, pour la *Cueillette du gui de chêne*, la page 58 du COURS DE COMPOSITION FRANÇAISE (*Degré supérieur*, Partie du maître), par É. LAPORTE.)

Sciences naturelles. — LE GUI. — *Décrire le gui. — Où croît-il?*

— Où sont fixées ses racines? — Où prend-il sa nourriture? — Est-ce une plante utile? — Doit-on la laisser sur les arbres où elle se montre? — Comment appelle-t-on les plantes de ce genre?

Sur les peupliers et les pommiers dépouillés de leur feuillage par les premiers frimas, on distingue souvent des touffes vertes appartenant à une plante distincte de l'arbre qui la supporte. Elles proviennent d'un végétal singulier, le *gui*, qui croît spontanément sur divers arbres, notamment sur le chêne; ses racines pénètrent dans l'écorce de la tige et vivent à ses dépens. Les propriétaires ont donc tout intérêt à en débarrasser les peupliers, les pommiers et les chênes.

Hygiène. — Le Froid. — *Quand éprouve-t-on du froid? — Quelle action fâcheuse un froid rigoureux a-t-il sur le tempérament des enfants? — Quelles indispositions, quels maux résultent du froid? — Que faut-il faire pour s'en préserver? — Doit-on se tenir toujours dans une chambre chauffée durant la saison d'hiver, et pourquoi?*

On éprouve une sensation de froid lorsqu'on entre en contact avec un corps (gaz, liquide ou solide) d'une température inférieure à celle de notre corps.

Un froid modéré n'exerce aucune action fâcheuse sur l'organisme des enfants lorsqu'ils sont bien vêtus et bien nourris; autrement, il devient la cause de nombreuses indispositions dont la gravité augmente à mesure que la température s'abaisse. Alors le sang est refoulé dans les organes intérieurs du corps, et il se déclare des rhumes, des catarrhes, des bronchites, des pleurésies, des fièvres inflammatoires.

On se préserve des effets dangereux du froid, et principalement du froid humide, par le chauffage modéré mais continu des lieux où l'on habite, et en portant des vêtements de laine, à la fois épais et légers. L'alimentation, dans la saison d'hiver, sera substantielle et assez abondante; on boira un peu de vin pur si l'on doit rester longtemps exposé à l'air extérieur. Mais ce qui vaut encore mieux que ce régime, c'est l'exercice au dehors, la marche jusqu'à ce que la sensation du froid ait disparu, enfin les mouvements gymnastiques. Rien de plus fâcheux que de renfermer continuellement les jeunes filles dans des pièces fortement chauffées et, par cela même, imparfaitement ventilées; il faut, après qu'elles se sont bien couvert la tête et le cou, qu'elles courent et jouent en plein air.

Il est à remarquer que la plupart des maladies que les enfants contractent en hiver, proviennent du brusque passage du froid au chaud ou du chaud au froid.

52. — A table. (*Élève*, p. 114.)

— Quel bouillon! ah! c'est du vrai bouillon de bourgeois! s'écria, devant la soupe, Ludivine, en faisant claquer sa langue. Suzette, comment le fais-tu?... Lisa, ma fille, écoute bien ce qu'on va dire.

Suzette dit bonnement, pour la vingtième fois, qu'elle faisait le pot-au-feu comme tout le monde, avec les ingrédients* ordinaires de viande, de légumes et de sel; mais qu'elle veillait à n'amener que lentement l'ébullition*, puis à la maintenir égale jusqu'au bout.

Lisa, en fait d'attention au pot-au-feu, ou à quoi que ce soit au monde, ressemblait beaucoup à une

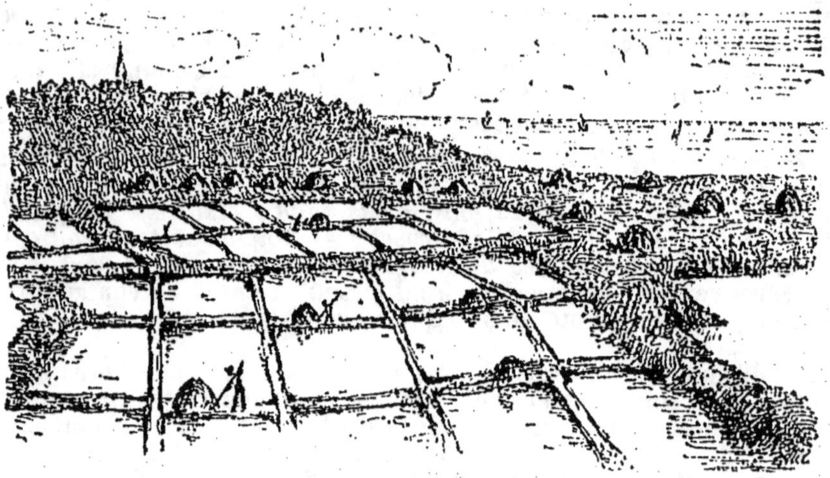

Les marais salants.

L'eau de mer, en s'évaporant dans les marais salants, marais artificiels où on la fait venir, laisse au fond le sel dont elle était chargée. Le sel est indispensable pour assaisonner les aliments.

linotte; dès le troisième mot, elle était déjà loin de la question.

Il y a des gens ainsi construits; les facultés capitales d'écouter et de regarder, facultés sans lesquelles l'homme passe en cette vie comme un animal, et un animal très inférieur *, semblent leur manquer, quoiqu'ils aient des oreilles et des yeux. Rien ne les arrête, rien ne les touche. Ils sont sans désir d'être agréables, non pas seulement à leur prochain, mais encore à eux-mêmes, par un peu d'effort à faire. Et c'est pourquoi on ne mangeait jamais rien d'honnêtement préparé chez la voisine Ludivine.

Le *persil*, plante potagère, sert en cuisine pour donner du goût à certains plats.

Après la soupe vint le bouilli, couronné de persil, flanqué * de légumes joliment arrangés tout autour.

Le vieux père Benoît mangeait à fond comme tout bon paysan à la fête, mais il ne louait pas. Vincent riait au plat; Ludivine aussi était contente et, après avoir bu un coup de bière, elle exprima sa satisfaction:

— Oui, c'est à croire que l'incendie de votre maison, en grillant ici bien des choses, a grillé également votre mauvais sort*; car, depuis, tout vous est prospère, les semailles, les récoltes, la basse-cour, et les samedis au marché de la ville. François lui-même n'attrape plus de mauvais coups, et se passe de mon onguent.

— Ne parlez pas d'onguent! s'écria François, vous m'empêcheriez de dîner.

Questionnaire. — Que dit et demanda Ludivine après avoir goûté la soupe? — Que répondit Suzette à Lisa? — Que savez-vous du caractère de Lisa? — A quelles gens ressemblait-elle? — Quels sont les travers de ces gens? — Comment le bouilli fut-il servi? — Comment se comportaient le père Benoit, Vincent et Ludivine? — En quels termes Ludivine exprima-t-elle la satisfaction qu'elle éprouvait? — Comment François accueillit-il l'allusion à un certain onguent?

DÉVELOPPEMENT DES SUJETS PROPOSÉS POUR EXERCICES.

Morale. — De l'Attention. — *A quoi reconnait-on qu'une jeune fille est attentive? Exemples. — Que gagne-t-on à être attentive? — Qu'est-ce qui doit exciter l'attention des jeunes filles : 1° chez elles; 2° à l'école; 3° au dehors? — Qu'est-ce qu'une étourdie? — Citez les désagréments qui surviennent aux étourdies.*

On reconnait qu'une jeune fille est attentive lorsqu'elle écoute posément ce qu'on lui explique, lorsqu'elle regarde avec soin les choses soumises à son examen; enfin, lorsqu'elle adresse des questions judicieuses et discrètes sur l'objet de l'entretien, quand elle n'a pas compris parfaitement.

Un enfant attentif acquiert une foule de connaissances utiles parce qu'il sait regarder, observer, écouter, et qu'on ne sait jamais mieux les choses que lorsqu'on les a apprises soi-même.

Bien des objets doivent solliciter l'attention des jeunes filles :

A l'école, ce seront les récits de sa maitresse, les lectures qu'elle entendra et fera, les explications sur les leçons, les exercices relatifs aux règles étudiées; j'ajouterai les bons exemples qui se présenteront à ses yeux.

Chez elles, que d'occasions de regarder et de se rendre compte! Les opérations du ménage, les détails de la cuisine, le soin du jardin, les travaux de couture de la maman, sont les principales; on n'oubliera pas les conseils sur les manières, le langage, les lectures, les fréquentations.

Au dehors, ce ne seront point les étalages des modistes ni les vitrines des libraires et des confiseurs qui exciteront son attention. Quand elle accompagnera ses parents ou les personnes à qui elle aura été confiée, elle observera la démarche, la tenue des dames bien élevées et leur façon de s'exprimer. Elle considérera l'arrangement intérieur des maisons où elle sera introduite pour en faire son profit, les monuments pour former son goût, les merveilles de la nature pour reconnaître la sagesse, la prévoyance et la bonté de leur auteur.

Une étourdie considère les objets à la hâte, allant de l'un à l'autre sans réflexion, sans but, sans s'intéresser à rien, sinon à des futilités qui excitent une gaîté de mauvais goût et des saillies ridicules. Elle parle à tort et à travers, quitte à froisser les personnes les plus considérables, ou à s'exposer à devenir la risée de ses compagnes. On augure mal de l'avenir d'une étourdie.

Civilité. — *Comment dispose-t-on un couvert lorsqu'on a des invités? — Comment place-t-on les invités? — Quelle est, à table, la tenue d'une jeune fille étourdie et manquant de tact?*

La mise du couvert est une chose importante pour l'ordre et l'agrément du repas. On dispose la table de manière que la circulation soit facile; sur la nappe, on placera deux assiettes devant chaque convive avec une serviette; à droite seront la cuiller, la fourchette et le couteau; à gauche le pain, si on ne l'a point posé à côté de la serviette; devant, le verre ou les verres à boire.

Au centre de la table, sera le plateau sur lequel on mettra, à mesure qu'on les apportera, la soupière, les plats, le saladier; à chaque extrémité, les salières, le vin, les carafes d'eau fraîche. On dispose les fruits et autres parties du dessert dans des compotiers ou des assiettes et plats d'une forme particulière, au fond desquels on met souvent des feuilles de vigne ou de la mousse pour faire ressortir les fruits qu'ils contiennent.

Les dispositions de l'éclairage doivent concorder avec le gracieux arrangement des couverts, des plats et des verres.

Le maître et la maîtresse de la maison occupent, vis-à-vis l'un de l'autre, les places du milieu. Les deux messieurs les plus considérés prennent place à droite et à gauche de la maîtresse; les deux dames les plus honorées, à droite et à gauche du maître. La place de droite est la place d'honneur. Si le nombre des hommes est à peu près égal à celui des dames, on a soin de les entremêler, et l'on éloigne les uns des autres les proches parents, afin que la conversation soit plus générale. Les convives les moins âgés et ceux d'un rang inférieur sont aux extrémités de la table.

Une jeune fille étourdie parle à haute voix à table, interrompt les conversations, rit bruyamment, néglige de remercier quand on lui offre d'un plat, et commet souvent des maladresses qui achèvent de donner une idée peu avantageuse de son éducation et de ses manières.

Sciences naturelles. — Le Houx. — *Décrire l'arbuste avec ses feuilles et ses fruits. — Propriétés de son feuillage. — A quoi peut servir le houx?*

Le houx, arbuste toujours vert, a des feuilles luisantes et armées de piquants; il porte de jolies baies d'un rouge vif qui ne sont d'aucun usage, mais qui produisent un effet charmant sur le vert sombre de la plante. On emploie le houx pour former les clôtures des champs et des pâtures dans les pays montagneux, et ses tiges servent à confectionner des cannes et des manches de fouets.

Le Persil. — *Qu'est-ce que le persil? — Décrire la plante. — Époque à laquelle on le sème et on commence à en cueillir. — Diverses sortes de persil. — Usages du persil comme assaisonnement.*

Le persil est une plante potagère aromatique employée dans la cuisine comme assaisonnement. Elle est bisannuelle et porte des feuilles très découpées; on la sème au printemps, et trois mois après on commence à la cueillir. Il y a diverses sortes de persil, que l'on distingue à la forme des feuilles; la variété frisée est la plus estimée.

Cette plante entre dans la confection de la plupart des sauces accompagnant les plats de viande.

Économie domestique. — LE POT-AU-FEU. — *Qu'entend-on par pot-au-feu? — Comment prépare-t-on le pot-au-feu? — Indiquez de quelle façon on le met en train et on le conduit. — Comment prépare-t-on une soupe grasse? — Comment prépare-t-on un potage au tapioca, aux pâtes d'Italie? — Établir le prix de revient d'un pot-au-feu où il entrera, avec les légumes, 1 kilog. 500 de viande.*

On entend par *pot-au-feu* un mets formé de viande de bœuf qu'on fait bouillir non seulement pour la manger, mais encore et surtout pour en obtenir du bouillon.

Pour préparer le pot-au-feu, on place un kilogramme de bœuf dans un pot avec trois litres d'eau environ; on sale et l'on met le tout en ébullition, mais très lentement. Après avoir enlevé l'écume à cinq ou six reprises, on ajoute deux ou trois carottes et un navet fendus en deux, avec un poireau ficelé et également fendu; puis deux clous de girofle et une gousse d'ail. Parfois, on joint à ces légumes une tête de chou, mais c'est au détriment de la qualité du bouillon. On donne enfin quatre à cinq heures de cuisson, et l'on colore le bouillon avec une cuillerée de caramel ou des cosses de pois séchées au four.

N. B. — On a cru inutile de donner des développements sur les autres questions d'économie domestique.

53. — Au dessert. (*Élève*, p. 116.)

Rien n'avait pu tirer de l'esprit de Ludivine que la guérison du nez de François n'eût été l'effet de cet onguent, à l'odeur effroyable. Rien non plus ne parvint à lui mettre en tête qu'il n'existe pas de sort, bon ou mauvais. Mme Valon lui dit en vain que le travail, le courage, l'honnêteté, la bonté, font surtout notre destinée*; elle abandonna l'inutile discours à l'apparition du rôti porté par Suzette.

Ce rôti était un morceau de filet de porc, mais si doré, si joli, si odorant, si appétissant, que l'eau en venait à la bouche. Et dès que les morceaux furent au bout des fourchettes, on félicita la cuisinière.

Le *porc* est un des animaux les plus utiles pour l'alimentation. Les soies du porc servent à confectionner des brosses fines et des pinceaux.

— N'est-ce pas, monsieur Benoit, demanda Mme Valon, que voilà un rôti joliment préparé? Aussi y a-t-on mis du temps et du soin.

— Beaucoup trop! beaucoup trop! répondit le père Benoît. Voulez-vous que je vous dise? je trouve qu'à cette heure on fait bien des embarras pour rôtir un morceau de cochon.

— Des embarras! dit Mme Valon; mais on en faisait jadis cent et mille fois plus pour rôtir seulement un petit cochon de lait! Voulez-vous l'apprendre? Mon mari va vous dire après dîner ce qu'il lisait hier dans un auteur anglais, Charles Lamb. Pour la digestion*, d'ailleurs, rien ne vaut une bonne histoire.

Le rôti, les légumes, les flans* mangés, et le café servi, M. Valo commença:

Questionnaire. — Quelles opinions ridicules avait Ludivine? — Qu'est-ce qui fait notre destinée? — Quel nouveau plat apporta Suzette et quel en était l'aspect? — Que dit Mme Valon au père Benoît? — Quelle remarque malveillante fit le vieillard? — Reproduisez la réponse piquante de Mme Valon. — Que lui proposa-t-elle?

DÉVELOPPEMENT DES SUJETS PROPOSÉS POUR EXERCICES.

Sciences naturelles. — LE PORC. — *Aspect repoussant de cet animal; sa brutalité; son utilité. — Facilités qu'on trouve à le nourrir. — Détails sur la manière de le nourrir; les porchers. — Parler du porc sauvage ou sanglier. — Rappeler qu'aux États-Unis, dans l'État d'Illinois, on élève des porcs en nombre prodigieux.*

Le porc, animal domestique, s'élève pour sa chair et sa graisse. Sa tête énorme, sa gueule fendue, ses mouvements brusques, son cri perçant, joint à l'habitude qu'il contracte de se vautrer sur la terre humide, lui donnent un aspect repoussant. Toutefois, peu d'animaux sont plus utiles; on en tire une viande excellente et grasse qui s'accommode avec les légumes les plus communs et constitue, dans ces conditions, un mets économique et nourrissant.

On *nourrit les porcs* à l'étable avec du son, les glutens des amidonneries, les drèches des distilleries de grains, les pommes de terre, l'orge, le sarrasin, les carottes et les débris de la cuisine. Dans les pays montagneux où la terre a peu de valeur, les porchers mènent paître ces animaux, réunis en bandes, sur les friches et les chaumes.

Aux États-Unis, on élève les porcs en nombre prodigieux; la ville de Chicago et celle de Cincinnati en exportent plus d'un million par an.

Le porc vit, à l'état sauvage, dans les bois et les forêts, sous le nom de *sanglier* : c'est un animal dangereux et malfaisant, qui dévaste les terres cultivées voisines des bois et des forêts où il établit son gîte.

Industrie. — *Emploi des soies du porc pour la fabrication des brosses. — En quoi consiste une brosse ordinaire? — Comment fabrique-t-on une brosse? — Nommer diverses sortes de brosses et les usages de chacune d'elles.*

Les *soies* de porc ou de sanglier servent à la fabrication des *brosses*. Cet ustensile, employé pour le nettoyage des vêtements et des chaussures, se compose de deux parties : la *patte* et les *soies*. La patte est une plaque de bois ou d'os percée de trous par lesquels on enfile de petits paquets de soies reliés les uns aux autres par des fils de laiton. Le poil est égalisé ensuite pour former la surface avec laquelle on brosse.

Il y a des brosses de diverses sortes : brosses à habits, brosses à chapeaux, brosses à dents, à meubles, etc. Celles qui sont destinées à des usages délicats sont confectionnées avec des poils plus fins que ceux dont il vient d'être question.

Économie domestique. — *Indiquer comment on utilise la chair, le sang, la graisse du porc. — De quelle manière prépare-t-on un rôti en général? — Garniture d'un rôti. — Manière de le servir et de le découper.*

La chair du porc entre dans la confection de nombre de mets; elle est d'autant meilleure qu'elle paraît plus ferme et plus rougeâtre; le meilleur *lard* provient d'animaux âgés de 12 à 15 mois.

On mange la viande de porc rôtie, bouillie ou accommodée en ragoût. Les rôtis, les côtelettes, la galantine de cochon de lait, le fromage de cochon, sont connus de tout le monde. On prépare encore, suivant divers procédés, les rognons, les pieds, la langue, la hure, et avec la viande hachée et assaisonnée les charcutiers font des cervelas, des saucisses et des andouilles. Les cuissots, salés et fumés, prennent le nom de *jambons.*

La viande de porc et le lard se conservent longtemps lorsqu'ils ont été salés; dans cet état, ils forment la base de l'alimentation dans les campagnes.

La graisse de porc, à l'état naturel, s'appelle le *lard;* alors elle est adhérente à la peau. Le *saindoux* provient de la graisse fondue; l'un et l'autre entrent comme assaisonnements dans quantité de plats.

Avec le sang du porc, mêlé à de la graisse coupée en menus morceaux, et divers assaisonnements, on fabrique le *boudin,* qu'on mange ordinairement grillé.

DES RÔTIS. — Pour obtenir un bon rôti, le premier soin est de proportionner l'ardeur du feu à la nature des viandes.

Le bœuf et le mouton demandent à être saisis par un feu vif; cependant on ne hâtera pas trop la cuisson et on diminuera le feu graduellement. Le veau, le porc exigent moins de feu. Dans tous cas, il faut arroser souvent le morceau qu'on fait rôtir, et pour cela on verse dans le plat ou dans la lèchefrite un demi-verre de bouillon avec une pincée de sel.

Le veau doit être bien cuit, et il est mieux de l'oindre de beurre que de graisse.

On *sert les rôtis* sur un plat garni soit de pommes de terre ou de carottes cuites dans le jus de la viande, soit de cresson. Ce jus, recueilli dans la lèchefrite, se sert à part dans une saucière.

On *découpe les rôtis* en tranches minces disposées sur un plat qu'on fait circuler autour de la table; la saucière, où l'on a placé une cuiller, vient ensuite.

54. — Petits cochons de lait. (*Élève*, p. 117.)

Un jour, dans les vieux temps, le porcher Ho-ti, étant allé au bois ramasser la glandée *, laissa la garde de la maison à son fils Bo-ba, un grand dadais, dont le premier soin fut de mettre le feu à une botte de paille, grâce à laquelle l'habitation flamba en un clin d'œil. — Ici, M. François baissa la tête. — L'étable à côté flamba aussi. Il s'y trouvait juste en ce moment toute une portée* de petits cochons de lait* nouveau-nés. Leur maman, heureusement pour elle, faisait en ce moment une promenade matinale aux environs.

Bo-ba se désola, non pour la maison qui ne se composait que de quelques branches de bois mort, mais pour les pauvres petits cochons qui gémissaient en grillant. Quand ces innocents eurent cessé de se plaindre, il s'approcha, attiré d'ailleurs vers eux par une odeur délicieuse, toute nouvelle à ses narines.

Il se pencha pour voir s'ils étaient aussi morts qu'ils en avaient l'air, et du doigt en tâta un : Aïe ! cela brûlait !... Vivement, selon l'instinct* de nature, il fourra son doigt dans sa bouche.

Quelques bribes de peau étaient restées au bout de ce doigt, et pour la première fois de sa vie et de la vie de toute la Chine — car Bo-ba était Chinois et le fait se passait en Chine, où, de temps immémorial, on ne mangeait le cochon que bouilli, — la bonté, la bonne odeur du rôti lui furent révélées.

Bo-ba reporta bientôt son doigt à l'endroit d'où il venait, regoûta, et dès que la température des petits martyrs le permit, il y mit toute la main, puis les deux. Ah ! quelle bombance !

Elle fut troublée par une grêle de coups de bâton.

C'était le père qui arrivait :

— Ah ! coquin ! tiens ! tiens ! voilà encore pour toi !

Mais un bon régal fait supporter bien des choses. Bo-ba laissa passer la grêle sans autre protestation que celle-ci :

— Oh ! père, le cochon de lait rôti, que c'est bon ! que c'est bon !

Enfin le père entendit. Cessant de bâtonner, il tâta le morceau, lécha et mangea à son tour tout son content, après avoir gracieusement invité monsieur son fils à se remettre au festin un moment interrompu.

Le soir même, ils avaient, du bois de quelques fagots, reconstruit leur hutte, l'étable aussi, où rentra la mère des pauvres victimes.

Et après chaque portée de petits cochons de lait, la hutte, l'étable flambaient à plaisir; on incendiait et on se régalait entre père et fils.

A la fin, ces incendies réitérés*, dont ils n'avaient garde de dire le mot, les rendirent suspects; on les accusa de sorcellerie*. Ils comparurent devant le tribunal de Pékin, et peu s'en fallut qu'ils ne fussent rôtis aussi comme les petits cochons.

Mais Ho-ti demanda à parler en particulier à chacun des juges, et il n'eut pas de peine à les adoucir en leur faisant goûter de la merveilleuse nouveauté. Tous s'en régalèrent, et Ho-ti et Bo-ba furent acquittés.

Dès lors les incendies d'étables à porcs se multiplièrent en Chine à l'infini; les cochons jeunes et vieux montèrent à des prix fous*. Enfin un sage découvrit que l'incendie d'une maison et même d'une étable n'était pas précisément nécessaire pour rôtir un cochon, et que quelques brandons y suffisaient.

Beaucoup plus tard, car, en ce monde, le progrès marche à pas de tortue, un autre savant inventa la broche; et peu à peu vinrent la rôtissoire, le tournebroche, le four, toutes les méthodes de rôtisserie.

On applaudit à ce bon conte, et même le vieux père Benoit sourit.

Questionnaire. — Quels sont les personnages de l'historiette contée par M. Valon? — Qu'était Bo-ba et quelle sottise fit-il? — Quelles en furent les conséquences? — Pourquoi Bo-ba était-il aussi désolé? — Comment arriva-t-il à goûter de la chair des cochons rôtis? — Quelle opinion en eut-il? — Qu'est-ce qu'il fit alors? — Comment son bonheur fut-il troublé? — Qu'est-ce qui calma le courroux du père? — Comment la maison fut-elle reconstruite? — Qu'arrivait-il après chaque portée de cochons? — Pourquoi Ho-ti et Bo-ba furent-ils amenés devant les juges? — Comment le père se fit-il acquitter? — Qu'est-ce qui se multiplia alors en Chine? — Quelle découverte fit longtemps après un sage? — Quelles autres découvertes suivirent?

DÉVELOPPEMENT DES SUJETS PROPOSÉS POUR EXERCICES.

Morale. — LA GOURMANDISE. — *Quelle différence y a-t-il entre manger de bon appétit et se montrer gourmand? — Comment se trahissent à table les enfants gourmands? — A quelles tentations* *expose la gourmandise? — Inconvénients de ce vice pour la santé. Exemples.*

Un enfant raisonnable mange aux heures des repas pour satisfaire le besoin qu'il éprouve de réparer ses forces; lorsque l'appétit ne se fait plus sentir, il termine son repas, tandis que le gourmand mange encore, mange longtemps afin de prolonger le plaisir d'absorber des aliments.

Les enfants gourmands se trahissent par des regards avides dirigés sur les mets; leur figure tressaille de plaisir; ils paraissent insensibles à toute autre chose, et on les voit porter à la bouche avec avidité ce qui est servi sur leur assiette. Ont-ils achevé? ils réclament aussitôt de nouveaux aliments et s'arrêtent seulement lorsqu'ils sentent qu'ils vont étouffer. Alors ils se renversent sur leur siège, poussent des soupirs de satisfaction et rêvent au moment où il leur sera permis de recommencer.

La gourmandise est une passion honteuse; elle rabaisse l'homme au-dessous de l'animal, qui, au moins, cesse de manger lorsque la faim ne le sollicite plus; parfois, elle entraîne les enfants à soustraire ce qui excite leur convoitise. Combien succombent à la tentation de dérober des friandises, de pénétrer dans les jardins fruitiers et de visiter les paniers de leurs condisciples pour satisfaire leur penchant!

Les gourmands acquièrent, jeunes encore, un embonpoint disproportionné, ce qui ne veut pas dire néanmoins que toutes les personnes corpulentes soient sujettes à ce vice; ils souffrent de l'estomac et sont exposés à une mort subite et prématurée. Leur intelligence s'affaiblit et leurs organes engourdis ne leur prêtent plus le concours qu'ils étaient habitués à rencontrer. Nous ne parlons pas des malpropres indigestions auxquelles ils sont sujets.

Économie domestique. — *Ce qu'on entend par de la charcuterie. — Quels aliments, quels mets confectionne le charcutier? — Indiquez la manière de préparer du boudin, une saucisse. — Comment sale-t-on la viande de porc? — Comment prépare-t-on les jambons? — Prix d'un demi-kilogramme de jambon, de porc salé, de lard, de saindoux, de boudin, de saucisson.*

On entend par *charcuterie* les aliments préparés avec de la viande cuite de porc et destinés à être, le plus souvent, mangés froids.

Le charcutier confectionne des cervelas, des saucissons, des saucisses, du boudin, du fromage à la tête de cochon, des andouilles, des galantines, des pieds de cochon, des jambonneaux, des rillons, etc. Il prépare encore du porc salé et des jambons.

Boudin. — On lave à l'eau tiède des boyaux de porc, et on les frotte avec une brosse douce de chiendent jusqu'à ce que la dernière eau soit pure. Aussitôt alors qu'on a recueilli le sang de l'animal, il faut y verser deux ou trois cuillerées de vinaigre; on remue le mélange et on se garde de le laisser refroidir.

En même temps, faites blanchir deux litres d'oignons, hachez-les; mettez-les cuire dans une casserole avec 250 grammes de saindoux; ajoutez 1 kilogr. 1/2 de panne dont vous aurez enlevé les fibres et que vous coupez en dés, puis prenez 3 litres de sang, 1/2 litre de crème, du persil haché fin, du poivre, du sel, des épices, et le tout bien mêlé, entonnez-le dans les boyaux que l'on a préalablement soufflés. Ficelez vos bouts de boudin, de la longueur que vous voudrez; piquez-les avec une épingle, ce qui les empêche de crever en cuisant; puis coulez ces boudins dans de l'eau bouillante et laissez-y-les jusqu'à ce qu'en les piquant, il ne sorte plus de sang.

Saucisses. — Hachez le plus fin possible des quantités égales de viande de porc et de lard; assaisonnez de sel, de poivre et d'épices; ployez de petits tas de cette chair dans de la toilette de porc frais en leur donnant une forme plate ou oblongue, et faites-les cuire sur le gril à un feu modéré.

Manière de saler la viande de porc. — Coupez la viande du porc par morceaux carrés que l'on met dans de la saumure (1) où ils doivent baigner entièrement; on fait enfoncer le lard et on le retient au fond de l'eau au moyen de gros cailloux bien propres. On couvre le saloir de manière que l'air ne puisse y pénétrer, et au bout de 15 jours on peut commencer à se servir de la viande.

On conserve encore la viande de porc en la disposant couche par couche dans un vase de bois, et en répandant du sel sur chacune.

Préparation du jambon. — Mettez dans une terrine du thym, du laurier, de la sauge, des grains de genièvre et ce qui est indiqué pour faire de la saumure. Frottez le jambon de salpêtre en poudre si vous voulez faire rougir sa chair; arrangez-le dans la terrine (ou le saloir, si l'on a plus d'un jambon); versez dessus de la saumure jusqu'à ce que le jambon y baigne, et chargez d'un poids lourd; laissez-le un mois dans cet état. Retirez-le, égouttez, pendez-le dans la cheminée pour le sécher et le fumer, et ensuite accrochez-le dans un lieu sec jusqu'à ce que vous en fassiez usage.

Hygiène.* — *Pourquoi ne faut-il pas abuser de la viande de porc? — Convient-elle aux jeunes enfants, et pourquoi?*

La viande de porc est d'une digestion lente et difficile; les estomacs délicats s'en accommodent mal; c'est pourquoi il faut en donner fort peu aux jeunes enfants et s'assurer, avant de la servir, qu'elle est bien cuite.

55. — Les explorateurs *. (*Élève*, p. 119.)

La compagnie s'était retirée; la famille venait de s'asseoir autour du poêle; Suzette achevait de ranger la vaisselle. Avec le soir qui tombait, le vent glacial s'était levé; il hurlait à réjouir les gens bien à l'abri, au coin d'un bon feu.

Tout à coup on frappa à la porte :

Eh bien! qui vient là, à cette heure? car, à Fragicourt, riche ou pauvre, on ne frappe jamais aux portes; on entre comme au moulin. On frappa encore.

— Entrez!

Deux garçons parurent sur le seuil, et l'un des deux, qui semblait pourtant le plus jeune, prit la parole pour demander la permission de se reposer un moment avec son compagnon; car ils venaient de loin et ils allaient

(1) La *saumure* est composée avec de l'eau où l'on a fait dissoudre du sel par petites quantités, après y avoir mis d'avance un œuf. On la verse dans le saloir quand elle est froide.

loin! Le froid piquait; cette maison étant la première du village et d'air très avenant, ils avaient pensé qu'elle ne refuserait pas d'accueillir des marcheurs fatigués.

Cela fut dit avec une politesse assurée*, un accent qui ne sentaient pas du tout le village. L'orateur ajouta même avec grâce :

Deux garçons parurent sur le seuil.

— Nous vous souhaitons à tous une bonne année!

Il paraissait avoir quatorze ou quinze ans. Il était bien vêtu, presque élégamment.

Le second étranger se tenait coi*. Il était un peu plus grand que son compagnon, avec des vêtements râpés, des souliers endommagés sous la poussière qui les couvrait. Mais il avait de beaux yeux, quoique légèrement farouches

— Asseyez-vous, dit M. Dumay.

Suzette avança deux chaises près du poêle. Ils s'assirent en remerciant.

— Et d'où venez-vous donc comme ça, s'il vous plait?

— Nous venons du fond de l'Afrique, Monsieur, répondit le premier, du fin fond* de l'Afrique.

— Diable! c'est marcher!

— Oui, nous sommes des explorateurs.

— Des...?

— Des explorateurs.

Il avait les yeux vifs, le nez en trompette comme

François. M. Dumay le constata en ce moment à la clarté de la lampe qui donnait en plein sur ce jeune visage; mais cela ne lui apprit pas du tout ce que c'était que des explorateurs. A Fragicourt, on voyait bien pas-

Les petites industries.

Chaudronnier. — Rempailleur. — Rémouleur.

ser de temps en temps des chaudronniers, des rémouleurs, des rempailleurs; mais des explorateurs, jamais.

Jacques vint à l'aide :

— Vous avez exploré l'Afrique? demanda-t-il.

— Mais oui, comme vous voyez; et nous nous dirigeons maintenant vers l'Amérique du Nord.

Questionnaire. — Que se passait-il dans la maison à l'issue du dîner? — Quel temps faisait-il? — Qu'entendit-on tout à coup? — Pourquoi fut-on surpris? — Qu'apparut-il sur le seuil? — En quels termes le plus jeune des arrivants demanda-t-il l'hospitalité? — Qu'annonçait la façon dont il s'exprimait? — Qu'ajouta-t-il? — Comment était chacun des deux étrangers? — Quelle question posa le fermier? — Que répondit l'un des jeunes gens? — Que présentait de particulier sa physionomie? — Que demanda Jacques et quelle réponse fit-on?

DÉVELOPPEMENT DES SUJETS PROPOSÉS POUR EXERCICES.

Morale. — Le Devoir d'hospitalité. — *Quelles personnes sollicitent parfois un asile, un abri, surtout dans les campagnes? — Comment faut-il les accueillir? — Quelles sont les gens dont il faut se défier? — Que faut-il chercher à procurer à ces individus quand ils sont valides? — Que pensez-vous de ceux qui refusent de secourir les vrais pauvres?*

« Franchis le seuil du pied, ô voyageur! sois le bienvenu dans ce pays; pose ton bâton près de cette muraille.

« Prends place au plus haut de la table, car il convient d'honorer son hôte. Dispose de tout; rafraîchis-toi après les fatigues de la journée.

« Si quelque vengeance inique te chasse de ta patrie, demeure sous mon toit comme un ami qui m'est cher.

« Je ne demande qu'une chose : respecte les mœurs pieuses de nos pères, le deuil sacré de la maison. »

C'est en ces termes que le poète allemand Uhland rappelle et décrit le devoir d'hospitalité en faveur des gens honorables qu'a frappés le malheur. Mais, en général, accordons à l'infortune les secours que notre position nous permet de lui offrir; accueillons les pauvres avec bienveillance toutes les fois qu'ils paraissent mériter notre pitié et nos sympathies.

Procédons néanmoins avec discernement et que nos aumônes ne soient jamais un encouragement à la paresse et aux mauvais instincts de ces dangereux vagabonds qui promènent par vaux et par chemins leur incurable fainéantise. Si l'un de ces individus frappe à notre porte, demandons-lui à quel travail il est propre; offrons-lui nos bons offices pour lui en procurer et adressons-le à l'autorité municipale pour qu'il soit pourvu à ses besoins les plus urgents.

On ne saurait trop flétrir la dureté de cœur, l'égoïsme et l'avarice de ceux qui refusent de secourir les véritables pauvres, notamment les veuves, les orphelins et les vieillards sans famille.

Civilité. — *Comment annonce-t-on son arrivée à la porte d'une maison, d'une chambre? — Comment s'introduit-on auprès des personnes chez lesquelles on est envoyé? — Comment les enfants admis dans une maison doivent-ils saluer, s'asseoir, parler?*

On annonce son arrivée à la porte d'une maison en tirant le cordon de la sonnette de manière qu'elle résonne doucement, ou bien on frappe à la porte s'il n'y a ni timbre ni sonnette. Il en est de même lorsqu'on désire entrer dans une chambre où il se trouve quelqu'un.

Si l'on est introduit, on pénètre dans l'intérieur de la pièce en saluant les personnes présentes par une inclinaison de tête; les jeunes gens se découvrent. Puis on se dirige vers le maître ou la maîtresse de maison et on leur expose l'objet de sa visite, s'il s'agit d'affaires; on s'assied sur le siège qu'on vous indique ou présente, en attendant, pour parler, qu'une question ait été posée à cet égard. Il faut se garder de s'appuyer sur le dossier de la chaise, de croiser les jambes, de les écarter et de poser les mains sur ses genoux; on répondra d'un ton naturel en évitant de forcer sa voix ou de parler trop bas.

Géographie. — *Qu'est-ce que l'Afrique? — Que présentent d'étrange la plupart de ses habitants? — Que savez-vous du climat de cette partie du monde? — Quelles en sont les régions les moins connues? — Faites-en le croquis et marquez les colonies françaises.*

L'Afrique, qui est l'une des cinq parties du monde, forme une grande presqu'île séparée de l'Europe par la Méditerranée et réunie à l'Asie par l'isthme de Suez. Elle est peuplée en grande partie par des peuples de race nègre, à demi civilisés ou sauvages et, le plus souvent, en hostilité les uns avec les autres. Ce pays produit les végétaux les plus précieux : le café, le cotonnier, des graines oléagineuses et des fruits excellents. La vigne y donne, au nord et au sud, des produits qui rivalisent avec les bons crus de France.

Le climat de l'Afrique est extrêmement chaud; il est fort malsain sur les côtes des régions de l'équateur, ce qui les rend presque inhabitables pour les Européens.

On connaît peu l'intérieur de l'Afrique ; depuis trente ans seulement, d'intrépides voyageurs ont pénétré dans cette région où ils ont trouvé des contrées fertiles, des lacs immenses, de grands fleuves et de hautes montagnes. Parmi ces explorateurs, nous citerons les Français Caillié, Mage, Duveyrier, Lejean, Soleillet, et les étrangers Livingstone, Burton, Speke, Grant, Baker, Overweg, Richardson, Barth, Nachtigall, l'illustre Stanley, Cameron et Serpa-Pinto.

56. — Qui sont-ils ? (*Élève*, p. 121.)

Jacques, qui avait regardé Suzette dont les yeux souriaient finement à ces étranges nouvelles, reprit d'un air légèrement goguenard * :

— Et c'est par notre pays que vous gagnez l'Amérique du Nord !

— Parfaitement, répondit le garçon avec plus d'assurance encore. Les sources de l'Escaut ne sont-elles pas à deux ou trois quarts d'heure d'ici ? l'Escaut ne mène-t-il pas à Anvers ? et Anvers en Amérique par de nombreux et bons navires ?

C'était là de la géographie et du savoir ; Jacques et Suzette cessèrent de sourire.

— Et, reprit le garçon, nous nous proposons, mon ami

Les *Hurons*, qui ont presque totalement disparu aujourd'hui, appartenaient à une nation sauvage du nord des États-Unis.

Les *Esquimaux* habitent les régions boréales, le Groenland, les rivages de la mer de Baffin et ceux de la baie d'Hudson.

et moi, de traverser la mer d'Hudson, de gagner la région des Lacs, de visiter surtout ceux du Grand-Ours et de l'Esclave, sans oublier le Niagara. On aura affaire certainement aux Hurons *, aux Pawnies * et même aux Esquimaux * : il s'agit d'éclairer la topographie *, l'anthropologie *.

La chute principale du *Niagara*, rivière de l'Amérique du Nord, atteint à la hauteur de 50 mètres.

Là, les enfants, confondus par tant de science, se regardèrent.

— En route, nous ferons des échanges avec les trappeurs * ; nous enverrons en Europe des fourrures de marte, de petit-gris, de renard bleu.

Il y eut un moment de silence et de timidité, comme si l'on se fût trouvé devant un indigène d'une autre planète où les garçons, sitôt leurs dents percées, se feraient explorateurs, savants et marchands de pelleteries *. Cependant l'autre, le camarade, continuait de ne pas bouger. A peine, de temps en temps, faisait-il un petit signe de tête, et qui encore manquait de clarté : disait-il oui ? disait-il non ?

La marte, dont le corps se revêt en hiver d'une laine fine, serrée, très abondante et d'un beau lustré, donne une fourrure des plus recherchées. La marte dévaste les basses-cours et détruit en peu de temps volailles et lapins.

Mais que des étrangers viennent de loin ou de près, aillent ou non en Amérique par les sources de l'Escaut, ils peuvent avoir besoin de se refaire l'estomac..... C'est ce que Suzette dit tout bas à son père, qui répondit par un geste d'acquiescement *.

Alors elle mit deux couverts et posa sur la table les restes de la fête.

— Réconfortez-vous là, Messieurs, dit le père.

Cette fois, ce fut le muet qui répondit. Il était un peu pâle de faim, et la vue des plats lui déliait sans doute la langue :

— Monsieur, nous sommes entrés chez vous au bon air hospitalier de votre maison ; nous ne nous étions pas trompés ; merci !

En même temps que lui, l'autre s'assit à table, mais délibérément, de l'air d'un homme très peu embarrassé de rendre un souper qu'on lui offre.

Questionnaire. — Qu'est-ce qui donne à penser que Suzette et Jacques n'ajoutaient pas foi aux paroles des nouveaux venus? — Que répondit le plus jeune à la question de Jacques relative à l'Escaut ? — Quelle route se proposait-il de suivre ? — Quels pays, quelles régions entendaient-ils traverser et explorer ? — Qu'est-ce que des trappeurs? — Que pensaient-ils envoyer en Europe? — Quelle était l'attitude de l'aîné des deux jeunes garçons ? — A quoi songea Suzette et que posa-t-elle sur la table ? — Que dit M. Dumay et que répondit le grand garçon ? — De quel air l'autre prit-il place à table ?

DÉVELOPPEMENT DES SUJETS PROPOSÉS POUR EXERCICES.

Composition. — *Décrire la grande cataracte du Niagara d'après l'image et selon les détails de la lecture faite sur cette merveilleuse chute d'eau par madame l'institutrice.*

La Cataracte du Niagara. — Les deux grands lacs Érié et Ontario sont mis en communication par la rivière Niagara, qui commence à Buffalo. Le courant indique déjà aux abords de cette ville, par ses allures agitées, la célèbre cataracte qui précipite ses eaux d'une hauteur de cinquante mètres sur une largeur de près de neuf cents. Elle est la plus volumineuse que l'on connaisse, et la force des eaux y est telle qu'elle suffirait à mettre en mouvement toutes les machines hydrauliques qui fonctionnent dans l'univers.

Le spectacle est grandiose ; il fascine, on ne peut plus s'en arracher. Cet écroulement d'un fleuve dans un abîme bordé de roches verticales, le mugissement formidable des ondes, l'écume blanchâtre qui les recouvre et au milieu de laquelle se jouent des arcs-en-ciel; enfin les colonnes énormes d'eau pulvérisée qui montent dans les airs, tout cela forme un tableau auquel rien ne saurait être comparé.

L'hiver, le tableau est encore plus surprenant; alors ces masses d'eaux roulantes se prennent par l'effet des grands froids ; elles coulent invisibles, mais toujours grondantes, sous une enveloppe de glace qui ne fondra qu'aux premiers souffles du printemps.

Le bruit de la cataracte est si puissant qu'on l'entend, pendant la nuit, à plus de 60 kilomètres de distance ; il ressemble aux roulements du tonnerre, et se prolonge sans fin à travers les plaines et les vallées de cette gracieuse et fertile région de l'Amérique.

(D'après Simonin.)

Géographie. — *Qu'est-ce que l'Escaut, Anvers? — Montrer sur la carte la mer d'Hudson, les grands lacs, le Niagara. — Croquis du cours de l'Escaut du sud, de la mer du Nord et de la Manche; puis de la Manche à New-York par l'Atlantique.*

L'Escaut est un petit fleuve qui prend sa source en France dans le département de l'Aisne; il arrose Cambrai, Valenciennes, pénètre en Belgique, y traverse Tournai, Gand, Anvers et se jette dans la mer du Nord après un parcours de 430 kilomètres.

Anvers (130,000 hab.) est la ville la plus commerçante de la Belgique; l'Escaut, qui mesure 600 mètres de largeur, y forme un port magnifique où plus de 10,000 navires entrent chaque année. C'est aussi une grande place d'armes. Sous la domination de Charles-Quint, elle était la cité la plus riche de l'Europe; on y remarque une splendide cathédrale ornée de remarquables peintures par Rubens (1577-1640) et Van Dyck (1599-1641).

Sciences naturelles. — *Nommez les principaux animaux à fourrure. — Donnez quelques détails sur les martes, les hermines, les renards bleus, les ours blancs.*

On entend par *fourrure* la peau de certains animaux, précieuse par la couleur, la longueur et l'épaisseur du poil, dont on se sert pour doubler, garnir ou orner les robes, les habits, etc.

Les principaux animaux à fourrure sont : les ours, les castors, les loutres, les renards, les hermines, les martes, les visons.

Les martes ou *martres* sont les plus petits mais les plus féroces des carnassiers, sans en excepter le tigre, le lion, la panthère; elles ne vivent que de proies vivantes et se plaisent dans le carnage. La marte ordinaire a 0m,50 de longueur; la *marte zibeline*, pourvue d'un pelage noir, fin et moelleux, vit principalement en Sibérie.

L'hermine habite, comme la zibeline, les parties les plus septentrionales du globe : la Suède, la Norvège, la Russie, la Sibérie; sa peau a une haute valeur. De couleur marron en été, elle devient tout entière d'un blanc éclatant en hiver avec le bout de la queue entièrement noir : c'est l'époque où on lui fait la guerre.

Le renard bleu ou *isatis* vit dans les mêmes contrées que les martes et les hermines; son pelage est très long, très abondant, très moelleux, tantôt blanc, tantôt d'un gris ardoisé tirant sur le bleuâtre; il fait l'objet d'un commerce considérable.

L'ours blanc est un formidable animal qui vit dans les régions polaires, où il atteint la grosseur d'un bœuf. Il poursuit les phoques, car il nage et plonge avec une adresse extraordinaire; tous les débris que la mer jette sur ses rivages lui servent de nourriture. Quand il est affamé, malheur aux hommes qu'il rencontre; il se précipite sur eux avec une rage aveugle et bien des fois il sort vainqueur de la terrible lutte.

Industrie. — *Qu'entend-on par fourrure? — Comment prépare-t-on les peaux d'animaux à fourrure? — Quel est l'usage des fourrures? — Qu'en confectionne-t-on?*

On entend par *fourrure*... (Voir l'exercice précédent.)

On prépare de la manière suivante les peaux des animaux à fourrure : l'ouvrier les imbibe d'une eau contenant en dissolution de l'alun et du sel; et elles sont ainsi préservées de la corruption, sans altération de leur souplesse ni de leur solidité.

Les fourrures préservent du froid les habitants des régions où l'hiver sévit avec rigueur; à la fois chaudes et légères, elles sont indispensables aux habitants des régions polaires dont elles forment exclusivement les habits et les coiffures. Dans les contrées tempérées, on les emploie pour garnir les robes des magistrats, les manteaux, les coiffures, et l'on en confectionne des cols, des manchettes, des pèlerines, des manchons.

57. — La tempête. (*Élève*, p. 124.)

Tous deux travaillèrent des dents et des fourchettes avec tant de vivacité que, comme le dit un vieux rimeur :

« Les miettes de chaque morceau
« Sautaient par dessus leur chapeau! »

Leur appétit à moitié satisfait, M. Dumay demanda :

— Mais, s'il vous plait, et sans vous déranger, mes amis, quel âge avez-vous donc?

Caquet-Bon-Bec* répondit aussitôt :

— Je parie que vous ne me donnez pas plus de quatorze ans!

— Oui, à peu près quatorze.

— Bon, j'en ai dix-huit; et Sylvain, mon compagnon, va atteindre ses vingt ans.

A ce chiffre, le compagnon resta le nez sur son assiette.

— Et vos parents?

— Nos parents? hélas!... morts... dans un naufrage.

— Dans un naufrage!

— Oui, une tempête horrible! — il soupira. — Vous n'avez jamais vu de tempête?... non?... Eh bien! voilà! Les passagers ont bien tranquilles dans les cabines*, ou sur le pont*; ils causent, ils rient. Tout à coup le vent s'élève, le ciel est noir, des éclairs déchirent les nues; les vagues, hautes comme des montagnes, hurlent, s'écroulent, balayant les mâts, balayant les cordages, balayant le pont. Le vaisseau désemparé*, ballotté, va, vient, à gauche, à droite, à l'aventure. Soudain un craquement formidable, une clameur désespérée des passagers en détresse!... puis, plus rien! Le vaisseau a sombré*, corps et biens!... Nos parents étaient là!... Comment, le lendemain, au point du jour, nous trouvâmes-nous, mon camarade et moi, flottant à califourchon sur un débris de mât, les deux seuls survivants de l'épouvantable désastre...! comment, dans notre malheur, ce débris de mât nous porta-t-il sains et saufs sur la côte de Zanzibar, ne me le demandez pas, je n'en sais rien ! Mais les journaux en ont parlé.

Il paraissait très ému ; on se regarda. Qu'y avait-il de vrai dans cet étrange discours ? M. Dumay dit tout bas à Jacques : — Pour moi, je n'y crois guère ; mais qu'importe ? écoutons l'histoire, si elle est intéressante.

Le vaisseau désemparé, ballotté, va, vient, à gauche, à droite, à l'aventure.

Et comme les deux voyageurs venaient de se remettre à manger silencieusement, il leur dit :

— Vous nous conterez vos voyages en Afrique ?

— Parfaitement, Monsieur ; tout à vos ordres, répondit l'orateur. D'ailleurs, — il leva le nez vers l'horloge — je crois bien qu'il est trop tard pour gagner ce soir la source de l'Escaut. Nous pouvons donc rester avec vous un peu plus longtemps ; après quoi nous vous prierons de nous indiquer une auberge pour y passer la nuit.

Questionnaire. — Donnez une idée de l'appétit des explorateurs. — Que répondirent-ils à M. Dumay relativement à leur âge, — à leurs parents ? — Racontez la tempête jusqu'au moment où le navire fut englouti. — Comment les deux enfants furent-ils sauvés ? — Quelle observation fit le fermier à Jacques ? — Que répondit le plus jeune des explorateurs lorsque M. Dumay demanda qu'il lui contât ses voyages en Afrique ?

DÉVELOPPEMENT DES SUJETS PROPOSÉS POUR EXERCICES.

Morale. — LE MENSONGE. — *Qu'est-ce que mentir ? — Pourquoi ment-on ? — Est-il permis de mentir ? — Que faut-il faire lorsqu'on a commis une faute ? — Pourquoi est-il prudent de fuir les menteurs ? — Pourquoi le menteur est-il un lâche ?*

Mentir, c'est parler contrairement à la vérité et avec l'intention de tromper ; cet acte est odieux parce qu'il porte préjudice à autrui et qu'il suppose de la bassesse et de la lâcheté dans le cœur.

En général, les enfants mentent soit par crainte du châtiment, soit par amour-propre, rarement avec l'intention de nuire. Ils oublient que tôt ou tard la vérité se découvre, et que le châtiment et la honte qu'ils voulaient éviter retombent sur eux augmentés du mépris que tout menteur inspire.

Il n'est jamais permis de mentir. Lorsqu'on a commis un acte blâmable, ce qu'il convient de faire, c'est d'avouer sa faute : on sera puni certainement, mais aussi quel fardeau de moins sur la conscience! D'ailleurs, la personne qui a reçu l'aveu estimera le coupable en raison de sa franchise et peut-être sera-t-elle mieux disposée à l'indulgence.

Le menteur est lâche, avons-nous dit; il contracte l'habitude de la dissimulation et de l'hypocrisie; quelle confiance alors pourra-t-il inspirer? quels exemples donne-t-il? Aussi doit-on le fuir jusqu'à ce qu'il soit corrigé de son odieux défaut.

Sciences naturelles. — *Qu'est-ce que le vent? — A quoi est-il dû? — Que produit sur terre un vent violent? — Que produit sur mer un vent violent? — Qu'arrive-t-il alors aux pêcheurs de la côte? — Quel instrument indique l'approche d'une tempête?*

Le vent n'est pas autre chose que de l'air en mouvement; il est dû au déplacement des couches d'air inégalement échauffées; les plus froides tendent à descendre des régions supérieures de l'atmosphère, tandis que les plus chaudes s'élèvent. Il en résulte des courants dont les girouettes indiquent la direction.

La vitesse moyenne du vent, dans nos climats, est de 5 à 6 mètres par seconde; à 10 mètres, on dit que le vent est frais; avec 20 mètres, o est fort; de 25 à 30 mètres, il y a tempête; de 30 à 150, c'est un iluragan.

L'ouragan est un phénomène redoutable. Sur terre, les arbres se courbent, craquent et se brisent; les champs sont dévastés; les bâtiments s'écroulent, et en quelques instants la ruine succède à la richesse.

En plein océan, la scène est encore plus terrible. Le navire, ébranlé jusque dans ses fondements, devient le jouet des vagues furieuses; l'eau de la mer, réduite en pluie fine et pressée, aveugle et ensevelit sous ses torrents. On ne voit rien autour de soi; des bruits formidables assourdissent; les craquements du vaisseau, le sifflement des rafales dans les cordages, les rugissements de la tempête au large, font qu'on ne sait plus si l'on est sur ou sous les flots. Les pêcheurs de la côte, entraînés en pleine mer, périssent engloutis, et leurs frêles barques viennent s'écraser contre les falaises.

Il existe un instrument qui révèle, vingt-quatre ou trente-six heures à l'avance, ce terrible phénomène : c'est le *baromètre;* lorsqu'on le consulte, on reconnaît facilement s'il y a danger à s'aventurer sur la mer ou si l'on doit rentrer au port.

Le simoun est un vent violent et empoisonné qui souffle dans les déserts des tropiques; il brûle comme l'air d'un four béant qui vomirait sa chaleur. Alors le chameau met sa tête contre le sol; les hommes s'affaissent avec désespoir et leurs forces les abandonnent. Quand la tempête dure plus d'un quart d'heure, tout périt.

Géographie. — *Tracez le croquis de l'île de Zanzibar et celui de la côte avoisinante.*

(Zanzibar est une île, avec une capitale du même nom, située à l'est de l'Afrique, à peu de distance de la côte.)

58. — Un marché d'esclaves. (*Élève*, p. 125.)

Il prit cependant le temps de donner quelques bons coups de fourchette; puis, sans plus faire attendre :

— Nous voilà donc à Zanzibar, à peu près mourants. Mais la douceur du climat, les oranges, les citrons,

Orange.

Citron.

Les *orangers* et les *citronniers* sont deux arbres extrêmement précieux dont le bois est employé en tabletterie. Les feuilles d'oranger infusées donnent une boisson calmante, ainsi que l'eau distillée des fleurs. Quant à l'*orange*, c'est un fruit des plus doux et des plus estimés. — Le *citron*, fruit du citronnier, est employé dans la préparation de certains mets pour leur donner plus de goût. Etendu d'eau avec un peu de sucre, il constitue une boisson très hygiénique et rafraîchissante appelée *limonade*. — Les orangers et les citronniers sont cultivés dans le midi de la France et dans les pays chauds.

les bananes, qu'on cueille là comme les mûres ici, nous eurent bientôt rendu des forces. La ville est assez bien. Dans ses rues, vous vous croisez avec des Arabes en burnous* blanc, des nègres tatoués* de signes bizarres, des Persans au bonnet pointu, des Hindous aux somptueux vêtements, des Européens de toute nation; vous entendez un charivari de langues à vous croire à la tour de Babel. Sylvain, tu te rappelles?...

Le *bananier* croît dans les régions tropicales; ses fruits, appelés *bananes*, se mangent cuits et ont un goût excellent. Avec ses tiges on fabrique des étoffes et du papier.

Sylvain inclina la tête.

— Mais sur la grande place de la ville, quel spectacle un matin !... T'en souviens-tu, Sylvain?

Sylvain, qui regardait son camarade avec admiration, répondit doucement :

— Oui, Pascal.

Et Pascal reprit :

— Figurez-vous une sombre procession de nègres, hommes, femmes, enfants. Elle s'avance vers nous, les hommes attachés deux à deux par des fourches qui leur enserrent le cou, les femmes et les enfants liés aux hommes par des longes. Tous paraissent hébétés de fatigue et de douleur, et incapables de la moindre résistance. La procession, escortée d'Arabes, s'arrête au milieu de la place. Là, attendent, allant et venant ou assis en rond, d'autres Arabes en burnous, au visage placide *, indifférent. Quelques-uns se lèvent, vont regarder de près le noir troupeau. Sur un signe, on détache trois hommes et deux jeunes filles ; on leur fait faire des exercices, lever la tête, les bras, puis on jette un bâton assez loin, avec commandement de courir le chercher. Ils courent, ils reviennent : — Monsieur le marchand, combien voulez-vous de ce jeune homme ? — Trois cents francs. — Combien de cette jeune fille ? — Deux cents francs. — Etes-vous fou ? — Le marchand se fâche, crie qu'il vient de faire trois cents lieues à cette chasse aux nègres, de traverser des torrents, des jungles *, des forêts vierges * ; donc il ne rabattra pas un sou ! On discute longtemps ; on finit par s'entendre. Les acheteurs emmènent les trois jeunes gens et les deux jeunes filles. Les mères, encore attachées et à vendre, pleurent et se désolent en vain.

Le *burnous* est un grand manteau de laine à capuchon que portent les Arabes.

— Mais c'est horrible ! c'est affreux ! s'écria Suzette.

— Vous n'avez pas crié au voleur ? dit François.

— Il fallait au moins prévenir la gendarmerie, ajouta Charlot.

M. Pascal se mit à rire, puis répondit :

Questionnaire. — Que raconta Pascal : 1° des productions de Zanzibar ; — 2° des habitants et des étrangers qui fréquentent le port ; — 3° des langues qu'on y parle ? — Comment les esclaves sont-ils amenés sur le lieu où ils sont vendus ? — A quelles épreuves les soumet-on ? — Comment se conclut la vente ? — Quelles réflexions naïves firent François et Charlot ?

DÉVELOPPEMENT DES SUJETS PROPOSÉS POUR EXERCICES.

Sciences naturelles. — *Décrire une orange, un citron, une banane. — Quel est l'usage de chacun de ces fruits? — D'où les tirons-nous?*

L'orange, comme le citron et la banane, se récolte dans les pays chauds ; on l'obtient aussi, en Europe, sur les côtes de la Provence, et l'Espagne en exporte des quantités considérables. Ce fruit est d'une forme sphérique et de couleur jaune rougeâtre ; une écorce épaisse le recouvre, et, lorsqu'on la presse, elle projette par ses pores un liquide odorant. L'intérieur de l'orange se divise en tranches régulières qu'on sépare facilement avec les doigts ; le suc est doux, sucré, légèrement acide et rafraîchissant. On remarque au milieu de chaque tranche, et dans la partie centrale du fruit, cinq ou six noyaux.

Le citron a une forme ovale et beaucoup d'analogie avec l'orange ; mais le suc en est fortement acide et astringent. On tire ce fruit des mêmes contrées que l'orange.

(Pour l'usage de l'orange et du citron, se reporter à la note explicative des gravures de la leçon.)

Les bananes sont des fruits qui croissent seulement dans la zone torride ; ils ont la forme de petits concombres, une couleur jaunâtre et renferment une chair molle et très sucrée ; elles entrent pour une part considérable dans la nourriture des Hindous et des Africains.

LES RACES HUMAINES. — *Comment sont les hommes de chacune des quatre grandes races humaines : blanche, jaune, rouge, noire? — Où habite principalement chaque race?*

Les hommes des différentes régions du globe se distinguent par la teinte de leur peau, et on les répartit en quatre classes ou races principales : blanche, jaune, rouge, noire.

La *race blanche*, originaire du plateau central de l'Asie, s'est répandue à l'ouest et au centre de cette partie du monde, y compris l'Hindoustan, en Europe, dans le nord de l'Afrique, dans l'Amérique et l'Australie, où elle compte beaucoup plus d'individus que la race indigène.

La *race jaune* a la tête ronde, les yeux bridés et obliques, les cheveux raides et noirs, la barbe rare. Elle habite la Chine, le Japon, l'Indo-Chine et une partie de la Malaisie ainsi que de la Sibérie.

La *race rouge* comprend la plupart des populations sauvages de l'Amérique ; les hommes en sont grands, vigoureux ; ils ont les cheveux longs et noirs, mais point de barbe et le teint rouge brun.

Quant à la *race noire*, elle se distingue par la couleur foncée de sa peau, qui passe du brun foncé aux teintes du bronze et au noir. En général, les nègres ont les cheveux frisés, le nez épaté, la bouche saillante, largement fendue et bordée de lèvres épaisses. On les trouve en Afrique, où ils dominent, dans les îles de l'Océanie, en Australie ; ils se sont multipliés, à l'état d'esclaves, aux États-Unis, aux Antilles et au Brésil.

Instruction civique. — *Quel est le bien le plus cher à l'homme? — En quoi consiste la liberté? — Qui en sont privés? — Qu'est-ce qu'un esclave? — Comment certains peuples se procurent-ils* *des esclaves? — Détails sur la traite. — Comment et quand cet odieux trafic fut-il aboli?*

Le bien le plus précieux à l'homme est la liberté, c'est-à-dire la faculté d'agir selon sa volonté pour faire ce qui est utile et agréable, sans causer de préjudice à autrui.

On distingue la liberté de conscience et la liberté individuelle.

La liberté de conscience est le droit de choisir, en religion, les opinions qu'on juge les plus conformes à la vérité, sans pouvoir être inquiété à ce sujet.

La liberté individuelle est le droit reconnu à chaque citoyen de disposer de sa personne et de n'être arrêté ou détenu que dans les circonstances et selon les formes déterminées par la loi. Les esclaves sont privés de la liberté.

Un *esclave* est un homme acheté ou capturé par un autre homme qui prend le droit de le contraindre au travail et à toutes les exigences auxquelles il lui plaît de le soumettre. Autrefois, l'esclavage était général; actuellement, il n'existe plus que dans les contrées barbares de l'Afrique et chez la plupart des États musulmans.

On se procure des esclaves par des expéditions sur le territoire de tribus où l'on n'a pas à craindre une défense bien organisée ; on pénètre de vive force dans les villages, et l'on capture les hommes, les femmes et les enfants les plus robustes.

Du seizième siècle aux premières années du dix-neuvième, des navires européens transportaient d'Afrique, dans les colonies, des esclaves nègres achetés à prix d'argent aux petits rois de la côte. Cet affreux commerce s'appelait la *traite*, et il donnait lieu aux crimes les plus odieux : le nègre captif devenait quelque chose comme un animal domestique auquel on ne reconnaissait ni propriété, ni famille. Les nations civilisées de l'Europe ont pris des mesures pour mettre fin à ce trafic abominable, et, à cet effet, des vaisseaux de guerre stationnent le long des côtes de l'Afrique centrale pour saisir au passage les navires chargés d'esclaves.

Géographie. — *Où habitent les Arabes, les Persans, les Hindous? — Indiquer les principales villes de chacune de ces contrées.*

Les *Arabes* habitent une presqu'île aride et sablonneuse, située à l'est de la mer Rouge ; les villes principales de l'Arabie sont : *la Mecque*, *Médine* et *Moka ;* — les *Persans* forment une nation qui vit entre la mer Caspienne, le golfe Persique et le golfe d'Oman : *Téhéran* et *Ispahan* sont leurs deux plus grandes villes ; — les *Hindous* peuplent une grande et fertile contrée de l'Asie méridionale. L'Inde se divise en Inde anglaise (villes principales : *Bombay*, *Calcutta*, *Madras*, *Hyderabad*, *Bénarès*, *Lahore*, *Surate*, etc.) ; en États indépendants (villes principales : *Katmandou*, *Pounaka*) ; en possessions portugaises (territoires de *Goa*, *Daman* et *Diu*) ; en possessions françaises (villes principales : *Pondichéry*, *Chandernagor*, *Yanaon*, *Karikal*, *Mahé*).

Économie domestique. — *Comment s'y prend-on pour préparer et servir une orange? — Usages du citron et de son jus.*

Pour préparer une orange, on la débarrasse de son enveloppe jaune en pratiquant une entaille circulaire dans le sens du plus grand diamètre du fruit, on soulève l'écorce avec le doigt, et l'on obtient ainsi deux calottes demi-sphériques. Rien de plus facile que de séparer les tranches du fruit; on les range ensuite sur le pourtour d'une assiette au centre de laquelle on a mis du sucre en poudre. On fait alors circuler, et les personnes qui prennent successivement l'assiette saisissent une tranche, la roulent dans le sucre et la mangent.

(Pour les usages du citron, voir la notice qui accompagne la gravure représentant ce fruit.)

59. — M. Pascal parle arabe. (*Élève*, p. 128.)

— Le grand explorateur Livingstone a vu ce que j'ai vu. Il n'a pas crié, il n'a pas appelé les gendarmes par la bonne raison qu'il n'y en a pas dans ce pays-là. Livingstone a donné sa vie surtout pour affranchir les pauvres noirs de l'esclavage, et l'Angleterre, sa patrie, a interdit les marchés d'esclaves à Zanzibar. Malheureusement, les Arabes voleurs et acheteurs de noirs sont fous de ce commerce.

— Mais pourquoi, demanda François tout au récit, pourquoi faut-il des esclaves aux Arabes?

— Parce que les Arabes ont, pour la plupart, du plomb dans les coudes, qu'ils sont très fainéants et très fiers de leur fainéantise. Ils méprisent surtout l'agriculture et les agriculteurs. « Nos pères, disent-ils avec orgueil, n'ont jamais touché la terre ; nous ferons comme eux! Que des esclaves sèment et récoltent pour notre bouche! »

Il prit haleine un moment ; Jacques lui versa un verre de bière :

— Vous êtes très intéressant à entendre, lui dit-il ; mais, s'il vous plaît, comment faisiez-vous à Zanzibar pour ne pas perdre un mot des discours des marchands d'esclaves? je l'ai demandé tout bas à votre camarade, qui ne m'a pas répondu.

Pascal se tourna vers le camarade :

— Il n'a pas répondu? il a donc oublié Mohammed? Mohammed, notre interprète*, qui ne nous a jamais quittés, et qui savait non seulement l'arabe, mais aussi tous les dialectes* de l'Afrique! Parbleu! Sylvain, n'avions-nous pas un interprète?

— Ah! oui, répondit Sylvain, nous avions un interprète.

— Et puis, reprit Pascal, quand on a vécu en Algérie, comme nous, on a toujours dans la poche assez d'arabe pour se tirer d'affaire : *Allah! salamalec, macach, gourbi, douar, kouskoussou, kif-kif...*

— Monsieur, demanda Suzette, qu'avez-vous encore vu à Zanzibar et ailleurs ?

— Oh! tant de choses, Mademoiselle, qu'il vous faudrait une semaine ou deux de loisir pour les entendre.

— Choisissez, je vous prie, dans la quantité. Le dessus du panier est toujours bon à prendre. Nous vous écoutons.

— Nous vous écoutons, dirent les autres.

Questionnaire. — Qu'est-ce qu'a fait Livingstone en Afrique ? — Pour quelle raison les Arabes capturent-ils des esclaves ? — Que disent-ils pour justifier leurs actes ? — Que dit Jacques à Sylvain relativement aux langues de l'Afrique ? — Quelle réponse imagina Pascal ? — Que pensez-vous de cette réponse ? — Quel échantillon donna-t-il de sa connaissance de l'arabe ? — Que lui demanda Suzette et que répondit-il ?

DÉVELOPPEMENT DES SUJETS PROPOSÉS POUR EXERCICES.

Morale. — TRAVAIL ET PERSÉVÉRANCE. — *Racontez l'histoire de Livingstone. — Pourquoi éprouvez-vous du respect et de l'admiration pour ce grand homme? — Quel Français l'a imité au Gabon?*

Le grand explorateur *Livingstone* (1813-1873) naquit en Écosse, d'une pauvre famille d'ouvriers tisseurs. Dès son enfance, il fut assujetti au rude travail d'une filature; mais, animé du désir de s'instruire, il profitait de toutes les occasions et de tous ses loisirs pour étendre ses connaissances et compléter les études commencées à l'école primaire. C'est ainsi que, tout en travaillant à la fabrique, il parvint au grade de docteur en théologie, et qu'il put obtenir un emploi de missionnaire dans les établissements de l'Afrique méridionale.

Il partit avec sa famille et se voua à évangéliser les misérables peuplades de la Cafrerie; peu à peu il pénétra dans l'intérieur du continent et, le premier, le traversa de l'est à l'ouest, de Quillimané à Saint-Paul de Loanda. Puis il se dirigea vers le nord et découvrit, pour ainsi dire, un monde nouveau dans la région du Zambèze et celle des grands lacs.

Tous ses efforts tendirent à éclairer des lumières du christianisme les populations où il séjourna, et à combattre le trafic des esclaves. Il a enrichi la géographie de notions étendues sur des régions jusqu'alors inconnues ; il mourut sur les rives du lac Tanganyika, à la suite des fatigues excessives qu'il lui avait fallu supporter dans ses dernières explorations.

L'Angleterre a rendu hommage au dévouement de Livingstone en donnant à ses restes une sépulture dans la basilique de Westminster, parmi les monuments funèbres des rois et des grands hommes.

Le Français *de Brazza* a pénétré de la même manière dans la région équatoriale de l'Afrique baignée par l'Ogoué et appelée le Gabon. Il y a conquis, par l'ascendant d'une volonté honnête, humaine et persévérante, une telle influence qu'il a doté sa patrie d'une colonie de grand avenir.

Français. — *Qu'est-ce qu'une langue? — En quoi est-il avanta-*

geux de connaître une ou plusieurs langues étrangères? — Qu'est-ce qu'une langue vivante? — Qu'est-ce qu'une langue morte? — Quelles sont les deux langues les plus répandues dans le monde civilisé?

On appelle *langue* l'ensemble des mots dont les habitants d'une grande contrée se servent pour exprimer leurs idées. Chaque nation a une langue particulière, qu'il est très avantageux de connaître, si l'on doit voyager dans le pays qu'elle occupe ou y entretenir des relations d'affaires. On n'a pas besoin alors de l'aide dispendieuse d'un interprète.

Celui qui parcourt les contrées étrangères sans en avoir étudié préalablement les langues, est tel qu'un sourd-muet; on ne saurait donc trop encourager la jeunesse à s'exercer à l'étude des langues. En Angleterre, en Allemagne, en Russie, en Hongrie, en Belgique, en Hollande, en Suisse, etc., il n'est pas de personne quelque peu aisée qui ne connaisse au moins deux langues.

Les deux *langues vivantes* les plus répandues dans le monde civilisé sont l'*anglais*, pour les usages du commerce, et le *français* pour la diplomatie, la science et la littérature. L'*allemand* prend chaque jour une extension plus considérable par suite de la facilité avec laquelle émigrent les hommes de race germanique.

Le grec, le latin, sont des *langues mortes*, c'est-à-dire des langues que l'on ne parle plus.

Géographie. — *Dessiner la côte d'Afrique appelée côte du Gabon. — Tracer le cours de l'Ogoué, et du Congo qui borne la région soumise au protectorat de la France, au sud et à l'est.*

(Le tracé de cette carte n'occupera pas moins d'une demi-feuille de cahier; on n'y omettra pas *Franceville*, *Brazzaville* et, vis-à-vis cette dernière, *Stanley-Pool.*)

60. — A travers les jungles. (*Élève*, p. 129.)

— Eh bien! voici. Nous ne restâmes à Zanzibar que juste le temps de nous joindre à une caravane * qui partait pour le pays de Benguéla. Elle comptait soixante-quatre chameaux de robe* brune, blanche ou cendrée, avec leurs beaux yeux doux de gazelle*. Nous montions chacun le nôtre, assis entre les deux bosses, — on n'est pas là aussi commodément que sur cette chaise, mais on s'y fait; — et nous voilà partis avec une pacotille de calicot,

Les voyageurs s'assemblent en troupes pour traverser les déserts avec plus de sûreté et forment ce qu'on appelle une *caravane*.

d'indienne, de perles, de verroteries * que nous devions échanger contre le blé, le maïs, le sorgho*, la viande nécessaires à notre subsistance. Des Arabes armés jusqu'aux dents montaient ou menaient les autres chameaux. Et savez-vous ce qu'ils étaient ?

— Des chasseurs de noirs ? répondit Jacques.

Dattier.

Genre de palmier très répandu en Afrique, qui donne des fruits excellents appelés *dattes.* Les Arabes font leur nourriture ordinaire de ce fruit qui est gros comme une prune.

Hippopotame.

C'est un énorme mammifère qui habite le centre et le midi de l'Afrique. Son poids peut atteindre 2,500 kilog.; ses dents fournissent un ivoire plus estimé même que celui de l'éléphant. Cet animal vit le plus souvent dans les fleuves, dans les lacs ou dans les marécages.

— Juste ; mais nous ne le sûmes que longtemps après. Ils faisaient leurs dévotions, leurs ablutions*, s'humectant les pieds, les mains, le front avec des manières à eux, en se tournant du côté de la Mecque, et cela plusieurs fois par jour : c'est ce qu'ils regardent comme leurs devoirs envers Dieu.

Les *crocodiles,* reptiles de grande taille, sont organisés pour vivre dans l'eau, où ils se meuvent avec une agilité extraordinaire. C'est en Afrique qu'ils sont le plus nombreux.

— C'est une singulière façon d'entendre ces devoirs que de pratiquer la chasse aux hommes et, pour cela, de piller, brûler, massacrer! dit M. Dumay.

— Voilà ce que j'essayai de leur faire comprendre, mais ils se fâchèrent. Sous un soleil de feu ou sous une lune de cristal, nous marchions à travers d'interminables halliers de broussailles, de dattiers, de bambous, d'épines crochues. Il fallait se frayer un sentier à coups de hache. Ou bien c'était à travers des jungles, plaines bourbeuses couvertes de roseaux coupants comme rasoir. Oh! oh! Sylvain, attention! — Sylvain leva la tête: — Qu'est-ce que c'est là-bas que cette masse informe qui se montre dans la vase? Un hippopotame!... Sylvain, attention! — De nouveau Sylvain releva la tête: — Ici, à gauche, ce tronc d'arbre rugueux* couché parmi les roseaux! Il a l'air de frémir, il remue! c'est un crocodile!... Un, deux, dix, vingt crocodiles, en voilà de tous côtés! Filous! ils vous goberaient une caravane comme un homme une sardine!... Et ces yeux flamboyants à travers les broussailles! un tigre! Nous sommes menacés, les chameaux reculent malgré nous. Nous rebroussons chemin, nous contournons la jungle à distance respectable.

Le *tigre*, dont la peau est mouchetée, est un animal féroce qui appartient au genre chat.

Questionnaire. — Qu'est-ce qu'une caravane? — Où est le pays de Benguéla? — Quels animaux transportaient voyageurs et marchandises? — Où étaient juchés les deux explorateurs? — De quels objets d'échange s'étaient-ils munis? — Qui dirigeait la caravane? — Quelles sont les pratiques religieuses ordinaires des Arabes? — Quelles réflexions fit M. Dumay sur la profession de ces bandits arabes? — Dans quelle région avançait-on? — Quelles difficultés présentait-elle? — Quels animaux faillirent dévorer Sylvain? — Comment se fit le passage des jungles?

DÉVELOPPEMENT DES SUJETS PROPOSÉS POUR EXERCICES.

Sciences naturelles. — LE CHAMEAU. — *Décrire cet animal. — A quoi est-il employé? — Dans quels pays rend-il de grands services? — Quelles sont les deux espèces de chameaux? — Citez celle de nos colonies où l'on voit nombre de ces animaux.*

Les chameaux sont de grands animaux à tête petite et fortement arquée, portée sur un cou assez long qui forme une courbe gracieuse. Leur corps est remarquable par la bosse ou les deux bosses qu'il présente sur le dos; il est porté sur quatre longues jambes terminées par de larges pieds non enveloppés de corne, particularité à laquelle cet animal doit de marcher facilement sur le sable des déserts.

Buffon a dit que le chameau est le trésor de l'Asie. En effet, « il nourrit « les habitants de diverses contrées avec son lait et sa chair; il les habille « de son poil long et moelleux, et rend encore, comme monture et bête « de somme, des services signalés. Sans lui, les peuples que séparent « les océans de sable ne pourraient se rapprocher par le commerce. »

La sobriété du chameau est telle que, chargé de 400 à 500 kilogrammes et faisant 50 à 60 kilomètres par jour, sous un soleil brûlant, il se contente, pour toute nourriture, d'une poignée de grain. Souvent il est huit ou dix jours sans boire; seulement, quand il passe devant une mare, il boit pour le passé et pour l'avenir.

On appelle *dromadaire* le chameau à une bosse.

Les habitants nomades de l'Algérie méridionale élèvent une quantité de chameaux.

L'HIPPOPOTAME. — *Décrire cet animal. — Où vit-il? — Pourquoi le chasse-t-on?*

L'hippopotame (cheval de rivière) est un animal gigantesque et de formes massives, mesurant de 3 à 4 mètres de longueur; sa bouche, démesurément grande, se termine par un mufle large et renflé à sa base; d'énormes dents le garnissent et font saillie au dehors. Son corps s'appuie sur de grosses jambes, si courtes cependant que le ventre touche presque à terre. Cette masse est enveloppée d'une peau nue, d'un brun rose et d'une épaisseur considérable.

(Les élèves trouveront à la gravure la réponse aux deux autres questions.)

LE CROCODILE. — *Décrire cet animal. — Dans quelles contrées vit-il? — De quoi fait-il sa proie? — Comment le chasse-t-on?*

Le crocodile est un reptile énorme qui atteint jusqu'à dix mètres de longueur; il apparaît comme une sorte de grand lézard dont la gueule monstrueuse est armée de dents aiguës. Il vit dans les fleuves et les lacs de l'Afrique et de l'Amérique, jetant la terreur parmi les populations riveraines, qui lui font une guerre acharnée, sans réussir à diminuer sensiblement la multitude de ces monstres, tant ils se reproduisent facilement par les œufs qu'ils déposent dans la fange des rivages. Le crocodile se nourrit exclusivement de chair; il est fort difficile à tuer à cause de la dureté de sa peau, sur laquelle viennent glisser lances et balles de fusils.

LE TIGRE. — *Mêmes questions que pour le crocodile.*

Le tigre, plus grand et plus terrible encore que le lion, est également plus svelte, plus élancé, plus souple; il rappelle le chat domestique par ses formes et ses allures. Sa robe, très élégante, est d'un jaune fauve en dessus et d'un blanc pur au-dessous; elle est partout irrégulièrement striée de bandes brunes transversales; sa queue est annelée de noir, assez longue et ne contribue pas peu à son ornement.

Cet animal est particulier à l'Asie; il habite encore les îles de Java et de Sumatra; parfois, il s'approche de l'Europe. C'est surtout dans les jungles que le tigre aime à s'établir; dès que la faim se fait sentir, il se met en campagne, s'installe dans un fourré et attend une victime. Il la laisse approcher et, lorsqu'il le juge à propos, il s'abat sur elle d'un bond prodigieux, la déchire et s'en repaît. Il s'attaque au bétail, aux hommes même; on l'a vu, dans l'Hindoustan, saisir des soldats dans leur camp, sous les yeux des sentinelles.

La chasse du tigre se fait avec des éléphants dressés, sur lesquels prennent place les tireurs; les éléphants entrent dans les jungles, les battent en tous sens et forcent le tigre à se montrer; les armes à feu font alors leur office. (D'après L. Figuier.)

Le Dattier. — *Décrivez cet arbre. — Dans quelles contrées croît-il? — Décrivez son fruit. — Quels peuples en font leur nourriture? — Comment ce fruit nous arrive-t-il?*

Le dattier est un grand arbre particulier aux oasis des déserts des tropiques; il est originaire de l'Asie et de l'Afrique, et l'on a réussi à l'acclimater en Sicile et en Espagne. Sa tige, grêle et élevée, porte un bouquet terminal de rameaux où croissent des fruits d'un brun doré, en forme de pruneaux, à chair tendre et sucrée, connus sous le nom de dattes, fruits dont les populations arabes forment leur principale nourriture.

Le Bambou. — *Décrivez ce roseau. — Où croît-il? — Quelles dimensions atteint-il? — A quoi emploie-t-on ses tiges?*

Le bambou est un roseau particulier aux régions marécageuses des tropiques; il croît principalement dans la Chine, le Japon, l'Indo-Chine et les îles de la Malaisie; il y atteint une hauteur de 15 à 20 mètres. La dureté de son bois le rend précieux pour une foule d'usages: maisons, cabanes, meubles, outils; il n'est pas jusqu'à ses fibres qu'on ne tisse ou ne tresse quand on les a réduites en lames minces. On importe le bambou en Europe, où il sert à nombre d'usages industriels; la plupart des cannes à marcher, des cannes à pêche ne sont autre chose que des tiges de bambou.

61. — Un baobab. (*Élève*, p. 132.)

— Après des jours et des jours, nous entrâmes enfin en terre moins ennemie, non loin du fleuve Zambèze. Et là nous attendait une découverte bien touchante, celle du monument funèbre d'une femme aussi célèbre par son courage que par son nom.

Ce monument était un baobab, arbre merveilleux qui atteint vingt à trente mètres de circonférence, quoique sa taille ne dépasse guère sept mètres.

Sur le tronc, et à hauteur d'homme, était gravé le nom de

Mme Livingstone.

La femme du grand explorateur l'avait accompagné jusque-là, à travers toutes les fatigues, tous les périls.

— Par beau courage, par dévouement à l'humanité comme lui! dit Suzette avec admiration.

— Oui, et elle était morte à cette place. Livingstone la mit en terre au pied de ce baobab qui portera loin dans le temps le nom de cette noble femme, car un baobab peut vivre six mille ans.

Il y eut un instant de silence ; puis l'explorateur reprit :

— Toujours secoués entre les deux bosses de nos chameaux, nous allions atteindre un village africain. Nous étions moulus *, maigris de dix ou douze kilos ; te souviens-tu de ma mine d'affamé, Sylvain?

— Oui, Pascal, répondit Sylvain, qui écoutait avec autant d'attention que les autres.

— Enfin nous voilà en vue de huttes de bambous groupées au fond d'une verte vallée bordée de champs de manioc*, de sorgho, de blé.

C'est dans ce pays que nous changeâmes de caravane. Celle-là allait à Tombouctou. Vous plait-il que je vous y mène ?

— Nous vous en prions, Monsieur, dit Suzette. J'ai lu que c'est une grande et magnifique ville située aux confins du Soudan*, toute pleine de monuments, et d'ivoire, et de poudre d'or.

Questionnaire. — Quelle découverte firent nos explorateurs dans la région du Zambèze? — En quoi consistait le monument funèbre de Mme Livingstone? — Que savez-vous de cette femme dévouée? — Que fit son mari lorsqu'elle fut morte? — Que raconta Pascal des épreuves du voyage? — Où finirent-ils par arriver? — Quelle direction prirent-ils dès lors? — Qu'avait lu Suzette relativement à Tombouctou?

DÉVELOPPEMENT DES SUJETS PROPOSÉS POUR EXERCICES.

Morale. — *Qu'entendez-vous par un explorateur? — Quel but se propose-t-il lorsqu'il entreprend un voyage? — Quelles difficultés, quels dangers présentent les explorations? — Que faut-il pour y réussir? — Quels services rendent les explorateurs? — Que pensez-vous de Mme Livingstone?*

On entend par *explorateur* un homme instruit et courageux qui parcourt les régions les moins connues et les moins civilisées du globe, afin d'en faire connaître les peuples, les produits, le sol et les curiosités de toute sorte.

Il se propose un but à la fois humanitaire et intéressé, car tous ses efforts tendent à initier ces peuples aux bienfaits de la civilisation et à provoquer des échanges au commun profit des acheteurs et des vendeurs.

Les entreprises de ce genre offrent non seulement de grandes difficultés pour le parcours de contrées dépourvues de voies de communication, où les forêts, les marécages, les montagnes offrent mille obstacles, mais elles présentent encore de redoutables dangers en raison de l'insalubrité du climat et de la barbarie des habitants qui menacent à chaque instant la vie de l'explorateur.

Pour réussir dans les entreprises de ce genre, il faut joindre, à une santé de fer, une énergie, un courage que rien n'effraye, une persévérance invincible, beaucoup de prudence et de savoir, enfin des ressources pécuniaires considérables, pour l'achat des objets d'échange principalement.

C'est aux explorateurs que l'on doit la fondation des plus florissantes colonies; l'histoire naturelle, la médecine, la géographie, l'histoire ont été enrichies par eux d'une foule de connaissances utiles et variées; ils ont établi des relations entre des peuples déshérités et les grandes nations qui dominent le globe.

Mme Livingstone, en secondant son mari dans sa double tâche de missionnaire et d'explorateur, a montré non seulement une grande tendresse conjugale, mais un courage et un dévouement qui méritent tous nos hommages.

Une Française, Mme d'Ujfalvy, et deux Anglaises, Mmes Blount et Baker, l'ont récemment imitée. Une Autrichienne, Mme Ida Pfeiffer, a fait davantage; elle a entrepris seule plusieurs voyages dans les régions les moins connues de l'Afrique, de l'Asie et de l'Océanie.

Sciences naturelles. — LE BAOBAB. — *Décrire cet arbre colossal; parler de l'âge des plus gros de ces arbres. — Où les trouve-t-on? — Détails sur le sapin de la Californie.*

Le baobab est peut-être le plus gros des arbres; sa tige, qui n'a guère que 7 à 8 mètres de hauteur, mesure de 30 à 40 mètres de circonférence chez les sujets les plus vieux, auxquels on attribue près de six mille ans. Ce gigantesque végétal porte de longues branches horizontales qui lui donnent, au loin, l'aspect d'un dôme de verdure; il ne croît qu'en Afrique.

Certains *sapins* de la Californie et des districts orientaux de l'Amérique anglaise atteignent des dimensions encore plus étonnantes. Il en existe qui mesurent jusqu'à 140 mètres de hauteur sur 30 à 40 mètres de tour. En Australie, on voit des *eucalyptus* de 160 à 170 mètres de hauteur. Ces merveilles de la végétation datent au moins de cinquante siècles; on l'a constaté en comptant les couches des troncs d'arbres abattus.

LE MANIOC. — *Qu'est-ce que le manioc? — Comment fait-on perdre à la plante ses propriétés vénéneuses? — A quoi sert-elle?*

Le manioc, arbrisseau des contrées les plus chaudes de l'Amérique, a une racine volumineuse contenant, avec un principe vénéneux qui se détruit par le feu ou la fermentation, une grande quantité de fécule. Cette racine, râpée, pressée et séchée, donne la farine de manioc, qui est un aliment de grande valeur nutritive.

Le tapioca est cette même fécule séchée sur des plaques chaudes, cuite et agglutinée en grumeaux irréguliers. Elle remplace le pain pour les potages et elle entre de plus en plus dans la consommation ordinaire.

LE SORGHO. — *Décrire cette plante. — Pourquoi la cultive-t-on? — Quelle partie de cette plante utilisons-nous pour le bétail?*

Le sorgho, originaire de la Chine, est une graminée dont une des variétés produit le millet. On le cultive dans le centre et dans le midi de la France pour ses feuilles qui donnent un fourrage estimé. Quelques peuplades d'Afrique fabriquent une espèce de bière avec le grain du sorgho.

Géographie. — *Dessiner la côte d'Afrique de l'embouchure du Sénégal à notre colonie du Gabon. — Figurer le cours du Sénégal et celui du Niger. — Indiquer l'emplacement de Tombouctou.*

(Se reporter à l'atlas en usage dans l'école.)

62. — Le pays de la peur. (*Élève*, p. 133.)

— Grande, magnifique, pleine de monuments, de poudre d'or... j'aurais voulu la voir ainsi! Mais la vérité m'oblige à dire qu'elle répond à la description faite par le fameux René Caillié, que l'amour des voyages emporta loin de la France à l'âge de seize ans.

Les *oasis* sont des endroits cultivés et arrosés, au milieu du désert, où peuvent se reposer les caravanes.

— Comme vous, interrompit M. Dumay avec une pointe de malice.

— Comme moi. René Caillié ne vit à Tombouctou que de misérables masures habitées par dix ou douze mille nègres et marchands qui échangent l'or, l'ivoire, les esclaves contre les cotonnades, les laines, les épices et surtout le sel, bien autrement rare dans ce pays que l'or dans le nôtre.

Les *Touaregs* forment des tribus nomades qui errent dans le Sahara et sont très redoutées des caravanes.

Il y avait six semaines que nous étions privés de ce condiment* quand nous arrivâmes à Tombouctou. Oh! le premier morceau de viande de chevreau salé à point que nous goûtâmes là, quel régal! hein? Sylvain!

— Il y manquait du poivre et une pointe d'ail, répondit Sylvain, doucement.

— Nous ne demeurâmes guère dans ce rendez-vous des caravanes qui traversent le Soudan; je voulais voir le Grand Désert et les oasis, malgré les dangers de la soif, des Touaregs et du simoun.

Et la soif commença dès le sixième jour de marche à travers les immenses plaines de sable brûlant et aveuglant. L'air embrasé s'enveloppait d'un brouillard rouge; on eût cru à un incendie; nous allions lentement, douloureusement accroupis sur nos montures somnolentes*; un cri retentit :

— Les Touaregs! les Touaregs!

Alors, courez, volez, nos chameaux! De la force qui nous reste nous les excitons! Mais les méharis, les chameaux de guerre des terribles pillards, sont plus rapides que les nôtres; ils nous atteignent. Leurs cavaliers, au visage couvert d'un voile noir, font peur; ils fondent sur nous avec leurs longues lances, leurs épées à double tranchant, brillantes au soleil comme des éclairs. Quelques-uns nous couchent en joue avec des fusils volés à d'autres caravanes. Nous tentons de résister; mais quatre des nôtres sont déjà tombés; il faut traiter!

Autruche.

Dans l'Inde, on élève des troupeaux d'autruches en vue de recueillir leurs plumes, qui servent à orner les coiffures des femmes, à confectionner des panaches, etc.

Celui qui nous commande abandonne six noirs sur douze qu'il menait comme esclaves, huit chameaux, un sac d'or, une balle de plumes d'autruches.

A ce prix, notre caravane mutilée*, ruinée, peut déguerpir.

Du haut de leurs fiers méharis, les voiles noirs, effrayants comme des spectres, attendent immobiles que nous ayons disparu dans le brouillard incandescent*.

Et de l'eau? Où y a-t-il de l'eau? Où est l'oasis, l'unique espérance du voyageur? Nos yeux brûlés sondent l'horizon. Peu à peu, le brouillard s'est dissipé, l'air est devenu limpide, et tout à coup un cri de soulagement sort de nos poitrines. A quelque distance apparaissent un îlot de verdure admirable, des miroitements cristallins * d'abondantes sources; voilà, voilà l'oasis!

Questionnaire. — Que raconta Pascal sur Tombouctou? — Qu'en a dit le Français René Caillié? — Quel régal firent, dans cette ville, nos jeunes explorateurs? — Quel mot malicieux ajouta Sylvain au récit de Pascal? — Où se dirigèrent-ils ensuite? — Que souffrirent-ils dans le désert? — Racontez l'attaque des Touaregs. — A quelles conditions la caravane put-elle continuer sa route? — Quel phénomène trompeur apparaît souvent dans le désert aux voyageurs altérés?

DÉVELOPPEMENT DES SUJETS PROPOSÉS POUR EXERCICES.

Géographie. — *Quelle idée vous faites-vous du Grand Désert? — Quels dangers en présente la traversée? — Indiquez les régions et la mer qui le limitent. — Qu'est-ce qu'une oasis? — Quel aspect présente-t-elle? — A quoi en est due la fertilité?*

Le grand désert du Sahara est une contrée sablonneuse recouverte, en grande partie, par une épaisse couche de sable que le vent amoncelle en dunes mouvantes. La chaleur y est affreuse pendant le jour (+ 67°) et parfois néanmoins la température de la nuit descend à celle de la glace. Les régions dépourvues d'oasis offrent un aspect formidable et sont effrayantes à traverser; quand la végétation ne manque pas complètement, elle n'est représentée que par des buissons épineux ou des chardons; la lumière aveuglante éblouit les yeux, et les objets semblent revêtus d'une teinte sombre et infernale. Des mares infectes ou bien des puits creusés à grand'peine dans les bas-fonds donnent une eau rare et saumâtre aux malheureuses caravanes.

Outre les souffrances de la soif, le désert présente de grands dangers. Les dunes soulevées par les vents d'orage engloutissent les voyageurs ou, recouvrant les traces auxquelles on reconnaît la route à suivre, les laissent égarés parmi les rochers et les sables dans lesquels ils périssent de folie après avoir subi toutes les tortures de la chaleur.

Le Grand Désert est limité au nord par le Maroc, l'Algérie et la régence de Tripoli; à l'est par les déserts d'Égypte et de Nubie, au sud par la région fertile connue sous le nom de Nigritie, et à l'ouest par l'Atlantique.

Dans toutes les parties du Sahara où l'eau jaillit en source, il se forme une *oasis*, île de verdure dont le riant aspect contraste d'une manière frappante avec l'aridité des sables environnants. On compte les oasis par centaines dans le Grand Désert et elles comprennent une surface égale au tiers de cette immense contrée. C'est, par excellence, le pays des dattiers. Au-dessous de leur large éventail de feuilles se pressent les abricotiers, les pêchers, les grenadiers, les orangers; les vignes s'enlacent autour des troncs; le maïs, le froment, l'orge mûrissent sous l'ombrage de cette forêt splendide.

L'eau est l'élément de la fertilité des oasis, et on augmente l'étendue de ces terrains privilégiés par le forage de puits artésiens qui amènent de véritables rivières à la surface du sol.

Sciences naturelles. — *A quel produit animal donne-t-on le nom d'ivoire? — Quels objets fabrique-t-on avec l'ivoire? — Qu'est-ce que le sel? — Où trouve-t-on naturellement ce minéral? — Citez les mines les plus fameuses avec quelques détails. — D'où extrait-on le sel? — Qu'entendez-vous par marais salants? — Citez des villes de France célèbres par leurs sources salées.*

On donne le nom d'*ivoire* à la matière des dents d'éléphant et de quelques autres grands mammifères, tels que les hippopotames et les morses des mers glaciales. C'est une substance blanche, qui se travaille assez facilement et prend un beau poli; elle a une valeur considérable. On en fabrique des statuettes, des ornements, des manches d'outils, des jouets, des dents artificielles, des couteaux à papier.

LE SEL. — Le *sel* est une substance solide, analogue à la pierre, qui possède une saveur particulière et agréable; il a été formé dans la nature par le mélange du chlore et de la soude.

« Il n'existe point de produit minéral plus universellement répandu et plus utile aux animaux; il leur est presque aussi indispensable que l'air qu'ils respirent. » (BOUCHARDAT.) C'est une substance nécessaire à la digestion pour dissoudre les aliments solides dans l'estomac.

Le sel se montre sous deux états : ou en dissolution dans les eaux, et particulièrement dans celles de la mer, ou en couches plus ou moins épaisses au sein de la terre. Il y a des mines de sel *gemme* (sous forme de pierre) dans presque tous les pays : en Pologne, en Espagne, en Algérie, au Pérou, au Chili, aux États-Unis notamment. Les mines les plus célèbres de l'Europe sont celles de Wieliczka et de Bochnia, près de Cracovie (Pologne); elles ont une longueur de plus de 1,000 kilomètres sur 400 de largeur. Découvertes vers le milieu du treizième siècle, elles sont depuis une source inépuisable de richesses. La quantité de sel qu'on en a tirée jusqu'à ce jour atteint près de 700 millions de quintaux.

On extrait le sel des eaux de la mer et de celles des sources salées qu'on voit jaillir en un grand nombre de lieux.

Dans le midi de la France, on fait arriver l'eau de la mer dans des espaces particuliers, soigneusement nivelés et divisés en compartiments où l'eau s'évapore par suite de la chaleur du climat, en laissant une couche de sel. Ce sont les *marais salants*. Dans le Nord, on vaporise l'eau des fontaines salées au moyen du feu; mais auparavant on l'obtient à un certain état de concentration en l'élevant dans des bâtiments où on la fait descendre à l'état de grande division au travers de fagots. Le sel est produit à si bon marché dans les marais salants que 100 kilogrammes s'y vendent 40 à 50 centimes au plus.

Les localités les plus connues par leurs sources salées sont : *Château-Salins*, *Dieuze* et *Vic*, en Lorraine; *Lons-le-Saunier* et *Salins*, en Franche-Comté; *Salies*, en Béarn.

Hygiène. — *Quel besoin est la soif? — A quoi est-elle due? — Comment faut-il boire en été? — Quelles boissons conviennent le mieux aux travailleurs pendant les grandes chaleurs? — Quelles sont celles qui sont nuisibles ou dangereuses? — Danger de boire de l'eau très froide quand on a chaud.*

La *soif* est le besoin de boire; elle se manifeste par une sensation de sécheresse dans la bouche et la gorge, ce qui arrive lorsque le corps a perdu, par l'évaporation à la surface de la peau, une partie de l'eau nécessaire à nos organes.

Il faut satisfaire la soif quand on l'éprouve, mais avec modération. En été, il est malsain de boire dès qu'on en sent le besoin, car on absorberait trop de liquide, et l'on serait affaibli par l'excès de transpiration qui en résulterait. Les boissons qui conviennent le mieux en cette saison, sont : le vin et le café noir étendus d'eau, l'eau acidulée de vinaigre, les infusions de réglisse et de gentiane additionnées d'un peu d'eau-de-vie. Les liqueurs fortes et le vin pur sont nuisibles et même d'un fâcheux effet pour la santé lorsque les chaleurs sont très fortes.

Si l'on boit de l'eau glacée quand le corps est échauffé, il y a suspension des fonctions de l'estomac ou congestion pulmonaire, c'est-à-dire une atteinte grave à la santé ; il faut donc s'en garder, et, si l'on n'a pas d'autre liquide, boire par petites gorgées ou attendre que la température de notre corps soit abaissée.

63. — Le simoun. (*Élève*, p. 135.)

— A toute bride, le cœur inondé de joie, nous courons à ces délices.

Mais à mesure que nous avançons, les sources, la verdure s'éloignent. Nous courons encore ; elles fuient plus loin !... Hélas ! c'était un mirage, le mensonge du désert, où l'atmosphère surchauffée réfléchit, comme en un vaste miroir, l'image d'un objet lointain.

Le beau rêve s'est perdu derrière les nuages à l'horizon. Mais les tortures* du Sahara se suivent. En voici une autre, la plus terrible, qui accourt. La chaleur est devenue effroyable, il s'élève un vent de fournaise. Des rafales* furieuses soulèvent le sable en tourbillons affolés* qui nous enveloppent, nous aveuglent, nous brûlent. Les vagues tumultueuses de l'Océan en tempête sont moins enragées que ces flots de sable. Toute la caravane, gens et bêtes, est renversée. Couchés à terre, nous y passons plusieurs heures, mourants.

Toute la caravane, gens et bêtes, est renversée.

Enfin le simoun s'apaise ; on se redresse, on se tâte, on se compte : un homme a péri ; deux chameaux, morts aussi. Adieu ! on les laisse là où leurs os blanchiront...

En voilà d'autres plus loin, perçant le sable. Les ossements servent de signes indicateurs en ce pays de désolation ; ils nous apprennent que nous sommes bien sur la route des caravanes.

Et voici l'oasis! la réelle oasis qui se dessine enfin à l'horizon! D'un dernier effort nous l'atteignons. C'est un bouquet de palmiers; deux sources susurrent* doucement sous des gazons fleuris. Nous buvons longuement, nous nous baignons; c'est la résurrection! c'est la vie!

La caravane prend là vingt-quatre heures de repos; elle les avait bien gagnées!...

L'explorateur poussa de larges soupirs de satisfaction, but un nouveau verre de bière, comme pour se rendre son plaisir plus présent, puis reprit :

Questionnaire. — Quel phénomène se produisait à mesure que les voyageurs avançaient vers le lieu où des sources apparaissaient? — Décrivez la tempête de sable. — Quelles avaient été les conséquences du simoun? — Quels lugubres objets se voient sur la route des caravanes? — Décrivez l'oasis et le bonheur qu'éprouvèrent les gens de la caravane. — Que fit Pascal après avoir achevé son récit?

DÉVELOPPEMENT DES SUJETS PROPOSÉS POUR EXERCICES.

Sciences naturelles. — LA CHALEUR. — *Sources de la chaleur. — Prouvez, par des exemples, que la chaleur augmente le volume des gaz, des liquides, des métaux. — Quand dit-on qu'un métal est en fusion? — Quand dit-on qu'un corps brûle?*

La *chaleur* est la sensation que l'on éprouve en passant dans un lieu ou en touchant un objet dont la température est supérieure à celle de notre corps. Les principales sources de ce phénomène sont : le soleil, la terre dont l'intérieur est brûlant, la combustion des corps, autrement dit, le feu.

Un des effets les plus connus de la chaleur est l'augmentation de volume, ou *dilatation*, qu'éprouvent les corps à mesure qu'ils s'échauffent. Ainsi, l'eau froide qui emplit un vase, déborde peu après que ce vase a été placé sur le feu; une vessie à demi pleine d'air et soigneusement ficelée à l'ouverture, se gonfle entièrement dès qu'elle a séjourné auprès d'un foyer; les rails des chemins de fer, séparés les uns des autres en hiver, se touchent en été, etc., etc.

La chaleur écarte les petites parties, ou molécules, qui constituent les corps; lorsque ces molécules ne sont plus adhérentes, elles roulent les unes sur les autres si l'on a mis le corps sur une pente. On dit alors qu'il y a *fusion*. L'eau est de la glace en fusion; le mercure nous apparaît à l'état de fusion.

Un corps *brûle* lorsque, étant enflammé, il se décompose de telle sorte qu'il ne lui reste plus rien de son apparence première. Le bois, après avoir brûlé, donne un résidu, les cendres, où rien ne nous rappelle la constitution du corps qui les a produites.

Industrie. — *Quelles applications les charrons et les forgerons font-ils de la propriété qu'ont les métaux de se dilater par l'effet de la chaleur?*

Les charrons font rougir les bandes de fer qui entourent les roues au moment où ils les fixent; en se refroidissant, ces bandes diminuent de longueur et resserrent fortement les parties du contour de la roue,

Les grilles des fourneaux ne doivent pas être encastrées trop juste à leurs extrémités, mais libres au moins à l'une; sinon elles se tordent ou arrachent les pierres du foyer en se dilatant. Lorsqu'on chauffe trop brusquement un vase de verre, il éclate, parce que le verre conduisant mal la chaleur, les parois se dilatent inégalement et une rupture se produit.

Agriculture et Horticulture. — *Quels sont les effets de la chaleur et de l'humidité sur les graines, sur les plantes et sur les fruits? — Quel est l'objet des couches, des serres? — Pourquoi les fruits en espalier mûrissent-ils avant les autres?*

La chaleur et l'humidité sont extrêmement favorables au développement de la végétation; les régions chaudes et humides du globe, telles que les tropiques, présentent une multitude de plantes et d'arbres qui naissent, croissent et portent des fruits dans un espace de temps d'une durée très restreinte. Sous cette influence, et dans nos climats, les graines germent, les plantes prennent leur accroissement et les fruits arrivent à maturité.

Comme le printemps est souvent tardif, froid et sec, on a imaginé de produire dans le sol une chaleur artificielle en disposant du fumier frais sous un lit de terre peu épais; on obtient alors une *couche* sur laquelle on sème les graines, en vue de repiquer ensuite les plantes auxquelles elles donneront naissance. En recouvrant la couche d'un châssis vitré, on concentre la chaleur du soleil et, par suite, on active la végétation.

Les *serres* sont des lieux clos, fermés de châssis dans la partie qui reçoit les rayons lumineux. Les jardiniers les chauffent en hiver pour y maintenir une température douce et égale, ce qui permet d'y conserver les plantes étrangères auxquelles serait fatale la température de notre saison rigoureuse.

Les *fruits en espalier* mûrissent plus tôt que les autres, parce que le mur auquel ils sont adossés empêche la déperdition de la chaleur solaire. Les meilleurs chasselas proviennent des espaliers.

Hygiène. — *Quels fâcheux effets produit une chaleur excessive et prolongée sur le corps humain? — Quels inconvénients y a-t-il à aller nu-tête au soleil? — Quels vêtements adopterons-nous en été? — Que survient-il lorsque, ayant très chaud, on s'expose à un courant d'air froid?*

L'exposition du corps à une chaleur excessive, telle, par exemple, que celle des rayons d'un soleil ardent, détermine des accidents plus ou moins graves: congestions au cerveau et méningites; on a vu des moissonneurs tomber morts subitement par suite de l'action des rayons solaires.

Les enfants ne devront jamais rester nu-tête au soleil, surtout au printemps; ils y gagneraient un érysipèle, vulgairement appelé *coup de soleil*, dont les effets ne se limitent pas toujours à la peau directement atteinte, mais se communiquent souvent au cerveau. Pendant la saison chaude, ils ne sortiront pas sans être munis d'un chapeau de paille.

Les vêtements qui conviennent le mieux en été seront en étoffe légère, larges et flottants, ne comprimant aucune partie du corps. Les personnes délicates se trouveront bien de porter de la flanelle, à la condition d'en changer souvent, car elle s'infecte au contact du corps.

Lorsqu'on s'expose brusquement à un courant d'air froid, en état de transpiration, il y a arrêt brusque dans la sécrétion de la sueur. Il en résulte des rhumes fort graves et parfois des fièvres mortelles. Un coup de fusil, a-t-on dit, est moins dangereux qu'un courant d'air.

64. — Sous la tente. (*Élève*, p. 137.)

— Nous avions été plus heureux qu'un pauvre cheval dont nous rencontrâmes la dépouille à quelque distance. Tu te rappelles, Sylvain ?

Cheval arabe.
La race arabe fournit les chevaux de selle, de course et de léger attelage.

— Un cheval mort?

— Oui, un cheval arabe, blanc, probablement échappé de quelque tribu nomade* des bords du Sahara. — Sans doute la pauvre bête n'avait pas eu la force d'atteindre l'oasis, et était morte de soif. Devant son cadavre, des vers appris jadis dans mon enfance me revinrent en mémoire. Voulez-vous que je vous les dise?

— Dites-les-nous, s'ils sont bons.

— Eh! s'ils n'étaient pas bons, je ne vous les dirais pas! Écoutez :

LA CAVALE AU DÉSERT.

Lorsque dans le désert la cavale sauvage,
Après trois jours de marche, attend un jour d'orage
Pour boire l'eau du ciel sur les palmiers poudreux,
Le soleil est de plomb; les palmiers en silence
Sous leur ciel embrasé penchent leurs longs cheveux.
Elle cherche son puits dans le désert immense;
Le soleil l'a séché; sur le rocher brûlant
Les lions hérissés dorment en grommelant.
Elle se sent fléchir; ses narines qui saignent
S'enfoncent dans le sable, et le sable altéré
Vient boire avidement son sang décoloré.
Alors elle se couche, et ses grands yeux s'éteignent;
Et le pâle désert roule sur son enfant
Les flots silencieux de son linceul* mouvant.

(A. DE MUSSET.)

On applaudit ces beaux vers, et M. Pascal remercia avec l'air de celui qui les aurait faits.

— Maintenant, reprit-il, nous approchons de la terre des vivants! Nous allons, après une marche infinie, quitter la terre « de la peur et de la soif », comme l'appellent les Arabes.

Les *gazelles* vivent en nombreux troupeaux dans le nord de l'Afrique et en Syrie.

Ah! quelle fête de retrouver des plantes et des hommes, d'entendre chanter des oiseaux, de voir bondir les légères gazelles!

Est-ce le voisinage du Sahara qui, sur les bords du désert, rend le nomade si hospitalier? mais dès que nous paraissons, les Arabes s'empressent, se partagent le soin de nous héberger*. L'un d'eux, m'ouvrant sa tente, me dit : « Qui que tu sois, entre, mange, prends du repos, tu es chez toi. »

Il m'offre son plus beau riz, le meilleur lait de ses chamelles, son chevreau le plus gras.

La force prodigieuse du *lion* l'a fait surnommer *le roi des animaux;* ce quadrupède habite l'Asie et surtout l'Afrique.

— Pas tant d'éloges aux Arabes! interrompit Sylvain, qui décidément s'enhardissait. Nous ne sommes pas ici chez eux, et on nous a encore plus cordialement accueillis.

On sourit à ce compliment que le conteur appuya d'un geste de la main, sa langue étant occupée à répondre à Suzette qui lui demandait de quoi se compose une tente d'Arabe nomade :

— Celle dont je parle était faite d'un tissu en poils de chameau reposant sur des pieux fixés en terre. Mes yeux durent d'abord se faire à la demi-obscurité. Le mobilier n'était pas compliqué; le déménagement n'en devait pas coûter cher. Ni table, ni siège, ni lit, ni armoire, ni coffre. Seulement quelques peaux de chèvre et une de lion sur le sol; au milieu de l'aire, un trou où se consumaient quelques braises. Une esclave noire était en train de préparer le couscousson*. Deux autres négresses, ployées devant un large mortier* de granit*, broyaient péniblement la farine du jour.

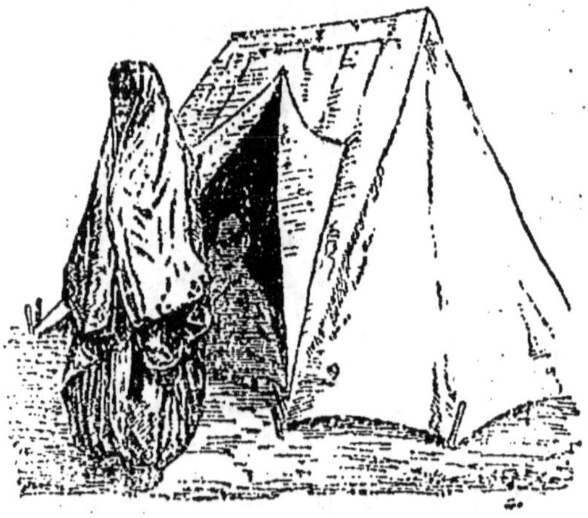

Tente et femme arabe voilée.

Un rideau se souleva dans un coin, et la tête d'une femme voilée s'y montra, puis disparut aussitôt, car les femmes arabes ne doivent pas paraître devant l'étranger. Elles ne sortent jamais que sous un grand voile qui les enveloppe des pieds à la tête. Dans cette sorte de sac, deux trous ménagés à la hauteur des yeux leur permettent de voir pour se conduire.

— Et à quoi s'occupent-elles? demanda Suzette.

— Elles s'occupent à se peindre les yeux pour les faire paraître plus grands, à dorer leurs doigts avec du henné*, et à rougir leurs lèvres.

— Ce sont là tous leurs devoirs?

Questionnaire. — Quelle dépouille rencontrèrent les jeunes explorateurs? — Quelle cause avait amené la mort du cheval? — Récitez les vers intitulés « La cavale au désert ». — Comment les Arabes appellent-ils le désert? — Comment les Arabes nomades accueillirent-ils la caravane? — Qu'offrit-on à Pascal? — Quelle fine observation fit Sylvain? — Comment est composée une tente? — Quel en est le mobilier? — Quelles femmes s'y trouvaient? — Qu'apparut-il derrière un rideau? — Que savez-vous de la vie des femmes arabes; — de leur vêtement? — Quelle est l'occupation des femmes riches?

DÉVELOPPEMENT DES SUJETS PROPOSÉS POUR EXERCICES.

Français. — *Qu'est-ce qu'un vers? — Combien les plus grands vers comptent-ils de syllabes sonores? — Que présente de particulier la terminaison des vers? — Qu'est-ce que la rime? — Comment s'appelle la manière ordinaire d'exprimer sa pensée?*

Le *vers* est un assemblage de mots comptant, dans leur ensemble, un certain nombre de syllabes et disposés selon certaines règles. Les plus grands vers sont de douze syllabes. Ex. :

Le jour n'est pas plus pur que le fond de mon cœur. (RACINE.)

Il en est de dix, de huit, de sept, de six syllabes et moins encore.

10 syllabes : De tes grandeurs tu sus te faire absoudre,
France, et ton nom triomphe des revers. (BÉRANGER.)
8 syllabes : Quand on est pur comme à ton âge,
Le dernier jour est le plus beau. (REBOUL.)
7 syllabes : Un rien détruit une fleur;
Un rien fait périr l'honneur. (PANARD.)

Il est à remarquer que les syllabes terminées par un *e* muet ne sont comptées, avec la suivante, lorsqu'elle commence par une voyelle ou une *h* muette, que pour une seule syllabe. Elles sont nulles à la fin du vers.

La *rime* consiste dans la similitude de terminaison de deux vers qui se suivent ou qui se correspondent. Ex. :

La fleur peut renaître un jour,
L'honneur se perd sans retour. (PANARD.)
— Ainsi, quand les vents de l'automne
Ont dissipé l'ombre des bois,
L'hirondelle agile abandonne
Le faite du palais des rois. (LAMARTINE.)

La manière ordinaire de rendre sa pensée s'appelle la *prose*.

Composition. — *Exposez tout ce que vous connaissez sur le cheval. (Son aspect extérieur, ses qualités, son caractère, les services qu'il rend, la nourriture qui lui convient, les soins qu'il réclame). — Citez au moins un exemple de l'attachement du cheval pour son maître.*

(Voir comme modèles : 1° *Le lapin*, page 325 du COURS DE COMPOSITION FRANÇAISE (*Degré élémentaire et moyen*), Partie du maître, par E LAPORTE; — 2° *Degré supérieur* (du même auteur), Partie du maître : *L'âne*, page 185 ; *Le chien, le cygne*, pages 208 et 210.)

Sciences naturelles. — LE LION. — *Décrivez cet animal. — Son caractère, ses appétits, sa force. — Préjudice qu'il cause aux propriétaires de bétail. — Dites quelque chose de la chasse au lion.*

Le *lion* a la figure imposante, le regard assuré, la démarche fière, la voix terrible. Sa taille est si bien prise et si bien proportionnée que son corps paraît être le modèle de la force jointe à l'agilité; aussi solide que nerveux, il est tout nerfs et tout muscles. Une crinière abondante couvre sa tête et sa mâchoire est garnie de dents redoutables.

Le lion s'apprivoise difficilement; cependant on en a connu qui étaient habitués à suivre leur maître et qui lui témoignaient de l'affection. Mais ces cas sont exceptionnels; cet animal est naturellement féroce et il attaque l'homme lui-même lorsque la faim le pousse.

Il détruit quantité de bétail chez les nomades du désert, et communément on le voit franchir d'un saut les barrières des enclos où parquent les bêtes pendant la nuit, saisir un bœuf ou une vache dans ses mâchoires puissantes, et s'élancer au dehors avec cette énorme proie. Ailleurs, sa nourriture la plus ordinaire se compose de singes, de gazelles qu'il saisit souvent du premier bond.

On donne la chasse au lion avec des chiens de grande taille bien appuyés par des hommes à cheval; on le déloge des broussailles où se trouve son antre; on le fait partir en avant et, lorsqu'il est en vue, on lui tire des coups de fusil. Les chiens se jettent sur lui et l'achèvent. On le prend souvent par adresse en le faisant tomber dans une fosse profonde préalablement recouverte avec des matières légères au-dessus desquelles on a attaché un animal vivant.

LA GAZELLE. — *Aspect de ce gracieux quadrupède. — Lieu où il vit. — Ses ennemis.*

La *gazelle* est un charmant animal, de la grosseur d'une chèvre, aux formes élancées; son pelage est de couleur fauve ou isabelle sur le dos et blanche sous le ventre avec une bande noire ou brunâtre entre ces deux parties du corps.

La gazelle habite l'Afrique centrale et méridionale, ainsi que le Grand Désert; elle vit par troupes nombreuses qui fournissent une proie assurée aux lions, aux panthères, aux hyènes, aux chacals, aux loups, aux aigles et aux vautours.

LE GRANIT. — *Quel aspect présente cette pierre aux regards? — De quoi est-elle formée? — Enumérez ses qualités et les usages divers auxquels on l'applique. — Quel est, à Paris, le monument composé d'une seule pierre de granit?*

Le *granit* est une pierre rose, grise ou bleuâtre d'origine volcanique, à reflets brillants; il paraît avoir été formé par l'agglomération de grains de minéraux divers qui se sont agglutinés sous l'influence d'une chaleur extrême.

Le granit a une grande dureté; on l'emploie, dans les régions où il constitue la base du sol, à la construction des maisons, et sa durée est, pour ainsi dire, infinie. On le taille pour en faire des pavés, des bordures de trottoir, des dalles, des bornes, des voûtes de pont. Il est susceptible de prendre un beau poli, comme on le voit aux colonnades de certains grands édifices.

L'obélisque qui s'élève à Paris, au milieu de la place de la Concorde, est formé d'une seule pierre de granit de 22 mètres de hauteur. On l'a amené d'Égypte, où il avait été taillé, sous le règne et en l'honneur de Ramsès le Grand, 1400 ans avant J.-C.

65. — Vivent les explorateurs! (*Élève*, p. 140.)

— Tous leurs devoirs, oui, Mademoiselle ; la femme arabe n'est pas la compagne de son mari, mais son esclave; elle a les sentiments de l'esclave; pas de liberté, pas de dignité*; elle fait partie des biens de son seigneur et maître avec le bétail.

— Nous avons bien fait de rester en France, dit en plaisantant Suzette à son père.

— Est-ce que dans notre colonie africaine il y a un grand nombre de ces Arabes nomades? demanda Jacques.

— Oui, un grand nombre; mais les colons français

commencent à s'établir jusque sur la lisière du désert. Et le désert sera vaincu, se retirera peu à peu devant l'homme civilisé, faisant jaillir les puits artésiens, apportant avec lui les graines, les outils, le travail, l'audace* qui doivent un jour vivifier* ces immenses espaces de désolation.

Les *puits artésiens* sont parfois très profonds, comme celui de Grenelle à Paris, qui a 550 mètres, et dont l'eau atteint environ 28 degrés centigrades. L'eau de ces puits jaillit à plusieurs mètres de hauteur. — La gravure représente un puits artésien aux environs de Blidah (Algérie).

Il y a déjà d'ailleurs des Arabes agriculteurs, ceux du Tell, région montagneuse qui sépare l'Algérie proprement dite du grand Sahara. Ceux-là sont des Arabes supérieurs, pleins de dédain pour leurs frères, les pasteurs nomades. Écoutez une de leurs poésies :

« O malpropres buveurs de lait caillé, toujours en marche comme les sauterelles! ô destructeurs et pillards! si nos marchés se fermaient devant vous, vous mourriez de faim. Nous, nous avons de l'orge, du blé, du miel, du bois, de l'eau, des bains, des draps, des cotonnades, du sucre, du café, des parfums, du fer, de l'acier, et tout en abondance. Nous sommes heureux. Campés à la tête des sources d'eau vive, nous y vivons tran-

Les *sauterelles* dévorent les feuilles et les tiges des plantes.

L'*olivier* est un arbre des pays chauds; il croît dans le midi de la France. L'olive, écrasée au pressoir par une meule, donne l'huile d'olive, la meilleure de toutes.

quilles, sans être obligés de courir chaque jour après chacun de nos besoins. »

— Voilà parler en braves travailleurs, dit M. Dumay.

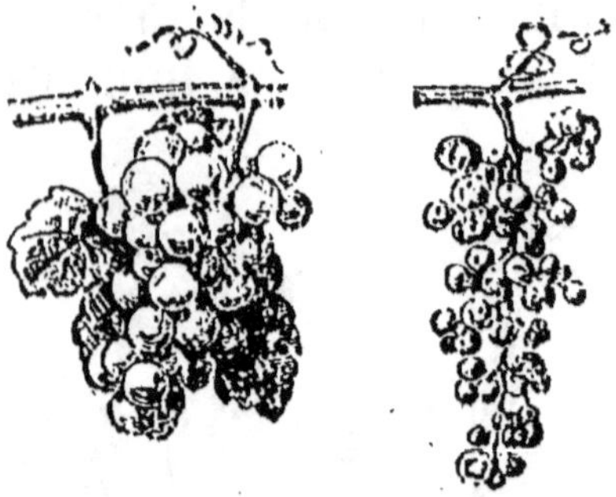

L'*oïdium* est un tout petit champignon qui s'attache aux vignes et les fait mourir ; on arrive à le faire disparaître par le soufrage. — La vignette montre une grappe de raisin en bon état et une grappe de raisin attaquée par l'oïdium.

Le *phylloxera*, au contraire, est un insecte ; il produit sur la vigne les mêmes effets désastreux que l'oïdium. La vignette montre cet insecte grossi soixante fois ; il s'attaque aussi bien aux feuilles qu'aux racines, qu'il dessèche, ainsi que le montre la vignette de gauche. Le sulfure de carbone a pu seul, jusqu'à présent, combattre sérieusement le phylloxera.

Mais nos terres à nous, — il se tourna vers ses enfants : ces terres où un jour nous parlâmes d'aller, — que sont-elles, monsieur le voyageur ?

— Des terres de bénédiction, Monsieur ! un ciel toujours bleu, des plantations d'orangers, de citronniers, d'oliviers ; des potagers splendides, de luxuriants* vergers, des plaines de céréales, enfin le grenier d'où les vieux Romains tiraient le meilleur de leur subsistance.

Une exploitation de vignes en Algérie.

Ayez soin que le vin en bouteilles soit toujours bien bouché ; sans cette précaution, l'air pourrait entrer peu à peu dans la bouteille et quand on déboucherait celle-ci, au lieu d'excellent vin, on trouverait du vinaigre.

— Et où nous finirons bien aussi par puiser largement ! interrompit Jacques, qui écoutait avec passion. Déjà la terre algérienne, cette terre française, nous envoie son vin ; nous y avons planté la vigne depuis que l'oïdium d'abord, ensuite le phylloxera, ces deux malfaiteurs, ont tari les sources de notre vin de France, comme pour nous enlever notre esprit et notre force. Et jusqu'à ce que ces sources coulent de nouveau, l'Algérie vendange pour nous du vin qui s'améliore d'année en année. Elle deviendra notre cellier*, et aussi notre jardin, et il nous faut faire de tout ce continent africain un jardin sans pareil! Vivent les hommes qui ouvrent la route à ce grand avenir, les explorateurs, pionniers* de la civilisation, Caillié, Livingstone, Stanley, Brazza, Soleillet, dont j'avais déjà lu les noms!

Questionnaire. — Quelle est la situation de la femme arabe dans la famille? — Où trouve-t-on beaucoup d'Arabes nomades? — Que font les colons en Algérie? — Que sont les Arabes de la région du Tell? — Que dit, des nomades, une de leurs poésies? — Quelle réflexion fit M. Dumay? — Que dit Pascal de la terre d'Algérie? — Quelles maladies ravagent les vignes de France? — Que savez-vous de la culture de la vigne en Algérie? — Que deviendra ce beau pays? — Quels explorateurs nous ont fait connaître le continent africain?

DÉVELOPPEMENT DES SUJETS PROPOSÉS POUR EXERCICES.

Sciences naturelles. — L'Olivier. — *Décrire un olivier; des olives. — Récolte de ces fruits. — Quelle région de France produit l'olivier?*

L'*olivier* est un arbre du tronc duquel s'élancent nombre de rameaux portant un feuillage vert grisâtre qui a toujours été considéré comme l'emblème de la paix. Il vit fort longtemps et ne peut croître que dans les contrées où la température de l'hiver reste douce et régulière, comme la Provence, l'Espagne, l'Italie, la Grèce, l'Asie Mineure, la Syrie.

Le fruit de cet arbre est de forme oblongue et il devient de couleur vert sombre quand il mûrit; il est charnu et renferme un noyau très dur; les fleurs, blanches et petites, ont la forme de clochettes et sont réunies en grappes.

Les olives se récoltent à la fin de l'automne; on cueille ces fruits à la main ou on les abat au moyen de gaules. On en tire une huile excellente pour la table.

On cueille aussi les olives avant leur complète maturité pour les confire dans le sel; il s'en fait ainsi une grande consommation.

L'olivier prospère en France sur le littoral de la Méditerranée; Marseille est le centre du commerce de l'huile d'olive.

Sauterelles. — *Décrire cet animal. — Que savez-vous de la sauterelle en France? — Que savez-vous de la sauterelle dans l'Afrique septentrionale? — Comment combat-on ses invasions dans ce pays?*

La *sauterelle* ou *locuste* est un insecte ailé, incapable de marcher, qui s'avance en sautant à l'aide de ses deux pattes postérieures beaucoup plus longues que les deux autres. Le mâle produit un bruit aigu et monotone, connu sous le nom de chant de la sauterelle, en frottant l'une contre l'autre ses ailes supérieures ou élytres.

Les sauterelles sont répandues dans toutes les parties du monde; on en possède plusieurs espèces en France; la plus connue est la grande sauterelle verte à laquelle on donne à tort le nom de cigale. Elles vivent dans les prairies, dans les champs, sur les arbres et dévorent les feuilles des végétaux.

Les *criquets* sont très bien conformés pour sauter et pour voler; leur chant est plus varié que celui des sauterelles et provient du frottement des cuisses de l'animal contre les élytres. Ils sont connus dans toutes les parties du monde, mais dans les pays chauds, et notamment en Algérie, ils se multiplient si prodigieusement qu'ils deviennent un véritable fléau. On les voit arriver en troupes innombrables qui forment dans l'air de véritables nuages; ils s'abattent sur les champs, les bois, les prairies et, en quelques heures, sur une étendue de plusieurs kilomètres, toute végétation a disparu; tout a été détruit, scié, haché, dévoré. Quand le désastre est accompli, le terrible essaim s'enlève et repart pour de nouvelles dévastations.

Ces dangereux insectes ont souvent désolé l'Europe par leurs invasions.

On les repousse par la flamme, la fumée, en opposant des toiles à leur passage; mais ces moyens sont presque toujours insuffisants contre la multitude de ces animaux.

Industrie. — Fabrication de l'huile d'olive. — On écrase les olives sous des meules verticales après les avoir renfermées dans des sacs de sparterie. L'huile ainsi obtenue est très douce, verdâtre et de qualité supérieure. A la deuxième opération, les noyaux sont broyés, et l'on obtient alors de l'huile de deuxième qualité; sur le résidu, on verse de l'eau bouillante et l'on extrait de nouveau une dernière qualité d'huile; celle-ci n'est plus bonne que pour les usages industriels ou pour les lampes. Ce qui reste après cette opération est employé à la fabrication du savon.

Puits artésiens. — *Où descendent les eaux des terrains supérieurs? — Qu'arrive-t-il lorsque ces eaux rencontrent des couches imperméables? — Si l'on perce un trou jusqu'à ces couches, que voit-on? — Qu'est-ce qu'un puits artésien? — Donnez des détails sur l'un d'eux. — Quelle partie de la France a donné son nom à ces puits?*

Les eaux pluviales qui tombent à la surface du sol descendent dans l'intérieur de la terre jusqu'à ce qu'elles rencontrent une couche imperméable, et elles s'y accumulent en lacs souterrains ou bien coulent en suivant la pente du terrain. Si l'on fore avec une sonde un trou jusqu'à la rencontre de cette couche, l'eau jaillit si l'ouverture est à un niveau inférieur à celui du point où commencent à s'arrêter les infiltrations.

Un *puits artésien* est un trou très étroit foré à la sonde, d'où l'eau s'élève et sort sous forme de jets ou de ruisseaux abondants. Celui qu'on a établi à Paris sur la place de Grenelle a 548 mètres de profondeur et donne à la minute 3,000 litres d'eau à 27° de chaleur. Celui qu'on a creusé dans la même ville, sur les hauteurs de Passy, fournit jusqu'à 17 millions de litres par jour.

Les anciens Égyptiens et les Chinois savaient forer des puits artésiens; en France, l'ancienne province d'Artois en possède depuis longtemps un grand nombre; telle est l'origine de la dénomination sous laquelle on les connaît aujourd'hui.

66. — La montre d'argent. (*Élève*, p. 143.)

— Et vivent aussi ces messieurs! ajouta Suzette.

L'explorateur Pascal salua de la tête gravement. L'autre ne bougea pas.

— Voyons, Monsieur Pascal, dit M. Dumay après avoir un moment regardé les deux garçons, je vous ai donné, au premier abord, quatorze ans; vous en avez, dites-vous, dix-huit. Eh bien! pour avoir ainsi voyagé, traversé tant de pays, et surtout parlé comme vous venez de le faire avec tant de science et de facilité, vous êtes au moins âgé du double; trente-six ans! avouez-les, et dites, s'il vous plaît, ce que vous avez fait de votre barbe?

L'explorateur souriait avec complaisance comme à un compliment nouveau, quand dix heures sonnèrent.

— Eh! s'écria le fermier en se levant, nous voilà en retard d'une heure pour le coucher!

— Monsieur, dit Pascal en se levant également, si après avoir offert la table aux voyageurs fatigués, vous pouviez leur offrir aussi le lit, une botte de paille dans la grange, ils aimeraient mieux cette auberge que toute autre, et vous n'obligeriez pas des ingrats.

Il mit la main dans son gousset, en tira une montre d'argent.

— Oh! notre auberge ne vous demande rien! dit Jacques, pendant que l'étranger, en présentant l'objet à M. Dumay, reprenait :

— Je payerai notre dépense sur le prix de ceci que vous estimerez.

Assez vivement M. Dumay prit le bijou. C'était une montre ancienne. Une petite fleur ciselée *, une pensée dans son feuillage, ornait le boîtier.

Toutes les têtes s'étaient penchées sur l'objet, que le père, après avoir réprimé * un mouvement de surprise, tournait, retournait en tout sens avec beaucoup d'attention. Il l'ouvrit, regarda à la cuvette. Et enfin, braquant ses deux yeux sur le garçon :

— Vous avez apporté cela d'Afrique?

— D'Afrique?.. certainement!... c'est une montre mauresque*.

— Et le naufrage ne vous l'a pas noyée?

— Non, elle était dans ma poche.

— Voilà une solide poche et un joli bijou mauresque!

— Acheté à Maroc même.

— On ne travaille pas mal à Maroc.

Il tourna la tête un peu à droite :

— Jacques, mon fils, va donner un tour de clef à la porte... Bien, remets-moi la clef.

Jacques, très étonné comme le reste de la famille, obéit. Les deux explorateurs étaient devenus tout pâles.

M. Dumay reprit :

— Voilà une affaire qu'il faut éclaircir. D'où vous vient cette montre? Allons, parlons!

Questionnaire. — Que dit M. Dumay aux deux garçons après les avoir regardés un moment? — Que dit-il encore quand dix heures sonnèrent? — Quelle demande fit Pascal relativement au coucher? — Que tira-t-il de son gousset? — Qu'ajouta-t-il en présentant sa montre au fermier? — Comment était la montre de Pascal? — Que fit et demanda M. Dumay? — Reproduisez le dialogue qui s'engagea. — Quel ordre fut donné à Jacques? — Que dit ensuite le fermier?

DÉVELOPPEMENT DES SUJETS PROPOSÉS POUR EXERCICES.

Composition. — *Exposer ce que vous avez appris de l'Algérie dans vos précédentes lectures.*

(Voir comme modèle le COURS DE COMPOSITION FRANÇAISE, par E. LAPORTE (*Degré élémentaire et moyen*), Partie du maître, page 238: *La Provence.*)

Géographie. — *Faites un croquis de la carte de cette colonie.*

Industrie. — *Qu'indiquent les cadrans solaires? — De quoi se composent-ils? — Quand sont-ils inutiles? — Quelles petites machines en tiennent lieu avantageusement? — Quelles sont les pièces principales d'une horloge? — Expliquer le rôle du balancier et des poids. — Indiquez les pièces principales d'une montre. — Qu'est-ce qui donne le mouvement aux rouages? — Quelles sont les provinces et villes de France où l'on fabrique surtout l'horlogerie?*

Les *cadrans solaires* indiquent l'heure par le moyen de la direction que donne l'ombre d'une aiguille fixée à la partie supérieure de la plaque de pierre ou de métal où le cadran est tracé.

Ils se composent d'une plaque de pierre ou d'une planche carrée sur laquelle sont tracés les chiffres des heures et où la marche du temps est indiquée par l'ombre d'une aiguille immobile. Il va sans dire que, lorsqu'il fait nuit et quand le ciel est couvert, un cadran solaire ne peut rendre aucun service.

Cet instrument est avantageusement remplacé par les *horloges* et les *montres*.

Les pièces principales d'une horloge sont : le ressort, les rouages, le balancier, les poids et le cadran. Le balancier, par ses mouvements égaux, règle le mouvement du ressort, et les roues tournent ainsi avec la même allure, sans accélérer ni retarder leur marche. Les poids mettent en mouvement les roues d'une horloge qui ne renferme pas de ressort.

Les pièces principales d'une montre sont également le ressort, le balancier, le barillet, les rouages, le cadran et la boîte qui la contient, laquelle est le plus souvent en or ou en argent. Comme dans certaines horloges, c'est le ressort qui donne le mouvement aux rouages.

On fabrique en grand l'horlogerie dans la Franche-Comté, dont la capitale, Besançon, est le centre du commerce de ce genre de produits. Il y a, en outre, une école d'horlogerie à Cluses en Savoie.

Agriculture. — *Que savez-vous du petit champignon appelé oïdium? — Que savez-vous de l'insecte connu sous le nom de phylloxera? — Donnez une idée des dommages qu'a causés ce dernier animal.*

L'*oïdium* est un champignon de petite dimension qui se fixe sur les fruits et les feuilles de la vigne, en arrête le développement d'abord et finit par les détruire; on combat les ravages de cette plante parasite au moyen de l'application de la fleur de soufre sur les parties des ceps envahies par cette végétation mortelle.

Le *phylloxera* est un insecte qui se fixe sur les racines de la vigne et fait périr les ceps. C'est à l'état de larve qu'il commet de tels ravages; il devient ensuite un papillon qui, en pondant ses œufs de tous côtés, propage le fléau.

Jusqu'ici, on n'a pu combattre efficacement le phylloxera; il en est résulté des dommages immenses dans le Midi, qui a été atteint le premier et où les vignobles sont presque entièrement détruits.

67. — L'interrogatoire. (*Élève*, p. 145.)

Mais l'intrépide parleur de tout à l'heure ne se pressait pas de rouvrir la bouche.

Un regard du camarade Sylvain l'invita à ne pas prolonger leur gêne; et, sous les autres regards qui le pressaient de tout côté, M. Pascal dit enfin :

— Vous la connaissez donc, cette montre?

— C'est à moi d'interroger. Où l'avez-vous prise? Répondez!

Le garçon releva la tête :

— Monsieur, je ne suis pas un voleur!

— Nous verrons bien ; répondez.

— Réponds, ajouta Sylvain, en touchant doucement du coude son camarade.

Des larmes, bien qu'énergiquement retenues, roulaient dans les yeux de M. Pascal.

— Eh bien! dit-il enfin, voilà ! Cette montre est à

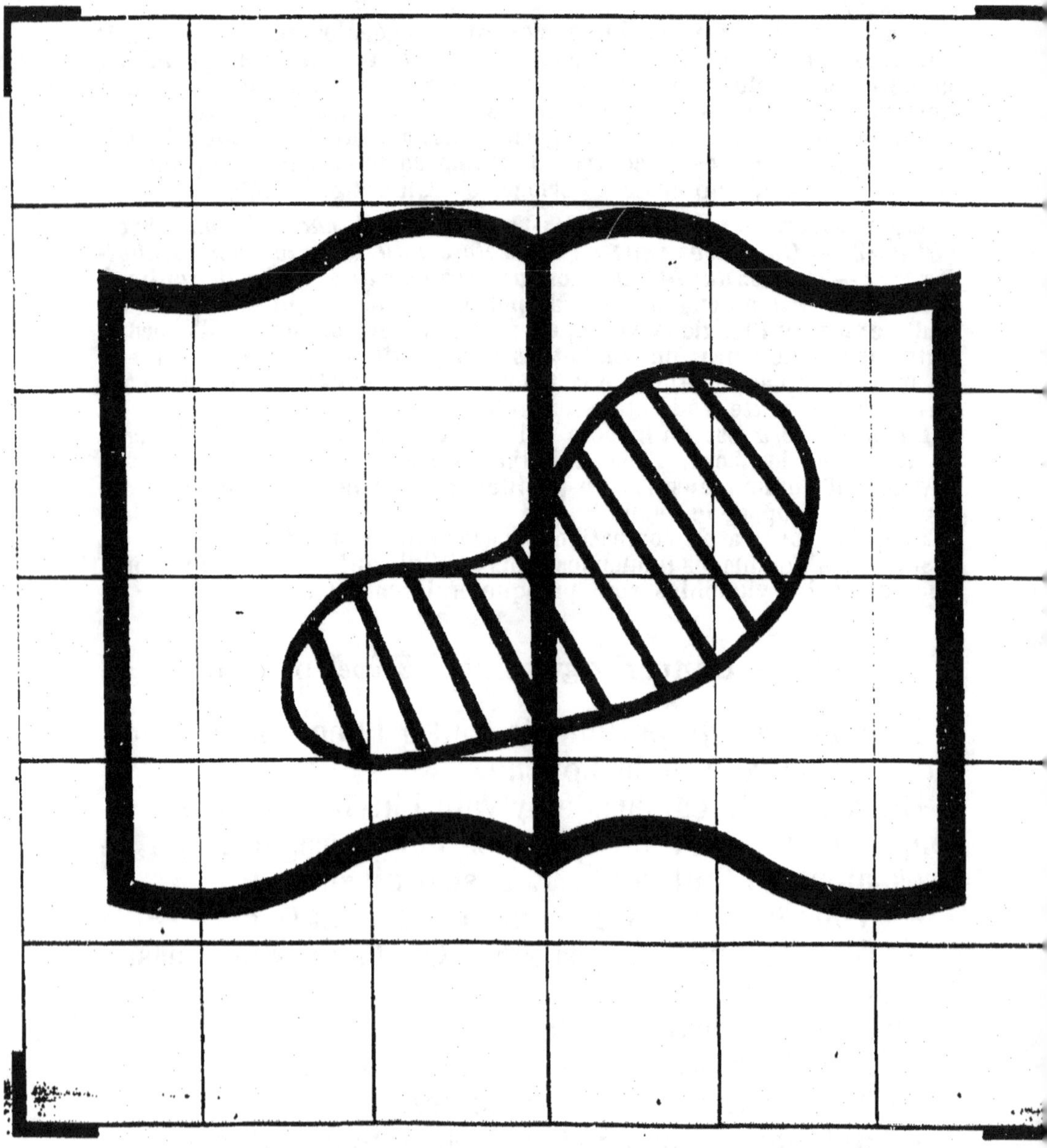

moi. C'est un cadeau que me fit ma mère, à mon dernier anniversaire de naissance, il y a huit jours.

— Il y a huit jours?... Votre mère?... Ah! ah! elle n'est donc pas morte dans la tempête de Zanzibar, votre mère?... Et cette montre lui appartenait?

— Comment! Monsieur! si elle lui appartenait! Elle la tenait de sa mère, à elle.

M. Dumay serra fébrilement la montre, et, la voix frémissante, demanda :

— Où est-elle, votre maman?

Le jeune explorateur baissa le front; Sylvain intervint de nouveau :

— Allons, dis tout!

Et M. Pascal finit par dire tout :

Sa mère, veuve depuis quatre ans, était couturière à Paris : la meilleure des femmes, mais pas du tout disposée aux projets de voyage de monsieur son fils. Par grand désir de partir, non pas pour l'Amérique, comme il l'avait dit, mais pour l'Afrique, afin de rejoindre l'expédition de Brazza*, ce fils s'était, voilà quatre jours, muni de sa montre; il avait en outre emporté les quelques sous de sa tirelire, et, avec cela, pris la clef des champs, sans tambour ni trompette.

— Eh! dit Jacques, mais Zanzibar? mais les pauvres esclaves entravés par le cou et à vendre?... mais les caravanes, et les jungles, et les hippopotames, les crocodiles et le baobab de Mme Livingstone, les Touaregs, les razzias, les oasis, le terrible simoun et toutes vos autres fantaisies?...

Questionnaire. — Que se passa-t-il d'abord, et comment intervint le jeune Sylvain? — Qu'est-ce qui fit pleurer Pascal? — De qui tenait-il sa montre? — Quelle remarque fit M. Dumay au souvenir du récit du naufrage? — Reproduisez les aveux de Pascal. — Que dit Jacques par manière de moquerie?

DÉVELOPPEMENT DES SUJETS PROPOSÉS POUR EXERCICES.

Morale. — *En vous inspirant de vos souvenirs des lectures précédentes, dites ce que vous pensez et savez des conséquences du mensonge.*

Afin de se faire passer pour des explorateurs, Pascal et Sylvain avaient commis la faute de mentir, et à cela leur vanité trouvait son compte; mais déjà l'épisode de l'interprète avait soulevé des doutes sur leur sincérité; celui de la montre les expose à passer pour des voleurs. Il leur faut avouer qu'il n'y a jamais eu de naufrage; peut-être, jamais de voyage! Quelle honte! quelle mortification! Pascal pleure, et ces larmes coûtent à son amour-propre; il commence à expier sa mauvaise action.

Il en arrive toujours ainsi aux menteurs, et, s'ils ne se corrigent de ce vice détestable, ils prennent l'habitude de la dissimulation et de l'hypocrisie. Sous un extérieur trompeur, ils cachent de détestables actions; la carrière du mal leur est ouverte; ils y ont pénétré; s'arrêteront-ils? Qui le sait?

On raconte qu'un condamné à mort, en marchant au supplice, disait à la vue de l'échafaud : « Voilà où m'a conduit le mensonge! » De telles conséquences sont heureusement rares; mais il est trop fréquent de rencontrer des hommes, des femmes dont la vie a été empoisonnée et la réputation perdue à la suite des fautes où le mensonge les entraîna.

Instruction civique. — *Qu'est-ce qu'une veuve? — Après la mort du père ou de la mère, quelle réunion de famille est convoquée par le juge de paix? — Pour quel objet? — Qu'est-ce que le tuteur ou la tutrice, le subrogé tuteur, un enfant mineur? — Jusqu'à quel âge dure la minorité? — Qu'entend-on par émancipation d'une mineure?*

Une *veuve* est une femme qui a perdu son mari et n'est point remariée.

Après la mort du père ou de la mère, un *conseil de famille*, formé des plus proches parents du côté paternel et du côté maternel, et d'amis à défaut des uns ou des autres, est convoqué par le juge de paix. Ce *conseil* nomme le *subrogé tuteur*, c'est-à-dire la personne chargée de veiller si le tuteur ou la tutrice élève convenablement les enfants et gère les biens de ces derniers au mieux de leurs intérêts.

On entend par *tuteur* ou *tutrice* le père survivant ou la mère survivante des enfants, et encore, à leur défaut, la personne chargée de remplir à l'égard des orphelins les obligations du parent décédé.

Un *mineur*, une *mineure* est celui ou celle qui n'a point atteint l'âge prescrit par les lois pour disposer de sa personne et de son bien. Un garçon est mineur jusqu'à 21 ans; une jeune fille, jusqu'à 18 ans.

On entend par *émancipation d'une mineure* le fait de mettre, à la suite d'une décision du tribunal, une mineure en état de jouir de ses revenus avant l'époque fixée par la loi. Le mariage émancipe les filles mineures.

Géographie. — *Que savez-vous des principaux explorateurs de l'Afrique, d'après vos lectures antérieures?*

L'élève pourra citer :

1° *Pour l'Algérie et le Grand Désert :* Colomieu, 1860; — Duveyrier, 1859-61, qui a exploré Ouargla et Mourzouk; — Soleillet, 1873-1874, exploration d'Insalah; — Largeau et Say, 1875, oasis de Ghadamès; — le colonel Flatters, 1880-81, qui fut massacré par les Touaregs.

2° *Pour la Sénégambie et le Niger supérieur :* l'Anglais Mungo-Park, 1795-1805, qui périt assassiné sur les rives du Niger; — Pascal, 1859-60, qui a vu Bakel et Bambouk; — le lieutenant Mage, 1859, Bakel, Médine, Ségou; — Zweifel et Moutier, 1879, sources du Niger; — Galliéni, 1880-81, Médine, Kita, Bamakou et le Niger.

3° *Pour la région centrale située au sud du Sahara :* René Caillié, 1828, Tombouctou; — Barth, Richardson, Overweg, 1850-55, Tripoli, Bornou, lac Tchad, Tombouctou, Bilma; — Gérard Rohlfs : Ghadamès, Mourzouk, Bornou, Ouadaï; — Nachtigal, 1869-74, Tripoli, lac Tchad, retour par l'Égypte; — Lenz, 1880, Maroc, Tombouctou, Saint-Louis.

4° *Région au sud de l'Équateur :* Silva-Porto, 1853-54, du Benguéla à Cazombé et à Tété; — Du Chaillu, 1856, Gabon; — Livingstone, 1849-1873, lac Ngami, Zambèze, lacs Chiroua et Nyassa, Zanzibar, lac Tanganyika, Oudjiji, lac Mouéro et Bangouéolo; — Stanley, 1871-1888, Zanzibar, lac Tanganyika et Oudjiji, exploration du cours du Congo, de sa source à la mer; région de l'Equateur à l'est des grands lacs; — Cameron, 1873-75, Bogamoya, Tanganyika; — Serpa Pinto, 1878-1879, du Benguéla à Durban (colonie de Natal); — Savorgnan de Brazza, 1876-78, 1880-82, du Gabon au Congo.

5° *Abyssinie, sources du Nil, Nubie :* Bruce, 1769-71, Abyssinie; — Volney, 1783-85, Égypte; — Caillaud, 1815-1820, Nubie; — Trémeaux, 1849-50, Nubie, Sennaar; — Speke et Burton, 1857-59, Zanzibar, lacs Victoria et Tanganyika; — Speke et Grant, 1860-1863, Zanzibar, lac Victoria, Gondokoro; — Lejean, 1859-64, Souakim, Khartoum, Kordofan, Abyssinie; — Baker : Sennaar, Gondokoro, Ounyoro; — Schweinfurth : Gondokoro, pays des Nyams-Nyams; — Raffray, 1873, Abyssinie, pays des Gallas.

68. — Toute la vérité. (*Élève*, p. 146.)

— Monsieur, répondit alors Sylvain, ce ne sont pas des fantaisies, mais des vérités que mon ami Pascal vous a racontées; il a pris tout cela dans des livres de voyageurs célèbres. Il a une riche mémoire, et comme il a aussi une imagination * plus riche encore, une tête qui se monte facilement, il se figure qu'il est tantôt l'Anglais Livingstone, tantôt l'Américain Stanley, tantôt le Français Brazza, ou tout autre grand explorateur. Et de là à vouloir explorer soi-même et à partir pour l'Afrique, il n'y a pas loin.

— Bon, reprit Jacques, — car maintenant le père se taisait, — nous sommes encore assez heureux d'avoir entendu de l'histoire et de la géographie au lieu de bourdes. Mais vous qui semblez assez raisonnable, comment avez-vous pu tremper dans toutes les explorations de Monsieur?... et qui êtes-vous?

Sylvain soupira :

— Il y a quatre jours seulement, dit-il, que je connais Pascal. Comme il quittait Paris pour l'Afrique, il m'a rencontré sur la route de Saint-Denis, où j'errais sans savoir que devenir. Nous avons causé voyages; je l'ai suivi.

— Vous avez aussi quitté vos parents? demanda Suzette.

Sylvain soupira de nouveau ; ses lèvres palpitèrent* ; et il continua :

Lui, hélas ! n'avait pas eu de parents à quitter ; depuis l'âge de cinq ans il était orphelin. Son père, un charpentier, était tombé du haut d'un échafaudage ; un soir, on l'avait rapporté mort au logis. La fièvre typhoïde s'était chargée presque aussitôt de la veuve. Recueilli alors par l'Assistance publique*, il avait été élevé à l'asile de Villepreux*. Là on le mit au travail de la terre, ce qui lui plut ; et ce fut un assez bon temps. Sorti de Villepreux, placé successivement chez deux fermiers, il y avait eu malheureusement affaire à des gens qui croient que le malheur, la solitude sont un abaissement, qu'un garçon sans argent, sans parents, sans amis ne saurait avoir ni cœur, ni fierté. On le maltraita. Alors, triste, perdant courage, il jeta le manche après la cognée*, partit au hasard de la route, et rencontra Pascal. Les aventures plaisent à la jeunesse : il le suivit vers l'Escaut, Anvers et l'Afrique, comptant gagner le pain de la route par quelque travail.

La simplicité, l'émotion des paroles de Sylvain, son infortune avaient touché la compagnie, qui le regarda avec plus de sympathie que de reproche.

Puis les Dumay se tournèrent vers leur père.

Il allait, venait à travers la pièce avec agitation.

Questionnaire. — Que dit Sylvain sur les récits de Pascal ? — Quelle fut la réflexion de Jacques ? — Comment Sylvain et Pascal s'étaient-ils rencontrés ? — Racontez l'histoire de Sylvain jusqu'à son admission à Villepreux. — Que fit-il dans cet établissement ? — Où fut-il ensuite placé successivement ? — Quelle résolution prit-il dans un accès de découragement ? — Quel effet produisit le récit du jeune homme ? — Que faisait M. Dumay pendant ce temps ?

DÉVELOPPEMENT DES SUJETS PROPOSÉS POUR EXERCICES.

Morale. — Les Domestiques. — *Ce qu'ils sont. — Donnez une idée des services qu'ils rendent. — Montrez ce que leur position a d'avantageux, puis de pénible. — Que doivent les domestiques à leurs maîtresses ou à leurs maîtres ? — Que font les bons maîtres pour leurs serviteurs et spécialement pour les plus jeunes ?*

On entend par *domestiques* des jeunes gens ou des jeunes filles, des hommes ou des femmes qui aident les maîtres et les maîtresses de maison dans leurs travaux, moyennant un salaire annuel. Ils demeurent dans le même local. Ils participent aux travaux de l'atelier ou des champs, à ceux de la cuisine, du ménage et de la basse-cour ;

les bonnes veillent sur les jeunes enfants, les promènent, les amusent tandis que d'autres soins occupent la mère.

S'ils rendent de grands services, leur position a nombre d'avantages; ils jouissent de gages rémunérateurs; leur nourriture est abondante et fortifiante; ils ne manquent ni de feu, ni de lumière; ils habitent des maisons plus confortables que celles où ils ont été élevés; enfin, quoi qu'il arrive, leur salaire est le même; il n'y a jamais pour eux de morte-saison, et ils peuvent faire plus d'économies que les ouvriers et les ouvrières.

Ils doivent à leurs maîtres et maîtresses du respect, de la déférence, une obéissance sincère et loyale; ils sont tenus de prendre les intérêts de ceux qu'ils servent, de ne jamais leur causer de préjudice et de donner le bon exemple aux enfants qu'on leur confie.

Voici ce que dit Mme de Lambert des devoirs des maîtres envers leurs domestiques :

« Accoutumez-vous à avoir de la bonté et de l'humanité envers vos « domestiques. Songez que vous ne devez qu'au hasard l'extrême dif-« férence qu'il y a de vous à eux; ne leur faites point sentir leur état; « n'appesantissez point leur peine; *rien n'est si bas que d'être haut à « qui vous est soumis*. N'usez point de termes durs; il faut adoucir le « service. Sommes-nous en droit de vouloir nos domestiques sans « défauts, nous qui leur en montrons tous les jours? »

Composition. — *Que nous permet et que nous facilite la lecture? — Quels sont ses avantages pour l'intelligence, pour le cœur? — Quels inconvénients peut-elle avoir? — Qui consulterez-vous avant de lire un livre?*

Une lettre d'un ancien auteur, Pétrarque, nous montre tous les avantages de la lecture :

« J'ai des amis, dit-il en parlant des livres de sa bibliothèque, j'ai « des amis dont la société m'est fort agréable, des amis de tous les « pays et de tous les siècles, qui se sont illustrés à la guerre, dans « les affaires publiques et dans les sciences. Avec eux, je ne m'impose « aucune contrainte, et ils sont toujours à mon service. Je les fais « venir et les renvoie quand bon me semble. Ils ne m'importunent point « et répondent à toutes mes questions. Les uns me racontent les évé-« nements des siècles passés; d'autres me révèlent les secrets de la « nature. Celui-ci m'enseigne le moyen de bien vivre et de bien mourir; « celui-là dissipe mes soucis par son enjouement. Il en est qui endur-« cissent mon âme aux souffrances, qui m'apprennent à maîtriser mes « désirs et à me supporter moi-même; enfin, ils me conduisent sur la « route de la science, et ils satisfont à tous les besoins de ma pensée. »

De même qu'il y a de bons et de mauvais fruits, il existe de bons et de mauvais livres; recherchons, lisons les premiers; éloignons les autres qui ne peuvent que souiller notre cœur d'images honteuses ou de désirs coupables.

Une jeune fille doit garder la plus grande réserve au sujet de ses lectures; elle n'ouvrira jamais un livre sans avoir consulté une personne capable de la renseigner sur la nature et l'objet de l'ouvrage : ses parents d'abord, son institutrice ensuite.

Instruction civique. — *Qui recueille les orphelins pauvres et les enfants abandonnés? — Que fait pour eux l'Assistance publique lorsqu'ils sont en bas âge? — Quand ils sont capables de travailler, quelles mesures prend-elle? — Qu'est-ce que l'asile de Villepreux?*

Chacun sait qu'il y a de pauvres petits enfants que la mort de leurs parents laisse sans ressources, et d'autres que le père et la mère ont abandonnés dans la rue, sur les chemins, parce qu'ils ne pouvaient et, quelquefois, ne voulaient se charger de les élever. L'*Assistance publique* les recueille.

On entend par *Assistance publique* toutes les institutions de charité par lesquelles l'État vient en aide à l'indigence : les bureaux de bienfaisance, les hospices, les hôpitaux, les monts-de-piété, etc. (1). Il existe, à côté de ces institutions officielles, des établissements semblables fondés et entretenus par des particuliers, qui se proposent le même objet.

Tant que les enfants sont en bas âge, on les confie à des nourrices qui vivent à la campagne; plus tard, on les donne à des cultivateurs dans la maison desquels ils se forment aux travaux agricoles, tout en acquérant à l'école primaire les connaissances qui sont indispensables à tous. Lorsqu'ils sont grands, l'Assistance publique les place comme ouvriers ou domestiques, et leur assure ainsi une situation.

L'asile de *Villepreux* est un établissement d'éducation et d'apprentissage, installé dans un vaste domaine du département de Seine-et-Oise, où de nombreux enfants abandonnés sont élevés de telle sorte qu'à l'âge d'homme, ils peuvent être d'excellents cultivateurs.

69. — Le neveu. (*Élève*, p. 148.)

S'arrêtant enfin, les bras croisés, devant Pascal :

— Elle s'appelle madame Richard, ta mère !

— Oui, Monsieur... vous la connaissez?

— Tu ne sais pas que tu es ici à Fragicourt?...

— A Fragicourt!... son pays !

— Et que cette montre a appartenu à ma mère, à qui je l'ai vue pendant toute ma jeunesse? Ce chiffre, tiens, là, sur la cuvette, M. D., Marthe Dumay...

— Ah!!

A la suite de Pascal, Jacques, Suzette, François, Charlot firent entendre un autre Ah!! de surprise.

M. Dumay reprit :

— Oui, ce galopin-là est mon neveu!... Je ne m'en fais pas compliment. Quel âge as-tu?.. et ton vrai âge, s'il te plait!

— Quatorze ans, mon oncle, vous l'aviez dit.

— Mais tu as un frère, alors!

— Oui, un frère de dix-huit ans et une sœur de douze.

— Eh bien! je ne connaissais que l'existence de ton

(1) Les *monts-de-piété* sont des bureaux où l'on prête de l'argent contre le dépôt d'objets mobiliers : linge, literie, meubles, bijoux, etc.

frère et la tienne; j'ignorais celle de ta sœur, que ta mère n'a pas pris la peine de m'apprendre!

Il se remettait à son ressentiment* et parlait avec mauvaise humeur. Suzette le tira à part :

— Allons! papa, embrassez-le, ce fils de votre sœur.

— Pour ça, non! c'est un galopin.

— Cher père, embrassez-le! Regardez, il a les yeux mouillés de larmes. Et puis il ressemble à François...

Alors M. Dumay fit le tour de la pièce, lentement, et, s'arrêtant enfin, ouvrit ses bras au pauvre explorateur tout déconfit*, qui s'y jeta et, ensuite, embrassa ses cousins et sa cousine.

— Mais entends bien! reprit l'oncle, tu es mon prisonnier jusqu'à ce que ta mère, qui doit être dans un terrible souci par ta fuite, vienne te chercher. Demain, car ce soir il est trop tard, demain, de bonne heure, on ira au Catelet télégraphier* de tes nouvelles. Maintenant, les enfants, qu'on prépare dans ma chambre le coucher de ces deux messieurs. Je ne tiens pas à ce qu'ils décampent.

Et ces deux messieurs, assez réjouis de voir si bien finir leur mésaventure, échangèrent des amitiés avec toute la famille, puis chacun s'en alla dormir.

Questionnaire. — Reproduisez le dialogue entre M. Dumay et Pascal. — Quel degré de parenté existait-il entre eux? — Quelles questions furent adressées à Pascal sur sa famille et quels renseignements donna-t-il? — Quelle chose Suzette demanda-t-elle à son père? — Que fit ce dernier et quel avis donna-t-il à son neveu? — Que se proposa-t-on de faire le lendemain matin? — Comment finit la journée?

DÉVELOPPEMENT DES SUJETS PROPOSÉS POUR EXERCICES.

Morale. — *Que pensez-vous de l'escapade de Pascal? — Quels motifs auraient dû l'empêcher de la commettre?*

Pascal, l'esprit rempli du souvenir de ses lectures de voyages, ne songea sans doute ni à la peine qu'il causerait à sa mère en s'enfuyant de la maison paternelle, ni aux difficultés d'argent et de parcours qui devaient inévitablement mettre fin à son escapade, car il n'est pas possible d'appeler entreprise une aventure qui témoignait d'aussi peu de réflexion.

On peut donc comprendre sa faute, mais non l'excuser totalement.

S'il eût été un garçon réfléchi, s'il avait eu le bon esprit de discerner dans ses lectures le but scientifique des voyages des explorateurs et se rendre compte de tout ce qui est nécessaire pour les mener à bonne fin, il aurait certainement hésité avant de prendre la route d'Anvers.

Enfin, si la pensée du chagrin de sa mère, déjà si éprouvée par la perte de son mari, fût venue à son imagination d'étourdi, nul doute qu'il eût remis son départ à un moment plus opportun, car Pascal aimait vraiment cette mère qui, tout récemment, lui avait donné, par la montre de la grand'maman, un nouveau témoignage d'affection et de confiance.

Composition. — *Supposez que Suzette écrit à sa tante de Paris après l'aveu de Pascal, — qu'elle sollicite le pardon du coupable, — et rédigez la lettre.*

Cette lettre sera un résumé des faits et des incidents qui ont marqué la soirée de l'arrivée des deux enfants à la ferme. Elle se terminera par l'assurance du repentir de Pascal, et par une cordiale invitation de venir voir sa famille de Fragicourt, qui ne lui rendra le fugitif qu'à cette condition.

Les élèves pourront disposer la lettre de la manière suivante :

Fragicourt, le 2 janvier 1878.

Ma chère tante,

. . . .

. . . .

(Voir, pour le modèle de l'adresse à mettre sur la lettre en question, page 70 du Cours de composition française, par E. Laporte (*Degré élémentaire et moyen*), Partie de l'élève.)

Hygiène. — Du Sommeil. — *Qu'entend-on par sommeil? — Pourquoi est-il nécessaire? — A qui l'est-il davantage, et pourquoi? — Durée du sommeil des enfants, des adolescents, des adultes. — Heures du coucher et du lever. — Influence fâcheuse des veillées prolongées sur la santé. — Quels graves inconvénients y a-t-il à lire au lit pendant la nuit?*

Le *sommeil* est un état de repos causé par l'assoupissement naturel de nos sens; la nécessité s'en fait sentir ordinairement à la fin du travail de la journée, et on y satisfait durant la nuit.

Alors les fonctions de la vie s'accomplissent avec plus de calme que dans l'état de veille; les nerfs se reposent; le sang se répartit également dans toutes les parties du corps, et, quand on reprend la notion de soi-même au matin, tout notre être, frais et dispos, peut se livrer de nouveau à ses occupations quotidiennes.

Ces quelques explications démontrent combien le sommeil est nécessaire pour le fonctionnement régulier des organes du corps; il l'est également, si ce n'est plus, à l'esprit, surtout chez les enfants qui fréquentent l'école et chez les personnes qui s'adonnent aux travaux de l'intelligence.

« La nuit doit être dévolue au sommeil, dit M. Lévy; dormir le jour « et veiller la nuit, ou bien prolonger outre mesure les veillées, c'est « intervertir la marche naturelle de nos organes; il n'est point de « cause plus assurée d'étiolement, d'affaiblissement et de trouble dans « les organes de nutrition.

« Les gens faibles dorment plus que les gens robustes; mais les per- « sonnes fortes qui ont une propension au sommeil doivent s'en dé- « fendre comme d'une cause qui prédispose aux congestions cérébrales. »

Aux différents âges, la durée du sommeil doit être : chez les adolescents, 8 à 10 heures; chez les adultes, 6 à 8; la plupart des vieillards ont assez de 6 heures. Il ne faut pas, pour les enfants, prolonger la veillée au delà de 9 heures du soir; ils doivent se lever, en été, à 6 heures du matin; en hiver, à 7 heures.

Quelques personnes contractent la fâcheuse habitude de lire lorsqu'elles sont couchées ; elles fatiguent ainsi leurs yeux et s'exposent à perdre la vue ; de plus, le flambeau qu'elles gardent allumé dans le voisinage des rideaux est souvent la cause d'incendies. Conclusion : une fois au lit, le plus sage est de dormir.

70. — Heureux foyer. (*Élève*, p. 149.)

L'air était piquant, le temps sec, un de ces temps d'hiver où la marche est crépitante, gaie comme une chanson. Les pentes des talus étincelaient d'un givre blanc qui tenait bon sous le soleil. Parfois, à l'approche des marcheurs, partaient d'un buisson des frou-frous d'ailes. C'était un moineau, une mésange, un rouge-gorge ou un mignon roitelet ; des vols de corbeaux traversaient le ciel.

Le corbeau.

Ce gros oiseau carnassier a un plumage extrêmement noir.

François, Charlot et le cousin Pascal entre eux deux marchaient devant. Suzette, Jacques, à qui la gelée donnait du loisir, et Sylvain fermaient la marche avec M. Dumay. Le père ayant justement, ce jour-là, affaire au Catelet, accompagnait la troupe. Il avait retenu Sylvain dont l'air lui revenait, et qui, d'ailleurs, parlait sol et charrue en ouvrier.

On causait. Sylvain disait juste, montrait un cœur simple et même doux, qu'on n'eût pas trop attendu de l'expression légèrement farouche de son visage et du plissement de ses sourcils. Il avait la fierté un peu méfiante du pauvre être solitaire qui s'est meurtri au préjugé*, à la sottise de quelques rencontres, aussi dures que le caillou des chemins.

Mais ici, la bonhomie, la bienveillance des amis nouveaux l'attendrissaient, et encore plus le sentiment de la vie de famille qui se dégageait d'eux.

Oui, cette bonne, cette fortifiante communauté de tendresse, de confiance, de soutien, de joie et de peine, voilà ce qui lui avait manqué à lui, et ce qui devrait ne manquer à personne !

Sur le haut de la colline, il s'arrêta pour regarder le village de Fragicourt se profilant* en courbe gracieuse à l'horizon, et, tout au bas, nichée dans la blancheur givrée des arbres, la ferme qu'on venait de quitter :

— Les heureux, dit-il en la montrant, les heureux sont

Le travailleur des champs se dit : Pendant que je peine ici, on m'attend là-bas, on pense à moi, une main maternelle me prépare la bienvenue.

les hôtes d'un foyer pareil! Sous la neige d'hiver, sous les pluies d'automne, sous les morsures du soleil d'août, le travailleur des champs se dit : Pendant que je peine ici, on m'attend là-bas, on pense à moi, une main maternelle me prépare la bienvenue ce soir, au retour!

Les yeux mouillés, il se détourna et reprit sa marche.

Questionnaire. — Quel temps faisait-il au départ pour le Cateau? — Parlez de l'aspect de la campagne et des oiseaux qu'apercevait la petite troupe de voyageurs. — En quel ordre marchaient-ils? — Pourquoi M. Dumay avait-il retenu Sylvain auprès de lui? — Sous quel nouvel aspect se présentait le jeune homme? — Qu'est-ce qui l'attendrissait? — Où s'est-il arrêté? — Que dit-il en regardant la ferme de la famille Dumay?

DÉVELOPPEMENT DES SUJETS PROPOSÉS POUR EXERCICES.

Morale. — *Que doit-on faire lorsqu'on voit commettre une bonne action; — une mauvaise action? — Que signifie cette expression : avoir une opinion? — Que pense-t-on de celles qui n'osent dire leur avis sur ce qu'ils entendent ou voient faire? — Comment faut-il* *soutenir et défendre son opinion? — Devons-nous être blessés de ce que d'autres ont des opinions différentes des nôtres?*

Lorsqu'on verra commettre une bonne action, on témoignera soit par ses paroles, soit par l'expression de son visage, toute la satisfaction qu'elle nous cause. Si l'on est témoin d'une mauvaise action, il ne faut pas hésiter à dire son sentiment ou, tout au moins, à marquer par son attitude la peine et l'indignation que nous ressentons.

Avoir une opinion, c'est savoir à quoi s'en tenir sur les personnes, les événements et les choses; les opinions sont libres, d'où la nécessité de chercher à s'en faire une sur tout ce qui nous touche à un titre quelconque.

Celles qui n'osent dire, quand on les en sollicite, leur avis sur ce qu'elles entendent ou sur ce qu'elles voient faire, laissent à penser qu'elles ont une timidité excessive, ou plutôt une faiblesse d'esprit qui les empêche de discerner ce qui est bien ou mal, louable ou blâmable. Rien ne nous attire davantage l'estime des autres que le courage à dire son opinion quand on l'a formée après mûre réflexion et dans un véritable esprit de justice et de désintéressement.

Comme l'exposé de nos opinions peut être en contradiction avec celles d'autrui, il faut s'exprimer avec modération, sang-froid, et en attestant de son désir de ne blesser en rien ceux qui pensent autrement que nous. On sera particulièrement discret et attentif si l'opinion qu'on soutient soi-même est en opposition avec celle de personnes plus âgées que nous.

Puisque les opinions sont libres, c'est faire preuve d'un esprit étroit et d'un mauvais caractère que de se montrer froissé quand les autres formulent des opinions contraires aux nôtres; on n'est pas tenu de les applaudir; on peut les combattre ou protester; n'est-ce pas suffisant? Et, d'ailleurs, il n'est pire moyen pour arriver à ramener à notre avis ceux qui pensent autrement.

Sciences naturelles. — *Que deviennent les vapeurs d'eau contenues dans l'atmosphère? — Où se condensent-elles par les fraîches matinées de la belle saison? — Que produisent-elles? — Qu'est-ce que le givre? — Qu'est-ce que la pluie?*

Les vapeurs d'eau contenues dans l'atmosphère s'élèvent dans les régions supérieures où elles s'accumulent en masses considérables connues sous le nom de nuages. Cependant il en reste encore une quantité notable dans l'air, surtout quand le vent régnant provient de la mer.

Pendant les belles nuits et les fraîches matinées du printemps ou de l'automne, la température de la couche d'air voisine du sol s'abaisse à un tel point que la vapeur d'eau, dont nous avons parlé, se congèle; elle se dépose à la surface du sol et sur les plantes; on dit alors qu'il y a *gelée blanche*.

Le *givre* est une légère couche de glace qui se forme en hiver, sous la forme d'aiguilles très fines, non seulement sur les plantes, mais encore sur les troncs et les rameaux des arbres; elle est produite par la congélation des vapeurs humides d'un vent chaud qui souffle brusquement aussitôt après une période de froid vif.

La *pluie* est l'eau qui tombe des nuages sur la terre à la suite de la condensation des vapeurs qui se sont élevées dans les hautes régions de l'atmosphère.

Géographie. — *Comment nous apparaissent le ciel et l'espace qui nous environne, vus du sommet d'une hauteur? — Quelle est la forme de la terre? — Comment les éclipses, le spectacle de la mer,* *les voyages autour du globe prouvent-ils que la terre est ronde?*

Si, du haut d'une colline isolée ou d'un édifice dominant, on considère ce qui nous entoure, le ciel apparaît sous la forme d'une voûte circulaire dont le point le plus élevé se trouve au-dessus de nos têtes. Autour de nous, les plaines, les vallées, le paysage, en un mot, semble entouré d'un cercle dont les dernières limites sont fixées par la portée de nos regards. Or on a constaté qu'un tel phénomène ne peut se produire que si l'on est placé sur un corps rond.

On a été amené ainsi à croire que la terre est une boule immense, comme le sont d'ailleurs le soleil, la lune et les autres astres qui circulent dans le ciel.

Plusieurs preuves le démontrent :

1° Pendant les éclipses de lune, l'image de la terre se produit sur cet astre ; or cette image est parfaitement circulaire.

2° Si l'on se trouve sur le bord de la mer, au lieu d'apercevoir au lointain le corps des navires qui en est la partie la plus apparente, on voit d'abord la pointe des mâts, comme si elle émergeait des flots, puis les voiles, enfin le navire lui-même. Une telle particularité ne peut se manifester que sur la surface courbe d'un corps sphérique.

3° On voit continuellement des navires qui, se dirigeant toujours vers le même point de l'horizon, l'est ou l'ouest, par exemple, finissent par se retrouver au point de départ ; ce phénomène ne pouvant avoir lieu que sur une boule, on en a déduit avec raison que la terre est un globe immense.

71. — Il y a de bonnes gens. (*Élève*, p. 151.)

Jacques lui toucha l'épaule :

— Le déshérité * qui a bon bras et bonne volonté peut venir aux champs ; il y trouvera du travail, des amis, une famille aussi.

— Oui, ajouta M. Dumay. Et tenez ! il nous arriva autrefois, sur ce terroir, un garçon à peu près dans votre situation ; c'était un énergique travailleur. Aujourd'hui, il est maître d'un bon bien, marié, père de trois enfants.

M. Dumay montra un bouquet d'arbres au loin dans la plaine :

— Voilà sa ferme du Bois-Maillard. Vous plaît-il que j'aille lui parler de vous ? Il se souviendra, n'étant pas de ceux qui, dans la prospérité, lèvent le nez très haut pour s'empêcher de voir la terre d'où ils sont sortis. En vous il se reconnaîtra tel qu'il était lui-même voilà vingt-cinq ans, et, s'il n'y a pas de place chez lui, il vous en fera une, ou je me trompe fort. Vous convient-il, mon ami, que je voie M. Cartier ? Il n'est qu'à neuf kilomètres de chez nous ; c'est deux pas pour la Grise.

Il souriait. Sylvain lui prit la main :

— Savez-vous, Monsieur, ce qui surtout me touche dans vos paroles? Ce n'est pas l'offre que vous me faites d'une position, et que j'accepte avec reconnaissance ; c'est le sentiment amical, paternel avec lequel vous me parlez. Depuis si longtemps je n'avais entendu un accent de sympathie!

— Vous êtes un brave enfant que nous serons tous heureux d'obliger, répondit M. Dumay.

— Oui, ajoutèrent Jacques et Suzette.

Pendant ce temps, monsieur le neveu, qui allait toujours devant, entre François et Charlot, leur contait les chasses au lion de Jules Gérard, qu'il savait par cœur, comme ses autres histoires d'Afrique. Et, s'échauffant, tout à coup il prenait le fusil des mains de Jules Gérard, s'embusquait *, attendait le fauve *, l'entendait approcher :

— Ah! quel rugissement! le grondement même du tonnerre!... Le voilà! il a vu l'ennemi ; ses yeux flamboient, il bondit!... Pan! pan! deux balles dans le front; il roule, il est mort!.. Une autre fois le Seigneur à la grosse tête, comme l'appellent les Arabes, n'a été que blessé. Il s'élance sur le tireur, le renverse, va le déchirer... Je suis perdu! Mais je trouve encore la force de lui plonger mon couteau dans le cœur!

Comme il exterminait ce second lion, on arriva au Catelet.

Questionnaire. — Quelles paroles encourageantes adressa Jacques à Sylvain? — Quel exemple cita le fermier à l'appui des paroles de son fils? — Que proposa-t-il à Sylvain en lui montrant la ferme du Bois-Maillard? — Que répondit Sylvain en lui prenant la main? — Pendant ce temps, que faisaient Pascal, François et Charlot? — Racontez la chasse au lion dans les mêmes termes que Pascal. — A quel moment arriva-t-on au Catelet?

DÉVELOPPEMENT DES SUJETS PROPOSÉS POUR EXERCICES.

Morale. — La Reconnaissance. — *En quoi consiste la reconnaissance? — Comment témoigne-t-on sa reconnaissance? — Envers qui les enfants doivent-ils être reconnaissants, et pourquoi? — Qu'entend-on par ingratitude? — Que prouve ce vice odieux?*

La *reconnaissance* est le souvenir du bienfait reçu joint au désir de payer de retour le bienfaiteur. C'est la vertu des bons cœurs.

Il y a entre le bienfaiteur et l'obligé une convention, sous-entendue en quelque sorte; c'est que l'un doit, sur-le-champ, oublier le service qu'il a rendu, et l'autre s'en souvenir toujours.

On témoigne sa reconnaissance par de l'affection, des égards, des attentions, qu'on montre sous une forme respectueuse et discrète si l'on est redevable du bienfait à une personne avec laquelle on n'a pas de rapports familiers. Avec ses parents, ses amies, on sera plus expansive, caressante même, et l'on saisira avec bonheur toutes les occasions de leur rendre ces petits services qui attestent qu'on n'a point oublié.

Les enfants doivent toute leur reconnaissance à leurs parents et aux personnes qui remplacent ces derniers auprès d'eux : telles sont les institutrices. Ils tiennent des uns et des autres la vie de l'âme et celle du corps; ils reçoivent quotidiennement des marques de leur sollicitude ; comment resteraient-ils indifférents?

Il en est pourtant, des enfants, des hommes, qui perdent le souvenir des bienfaits; rien n'est plus odieux. On conçoit d'autant moins cette défaillance morale que les animaux mêmes sont reconnaissants. Un tel vice décèle une âme vile et égoïste.

Composition. — La Reconnaissance du lion. — *Faire remarquer d'abord que les animaux sont sensibles aux bienfaits et en gardent le souvenir. — Citer les animaux les plus reconnaissants. — Raconter l'histoire du lion d'Androclès.*

Androclès était esclave au temps où la domination des Romains s'étendait sur le nord de l'Afrique. Ne pouvant supporter davantage les mauvais traitements dont un maître cruel l'accablait, il s'enfuit au désert.

Un jour, il pénétra dans une caverne pour s'abriter contre les rayons brûlants du soleil ; ô terreur! qu'aperçoit-il? Un lion monstrueux couché sur le sable. L'animal gémissait douloureusement et regardait l'esclave comme s'il le suppliait de venir à son secours. Quelque peu rassuré, Androclès s'avance; il voit que l'une des pattes du lion est enflée; enhardi, il la saisit, l'examine et distingue une épine enfoncée dans les chairs. Il l'arrache et le lion témoigne le soulagement qu'il éprouve, par son attitude et ses regards.

Il fut bientôt rétabli, et il montra sa reconnaissance à son bienfaiteur en le pourvoyant de gibier. Mais cette vie commune, qui était douce à tous deux, ne dura guère; l'esclave fut arrêté un soir qu'il s'était aventuré à travers la campagne. Les tribunaux le condamnèrent à périr dans le cirque sous la dent des bêtes féroces.

Un mois se passe; le jour du supplice est arrivé. Androclès, étendu dans l'arène, sous les yeux de milliers de spectateurs, attend la mort; une grille s'ouvre; un lion monstrueux se précipite sur la victime. O surprise! l'animal se couche aux pieds de l'esclave, lui lèche les mains et témoigne son affection de la manière la plus touchante.

Vous l'avez deviné : c'était le lion qu'Androclès avait guéri. Capturé depuis peu, amené à l'amphithéâtre, lancé sur l'esclave, il avait reconnu son bienfaiteur et lui exprimait sa reconnaissance.

Le peuple, touché, sollicita la grâce du fugitif; elle lui fut accordée, et Androclès reprit avec son ami le chemin du désert.

Français. — *De quels mots dérivent :* déshérité, volonté, souviendra, reconnaîtra, position, sentiment, amical, paternel, échauffer, rugissement, renverser, élancer, exterminer, arriver?

Ces mots dérivent de :

Hériter, vouloir, venir, connaître, poser, sens, ami, père, chaud, rugir, verser, élan, terme, rive.

72. — Souvenirs d'histoire. (*Élève*, p. 152.)

Un pan de vieux mur lézardé*, d'anciens glacis* couronnés de sombre verdure, un fossé comblé par les orties et les ronces, c'est tout ce qui reste au Catelet de son belliqueux* passé.

Cette forteresse, à qui fut jadis confié l'honneur de garder la frontière de France contre les attaques de l'empereur Charles-Quint, n'avait déjà plus rien à faire lorsque Louis XIV, par la conquête de la Flandre, recula de ce côté les bornes du pays jusqu'où nous les voyons encore aujourd'hui.

Le château de Coucy.

Les châteaux forts étaient défendus par un fossé, de hautes murailles et des tours ; un pont-levis, sorte de petit pont mobile qui s'abaissait ou s'élevait au-dessus du fossé, en permettait ou en défendait l'accès.

A ces détails donnés par Jacques et sa sœur, Pascal ouvrait de grands yeux.

— Eh bien! qu'y a-t-il donc de si étonnant à notre histoire, cousin Pascal?

— Voilà, cousin, répondit-il : à Paris, on croit que les gens de la campagne ne savent que planter des choux et garder les vaches.

— Bon! mais aujourd'hui ils savent aussi lire.

— Et, ajouta Suzette en riant, ils seraient même capables d'explorer l'Afrique comme toi.

— Pourquoi, reprit Jacques, resterions-nous éternellement en arrière des villes? Ici, par exemple, à Fragicourt, la jeunesse a appris que la petite motte de terre où se dresse son village est de noble terre, de terre de France; que les efforts, les vicissitudes*, les malheurs et les gloires de la patrie y ont marqué leur trace. Et devant l'histoire de son passé, cette jeunesse s'émeut et comprend son devoir, tout comme celle de Paris! Les livres nous font vos égaux.

Questionnaire. — Que reste-t-il au Catelet de son belliqueux passé? — Quels détails donnèrent Jacques et Suzette sur la vieille forteresse? — Pourquoi Pascal était-il étonné? — Que répondit-il à la question qu'on lui posa à cet égard? — Qu'ajouta malicieusement Suzette? — Que dit Jacques de l'histoire de son village natal?

DÉVELOPPEMENT DES SUJETS PROPOSÉS POUR EXERCICES.

Histoire. — *Décrire un château fort. — A quelle époque et pourquoi la France en fut-elle couverte? — Qu'est-ce que Charles-Quint? — De qui tenait-il les Pays-Bas?*

Les châteaux forts dont la France se hérissa à l'époque de la féodalité, étaient presque toujours construits à mi-côte. Quelquefois ils étaient bâtis au sommet d'un rocher et en rase campagne pour commander une vallée ou le passage d'une rivière.

Tout château se composait d'un certain nombre de parties essentielles telles que *fossés*, *ponts*, *portes*, *tours*, *créneaux*, *plates-formes*, *donjon* et *souterrains*. Les fossés étaient quelquefois remplis d'eau et protégés par des fortifications extérieures. De l'autre côté s'élevaient la masse imposante des murailles flanquées de tours aux angles, et le donjon, énorme tour qui servait de dernier refuge lorsque l'enceinte avait été emportée d'assaut.

La *porte du château* ne laissait ordinairement qu'un passage étroit et resserré entre deux tours; le *pont-levis* la précédait et, en se relevant, la couvrait contre les attaques de l'ennemi. On ajoutait à cette défense une *herse*, lourde grille de fer ou un système de pieux qui glissaient dans des rainures pratiquées aux parois des murailles; en arrière, on voyait d'énormes portes hérissées de fer. Dans les murs latéraux, on ménagea plus tard des *meurtrières*, ouvertures très étroites faites pour donner passage aux flèches ou aux balles, et des *embrasures* pour les canons.

Les *tours* soutenaient les murs et contenaient les magasins; elles étaient ordinairement couronnées d'espèces de boucliers de maçonnerie appelés *créneaux*, qui protégeaient les défenseurs des remparts tout en leur permettant de faire usage de leurs armes.

Les portes et fenêtres, placées à une hauteur où l'escalade était possible, étaient défendues par des balcons munis d'un parapet élevé et à jour dans la partie inférieure; dans la suite, on multiplia ces parapets et on en garnit le pourtour des murailles, sous le nom de *mâchicoulis*. Les espaces laissés vides permettaient de lancer des projectiles sur les assaillants.

Dans l'espace qui séparait les tours et aux angles saillants, on élevait souvent des guérites de pierre qu'on appelait *échauguettes*, destinées à abriter les sentinelles.

A l'intérieur du château, on entrait dans un terrain nommé la *basse cour;* c'est là qu'étaient les logements, la chapelle, les magasins, les écuries; on y voyait encore une mare, des citernes ou un puits.

Le *donjon* était construit ordinairement dans le lieu le plus élevé et de l'accès le plus difficile; mais il n'avait pas de place déterminée; tantôt il touchait aux remparts comme au château de Coucy, tantôt il était complètement isolé comme dans le château de Vincennes. Il consistait quelquefois en plusieurs tours appelées *bastilles*, mais, le plus souvent, en une seule tour très élevée nommée la *maîtresse tour du château*. Le passage des escaliers conduisant aux salles était barricadé par des grilles et des portes; des boules de pierre énormes placées en réserve sur les paliers pouvaient être roulées dans les escaliers de manière à obstruer le passage et à renverser même un ennemi victorieux.

Les *souterrains* servaient de magasins, de caves, de prisons ou d'asile en cas de prise de la forteresse. Les *oubliettes* étaient des puits profonds où l'on précipitait les criminels ou les victimes.

La France fut couverte de châteaux forts à l'époque de la féodalité, du dixième au douzième siècle; ils servirent d'abord d'asile aux populations des campagnes contre les invasions ennemies, telles que celles des Normands; plus tard, ils les protégeaient dans les guerres de seigneur à seigneur. Ils existèrent jusqu'au dix-septième siècle; ils n'étaient plus, à cette époque, que la terreur des paysans et le repaire de quelques brigands féodaux qui bravaient la loi et le roi. Richelieu ordonna de faire disparaître ces derniers vestiges de l'ancien régime. (D'après CHÉRUEL.)

Charles-Quint (1500-1558), empereur d'Allemagne, roi d'Espagne, souverain des Pays-Bas, était le fils de Philippe le Beau, archiduc d'Autriche, et de Jeanne la Folle, fille de Ferdinand, roi d'Espagne. Il y eut des guerres nombreuses entre lui et les rois de France François Ier et Henri II. Il possédait les Pays-Bas par héritage de sa grand'mère, Marie de Bourgogne, fille unique de Charles le Téméraire.

Géographie. — *Quels sont, pour notre pays, les départements frontières? — Quelles forteresses y remarque-t-on? — Qu'est-ce qu'une forteresse? — Esquisser la carte de l'Alsace-Lorraine.*

Les départements frontières sont ceux du Nord, des Ardennes, de la Meuse, de Meurthe-et-Moselle, des Vosges, le territoire de Belfort, du Doubs, du Jura, de l'Ain, de la Haute-Savoie, de la Savoie, des Hautes-Alpes, des Basses-Alpes et des Alpes-Maritimes.

Sur la frontière d'Espagne, ce sont les départements des Pyrénées-Orientales, de l'Ariège, de la Haute-Garonne, des Hautes-Pyrénées et des Basses-Pyrénées.

Les forteresses ou villes fortes des départements frontières sont : Lille, Douai, Valenciennes, Bouchain, Cambrai, Le Quesnoy, Maubeuge, Avesnes, Rocroi, Givet, Mézières, Sedan, Montmédy, Verdun, Longwy, Toul, Nancy, Épinal, Belfort, Besançon, Briançon, Embrun, Perpignan, Lourdes, Bayonne.

Il existe en outre quantité de forts, notamment sur la frontière qui s'étend de Verdun à la Méditerranée.

Sciences naturelles. — *Qu'entend-on par plantes nuisibles? — Nommez-en qui croissent sur les terrains incultes. — En quoi chacune de ces plantes est-elle préjudiciable? — Que doivent faire les cultivateurs? — Quel parti peut-on tirer des épines et des orties?*

Les plantes nuisibles sont celles qui, par leur multiplication, épuisent le sol et entravent le développement des plantes utiles dans les lieux cultivés.

Sur les terrains incultes, on voit principalement des chardons, des épines, des orties.

Dans les champs et prairies, on remarque :

1° Le *chiendent*, qui étend de tous côtés ses racines souterraines et se multiplie avec rapidité. Des labours, des hersages répétés par un temps bien sec et l'enlèvement des tiges sont les meilleurs moyens de s'en débarrasser.

2° La *cuscute*, plante à rameaux filamenteux rougeâtres, très nombreux, qui s'implantent sur les tiges des plantes fourragères et les font périr.

3° La *folle avoine*, dont les racines ressemblent à de petits oignons qui peuvent produire chacun une tige; elle est aussi pernicieuse que le chiendent.

4° Le *chardon*, qui repousse toujours quand on le coupe et dont la multiplication est facilitée par le nombre prodigieux de ses graines; il étouffe les plantes utiles dans les champs dont on ne l'a pas extirpé.

5° Le *sénevé* ou *moutarde sauvage*, plante à fleur jaune, qui produit les mêmes effets que le chardon. Il faut l'arracher avant la maturité de la graine.

On emploie les épines pour former des clôtures et pour le chauffage; les orties hachées sont recherchées par la plupart des volailles de la basse-cour.

73. — La dépêche. (*Élève*, p. 154.)

— Le bureau du télégraphe! cria François, toujours en avant.

On entra; on remit à l'employé la dépêche pour Mme Richard. A peine avait-on dépassé le seuil que le manipulateur * commençait sa batterie*; la dépêche partait. Le manipulateur se tut: elle était partie, arrivée!

L'ancien télégraphe.

— Nous sommes loin de ces machines de bois à longs bras, qui, de clocher en clocher, d'un bout de la France à l'autre, s'envoyaient des signaux. Le télégraphe électrique et, depuis peu, le téléphone sont d'admirables découvertes qui nous permettent d'échanger nos idées et même une conversation avec les habitants de toutes les parties du monde.

Au siècle dernier, dans une ville d'Amérique, à Boston, un jour d'orage, un enfant joue au cerf-volant; il a attaché une clé à la queue de ce cerf-volant, trop léger et qu'il faut alourdir. Une petite étincelle lumineuse brille tout à coup sur la clé, à la vive curiosité du garçon, très frappé de ce phénomène *.

L'enfant devint le grand Franklin; la petite étincelle est devenue la grande électricité * avec ses nombreuses applications qui ont déjà changé et changeront encore plus la face de la terre.

La foudre, la terrible force destructrice devant laquelle les premiers hommes, terrifiés, se prosternaient, l'homme d'aujourd'hui s'en empare, l'annihile * par le paratonnerre de Franklin ou la maîtrise, lui fait porter sa parole et ses commandements jusqu'au bout de l'univers, comme il s'en éclaire contre la nuit; et quelles autres merveilles n'en tirera-t-il pas demain!

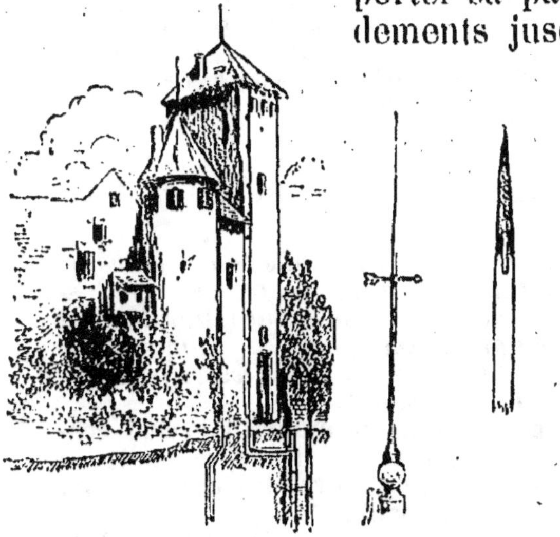

Le paratonnerre.

La tige d'un paratonnerre varie de trois à cinq mètres; elle est terminée en haut par une pointe de platine. Une barre en métal, servant de conducteur, est soudée à la tige et descend, en suivant le toit et les murs de l'édifice, soit dans un puits, soit dans un trou profond. Un paratonnerre en mauvais état peut amener des accidents nombreux.

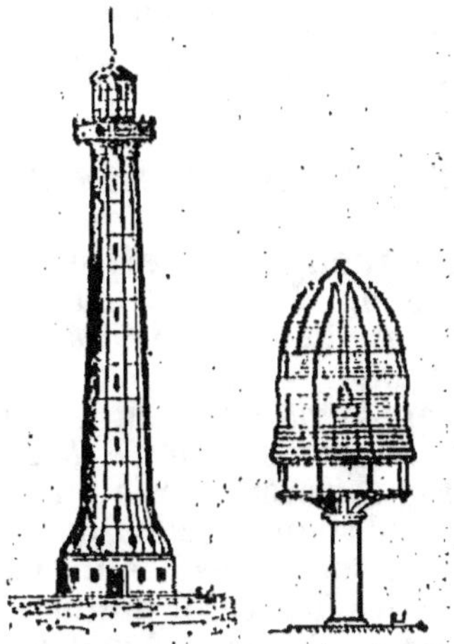

Les *phares* sont dressés sur un cap, sur un point éminent d'une côte, ou sur la jetée d'un port. Une lanterne qui se trouve à leur extrémité est allumée pendant la nuit; et ce feu, connu des navires, les guide au milieu de l'obscurité.

— Oui, dit Sylvain, nous sommes loin des feux allumés sur les montagnes pour les communications que les hommes avaient à se faire. Nous sommes loin aussi de ces machines de bois à longs bras, qui, de clocher en clocher, d'un bout à l'autre de la France, se faisaient des gestes dégingandés *.

M. Pascal, qui, malgré son petit désastre de la veille, n'engendrait pas la mélancolie et trouvait généralement dans son excellente mémoire quelque bonne chose à répondre, se mit à chanter :

« Que fais-tu, mon vieux télégraphe,
Au sommet de ton vieux clocher...
Sérieux comme une épitaphe,
Immobile comme un rocher?... »

(G. NADAUD.)

Questionnaire. — Que remit-on au télégraphe? — Quel était l'objet de la dépêche? — Qui fut mis immédiatement en mouvement? — Qu'est-ce que Boston? — Quel phénomène y observa, au siècle dernier, un enfant qui jouait au cerf-volant? — Qu'est-ce qu'un cerf-volant? — Comment cet enfant se nommait-il? — Qu'ont déjà fait les applications de l'électricité? — Qu'est-ce qui maîtrise la foudre? — Donnez des détails sur le paratonnerre. — Qu'ont remplacé la lumière électrique et le télégraphe électrique? — Répétez le fragment de chanson que fredonna Pascal.

DÉVELOPPEMENT DES SUJETS PROPOSÉS POUR EXERCICES.

Sciences naturelles. — *Quelle propriété donne-t-on à un bâton de cire ou de soufre en le frottant; — à un bâton de verre? — Quelle est la cause de ces phénomènes? — Où se forme naturellement l'électricité? — Que produit-elle dans l'atmosphère? — Dangers que présente la chute de la foudre. — Comment s'en préserve-t-on? — Faut-il rester sous les arbres pendant l'orage?*

Lorsqu'on frotte, avec un morceau de drap ou une peau de chat, certaines substances telles que la cire à cacheter, la résine, le soufre, le verre, la soie, elles acquièrent la propriété d'attirer les corps légers, comme les barbes de plume, les brins de paille.

La cause de ces phénomènes est due à une force, l'électricité, dont la présence se manifeste soit par des attractions semblables à celles dont nous venons de parler, soit par des apparences lumineuses ou des commotions (1) violentes.

On a remarqué que si l'on présente une balle faite de moelle de sureau, et suspendue à un fil, à un tube de verre frotté sur un morceau de drap, elle est d'abord attirée, puis repoussée après le contact. Mais si l'on approche de la balle de sureau que vient de toucher le tube de verre, un bâton de résine frotté également à la peau de chat, celui-ci attire vivement la balle. Il y a donc deux sortes d'électricités.

L'électricité se forme naturellement dans les nuages par le frottement des bulles de vapeur; elle produit dans l'atmosphère des phénomènes lumineux connus sous le nom d'éclairs, à la suite desquels l'air, violemment ébranlé, produit un bruit éclatant que les couches nuageuses répètent à la façon de l'écho, en forme de roulement : c'est le tonnerre.

Quand l'électricité des nuages attire celle qui se produit à la surface de la terre, elles se combinent parfois; alors il y a production d'un éclair avec des effets extraordinaires. Si une personne se trouve sur le passage du fluide électrique, elle est frappée d'une telle commotion qu'elle perd ordinairement la vie; les arbres sont brisés; les maisons, renversées ou incendiées.

(1) *Commotion*, secousse brusque, agitation extrême.

On préserve les édifices de la chute de la foudre en fixant un paratonnerre (Voir page 155, *Livre de l'élève*) sur le point le plus élevé. Les hommes s'en garantissent en évitant, pendant les orages, de s'abriter sous des arbres ou de se tenir dans un courant d'air. Les arbres jouissent, en effet, de la propriété d'attirer le fluide électrique.

Industrie. — *Indiquer comment est construit et fixé un paratonnerre.*

(Voir, page 155, *Livre de l'élève*, la légende du dessin d'un paratonnerre.)

LE TÉLÉGRAPHE ÉLECTRIQUE. — *Que voit-on dans un bureau télégraphique et quel est l'objet de ces appareils? — D'où provient le fluide électrique (qu'on y emploie)? — Comment le transmet-on de bureau à bureau? — Que savez-vous de la vitesse de ce fluide? — Que fait-il agir au bureau d'arrivée?*

Dans un bureau télégraphique, on voit, sur une table, un instrument nommé *récepteur*, dans lequel l'électricité fait agir un poinçon qui sert à écrire les signaux sur une longue bande de fort papier enroulée autour d'un tambour, et qui vient s'engager entre deux rouleaux de cuivre.

A côté est un autre appareil, le *manipulateur*, composé d'une petite planchette de bois servant de support à un levier de métal, qui est mobile par son milieu et frappe un bouton lorsque, au moyen de touches, on le met en communication avec les fils qui transmettent l'électricité de bureau à bureau.

Le fluide électrique qui circule dans les fils, provient d'appareils appelés *piles*, où il se développe au contact d'acides avec des feuilles de zinc et de cuivre.

On le transmet de bureau à bureau au moyen de fils de fer soutenus, de distance en distance, par des poteaux. Il se meut avec une vitesse telle qu'il lui faut moins d'une seconde pour effectuer le tour de la terre, et, lorsqu'il arrive au bureau, il actionne le levier qui fait marquer au poinçon les signes convenus sur la bande de papier dont il a été précédemment question.

Éclairage électrique. — *Combien de sortes d'électricités? — A quoi tendent-elles? — Si l'on rapproche deux bâtons de charbon ou deux tiges de métal en communication avec deux sources différentes d'électricité, que se produit-il? — Comment est la lumière ainsi obtenue? — S'en sert-on, et où? — Quels en sont les avantages et les inconvénients?*

Il existe deux sortes d'électricités et elles tendent sans cesse à se combiner. Si donc on rapproche deux bâtons de charbon de houille ou deux tiges métalliques en contact avec deux piles donnant des électricités différentes, il se produit une flamme brillante à l'extrémité de chaque charbon ou de chaque tige, et, lorsqu'elles se rejoignent, une lumière éblouissante en résulte.

Dans l'air, cette lumière est blanche avec un éclat scintillant qui fatigue la vue. Aussi ne peut-on s'en servir que dans les lieux où il s'agit d'éclairer de grandes surfaces; telles sont les rues, les places publiques, les gares, les ateliers. Elle a une puissance presque égale à celle du soleil, c'est-à-dire beaucoup plus grande que celle produite par les bougies et les lampes; mais comme nous l'avons dit, elle agit d'une manière fâcheuse sur la vue, et elle scintille de telle façon qu'elle ne peut être utilisée pour les travaux délicats. Il est infiniment probable qu'on parviendra bientôt à faire disparaître ces graves inconvénients.

74. — Réconciliation. (*Élève*, p. 156.)

Si le père tue le veau gras pour célébrer le retour du fils vagabond* qu'il croyait perdu et qui est retrouvé, que fera la mère? M. Pascal le savait certainement, car à l'arrivée d'une mère attendue, il courut impétueusement à elle et se jeta dans ses bras ouverts. Elle l'y retint en pleurant :

— Malheureux enfant! malheureux enfant! que de larmes tu as fait couler! Ah! j'en serais morte!

Puis elle embrassa son frère qui lui rendait ce fils adoré. C'est surtout dans l'attendrissement de la réconciliation que les proches sentent la folie de leurs querelles et de leurs divisions. La nièce et les neveux embrassèrent ensuite leur tante.

C'était une femme assez grande, de taille un peu penchée; les bandeaux de ses cheveux noirs commençaient à s'argenter de fils blancs; mais ses yeux noirs avaient encore de l'éclat, et sa tenue élégamment simple, son aisance* aimable disaient qu'elle venait de Paris.

Ses mains surtout furent admirées de sa nièce, pour la gracieuse souplesse, l'adresse des doigts qui rendent si expressives les mains de l'habile travailleuse! Aux compliments que lui en fit, le soir même, Suzette, elle sourit.

— Eh! oui, elles ont dû s'exercer, ne pas flâner; ce sont elles qui, surtout depuis mon veuvage, ont élevé mes trois enfants.

Et regardant celles de Suzette :

— Mais les tiennes non plus ne paraissent pas trop gauches!

— Les miennes ne savent pas tailler, faire une robe.

— Ce n'est pas leur faute; il faudra le leur apprendre. Elles n'ont qu'à venir un peu à Paris en compagnie des miennes.

Et comme à ce moment M. Dumay s'approchait, la tante Jeanne se tourna vers lui :

— Savez-vous, Denis, que nous allons avoir à Paris une Exposition universelle*?...

— Oui, on en parle.

— Et qu'il serait bon de nous y envoyer une jeune fille de notre connaissance, et qui semble avoir des yeux, pour qu'elle y voie cette Exposition, Paris et, par la même occasion, l'atelier de couture d'une tante qui pourrait lui apprendre quelque chose?

M. Dumay se gratta l'oreille :

— Ma foi, dit-il, je ne dis pas non; attendons le beau temps.

On passa le reste de la soirée à deviser* du passé, de la vieille maison paternelle incendiée, que la tante Jeanne regrettait, puis de Marthe, de Louis, le frère aîné, ancien élève de l'école Turgot* et bon mécanicien*; puis de la mémoire, de l'imagination, de la langue trop bien pendue de monsieur l'explorateur, qui baissait la tête sous les sourires un peu railleurs. Sylvain n'était pas là : M. Cartier, sur la recommandation de M. Dumay, l'avait aussitôt accepté dans sa ferme.

Questionnaire. — Que fit le père de l'enfant prodigue quand il retrouva ce dernier? — Racontez la scène touchante qui se passa à l'arrivée de Mme Richard. — Comment se réconcilia-t-elle avec son frère? — Faites le portrait de Mme Richard. — Que remarqua Suzette? — Quelle proposition fit Mme Richard concernant sa nièce? — Comment M. Dumay l'accueillit-il? — Quels détails donna Mme Richard sur sa famille? — Qu'était devenu Sylvain?

DÉVELOPPEMENT DES SUJETS PROPOSÉS POUR EXERCICES.

Morale. — *Racontez la touchante parabole qui a donné lieu à la locution : Tuer le veau gras.*

Un homme avait deux fils dont le plus jeune dit à son père : Mon père, donnez-moi la part du bien qui doit me revenir, et le père leur fit le partage de son bien. Peu de jours après, le plus jeune de ces deux enfants ayant réuni tout ce qu'il avait, s'en alla dans un pays fort éloigné, où il dissipa tout son bien en débauches.

Après qu'il eut tout dépensé, il arriva une grande famine en ce pays-là, et il commença à tomber dans l'indigence. Alors il s'en alla et se mit au service d'un habitant du pays qui l'envoya à sa maison des champs pour y garder les pourceaux. Et là, il eût souhaité se nourrir des glands que les pourceaux mangeaient; mais personne ne lui en donnait.

Enfin, étant rentré en lui-même, il dit : Combien y a-t-il de serviteurs dans la maison de mon père qui ont du pain en abondance, et moi, je meurs ici de faim! Il faut que de ce pas je m'en aille trouver mon père et que je lui dise : Mon père, j'ai péché contre le ciel et contre vous, et je ne suis plus digne d'être appelé votre fils : traitez-moi comme l'un des serviteurs qui sont à vos gages.

Il partit donc et s'en vint trouver son père. Lorsqu'il était encore bien loin, son père l'aperçut et en fut touché de compassion; courant à lui, il se jeta à son cou et le baisa. Et son fils lui dit : Mon père, j'ai péché contre le ciel et contre vous, et je ne suis plus digne d'être appelé votre fils. Alors le père dit à ses serviteurs : Apportez promptement la plus belle robe, et l'en revêtez; et mettez-lui un anneau au doigt et des souliers aux pieds. Amenez un veau gras et tuez-le : faisons bonne chère et réjouissons-nous, parce que mon fils que voici était mort, et il est ressuscité; il était perdu et il est retrouvé. (*Évangile selon saint Luc.*)

Composition. — *Montrez en quoi vous pensez que les expositions présentent de l'utilité. — Donnez des exemples* (locaux d'abord).

Sommaire. — *Ce qu'est une exposition :* (Entreprise dans laquelle on fait appel aux producteurs et aux industriels pour qu'ils apportent et mettent en vue, dans un vaste local, tous les produits du sol, de l'industrie et des arts. Une exposition est universelle quand on y reçoit les produits de tous les pays du monde.) On ne connaît bien les choses qu'en étudiant leur forme, leur organisme, leurs propriétés; on n'améliore ses procédés qu'en les comparant à ceux des autres et en faisant son profit des changements qu'on remarque. — Où pourra-t-on faire ces études, ces remarques? — Parler des expositions agricoles, horticoles, scolaires, des comices agricoles, puis arrivez aux expositions de plus grande importance.

Histoire. — Turgot. — *Dire quelques mots de la misère des paysans au dix-huitième siècle. — Causes de cette misère. — Que fit Turgot pour la soulager : 1° quand il était intendant du Limousin ; — 2° quand il fut ministre?*

En 1725, le célèbre Saint-Simon écrit au cardinal Fleury « que les pauvres gens de Normandie mangent de l'herbe, et que le royaume se tourne en un vaste hôpital de mourants et de désespérés. » On vit alors se former une association de financiers qui achetaient tous les blés, en formaient des magasins immenses, pour vendre cette denrée à un prix exorbitant lorsqu'ils avaient ainsi produit la disette. Louis XV fit une avance de dix millions à cette entreprise abominable, et il se « vantait à tout le monde du lucre infâme qu'il faisait sur ses sujets. » (Lacretelle, *Hist. de France.*)

Alors la famine ne quitta plus les campagnes ; elle redoubla en 1740, 1741, 1742, 1745, 1767, 1768, 1775, 1776, 1784 et, enfin, en 1789.

Le comte d'Argenson écrivait en 1740 : « Au moment que j'écris, en pleine paix, avec les apparences d'une récolte abondante, les hommes meurent autour de nous comme des mouches, de pauvreté et broutant l'herbe... Le duc d'Orléans porta dernièrement au conseil du roi un morceau de pain de fougère, il le posa sur la table en disant : Sire, voilà de quoi vos sujets se nourrissent. C'est aujourd'hui, ajouta-t-il, à faire pitié même aux bourreaux. »

Duval, en 1752, rentre en Allemagne après un voyage en France, et il écrit : « Ce qui me frappa le plus dans ce long trajet, ce fut qu'au lieu de ces momies vivantes en haillons de toile et en sabots qui peuplent les huttes et les chaumières de ma chère France, je ne vis en Allemagne que des cultivateurs forts et robustes et des artisans bien vêtus, bien nourris et logés comme des hommes doivent l'être. »

En 1752, le parlement de Normandie constate « que les paysans, pour ne pas mourir trop vite de faim, en étaient réduits à se former des nourritures qui font horreur à l'humanité. »

La noblesse, le clergé ainsi que la plus grande partie de la riche bourgeoisie, ne payant point d'impôts, le peuple était écrasé sous des charges si lourdes qu'elles égalaient 85 p. 100 du produit de l'industrie et de l'agriculture. Alors, les paysans découragés cultivaient mal leurs terres, arrachaient leurs arbres et leurs vignes et n'élevaient presque plus de bétail : tous les historiens contemporains en témoignent.

Turgot (1727-1781), après des études sur les réformes à accomplir dans l'intérêt de la nation tout entière, fut nommé intendant du Limousin ; il y établit la libre circulation des grains, adoucit le système des impôts, répara les routes, organisa des bureaux et ateliers de charité et acquit ainsi une véritable popularité.

Appelé au ministère en 1774 par le roi Louis XVI, il entreprit dans l'État les réformes qu'il avait essayées à Limoges; il voulait, entre autres, le remplacement de tous les impôts par l'impôt foncier et la destruction des droits féodaux. Ses réformes, ses projets lui suscitèrent des ennemis; tous les privilégiés se liguèrent contre lui et Louis XVI s'en sépara avec douleur en 1776. « Il n'y a que M. Turgot et moi, disait-il, qui aimons le peuple. »

Industrie. — LES EXPOSITIONS. — *Qu'est-ce qu'exposer une chose? — Qu'entend-on par exposition? — Parlez des petites expositions que vous avez déjà vues. — De quoi se composent les bâtiments d'une exposition départementale, nationale ou universelle? — Qu'y place-t-on?*

Exposer une chose, c'est la placer sous les yeux du public pour que chacun ait la facilité de l'examiner.

Les *expositions* sont des entreprises... (Voir page précédente, au *Sommaire du sujet de composition.*)

Il y a des expositions *locales* et *cantonales* qui comprennent le plus souvent les produits des champs, des vergers, des jardins ainsi que des parterres de fleurs; on y joint les instruments agricoles, du bétail, des chevaux. — Les expositions *départementales* comprennent les mêmes objets, augmentés de produits industriels et, plus d'une fois, des travaux des écoliers dans leurs classes. — L'exposition est *nationale* quand il a été fait appel à tous les producteurs et artistes d'une contrée; elle est *universelle* lorsque tous les peuples sont conviés à y prendre part.

75. — Le beau temps. (*Élève*, p. 158.)

Un matin de mai, un de ces matins fleuris, bleus, lumineux, chantés du vieux poète :

> Le temps a laissé son manteau
> De vent, de froidure et de pluie,
> Et s'est vêtu de broderie,
> De soleil luisant clair et beau,

M. Dumay, dans sa cour, saluait le retour de la première hirondelle. Il suivait des yeux le vol ému de l'oiseau, tournoyant, planant*, tournoyant encore en cercles de plus en plus rapprochés, et soudain, avec un petit chant d'allégresse*, courant à tire-d'aile vers son nid de l'an passé, suspendu à la corniche du colombier.

A cet instant, la lourde porte s'ouvrit. C'était le facteur, avec une lettre. M. Dumay la décacheta, ajusta ses lunettes, la parcourut, puis appela :

— Suzette !

Suzette parut sur le seuil.

— Te rappelles-tu ce que je répondis à ta tante quand elle parla d'un voyage à Paris ?

— Oui, père ; vous lui dites : « Attendons le beau temps. »

— Et quel temps fait-il, aujourd'hui ?

Elle leva vers le ciel et vers le nid de l'hirondelle un regard souriant.

— Eh bien ! ma fille, prépare tes hardes, voilà une lettre de ta tante.

La lettre lue, elle embrassa joyeusement son père.

Une heure après, elle hésitait :

Voyons ! S'en aller pendant une quinzaine, abandonner les rênes* de sa maison, pour une ménagère, ce n'est pas une mince affaire ! Qui va faire le ménage et la soupe ? Qui, le samedi, tirera de l'armoire, sans tout bousculer, les vêtements de rechange, les chemises, les mouchoirs, les chaussettes ?

En songeant ainsi, elle regardait ses trois frères dont les deux derniers, elle le voyait bien, eussent, pour aller aussi à Paris, donné leur part de toutes les soupes et de tout le linge blanc du monde. Mais ils n'étaient pas invités, les logements parisiens ne permettant pas une hospitalité aussi large. Eh bien ! comment, restant ici, traiteraient-ils la marmite ? comment mangeraient le père et l'aîné, les deux travailleurs ?

Mme Valon, qui entrait en ce moment, trancha la question :

— Vite, vite à Paris, Mademoiselle Suzette ! Et une fois là, ouvre les yeux ; regarde les gens et les choses ; ouvre aussi les oreilles, amasse des observations, et écris-nous. Les deux jeunes frères passeront chez moi tout le temps de ton absence ; ma mère s'occupera de leur pâtée. Et même, si tu le veux, celle de Jacques et de ton père bouillira avec la nôtre. — Elle se mit à rire : — Il faut bien avoir pitié de ces pauvres hommes, tous incapables de se nourrir eux-mêmes ! Quant au ménage, bah ! il t'attendra.

Qu'y avait-il à répondre à tant de bonne grâce? Embrasser cette excellente amie, et préparer le départ. C'est ce que fit Suzette.

Questionnaire. — Récitez les vers relatifs à un matin du mois de mai. — Que regardait M. Dumay? — Qui entra et que reçut le fermier? — Comment annonça-t-il à Suzette qu'elle devait se préparer à aller à Paris? — Quels motifs faisaient hésiter la jeune fille? — Qu'auraient fait ses trois frères à sa place? — Qu'est-ce qui l'inquiétait à leur égard? — En quels termes Mme Valon décida-t-elle Suzette à quitter sa famille pour quelques semaines? — Comment Suzette lui témoigna-t-elle sa gratitude?

DÉVELOPPEMENT DES SUJETS PROPOSÉS POUR EXERCICES.

Morale. — Les Voisins. — *Qu'entend-on par voisins? — Comment doivent-ils vivre entre eux? — Services qu'ils se rendront; égards qu'ils auront les uns pour les autres. — Discrétion qui doit régner dans leurs rapports.*

On entend par *voisins* les membres des familles dont les habitations sont contiguës ou très rapprochées de la nôtre.

Les voisins doivent vivre entre eux avec cordialité, user de prévenances, échanger de bons offices. Ils ont d'ailleurs de fréquentes occasions de s'obliger mutuellement : l'un sort; le voisin veillera à la sûreté de sa maison, donnera un coup d'œil à la basse-cour, ira faire un tour à l'écurie. Une voisine se rend au marché; elle peut s'enquérir de ce que désire la personne qui demeure près d'elle et se faire un plaisir de le lui apporter. On surveillera les enfants sans en avoir l'air; on donnera un coup de main dans le cas d'un travail pressé; on passera la nuit auprès d'un malade; on préparera le repas de famille si la mère est souffrante ou absente, etc., etc.

Ce qui est encore mieux, c'est de ne point parler inconsidérément les uns des autres, de se garder de réflexions blessantes, enfin d'échanger des confidences sur ce qu'on a pu voir ou remarquer. On aura, de plus, des attentions pour les vieillards et pour les enfants.

Une chose rend les rapports de voisinage pénibles et difficiles : c'est lorsqu'on vit auprès de gens curieux, questionneurs, sans cesse aux fenêtres pour observer ce qui se passe ailleurs, toujours aux écoutes afin de saisir quelques mots qui les mettront au courant d'affaires intimes. De telles personnes sont de vrais fléaux et perdent bientôt les sympathies qu'on leur avait d'abord accordées.

Composition. — *Lettre de Jacques à l'une de ses tantes. — Il lui parle surtout des ennuis, des inconvénients qui résultent, dans le ménage, du départ de Suzette. — Réflexions sur le rôle important d'une femme dans une maison, dans la famille.*

Sommaire. — Quelques mots relatifs au départ de Suzette. — Esquisser ce qu'elle faisait chaque jour pour le ménage et les repas; — parler des petits services qu'elle rendait à chaque instant; — dire ce qu'il en est maintenant, malgré les bons offices de Mme Valon; — faire une description quelque peu gaie de l'aspect peu satisfaisant des chambres, des repas. — Faire remarquer que lorsque Suzette était à la maison, on était si bien habitué à voir tout parfaitement tenu et prêt à l'heure, qu'on n'y faisait guère attention, mais qu'aujourd'hui..... — Former le vœu de la voir bientôt de retour. — Ajouter toutefois qu'on est heureux de la savoir contente de visiter Paris; — donner des nouvelles de tous ; — présenter des compliments affectueux à l'oncle et des amitiés aux cousins. — Écrire l'adresse à part.

Géographie. — LE VOYAGE DE SUZETTE. — *Tracer le croquis du parcours en chemin de fer de Saint-Quentin à Paris; indiquer les stations principales — (noter à part les cours d'eau suivis et traversés par le chemin de fer).*

Les principales stations seront : Saint-Quentin, Tergnier, Chauny, Noyon, Compiègne, Pont-Sainte-Maxence, Creil, Chantilly, Louvres, Saint-Denis, et enfin Paris.

On suit le cours de l'*Oise* jusqu'à Creil : on traverse l'*Aisne* un peu au nord de Compiègne et la *Nonette* à Chantilly.

Astronomie. — *Ce qu'est une saison. — Dates du commencement et de la fin des quatre saisons. — Ce qui caractérise chacune d'elles : température, travaux, produits et plaisirs. — Laquelle préférez-vous, et pourquoi?*

On sait qu'au 21 mars et au 21 septembre la durée des jours et celle des nuits sont égales, d'où le nom d'*équinoxes* qui est donné à ces époques. Le 21 décembre est le jour le plus court de l'année, et le 21 juin, le plus long. On appelle la première date le *solstice d'hiver*, et la seconde, le *solstice d'été*.

On nomme *saisons* chacune des parties de l'année comprises entre les équinoxes et les solstices; leur durée est de trois mois.

Le *printemps* commence au 21 mars et finit au 21 juin ; c'est l'époque à laquelle la végétation reprend son cours ; les arbres se couvrent de fleurs, de feuilles, et les champs, des produits les plus variés ; on ensemence les jardins, on greffe les arbres, on sarcle les céréales.

L'*été* règne du 21 juin au 21 septembre : les fruits précoces mûrissent; les blés et les autres céréales, de même ; les prairies sont fauchées, les cerises cueillies, les blés, les seigles, les orges, les avoines, moissonnés ; on a abondamment de légumes, et l'on arrache les pommes de terre et les betteraves. Déjà l'on mange les chasselas.

L'*automne* commence le 21 septembre et se termine le 21 décembre. On achève de cueillir les fruits, on vendange, on débarrasse le sol de toutes ses récoltes ; c'est encore le moment des semailles; puis viennent les froids, qui donnent le signal des travaux d'intérieur : battage du blé, soins aux vins, fabrication de l'huile, de l'eau-de-vie, etc.

L'*hiver* termine l'année; il commence le 21 décembre et finit le 21 mars ; c'est la saison des frimas, de la neige, des bourrasques. On pratique des rigoles dans les champs, on émonde les haies ; on répare les clôtures, et l'on achève les travaux d'intérieur. Lorsque le temps est favorable, on sème les avoines en mars, et l'on commence à préparer les jardins ainsi qu'à tailler la vigne.

76. — Les adieux. (*Élève*, p. 160.)

Elle et sa malle furent conduites, dans le char à bancs, à la gare de Saint-Quentin, par toute la famille et par Ludivine qui, ayant affaire pour la première fois de sa vie à Tergnier*, pour la première fois aussi allait monter en chemin de fer. Elle était aussi émue que si elle eût trotté au-devant de sa mort.

Auprès d'elle on était ému aussi, mais à l'idée de la séparation. Des yeux du père coulait de temps en temps une larme qu'il mettait sur le compte de l'air trop vif du matin.

A la gare, le sans-façon des employés, de tous ces hommes à casquettes étranges qui semblent croire que monter en chemin de fer est aussi simple que monter à son grenier, indigna presque Ludivine. Même un d'eux, un gros à face joviale, se mit à rire de ses mouvements troublés, de son vaste panier et de son grand parapluie qu'elle portait sous son bras de façon à menacer ou accrocher les passants.

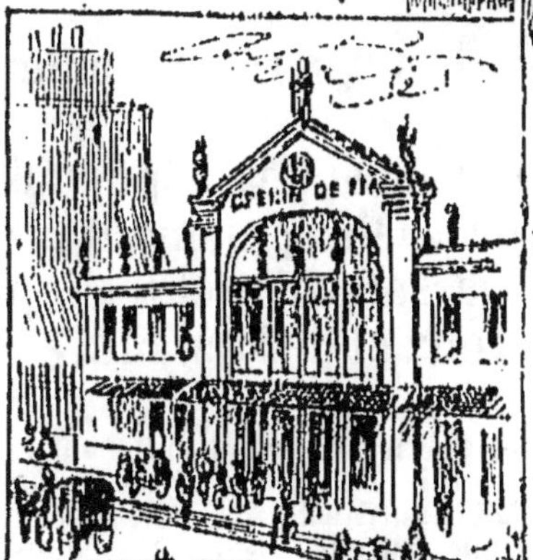

Gare de chemin de fer extérieurement et intérieurement.

Et puis, tout à coup, d'une porte ouverte au fond sortit une voix terrible, énorme, qui criait :

— Voyageurs pour Maubeuge, Mons, Bruxelles, Charleroi, Namur, Liège, Cologne, Coblence, Ems, Wiesbaden, Mayence, Francfort-sur-le-Mein, Hambourg, en voiture !

— Disons tout de suite pour le bout du monde ! fit en souriant M. Dumay.

C'était vrai; peu s'en fallait que de cette gare, en suivant la ligne du Nord jusqu'au point où elle se rattache, par la ligne belge, à celles d'Allemagne, puis de Russie, on ne pût aller jusqu'aux confins* de la terre.

Ludivine restait clouée sur place, entendant le bruit sans les mots, comme il arrive aux gens qui ne savent pas écouter tranquillement.

Les billets pris, on s'embrassa tout en se faisant des recommandations mutuelles :

— Jacques! veille sur François et Charlot! François! au moins pas de sottises, jusqu'à mon retour! n'est-ce pas, chéri?

— Oui, oui, va; d'ailleurs nous serons chez Mme Valon au lieu d'être à Paris.

— Ma fille... — le père essuya encore une larme plus grosse que les deux autres; l'air du matin devait être devenu plus vif; — ma chère, ma bonne fille... porte-toi bien; ne nous laisse pas sans nouvelles... écris.

— Oui, cher papa.

Elle pleurait aussi, Suzette :

Au revoir, Jacques! au revoir, François! au revoir, Charlot!

— Mon Dieu! pourvu que j'en réchappe! répondait Ludivine aux adieux qu'on lui adressait également.

Elle suivit Suzette, qui gagnait la salle d'attente, tout en se retournant pour saluer des yeux et de la main.

Questionnaire. — Où Suzette prit-elle le chemin de fer? — Qui devait voyager avec elle? — Qu'est-ce qui marquait la peine qu'éprouva M. Dumay à se séparer de sa fille? — Qu'est-ce qui indignait Ludivine à la gare? — De quoi rit un gros monsieur? — Que se mit à crier l'employé? — Jusqu'où peut-on aller par les divers chemins de fer aboutissant à Saint-Quentin? — En quel état était Ludivine? — Quelles recommandations Suzette fit-elle à Jacques? — Comment le père prit-il congé de sa chère enfant? — Comment se sépara-t-on?

DÉVELOPPEMENT DES SUJETS PROPOSÉS POUR EXERCICES.

Morale. — Sang-froid. — *Quand dit-on qu'une personne montre du sang-froid? — Que fait une personne de sang-froid quand un danger se présente? — Que fait une personne dépourvue de cette qualité? — Qu'en résulte-t-il pour l'une et pour l'autre?*

Une personne montre du sang-froid lorsque, dans un péril, dans une circonstance pénible, elle conserve du calme et se maîtrise.

Si un danger se présente, une jeune fille qui garde son sang-froid examine la situation et avise aux moyens d'en tirer le meilleur parti, au lieu de s'affoler, de pousser des cris et de courir aveuglément de côté et d'autre. Elle supporte patiemment une injure, une menace, sachant que c'est le moyen le plus efficace de démontrer le peu de cas qu'on en fait, et aussi celui de calmer la personne qui nous outrage.

Une jeune fille dépourvue de sang-froid se précipite au-devant du danger ou perd les occasions d'y échapper; elle n'a plus sa raison; aussi ne peut-elle prendre les mesures que réclament les circonstances. Elle se prive encore de la faculté de secourir les autres ou elle le fait de manière à exposer inutilement sa vie et sa santé.

Il résulte donc un préjudice mutuel de l'absence de sang-froid.

Civilité. — *Comment une jeune fille doit-elle se tenir et parler dans un compartiment de wagon? — Inconvénients de trop parler.*

Qu'elle soit seule, en famille ou avec des amies, une jeune fille gardera la plus grande réserve dans le compartiment où elle s'installera; elle évitera de dévisager ses compagnes ou ses compagnons de voyage, de prendre part à la conversation si la chose n'est pas absolument nécessaire, de parler ou de rire à haute voix. Ce dernier travers est une marque d'effronterie ou de mauvaise éducation.

Au cours de l'entretien où elle participera durant le trajet, elle ne se permettra pas de critiquer, de blâmer, encore moins de médire; d'abord parce que la chose est vilaine en elle-même, et ensuite parce que, souvent, on se trouve en présence d'inconnus qui ne vous pardonneront pas ces propos inconsidérés, ou qui prendront de vous une opinion défavorable.

Ce qu'elle a de mieux à faire, c'est de lire un bon livre ou de s'occuper à un ouvrage d'agrément : le crochet, par exemple.

Calcul. — *De Paris à Saint-Quentin on compte* 154 *kilomètres; on paye pour le trajet :* 10 *fr.* 45 *en* 3e *classe,* 14 *fr.* 20 *en seconde,* 18 *fr.* 95 *en première : — combien économise-t-on en prenant la* 3e *classe ou la* 2e ; — *à combien revient le parcours d'un kilomètre dans chaque classe ?*

Économie des troisièmes : 1° sur les secondes = 14 fr. 20 — 10 fr. 45 =
— — : 2° sur les premières = 18 fr. 95 — 10 fr. 45 =
Économie des secondes sur les premières.... = 18 fr. 95 — 14 fr. 20 =

Prix du parcours d'un kilomètre en 3e classe. = $\frac{10 \text{ fr. } 45}{154}$ =

— — en 2e classe. = $\frac{14 \text{ fr. } 20}{154}$ =

— — en 1re classe. = $\frac{18 \text{ fr. } 95}{154}$ =

Modèle d'une traite.

Toulon, le 5 juillet 1888. B. P. F. 540 »

Au 25 septembre prochain, il vous plaira payer à l'ordre de M. Henriet, la somme de *cinq cent quarante francs*, valeur en marchandises, que vous passerez suivant mon avis de ce jour.

L. Taboury.

A Monsieur Robert, négociant
à Limoges.

Industrie. — LE CHEMIN DE FER. — *Comment la voie est-elle construite? — Qu'est-ce qu'un remblai, une tranchée, un viaduc, un tunnel? — Décrire une gare, un buffet. — Comment s'y prend-on pour obtenir un billet? — Nommez les principaux employés.*

Sur le parcours à suivre, lequel est indiqué par des tiges de bois plantées dans la direction arrêtée par les *ingénieurs*, on nivelle le sol de manière qu'il soit horizontal ou qu'il conserve une pente déterminée.

Ce nivellement nécessite : 1° des *remblais*, amas de terre sur lesquels on établira les rails, et qui offrent une surface solide et bien unie; — 2° des *tranchées*, larges fossés aux bords en talus, au fond desquels circuleront les trains; — 3° des *viaducs*, ponts établis sur des vallées sèches; — 4° des *tunnels*, galeries souterraines creusées sous les montagnes où il serait impossible ou trop dispendieux d'établir des tranchées; — 5° des *ponts*.

Une *gare* est une vaste construction précédée d'une place ou d'une cour pour l'arrivée des voyageurs et des voitures. Elle comprend un bâtiment central au rez-de-chaussée duquel est la *salle où l'on prend les billets*. Au premier étage est le logement de la famille du chef de gare. Dans des bâtiments latéraux, qui souvent n'ont pas d'étage, on établit les *salles d'attente* et les *salles de bagages* et *de marchandises*, ainsi que la *consigne*. Des constructions de moindre importance servent à remiser les wagons, les ustensiles de service, les lampes, les lanternes, etc.

On appelle *buffet* une vaste salle attenante à une gare, dans laquelle on donne à manger et à boire aux voyageurs.

Pour *obtenir un billet*, on se présente au guichet de la salle d'entrée lorsqu'il est ouvert, et l'on demande un billet de telle ou telle classe pour telle ou telle destination. Ex. : *Une seconde pour Montauban*. Si l'on désire un aller et retour, on s'exprime ainsi : *Une troisième, aller et retour, pour Grenoble*, par exemple.

Les principaux employés sont : le chef et le sous-chef de gare, les facteurs, le distributeur des billets, les lampistes, les camionneurs.

77. — La salle d'attente. (*Élève*, p. 162.)

Dans cette salle se trouvaient déjà nombre de voyageurs, des messieurs, des dames, debout ou assis à côté de valises, de sacs de nuit, de cartons à chapeaux, de paniers, de paquets entourés de ficelles ou de courroies.

Suzette fit asseoir sur un bout de banquette Ludivine, de plus en plus ahurie*, et qui poussait de profonds soupirs :

— Ah! j'avais bien juré que jamais, au grand jamais, je ne mettrais les pieds ici! mais le malheur veut que je doive aller moi-même chercher de l'argent à Tergnier!

Suzette, qui avait déjà vainement essayé de la rassurer, ne l'écoutait pas.

Cependant, après quelques minutes, le visage de Ludivine commença à se dérider. Puis, après avoir regardé autour d'elle et sur la banquette où elle était assise :

— Ah çà ! mais, on ne le sent point marcher ! Il n'est peut-être pas si dur que je le croyais.

Suzette la regarda.

— Est-ce que tu le sens, toi, petite ?

— Quoi ?

— Hé ! le chemin de fer, donc ! Ne sommes-nous point en chemin de fer ?

La porte de la salle s'ouvrant en ce moment dispensa Suzette de répondre.

La grosse voix de tout à l'heure cria :

— Voyageurs pour Tergnier, Chauny, Noyon, Compiègne, Creil, Chantilly, Paris, en voiture !

A ces cris, au mouvement qui s'ensuivit, Ludivine s'était accrochée au bras de Suzette et, de nouveau ahurie :

Evitez la rencontre des affolés.

— Ma fille ! mais je nous croyais en route !... Ah ! que va-t-il arriver ?

Du quai*, au tournant d'une courbe, on vit accourir la locomotive comme un monstrueux animal se ruant à l'ennemi ; on entendit son énorme halètement*. En soufflant, sifflant, fumant, elle s'arrêta.

Puis les wagons ayant reçu leurs voyageurs, elle souffla, siffla encore et se lança.

— Cette fois, Ludivine, nous sommes en route.

— Aïe! aïe! je le sens bien, ma fille;... le ciel ait pitié de moi! Ah! quel malheur! Et ce tapage du diable! C'est terrible! Bien sûr j'en resterai au moins sourde! Enfin, voici Tergnier!

Ludivine sauta de wagon, fila comme un lièvre; et, en agitant son parapluie pour saluer une dernière fois Suzette, décoiffa un monsieur, manqua d'éborgner une dame, qui se fâchèrent.

Évitez la rencontre des affolés.

Questionnaire. — Que se trouvait-il dans la salle d'attente? — Que faisait et disait Ludivine? — Quelle idée survint à l'esprit de Ludivine? — Qu'entendit-on tout à coup? — A quel point Ludivine était-elle affolée? — Qu'aperçut-on du quai? — Reproduisez les absurdes exclamations de Ludivine en wagon. — De quelle manière sortit-elle du wagon et de la gare de Tergnier?

DÉVELOPPEMENT DES SUJETS PROPOSÉS POUR EXERCICES.

Morale. — *Fraudes en chemin de fer (voyage dans un wagon d'une classe supérieure, billets insuffisants, déclaration inexacte dans l'âge des enfants). — Qu'en pensez-vous; peut-on justifier ou excuser ces fraudes? — Leurs conséquences.*

Parce qu'ils ne traitent pas directement avec les propriétaires du chemin de fer pour se munir de billets de circulation, il est des gens peu délicats qui n'éprouvent aucun scrupule à frauder.

Ainsi, ils voyageront en seconde classe avec un billet de troisième; ils prendront, par exemple, un billet pour Blaye et descendront à la deuxième station au delà; ou bien encore ils donneront comme étant âgé de moins de sept ans un enfant ayant dépassé cet âge, afin de n'avoir à payer qu'une demi-place; on voit même parfois des individus assez indélicats pour s'introduire dans un compartiment sans être munis d'un billet.

On ne peut excuser ni justifier ces fraudes; le chemin de fer a coûté et coûte des sommes considérables; il doit donc produire un revenu; celui qui agit comme nous venons de le dire peut être assimilé à un voleur, et la justice le traite comme tel.

Lorsque les agents du chemin de fer ont constaté l'une de ces fraudes, l'auteur est cité devant le tribunal, qui le condamne soit à l'amende, soit à la prison, soit encore à tous deux à la fois.

Composition. — *Décrire les salles d'attente de la gare voisine (mobilier, affiches, voyageurs, employés).*

(Voir COURS DE COMPOSITION FRANÇAISE (*Degré supérieur*), par E. LAPORTE, page 203, Partie du maître.)

On pourra commencer de la manière suivante :

La salle d'attente de la gare de... est une vaste pièce de... mètres de longueur sur... mètres de largeur. On y accède par une porte vitrée à double battant, et elle est éclairée par... fenêtres de grande dimension. Dans le mur opposé est une seconde porte qui aboutit sur le quai de la voie...

Industrie. — *Donner une idée sommaire de la locomotive. — Qu'est-ce qui la met en mouvement? — Qui la dirige, qui alimente le foyer? — Décrire le tender, les divers wagons de voyageurs, un wagon à marchandises; parler des freins, des bouillottes. — De quoi se compose un train? — Les diverses sortes de trains. — Rapidité du parcours dans chacun d'eux. — Comment feriez-vous enregistrer vos bagages ou expédier un paquet à une localité voisine?*

On appelle *locomotives* des machines à vapeur montées sur un train de voiture, et qui se déplacent elles-mêmes en transmettant le mouvement à des roues.

Les parties principales de la locomotive sont : le châssis, la boîte à feu, le corps cylindrique de la chaudière, la boîte à fumée, les cylindres à vapeur et les roues motrices.

Le *châssis* est un cadre en solides pièces de chêne, qui supporte toute la machine.

La *boîte à feu* renferme le foyer dont la flamme chauffe l'eau de la chaudière pour la production de la vapeur.

La *chaudière* est un énorme cylindre en cuivre rouge d'un mètre environ de diamètre; elle est entourée de douves d'acajou, et contient un grand nombre de tuyaux horizontaux pleins d'eau autour desquels circule la flamme du foyer.

La fumée sort par la *boîte à fumée* et un *tuyau* extérieur.

La vapeur se rend dans deux *cylindres*, où elle agit sur deux pistons auxquels elle imprime un mouvement de va-et-vient qui produit le mouvement circulaire des *roues motrices.*

Un mécanicien dirige la machine; le chauffeur alimente le foyer avec du charbon de terre.

Le *tender* est une solide voiture non couverte, à parois formées de plaques de fer, dans laquelle se trouvent l'eau et le combustible destinés à la machine.

Il y a trois catégories de *wagons à voyageurs :*

1° Les wagons de 1re classe à compartiments capitonnés en drap de couleur claire et pourvus de tout le confort désirable : tapis, portières, stores, filets.

2° Les wagons de 2e classe capitonnés en drap de couleur foncée; ils ont également des banquettes rembourrées, des filets et des stores, mais moins riches que dans ceux de la classe supérieure.

3° Les wagons de 3e classe, à parois de bois, dont le siège est rembourré parfois, mais non sur la ligne du Nord et celle de l'Ouest; exceptionnellement, ils sont pourvus de stores et de filets.

Les *wagons à marchandises* peuvent être assimilés à de grosses caisses munies d'une porte et qui ne présentent aucun compartiment; il en est qui ne sont pas recouverts.

Les *freins* sont des appareils à air comprimé qui permettent de suspendre presque instantanément la marche d'un train; ils préviennent ainsi le désastre qui résulte de la rencontre de deux trains.

Les *bouillottes* sont des cylindres aplatis de cuivre rouge dans lesquels on introduit de l'eau chaude; les voyageurs y appuient leurs pieds pendant les froids de l'hiver.

Un *train* se compose de la locomotive, du tender, des wagons de toutes classes et du fourgon de bagages.

Il y a plusieurs sortes de trains :

Les *trains rapides*, qui effectuent sans arrêt des parcours de 100 à

150 kilomètres; — les *trains directs*, qui s'arrêtent aux stations principales; — les *trains omnibus*, qui desservent toutes les stations. Les premiers parcourent de 60 à 75 kilomètres par heure; les seconds, 50; les derniers, 30 à 35.

Pour faire enregistrer ses bagages, on les fait conduire par les facteurs à la salle des marchandises si l'on ne peut les garder à la main; on prend un billet de parcours et l'on revient à ses bagages. Alors les employés les pèsent, les enregistrent et vous remettent, moyennant 0 fr. 10, un certificat qui constate le dépôt.

On suit les mêmes formalités pour envoyer un paquet; s'il doit arriver franco à destination, il faut acquitter à l'avance le montant du transport.

78. — A Paris. (*Élève*, p. 164.)

« Paris, vendredi.

« Cher papa, chers frères,

« C'est perchée au moins à quinze mètres au-dessus de la chaussée que je vous écris, dans un de ces casiers à compartiments que les Parisiens appellent appartement.

« Ma tante habite le cinquième étage d'une maison dont le vis-à-vis barre la vue comme un bandeau de colin-maillard.

« Je cherche un coin d'horizon; mes deux cousins, l'explorateur Pascal et le mécanicien Louis, me répondent qu'en prenant le chemin de fer ou le bateau, on peut, pour quelques sous, et après quelques lieues de voyage, se donner ce spectacle.

« Mais ces Parisiens ont l'air de ne pas trop penser aux grands ciels, aux grandes plaines à perte de vue; ils ont Paris qui leur suffit, comme m'a dit Louis. Ils en sont très fiers, et avec assez de raison, il me semble. C'est une si vaste, une si belle ville, avec des habitants si distingués, au moins dans ce que j'ai pu voir jusqu'ici!

« Par exemple, je me fais l'effet d'une écolière devant ma cousine Marthe qui, de quatre ans plus jeune que moi, parle déjà presque aussi bien que Mme Valon et se tient avec l'aisance d'une dame. Ma gaucherie *, ma simplicité campagnarde la font sourire. Elle me traite en petite fille. A la gare, où elle m'attendait hier avec ma tante et l'explorateur, elle m'a dit après deux minutes : « Tu ne serais pas mal si tu savais te coiffer. »

« Ma tante fait de bien jolies choses en robes et en

manteaux. Sans compter Marthe, elle a deux ouvrières, l'une de mon âge, l'autre d'au moins dix-huit ans. Toutes les deux se couvrent les joues d'une sorte de farine qui leur donne l'air d'arriver du moulin.

« Pascal est gentil ; il me parle de vous, de Fragicourt et même de l'Afrique. Il croit toujours l'avoir parcourue ; et certainement il la parcourra un jour. En attendant, il va à l'école Turgot.

« L'aîné, le cousin Louis, déjà barbu, et qui vous ressemble, cher papa, a un emploi de constructeur * mécanicien dans une grande usine *.

« C'est lui surtout qui nous guidera à travers l'Exposition. Comme il est très instruit, j'y passerai mon temps, je crois, d'une manière qui ne déplaira pas trop à Mme Valon. Nous irons après-demain dimanche.

« Tout Paris embrasse tout Fragicourt et lui recommande la santé et la gaieté, deux bons biens de ce monde. Pour moi, dès que je suis seule, mon cœur s'envole au village près de vous. « SUZANNE. »

Questionnaire. — D'où écrivait Suzette ? — Où habitait la tante ? — Quel horizon s'entrevoit des fenêtres ? — Où faut-il aller, lorsqu'on est à Paris, pour trouver une vue de la campagne ? — Que pensent les Parisiens de leur ville ? — Que dit Suzette de sa cousine Marthe, et que lui avait dit celle-ci à la gare ? — Donnez quelques détails sur la profession de la tante. — Quel barbouillage pratiquaient ses deux ouvrières ? — Que dit Suzette de Pascal ; — du cousin Louis ? — Comment termine-t-elle sa lettre ?

DÉVELOPPEMENT DES SUJETS PROPOSÉS POUR EXERCICES.

Civilité. — *Quels avantages présente le séjour des grandes villes au point de vue des manières, du langage et de la connaissance du bon usage ?*

Rien n'est plus propre à faire concevoir une opinion favorable de nous, que de bonnes manières jointes à un air aisé et à un costume à la fois simple et de bon goût. Ces avantages ne s'obtiennent que par le contact fréquent avec des personnes bien élevées ; or, à la ville, à la grande ville, les occasions d'être en relation avec de telles personnes sont fréquentes, c'est ce qui en rend si favorable le séjour à ce point de vue.

« Lorsque vous voyez une dame, une jeune personne ayant ces ma-
« nières distinguées et cette aisance qui révèlent l'habitude de fré-
« quenter la bonne société, examinez-la, suivez-la avec soin ; re-
« marquez de quelle manière elle s'adresse à ses supérieurs, sur quel
« ton elle converse avec ses égales, et comment elle traite ses infé-
« rieures. Réfléchissez aux tournures variées que prend sa conversa-
« tion dans les diverses circonstances où elle se trouve, soit durant les
« visites, soit à table, ou enfin le soir dans les réceptions. Imitez-la
« sans la contrefaire, et soyez son ombre, ou un autre elle-même sans

« être son singe. Vous trouverez qu'elle a grand soin de ne rien dire « et de ne rien faire que l'on puisse prendre pour une marque de « mépris ou de négligence, ni qui puisse le moins du monde mortifier « l'amour-propre des autres. Au contraire, vous vous apercevrez qu'elle « a soin que tout le monde soit content d'elle, faisant en sorte que « chacun soit content de soi-même; elle témoigne du respect, des « égards, de l'estime et de l'attention précisément dans les occasions « où toutes ces choses sont nécessaires; elle les sème avec soin et elle « en recueille les fruits les plus abondants. » (LORD CHESTERFIELD.)

Composition. — *Avantages et inconvénients du séjour des villes.* (Nous le considérerons au point de vue exclusif des enfants et des jeunes personnes.)

SOMMAIRE. — La jeune fille est d'autant plus apte à choisir et à trouver une situation lucrative, qu'elle connaît davantage et sait davantage. — A la ville, elle trouve des établissements d'instruction qui.....; elle peut faire de longues et profitables études sans..... Elle est en relation avec des personnes qui lui donnent l'exemple de..... Elle peut visiter des musées... Elle y trouve aussi plus de distractions par...

Mais à côté de ces très réels avantages, il y a de nombreux inconvénients : locaux, atmosphère, bruits, vie fatigante (donner quelques détails). Il y a aussi de mauvais exemples, ce qui oblige la jeune fille à n'être jamais sans ses parents, d'où..... A la campagne, on jouit de plus de liberté..... Établissez une comparaison sans entrer dans trop de développements.

Économie domestique. — *Un ouvrier gagne de plus fortes journées à la ville ou dans la banlieue; mais, en somme, a-t-il en fin d'année plus d'économies que son collègue de la campagne ou d'un bourg? — a-t-il eu une existence aussi confortable, aussi paisible?*

Nous ne pensons pas qu'il ait plus d'économies en fin d'année, et nous sommes disposés à croire qu'il en a moins, si même il lui est donné d'en faire.

L'ouvrier des villes peut gagner 6 ou 700 francs de plus par an que son collègue des campagnes; mais le loyer sera de 150 à 200 francs plus élevé; la nourriture, au moins d'un tiers plus dispendieuse, car il faut tout acheter; mettons 300 francs de ce chef. Joignons-y le chauffage, l'éclairage, les frais de toilette plus considérables; et évaluons l'excédent, sur ce chapitre, à 100 francs; c'est peu. N'oublions pas le chômage, qui est inévitable au moins un mois par an, les fréquentations du cabaret, les occasions de dépenses qu'on rencontre à chaque pas et qu'on ne peut toujours éviter, et nous verrons que véritablement l'ouvrier des villes est, en général, dans une situation moins favorable que son collègue des petits centres de population, et que, vu la concurrence, il est loin d'avoir une existence aussi paisible et assurée.

Industrie. — *Qu'est-ce qu'une machine? — Qu'est-ce qu'un mécanicien, un constructeur-mécanicien? — Donnez quelques indications sur les travaux qu'ils exécutent.*

Une *machine* est un ensemble de pièces assemblées qui souvent agissent différemment; elle sert à faire mouvoir, à tirer, lever, traîner, lancer quelque chose.

Le *mécanicien* dirige la machine. Tels sont les conducteurs des locomotives, des diverses sortes de moulins, des turbines, des grues, des marteaux-pilons, etc.

Le *constructeur-mécanicien* est celui qui assemble les pièces qui forment une machine et en assure le jeu régulier : il en est qui fabriquent les machines à vapeur, les machines mues par le vent et l'eau, les machines agricoles, les tours, les machines à forer, à raboter le fer, les horloges, les montres, etc., etc.

79. — Sur la Seine. (*Élève*, p. 165.)

Le bateau glissait entre les quais magnifiques bordés

Hôtel de ville de Paris.

d'arbres, de belles maisons, de palais. Au loin, comme

1. Cathédrale Notre-Dame de Paris. — 2. La Sainte-Chapelle, bâtie par saint Louis en 1245, et le Palais de Justice de Paris.

autant d'arcs de triomphe élevés en l'honneur du fleuve

parisien, se déroulait la suite interminable des ponts.

Suzette, assise à l'avant du bateau entre la tante Jeanne et la cousine Marthe, se taisait, emplissant ses yeux du spectacle. En face, Louis et Pascal lui nommaient au passage les merveilles à travers lesquelles la petite troupe se rendait à l'Exposition.

Embarqués au pont Sully, on longea, à droite, l'Hôtel de ville, l'ancienne Maison aux piliers où, pour la première fois, la bourgeoisie de France, entraînée par le prévôt* des marchands de Paris, Étienne Marcel, revendiqua* ses droits contre la monarchie absolue gaspilleuse* des deniers publics*.

L'hôtel de ville de François Ier, qui remplaça cette antique Maison commune, fut à son tour remplacé par un autre. Et celui-ci, sa copie exacte, brillait tout neuf dans sa masse élégante, la blancheur de sa pierre, de ses statues, le flamboiement de ses dorures.

Le modèle avait été incendié; Mme Richard en avait vu les flammes. Elle le dit; à demi-voix, elle conta les souvenirs douloureux et terribles de la guerre civile* : l'Hôtel de ville brûlant, et les hommes, les frères se massacrant entre eux. La voix, à force d'émotion, lui manqua bientôt.

Pirates normands.

Les Normands, ou Northmans, originaires de la Scandinavie, étaient des marins audacieux qui remontaient les fleuves, pillaient les villes et dévastaient les campagnes. Les Parisiens, ayant à leur tête le comte Eudes et l'évêque Gozlin, résistèrent glorieusement à ces pillards.

Et gravement Louis, les yeux sur le monument relevé, répéta ces paroles de l'historien Michelet :

« O Paris! tu as commis des fautes, mais tu as tant fait pour la liberté du monde qu'on voudrait baiser les pierres de tes monuments, les pavés de tes rues! »

Puis, Pascal montra à gauche la vieille Cité, son Palais de Justice, sa Sainte-Chapelle à la flèche dorée, et les hautes et puissantes tours de Notre-Dame.

— Voilà, dit-il, le berceau de Paris, l'antique Lutèce des *Parisii*. Des empereurs romains, une fois Rome maîtresse de la Gaule, habitèrent sur ces bords. Cette eau, où nous glissons si paisiblement, a porté ensuite les ravageuses barques des pirates normands, qui s'appelaient rois de la mer et disaient d'eux-mêmes :

Colonnade du Louvre.

Le Louvre est un admirable musée de peinture et de sculpture ; sa construction a été commencée au seizième siècle.

Les Tuileries.

Palais construit sous Catherine de Médicis ; les rois et les empereurs y ont résidé. La Convention y a tenu ses séances.

« Nous prenons la route des cygnes. L'ouragan est à notre service, il nous porte où nous voulons. »

Pascal, qui justement venait de lire cette histoire, dépeignit les grandes barques normandes à formes d'oiseaux bizarres, glissant silencieusement, la nuit, sur la Seine ; puis les brusques clameurs * des barbares débarqués par surprise, le pillage des maisons, des églises, la dévastation des champs. Il raconta le grand siège de dix-huit mois, où Paris fit des prodiges de résistance et de courage et, par sa force, prit le pas sur les autres villes, à cette heure où la patrie française naissait à peine.

Questionnaire. — Où glissait le bateau et à quoi ressemblent les ponts? — Que faisait Suzette? — Où se rendait-elle? — Qu'est-ce qu'une exposition? — Que savez-vous de l'ancien hôtel de ville? — Que revendiqua Étienne Marcel? — Comment finit-il? — Décrivez l'hôtel de ville actuel. — Quel édifice a-t-il remplacé? — Quand périt l'hôtel de ville construit sous François Ier? — Dites quelque chose des dévastations commises en 1871, sous la Commune. — Rappelez les paroles de l'historien Michelet. — Quels monuments embellissent l'île de la Cité? — Que savez-vous des origines de Paris; — des Normands? — Dites quelques mots du grand siège où se distinguèrent Eudes et l'évêque Gozlin.

DÉVELOPPEMENT DES SUJETS PROPOSÉS POUR EXERCICES.

Instruction civique. — *Qu'est-ce qu'un hôtel de ville? — Quels actes reçoit-on à l'hôtel de ville ou mairie? — Quelle est l'utilité de la rédaction de ces actes? — Quels services publics sont dirigés, surveillés ou payés par la mairie?*

Un *hôtel de ville* est un grand édifice où siège l'administration municipale d'une ville, c'est-à-dire le maire, ses adjoints, le conseil municipal et les bureaux dont les employés rédigent les actes civils ainsi que les autres pièces et documents relatifs aux affaires publiques.

On reçoit à la mairie les déclarations des *naissances* et des *décès*, et l'on y dresse les *actes de mariage*. Ainsi l'on établit, sur des pièces dont l'exactitude ne saurait être contestée, les origines de famille de chaque habitant de la commune.

L'administration municipale, qu'on désigne parfois sous le nom de *mairie*, dirige et surveille l'emploi des fonds communaux, le service des routes, rues et chemins, celui de l'instruction publique, la construction et l'entretien des bâtiments communaux; elle contribue à assurer la sécurité des personnes; elle secourt les pauvres, les voyageurs indigents, etc., etc.

Histoire. — LES MONUMENTS GOTHIQUES. — *Qu'est-ce qui caractérise les monuments dits gothiques? — Quels sont les plus beaux? — Citer les plus remarquables cathédrales de France. — Que savez-vous de saint Louis et de la Sainte-Chapelle? — Qui a fondé le Palais de Justice de Paris; qui l'a agrandi? — A quelle époque vivait Étienne Marcel? Racontez la part qu'il prit aux événements de son siècle. — Que savez-vous des pirates normands?*

L'architecture *ogivale*, qu'on appelle à tort architecture *gothique*, est caractérisée par l'arc aigu des voûtes, des fenêtres et des portes, désigné sous le nom d'*ogive*. Elle se distingue de l'architecture *romane* et de l'architecture *moderne* par l'élancement des voûtes, des flèches et des piliers, enfin par le luxe des ornements dont elle couvre les portails, les fenêtres et les flèches.

Les plus beaux monuments gothiques sont les cathédrales, les églises et quelques hôtels de ville et palais de justice, sans compter les châteaux forts, construits du douzième au seizième siècle.

Les plus remarquables cathédrales de France sont celles d'Amiens, de Reims, de Laon, de Rouen, de Paris, de Coutances, d'Auxerre, de Sens, de Troyes, d'Orléans, de Bourges, de Quimper, de Nevers, de Clermont, de Lyon, de Bordeaux, d'Angoulême, d'Albi, de Poitiers, de Tours, auxquelles il faut ajouter celles de Metz et de Strasbourg (avant 1870). Les églises de Saint-Ouen à Rouen, de Vézelay, de Caen sont aussi admirables.

Saint Louis, qui régna de 1226 à 1270, fonda la *Sainte-Chapelle*. Elle fut construite de 1242 à 1247 par Pierre de Montereau, et se compose de deux chapelles superposées. La chapelle haute, toute ruisselante de dorures et d'enluminures, est remarquable par ses magnifiques vitraux. Une flèche élégante de 33 mètres de hauteur surmonte ce gracieux édifice.

Le *Palais de Justice* forme un vaste quadrilatère sur la rive gauche de la Seine. Bâti sur l'emplacement d'un château qui existait déjà sous la domination romaine, il servit presque constamment de résidence aux rois de France, de Eudes à François Ier, et de siège au parlement depuis saint Louis. Ce roi fit reconstruire en partie le palais, mais il ne reste guère de cette époque que la tour de l'horloge et les tours voisines. L'édifice a été considérablement agrandi sous les règnes de Louis XV, de Louis-Philippe et de Napoléon III.

(Pour *Étienne Marcel*, voir le traité d'histoire en usage à l'école.)

(Même remarque pour les *pirates normands*.)

Industrie. — *Qu'est-ce qu'un quai? — Qu'est-ce qu'un pont? — Quelles sont les diverses sortes de ponts? — Qu'entend-on par pilotis, arches, parapets?*

On entend par *quai* une route ou une rue établie le long d'une rivière, sur une jetée ou un remblai soutenu du côté de l'eau par une muraille. Ce nom est quelquefois encore donné au rivage d'un port de mer ou de fleuve quand ce rivage sert pour le chargement et le déchargement des marchandises.

Un *pont* est une construction de pierre, de fer ou de charpente, élevée d'un bord à l'autre sur un cours d'eau ou un fossé, en vue de les traverser.

Il y a des *ponts en pierre*, *en fer* et *en charpente* fondés sur de solides piles, et des *ponts suspendus* soutenus par des câbles de fil de fer fixés à la base de massifs de maçonnerie bâtis de l'un et de l'autre côté du rivage.

Comme les rivières coulent ordinairement sur des terrains peu consistants ou formés de sable, on fonde les *piles* des ponts sur de gros pieux taillés en pointe, et appelés *pilotis*, qu'on fait entrer avec force dans le sol jusqu'à ce qu'on rencontre la couche solide.

Les *arches* sont la partie supérieure du pont sous laquelle l'eau passe; elles sont ordinairement constituées par de solides voûtes de pierres de taille.

Les *parapets* sont des murailles à hauteur d'appui élevées sur le bord d'un pont, d'une terrasse, pour servir de garde-fou.

80. — Monuments. (*Élève*, p. 169.)

Maintenant voilà, à droite, le Louvre, le second grand monument de la gracieuse et élégante Renaissance, aux proportions* harmonieuses.

C'était autrefois, au temps de la monarchie, la demeure des rois. Là où ils habitèrent, sont réunis aujourd'hui les splendides trésors du génie humain de tous les temps, de tous les lieux, depuis ceux de la France et de l'Europe modernes jusqu'aux œuvres artistiques, si pures, de la vieille Grèce, de l'antique Égypte et de la mystérieuse Assyrie. Les sphinx* énormes, les taureaux de pierre, les monstrueuses idoles, les sépultures arrachées aux entrailles de la terre nous racontent la vie des peuples disparus depuis des milliers d'années.

Place de la Concorde.

Au milieu de la place, l'obélisque, monument égyptien, d'une seule pierre, de vingt-deux mètres de hauteur ; dans le fond, la Chambre des députés.

Ici, sur ce vaste emplacement, furent les royales Tuileries, disparues aussi dans les flammes de la guerre civile. Le jardin est resté ; la nature a la vie plus longue que les monuments.

Au bout, la vaste et noble place de la Concorde avec son obélisque* égyptien, son cercle de statues ; puis un coin verdoyant des Champs-Élysées.

Entre ces rives magnifiques et historiques, le bateau glisse toujours. Enfin on voit se dresser tout près les tours du Trocadéro *.

— Pont de l'Alma* ! l'Alma ! crie le pilote.

Louis propose de descendre et d'entrer à l'Exposition par le palais, afin de donner à cousine Suzette un autre beau spectacle.

On débarque, on monte une avenue escarpée.
Et nous y voici !

Questionnaire. — Comment regarde-t-on le Louvre? — Qu'était-il autrefois? — Que renferme-t-il aujourd'hui? — Qu'étaient les Tuileries? — Quand ce magnifique palais fut-il détruit? — Qu'en est-il resté? — Quelle place se trouve à l'extrémité occidentale du jardin des Tuileries? — Sous quel pont passe-t-on en dernier lieu pour accéder au quai conduisant au palais du Trocadéro?

DÉVELOPPEMENT DES SUJETS PROPOSÉS POUR EXERCICES.

Français. — *Définir : monarchie, moderne, œuvre artistique, idole, guerre civile, statue, rive historique, escarpé, des peuples disparus.*

La *monarchie* est le gouvernement d'un État à la tête duquel est placé un chef héréditaire ou électif, roi ou empereur.

Moderne se dit des choses qui ont été faites dans un temps voisin de celui où nous sommes.

Une *œuvre artistique* est celle qui provient du travail d'un artiste : peintre, sculpteur, graveur.

Une *idole* est une figure, une statue qui représente une fausse divinité et qui est exposée à l'adoration.

Une *guerre civile* est une guerre qui a lieu entre les citoyens d'un même État.

Une *statue* est une figure de bois, de pierre ou de métal, en plein relief, qui représente un homme ou une femme en entier.

Une *rive historique* est celle qui fut le théâtre d'événements inscrits dans l'histoire.

Escarpé se dit d'un rocher, d'une pente, d'une montagne, d'un chemin qu'on gravit difficilement.

Des *peuples disparus* sont des peuples qui ont cessé d'exister sous leur ancien nom, tels que les Gaulois, les Romains, les Étrusques, les Hébreux, les Phéniciens.

Histoire. — *Quels événements historiques vous rappellent le Louvre et les Tuileries? — En souvenir de quel fait historique un pont s'appelle-t-il pont de l'Alma? — Qu'est-ce que les anciens nommaient les Champs Élysées?*

Le château du *Louvre* existait au douzième siècle ; sa grosse tour, qui servait de prison d'État, fut démolie par ordre de François Ier en 1528. Ce roi fit commencer, sous la direction de P. Lescot, un nouveau palais que continuèrent ses successeurs, de Henri II à Louis XIV, sous lequel fut élevée la célèbre colonnade due à Perrault. Il fut réuni aux Tuileries par Napoléon III. Ce palais a été témoin des événements des guerres de religion, de l'assassinat du maréchal d'Ancre, des troubles de la Fronde.

Le palais des *Tuileries* fut bâti par l'architecte Philibert Delorme d'après les ordres de Catherine de Médicis, en 1564 ; les constructions primitives furent modifiées, complétées et augmentées sous Henri IV, Louis XIII et Louis XIV. Il fut témoin des journées révolutionnaires du 20 juin et du 10 août 1792 ; la Convention y siégea ; il fut ensuite habité par Napoléon et les souverains qui se sont succédé jusqu'en 1870.

Le pont de l'*Alma* rappelle une bataille gagnée le 20 septembre 1854, par les Français et les Anglais sur les Russes, dans la vallée et sur les bords de la rivière de ce nom qui coule en Crimée.

Les anciens appelaient *Champs Élysées* les lieux où étaient reçues, après la mort, les âmes des hommes justes. Fénelon en a fait une description ravissante dans son Télémaque.

Géographie. — *Qu'est-ce que la Grèce, l'Égypte, l'Assyrie? — Donner les bornes de ces contrées et citer quelques-unes de leurs villes. — Qu'a-t-on trouvé parmi les ruines de l'Égypte? — Qu'est-ce qu'une momie, des hiéroglyphes, des sarcophages?*

La *Grèce* est la contrée la plus méridionale de l'Europe; elle est bornée au N. par la Turquie d'Europe, à l'O. par la mer Ionienne, au S. par la mer Méditerranée et à l'E. par l'Archipel; elle a pour villes principales : Athènes, le Pirée, Hermopolis ou Syra, Patras, Coron, Nauplie, Navarin, Corinthe, Corfou.

L'*Égypte* est une contrée de l'Afrique septentrionale qui occupe la vallée inférieure du Nil; elle est bornée au N. par la Méditerranée, à l'O. par la régence de Tripoli, au S. par le Soudan ou Nubie, à l'E. par la mer Rouge. L'isthme de Suez la sépare de l'Asie. Elle a pour villes principales : le Caire, Alexandrie, Tantah, Mansourah, Damiette, Port-Saïd, Suez, Syout, Girgeh.

L'*Assyrie* formait autrefois un royaume qui comprenait la partie supérieure et moyenne des vallées du Tigre et de l'Euphrate. On y remarquait les villes de Ninive et de Babylone, dont les ruines, récemment explorées, ont donné une foule d'objets précieux.

L'Égypte était, dès le cinquantième siècle avant J.-C., couverte de villes florissantes qui prospérèrent jusqu'au septième siècle de notre ère. Elles furent alors détruites et leurs ruines renferment une multitude de statues, de peintures, de colonnes, d'obélisques et d'objets d'art dont on a enrichi les musées des grandes villes d'Europe.

Les *momies* sont des cadavres embaumés d'anciens Égyptiens; on les retrouve par milliers dans des galeries souterraines ou dans les ruines de grands monuments.

On entend par *hiéroglyphes* les caractères de l'écriture primitive des Égyptiens; leurs obélisques comme les murailles des temples en étaient couverts; un Français, Champollion, est parvenu à trouver la manière d'en interpréter la signification.

Les *sarcophages* étaient des tombeaux dans lesquels les anciens mettaient les corps des morts qu'ils ne voulaient pas brûler.

Industrie. — *Qu'est-ce qu'un musée? — Que réunit-on dans les musées?*

Un *musée* est un édifice où l'on rassemble, en vue de les étudier, les productions les plus remarquables de la nature, des arts et des sciences.

On y voit réunis : des peintures, des sculptures, des meubles, des armes, des bijoux, des vitraux, des vases, des étoffes, s'il s'agit d'art, et, s'il s'agit de productions naturelles : des minéraux, des végétaux, des restes d'animaux, comme dans les magnifiques collections du Jardin des Plantes, à Paris.

81. — L'Exposition. (*Élève*, p. 171.)

Le tourniquet prit nos gens un à un, les poussa sur le seuil d'un grand vestibule à colonnes.

A l'autre bout du vestibule, la vaste porte s'ouvrait sur le splendide tableau d'un grand coin de Paris inondé de soleil. Là se dressaient le dôme d'or des Invalides, et au fond, à droite, noyées dans une buée bleuâtre, les collines boisées de Meudon et de Saint-Cloud.

On s'avança; du haut de l'escalier de granit, qui descend du palais au jardin, on regarda.

Toute l'Exposition se déroulait aux yeux; la vaste plaine du Champ de Mars était une ville de bâtiments à toitures vitrées. Au-dessus flottaient à la brise, et comme tout joyeux de leur pacifique rendez-vous, les drapeaux de toutes les nations d'Europe, ceux de la grande république américaine et des républiques du Sud, ceux encore de l'extrême Orient, de la Chine et du Japon. A ce spectacle, un grand souffle d'humaine fraternité élargissait le cœur.

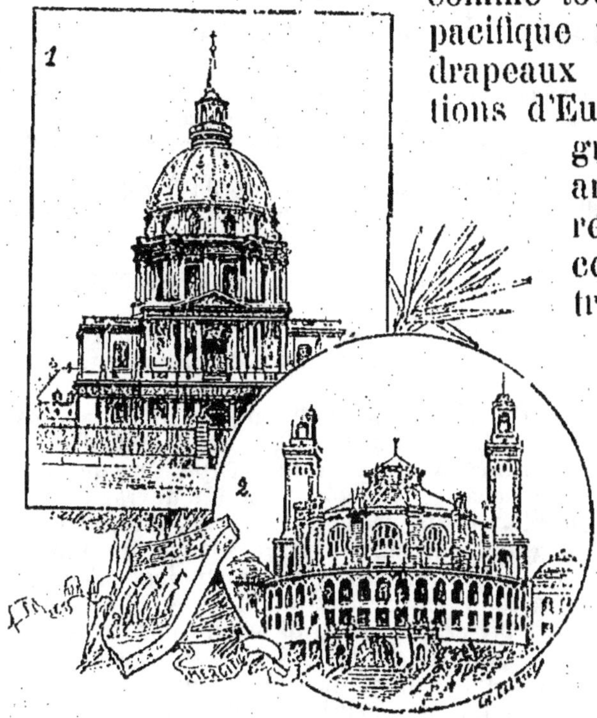

1. Les Invalides, asile fondé par Louis XIV pour les soldats infirmes ou âgés. — 2. Le Trocadéro.

Dans les jardins, et sur le pont d'Iéna ralliant les deux parties de l'Exposition, fourmillait une immense foule bigarrée, se mouvant dans les deux sens.

Pascal montra de majestueux Arabes en burnous blanc, des nègres vêtus à l'européenne, des Chinois, des Japonais au teint jaune, en vêtements de soie de couleur admirable, des Turcs coiffés du fez rouge.

Et en les désignant il avait l'air de les reconnaître, en homme qui les aurait tous rencontrés dans ses longs voyages.

Du haut de l'escalier de granit roulaient constamment des flots de visiteurs. Au passage, s'entendaient toutes les langues du monde.

Suzette se croyait transportée dans une autre planète. La tante, la jeune cousine Marthe, Pascal et Louis n'étaient pas très loin de ressentir la même impression.

Mais Louis ramena ses gens à la réalité en les conduisant de ce haut d'escalier féerique à la galerie de l'histoire du travail.

Elle s'ouvrait tout à côté, sous le vestibule.

Questionnaire. — Comment entre-on dans les grandes expositions? — Qu'apercevait-on en avant de la grande porte du vestibule du Trocadéro? — Quel magnifique tableau se déroulait aux yeux, du haut de l'escalier qui descend au jardin? — Qu'est-ce qui fourmillait sur le pont d'Iéna et dans l'Exposition? — Quelles gens montra Pascal? — Qu'entendait-on au passage? — Où Suzette se croyait-elle transportée? — Où Louis conduisit-il toute la famille?

DÉVELOPPEMENT DES SUJETS PROPOSÉS POUR EXERCICES.

Français. — *Définir : tourniquet, vestibule, dôme, granit, une toiture vitrée, un rendez-vous pacifique, fourmiller, planète, ramener à la réalité, valide.*

Un *tourniquet* est un appareil mécanique pour compter les personnes qui entrent dans un lieu public. — Un *vestibule* est la pièce d'un édifice qui s'offre la première à ceux qui entrent, et qui sert de passage pour aller aux autres pièces. — Un *dôme* est un ouvrage d'architecture, en bois ou en pierre, qui présente la forme d'une coupe renversée et surmonte un grand édifice. — Le *granit* est une pierre fort dure, qui est composée naturellement d'un assemblage d'autres pierres de diverses couleurs fondues par l'action de la chaleur centrale du globe. — Une *toiture vitrée* est celle qui est formée de pièces de verre soutenues par des baguettes de fer. — Un *rendez-vous pacifique* est une réunion de plusieurs personnes qui viennent dans un lieu donné pour s'entretenir d'affaires relatives aux œuvres de la paix : industrie, sciences, arts. — *Fourmiller* se dit du mouvement de va-et-vient d'une foule nombreuse dans une place publique, lequel est analogue à celui d'une fourmilière. — Une *planète* est un astre qui circule autour du soleil et qui n'a pas de lumière par lui-même. — *Ramener à la réalité*, c'est rappeler à sa situation, à ses occupations habituelles les pensées de celui qui avait laissé son esprit s'égarer sur des choses étranges ou impossibles. — *Valide* se dit de celui qui est sain, vigoureux et libre de tous ses membres.

Histoire. — *Qu'est-ce que des soldats invalides? — Pourquoi Louis XIV fonda-t-il un lieu de refuge pour eux? — Que fait encore aujourd'hui la France en faveur des soldats mutilés? — Quel événement rappelle le pont d'Iéna?*

Les soldats invalides sont des militaires privés de l'usage d'un ou de plusieurs membres à la suite de blessures reçues à la guerre.

Avant que Louis XIV eût fondé l'*Hôtel des Invalides*, diverses mesures avaient été prises pour venir en aide aux soldats estropiés ou mutilés. Henri II avait assigné à quelques-uns des pensions viagères sur les principales abbayes du royaume; plus tard, il avait ordonné de leur y réserver les places de religieux laïques; mais pour éviter cette charge, les abbés et les prieurs leur avaient substitué leurs propres serviteurs et domestiques. Henri III essaya inutilement de remédier à cet abus. Henri IV, en 1604, affecta l'hôpital de la Charité, à Paris, au logement des pauvres officiers et soldats invalides, et prit des mesures pour étendre ce bienfait à tous ceux à qui il était nécessaire; mais ses ordres furent peu observés. En 1624, Louis XIII prescrivit à toutes les abbayes du royaume de payer annuellement une somme de cent livres pour la nourriture et l'entretien d'un soldat estropié. Les règlements se succédèrent parce qu'on tenait peu de compte des ordres royaux; aussi, en 1670, Louis XIV acheta un vaste terrain dans la plaine de Grenelle et, en 1674, l'édifice actuel de l'Hôtel des Invalides fut commencé d'après les dessins de Bruant et de Mansart; il fut complètement achevé en 1704. En 1813, le nombre des invalides se montait à 26,000.

Aujourd'hui, l'État paye aux soldats blessés et mutilés des pensions suffisantes, ce qui permet de diminuer notablement le nombre de ceux qu'il entretient aux Invalides.

Le pont d'*Iéna*, l'un des plus beaux de la capitale, rappelle une brillante victoire gagnée, le 14 octobre 1806, par Napoléon Ier sur l'armée prussienne; après quelques heures d'un combat acharné, pendant lequel les deux tiers à peine de l'armée française avaient donné, les ennemis s'enfuirent en pleine déroute, laissant 12,000 morts ou blessés sur le champ de bataille et, entre nos mains, 15,000 prisonniers avec 200 pièces de canon et une multitude de drapeaux.

Géographie. — *Croquis du département de la Seine; marquer la circonférence de Paris, le cours de la Seine et de la Marne, puis les villes ou villages de Meudon, Saint-Cloud, Boulogne, Nanterre, Saint-Denis, Pantin, Montreuil, Vincennes, Nogent, Saint-Maur, Charenton, Choisy-le-Roi, Sceaux.*

Les élèves se serviront, comme modèle, d'un bon atlas, en évitant de calquer la carte qu'ils ont à reproduire.

Qu'est-ce que la Chine, le Japon? — Que savez-vous des peuples de ces riches et populeuses contrées? — Quelle est la grande république américaine?

La *Chine* est une vaste contrée de l'Asie orientale; elle possède plus de trois cents millions d'habitants laborieux, intelligents, adroits dans tous les arts, économes, sobres et éminemment propres au commerce. Nul pays au monde n'est cultivé avec plus de soin et ne produit davantage; il compte nombre de villes importantes dont la population dépasse un million d'habitants; telles sont : Pékin, Sou-tchéou, Nanking, Shang-haï, Fou-tchéou, Han-kéou, Canton. La Chine renferme les plus riches mines de houille du globe; elle exporte de la soie, du thé, des porcelaines pour plus d'un milliard.

Le *Japon* est un archipel situé à l'est de la Chine qui comprend quarante millions d'habitants encore mieux doués que les Chinois. Ce pays est très civilisé, fertile, admirablement cultivé et très commerçant; il exporte du thé, de la soie et des produits manufacturés. Les villes principales sont : To-kio ou Yédo, capitale (1,000,000 d'habitants), Yokohama, Kioto ou Miako, Osaka, Satsuma et Nagasaki.

La grande république américaine est celle des *États-Unis* (60 millions d'habitants), qui occupe un territoire aussi grand que l'Europe, sillonné par 130,000 kilomètres de chemins de fer, très fertile et qui produit en quantités prodigieuses le blé, le maïs, le coton, le tabac. Le sol renferme des mines abondantes de houille, de fer, de cuivre, d'argent et de mercure. Après l'Angleterre, c'est le pays dont l'industrie et le commerce ont pris le plus grand développement.

Les villes principales sont : New-York (1,200,000 hab.), Philadelphie (900,000), Boston (320,000), Baltimore (300,000), Washington, la capitale (100,000), Chicago (500,000), Saint-Louis (600,000), Pittsburg (230,000), la Nouvelle-Orléans (200,000), San-Francisco (200,000).

82. — Pierre, bronze, fer. (*Élève*, p. 172.)

Là, dans des vitrines, se voyaient des couteaux, des haches de silex *; plus loin, des hameçons, des épingles, des ornements en bronze, et plus loin encore, les mêmes objets, mais en fer, un outillage perfectionné de couteaux, de scies, de marteaux, et surtout de haches, massues, épées, javelots.

Outils et instruments de l'âge de pierre.

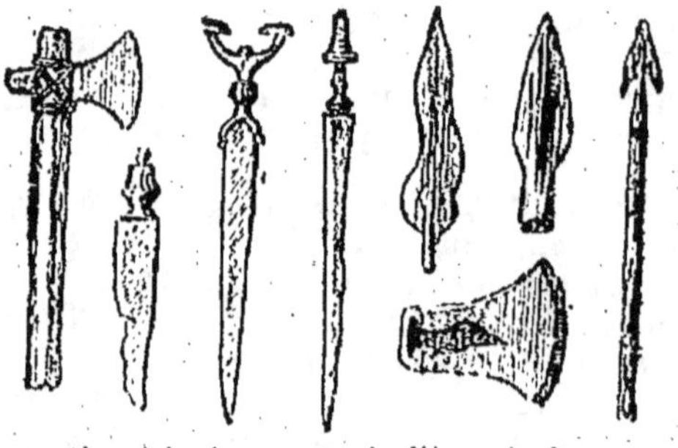

Outils et instruments de l'âge de bronze.

Ces grossiers outils de silex étaient les premières inventions de l'homme pour remplacer le travail de ses ongles et de ses dents, qu'il usait auparavant et cassait sur la matière dure à vaincre.

Après des siècles, il conquit le bronze, et puis le fer. Mais alors ce furent surtout des armes qu'il fabriqua, et non seulement contre la bête féroce, mais aussi contre son semblable.

Depuis, l'humanité a développé dans son cœur et son intelligence les grandes idées de bonté, de solidarité *. Et elle n'en continue pas moins de fabriquer de ces armes par lesquelles on se détruit. Les vieilles rancunes, les méfiances, les haines de race *, les superstitions la tiennent encore, hélas! et l'affolent.

— Il y a là-bas, dit Louis, un canon prodigieux, le premier du monde en force de destruction, et que bien des gens admirent.

Cependant, à côté des historiques engins * de mort,

apparaissaient des recherches plus douces : des agrafes, des boucles, des ornements. Un peu plus loin, les essais des premières poteries d'argile, assez mal tournées. Mais, peu à peu, venaient s'y ajouter des ébauches de décoration, un souci de la couleur et de la forme, enfin atteintes en France, au seizième siècle, dans un glorieux vase de faïence émaillée de Bernard Palissy.

L'art céramique.
La faïence est une poterie de terre vernissée et émaillée.

A la sortie de cette galerie, on descendit; on traversa le jardin pour aller directement à celle des machines, la suite, dit Jacques, de « l'histoire du travail ».

Questionnaire. — Que voyait-on d'abord dans les premières vitrines de l'histoire du travail; — dans celles qui suivaient? — Qu'étaient les grossiers outils de silex? — Quelle matière l'homme employa-t-il ensuite au lieu du silex? — Qu'a fait depuis l'humanité? — Quel engin fit remarquer Louis? — Quels nouveaux produits furent examinés? — A quelle époque la décoration des vases a-t-elle été perfectionnée le plus?

DÉVELOPPEMENT DES SUJETS PROPOSÉS POUR EXERCICES.

Français. — *Définir : vitrine, outillage, outillage perfectionné, outils grossiers, rancune, méfiance, haine, canon prodigieux, agrafe, poteries mal tournées, une ébauche.*

Une *vitrine* est un cadre de menuiserie fermé par des vitres, à la façon d'une fenêtre, derrière lequel on place des marchandises à vendre et des objets exposés. — L'*outillage* est l'ensemble des outils nécessaires à une fabrication, à une industrie. — Un *outillage perfectionné* est un outillage formé de pièces choisies et meilleures que celles dont on se sert ordinairement. — Des *outils grossiers* sont ceux qui ne sont ni proprement, ni délicatement faits. — La *rancune* est le souvenir qu'on garde des injures avec le désir de s'en venger. — La *méfiance* est une disposition à soupçonner le mal, ou la crainte habituelle d'être trompé. — La *haine* est un sentiment qui nous éloigne des autres ou des choses; à l'égard des personnes, il s'y ajoute la pensée de leur faire du mal. — Un *canon prodigieux* est une pièce d'artillerie dont les dimensions dépassent ce qu'on a fait jusqu'alors.

— Une *agrafe* est un crochet formé d'un fil double de métal, qu'on fixe à une étoffe par ses deux extrémités façonnées en œillet. — Les *poteries* sont des vases de terre cuite ou d'étain; elles sont *mal tournées* lorsqu'on les a fabriquées sans goût ni délicatesse. — Une *ébauche* est un ouvrage de peinture, de sculpture ou de modelage qui n'est que commencé, mais dont les parties principales sont indiquées.

Sciences naturelles. — *Qu'est-ce que le silex? — Propriétés de cette pierre. — Terrains où on la trouve et sous quelle forme.*

Le Cuivre. — *Qu'est-ce que le cuivre? — Lieux où on le trouve. — Parler des mines de cuivre natif d'Amérique. — Quel est son oxyde? — Quelles en sont les propriétés?*

Le *silex* est une pierre très dure d'une matière analogue au verre. Il possède la propriété de donner, sous un coup sec frappé perpendiculairement, des lames minces aux bords tranchants; il jouit aussi de la propriété de détacher d'une pièce d'acier avec laquelle on le frappe, des étincelles portées à la chaleur du fer rouge qui, alors, peuvent mettre le feu à des substances très inflammables. On se sert du silex pour fabriquer la pierre des briquets; autrefois on en tirait la matière des pierres à fusil. On trouve le silex principalement dans les terrains crayeux, où il se présente sous la forme de rognons irréguliers.

Le *cuivre* est un métal très anciennement connu, d'un beau rouge éclatant, plus dur que l'or et l'argent et pesant 8 fois 78 plus que l'eau; il est doué d'une odeur et d'une saveur désagréables; la plupart de ses combinaisons sont des poisons. — On le trouve dans le sol, soit à l'état de pureté, soit combiné avec diverses substances minérales; les mines les plus abondantes sont celles d'Espagne, de Toscane, des États-Unis et du Chili. Le cuivre natif existe en amas puissants aux États-Unis sur la rive sud-ouest du lac Supérieur, où il est l'objet d'une active exploitation.

A l'air humide, le cuivre se couvre d'un oxyde verdâtre, connu sous le nom de *vert-de-gris*. Cette substance est un poison énergique; aussi faut-il tenir dans le plus grand état de propreté les vases et ustensiles de cuisine faits avec ce métal.

Industrie. — *Comment fabrique-t-on le bronze? — Quelles sont ses propriétés; — ses usages? — Dessiner une hache de silex, un hameçon, une épingle et des haches de bronze de l'époque préhistorique, une massue, un javelot, une épée.*

Le *bronze* est un alliage de 80 parties de cuivre avec 12 à 20 parties d'étain. Il est jaune verdâtre, dur, cassant et extrêmement sonore. On en fabrique actuellement des monnaies, des statues, des objets d'art, des cloches, des sonnettes et une foule d'ustensiles et d'ornements. On le connaît sous le nom d'*airain*.

(Pour les dessins, voir les figures de la page 172, *Livre de l'élève*.)

Des Vases de terre. — *Terres qui conviennent à cette fabrication. — Qu'est-ce que des vases artistiques? — Qu'est-ce que des vases émaillés? — Racontez la touchante histoire de Bernard Palissy.*

On sait que les poteries ou vases de terre sont préparés avec des argiles très fines et très pures, contenant toutefois quelque peu d'oxyde de fer, auxquelles on ajoute souvent du sable. Elles sont recouvertes, pour les usages de la cuisine, d'un vernis qui les rend imperméables, lequel est formé d'un mélange de plomb, d'étain, de sable et de sel de soude qu'on applique en poudre sur la surface du vase. Il ne reste plus qu'à soumettre le tout à un feu violent.

Les *vases artistiques* sont ceux dont la forme élégante comporte des ornements délicats et de bon goût.

Les *vases émaillés* sont ceux qui sont recouverts d'une matière analogue au verre, fondue sous l'action d'un feu à une température fort élevée. Leur éclat comme la variété de leurs couleurs plaisent aux regards.

Bernard Palissy, né vers 1510, découvrit le secret de l'art de fabriquer des vases émaillés, secret possédé alors par quelques artistes italiens qui le gardaient avec un soin jaloux.

S'étant procuré toutes les substances qu'il jugeait pouvoir entrer dans cette composition, il acheta des pots de terre commune, les mit en pièces, et après avoir recouvert tous ces fragments des divers enduits qu'il avait préparés, il les soumit à la chaleur d'un fourneau construit à cet effet. Il ne réussit point dans ses tentatives, et tout le résultat qu'il obtint fut une grande quantité de pots cassés et une perte considérable de bois de chauffage, de substances chimiques, de temps et de travail.

Pendant des mois, pendant des années, il continua ses expériences, si bien qu'il finit par se trouver, avec toute sa famille, aux prises avec la misère. Il vint à Paris, continua ses recherches au prix des plus pénibles privations; enfin, après seize années d'efforts persévérants, il put arriver à confectionner ces vases admirables qui sont l'ornement de nos musées et dont la vente fructueuse paya ses longs travaux.

83. — Triomphe du travail. (*Élève*, p. 174.)

Là, un peuple de merveilleuses machines en tenue brillante, et qu'on eût dites heureuses de leur existence en ce monde!

C'étaient les couteaux, les marteaux, les scies, les pilons de nos jours; voilà ce qu'était devenu le pauvre outillage des âges de pierre, de bronze et de fer! Salut au génie et au labeur humains! à l'effort des générations* qui, continué à travers tant de siècles de misère, de sang, de forte et douloureuse patience, avait enfin produit ces outils magnifiques de puissance et de précision!

— Voyez-vous ceux-ci aux larges mâchoires pourvues de dents d'acier? ce sont des peignes à peigner la laine, qui sort de là en filaments finement divisés. Et savez-vous que

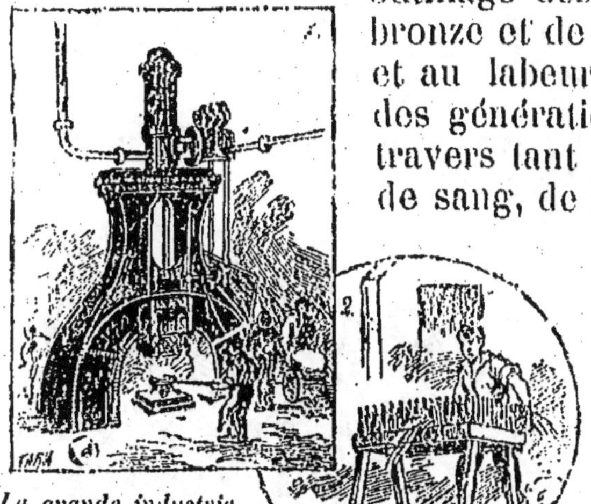

La grande industrie.

1. Les *marteaux-pilons* dont on se sert dans la métallurgie sont mus par la vapeur. Le pilon ou mouton pèse un poids considérable; celui de l'usine du Creusot (Saône-et-Loire) dépasse 80,000 kilogr. — 2. Ouvrier peignant la laine.

des mâchoires humaines faisaient jadis ce travail, que des ouvriers s'employaient à passer la laine entre leurs dents pour ôter les nœuds, et s'empoisonnaient ainsi de poussière morbide * ?

Cette machine, à côté, est destinée à un moulin ; le montage des sacs de blé, la mouture, le blutage*, l'ensachement, tout s'y fera mécaniquement. Et qui, jadis, avant cette invention, et celle des moulins à eau et à vent, était chargé de toute cette besogne? — les femmes, avec leurs pauvres bras. On peut les voir encore à ce travail sous les tentes de l'Arabe.

Le moulin à vent.

Quand le vent souffle, les ailes du moulin, sur lesquelles on a étendu de fortes toiles, tournent avec lenteur, impriment le mouvement aux engrenages et, par suite, aux meules et aux autres parties du mécanisme.

— Parbleu! s'écria Pascal en regardant Suzette, je vous l'avais bien dit.

— Oh! je m'en souviens! répondit Suzette.

On était maintenant devant une machine à vapeur, gros corps aux membres d'acier poli et de cuivre brillant comme de l'or. Louis s'arrêta. Il la connaissait; il en avait mené l'exécution :

Femme arabe blutant le blé.

L'opération du blutage consiste à séparer, au moyen d'un tamis, la farine du son.

— C'est une belle et bonne chose, dit-il avec la caresse des yeux et le sourire heureux du travailleur devant son œuvre; un navire l'attend. Elle le conduira à travers les mers jusqu'aux continents lointains, pour y porter nos produits. Elle nous rapportera le coton de l'Amérique, le blé, les laines de l'Australie, la soie, le thé de la Chine, le café, les fruits, les épices des îles océaniennes, tout ce que notre sol européen ne produit pas ou ne nous donne qu'avec parcimonie*.

Questionnaire. — Qu'est-ce qui remplissait la galerie des machines? — Nommez quelques-uns de ces appareils. — A qui sont dus ces outils magnifiques? — En quoi consistent les peignes pour la laine? — Qu'ont-ils remplacé? — Que se fait-il dans le moulin perfectionné? — Qui s'acquittait auparavant de cette besogne, et comment? — Citez la remarque de Pascal. — Quelle nouvelle machine fut soumise à leur examen? — Qui avait contribué à sa construction? — Qu'en dit Louis? — Où conduira-t-elle les voyageurs, que rapportera-t-elle?

DÉVELOPPEMENT DES SUJETS PROPOSÉS POUR EXERCICES.

Sciences naturelles. — LE FER. — *Ce qu'il est, ses propriétés, ses usages. — Origine du fer. — Le minerai; le haut fourneau; la coulée de la fonte; le moulage. — Comment la fonte devient du fer. — Prix de la tonne de fer.*

Le *fer* est un métal d'un gris bleuâtre pesant 7 fois 78 plus que l'eau et doué d'un certain éclat. Susceptible de s'étirer en fils ténus et de s'étendre en lames très minces, il est tenace et sonore. Peu de métaux sont aussi difficiles à fondre; il se ramollit toutefois à une température bien inférieure à celle du point où il entre en fusion; alors on peut le pétrir sous le marteau et le souder sur lui-même. A l'air libre, il se couvre d'un oxyde rouge connu sous le nom de *rouille;* à la chaleur rouge, il se forme à sa surface des écailles d'oxyde noir.

Le fer sert à la fabrication de la plupart des outils, des instruments, des armes. Il se substitue actuellement au bois et à la pierre dans la construction des maisons, des ponts, des navires, etc.

Le fer se trouve à la surface et au sein de la terre en minerais contenant du métal pur ou mélangé à diverses substances, telles que le carbone, la silice, le phosphore. A l'état natif, il en existe des mines considérables. Le minerai de fer forme, à l'île d'Elbe, en Suède, aux États-Unis, de véritables collines.

PRÉPARATION DE LA FONTE ET DU FER. — Après avoir trié, concassé et lavé le minerai, on le traite dans de grandes et solides constructions, nommées *hauts fourneaux*, qui consistent en deux cônes tronqués réunis par leurs grandes bases. On y verse d'abord du charbon de terre qu'on enflamme, puis alternativement une couche de minerai et une couche de charbon; dès que la houille, introduite en premier lieu, a développé une haute température, le métal fond, et comme il est la plus pesante des substances introduites dans le haut fourneau, il se tombe au fond de cet appareil, tandis que les impuretés ou scories surnagent à la surface.

En cet état, le fer prend le nom de *fonte*.

Non loin du haut fourneau, on a établi des *moules* destinés à la fabrication de divers objets : plaques, tuyaux, poêles; on ouvre avec une barre de fer un trou, fermé avec de l'argile, pratiqué à la base de l'énorme construction; par cette ouverture, le métal coule, liquide comme de l'eau, et se rend dans les moules.

Pour *fabriquer le fer*, on soumet la fonte à une haute température au contact de l'air, ce qui détruit les matières terreuses et le charbon restant dans le métal. On fait ensuite passer les masses de fonte rougie sous un énorme marteau qui, les frappant avec violence, leur donne plus de consistance tout en chassant, sous la forme d'étincelles, les impuretés qu'elles renferment encore.

La *tonne de fer*, ou les 1,000 kilogrammes, vaut de 140 à 200 francs.

Industrie. — *Qu'est-ce qu'un marteau-pilon? — Donner une idée de la construction, de la forme de cet appareil. — Ce qui le met en mouvement. — Services qu'on en tire.*

Le *marteau-pilon* est une lourde masse de métal pesant de 6,000 à 8,000 kilogrammes; soulevé par la vapeur, il retombe de tout son poids sur la pièce de fer à travailler.

Un énorme et massif bâti de fonte, solidement appuyé sur de larges et épaisses fondations, supporte des montants entre lesquels glisse et remonte le gigantesque marteau. Au-dessous est un bloc d'acier qui remplit le rôle d'enclume. En ouvrant ou en fermant les orifices de la vapeur dans le cylindre qui surmonte le massif juste au-dessus du marteau, on soulève ce dernier dans la mesure désirable, lentement ou rapidement, pour le laisser ensuite retomber sur la masse métallique que l'on se propose de travailler. (Voir la Partie du maître du COURS DE COMPOSITION FRANÇAISE (*Degré supérieur*), par E. LAPORTE, pages 217 et 218.)

LA LAINE. — *Dans quel état elle arrive aux peignes. — Ce que font les peignes. — Les décrire. — Emploi de la laine peignée. — Que fait-on de la laine filée?*

La laine des moutons, lavée et blanchie à la vapeur du soufre, arrive en masses informes aux *peignes*, qui ont pour objet d'étirer les fils et de les réunir dans le sens de la longueur. Ce sont des tambours d'un à deux mètres de diamètre, munis sur leur surface extérieure d'une multitude de petites aiguilles d'acier; ils sont mis en mouvement et tournent en sens inverse. On jette des poignées de laine sur ces tambours, qui les entraînent dans leur mouvement de rotation, et donnent ainsi aux fils la disposition demandée. Ces fils se réunissent à la base du dernier tambour en boudins de laine qu'on porte à la filature. Dans cette usine, ils sont attachés chacun aux fils d'une broche, et la machine, avançant, reculant, faisant tourner des bobines, donne à la laine la forme de fils minces qui s'enroulent autour de fuseaux égaux. Cette laine filée sert à la fabrication de tissus variés : drap, flanelle, mérinos, objets de bonneterie, etc.

Quelles opérations transforment le grain de blé en farine? — Donnez des détails particuliers sur le blutage.

Le blé, versé dans une caisse sans fond appelée la *trémie*, tombe sur une meule de pierre immobile, au-dessus de laquelle roule, en la touchant presque, une seconde meule formée de la même matière. Là, le grain est écrasé et débarrassé de son enveloppe ; il tombe dans le blutoir où a lieu l'opération qui donne la farine et le son ; ce blutoir est un cylindre de toile fine dans lequel les produits de la mouture se séparent : la farine tombe au-dessous dans de grands tiroirs ; quant au son, il glisse sur les parois du blutoir et arrive dans un sac qu'on change aussitôt qu'il est rempli.

Géographie. — *Qu'entend-on par Océanie? — Qu'est-ce que l'Australie? — Détails sur ses habitants, ses animaux, ses végétaux, ses productions minérales. — Nommer la grande île que possède la France en Océanie.*

(Voir un bon cours de géographie ou un atlas moderne donnant les cartes et le texte correspondant.)

84. — Denis Papin. (*Élève*, p. 176.)

Navire quittant le port.

Nos grandes compagnies maritimes françaises ont leurs points de départ au Havre, à Saint-Nazaire, à Bordeaux et à Marseille.

Louis continua :

— La vapeur, qui anime ces navires et les fait glisser sur les eaux comme elle emporte sur terre les trains de chemin de fer, est une des plus puissantes, des plus bienfaisantes forces que l'humanité ait conquises . . . . .

Il s'arrêta un moment comme à une idée qui venait de lui traverser l'esprit, puis reprit :

— Mais les pacifiques conquérants auxquels nous la devons n'ont pas eu le sort des conquérants guerriers qui, d'âge en âge, ravagent le monde. Ceux-ci, triomphalement assis sur des trônes, voient à leurs pieds les peuples qui les admirent et les applaudissent ; les autres sont honnis*, parfois persécutés comme des malfaiteurs. Ce fut la destinée de Denis Papin.

Ce génie* découvre la force de la vapeur et conçoit l'idée d'en faire la grande force motrice. Déjà, son esprit travaille à l'application de son idée. Mais voici la révocation de l'édit de Nantes ! Le roi Louis XIV interdit aux protestants de France la liberté de leur foi et de leur culte. Plutôt que de ployer leur conscience, des milliers d'entre eux s'expatrient*. Papin est de ce nombre. Il s'en va en Allemagne, le cœur navré, mais

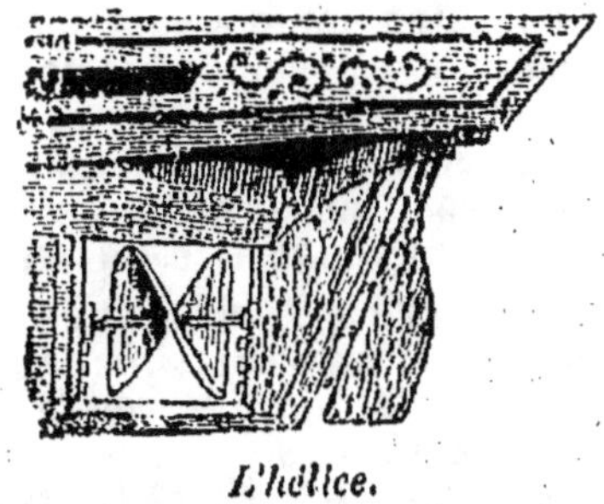

L'hélice.

Cet appareil, placé à l'arrière des bateaux à vapeur, sert à les faire marcher.

plein d'une indomptable confiance en sa découverte; et, de ses derniers écus, il construit un bateau à vapeur qui lui servira de témoignage.

Ce bateau, il le lance sur le Weser. Et alors la corporation * des mariniers de ce fleuve, croyant son gagne-pain menacé, se rue, dans une frénésie * d'ignorance et de sottise, sur le bateau à vapeur et le met en pièces.

Son œuvre anéantie, Denis Papin, ruiné, accablé de tristesse, va mourir en Angleterre dans la solitude et la pauvreté.

Questionnaire. — Qu'est-ce que Louis dit de la vapeur? — Quelle remarque fit-il sur le sort des hommes auxquels nous devons de grandes découvertes? — Dans quels termes les compare-t-il aux conquérants? — Que découvrit Papin? — Pour quelle cause se réfugia-t-il en Allemagne? — Qu'y construisit-il? — Qu'arriva-t-il à son bateau? — Où et comment s'acheva la vie de ce grand homme?

DÉVELOPPEMENT DES SUJETS PROPOSÉS POUR EXERCICES.

Sciences naturelles. — *Qu'est-ce que la vapeur? — Son volume comparé à celui de l'eau qui l'a produite. — D'où provient sa force élastique? — Expliquez comment la vapeur agit sur le piston d'une machine? — Comment ce mouvement en ligne droite se transforme-t-il en mouvement circulaire?*

On appelle *vapeur d'eau* de l'eau réduite à l'état gazeux, ordinairement sous l'influence d'une élévation de la température. Elle a un volume 1,700 fois plus considérable que le liquide dont elle provient.

Comme tous les gaz, la vapeur d'eau a une force élastique qui tend à lui faire occuper un espace de plus en plus considérable. Elle exerce donc, sur les parois des tubes qui la contiennent, des pressions plus ou moins énergiques.

Pour imprimer le mouvement à une machine, on fait arriver alternativement la vapeur à la partie inférieure, puis à la partie supérieure d'un cylindre où se meut un piston. Dans le premier cas, le piston est soulevé; dans le second, il est refoulé et ramené à sa position primitive; alors les mêmes actions se reproduisant, on obtient, pour la tige de ce piston, un mouvement de va-et-vient, de haut en bas ou de droite à gauche, et réciproquement.

Ce résultat se transforme en mouvement circulaire par une pièce de fer appelée *bielle*, analogue à la tige de bois qui, dans les rouets de nos mères, faisait exécuter à la roue un mouvement circulaire par le va-et-vient d'une tige que le pied actionnait.

Histoire. — *Qu'entend-on par protestants? — Que fit-on, au seizième siècle, contre les protestants? — Qu'en résulta-t-il? — Citez quelques épisodes des guerres de religion. — Que fit Henri IV? — Objet de l'édit de Nantes.*

On entend par *protestants* les partisans des doctrines de Luther et de Calvin. Ce nom vient de la protestation qu'en 1526 les partisans de Luther opposèrent aux résolutions d'une grande assemblée des députés de l'empire d'Allemagne, réunis à Spire.

En France, les rois firent tous leurs efforts, de 1520 à 1589, pour arrêter le développement des nouvelles doctrines; ils eurent recours aux mesures violentes, d'où huit guerres qui couvrirent le royaume de sang et de ruines. On cite, parmi ces événements à jamais regrettables, la destruction des villes et villages habités, en Provence, par les Vaudois durant laquelle 3,000 personnes périrent, et le massacre de la Saint-Barthélemy, qui causa la mort de 30,000 protestants.

Henri IV, qui était né dans la religion protestante et qui se convertit plus tard au catholicisme, fit tous ses efforts pour rétablir la paix religieuse; par l'édit de Nantes (1598), il accorda le libre exercice du culte réformé dans une partie du midi de la France et dans les châteaux où il plaisait aux seigneurs d'user de cette faveur. Les protestants obtinrent aussi plusieurs places de sûreté, villes fortes dont ils avaient la garde.

Industrie. — *Qu'entend-on par un paquebot transatlantique? — Donnez une idée des dimensions, de la vitesse, de l'utilité de ces bâtiments. — Quelles sont les parties extérieures principales d'un transatlantique? — Quelles en sont les parties intérieures? — Qu'entend-on par mal de mer? — Qu'est-ce qu'une jetée? — Qu'est-ce qu'un phare? — Décrire un phare. — Dangers que courent les gardiens.*

Les *paquebots transatlantiques* sont des navires qui transportent d'Europe en Amérique, en Asie, en Afrique et en Océanie, et réciproquement, les voyageurs, les marchandises et les correspondances.

Ce sont des bâtiments énormes de 100 à 160 mètres de longueur sur 12 à 15 de profondeur; leur marche est si rapide qu'ils parcourent, dans les 24 heures, de 600 à 700 kilomètres; ainsi, l'on va du Havre à New-York en 8 jours, et la distance atteint pourtant à 5,600 kilomètres. Cette rapidité de transport et le bon marché relatif des frais de navigation sont extrêmement avantageux aux commerçants dont les produits mettaient, il y a trente ans, six semaines pour effectuer le même trajet.

Extérieurement, on remarque dans un paquebot le corps du bâtiment, le pont, les cabines, les mâts, le gouvernail, l'ancre, les cheminées de la machine; à l'intérieur se trouvent les salles, les cabines des voyageurs, de vastes dortoirs, les appartements des officiers, des cuisines, des salles de bains, l'énorme machine à vapeur, et enfin des magasins pour les vivres, les marchandises et les bagages.

On entend par *mal de mer* des troubles d'estomac qui causent de continuels et douloureux vomissements aux passagers des paquebots, durant les premiers jours de la navigation.

Une *jetée* est un amas de matériaux (sable, cailloux, pierres) amoncelés le long du canal qui forme l'entrée d'un port, ordinairement soutenu de pilotis, et destiné à rompre l'impétuosité des vagues.

Un *phare* est une tour construite à l'entrée d'un port ou aux environs, et au sommet de laquelle on tient des feux allumés pendant la nuit pour guider les vaisseaux qui approchent des côtes. Fréquemment ils sont fondés sur des rochers isolés, battus des vagues et qu'on ne peut aborder pendant des semaines entières quand règne la mauvaise saison. L'existence des gardiens y est aussi fatigante que dangereuse; jour et nuit, ils sont tenus d'entretenir la lampe ou l'appareil électrique qui rayonne sur les flots, heureux quand la fureur des ouragans ne déchaîne pas sur la tour de telles masses d'eau qu'elle est renversée et engloutie à jamais avec ses infortunés habitants.

85. — Fulton. (*Élève*, p. 178.)

Une centaine d'années s'écoulent avant la résurrection, dans l'esprit d'un autre homme, de l'idée détruite par les brutes du Weser.

L'homme, c'est l'Américain Fulton. Le triomphe de la Révolution française le fait accourir à Paris comme au pays de lumière et de générosité. Bonaparte, premier consul, auquel il offre sa découverte, lui donne quelque espérance, et Fulton fait naviguer sur la Seine un bateau à vapeur en présence de l'Académie des sciences*.

Mais Bonaparte, devenu empereur, a maintenant bien d'autres soucis en tête que celui d'une admirable et féconde découverte; c'est la guerre qui l'intéresse : il tourne le dos au véritable génie.

Fulton regagne l'Amérique. A force de courage et de temps, — car ses expériences l'ont ruiné, — il réussit à construire un nouveau bateau et le lance sur l'Hudson*.

La foule est là, assemblée, regardant. Il marche... Et au lieu d'applaudissements et d'acclamations, ce sont des ricanements, des huées, des bordées de sifflets qui accueillent ce merveilleux résultat. Le pauvre grand homme accomplit seul le trajet de New-York à Albany.

Cependant, à son retour d'Albany, un téméraire se trouve qui ose affronter les rires et la nouveauté. Il tend pour son passage 6 dollars (30 francs). Fulton garde un moment dans sa main ces pièces d'argent; ses yeux se mouillent :

— Voilà, dit-il doucement, le premier salaire de tant d'efforts et de tant de souffrances!

Cette fois, les bateliers du Weser étant loin, la découverte fut respectée et même acceptée. C'est d'Amérique qu'elle nous est revenue.

A cette heure, la vapeur parcourt le monde, relie les nations, les mène à la grande fraternité des intérêts et des sentiments; le rêve des deux grands hommes s'accomplit.

Questionnaire. — Combien s'est-il écoulé d'années avant que l'idée de Papin fût de nouveau réalisée? — Racontez ce que vous savez de Fulton et de son expérience sur la Seine. — Pourquoi Bonaparte n'encouragea-t-il pas Fulton? — Que fit l'inventeur après être retourné en Amérique? — Racontez l'expérience qu'il tenta sur l'Hudson. — Que fit un homme moins timide que les autres? — Quel accueil reçut enfin la découverte de Fulton? — Quels services rend aujourd'hui la navigation à vapeur?

DÉVELOPPEMENT DES SUJETS PROPOSÉS POUR EXERCICES.

Histoire. — BONAPARTE. — *Dire où il naquit, fit ses études et débuta dans la carrière militaire. — Services qu'il rendit au siège de Toulon. — Raconter comment il combattit une insurrection royaliste. — Donner un aperçu de la campagne d'Italie et de l'expédition d'Égypte. — Son ambition quand il fut empereur.*

Bonaparte Napoléon naquit le 15 août 1769, à Ajaccio, de Charles Bonaparte et de Letizia Ramolino, à l'époque de la réunion de la Corse à la France. Après avoir été quelques mois au collège d'Autun, il entra, comme élève du roi, à l'école préparatoire de Brienne (1779) et, en 1784, à l'École militaire. L'année suivante, promu au grade de lieutenant au régiment de La Fère, il tint garnison à Auxonne et à Valence.

Nommé, le 8 mars 1793, capitaine au 4e régiment d'artillerie, il obtenait, au mois de septembre suivant, le commandement de l'artillerie destinée au siège de Toulon, ville livrée aux Anglais par un émigré. Il s'y distingua tellement que, le jour de la prise de la ville (20 déc. 1793), il reçut le titre de général de brigade.

Suspendu de ses fonctions, puis réformé à cause de ses relations avec le frère de Robespierre, il fut cependant choisi par le Directoire pour combattre l'insurrection royaliste du 13 vendémiaire (5 oct. 1795).

Le 2 mars 1796, après avoir épousé Joséphine de la Tascherie, veuve du général de Beauharnais, il fut mis à la tête de l'armée d'Italie; il s'y couvrit de gloire dans les immortelles batailles de Montenotte, Castiglione, Arcole, Rivoli, qui eurent pour résultat d'expulser les Autrichiens de la péninsule.

Afin d'atteindre les Anglais dans leurs colonies de l'Hindoustan, le Directoire confia à Bonaparte le commandement d'une armée destinée à faire la conquête de l'Égypte. Il partit le 19 mai 1798 et, après avoir brisé la puissance des mamelouks, il devint le maître de cette riche contrée. Il l'abandonna à la suite des fâcheuses nouvelles qu'il reçut de France, et arriva à Paris le 15 octobre 1799. Après le coup d'État du 18 brumaire, il fut nommé premier consul le 24 décembre; cinq ans plus tard, le 2 décembre 1804, il était empereur et dominait l'Europe par l'ascendant de ses victoires et de son génie.

L'ambition le perdit et, finalement, il quitta la France pour toujours, en 1815, la laissant envahie par les armées de l'Europe coalisée, ruinée, démembrée, après avoir sacrifié inutilement la vie de plus de deux millions de soldats dans des guerres continuelles. Il mourut le 5 mai 1821, à l'île de Sainte-Hélène, prisonnier des Anglais.

Géographie. — LES ÉTATS-UNIS. — *Bornes, population, ressources naturelles de la grande république américaine. — Ses fleuves, ses lacs principaux. — Grandes villes de cette contrée avec leur population. — Qu'y firent les Français avant* 1789?

Les États-Unis de l'Amérique du Nord s'étendent sur un territoire presque aussi vaste que la vieille Europe. Au nord, ils ont pour bornes la Nouvelle-Bretagne et le Canada; à l'est, l'océan Atlantique; au sud, le golfe et l'État du Mexique; à l'ouest, l'océan Pacifique. La population, qui atteignait à peine 5 ou 6 millions d'habitants, il y a un siècle, dépasse aujourd'hui 60 millions, dont 6 à 7 millions de nègres.

Le sol y est d'une fertilité prodigieuse et produit en abondance le blé, le maïs, le coton, le tabac, le vin, le bois; il nourrit des troupes innombrables d'animaux domestiques, et ses mines de houille, de fer, d'or, d'argent, de cuivre, de pétrole sont les plus riches que l'on connaisse.

Des fleuves considérables arrosent ce magnifique territoire : nous nommerons l'Hudson, le Delaware, la Susquehannah, l'immense Mississipi, qui reçoit le Missouri, l'Ohio, l'Arkansas. N'oublions pas les lacs qui s'étendent au nord et qui sont connus sous les noms de Supérieur, Michigan, Huron, Erié, Ontario. C'est entre ces deux derniers que se trouve la fameuse cataracte du Niagara.

Des villes nombreuses y ont été fondées et elles s'accroissent avec une rapidité inconcevable : ce sont, la plupart, des centres industriels et commerciaux très importants. Parmi elles, il faut citer : New-York (1,200,000 hab.), Philadelphie (900,000), Boston (320,000) Pittsburg (200,000), Saint-Louis (600,000), Chicago (500,000), la Nouvelle-Orléans (200,000), San-Francisco (150,000), Baltimore (300,000) et la capitale Washington (100,000).

En 1773, la côte orientale des États-Unis était une des plus florissantes colonies anglaises; frappés d'impôts iniques les colons se révoltèrent; en 1776, ils proclamèrent leur indépendance à Philadelphie et confiérent le soin de la défendre à l'illustre général Washington. Ce dernier soutint la guerre contre les Anglais avec une rare énergie et une admirable persévérance; mais il aurait succombé si une armée et une flotte françaises ne fussent accourues à son aide en 1778. Dès lors, la cause des États-Unis était gagnée, et le traité de Versailles (3 sept. 1783) consacra leur indépendance.

Industrie. — *Qu'entend-on par inventeur? — Comment un peuple éclairé doit-il accueillir une invention? — L'invention d'une machine est-elle une cause de ruine? — Exemples qui démontrent le contraire. — Quels services rendent les machines en général?*

L'inventeur est celui qui, par la force de son esprit, trouve quelque chose de nouveau, d'ingénieux dans les arts manuels et dans les sciences. Tels sont : Montgolfier, l'inventeur des ballons; les frères Chappe, du premier télégraphe; Fulton, du bateau à vapeur.

Un peuple doit accueillir les inventeurs avec cette curiosité intelligente qui pénètre les choses pour avoir l'exacte notion de ce qu'elles sont. Puis, si l'on juge l'invention utile et pratique, il convient de l'adopter.

L'invention des machines n'est point une cause de ruine, car elles permettent de fabriquer à meilleur compte et de travailler avec moins de fatigue; la production a donc lieu dans des conditions plus favorables et elle augmente de façon à assurer du travail à ceux qui, au premier abord, se trouvaient supplantés par elle. Les machines ont donné l'aisance à la classe laborieuse et la fortune aux industriels comme aux commerçants.

L'Angleterre est le pays du monde qui possède le plus de machines : c'est aussi le plus riche; la Turquie en a fort peu, et le peuple y croupit dans la misère et l'ignorance.

Bénissons donc les machines qui diminuent, relèvent le travail de l'homme et lui donnent une plus haute valeur, tout en augmentant le bien-être général par le bas prix de leurs produits.

86. — Peinture. (*Élève*, p. 179.)

Maintenant on était dans les salles des beaux-arts*, devant des tableaux de toute dimension et de tout sujet : des portraits de belles dames souriantes, des scènes d'histoire, d'autres de la vie journalière, des morceaux de ciel et de campagne qu'on eût dits découpés dans les plaines de Fragicourt aux beaux jours de l'été, ou encore des bois frais, au bord d'eaux transparentes.

Menhirs et dolmens.

Les menhirs et les dolmens sont des monuments celtiques. La pierre plate d'un dolmen est posée sur les deux autres; le menhir, au contraire, est un bloc de pierre brute dressé.

Voilà, sous un ciel gris, plein de mélancolie, une lande sauvage de la Bretagne avec ses pierres druidiques, menhirs et dolmens, couchés ou debout, pareils à des fantômes.

Jetée du port du Havre et sémaphore.

Les jetées protègent l'entrée d'un port; les sémaphores que l'on y dresse servent à faire connaître l'arrivée, les manœuvres des bâtiments, et à échanger des signaux avec ceux qui sont au large.

A la suite, de belles vaches paissent dans un pâturage normand.

Puis une mer agitée: de rudes et intrépides pêcheurs

vont partir sous les yeux des mères et des femmes dont quelques-unes regardent avec terreur l'immensité de l'Océan.

Cerf.

La tête du cerf est surmontée de cornes ramifiées appelées *bois*. La chair de cet animal, qui vit dans nos forêts, est très estimée ; le *cerf commun* fournit la corne de cerf du commerce.

Presque à côté de ceux qui partent, ceux qui reviennent. Là, le ciel est pur. Sur les flots paisibles un navire s'avance. De la jetée, des hommes, des femmes au joyeux visage agitent des mouchoirs en signe de bienvenue.

L'impression du retour était saisissante et encore accentuée par ces quatre vers inscrits au-dessous du tableau :

« Salut! qui que tu sois, toi dont la blanche voile
De ce large horizon accourt en palpitant;
Heureux, quand tu reviens, si ton errante étoile
T'a fait aimer la rive! heureux si l'on t'attend! »

(A. DE MUSSET.)

Puis des batailles : des désastres de notre dernière guerre et d'anciennes victoires. Partout des canons, des blessés, des morts, du sang qui coule.

— Oh! que la victoire et la défaite se ressemblent! soupira Suzette.

Dans cet angle, des Gaulois à la longue chevelure blonde, à l'air farouche et libre. Et, tout auprès, des chevaliers du moyen âge bardés de fer.

Ces tableaux sont séparés par un beau paysage de la Franche-Comté, un coin poétique de forêt, plein de mystère. De leurs bonds gracieux trois cerfs la traversent; un quatrième boit à une source au pied d'un chêne.

Voici la récolte de la soie au pays d'Arles. De belles jeunes filles, coiffées du bandeau de velours sur une fine coiffe de tulle, cueillent les cocons aux brindilles de genêt où les chenilles ont monté pour filer. Les corbeilles déjà pleines brillent comme de l'or. Un reflet de l'ardent soleil du Midi illumine la scène.

Coiffure de jeune fille d'Arles.

En légende* on lit ce morceau, traduit de Mistral, le grand poète provençal :

Le bassin de la Joliette, à Marseille.

« ...Et diaphanes* sur les genêts — quand les vers à soie montent en fête — pour filer leurs prisons blondes et que rapidement — ces chenilles, artistes consommées, s'enveloppent par milliers — dans leurs berceaux si subtils* qu'ils semblent tissus d'un rayon de soleil... »

A côté de cette toile, une autre; le bataillon des Volontaires quittant Marseille et s'acheminant vers Paris, le drapeau déployé.

Nos amis, les yeux insatiables* de ces couleurs, l'esprit touché par ces impressions de l'art, continuèrent jusqu'à la dernière minute leur promenade à travers ces belles choses.

Questionnaire. — Qu'entend-on par les beaux-arts? — Que représentaient le plus grand nombre des tableaux? — Qu'est-ce qui était représenté sur un tableau représentant la Bretagne? — Qu'entend-on par menhirs et dolmens? — Quelle scène maritime excita l'émotion des visiteurs? — Récitez les vers relatifs au retour du pêcheur. — Que remarquait-on sur les tableaux de batailles? — Pourquoi la réflexion attristée de Suzette est-elle bien vraie? — Parlez des tableaux représentant : 1° des Gaulois, — 2° un paysage franc-comtois, — 3° la récolte de la soie au pays d'Arles. — Comment est la coiffure des Arlésiennes? — Récitez les vers de Mireille. — Qu'est-ce que la Joliette? — Parlez du tableau des Volontaires.

DÉVELOPPEMENT DES SUJETS PROPOSÉS POUR EXERCICES.

Français. — *Définir un tableau, un portrait, une scène d'histoire (exemples), des eaux transparentes, une lande sauvage, la bienvenue, un chevalier, le moyen âge, un coin poétique, du tulle, un artiste consommé.*

Un *tableau* est un ouvrage de peinture sur une table de bois, de métal ou sur de la toile. — Un *portrait* est l'image d'une personne, faite avec le pinceau, le burin, le crayon, le ciseau. — Une *scène d'histoire* est la représentation d'un fait historique, comme l'entrée de Jeanne d'Arc à Orléans, les cuirassiers de Reischoffen, la vieille garde à Waterloo (on voit ces tableaux dans nos musées de peinture). — Des *eaux transparentes* sont des eaux à travers lesquelles on peut voir les objets. — Une *lande sauvage* est une grande étendue de terre inculte et stérile où les hommes ne séjournent ou ne passent presque jamais. — La *bienvenue* est le plaisir exprimé que procure l'arrivée de quelqu'un. — Un *chevalier* était, au moyen âge, un guerrier d'origine noble qui faisait partie d'une confrérie militaire dont les membres s'engageaient à protéger les faibles et à combattre les oppresseurs. — Le *moyen âge* est, au point de vue historique, le temps écoulé entre l'invasion des Barbares au cinquième siècle et la prise de Constantinople par les Turcs en 1453. — Un *coin poétique* est un petit espace de terrain dont l'aspect est propre à charmer les regards. — Le *tulle* est un tissu très clair, très mince et très léger. — Un *artiste consommé* est un artiste dont les œuvres ne laissent, pour ainsi dire, rien à désirer.

Composition. — *Le départ d'une flottille de pêcheurs. — Femmes, mères, enfants y assistent; leurs espérances, leurs craintes.*

Sommaire. — Quelques mots sur l'aspect de la mer. — Décrire les barques qui se garnissent de pêcheurs; on déploie les voiles; le vent s'élève. — Les adieux. — Peu à peu la flottille s'éloigne; — elle disparaît. — Ce qu'elle va faire en pleine mer. — Quand reviendra-t-elle? — Qu'apportera-t-elle? — Ce poisson, c'est la ressource des familles... — Que peut-il survenir en mer? — Rappeler le souvenir de malheurs semblables. — Qui se trouble et s'attriste à de telles pensées? — Il faut espérer.

Industrie. — *Décrire le costume d'une jeune fille de la campagne si l'on est élève d'une école de ville; — d'une jeune fille de la ville si l'on est de la campagne. — En nommer les différentes parties et ce qui mérite de fixer l'attention.* — (Voir page 198, Partie du maître, Cours de composition française (*Degré supérieur*), par E. Laporte.)

Qu'est-ce que le velours? — Le *velours* est une étoffe de soie ou de coton à poil court et serré. On en fabrique encore avec de la laine; il est alors à longs poils et l'on s'en sert dans la fabrication des meubles. Le centre principal de la fabrication des velours en France est Amiens.

Géographie. — *Qu'entend-on par le midi de la France? — Quelles provinces comprend cette région? — Quelles montagnes, quels cours d'eau y remarque-t-on? — Que savez-vous d'Arles, d'Aix, de Marseille, de Toulouse, de Montauban, de Pau, de Bordeaux? — Quels produits sont particuliers au Midi?*

Le *Midi* est cette région de la France qui comprend le bassin de la Garonne, de l'Adour, du Têt, de l'Aude, de l'Hérault, du Gard et de la Durance, y compris le littoral de la Méditerranée. Les Pyrénées la séparent de l'Espagne.

La Gascogne, la Guyenne, le Béarn, le comté de Foix, le Roussillon, la partie méridionale du Languedoc, le comtat d'Avignon, la Provence et le comté de Nice sont les provinces du midi de la France.

Les monts d'Auvergne et les Cévennes le couvrent au nord, les Pyrénées au sud et les Alpes à l'est. Il est arrosé par la Garonne qui reçoit l'Ariège, le Tarn, le Lot, la Dordogne grossie de l'Isle, enfin le Gers, puis par l'Adour, le Têt, l'Aude, l'Hérault, le Gard, le Rhône grossi de la Durance, l'Agout et le Var.

C'est une région fertile, pittoresque, habitée par une race intelligente, vive, entreprenante, apte au commerce et aux œuvres d'art. On y parle, avec le français, une langue particulière qui a beaucoup de rapport avec l'espagnol et l'italien; ce fut autrefois celle des troubadours.

Arles (24,000 hab.), la première colonie fondée dans les Gaules par les Romains; elle en fut la capitale vers la fin de l'empire, puis celle du royaume de Provence en 855. Belles ruines romaines; remarquable musée. Les Arlésiennes sont renommées pour leur beauté.

Aix (29,000 hab.), fondée par les Romains, qui en appréciaient les eaux thermales; ville savante, ancienne capitale de la Provence; entrepôt des denrées de la région.

Marseille (320,000 hab.), la plus grande ville du Midi, fondée il y a vingt-six siècles par les Phocéens, possède un excellent port considérablement agrandi depuis 1852. C'est un centre industriel pour la fabrication du savon, les raffineries de sucre, et un entrepôt pour les denrées de l'Asie et de l'Afrique, les salaisons, les huiles, les vins d'Algérie et d'Espagne. Son port reçoit de 17,000 à 18,000 navires par an et son commerce roule sur un chiffre de près de deux milliards. Un canal y amène les eaux de la Durance.

Toulouse (125,000 hab.), l'une des villes les plus anciennes de la Gaule et l'ancienne capitale du royaume des Wisigoths, est la sixième ville de France par sa population. Entrepôt de toutes les denrées de la plaine garonnaise, cette ville est très commerçante; son plus bel édifice est l'église Saint-Sernin.

Montauban (26,000 hab.) se présente majestueusement sur la rive du Tarn, qu'on traverse sur l'un des plus beaux ponts de France bâti au quatorzième siècle. Elle possède d'importantes manufactures de toile à bluter, de laines communes et d'étoffes diverses, des moulins, des tanneries, des fabriques de faïence. Riche bibliothèque et musée remarquable. Cette ville a joué un rôle important à l'époque des guerres de religion.

Pau (28,000 hab.) s'élève sur le bord d'une terrasse d'où l'on contemple le magnifique horizon des Pyrénées; le climat y est favorable aux maladies de poitrine. On y remarque un beau château historique où naquit Henri IV.

Bordeaux (195,000 hab.), sur la rive gauche de la Garonne qu'on y traverse sur deux ponts de plus de 500 mètres de longueur. Peu de cités présentent un aspect plus grandiose : c'était, sous les Gaulois et sous les Romains, une ville considérable, centre de commerce, siège d'académies et rendez-vous d'orateurs. On y remarque un port fréquenté d'où partent les paquebots transatlantiques à destination du Sénégal et de l'Amérique du Sud. Bordeaux possède de beaux édifices religieux, un théâtre monumental et de superbes promenades. Les vins de la région dont cette ville est le centre, sont célèbres dans le monde entier, et l'on en exporte annuellement de 1,100,000 à 1,200,000 hectolitres.

Qu'est-ce que la Franche-Comté, la Bourgogne? — Énumérez leurs cours d'eau, montagnes et villes principales; productions, grands hommes.

Franche-Comté. — La Franche-Comté est une des provinces orientales de la France limitrophe de la Suisse. Les ramifications du Jura la couvrent de leurs vallées pittoresques; la Saône, le Doubs et l'Ain l'arrosent. Elle a pour villes principales : Besançon, Montbéliard, Pontarlier, Salins, Dôle, Lons-le-Saunier, Vesoul, Gray, Lure, Fougerolles. Elle a donné naissance au cardinal Granvelle, ministre de Charles-Quint, à Victor Hugo, à Cuvier, à Rouget de Lisle, à Pichegru, à Lecourbe.

La Franche-Comté produit d'excellents pâturages où l'on élève beaucoup de bétail et où l'on fabrique des fromages. Les salines de Lons-le-Saunier et de Salins sont célèbres. Elle donne des fruits, des vins estimés, et l'industrie métallurgique et forestière y est fort active.

Bourgogne. — La Bourgogne a pour limites la Champagne, la Franche-Comté, la Suisse, la Savoie, le Dauphiné, le Lyonnais, le Bourbonnais et le Nivernais.

Traversée par le plateau de Langres, les monts du Morvan, les collines de la Côte-d'Or et les monts du Charolais, elle est arrosée par la Seine et son affluent l'Yonne, par la Saône, le Doubs et l'Ain, dont les eaux se rendent dans le Rhône.

Les villes principales de la Bourgogne sont : Auxerre, Avallon, Dijon, Autun, Châtillon-sur-Seine, Semur, Beaune, Nuits, Chalon, Mâcon, le Creusot, Cluny, Louhans, Charolles, Bourg, Trévoux, Belley. N'oublions pas Alise-Sainte-Reine, l'antique Alésia.

La Bourgogne produit des céréales, des vins excellents, des bois, du maïs, du houblon, des fruits. Elle possède de riches mines de houille au Creusot et dans les environs ainsi que des terrains riches en minerais de fer. On y trouve les forges si renommées du Creusot et de Châtillon, des fabriques d'étoffes, des tuileries, des manufactures de cristaux.

Peu de provinces ont donné le jour à autant de grands hommes: saint Bernard, Bossuet, Crébillon, Rameau, Vaugelas, Buffon, Lalande, Monge, Lamartine, Lacordaire, Edgar Quinet, parmi les orateurs, les littérateurs et les savants; — Vauban, Carnot, Davout, Habert, Junot, Marmont, Joubert, Mac-Mahon, Changarnier, Vaillant, parmi les hommes de guerre; — Soufflot, Rude, Jouffroy, Greuze, Prud'hon, parmi les artistes.

87. — Les fraises du bois joli. (*Élève*, p. 183.)

Mme Richard portait au bras un panier; Suzette un autre plus petit, Marthe, un troisième; et M. Pascal ne portait rien du tout. Il marchait, le nez au vent, les mains dans les poches, comme il appartient aux messieurs quand ils accompagnent les dames au marché.

Fontaine des Innocents, à Paris.

Car on allait au marché; Mme Richard, ayant à renouveler ses provisions, avait voulu donner à Suzette le spectacle des grandes Halles au matin.

C'était à peine l'aube; la lune s'effaçait. On arrivait par la rue Saint-Denis, quand apparut, dans un petit square*, la Fontaine des Innocents, cette merveille d'architecture et de sculpture.

A la pâle lueur du gaz, elle se dessinait en silhouette* si élégante que toute la troupe en fut frappée.

Les visages des belles nymphes*, éclairés d'en bas, semblaient voilés d'une grâce mystérieuse; entre les élégantes colonnes elles tenaient poétiquement leurs urnes ; de la vasque* du milieu, l'eau coulait avec un clapotement doux et musical.

On s'approcha, on fit le tour du monument.

De l'autre côté, adossé au rebord du bassin, il y avait un autre personnage, mais, celui-là, en chair et en os. C'était une bonne grosse mère au visage rubicond enveloppé d'une marmotte jaune à carreaux. La tête appuyée sur sa main, elle ronflait doucement entre des paniers couverts de larges feuilles vertes et d'où montait un parfum suave.

— Des fraises! s'écria Pascal.

Et le voilà, au même instant, qui se met à entonner :

Quand de juin s'éveille le mois,
Allez voir les fraises des bois
Qui rougissent dans la verdure,
Plus rouges que le vif corail,
Balançant comme un éventail
Leur feuille à triple découpure.

Qui veut des fraises du bois joli?
En voici,
En voici mon panier tout rempli
Des fraises du bois joli!

Questionnaire. — Comment se rendit-on au marché? — Que faisait Pascal? — Pourquoi Mme Richard allait-elle aux Halles? — Décrivez la Fontaine des Innocents. — Qui était adossée au bassin? — Que faisait-elle et quels objets l'entouraient? — Récitez le premier couplet de la chanson de Pascal.

DÉVELOPPEMENT DES SUJETS PROPOSÉS POUR EXERCICES.

Sciences naturelles. — *Qu'est-ce que les fraises? — Variétés de fraises : ce qui les distingue. — Comment plante-t-on, cultive-t-on, soigne-t-on les fraises? — A combien peut-on évaluer le produit annuel d'un are de fraises et la dépense qu'il occasionne?*

La *fraise* est un fruit sucré et parfumé, de couleur rouge le plus souvent, qui croît spontanément dans les bois et que l'on cultive dans les jardins. Il y en a diverses variétés : la *fraise de tous les mois*, qui donne ses produits pendant la plus grande partie de l'année; la *fraise des bois*, petite et très parfumée; la *fraise musquée*; les *caperons* aux fruits volumineux et abondants.

On plante les fraises sur un sol sain, légèrement fumé, par des rejetons qu'on recueille sur les filets qui se détachent de la plante au cours de sa végétation. On bine, on arrose fréquemment et l'on entoure les pieds de paille afin que la terre ne souille pas les fruits lorsqu'il pleut.

(Pour ce qui concerne la seconde partie de la question, il faudra demander des renseignements à un jardinier de la localité, car les prix demandés varient selon les conditions et les facilités de la vente.)

Le Corail. — *Donnez une idée du corail. — Comment le recueille-t-on? — Emplois du corail.*

Le *corail* est le résultat du travail de certains êtres inférieurs de la mer qui tiennent le milieu entre l'animal et la plante; il se présente avec l'apparence d'une sorte de petit arbre à rameaux formés d'une matière rouge, dure et susceptible d'un beau poli, fixée au fond de la mer, et qu'on recueille avec des instruments munis de crochets. Le corail est employé dans la bijouterie pour confectionner des colliers, des pendants d'oreilles, des bracelets, des chapelets, etc.

Économie domestique. — *Qu'est-ce qu'une halle pour marché? — Quels sont les meilleurs moments pour y acheter à bon compte, et pourquoi? — Comment achète-t-on? — Quels avantages présentent les marchés et les halles?*

Une *halle pour marché* est une vaste construction, une sorte de hangar aux parois à claire-voie pour la libre circulation de l'air, que l'on construit ordinairement en pierres de taille, en briques et en fer. On y amène des denrées de toute sorte; les marchands s'y installent en des endroits déterminés et y vendent leurs produits aux habitants du quartier ou de la ville.

Comme nombre de marchands ne doivent occuper la place qui leur est concédée que pendant un temps déterminé, le moment le plus favorable pour acheter à bon compte ce qu'ils apportent, est celui qui précède l'heure à laquelle ils devront céder leur installation à d'autres. En effet, ils ont intérêt à se débarrasser de leurs denrées lorsqu'elles ne peuvent se conserver, et ils sont disposés à faire des concessions quand ils s'aperçoivent que le signal de leur départ va être donné.

Pour acheter aux halles en de bonnes conditions, on conseille de circuler posément le long des étaux des marchands afin de se rendre compte de la qualité de leurs produits et des prix qu'on réclame, sans se laisser troubler par les propositions et les offres de service des intéressés. Une fois le choix arrêté, on demande les denrées et l'on s'informe du prix; s'il ne paraît pas exagéré, on conclut l'affaire et l'on part sans plus tarder.

Les halles et les marchés présentent de grands avantages, car on y trouve réunies, sous la main pour ainsi dire, les provisions nécessaires à la cuisine du ménage; il n'est pas alors besoin d'entreprendre de longues courses pour se les procurer, et leur quantité permet de faire un choix correspondant à la somme dont on peut disposer. Les habitants des villes seraient on ne peut plus embarrassés et fatigués s'il leur fallait se rendre successivement chez les producteurs ou chez divers marchands afin de se munir des choses variées qu'exige la préparation d'un repas.

88. — En voici! (*Élève*, p. 184.)

A cette musique, la paysanne s'était réveillée et souriait au couplet.

— Eh bien! dit-elle en se soulevant, en voulez-vous, des fraises du bois joli?

— Oui, dit Pascal.

— Bon ! mais si vous aimez les fraises, moi, j'aime les chansons. Chantez d'abord un autre couplet.

Sans se faire prier davantage, comme on s'en doute bien, l'ami Pascal entonna de nouveau :

La fontaine des Innocents
Voit, la nuit, parmi les passants,
Dormir plus d'une paysanne
A qui son bras sert d'oreiller ;
La lune garde son panier,
La lune blonde et diaphane.

Qui veut des fraises du bois joli ?
En voici,
En voici mon panier tout rempli
Des fraises du bois joli !

Et vraiment cette mère aux fraises aimait la musique, car, le morceau fini, elle demanda :

— Qui est-ce qui a fait cette belle chanson ?

— C'est, dit Pascal, un beau chansonnier, Pierre Dupont.

— Bon ! il faut croire que ce Pierre Dupont m'a vue dans son temps, car voilà bien vingt-cinq ans que chaque printemps nous ramène au bord de la fontaine, moi et mes paniers.

Fraises.
Les fraises, fruits du fraisier, constituent un excellent dessert ; les confitures de fraises sont très appréciées.

Elle se leva et sur une large feuille offrit bonnement deux poignées du joli fruit. Les fraises sont un délice ; et le hasard qui tendait si poétiquement celles-ci, au pied de la belle fontaine, au murmure perlé * de l'eau, ajoutait à leur saveur.

La compagnie était ravie. La paysanne regardait ses gens se régaler, toute ronde, les mains dans les grandes poches de son tablier, en femme à qui ces poches-là permettaient quelque fantaisie.

Mme Richard voulut lui payer la friandise.

— Laissez donc! La chanson a bien un autre couplet, hein?

Mais Pascal, pour la première fois de sa vie peut-être, n'eut pas la mémoire présente. Et comme, malgré cela, la marchande refusait l'argent, la tante, pour ne pas être en reste, fit l'emplette d'un petit panier de fraises.

Et au revoir, la brave mère et la belle fontaine!

Questionnaire. — Quel dialogue s'engagea entre la marchande réveillée et Pascal? — Récitez le second couplet de la chanson des fraises. — Que demanda la marchande? — Que dit-elle au sujet de Pierre Dupont? — Qu'offrit-elle au jeune chanteur? — Comment la brave femme regardait-elle Pascal et les autres manger ses fraises? — Que répondit-elle à Mme Richard qui voulait payer? — Qui fut en défaut cette fois? — Quel achat fit Mme Richard?

DÉVELOPPEMENT DES SUJETS PROPOSÉS POUR EXERCICES.

Morale. — *Qu'est-ce que la musique? — Quels effets produit la bonne musique? — Qu'est-ce qu'une chanson? — Quels sujets de chansons conviennent aux jeunes filles? — Que doit-on faire lorsqu'on entend chanter une chanson peu convenable? — Écrivez la chanson que vous aimez le mieux.*

La *musique* est l'art de combiner les sons d'une manière agréable à l'oreille. Elle développe les deux organes de l'ouïe et de la parole; elle adoucit les caractères, elle civilise les natures les plus rebelles, elle allège la fatigue des travailleurs et leur ménage des plaisirs innocents à la place d'amusements souvent grossiers et ruineux. C'est le charme des réunions de jeunes filles.

Une *chanson* est une pièce de vers qu'on chante sur quelque air, et dont les stances se nomment couplets.

Les sujets de chansons que doivent préférer les jeunes filles se rapportent aux devoirs, aux plaisirs, aux souffrances de la vie de famille ou de l'école, aux fleurs, aux oiseaux, aux êtres et aux objets qui participent à nos travaux ou en sont l'objet. Il y en aura encore de gaies, de malicieuses pour ridiculiser les travers, les prétentions, les défauts; mais toutes seront écrites avec la délicatesse et la réserve que commandent l'âge et le sexe de celles à qui elles s'adressent.

Lorsqu'une jeune fille entend chanter une chanson peu convenable, elle doit se retirer sans affectation, et, si elle ne le peut, prier une grande personne de rappeler au chanteur qu'il y a une jeune fille dans la société réunie pour l'écouter.

Horticulture. — *Où la ménagère peut-elle planter des fraises dans son jardin? — Quelles variétés choisira-t-elle, et pourquoi? — Qu'est-ce que les filets des fraisiers? — Qu'en fera-t-on?*

La ménagère qui peut disposer d'un petit jardin, plantera des pieds de fraises le long des bordures; ainsi ces fruits mûriront parfaitement et emploieront un terrain le plus souvent sans usage. Elle choisira des variétés robustes et d'un bon produit, comme la fraise des quatre saisons et le caperon rouge.

De chaque pied de fraisier, il se détache, dès la fin de mai, des filaments qui croissent avec rapidité, courent sur le sol et s'y fixent en différents points par des racines qui prennent naissance sous une touffe de feuilles. Cette touffe est un nouveau pied de fraisier qu'on a avantage à transplanter quand il a pris une croissance suffisante : ainsi on aura des fruits dès l'année suivante.

Économie domestique. — *Prix d'un demi-kilogramme de fraises des bois, de caperons, de fraises de jardin. — Comment se mangent les fraises? — Comment fait-on des confitures de fraises? — A combien peut revenir le demi-kilogramme de confitures de fraises? Faites-en la note détaillée. — Manière de mettre ces confitures en pots.*

(Pour les prix demandés, les élèves consulteront leurs mères sur le prix des diverses sortes de fraises au dernier marché.)

Les fraises et les framboises bien mûres, mâchées avec soin, sont facilement digérées, surtout lorsqu'elles sont assaisonnées avec du sucre, du vin, etc. Quelques personnes les mangent avec de la crème.

Confitures de fraises. — Faites cuire un kilogramme de sucre; il est suffisamment cuit quand, en trempant le doigt dans l'eau fraîche, puis dans le sucre qu'on fait refroidir dans la même eau, on en forme une boulette qui se casse sous la dent et s'y attache. Jetez-y un kilogramme de fraises épluchées; faites-leur faire trois bouillons couverts et mettez-les dans les pots en ayant soin d'appliquer d'abord, sur la surface des confitures, un rond de papier imbibé d'eau-de-vie, puis de les recouvrir d'un fort papier qu'on ficellera de façon à intercepter le passage de l'air. On les rangera dans un lieu sec et d'une température égale.

89. — Le pays de Gargantua*. (*Élève*, p. 186.)

A cent pas de là, on tomba en plein pays de Gargantua *, à la veille de quelque gigantesque banquet.

Ce pays se partageait en diverses provinces : province des viandes, province des volailles, province des légumes, des fruits, des fleurs. Et chacune formait un spacieux et élégant pavillon de fer largement vitré, plein d'air et de lumière.

Des monceaux de poulets, de poulardes, d'innombrables quartiers de bœuf, de mouton, de porc, des poissons à croire qu'on avait mis à sec une bonne partie de la mer, des parcs* entiers d'huîtres, des bancs de harengs, des tas blancs et roses de raies, de maquereaux, de turbots *, de soles, de saumons* aux écailles d'argent, de congres* enroulés comme des serpents énormes avec leurs gros yeux noirs si brillants qu'ils ont l'air d'être en vie ! Et des fouillis de crevettes* roses, grises, de homards agitant leurs pinces, de toutes sortes de coquillages aux mille couleurs !

Dans de gros paniers couverts de linge, le beurre de Normandie et de Bretagne; et les fromages de toute provenance en caisses innombrables.

Dans des caisses aussi, des œufs par millions.

Autour de tout cela, des gens se pressent, se poussent, dans un incroyable brouhaha.

— Ils se disputent! ils vont se battre, ma tante! s'écria Suzette, mi-riante, mi-inquiète.

Les Halles centrales, à Paris.

— Ah! que nenni! ma nièce, ils ne se battront pas! C'est la vente à la criée qui commence. Et ces braillards sont les meilleurs amis du monde: des marchands venus de tous les quartiers de Paris, acheter à bon marché pour nous revendre cher, à nous!

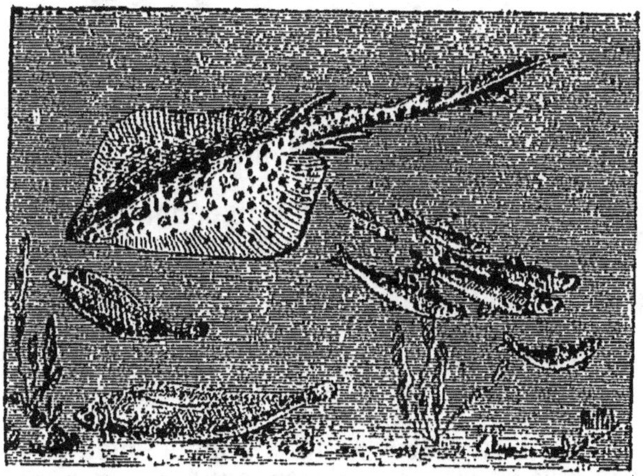

Harengs, raie et soles.

En fait de marché, le ton de la ménagère, qui sait ce qu'il en coûte de manger, devient agressif; elle ne se gêne pas pour traiter en ennemis ses fournisseurs. Mme Richard, continuant de parler sur ce ton, marchait fièrement, son panier devant elle comme un bouclier. On voyait bien que, l'heure venue d'emplir ce panier, elle ne se montrerait pas d'humeur badine et que les marchands n'auraient qu'à se bien tenir. Mais soudain des odeurs délicieuses vinrent la distraire.

Homard.

Le homard est une énorme écrevisse de mer qui atteint jusqu'à 50 centimètres de long; on le confond souvent avec la langouste, dont il diffère par ses deux premières pattes qui sont énormes et en forme de pinces. La chair du homard est extrêmement nourrissante, bien qu'un peu lourde, et très recherchée.

Questionnaire. — Où tomba-t-on à cent pas de là? — Quelles sont les divisions des provisions aux Halles? — Que voyait-on : 1° en fait de viande; — 2° en fait de poissons; — 3° en fait de crustacés (homards, crevettes)? — Que contenaient de gros paniers; — des caisses? — Que dit Suzette en voyant commencer la vente à la criée? — Que sont ces acheteurs? — Pourquoi la ménagère devient-elle peu commode au marché? — Comment Mme Richard se préparait-elle à faire ses achats?

DÉVELOPPEMENT DES SUJETS PROPOSÉS POUR EXERCICES.

Géographie. — LA MER. — *Son étendue, nature de ses eaux, leurs mouvements. — Rivages de la mer : plages, falaises, dunes, rochers, galets. — Profondeurs de la mer. — Ses productions végétales.*

La *mer* est cette immense étendue d'eau salée qui recouvre les trois quarts du globe; elle contient en moyenne 35 millièmes de sel, ce qui lui donne une saveur amère et la rend impropre à étancher la soif; cette circonstance augmente aussi la densité de ses eaux, dont le poids surpasse de 28 kilogrammes celui d'un mètre cube d'eau douce, à volume égal. On a calculé que le sel dissous dans la mer formerait, en se déposant au fond, une couche de 70 mètres d'épaisseur moyenne.

Les eaux de la mer sont d'une merveilleuse couleur bleue dans la Méditerranée et les régions tropicales de l'Atlantique ainsi que de la mer du Sud. Ailleurs, et surtout dans les mers peu profondes, leur teinte est vert clair.

Ces eaux ont des mouvements particuliers connus sous le nom de *marées*. Deux fois par vingt-quatre heures, et attirées tour à tour par le soleil et la lune, elles s'élèvent pendant six heures et descendent pendant le même espace de temps. Deux fois par jour alors, elles envahissent les plages et l'on voit des navires et des bateaux voguer à pleines voiles au-dessus du sentier où circulait le piéton peu auparavant. Dans la baie du mont Saint-Michel, en Bretagne, la différence de hauteur entre la marée basse et la marée haute est de 14 à 15 mètres; dans la baie de Fundy, en Amérique, elle mesure jusqu'à 21 mètres; par contre, elle atteint à moins d'un mètre dans les mers fermées, telles que la Méditerranée.

Une *plage* est un rivage plat et découvert; — une *falaise* se présente, sur le bord de la mer, comme un mur coupé à pic dans le sol de la terre ferme; les falaises de Normandie se dressent jusqu'à cent mètres de hauteur; — les *dunes* sont des collines formées par l'accumulation du sable sous l'influence des vents du large; — les *rochers* sont d'énormes masses de pierre qu'on remarque le plus souvent près des rivages; — enfin, on entend par *galets* des cailloux roulés sur les plages ou au pied des falaises.

Le fond de la mer présente les mêmes irrégularités que la surface du continent; il a des vallées plus ou moins profondes, des collines et de hautes montagnes. La profondeur du Pas-de-Calais varie de 3 à 60 mètres; celle de la Manche ne dépasse pas 220 mètres; mais au sortir de cette mer, à 50 ou 90 kilomètres des côtes, commencent de véritables abîmes; la profondeur moyenne de l'Atlantique entre l'Europe et les États-Unis est de 3,500 mètres; elle atteint à 5,000 mètres à l'est du banc de Terre-Neuve, où elle diminue jusqu'à se réduire à 7 mètres en un certain point. Celle de la Méditerranée va jusqu'à 3,000 mètres.

La mer renferme une multitude de plantes; dans les eaux du Nord, les fucus forment de gigantesques forêts, et les varechs s'accumulent en prairies immenses à la surface des mers équatoriales. Le fond de l'océan Indien présente des massifs d'arbustes dont le brillant coloris défie toute description; le vert le plus frais alterne avec le brun ou le jaune, des nuances de pourpre se fondent avec le rouge, le brun pâle et le bleu foncé, et des milliers de poissons et de coquillages aux couleurs éclatantes jettent leurs reflets parmi ces merveilles végétales.

Sciences naturelles. — Les Poissons. — *Qu'est-ce qui est particulier à ces animaux? — La vessie natatoire. — Les principales variétés de poissons.*

Les *poissons* sont des animaux destinés à vivre sous l'eau; leur sang est froid comme celui des reptiles; leur peau, nue et couverte d'écailles; ils se reproduisent au moyen d'œufs; enfin, leurs membres ont la forme de nageoires.

La vie de ces animaux se passe presque entièrement à pourvoir à leur subsistance et à fuir leurs ennemis; leurs facultés sont des plus bornées; on ne leur connaît aucune industrie, aucun instinct remarquable.

Le corps des poissons contient une vessie, dite *natatoire*, qu'ils gonflent ou dépriment à volonté, ce qui leur permet de monter ou de descendre dans l'eau lorsqu'ils en sentent le besoin.

Il y a deux grandes variétés de poissons: les poissons d'*eau douce* et les poissons d'*eau de mer*. Quelques espèces, comme les saumons, vivent dans l'un et l'autre de ces éléments.

Harengs. — *Ce qu'ils sont; leur multiplication; mers où ils se multiplient. — Quelques mots sur la pêche des harengs. — Manières de conserver ces poissons. — Décrire la raie, la sole, les homards.*

Le *hareng* est un poisson de mer de $0^{m},20$ à $0^{m},30$ de longueur dont la chair est comestible. Il se multiplie avec une extrême facilité et forme dans la mer des légions innombrables qui, des régions septentrionales, descendent dans les pays tempérés; mais après être arrivés sur les côtes de la Baltique, de la mer du Nord et de la Manche, on les voit reprendre la route du Nord pour passer l'hiver sous les glaces du pôle. Ils forment de vastes bancs serrés qui couvrent la surface de l'eau dans une étendue de 15 à 20 kilomètres, et qui ont plus de cent mètres d'épaisseur.

Les sardines, les maquereaux, les thons et les anchois sont aussi des poissons de passage qui visitent chaque année nos côtes et y donnent lieu à des pêches importantes.

Les harengs se pêchent avec d'immenses filets que relèvent les équipages des navires affectés à cette opération; alors on vide les poissons et, séance tenante, on les dépose dans des barils en alternant une couche de sel et une couche de harengs. On les fume encore, et ils prennent sous cet état le nom de harengs saurs.

La *raie* est un poisson plat de forme ovale, ayant de $0^m,25$ à $0^m,30$ de diamètre, qui fournit une chair blanche et délicate. La *sole* est également un poisson plat, mais de forme plus allongée que la raie; on le recherche encore davantage; quant aux *homards*, ce sont d'énormes crustacés qui ressemblent aux écrevisses et dont la chair fort estimée, quoique indigeste, paraît sur les meilleures tables.

Économie domestique. — *Manières de préparer en général les poissons. — Comment prépare-t-on les poissons de rivière pour les manger? — Comment prépare-t-on et sert-on une raie au beurre noir, une sole au gratin, un homard? — Indiquer le prix de chacun de ces poissons au dernier marché.*

On prépare en général le poisson frit, rôti, bouilli, fumé, en salade, à la sauce, confit à l'huile ou au sel, au court-bouillon, etc.

On sert les poissons de rivière de préférence à la *matelote*, en *friture*, à l'*étuvée*, au *court-bouillon*, aux *fines herbes*, en *salade*.

Raie au beurre noir. — Videz-la, ôtez la tête et la queue ainsi que l'amer du foie; ébarbez-la et lavez à plusieurs eaux; mettez-la dans un chaudron ou une casserole avec de l'eau froide suffisamment pour qu'elle baigne, du thym, du laurier, des oignons, des carottes, du persil en branches, du poivre, du girofle, du sel et un demi-verre de vinaigre : couvrez d'un couvercle. Retirez-la du feu après quelques bouillons et la gardez au bord du fourneau. Au moment de la servir, tirez-la de l'eau; appropriez-la en supprimant la peau noire qui est dessus, à l'aide du dos d'un couteau. Égouttez-la, dressez-la sur le plat et versez-y la sauce.

Pour préparer le beurre noir, assaisonnez de sel et de poivre; faites fondre dans la poêle un morceau de beurre jusqu'à ce qu'il soit brun; faites-y frire du persil, et versez le tout sur la raie : faites ensuite chauffer dans votre poêle une cuillerée de vinaigre que vous versez aussi sur le plat : servez très chaud.

Sole au gratin. — Videz, enlevez la peau du dos, écaillez la peau blanche et essuyez. Répandez alors sur une tourtière ou sur un plat qui aille au feu, du beurre, du persil, de la ciboule ou échalote, des champignons, le tout haché et saupoudré de sel et de poivre blanc. Couvrez le poisson du même assaisonnement et de beurre, plus de chapelure blonde; ajoutez de bon vin blanc ou un peu d'eau-de-vie et de bon bouillon non coloré. Mettez cuire, avec du feu dessus et dessous, pour mieux faire réduire au point de gratiner.

Homard. — Reployez la queue et attachez-la contre le corps. Faites-le cuire sur un bon feu pendant 15 à 30 minutes et dans un court-bouillon. Étant refroidi dans sa cuisson, égouttez-le, frottez-le d'un peu de beurre ou d'huile pour lui donner belle couleur; cassez-lui les pattes, fendez et ouvrez le corps dans toute sa longueur, sur le milieu du dos, et servez froid sur une serviette, les grosses pattes autour, et une rémoulade dans une saucière.

90. — Fleurs et verdures. (*Élève*, p. 188.)

— Suzette, regarde! dit-elle.

C'était un enchantement : des gardénias, des azalées, des camélias, des tubéreuses, des glaïeuls, du mimosa, de l'oranger, des anémones, des roses, des bégonias venus des pays du soleil ; puis les fleurs plus connues des gens de Fragicourt: la giroflée, la pervenche, la primevère, la jacinthe, le narcisse, le muguet des bois. Et tout cela par énormes hottées, par charretées !

— Quelle splendeur! dit Suzette ravie.

— Et si tu crois voir ici le dessus du panier, dit Mme Richard, détrompe-toi; les plus jolies fleurs s'en vont directement des serres et des jardins de Nice aux grands fleuristes de Paris, chez qui il faut voir ces merveilles et le prix qu'elles coûtent. Les Parisiens sont fous de fleurs. Ils en remplissent leurs salons, leurs fêtes et leurs tombes. Ils payent vingt, trente francs un tout petit bouquet de mariée et cinquante, deux cents, trois cents une couronne funéraire *. Ce sont des femmes, des ouvrières qui montent les fleurs naturelles et composent les bouquets, les couronnes. Il n'y a pas de travail plus joli. Il y faut un goût délicat, et ce goût n'est pas donné à tout le monde ; aussi paye-t-on ces ouvrières assez largement.

Ce sont des femmes, des ouvrières qui montent les fleurs naturelles et composent les bouquets et les couronnes.

Tout en causant de ce bon et gracieux métier féminin, et en regardant ces magnificences fleuries, dont heureusement la vue et le parfum ne coûtaient rien, on atteignit le pavillon des légumes.

Ah! les réjouissantes montagnes de radis, d'asperges, de petits pois, de carottes, de choux! tout cela frais comme l'œil, et se prolongeant jusqu'au dehors, où s'alignait une procession de chariots de verdure!

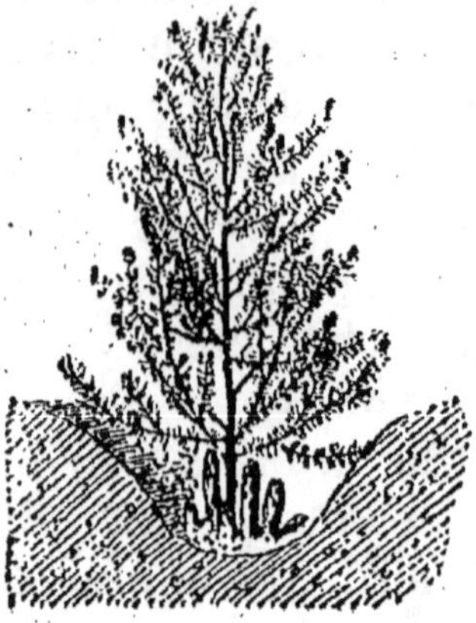

Asperge.

C'est une plante potagère dont les jeunes pousses, cuites dans l'eau bouillante, sont mangées soit à l'huile, soit à la sauce blanche.

Là, à droite, qu'est-ce que c'est? C'est du cresson, du cresson de fontaine, « la santé du corps », comme crient dans les rues les marchands des quatre saisons*. Il est venu en chemin de fer de lointaines cressonnières. Quelle provision!

— De quoi garnir les plats de rôti pour quelques semaines au moins, dit Suzette.

— Pour quelques semaines! répondit la tante; c'est simplement la ration d'un jour, comme toute l'abondance que tu viens de voir. Et que de gens encore ne déjeuneront pas ce matin, ou se coucheront ce soir sans dîner! Paris, cette mère Gigogne, a plus de deux millions d'enfants à nourrir. Et, en réalité, malgré cette apparence magnifique des Halles, les vivres y sont rares, puisqu'ils y sont chers.

Ce dernier mot sonna plus haut que les autres.

Pois.

Les pois, qu'on mange généralement à l'état de primeur et qu'on nomme alors *petits pois*, sont cuits le plus souvent dans du beurre. On en fait, aussi bien que des asperges et des haricots verts, des conserves qui sont une précieuse ressource en hiver.

* **Questionnaire.** — Nommez les fleurs que Suzette admirait sur le carreau des Halles et aux étaux. — Où vont les plus jolies fleurs envoyées de Nice et d'ailleurs? — Qu'en font les riches Parisiennes? — Que payent-elles les beaux bouquets? — Qui compose ces bouquets élégants? — Qu'est-ce qui se

présentait aux regards dans le pavillon des légumes? — Donnez quelques détails sur le cresson. — Quelle réflexion fit Suzette sur l'abondance de ces provisions? — Que répondit la tante? — Que savez-vous des asperges et des petits pois?

DÉVELOPPEMENT DES SUJETS PROPOSÉS POUR EXERCICES.

Composition. — *Décrire soit le marché du pays que vous habitez, soit celui d'une localité voisine où vous vous êtes rendue. — Prendre pour modèle la description des Halles, telle que vous venez de la lire.*

(Voir encore la *Description d'un marché*, COURS DE COMPOSITION FRANÇAISE (*Degré supérieur*), par E. LAPORTE, page 315, Partie du maître.)

Horticulture. — LES LÉGUMES. — *Ce qu'on entend par légumes. — Citer les principaux. — Décrire un radis rose, un radis noir, une tige de pois, un pied de cresson. — Où cultive-t-on celui-ci? — Quand les récolte-t-on?*

On donne le nom de *légumes* d'abord à certaines graines qui viennent dans des gousses, comme les pois et les fèves, puis à toute sorte d'herbes potagères, de plantes et de racines bonnes à manger.

Les principaux légumes sont : 1° les *pois*, les *haricots*, les *fèves*, les *asperges*, les *artichauts*; — 2° les *choux*, les *choux-fleurs*, les *épinards*, l'*oseille*, le *persil*, le *cerfeuil*; — 3° le *cresson*, la *laitue*, la *romaine*, le *céleri*, la *chicorée*, la *mâche*, le *pissenlit*, désignés sous le nom général de salades; — 4° l'*ail*, l'*échalote*, la *ciboule*, le *poireau*, la *carotte*, le *navet*, l'*oignon*, la *tomate*, le *panais*, les *radis*.

Les *radis* sont des plantes racines de saveur forte qu'on mange crues et assaisonnées avec du sel. La variété appelée radis rose a de très petites dimensions et se cultive sur couche; elle est ainsi nommée en raison de la couleur de sa partie comestible. Les radis noirs ont de 10 à 15 centimètres de longueur; leur racine est allongée, et on peut les cultiver en pleine terre dans un sol bien fumé.

Un *pied de pois* donne naissance à une tige mince qui atteint des dimensions considérables en hauteur, à ce point qu'on est obligé de la soutenir avec des rames. Elle porte des feuilles, et il naît à l'aisselle de la plupart de ces feuilles des fleurs blanches d'où proviennent les gousses qui renferment les pois.

Le *cresson* est une plante herbacée à feuilles rondes supportées par des rameaux verts qui sortent d'un même pied. Cette plante croît dans l'eau et principalement au bord des ruisseaux et des sources.

On récolte les radis roses à partir du mois de mars et jusqu'à la mauvaise saison; les radis noirs, à partir de juillet ou d'août; le cresson, pendant toute l'année.

Économie domestique. — *Établir, d'après les prix du dernier marché, une facture qui mentionnera l'achat d'un chou ordinaire, d'un chou-fleur, d'un demi-kilogramme de choux de Bruxelles, d'une botte de radis roses, d'un paquet de radis noirs, d'un kilogramme de petits pois, d'une salade au cresson pour cinq personnes.*

MODÈLE DE LA FACTURE.

M. Prud'homme, jardinier à Saint-Laurent-de-Gorre.

Doit Mlle ZOÉ GOSSELIN, institutrice.

JUILLET ...		Un chou..........................		
"	1	Un chou-fleur....................		
		1/2 kilogramme de choux de Bruxelles.		
		....		
		TOTAL......		

Comment prépare-t-on une salade au cresson? — Comment se mangent les radis roses et comment les sert-on? (Mêmes questions pour les autres légumes.)

On lave le cresson à grande eau après l'avoir soigneusement épluché et en avoir mis de côté les plus grosses tiges. On sert alors dans un saladier et l'on assaisonne comme pour les autres sortes de salades.

Les radis roses se mangent crus et assaisonnés avec du sel, après qu'on a eu soin de les bien laver et d'en couper les feuilles. On doit les servir sur un de ces plats allongés qu'on appelle raviers en raison de l'usage auquel ils sont exclusivement destinés.

91. — Asperges d'Argenteuil *. (*Élève*, p. 191.)

Il faisait maintenant grand jour. On sortit des pavillons. Et ce fut comme si l'on entrait dans un autre immense marché, celui-ci en plein air.

La file des chariots de cresson était partie. Mais il y avait un tohu-bohu* de charrettes, les unes vides, les autres pleines de légumes, produits des maraîchers* des environs de Paris, la concurrence aux légumes venus de loin par chemin de fer.

Et les maraîchers criaient, gesticulaient, appelaient en hâte l'acheteur.

Et les maraîchers criaient, gesticulaient, appelaient en hâte l'acheteur; car ils devaient déguerpir au coup de huit heures sonnant à l'église Saint-Eustache, pour rendre le pavé à la circulation. L'heure approchait.

C'est cet instant, qu'avec patience, attend la ménagère soigneuse de ses deniers*. Car elle sait que l'orgueil du marchand et ses prix baissent au son de cette cloche; il ne tient pas à remporter sa marchandise invendue.

Tout en mettant Suzette au courant de ce petit tour, Mme Richard guignait de l'œil une superbe botte d'asperges.

— Asperges d'Argenteuil, lui dit-elle à l'oreille; je veux t'en faire goûter... Fameuses!

Elle acheva l'éloge par un de ces petits claquements de langue qui en disent plus long que des discours.

Huit heures moins cinq!

Suivies de Pascal, aux bras ballants, les trois dames et les trois paniers s'avancèrent en bon ordre. Et la bataille s'engagea avec les asperges d'Argenteuil.

C'étaient, en effet, de bien belles asperges, plus grosses que le pouce, régulières, et d'un lilas rosé si fondu, si délicat!

Mais la marchande ne les valait pas. Elle avait une moustache, des yeux revêches; les os lui perçaient la peau.

— Combien cette botte?

— Trois francs soixante-quinze.

Mme Richard leva au ciel ses bras et son panier :

— Trois francs soixante-quinze!!!

— Pas un sou de moins.

Après une minute de discussion, elle passa à trois cinquante. Mais à partir de ce moment, ce fut une barre de fer. La tante s'égosilla en vain.

Suzette toucha du coude Pascal et lui dit en riant :

— Tu dois savoir la chanson des asperges? Chante-la-lui.

— Bah! celle-là n'entend pas la musique, répondit le chanteur.

La bravoure de Mme Richard faiblissait devant l'ennemi. Enfin, comme dernier et décisif argument, elle invoqua le coup de cloche de huit heures, qui sonnèrent juste, amicalement.

— Le coup de cloche! s'écria la paysanne, le coup de cloche, je m'en moque comme d'une guigne! Je suis assez riche pour manger mes asperges, si je ne les vends pas!

Et, tout en montant dans sa charrette avec sa marchandise, elle grommela contre les mauvais clients. Mais on lui avait déjà tourné le dos.

Questionnaire. — Où entra-t-on en sortant des pavillons? — Qu'est-ce qui avait remplacé les chariots de cresson? — Que faisaient les maraîchers, et pourquoi? — Quel moment attend avec impatience la ménagère pour faire ses achats de légumes? — Que dit Mme Richard à Suzette à propos d'asperges? — Comment était la marchande? — Comment la tante essaya-t-elle d'avoir une belle botte d'asperges? — Que dit la maussade marchande au coup de huit heures?

DÉVELOPPEMENT DES SUJETS PROPOSÉS POUR EXERCICES.

Civilité. — *Que pensez-vous de la conduite de la marchande? — Qu'aurait-elle dû faire et dire? — Quand dit-on qu'une personne est polie? — Qu'indiquent des manières polies? — Quelles qualités suppose la politesse?*

La conduite de la marchande est celle d'une personne grossière et insolente. Si elle trouvait insuffisant le prix offert par Mme Richard, elle devait lui dire simplement : « Je ne puis céder la botte au-dessous de 3 fr. 75 ; il est inutile d'insister. »

On dit qu'une personne est *polie* lorsqu'elle observe toujours, mais sans affectation, les usages généralement adoptés dans la société pour rendre les relations agréables et faciles. Un enfant poli se gardera de la brusquerie, des manières hautaines, impérieuses et dédaigneuses; il témoignera des égards surtout aux personnes faibles ou âgées; il sera silencieux à table et attendra sans impatience qu'on ait servi les autres; il n'interrompra jamais, contredira encore moins et évitera de parler sur un ton élevé.

Les *manières polies* indiquent que l'on sait concilier avec agrément ce qu'on doit aux autres et ce qu'on doit à soi-même ; elles font pardonner bien des défauts et elles donnent plus de relief aux bonnes qualités.

La politesse suppose que l'on a du cœur, de l'esprit et de la délicatesse dans les sentiments; on prend toujours bonne opinion de ceux chez qui l'on reconnaît des manières soignées et un langage poli; c'est même ainsi qu'on juge si quelqu'un a reçu une bonne éducation.

Géographie. — *De quelles localités de votre voisinage proviennent les légumes qu'on achète au marché de votre résidence? — Quelles communes de votre arrondissement sont connues pour fournir tels ou tels légumes?*

(Cette question étant exclusivement locale, l'élève seule sera à même de la développer.)

Horticulture. — *Dire quelques mots de la culture des asperges, — de l'aspect de la plante aux diverses époques de l'année. — Quand coupe-t-on les asperges?*

Les *asperges* se cultivent dans les champs et les jardins; mais les plus belles et les plus productives espèces réclament un terrain léger et abondamment pourvu d'engrais. Au printemps, le pied d'asperges, qui se ramifie sous le sol en une multitude de racines, pousse des rejetons de la grosseur du doigt, tendres et de couleur verte avec des nuances roses; c'est la partie de la plante qu'on mange et que l'on coupe dès qu'elle peut donner une tige de 20 à 25 centimètres. En été, le pied d'asperges présente l'aspect d'un joli arbuste au feuillage délicat, d'un vert foncé, qui porte, en automne, des baies rouges de forme sphérique et de l'effet le plus gracieux.

On commence à couper les asperges au mois d'avril ou de mai selon que le printemps est plus ou moins précoce; dans le Midi, c'est dès le mois de mars que la plante commence à produire.

Économie domestique. — *Combien un are de terrain peut-il produire de bottes d'asperges par semaine, et pendant combien de temps? — Prix d'une botte ordinaire d'asperges. — Revenu d'un are planté en asperges, en supposant qu'il nécessite 20 francs de frais. — Comment sert-on les asperges? — Manière de préparer les diverses sauces auxquelles on mange ce légume.*

(N. B. — Les trois premières questions sont exclusivement locales, en ce sens que les produits du terrain et les prix de vente varient selon les régions, les départements et même les diverses localités; les élèves devront prendre des renseignements auprès des personnes aptes à les instruire à cet égard.)

Aussitôt qu'elles ont été cuites à l'eau bouillante, les asperges sont servies dans un plat long après avoir été égouttées, et chaque convive en prend à la main, ou avec un ustensile particulier, la quantité qui lui convient.

Ce qui fait la bonne sauce blanche avec laquelle on mange les asperges, c'est la qualité du beurre et l'emploi du moins possible de farine. Mettez dans une casserole gros comme un œuf de beurre, du sel et du poivre blanc; quand il est fondu, prenez une cuillerée à bouche de farine; mêlez et versez petit à petit, en tournant toujours, presque un verre d'eau bouillante. Quand le tout est délayé, retirez du feu, ajoutez un jaune d'œuf un peu battu avec un filet de vinaigre et servez.

On mange encore les asperges avec une sauce à l'huile et au vinaigre exactement composée comme celle de la salade.

92. — Trop cher. (*Élève*, p. 193.)

On fit affaire un peu plus loin — pour vingt-six sous — avec des asperges, peut-être un peu moins d'Argenteuil, et beaucoup plus petites. Pourtant la tante s'en félicita finement en disant que les premières étaient « des phénomènes », et qu'elle avait toujours eu de la méfiance pour les phénomènes, si souvent trompeurs.

On continua l'achat des provisions commencé d'une façon aussi fâcheuse; et, des asperges aux choux, aux poireaux, à la viande, aux œufs, au beurre, l'addition fut grosse.

Les paniers une fois fermés, Mme Richard secoua son

porte-monnaie, tout à l'heure rebondi, et à cette heure flasque * comme une loque.

— Voilà! dit-elle, l'argent est plus vite dépensé que gagné.

Et, regardant Suzette avec un air de fâcherie comique :

— Sais-tu que c'est ta faute?

— Ma faute! à moi?

— Oui, à toi, à toutes les fermières, aux agriculteurs, à l'agriculture, qui devrait penser à nous, travailleurs, et nous donner contre un peu moins d'argent une nourriture plus substantielle * et plus abondante! L'industrie fournit, sans compter, de jolis chiffons dont, à peu de frais, on s'habille en grand tralala *. Les choses de première nécessité coûtent beaucoup plus cher que celles de seconde et même de troisième ; on se procure bien plus facilement la fanfreluche * que les vivres. Ne pourriez-vous, ne fût-ce que par émulation *, nous produire un peu plus de pain, de viande, d'œufs et de fruits?

La fabrication du beurre.

Le beurre s'emploie en cuisine dans la préparation de presque tous les mets; il s'obtient, soit en battant du lait frais, soit en battant de la crème au moyen d'un agitateur dans un appareil nommé *baratte*. La baratte ne doit être remplie qu'à moitié et le battage s'exécute d'un mouvement modéré, uniforme et non interrompu. Pour conserver le beurre, placez-le dans un lieu aussi frais que possible et couvrez-le d'un linge blanc de lessive, maintenu humide. Si on veut le conserver pendant plusieurs mois, il faut le saler à raison de 50 grammes de sel marin pour 1 kilogramme de beurre.

— Mais, ma tante, répondit Suzette en souriant, la main vers le pays de Gargantua, il me semble pourtant que nous faisons quelque chose pour les villes!

Ah! bah! en vérité, elle croyait donc, la jeune Suzette, que ces œufs, ces poulets, ces moutons, ces légumes arrivaient tous de Fragicourt, ou même de France? Non, non, ils venaient en bonne partie de l'étranger; la viande, de la Suisse, de l'Allemagne, de la Hongrie, qui nous envoie aussi des œufs, comme l'Italie. Celle-ci s'empresse d'y joindre de la volaille. Eh bien! la terre de France, aussi bonne que pas une, peut-elle se montrer si avare que nous soyons condamnés à vider nos poches dans celles de l'étranger? De la volaille, dont l'élevage ne coûte presque rien, et des œufs! mais nous devrions pouvoir en manger à gogo! Tu diras cela à Fragicourt pour sa part.

— Oui; on y est d'ailleurs disposé à mieux faire, répondit Suzette en souriant; on y produit déjà de bonnes volailles pour les dames de Saint-Quentin, qui auparavant faisaient venir leur rôti de Paris.

— Ou peut-être d'Italie. Vois-tu, Suzette, les femmes qui ont charge du marché, de la cuisine, c'est-à-dire de la vie de la famille, ne donneraient peut-être pas de mauvais conseils aux hommes qui font les lois.

Questionnaire. — Dans quelles conditions la tante se pourvut-elle d'une botte d'asperges? — Quels nouveaux achats achevèrent de remplir le panier? — En quel état était alors le porte-monnaie de la tante? — Que dit-elle en souriant à sa nièce? — Que devraient faire les fermières, les agriculteurs? — Qu'est-ce qui est plus cher que les chiffons de toilette? — Quelle réponse fit Suzette à ces observations? — En quels termes la tante lui démontra-t-elle que les agriculteurs ne font point assez et se privent de beaux bénéfices? — Que répondit Suzette au souvenir de ses voyages au marché de Saint-Quentin?

DÉVELOPPEMENT DES SUJETS PROPOSÉS POUR EXERCICES.

Morale. — De la Dépense. — *Comment convient-il de régler ses dépenses? — Quelles dépenses doivent avoir le premier rang? — Que pensez-vous de ceux : 1° qui dépensent sans compter ; — 2° qui dépensent pour éblouir les autres en se privant du nécessaire ; — 3° qui dépensent avec parcimonie sans se laisser toucher par les misères d'autrui?*

Sur le sujet des dépenses, Franklin a écrit de fort bonnes choses; nous allons en reproduire quelques-unes.

« Réglez vos dépenses selon vos moyens et n'achetez jamais à crédit. Arrangez-vous de manière à épargner à mesure que vous gagnez, c'est-à-dire dépensez toujours moins que votre revenu. Soyez en garde contre les petites dépenses; il ne faut qu'une légère voie d'eau pour submerger un grand navire. La délicatesse du goût conduit à la mendicité; les fous donnent des festins et les sages les mangent. Si tu achètes ce qui est superflu, tu ne tarderas pas à vendre ce qui t'est le plus nécessaire. Réfléchis toujours avant de profiter d'un bon marché; j'ai vu quantité de gens ruinés pour en avoir fait, et c'est une folie que d'employer son argent à acheter un repentir. »

Ceux qui dépensent sans compter se voient bientôt au bout de leurs ressources, et ils sont toujours dans l'embarras, réduits à la triste nécessité d'acheter à crédit ou d'emprunter.

Quant aux personnes qui dépensent pour éblouir les autres en se privant chez elles du nécessaire, elles ignorent qu'on découvre facilement leur procédé et qu'elles ne sont pour autrui qu'un sujet de pitié et de risée. On dit avec raison : « L'orgueil qui dîne de vanité, soupe de mépris. »

Ceux qui économisent sur toutes leurs dépenses ne doivent pas oublier qu'il y a des misères à soulager et que c'est une obligation pour nous d'y songer et de contribuer à leur porter remède. S'ils restent impitoyables, chacun s'éloignera d'eux avec dégoût; on pourra les craindre, mais on ne les estimera jamais.

Sciences naturelles. — *Décrire un oignon. — Si l'on habite la campagne, indiquer comment on plante, cultive, récolte et conserve ce légume. — Sortes d'oignons.*

L'*oignon* est une plante potagère qui a une racine bulbeuse, de forme ronde, constituée par plusieurs enveloppes épaisses superposées, et qui se distingue par une saveur et une odeur fortes. Du pied naissent une ou plusieurs tiges creuses que surmonte l'amas des graines quand la plante arrive à maturité, ce qui a lieu la seconde année seulement.

Les oignons se sèment au printemps dans un terrain meuble et riche ; on les bine plusieurs fois ; on arrose lors des journées brûlantes de l'été et l'on fait la récolte au commencement du mois d'août, après avoir eu soin, une semaine ou deux auparavant, de nouer les tiges pour arrêter la végétation au profit de la bulbe.

Il existe plusieurs sortes d'oignons : les blancs, qui ont une saveur moins forte que les oignons ordinaires, et les oignons d'Égypte, qui sont les plus volumineux.

Agriculture. — *Comment, par la culture de certaines plantes, de certains arbustes, une fermière, une ménagère de la campagne peut-elle augmenter l'aisance du ménage? — Quelles conserves pourra-t-on faire à la ville pour économiser l'achat de légumes en hiver? — Comment les préparera-t-on?*

Il est divers genres de culture qu'une ménagère peut entreprendre sans fatigue et avec succès à la campagne, surtout si elle demeure à proximité d'une grande ville. Au printemps, elle aura du persil, de l'oseille, du cerfeuil, des pissenlits, et même des fleurs, telles que les jacinthes, les pensées, les tulipes, dont elle tirera bon parti. Durant la saison chaude, elle s'arrangera de façon à pouvoir recueillir et vendre des fraises, des framboises, des groseilles, des cassis et, dans un autre ordre de produits, des roses, des bluets, du réséda, etc., plantes qui réclament peu de soins et forment d'agréables bouquets.

On fait des conserves d'artichauts, de haricots verts, de pois, de chicorée, d'oseille, de cornichons, de tomates, de fruits divers; on les prépare, en général, par l'ébullition suivie de l'introduction de ces légumes dans des vases bien clos où ils ne seront pas en contact immédiat avec l'air.

Économie domestique. — *Comment fait-on des conserves de cerises, de pois, de haricots, de cornichons? — Comment conserve-t-on les pommes, les poires, les raisins, les pommes de terre, les navets? — Comment emploie-t-on les oignons?*

Cerises. — Choisir des fruits nouvellement cueillis, avant leur complète maturité, encore fermes au toucher et tous égaux ; les introduire dans une bouteille à large ouverture où on les arrangera avec ordre ; boucher hermétiquement et ficeler; puis envelopper cette bouteille de foin ou de chiffons et la placer avec les autres dans une chaudière dont l'eau sera portée à une température voisine de l'ébullition ; elle y restera pendant une heure environ.

Pois. — Faites-les cuire à grande eau et à feu vif afin de les conserver verts le plus longtemps possible, avec addition du sel nécessaire. Mettez-les ensuite en bouteilles, comme il a été dit pour les cerises, et donnez une heure d'ébullition.

Haricots. — Après les avoir épluchés, mettez-les dans une grande terrine, versez dessus de l'eau bouillante et laissez-les quelques minutes ; retirez et égouttez. Faites-les cuire ensuite dans de l'eau bouillante un peu salée, de manière qu'ils soient croquants ; égouttez-les ; sautez-les avec beurre et persil ; laissez-les refroidir et mettez-les en bouteilles avec leur sauce ; donnez enfin cinq minutes d'ébullition.

Cornichons. — Prenez de très petits cornichons, brossez-les, coupez le bout de la queue ; mettez-les dans un vase de terre avec du sel ; retournez-les assez pour qu'ils en soient tous bien imprégnés. Laissez ainsi reposer pendant vingt-quatre heures ; égouttez-les de l'eau qu'ils ont rendue ; versez du vinaigre blanc bouillant en quantité suffisante pour qu'ils y baignent. Couvrez le vase et laissez infuser durant vingt-quatre heures ; retirez-en le vinaigre que vous mettrez bouillir dans un chaudron non étamé, sur un feu très vif ; jetez-y les cornichons, remuez-les, et au moment où ils seront près de bouillir, retirez-les du chaudron et laissez refroidir. Mettez-les dans les vases où ils doivent rester et couvrez-les d'assaisonnement, comme estragon, piment, petits oignons, ail ; remplissez les vases de vinaigre de manière que tout baigne ; couvrez-les avec soin ; ils sont bons huit jours après.

On conserve les pommes, les poires, les raisins, les pommes de terre, les navets dans des lieux où la température reste entre 10 et 12° et où ils sont à l'abri de l'humidité et de la lumière.

On emploie les oignons comme assaisonnement autour des rôtis, dans la soupe et les ragoûts ; plus ils sont cuits, meilleurs ils sont.

93. — Costumes. (*Élève*, p. 195.)

Pour la dernière fois, car l'heure du départ approchait, on retourna à l'Exposition. On parcourut à grandes enjambées les cinq parties du monde, où s'étalaient les produits de leur sol et de leur industrie*. En une heure, on traversa l'Europe, de la Russie à l'Espagne. Les choses belles ou curieuses se virent au pas de course ; car il fallait réserver un peu de temps à une exposition spéciale à laquelle Mme Richard, en sa qualité de couturière, et Mlles Marthe et Suzette, en leur qualité de demoiselles, s'intéressaient particulièrement : l'exposition des costumes

Elle formait une longue galerie. La petite troupe s'arrêta surtout devant des vitrines renfermant des monceaux d'étoffes anciennes, de splendides brocarts* filés d'or et d'argent, d'admirables dentelles.

Des albums de gravures, des pages enluminées de vieux livres représentaient ce que le temps avait détruit.

On y apprit qu'à l'époque féodale, où les castes* étaient si profondément marquées et séparées que les nobles se regardaient comme d'une autre espèce que le peuple, le costume, l'ajustement désignaient la condition. C'était réglé par des ordonnances royales qui se sont répétées jusqu'à Louis XIV.

Femme faisant de la dentelle.

Il fallait d'ailleurs calmer la passion de toilette des seigneurs, des nobles dames, et même des bourgeoises qui, en soieries, en draps d'or*, en pierres précieuses, en bijoux, eussent ruiné, avec leur propre fortune, celle du pays. Car ces luxueux produits ne se fabriquaient alors qu'à l'étranger, en Italie surtout.

Quant au bas peuple, aux manants, les édits somptuaires* les touchaient peu. En effet, toutes les étoffes de bonne qualité leur étaient également inabordables à cause de la rareté et de la cherté où les tenaient les procédés de fabrication, alors très primitifs*. Au moyen âge, une aune de beau drap pour dames coûtait à peu près cent francs de notre monnaie, et une aune de toile flamande ne s'échangeait pas, dans les provinces du Nord, Artois, Flandre, Picardie, pour moins de quatre-vingt-sept livres de blé.

Dans l'armoire des reines, une chemise était une rareté. Un chroniqueur, Gabriel Naudé, rapporte qu'au temps du roi Charles VII, la reine sa femme était la seule dame en France qui possédât deux chemises de toile. Combien en avait alors la femme de Jacques Bonhomme*? Ah ! celle-là, elle attendait patiemment que le mécanicien Arkwright inventât la machine à filer le coton, cette machine qui mit le linge à la portée du pauvre monde. Et, de mère en fille, elle l'attendit ainsi quelques siècles, jusqu'à la fin du dix-huitième.

Questionnaire. — Que parcourut-on d'abord dans la dernière visite à l'Exposition? — Quelle exposition spéciale se disposa-t-on à visiter ensuite? — Que formait cette exposition et que renfermait-elle? — Qu'apprit-on au sujet de l'habillement au moyen âge? — Que réglaient certaines ordonnances royales? — Quel était le motif de ces ordonnances? — Donnez une idée du prix élevé des étoffes de luxe au moyen âge. — Parlez de la rareté du linge de toile. — Qu'est-ce qu'Arkwright et quel service rendit-il à l'humanité?

DÉVELOPPEMENT DES SUJETS PROPOSÉS POUR EXERCICES.

Industrie. — *Rappeler avec quelles substances on fabrique les étoffes. — Quelles sont les étoffes à bon compte et les étoffes de prix? — Qu'est-ce que les dentelles? — Comment et où les fabrique-t-on? — Villes célèbres par leurs broderies.*

On fabrique les étoffes avec de la laine, du coton, du chanvre, du lin, du jute, de la soie. Celles qui sont à meilleur compte sont : le calicot, les indiennes, la toile de chanvre, la bonneterie, les grossiers tissus de jute, les draps ordinaires et communs. Les étoffes de prix sont les damas, le brocart, la mousseline, les draps fins, le velours de soie, les failles, etc., etc.

On entend par *dentelle* un tissu à mailles très fines, ainsi nommé parce que les premières qu'on fit étaient dentelées. Les dentelles sont confectionnées à l'aide de métiers particuliers par des femmes et des jeunes filles dont le salaire est véritablement dérisoire : cette industrie a ses principaux centres dans la Lorraine, l'Auvergne, les départements du massif des Cévennes, et les produits d'Alençon, du Puy et de Valenciennes sont renommés. On fait de fort élégantes broderies à Nancy et à Clermont-Ferrand.

Histoire. — *Qu'entend-on par l'époque de la féodalité? — Entre qui était alors divisé le territoire français? — Que bâtissait chaque seigneur? — A quoi servaient les châteaux forts? — Quelle était alors la situation : 1° des habitants des campagnes; — 2° des ouvriers des villes? — Que faisaient souvent les nobles pour suffire à leurs dépenses en dehors des impôts qu'ils prélevaient?*

La *féodalité* est une forme de gouvernement qui a régné en France surtout du dixième au treizième siècle ; confondant la propriété avec la souveraineté, elle donnait aux seigneurs territoriaux les droits de guerre, de justice, d'impôt, de monnaie.

L'époque de la féodalité peut donc se définir comme celle où le territoire était partagé entre une foule de seigneurs qui exerçaient sur eurs domaines les droits de souverains, sans aucun contrôle réel.

La France, conquise au cinquième et au sixième siècle par des barbares venus de la Germanie, fut alors partagée entre le chef de guerre et ses compagnons d'armes ; les anciens propriétaires devinrent leurs fermiers. Les donations de propriétés étaient d'abord viagères, c'est-à-dire qu'elles retournaient au domaine royal au décès du possesseur, mais peu à peu, et notamment après Charlemagne, ces domaines ou fiefs devinrent héréditaires.

Chaque seigneur bâtit un château fort pour lui servir d'habitation et pour être le refuge de ses vassaux en cas d'invasion ou de guerre. Bientôt ce furent des repaires de brigands qui pillaient les environs et dépouillaient les voyageurs.

La situation des habitants des campagnes était très malheureuse; les seigneurs les accablaient d'impôts; ils ne possédaient rien d'ailleurs en propre et ne pouvaient quitter le domaine où ils étaient nés. Lorsque la guerre éclatait, leur situation empirait encore; la famine, la peste, la cruauté des soldats, tout se réunissait contre eux et ils mouraient en foule.

Les ouvriers des villes ne souffraient guère moins; c'était, de la part des seigneurs, la même tyrannie, les mêmes et cruelles exigences; plus d'une fois, excédés par leurs maux, ils se révoltèrent, mais ils finissaient bientôt par retomber sous le joug. Cette intolérable situation dura jusqu'au grand affranchissement de 1789.

A leurs exactions multipliées, aux dîmes qui se succédaient au point de ne laisser aux laboureurs qu'une part de leur récolte à peine suffisante pour ne pas mourir de faim, se joignaient des *corvées*, c'est-à-dire des travaux gratuits pour l'entretien des routes, pour l'enlèvement des récoltes du seigneur, pour la chasse, etc., etc. Plus d'une fois, elles poussèrent les populations à des violences qui trahissaient l'excès de leurs maux.

Économie domestique. — Du Linge. — *Qu'entend-on par linge? — Quelles pièces de linge sont le plus en usage dans une maison? — Qu'est-ce qu'un trousseau? — De quoi se composerait le trousseau d'une jeune fille de quinze ans dont les parents auraient une position semblable à celle de vos parents?*

On entend par *linge* la toile mise en œuvre selon les différents usages auxquels on veut l'employer. C'est ainsi qu'on a le linge de corps, le linge de table, le beau linge, le linge commun, etc.

Le *linge de corps* comprend les chemises, les mouchoirs, les guimpes; le *linge de table*, les nappes, les serviettes; le *linge de lit*, les draps, les taies d'oreillers; le *linge de cuisine*, les essuie-mains, les torchons, etc.

On entend par *trousseau* les habits, hardes et linge qu'on donne à une jeune fille lorsqu'on la marie. On applique ce même nom, dans les collèges et maisons d'éducation, aux effets que doit apporter un élève interne pour son usage personnel.

(Sur ces données, on établira sans secours étranger la nomenclature du trousseau en question.)

Calcul. — *Dans ce trousseau, à combien évaluerez-vous le prix d'une paire de draps, d'une serviette, d'un essuie-main, d'une douzaine de torchons, d'un mouchoir de poche, d'une guimpe, d'un pantalon, d'un jupon blanc, d'une paire de bas de laine, etc.?*

Prix d'une paire de draps de toile de chanvre. . . . . . .
Prix d'une serviette de toile de lin. . . . .
Prix d'un essuie-main de toile de coton. . . . .
. . . .

94. — Coiffures. (*Élève*, p. 197.)

Aujourd'hui, la moindre villageoise apporte au moins en dot sa demi-douzaine de chemises, trois fois le trousseau qui faisait la gloire d'une reine d'autrefois.

Il est vrai qu'avec cette demi-douzaine, elle n'a pas les jupes de brocart, les ceintures d'or ou d'argent, les aumônières* ornées de pierres précieuses, les broderies des anciennes princesses. Mais ces extravagances ne sont pas précisément aussi indispensables à la vie que la propreté. Et, du reste, à cette heure où tout le monde travaille, des dames ainsi parées seraient bonnes tout au plus à placer dans une niche, avec défense de bouger.

Tout à coup M. Pascal, qui allait en avant à son ordinaire, appela en riant :

— Oh ! oh ! oh ! dit-il, le « Pouf au sentiment » ! voyez-moi ça.

On regarda. C'était, derrière une vitrine, au premier

Coiffures du dix-huitième siècle (Louis XVI).
1, coiffure à la Tarare ; — 2, à la Frégate ; — 3, à l'Anglomane ; — 4, à l'Espagnole 5, chapeau Bonnette.

plan, une sorte de chapeau bizarre, fait de bouillonnés de gaze* et de rubans en échafaudage, où se voyaient de petites figurines de cire représentant des personnages, sans compter un petit chien et un oiseau dans sa cage. Singulier chapeau, en effet.

Au-dessous, une grande étiquette avec cette rubrique :

« *Pouf au sentiment. Coiffure de grande dame au dix-huitième siècle.* »

La tante Richard se souvint d'avoir vu cette sorte de coiffure décrite dans un journal de modes.

On l'appelait de ce nom singulier, dit-elle, parce que l'ornementation représentait les images de ceux qu'affectionnait la dame. Par exemple, on vit, en ce temps-là, la duchesse de Chartres arborer sur sa tête les portraits en cire de son fils, de la nourrice de ce fils, de son nègre et de son perroquet.

Sous ces coiffures démesurées*, les femmes avaient la tête au milieu du corps. C'était d'un effet criant et qui fit crier. Mais grâce à la folie, à la frivolité* vaniteuse, c'est la mode qui mène le goût et non le goût qui mène la mode. Et il y a longtemps que cela dure.

Questionnaire. — Quelles réflexions fait-on en comparant le trousseau d'une jeune fille de notre époque et celui des reines du moyen âge? — A quel sujet Pascal appela-t-il sa mère et sa cousine? — Que voyait-on dans la vitrine? — D'où venait le nom bizarre de « pouf au sentiment »? — Quel assemblage bizarre présentait, au siècle dernier, le chapeau de la duchesse de Chartres? — Quel effet singulier produisaient les femmes avec leurs coiffures bizarres?

DÉVELOPPEMENT DES SUJETS PROPOSÉS POUR EXERCICES.

Morale. — *Qu'entend-on par mode? — Que sont souvent les modes? — Justifiez ce proverbe : « Ce sont les fous qui inventent les modes et les sages qui les suivent. » — Quelle doit être la conduite d'une jeune fille raisonnable en ce qui concerne les modes?*

La *mode* est l'usage passager qui règle la manière de se vêtir. Elle s'occupe de toutes les parties du vêtement; d'où il suit qu'on la désigne encore par le mot pluriel : *les modes.*

Souvent les modes ne sont que des inventions bizarres et ridicules imaginées par des femmes peu estimables ou vaniteuses pour se distinguer des autres. Au lieu d'en faire le peu de cas qu'elles méritent, on voit les personnes les plus réfléchies les adopter, qu'elles conviennent ou non à leur âge, à leur situation, quitte à y renoncer bientôt. C'est dans ce cas que l'on peut dire avec le proverbe : « Ce sont les fous qui inventent les modes, et les sages qui les suivent. »

Une jeune fille raisonnable se conforme à la mode dans tout ce qui peut convenir à son âge et à sa position de fortune; elle la suit de loin, pour ainsi dire, et dans ses lignes générales; de la sorte, elle n'est pas exposée à des renouvellements dispendieux de toilette, ni à contracter des habitudes de luxe qui amèneraient promptement la ruine dans son intérieur quand elle aurait quitté la maison paternelle.

Hygiène. — *Objet des coiffures. — Citez diverses sortes de coiffures. — Quelles coiffures conviennent en hiver, en été; — à la ville, à la campagne? — Quand une coiffure est-elle ridicule? — Quelles coiffures sont préférables pour les tout jeunes enfants?*

L'objet des *coiffures* est de préserver la tête de l'action directe de la chaleur du soleil et de l'influence fâcheuse d'une température froide et humide. Il est donc inutile d'en porter dans l'intérieur des habitations; il est bon aussi de s'accoutumer à ne pas se couvrir la tête pendant la nuit ou de n'adopter qu'une coiffure d'un tissu fort léger, une résille même.

En hiver, la tête doit être préservée des atteintes du froid lorsqu'on circule au dehors et lorsqu'on voyage; les capelines remplissent parfaitement cet objet pour les jeunes filles, tandis que les chapeaux qui leur laissent à découvert la nuque et les oreilles les exposent à des rhumes graves. En été, les chapeaux de paille à larges bords sont d'un excellent usage.

A la ville, il est sans inconvénient de porter des coiffures plus légères que celles employées à la campagne, où se fait sentir plus violemment l'influence des changements de température.

Parmi les coiffures, on regarde comme ridicules celles qui sont surchargées d'ornements, de fleurs, de rubans; celles encore dont la couleur éclate aux yeux et souvent ne convient ni à l'âge, ni à la chevelure, ni au teint de celles qui l'adoptent. Les chapeaux, les bonnets sont de bon goût, alors toutefois qu'on sait leur donner une forme gracieuse et qu'on les orne avec une sobriété discrète.

On a maintenant l'habitude de surcharger les jeunes enfants d'énormes coiffures qui fatiguent la tête et font disparaître, sous leur masse, le pauvre petit être. Les seules convenables à cet âge sont celles qui, par leur commodité et leur légèreté, ne froissent aucun organe et permettent la libre circulation de l'air.

Industrie. — *Décrire un bonnet; parlez des bonnets qui sont en usage dans les diverses parties de la France.*

(Il convient de mettre d'abord un bonnet du pays sous les yeux des élèves et de le leur faire examiner dans toutes ses parties qu'on nommera successivement. Ensuite on leur présentera l'image des bonnets en usage dans les diverses provinces: Normandie, Bretagne, Poitou, Bourbonnais, Limousin, Bourgogne, Provence, etc., etc. A cette condition seule, les enfants pourront répondre.)

Économie domestique. — *Qui doit réparer une coiffure de jeune fille et souvent la confectionner ou l'orner? — Pourquoi? — Aperçu du prix de quelques coiffures; remarques qu'il vous suggère. — Établissez le compte de vos frais de coiffure depuis un an; — de ceux de votre frère ou d'un jeune parent de votre âge.*

Celle qui doit *réparer* une coiffure de jeune fille et la *confectionner* le plus souvent possible, c'est elle-même; actuellement, le prix des chapeaux est si exagéré que ce n'est point un médiocre avantage de posséder ce talent. Quand on pense qu'un chapeau fort simple, pour peu qu'il soit de bonne qualité, coûte 15 et 20 francs, à une ouvrière qui souvent ne gagne pas 1 fr. 50 par jour, on est convaincu qu'elle doit le faire ou, au moins, le réparer elle-même. Autrement, il lui faut sacrifier le nécessaire, comme certaines coquettes qui préfèrent manger du pain sec et boire de l'eau afin de pouvoir briller par leur toilette. De toutes les folies, il n'en est pas de plus stupide ni de plus nuisible à la santé.

Relevé des coiffures achetées ou réparées pour le compte de Mlle Emma Delille.

Une paille de chapeau d'été....................	
3m,50 de ruban à 0 fr. 75.....................	
Etc., etc.,..	
Total......	

95. — La reine Isabeau. (*Élève*, p. 199.)

La preuve en était un peu plus loin dans un magnifique album d'anciennes gravures.

On vit là des coiffures du quatorzième et du quinzième siècle qui faisaient en extravagance* et en ridicule le vrai pendant du « *pouf au sentiment* », les hennins, venus, dit-on, des Flandres. C'étaient des édifices de toile, d'abord si larges que les élégantes ne pouvaient passer dans les embrasures de portes que de côté, comme l'image le montrait. Peu à peu, l'exagération passant de l'horizontal au vertical, les belles dames, pour entrer ou sortir, se mettaient presque à genoux.

Costume d'Isabeau de Bavière (1371-1435).

On admira également la haute coiffe en pain de sucre, d'où pendait un voile d'autant plus long que la dame était plus noble. Le voile de la reine Isabeau, qui importa* cette mode de Bavière, traînait à terre.

Cette femme du malheureux Charles VI était une fameuse coquette. Ni la touchante maladie de son mari, ni les horreurs de la guerre étrangère, ni les grandes batailles perdues, ni l'envahissement de la France par l'Anglais, n'abattirent sa passion de fêtes et de toilette.

Sa fille Isabelle, mariée à Richard II d'Angleterre, voyait le trône de son mari crouler sous des intrigues* de famille et sous les révoltes populaires; Isabeau avait sous les yeux les grandes misères de France. Et pendant ce temps quel était son grand souci? D'envoyer à sa fille des poupées — des poupées habillées à la dernière mode parisienne, pour la tenir au courant de l'élégance du jour. Une poupée suivait l'autre; et ces deux dames étaient ravies; rien ne les troublait.

Le livre parlait aussi des corsets de cette époque. A

cette Isabeau est attribuée l'introduction en France, et même l'invention de ce corset si funeste aux jeunes filles. Les demoiselles, en effet, s'imaginant que la beauté de la taille consiste uniquement dans sa finesse, se serrent jusqu'à déformer leurs côtes, entravent ainsi le jeu des poumons et du cœur, et compromettent gravement leur santé.

— Eh ! dit la tante Richard, après avoir continué de feuilleter un instant en silence l'album où elle venait de

Coiffure, dite le Hennin, portée par les femmes du XIVe au XVe siècle.

Coiffure de l'époque de la Restauration (1815-1830).

lire ces renseignements, c'est aussi cette même Allemande qui nous apporta, comme en ennemie, un autre engin de torture : l'usage d'emmailloter les enfants dans des bandelettes serrées, ficelées à les garrotter *.

On imite les grandes dames. Et cette mode barbare dura cinq siècles. Pendant cinq cents ans, les pauvres bébés, au lieu de gigoter joyeusement, moururent ou piaillèrent. C'était leur seul moyen de protestation. Mais on les laissait mourir ou piailler ; les vieilles mamans encourageaient les jeunes par la pensée que ce supplice faisait aux petits patients leur beauté, leurs « droitures », comme on dit encore dans certaines campagnes emmailloteuses.

Questionnaire. — Donnez une idée des coiffures du quatorzième et du quinzième siècle. — Quelle coiffure admira-t-on encore? — Que direz-vous de la coquetterie de la reine Isabeau de Bavière? — Quel était son souci ainsi que celui de sa fille mariée en Angleterre? — A qui attribue-t-on l'invention des corsets? — En quoi l'usage des corsets est-il nuisible à la santé? — Quel autre usage également dangereux est attribué encore à la reine Isabeau? — Quel inconvénient grave présente l'emmaillotement des enfants?

DÉVELOPPEMENT DES SUJETS PROPOSÉS POUR EXERCICES.

Morale. — *Quelles sont les préoccupations d'une jeune fille coquette? — Que néglige-t-elle pour satisfaire ce travers? — Que compromet-elle souvent? — Quelles sont, en général, les personnes les plus ridicules, et pourquoi? — Faut-il confondre la propreté avec la coquetterie? Détails à ce sujet.*

Une coquette ne songe guère à se rendre utile, ni à être bonne, aimable, serviable pour ses compagnes, ni à faire l'éducation de son caractère et de sa conscience; elle n'a d'autre pensée que de se parer afin d'éclipser les jeunes filles de son âge et d'attirer les regards sur sa personne. Elle subordonne tout à ce misérable objet : sa santé qu'elle compromet, ses relations qu'elle rend difficiles par ses prétentions, le bonheur qu'elle devrait goûter dans sa famille où elle se rend importune et fatigante par des demandes incessantes d'argent. Peu à peu on se détache d'elle, et celles qu'elle prétendait effacer ne lui ménagent ni les critiques ni les propos malveillants. Une coquette empoisonne sa vie.

Il est à remarquer que, dans une réunion, les personnes que l'opinion générale trouve ridicules, sont précisément les coquettes; dans leur désir exagéré de se distinguer, elles vont toujours au delà de cette simplicité gracieuse qui est le cachet de la vraie distinction; elles prêtent alors le flanc à des observations dont elles seraient peu flattées si l'écho en parvenait jusqu'à leurs oreilles.

La propreté n'a aucun rapport avec la coquetterie, serait-elle excessive. Que les jeunes filles soient donc toujours extrêmement soigneuses à cet égard, à la condition toutefois qu'elles ne trouveront pas dans une telle recherche le motif de dédaigner les travaux du ménage. Il est à remarquer, à l'appui de ce que nous venons de dire, que les coquettes sont rarement bien propres.

Histoire. — *Dans quelle circonstance Charles VI perdit-il la raison? — Que pensez-vous d'Isabeau de Bavière? Justifiez votre opinion. — Que pensez-vous de sa fille? — Quelle fut la conduite d'Isabeau envers Charles VI, devenu fou?*

Pierre de Craon, chassé de la cour de France par le connétable de Clisson, tenta de l'assassiner avec une troupe de brigands (14 juin 1392). Il vint se réfugier ensuite auprès du duc de Bretagne, qui refusa de le livrer au roi. Bien que malade, Charles VI se mit en marche avec une armée au plus fort de l'été de cette même année. Le 5 août 1392, comme il traversait la forêt du Mans, un homme sortit des broussailles et, saisissant la bride du cheval du roi, s'écria : « Arrête, noble roi; tu es trahi! » — Cette apparition troubla le faible monarque, qui, devenu subitement fou, se jeta sur les gens de sa suite. Il resta dans cet état jusqu'à son dernier jour.

Isabeau de Bavière, comme sa fille Isabelle, épouse de Richard II, roi d'Angleterre, étaient deux coquettes, c'est-à-dire deux femmes sans cœur. Ni les malheurs ni les périls des royaumes où elles régnaient ne purent les amener à des pensées sérieuses; après avoir été l'instrument docile des partis, elles moururent toutes deux l'objet du mépris public.

Lorsque Charles VI fut devenu fou, Isabeau s'allia avec les pires ennemis de son fils et de la France ; elle abandonnait le malheureux roi dans la détresse et le besoin, et pendant ce temps vivait au milieu des plaisirs. En 1421, on la vit signer le honteux traité de Troyes, par lequel elle donnait sa fille Catherine comme épouse au roi Henri V d'Angleterre, avec la succession de la couronne de France, au préjudice du dauphin Charles.

Hygiène. — *Qu'est-ce qui nécessite l'emploi du corset pour les enfants de faible constitution? — Que faut-il éviter plus tard dans l'usage habituel du corset? — Quelles sont les conséquences fâcheuses de l'abus de se serrer la taille? — Quels organes intérieurs sont comprimés et ne peuvent fonctionner qu'avec difficulté?*

Quelquefois l'usage du corset est nécessaire pour les enfants que leur faible constitution prédispose à une déviation de la colonne vertébrale.

On doit conseiller aux jeunes filles d'éviter de se serrer la taille, même modérément, car cette fâcheuse habitude a les plus dangereuses conséquences; la santé s'en trouve compromise à jamais quand une mort prématurée ne survient point. S'il y a tant de jeunes filles anémiques, atteintes d'affections du foie, de maladies d'estomac ou d'entrailles, il n'en faut pas chercher la cause ailleurs que dans le funeste usage du corset. N'en est-il pas de ces petites coquettes, dont la sottise égale la prétention, qui, à l'insu de leurs parents, conservent leur corset très serré jour et nuit, et qui complètent ce régime homicide en buvant du vinaigre sous le prétexte de maigrir? Elles se préparent une vie de tortures tout au moins, et leur teint jaune, leur poitrine rentrée, leurs épaules saillantes ne semblent à personne une compensation pour de tels maux.

Il n'en saurait être autrement, puisque les organes les plus nécessaires à la respiration, à la circulation du sang et à la digestion sont comprimés au point de ne plus être en mesure de fonctionner sans une extrême difficulté.

Industrie. — Les Poupées. — *Qu'est-ce qu'une poupée? — Donner une idée des variétés de poupées. — Quel avantage présente ce jouet? — Que peuvent apprendre les jeunes filles en jouant à la poupée?*

Une *poupée* est une figure d'enfant faite en carton, en bois, en peau ou en caoutchouc qui sert de jouet aux petites filles. Il y en a de toutes les grandeurs, de toutes les couleurs : les unes sont de grossières ébauches, les autres de charmantes imitations des bébés ; il y en a de nues qu'on doit habiller ; d'autres sont vêtues d'une blouse ou de vêtements simples; quelques-unes enfin, somptueusement habillées; mais je ne sais si ces dernières sont celles avec qui l'on joue de meilleur cœur.

Le jeu de la poupée a l'avantage de familiariser les petites filles avec les soins qu'exigent les enfants, et elles peuvent apprendre à tailler des vêtements, à les confectionner si elles se chargent de l'habillement de leurs poupées.

96. — Robe neuve. (*Élève*, p. 201.)

On ne saurait pourtant être toujours en fête, surtout quand, pour pouvoir s'y mettre de temps à autre, il faut travailler d'arrache-pied *.

Le lendemain des promenades à l'Exposition ou aux

Halles, les aiguilles allaient plus grand train chez Mme Richard. Et de la sienne Suzette tâchait de suivre.

La tante voulut qu'elle s'en retournât avec une robe de Paris, et emportât, avec cette robe, le talent d'en faire d'autres, comme, d'ailleurs, il avait été convenu à Fragicourt.

On acheta donc l'étoffe, dans un beau magasin, et non à la foire. Ce ne fut pas du cachemire vert-bouteille, mais une petite fantaisie * à fond bleu marine parsemé de mignonnes fleurettes blanches, artistement disposées; quelque chose de discret et d'élégant qui convenait très bien à notre amie Suzette.

Puis Mme Richard prit son mètre en ruban et mesura

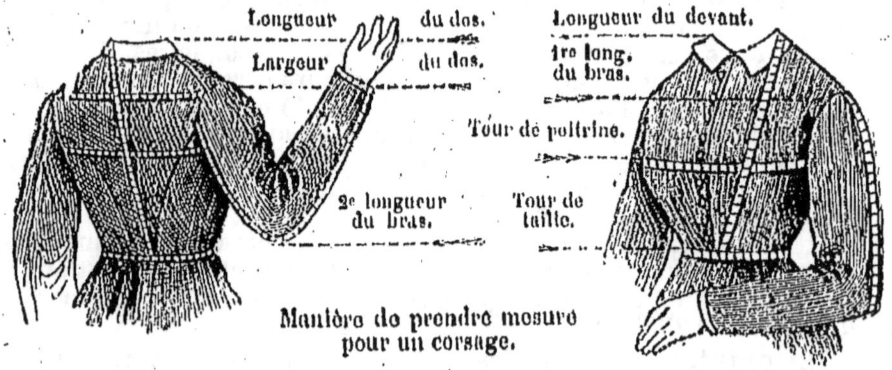

Manière de prendre mesure pour un corsage.

mademoiselle : longueur du buste*, largeur du dos, de la poitrine, tour de taille, longueur des bras, etc.

Et tout en la mesurant, elle lui enseignait l'art de la proportion entre les diverses pièces du patron, la grâce des lignes, le respect de la forme des tailles bien faites, la correction habile de celles qui ne le sont pas.

Cela bien répété et bien compris, Suzette, les ciseaux en main, s'exerça tant qu'il le fallut sur du papier. Et enfin, la voilà capable de tailler dans la belle étoffe bleue aux fleurettes blanches!

Comprendre est la joie de l'esprit. Elle riait, elle aurait chanté, en taillant sous l'œil de sa tante.

Questionnaire. — Pourquoi ne peut-on toujours être en fête? — Qu'arrivait-il chez Mme Richard le lendemain des visites à l'Exposition? — Que voulait la tante à l'égard de Suzette? — Quelle étoffe choisit-on pour la robe? — Quelles mesures furent prises pour établir le patron? — Qu'enseignait la tante tout en faisant ce travail? — Comment Suzette arriva-t-elle à bien établir le patron de sa robe? — Pourquoi était-elle contente?

DÉVELOPPEMENT DES SUJETS PROPOSÉS POUR EXERCICES.

Composition. — *Vous avez une robe à faire; on vous laisse libre de choisir l'étoffe et de régler la confection: indiquez ce que vous adopterez pour le choix des étoffes, la coupe, la façon, la garniture, etc., etc.*

Sommaire. — Rappeler que vous êtes libre du choix; — dire que vous entendez être raisonnable afin de... Rechercher quel prix vos parents peuvent mettre à la robe; — faire dans cette somme la part de l'achat de l'étoffe, de la doublure, etc. — Quelle étoffe sera, dans ces conditions, la meilleure; — quelle couleur, la plus agréable? — Arrêter le choix. — Mêmes réflexions pour les autres parties de la robe. — Exposer quelle coupe, quelle mode, vous semble préférable, et pourquoi; — quelle garniture siéra le mieux à votre âge et à votre situation. — Conclure, en récapitulant ce que vous achèterez, et justifier, en établissant le total, que vous resterez dans les limites de dépense que vous vous êtes imposées.

Économie domestique. — *Exposer, avec détail et petit mémoire à l'appui, ce que coûtera ce vêtement.*

Compte du prix de revient de la robe de Marie Aaron.

Juillet....	12	10^m,50 de cachemire à 3 fr. 75...		
		..........doublure à..............		
		..........garniture à.....		
		Fil.......pelotes à...............		
		..........boutons.................		
		..........agrafes, etc..		
		Total.......		

Industrie. — *Indiquer comment on doit prendre les mesures pour arriver à faire une robe qui aille bien. — Qu'est-ce que bâtir une robe, — l'essayer? — Que fait-on pendant et après cette dernière opération? — Pourquoi est-il utile de savoir couper, coudre et raccommoder ses robes?*

(En ce qui concerne les mesures, étudier les figures de cette leçon.)

« Il importe avant tout de prendre exactement les mesures nécessaires à l'exécution du patron que l'on veut dessiner. De la précision des mesures dépendra la perfection du patron.

« Pour bien prendre les mesures d'une personne, il est bon d'examiner le corsage qu'elle porte, afin d'éviter les défauts qu'il peut avoir, et qu'on reproduirait si l'on prenait les mesures à la place exacte des coutures de ce corsage.

« On doit entourer la taille avec un ruban qu'on noue sur le côté, ce qui indique la place exacte de la ceinture. Cette précaution est absolument nécessaire quand on prend les mesures sur une robe non ajustée. Puis, à l'aide du ruban métrique, on détermine les mesures dans l'ordre indiqué au cours de la lecture, page 202 (Élève), et aux points désignés dans les figures de la leçon.

« Avant de procéder au tracé d'un patron, on fera bien d'inscrire, à l'un des angles du papier à dessin, les mesures prises, afin de les avoir continuellement sous les yeux; puis on calculera d'avance les divisions du tour de poitrine qui sont nécessaires à l'exécution du tracé.

« Pour la jupe, on prend la longueur du devant, du milieu du devant de la ceinture au bas de la jupe, — puis la longueur du derrière, du milieu du dos, ceinture, au bas de la jupe. » (Extrait de la *Méthode de couture et d'assemblage* de Mme G. Schéfer, librairie Delagrave.)

Bâtir une robe, c'est assembler les diverses pièces qu'on a découpées sur les patrons, en les faufilant; *essayer*, c'est faire mettre le vêtement bâti, ou telle partie de ce vêtement, et vérifier comment l'un ou l'autre va. Au cours de cette opération, on indique soit à la craie, soit en épinglant les parties qu'on a défaufilées, les modifications ou corrections nécessaires. (Voir le manuel ci-dessus indiqué, page 87 et suivantes.)

Les façons des robes sont coûteuses, l'achat de l'étoffe et des fournitures l'est davantage; ce n'est donc pas une médiocre économie que de savoir couper, coudre et raccommoder ses robes, ses tabliers, ses pantalons, ses jupons, ses guimpes, ses bonnets, etc., et l'on acquerra ce talent si l'on suit avec attention les leçons données à l'école durant la leçon de travail manuel.

Dessin. — *Dessiner, après mesures prises, et découper les patrons d'une robe pour votre poupée. — Marquer à l'encre ces mesures sur les diverses lignes des patrons.*

(Voir les figures des pages 202, 206 (Élève) et celles du manuel de Mme Schéfer.)

97. — Machine à coudre. (*Élève*, p. 203.)

La leçon de coupe et d'essayage achevée, les différentes pièces du patron assemblées, rectifiées * par un bâti de longs points blancs, Mme Richard prit par la main sa nièce, et la mena devant la machine à coudre.

C'était un fin outil, de bonne marque * ; toute la partie d'acier brillait comme de l'argent. Il était fixé sur une table d'acajou. Suzette lui sourit comme à une jolie chose.

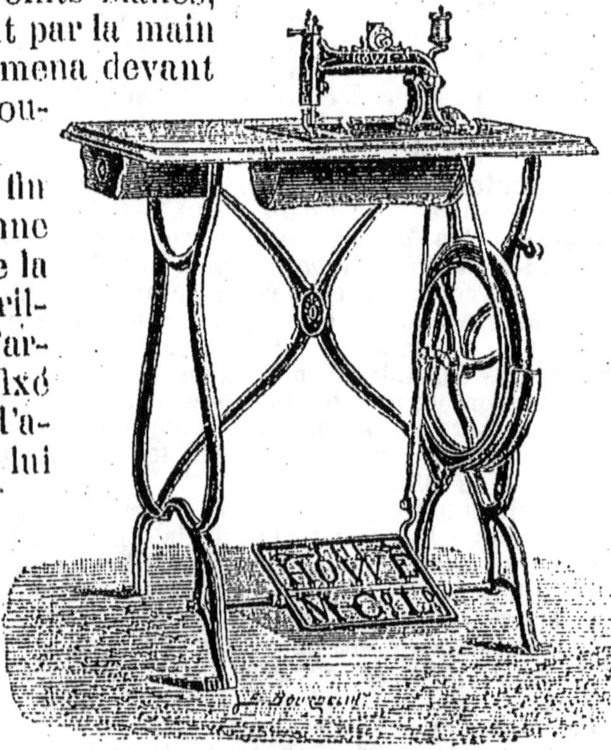

La machine à coudre.

— Assieds-toi, ma fille. Pose tes deux pieds sur la pédale *.... presse du pied droit, du pied gauche! droit! gauche! droit! gauche! droit! stop!

Ce n'était là qu'un exercice préliminaire *. Pour mettre la machine en train, Mme Richard prit la place de Suzette, disposa la mécanique, puis l'ouvrage, une lon-

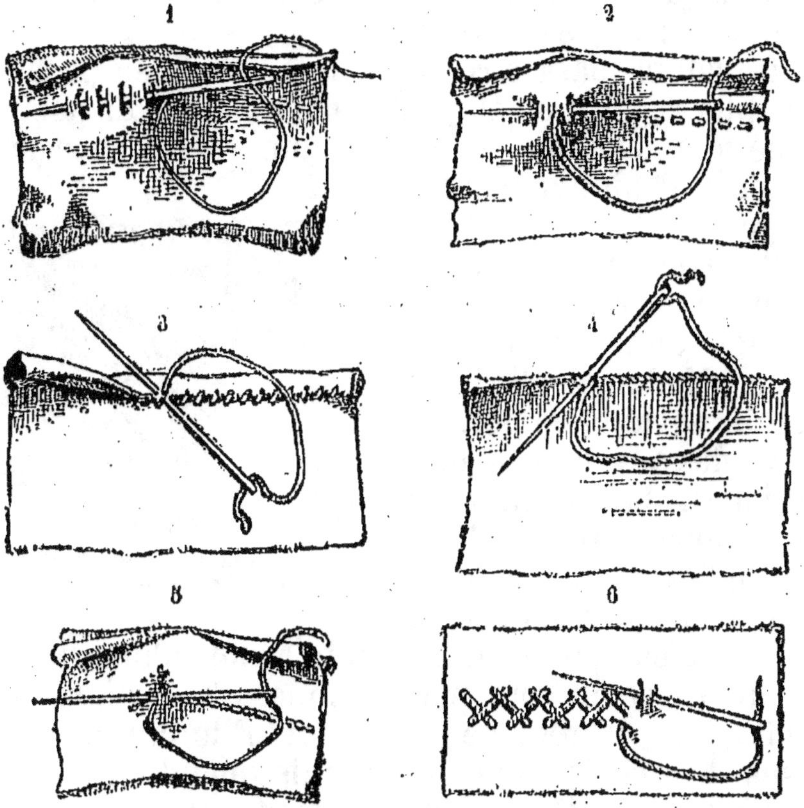

Les différents points de couture.

1. Le *point devant* s'exécute en piquant l'aiguille dans l'étoffe de distance en distance. — 2. Le *point arrière* exécute à reculons, ou en arrière, la moitié du parcours qu'il vient de faire en avant. — 3. Le *point d'ourlet* se fait obliquement et de bas en haut. — 4. Le *surjet* sert à réunir deux bords d'étoffe repliés, soit à fil droit ; il faut rejeter l'aiguille en conduisant le fil par-dessus les bords, afin qu'elle pique les deux étoffes par un même point. — 5. La *piqûre* se fait de droite à gauche comme le point arrière ; mais l'aiguille, au lieu de faire la moitié du parcours qu'elle vient d'exécuter en avant, le fait tout entier et repique dans le point précédemment formé. — 6. Le *point de chausson* fixe les bords rabattus d'une couture à plat et s'emploie pour les raccommodages, principalement pour la flanelle.

gue bande destinée à un plissé de la garniture. Il s'agissait de l'ourler. Et, se levant à son tour :

— A toi, Suzon, hop !... gauche, droit !...

Cette fois, le jeu des pieds sur la pédale mit en mouvement le volant * et le reste du mécanisme. Cela faisait un petit et multiple tic tac pressé, régulier. L'aiguille piquait l'étoffe d'outre en outre, se relevait, piquait encore, laissant derrière elle un ourlet orné d'une piqûre égale, fine, perlée — et cousait, cousait à l'enchantement des yeux.

En quelques minutes, des mètres et des mètres de la bande passèrent, s'ourlèrent.

Ce travail préparatoire achevé, la bande se plissa de petits plis réguliers, par suite d'une autre disposition donnée à la machine. Et ce fut une ruche charmante destinée à l'enjolivement du corsage.

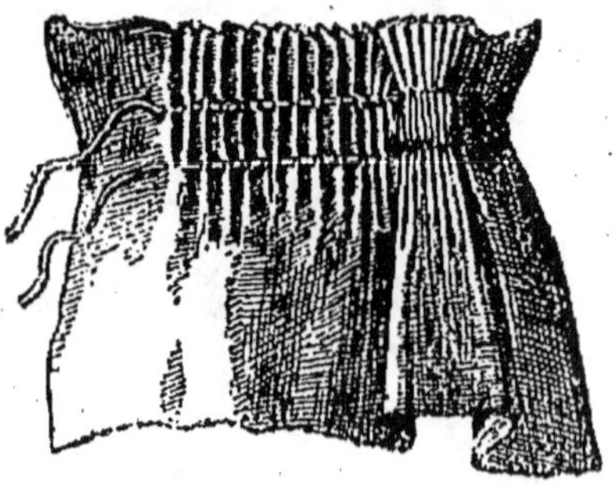

Fronces.
Il faut savoir très bien froncer pour faire de la belle lingerie.

— Passons maintenant à la couture même de ce corsage. Ici, toute votre intelligence, Mademoiselle ! car les outils savants, supérieurs veulent des ouvriers savants, supérieurs. La machine ne vous remplace pas ; elle est la multiplication des qualités mécaniques d'une main agile ; mais elle n'est que cela, une main armée d'une aiguille.

Et qu'est-ce qu'une main armée d'une aiguille, si l'intelligence, le goût ne la mènent? Elle fait cinquante bêtises. Elle en fait cinquante mille quand elle est machine à coudre. Donc, Suzette, tout votre goût ici et tout votre esprit !

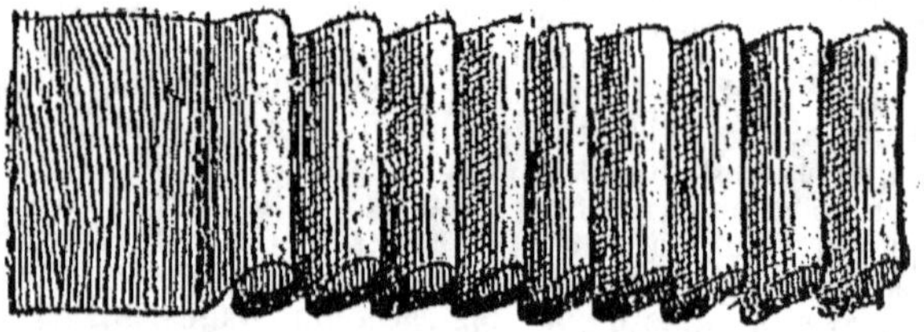

Plissé.
Sorte de ruche aplatie employée à la garniture des robes ou de la lingerie.

Le nez vous en perle * d'application ; c'est très bien; vous l'essuierez plus tard.

Elle va de toute son âme. Les petits côtés, les devants avec les quatre pinces, le dos, le collet sont enfin terminés, et gentiment.

— Oh ! que c'est joli ! dit-elle sans modestie en regardant son ouvrage.

— Oui, et voilà ! dit la tante. Avec une couseuse mécanique dans un coin de la maison, la maman de six enfants se moque de l'hiver qui approche et de l'usure des vêtements. Petites chemises, petits bonnets, petites culottes, vestes, robes, manteaux, tout cela se trousse en un clin d'œil... Tiens! à propos; une machine à coudre, c'est le cadeau que je te ferai, Suzon, quand tu te marieras!

Suzon se mit à rire : Et si elle allait rester vieille fille?

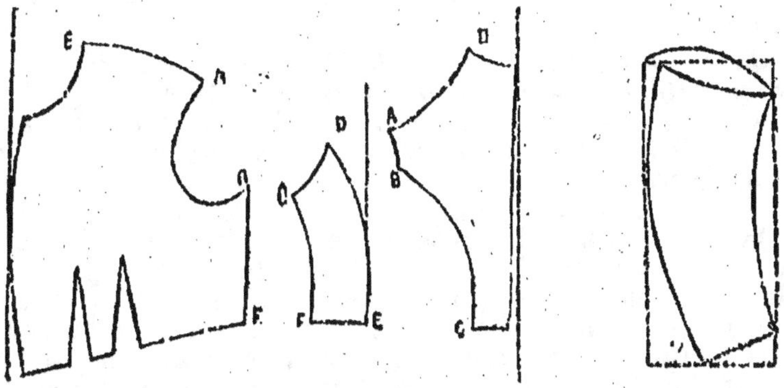

Patron des diverses parties d'un corsage et manches de corsage.

— Alors, Mademoiselle, répondit, en riant aussi, la tante, qui n'avait pas l'air de croire à ce fâcheux destin pour une si gentille enfant, alors vous coudrez de vos doigts toute votre vie!

En une matinée, le corsage avec les boutonnières, les boutons, le montage des manches, la pose du plissé, tout était fini; n-i ni, fini!

Questionnaire. — Où Mme Richard conduisit-elle sa nièce? — Que savez-vous de cette machine à coudre? — Comment indiqua-t-on à Suzette la manière de s'en servir? — Comment Mme Richard donna-t-elle la première leçon? — Indiquez comment fonctionne la machine. — Quels sont les différents points de couture et en quoi consistent-ils? — De quelle manière confectionna-t-on la ruche? — Pourquoi faut-il être très attentive en employant la machine à coudre? — Que disait Suzette en voyant le résultat obtenu? — Que lui répondit sa tante sur les avantages de la couseuse mécanique? — Pour quelle époque Mme Richard en promit-elle une à sa nièce? — Quelles réflexions terminèrent l'entretien? — Qu'avait-on fait dans la matinée?

DÉVELOPPEMENT DES SUJETS PROPOSÉS POUR EXERCICES.

Français. — *Donner la définition d'un patron, d'une pédale, d'un plissé, d'une garniture, d'un ourlet, d'une piqûre égale, d'une ruche, des pinces d'une robe, des fronces.*

Un *patron* est un morceau de papier, de carton, que les tailleurs, les couturières, les lingères, etc., découpent de manière à figurer les différentes parties de leurs ouvrages, et sur lequel ils taillent l'étoffe. — Une *pédale* est une pièce de métal qu'on fait mouvoir en y appuyant le pied. — Un *plissé* est une pièce d'étoffe sur laquelle on a formé des plis réguliers. — Une *garniture* est ce qui est ajouté à une robe ou à tout autre vêtement pour l'orner et le compléter. — Un *ourlet* est un repli qu'on assujettit, en le cousant, au bord d'une étoffe ou d'un morceau de toile pour empêcher qu'il ne s'effile. — Une *piqûre égale* est celle où les rangs de points sont exécutés avec régularité. — Une *ruche* est une bande d'étoffe ou de dentelle plissée pour orner un vêtement ou une coiffure de femme. — Les *pinces d'une robe* sont des plis qu'on fait à l'étoffe même, et qui se terminent en pointe. — Les *fronces* sont les plis menus et serrés qu'on fait à du linge.

Industrie. — *Décrire une machine à coudre en ne désignant que les pièces principales. — En rappeler les inventeurs. — Quels avantages présente-t-elle? — Quelles sont les diverses sortes de machines à coudre? — Combien peut coûter une petite machine à coudre telle que vous la désireriez?*

La *machine à coudre* se compose d'une table de bois ou de fer sur quatre pieds réunis par des tiges de métal plus ou moins élégamment disposées. A la partie inférieure, une tige transversale supporte une pédale qui s'élève ou s'abaisse à volonté sous le pied. Cette pédale met en mouvement une bielle qui fait tourner une roue autour de laquelle circule une courroie; cette courroie, enfin, imprime un mouvement de rotation à un cylindre faisant partie du mécanisme supérieur.

Ce mécanisme, établi dans une forte pièce de fer coudée et solidement fixée sur la table, fait exécuter à l'aiguille, dans le sens vertical, un mouvement de va-et-vient qu'on accélère ou ralentit à volonté. Grâce à une disposition aussi simple qu'ingénieuse, le fil provenant de la bobine est entraîné par l'aiguille; il pénètre au travers de l'étoffe et exécute un point comme si la main de l'ouvrier dirigeait le petit instrument.

Le premier *inventeur* de la machine à aiguille est Thimonier; elle a été perfectionnée et vulgarisée par l'Américain Howe.

Ses avantages... (Voir la leçon.)

Il y a diverses sortes de machines à coudre, depuis les plus fortes qui exécutent les coutures dans les étoffes épaisses, jusqu'aux plus mignonnes, qui font des travaux très délicats avec une régularité extrême. D'autres plissent, ruchent, etc.

(Pour le prix des machines à coudre, voir un commerçant ou un bon prospectus.)

Économie domestique. — *Quelles sont les différentes sortes de garnitures qu'on peut appliquer sur une robe? — Indiquez la manière de s'y prendre pour faufiler et pour bien ourler. — Quel fil convient pour chacune de ces opérations? — Donnez quelques détails sur les diverses sortes de fils, avec le prix de la pelote de chacune d'elles.*

(On a jugé superflu de donner la réponse à ces diverses questions que Mmes les institutrices ont maintes occasions de résoudre au cours de leurs leçons de couture.)

98. — Barthélemy Thimonier. (*Élève*, p. 206.)

A table, au déjeuner, on parla de cet exploit, car une

robe, faite en si peu de temps, et de nos propres mains, ou à peu près, cela peut compter pour un exploit!

Puis, le mécanicien Louis étant là, Suzette voulut connaître le mécanisme de la couseuse. Un moment Louis resta songeur.

Le Palais de Justice, à Lyon, et le coteau de Fourvières.

— Connais-tu le nom de Thimonier ? demanda-t-il ensuite.

— Thimonier ?...

— Eh bien! retiens ce nom; répands-le surtout parmi les femmes. C'est le nom encore à peu près inconnu de l'inventeur de la machine à coudre, un pauvre ouvrier de génie, presque aussi malheureux que Denis Papin. Barthélemy Thimonier, fils d'un teinturier de Lyon, cette ville si riche en hommes illustres, parmi lesquels le grand ouvrier Jacquard, était un tailleur d'Amplepuis, dans le Lyonnais.

Un jour, l'idée de la couture mécanique* le saisit et ne le quitta plus qu'après exécution...

L'œuvre, très laborieuse, enfin accomplie, il se dit : Voilà certainement une bonne et belle trouvaille pour l'industrie du vêtement et du linge ; et voilà aussi du pain pour mes nombreux enfants !

Le besoin de ce pain pressait ; le tailleur était pauvre. Il parla de son invention, la montra. On se moqua d'elle et de lui.

Il pensa alors qu'on n'est pas prophète dans son pays et qu'il devait aller à Paris, où il y a des yeux pour voir et des oreilles pour entendre.

Bon ! mais l'argent pour prendre la diligence ? de Lyon à Paris on compte cent vingt lieues.

Eh bien ! il les fera à pied, ces cent vingt lieues, sa machine sur le dos. Seulement il faut manger en route. Et comment ?... Tiens, parbleu, en montrant sa machine !... Oui, mais si elle n'intéresse pas plus les aubergistes de la route que les gens d'Amplepuis ?

Les inventeurs sont industrieux. Thimonier se fabrique des marionnettes, un polichinelle, un commissaire, un arlequin*, un paillasse, une Colombine*. Puis il loge dans une caisse ces messieurs et cette dame en compagnie de son invention. Il embrasse sa femme et ses enfants, leur laisse ses dernières pièces de monnaie qui leur permettront d'attendre son retour. Et le voilà parti !

Il marche. Les villages succèdent aux villages, les villes aux villes. Il s'arrête ici et là ; quand l'estomac crie, il ouvre sa caisse, tire sa couseuse, l'explique en la manœuvrant :

Questionnaire. — De quelle chose parla-t-on au déjeuner ? — Que voulut connaître Suzette ? — Qu'était Thimonier ? — De qui était-il fils et où exerçait-il la profession de tailleur ? — Quelle idée lui vint à l'esprit ? — Que se dit-il après avoir réalisé sa découverte ? — Comment sa découverte fut-elle accueillie dans sa petite ville ? — Où forma-t-il le projet de se rendre ? — Quelle difficulté présentait le voyage ? — Que fabriqua-t-il pour se procurer des ressources pendant la route ? — Racontez comment il partit, et ce qu'il faisait dans les localités où il s'arrêtait.

DÉVELOPPEMENT DES SUJETS PROPOSÉS POUR EXERCICES.

Morale. — *Quand dit-on qu'un enfant met de la persévérance dans ses travaux? — Quels sont les avantages de la persévérance? — Donnez des exemples choisis dans la vie de l'école; — dans celle de grands inventeurs; — dans celle de Christophe Colomb, de Jacques Amyot, de Brémontier.*

Persévérer, c'est continuer à faire une chose bonne et utile jusqu'à ce qu'elle soit achevée, et cela sans nous laisser décourager par les obstacles et les circonstances. Une jeune fille montre de la persévérance dans ses travaux lorsque, après avoir pris la résolution de les accomplir, elle se met à la tâche avec une ardeur que rien ne suspend ou n'interrompt, quelles que soient les difficultés qu'elle rencontre.

« La persévérance produit de grandes choses, moins encore parce « qu'elle ajoute le temps au temps, que parce qu'elle défend à la « pensée de s'égarer, et refoule sur une même idée toutes les forces « de l'esprit. Seule elle procure aux talents la gloire et aux vertus « leur couronne : ce n'est pas à celui qui a commencé, mais à celui « qui a persévéré jusqu'à la fin, qu'est réservé le succès. » — Araignée, disait un poète danois célèbre, c'est toi qui m'enseignes la persévérance; au lieu de te décourager, lorsque ta toile se déchire, tu recommences toujours sur nouveaux frais; et c'est ainsi qu'il faut être pour atteindre le but auquel on aspire.

Quelles sont les premières dans les divisions de l'école? quelles sont les élèves qui réussissent le mieux aux concours? est-ce celles qui ont l'esprit le plus vif, la mémoire la plus fidèle? — Non, mais bien les jeunes filles qui poursuivent, courageusement et sans interruption ni défaillance, les études commencées.

Souvenons-nous de *Bernard Palissy*, l'inventeur des poteries émaillées, qui dut travailler plus de trente ans avant de découvrir le secret des artistes italiens; — de *Fulton*, dont nous avons récemment raconté l'histoire émouvante; — du czar *Pierre le Grand* qui, pour s'initier aux industries des nations civilisées, s'astreignit aux travaux les plus fatigants et qui resta trois ans à Saardam, en Hollande, comme ouvrier charpentier, afin d'apprendre l'art de construire les navires.

Christophe Colomb (1440-1506), persuadé qu'il existait un nouveau monde au delà de l'Atlantique, sollicita, pendant plus de vingt ans, les moyens d'équiper les navires qui lui permettraient de faire le voyage nécessaire. Il obtint enfin quelques bâtiments et découvrit ainsi l'Amérique. Après quatre voyages successifs, il fut abandonné de ses protecteurs Ferdinand II et Isabelle, et mourut dans la misère.

Jacques Amyot (1513-1593), pauvre enfant sans ressources, dévoré de l'amour de la science, travaillait pendant le jour comme domestique dans un collège de Paris, et consacrait la plus grande partie de la nuit à l'étude. Tant de courage fut récompensé; il devint précepteur des fils de Henri II, grand aumônier de France et évêque d'Auxerre.

Brémontier, célèbre ingénieur, frappé des désastres que causait la marche en avant des dunes de Gascogne, entreprit de les arrêter par des plantations. Il dut chercher longtemps la plante propre à atteindre ce résultat, faire de nombreux essais, puis vaincre, avec les préjugés des paysans ignorants des Landes, les embûches de ses ennemis : rien ne le découragea. Grâce à lui, les dunes de Gascogne sont fixées et ne recouvrent plus la plaine de leurs sables stériles; mieux encore, l'État possède près de cent mille hectares de forêts créées par le procédé du savant ingénieur (1738-1809).

Géographie. — *Détails sur la ville de Lyon : position, monuments, population, industrie, commerce. — Carte et tracé de la voie la plus courte pour se rendre de Lyon à Paris en chemin de fer. — Indiquer les villes principales, les départements traversés et les cours d'eau dont on suit les vallées.*

Lyon (350,000 hab.) est situé au confluent de la Saône et du Rhône, à 512 kilomètres de Paris; c'est la seconde ville de France, et elle comprend, outre l'ancien Lyon fondé au premier siècle de l'ère chrétienne, les faubourgs de la Croix-Rousse, de Vaise, de la Guillotière et des Brotteaux.

Cette ville a des rues et des places magnifiques; parmi ses édifices, nous citerons l'Hôtel de ville, la Bourse, le Palais de Justice, l'Hôtel-Dieu, le palais des Beaux-Arts ou palais Saint-Pierre, la cathédrale, la vieille église d'Ainay et celle de Fourvières construite sur l'emplacement de l'ancien forum, l'hospice de l'Antiquaille, le Grand-Théâtre et des ponts remarquables sur le Rhône et la Saône.

L'*industrie de la soie*, importée par les Italiens au dixième siècle, a élevé cette ville à la haute position qu'elle occupe dans l'industrie française; on y compte 70,000 métiers et environ 140,000 ouvriers dont un certain nombre travaillent ou demeurent dans la banlieue. Les usines métallurgiques, les fonderies de cuivre, de bronze, les teintureries, les chapelleries, les brasseries, les bijouteries en faux, donnent lieu à un chiffre d'affaires considérable.

Le *commerce* de Lyon porte principalement sur la soie, dont il importe 180 à 200 millions pour les besoins des manufactures et dont il exporte 250 millions, en produits manufacturés, surtout en Angleterre et en Amérique. Il comprend encore les vins et les eaux-de-vie, les lainages, les cotonnades, les draperies, la houille, les marrons, les articles de charcuterie, d'épicerie, de droguerie.

(Pour le tracé de la carte, consulter un bon atlas.)

Industrie. — *Qu'est-ce qu'un tailleur? — Que confectionne-t-il? — Quelles étoffes emploie-t-il, selon les saisons, pour les genres divers de vêtements? — Qui, dans la famille, peut remplacer le tailleur pour les petits garçons, et comment la chose réussira-t-elle?*

On appelle *tailleur d'habits* celui qui confectionne des habits, et principalement des habits d'homme, tels que paletots, redingotes, habits, gilets, pantalons, vestes, pardessus, manteaux, etc.

Les étoffes qu'il emploie sont :

Pour les vêtements d'hiver, les gros draps, les draps moutonnés; pour ceux d'été, les draps légers, le reps, l'orléans, le satin, le cachemire, la toile même.

Les façons des tailleurs coûtent fort cher, et elles constituent pour le ménage une charge souvent très lourde. Une mère de famille adroite et économe peut sensiblement alléger ces frais en dirigeant une ouvrière dans les travaux de réparation des vêtements déjà portés, et en taillant elle-même, sur de bons patrons, les habits de ses enfants qu'elle coudra au moyen d'une machine. Peut-être les premiers essais laisseront-ils à désirer, mais bientôt elle acquerra l'habileté nécessaire.

Économie domestique. — *A combien peut revenir la journée d'une couturière travaillant à l'aiguille (salaire, nourriture, éclairage, etc.)? — Si la mère de famille avait appris la coupe et la couture, et qu'elle possédât une machine à coudre, combien économiserait-elle si elle se dispensait d'employer une couturière trente-quatre jours par an?*

MODÈLE DU COMPTE A ÉTABLIR.

Dépense quotidienne.	Salaire de la journée...........
	Nourriture, trois repas...........
	Éclairage........................
	Chauffage........................
	TOTAL.......

Dépense annuelle : 34 journées = × 34 =

L'économie réalisée par la mère de famille sera égale à ce dernier produit, moins les frais d'éclairage qui seront de .... × 34 = ..., c'est-à-dire à ..... — ..... = ...

99. — Marionnettes. (*Élève*, p. 209.)

— Voyez, Messieurs, et vous surtout, Mesdames, qui maniez l'aiguille, voyez celle-ci! Elle n'est pas percée d'un œil comme vos aiguilles à repriser, à ourler et piquer; sa pointe est un crochet, mais je l'appelle aiguille parce qu'en effet elle coud. Regardez : je meus ce volant, elle s'abaisse verticalement*, elle traverse le morceau de drap placé là sur la tablette. Maintenant regardez sous la tablette. Qu'apercevez-vous? ce fil qui s'avance porté par une petite pièce d'acier. Il tourne, s'enroule autour de l'aiguille ; et celle-ci remonte en emportant une autre bouclette qu'elle passe dans la première. Et ainsi de suite pour former ce joli point de chaînette que voilà!

— Messieurs, Mesdames, voici monsieur Polichinelle ! voulez-vous avoir l'extrême obligeance de regarder Polichinelle ?

Après quoi il faisait la quête.

Mais le joli point de chaînette n'intéressait pas toujours le public au point de lui faire mettre la main à la poche. Les gens tournaient le dos.

C'est alors que le pauvre homme se hâtait de tirer ses marionnettes :

— Messieurs, Mesdames, voici M. Polichinelle ! Voulez-vous avoir l'extrême obligeance de regarder Polichinelle?

Oh ! oh ! Polichinelle ! On revenait en troupe, on appelait les voisins, on voyait rosser le commissaire*, on riait à gorge déployée.

Et deux, trois, quatre sous refusés à l'inventeur tombaient aux pieds de Polichinelle, ou de Paillasse ou d'Arlequin. Cela se passait en 1830.

Dans les villes et les villages traversés, en cette année, par Thimonier, il y a aujourd'hui des machines à coudre qui font l'aisance de bien des ménages. Il y a aussi des gens qui se rappelleraient sans doute le passage de ce montreur de couseuse et de marionnettes auquel ils ont peut-être refusé un sou !

Thimonier, pourtant, arriva à Paris. Et Paris ne l'entendit pas davantage. Ce furent les tailleurs qui le repoussèrent comme un ennemi, avec la sottise des tisserands, qui, jadis, repoussèrent Jacquard*.

Il revint à Amplepuis comme il en était parti.

On ne retrouve son nom qu'en 1851, à l'Exposition de Londres, où il obtint enfin une rémunération, mais insuffisante à le tirer de la pauvreté. Il mourut en 1857.

Questionnaire. — Que disait Thimonier : 1° de l'aiguille ; — 2° du volant ; — 3° de ce qui se passait sous la tablette? — Qu'arrivait-il lorsqu'il faisait la quête après ces explications? — Comment ramenait-il les fuyards? — Que recueillait-il après l'exhibition de Polichinelle? — Combien y a-t-il d'années que ces choses se passaient? — Qu'y a-t-il aujourd'hui dans les villes et les villages que traversa Thimonier? — Comment l'inventeur fut-il accueilli à Paris? — Où retrouve-t-on son nom? — Tira-t-il quelque profit de sa belle et utile invention? — Quand mourut Thimonier?

DÉVELOPPEMENT DES SUJETS PROPOSÉS POUR EXERCICES.

Morale. — *Pourquoi n'êtes-vous pas d'avis qu'une jeune fille regarde soit les spectacles forains, soit les affiches, soit même les images des devantures, dans les rues d'une ville surtout? — Qu'entend-on par bons exemples, mauvais exemples? — Que produisent les uns et les autres? — Faits à l'appui. — Quels avis donneriez-*

vous à une de vos compagnes, plus jeune que vous, sur les enfants qu'elle doit fréquenter ou éviter?

Si la curiosité est légitime chez les enfants lorsqu'elle a l'instruction pour but, elle devient un vice si elle s'applique à des choses qui blessent la pudeur et les convenances; tels sont les phénomènes des foires et les jongleries des baladins; telles sont encore bien souvent, dans les grandes villes, les affiches à couleurs tapageuses et les vitrines des marchands de gravures ou de photographies. Une jeune fille qui se respecte évitera de s'arrêter et de regarder ces objets auprès desquels elle trouverait probablement des gens dont le contact ne saurait lui être que préjudiciable.

L'éducation ne peut rien sans l'*exemple*, a dit un philosophe moderne; tout cède chez les enfants à la toute-puissante influence de l'imitation; l'exemple est une force dont l'enfant ne peut se défendre; il la subit sans le vouloir, sans le savoir. Il est donc nécessaire de mettre sous ses yeux des actions dont le spectacle est un encouragement au bien, de lui faire entendre des paroles excitant de nobles résolutions; en un mot, de ne lui présenter que de *bons exemples*. Il est plus nécessaire encore de tenir les jeunes filles éloignées de tout ce qui pourrait les entraîner au mal, souiller leurs âmes, corrompre leurs cœurs. Combien les grandes personnes doivent-elles veiller sur leurs propos pour éviter de froisser la pudeur native de l'enfant, et les pères et mères s'ingénier pour écarter les livres et les journaux dont la lecture serait dangereuse! Mauvais propos, mauvaises actions, mauvaises lectures, constituent ce qu'on entend par *mauvais exemples*, et de tristes récits nous apprennent qu'un seul suffit parfois pour perdre à jamais une jeune fille.

Ne fréquentez donc que les enfants dont la société vous est recommandée par vos parents et par vos maîtresses; évitez, lorsque vous êtes seule dans les rues, de regarder de tous côtés; ne prêtez pas attention aux propos des gens grossiers; ne lisez rien qui ne vous ait été remis par les personnes qui ont la charge de votre éducation; enfin, rompez toutes relations avec celles de vos compagnes dont les conseils et les paroles sont telles que vous n'oseriez pas les répéter devant votre mère.

Composition. — *Reproduire l'histoire de Jacquard lue par Mme l'institutrice, ou celle de Brémontier, le créateur des plantations de pins dans les landes de Gascogne.*

Ce grand et modeste inventeur d'une ingénieuse machine à tisser naquit à Lyon, le 7 juillet 1752. Son père, ouvrier en étoffes de soie, le destina de bonne heure au travail, qu'il lui apprit à connaître et à aimer.

La vue d'une machine du célèbre Vaucanson lui révéla sa vocation de mécanicien, et le voilà qui imagine d'ingénieux appareils pour dévider les fils de soie et les ourdir (1). Malgré l'appui de quelques patrons, il eut à subir mille tracasseries de la part des ouvriers, qui voyaient en lui un ennemi dont les inventions leur enlevaient le travail quotidien.

Jacquard fonda alors pour son propre compte une fabrique de chapeaux de paille; mais sa maison fut brûlée pendant le siège que subit la ville de Lyon en 1793, et il n'échappa que par miracle aux soldats de la Convention.

De retour dans sa ville natale, il reprit, avec ses travaux, ses re-

(1) *Ourdir*, disposer des fils pour en faire de la toile.

cherches mécaniques. Au commencement du siècle, la Société royale de Londres ayant proposé un prix considérable pour l'inventeur d'un procédé mécanique applicable à la confection des filets destinés à la pêche maritime, Jacquard trouva la machine, fabriqua un filet, le mit dans sa poche et n'y pensa plus.

Cependant le secret de son importante découverte s'était ébruité; le préfet de Lyon manda Jacquard et lui apprit qu'il avait ordre du premier consul Bonaparte de l'envoyer à Paris avec sa machine.

Une chaise de poste l'emporta rapidement vers la capitale sous l'escorte d'un gendarme. Le premier endroit où on le conduisit fut le Conservatoire des arts et métiers (1); les premières personnes qu'il vit furent Bonaparte et Carnot, son premier ministre.

« Est-ce vous qui vous nommez Joseph-Marie Jacquard? lui demanda brusquement Carnot. C'est vous qui prétendez faire ce que Dieu lui-même ne ferait pas : former un nœud sur une corde tendue? » — Interdit par ces paroles, Jacquard ne put prononcer un seul mot; mais Bonaparte le rassura, lui promit sa protection et l'encouragea à poursuivre ses recherches.

Le voilà installé au Conservatoire; tous les secrets de la mécanique étaient sous ses yeux; toutes les difficultés s'aplanirent pour lui. On lui commanda de construire une machine pour la confection des filets; il la construisit. Un châle magnifique qu'il vit lui donna l'idée d'appliquer au tissage de ces étoffes un mécanisme moins cher, et il réussit complètement. Mais son idée fixe d'économiser des bras et des souffrances pour la fabrication des *tissus brochés* (2) ne l'avait pas abandonné; il monta la machine qui porte le nom de Jacquard, et elle parut à l'Exposition de 1801.

Le premier consul récompensa cette admirable découverte, qui a donné une existence nouvelle aux ouvriers lyonnais, par une pension annuelle de 6,000 francs. A Paris, cependant, elle fut accueillie avec indifférence; à Lyon, par la persécution. Lorsque Jacquard voulut introduire sa machine, les ouvriers s'ameutèrent contre lui; on le dénonçait de toutes parts comme l'ennemi du peuple et comme l'homme qui devait réduire toutes les familles à la mendicité. Trois fois sa vie fut menacée, et cette haine aveugle en vint au point que l'on crut devoir détruire publiquement le nouveau métier. Il fut mis en pièces sur la place des Terreaux, aux acclamations de la foule.

Aujourd'hui, le métier Jacquard est répandu partout; son nom est populaire dans l'Europe entière. En 1819, le glorieux mais pauvre inventeur reçut la croix de la Légion d'honneur; il mourut le 7 août 1834 dans le village d'Oullins, à quelques kilomètres de Lyon. Sa statue de bronze décore actuellement une des places de sa ville natale.

Géographie. — *Qu'est-ce que l'Angleterre? — Quels produits extrait-on de ses mines? — Que fabrique-t-on en Angleterre? — Parler de la marine anglaise, des colonies anglaises. — Quelles sont celles que les Anglais nous ont ravies depuis un siècle et demi? — Donnez des détails sur la grandeur, la population, le commerce, etc., de la ville de Londres.*

On entend par *Angleterre* ou plutôt par *Iles Britanniques* une contrée de l'Europe occidentale située entre la mer du Nord, l'océan

(1) Le *Conservatoire des arts et métiers* est un grand édifice où l'on conserve les modèles de toutes les machines.

(2) Un *tissu broché* est celui où l'on figure différents dessins dans l'étoffe en y faisant passer des fils d'or, d'argent, de soie, etc.

Atlantique et la Manche, et comprenant, avec l'Angleterre proprement dite, l'Écosse, l'Irlande et quantité d'îles.

L'Angleterre a un sol extrêmement riche en productions minérales; chaque année on extrait 150 millions de tonnes de houille de ses mines; le fer se trouve abondamment dans le sol; les mines d'étain du comté de Cornouailles, celles de plomb et de cuivre du pays de Galles sont très productives.

Nul pays au monde ne possède un aussi grand nombre de fabriques; on estime que les machines à vapeur que l'on y emploie exécutent le travail de douze cents millions d'hommes. Les objets principaux de l'industrie anglaise sont : les cotonnades, les draps, les lainages, les machines, les outils, la coutellerie, les armes, le papier, les constructions navales, la bière, etc., etc. L'agriculture donne des produits très abondants en céréales, bestiaux et fruits.

La marine anglaise est la plus puissante du monde tant au point de vue militaire que commercial; elle possède 22,000 navires marchands, plus que toutes les nations du monde réunies.

L'Angleterre a fondé des colonies dans toutes les régions du globe; elle y domine sur environ 200 millions de sujets; les principales sont : l'Hindoustan, la colonie du Cap, le Canada, l'Australie. Elle nous a ravi, depuis un siècle et demi, une grande partie de l'Hindoustan, l'île de France ou Maurice, le Canada et plusieurs îles des Antilles.

La capitale des Iles Britanniques est Londres, la plus grande et la plus riche ville du monde; elle compte plus de 4,000,000 d'habitants, et son commerce dépasse celui de toute la France. Située sur la Tamise, qui mesure 800 mètres de largeur, à environ 80 kilomètres de la mer, elle est le rendez-vous de milliers de navires qui débarquent dans des magasins immenses, appelés docks, tous les produits du globe. Londres a des rues magnifiques, des squares immenses, véritables parcs au milieu d'un océan de maisons et de beaux monuments parmi lesquels il faut citer l'église Saint-Paul, celle de Westminster, le palais du Parlement, le palais de Justice, la Tour, le musée Britannique et celui de South-Kensington, auquel rien ne saurait être comparé en France.

100. — **Explications.** (*Élève*, p. 241.)

— Tu ne m'avais pas conté cette histoire, mon fils? dit Mme Richard, après un petit silence.

— Je ne la sais que depuis ce matin; je l'ai apprise par hasard en compulsant pour mon patron quelques livres dans la bibliothèque du Conservatoire * des arts et métiers. Et devinez ce que j'ai vu dans le musée du Conservatoire!

J'ai vu la machine même de Thimonier, celle qu'il a vainement promenée sur son dos à travers le monde, oui, la première des machines à coudre! Elle est là maintenant, elle y demeure en témoignage.

Elle est en bois, propre, brillante, comme si elle venait de recevoir le coup de pouce * de l'ouvrier plein de tendresse et de foi à son idée. J'étais bien ému en la regardant!

Les deux femmes, qui l'écoutaient, l'étaient aussi.

Après un instant, Louis se tourna vers la machine à coudre de sa mère :

— Celle-là, dit-il, n'a pas passé par tant de mauvais chemins. L'Américain Howe en prit le brevet* en 1846 : il en a tiré force argent et gloire. Elle est d'ailleurs un perfectionnement sérieux. Tu as compris, cousine, le mécanisme de celle de Thimonier ?

— Oui.

— Regarde celui-ci.

Il montra l'aiguille américaine qui a un œil près de la pointe et pas de crochet; un fil est passé dans cet œil. Et ôtant la plaque à aiguille de manière à laisser voir la partie inférieure du système, il agita de la main, lentement, le volant.

Navette et aiguille de la machine à coudre.

— Que vois-tu ?

— Je vois, répondit Suzette, s'avancer une petite navette en acier qui porte un autre fil. Celle-ci coud à deux fils.

— Voilà le perfectionnement.

— Oui, dit Suzette en se rasseyant; mais je veux aller, avant mon départ, saluer la couseuse du malheureux ouvrier d'Amplepuis!

Le soir, avant de se coucher, elle écrivit chaleureusement à Mme Valon. Tantôt à cette amie, tantôt à son père, elle adressait ainsi ses impressions* de la journée.

Questionnaire. — Où Louis avait-il appris l'histoire de Thimonier? — Quelle machine avait-il vue au Conservatoire? — Faites-en la description. — Quel parti l'Américain Howe tira-t-il de cette machine dédaignée? — Dites quelques mots du mécanisme de la machine Howe. — Que vit Suzette? — Quelle résolution prit-elle? — A qui adressa-t-elle une lettre, le soir même?

DÉVELOPPEMENT DES SUJETS PROPOSÉS POUR EXERCICES.

Morale. — *Que pensez-vous de l'habitude de noter chaque soir ce que l'on a fait, vu, remarqué, appris dans la journée? — Indiquez-en les avantages. — Comment s'appelle le cahier où l'on prend ces* *notes? — Que nous rappelle à cet égard le nom de Franklin?*

Écrire, jeter sur le papier ses impressions sur ce qu'on a vu de bon, d'utile, de beau; se rendre compte à soi-même de ce qu'on a senti, pensé au cours de la journée; résumer ce qu'on a appris, c'est une jouissance aussi douce que de confier à son amie un bonheur qu'elle partagera. Alors nos impressions se fixent, les idées se développent, les pensées s'élèvent, les sentiments s'épurent, l'esprit se pénètre des connaissances dont il s'est enrichi.

Le cahier où l'on prend ces notes s'appelle notre journal.

Franklin, dans sa jeunesse, s'en servit pour acquérir l'habitude des vertus qu'il regardait comme les plus désirables. Chaque soir, il notait les fautes qu'il avait commises, et au début, effrayé de leur multiplicité, il en vint à s'observer si bien qu'il eut la satisfaction de constater quelques mois après une amélioration notable.

Mme de Lamartine, mère de notre grand poète, conseillait à son fils, et en ces termes, de tenir le journal quotidien de sa vie :

« Fais comme moi; donne un miroir à ta vie. Donne une heure à « l'enseignement de tes impressions et à l'examen silencieux de ta « conscience. Il est bon de penser le jour, avant de faire tel ou tel « acte : J'aurai à en rougir le soir en l'écrivant. Il est doux de fixer « aussi les joies qui nous échappent ou les larmes qui tombent de nos « yeux, pour les retrouver quelques années après sur ces pages, et « pour se dire : Voilà donc de quoi j'ai été heureux; voilà donc de « quoi j'ai pleuré. Cela apprend l'instabilité des sentiments et des « choses; cela fait apprécier la jouissance et les peines, non pas à leur « prix du moment qui nous trompe, mais au prix de l'éternité, qui « seule ne nous trompe pas. »

Composition. — *Rédigez le journal d'une journée de classe et celui d'une journée passée hors de l'école; que tout y soit rigoureusement vrai.*

(Voir, pour modèles, le COURS DE COMPOSITION FRANÇAISE (*Degré supérieur*), Partie du maître, par E. LAPORTE, page 32 et suivantes.)

Prévenir les élèves, pour qu'elles rédigent leur journal en toute sécurité d'esprit, que vous seule lirez leur travail.

Civilité. — LES LETTRES. — *Quand et à qui peut écrire une jeune fille? — Comment doit-on s'exprimer dans une lettre? — Que prescrit la civilité pour le choix du papier et la manière de commencer et de finir les lettres? — Donnez le modèle de trois adresses.*

Dès qu'elle sait écrire et quelque peu orthographier, une jeune fille peut composer de petits billets et de courtes lettres, destinés soit à ses parents, soit à quelques compagnes avec qui elle est en rapports intimes. Cet exercice est excellent pour habituer l'enfant à exprimer ses pensées avec ordre et clarté. Quand elle sera plus âgée, le cercle de sa correspondance restera dans les mêmes limites; d'ailleurs, à cet égard, elle doit consulter son père et sa mère, et leur lire presque toujours les lettres qu'elle prépare, afin de recevoir leurs conseils. « Les paroles volent et les écrits restent, » dit le proverbe; d'où il résulte qu'on doit apporter un soin tout particulier à sa correspondance.

(Voir, pour les autres points, le COURS DE COMPOSITION FRANÇAISE (*Degré élémentaire et moyen*), par E. LAPORTE, Partie de l'élève, pp. 64, 70 et 145.)

101. — Une nouvelle connaissance. (*Élève*, p. 212.)

Le mardi matin qui suivit, les aiguilles allaient, les

balais aussi; Marthe et Suzette fasiaient le ménage.

On frappa. Suzette alla ouvrir et se trouva en présence d'un petit panier qu'on lui tendait et qui, se retirant aussitôt, découvrit un visage animé, aux yeux vifs.

— Tiens! je me trompe de porte! pardon, Mademoiselle, dit avec un accent* méridional la porteuse du panier.

La promenade du Peyrou, à Montpellier.

— Non, vous ne vous trompez pas, Mademoiselle Villette! Entrez donc! répondit de l'intérieur Mme Richard. Ah! voisine, vous voilà enfin de retour!

Mlle Villette était déjà entrée, vive, souriante; elle embrassait Mme Richard et de nouveau tendait son panier.

— Oui, de retour depuis ce matin cinq heures. Ma chère madame Richard, prenez ceci, et laissez-moi m'asseoir.

Mais, tout en s'asseyant, elle ouvrit elle-même le

panier, en tira des olives, de la pâte de coings, un petit flacon d'huile d'Aix, un bout de saucisson d'Arles, cinq oranges de Nice:

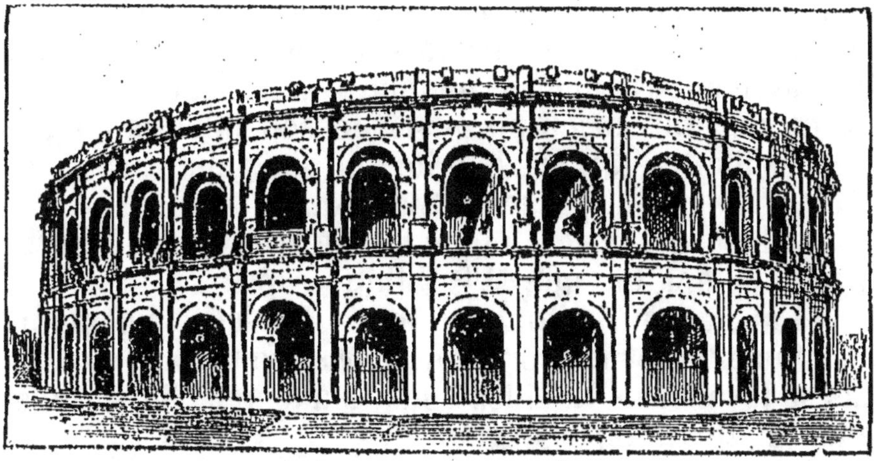

Les Arènes, à Nîmes, ancien amphithéâtre romain où 24,000 spectateurs pouvaient s'asseoir.

— Et voilà!

Elle avait l'air tout heureux.

Mlle Villette, la voisine, — elle habitait le quatrième —

Les omnibus.

Ce sont des voitures publiques qui desservent des quartiers de ville, et où chacun peut monter pour une somme modique. A Paris, les premiers omnibus furent établis sous la Restauration.

arrivait de Montpellier, son pays, où sa jeune sœur venait de se marier. Et profitant de la circonstance, dit-elle, elle avait poussé jusqu'à Nîmes, chez une vieille tante, et même jusqu'à Toulon, chez une cousine.

Les Arènes * de Nîmes, le grand port * de Toulon,

de vrais amis d'enfance, lui étaient aussi chers que son Peyrou* montpelliérain. Et on doit visiter ses vieux amis, quand on le peut, n'est-ce pas? L'école professionnelle, où elle était professeur de broderie, l'avait obligeamment remplacée pendant quinze jours.

Tout cela fut dit en un quart de seconde; la langue de Mlle Villette était aussi agile que ses yeux.

Mme Richard lui présenta Suzette.

Et la Picardie et le Languedoc se trouvèrent bientôt en telle sympathie que Mlle Villette reprit :

— J'ai à courir tout le jour. Puisque mademoiselle Suzette est ici pour voir Paris, confiez-la-moi. — Puis se levant : — Habillez-vous, Mademoiselle; je descends mettre mon chapeau.

Moins d'une demi-heure après, on courait vers les Ternes*, où il y avait un autre petit panier à porter. On était en omnibus aux premières places, sur l'impériale, endroit des plus commodes, par le beau temps, pour voir Paris sans fatigue.

Questionnaire. — Que vit Suzette en ouvrant la porte? — Que lui dit une jeune fille? — Que répondit de loin Mme Richard? — Comment Mlle Villette fit-elle son entrée? — Qu'offrit-elle à Mme Richard? — Qu'était cette jeune fille et d'où arrivait-elle? — Qu'avait-elle visité durant son voyage? — Qu'arriva-t-il lorsqu'elle et Suzette eurent été présentées l'une à l'autre? — Que proposa-t-elle? — Où était-on une demi-heure après? — Qu'est-ce que les omnibus?

DÉVELOPPEMENT DES SUJETS PROPOSÉS POUR EXERCICES.

Morale. — Des Attentions. — *Qu'entend-on par attentions entre jeunes filles, entre enfants et parents, parents et enfants, de voisine à voisine? Exemples. — Qu'indique l'habitude des attentions? — Quel en est l'effet? — Quelle résolution prendrez-vous à cet égard? — Une petite égoïste a-t-elle des attentions; pourquoi?*

On appelle attentions entre jeunes filles les actes qu'on échange en vue de rendre de petits services propres à éviter quelque fatigue, quelque ennui à celle qui en est l'objet; elles sont encore des marques de déférence que les plus jeunes témoignent à leurs aînées.

Entre enfants et parents, elles ont, de plus, un caractère affectueux et elles s'étendent jusqu'aux plus humbles détails de la vie domestique; — entre parents et enfants, elles sont une preuve de satisfaction qui montre à ces derniers que leur bonne conduite les relève aux yeux du père et de la mère, et les rapproche d'eux; — entre voisines, elles constituent un échange de bons procédés, de soins discrets, qui adoucissent ce que la vie commune a d'incommode ou de gênant parfois.

Ainsi, une jeune fille se lèvera avant sa mère souffrante, pour préparer le déjeuner du matin, allumer les feux, cirer les chaussures du bébé; — un père offrira à sa fille un bouquet lors de l'anniversaire de sa naissance ou bien un livre, un bijou; — une voisine fera les commissions d'une dame à qui l'âge rend les courses fatigantes; — entre compagnes de classe, on se préviendra à l'heure de la rentrée pour partir ensemble; on offrira son crayon, sa règle; on s'aidera à tailler un patron avant que ce bon office soit demandé, etc.

L'effet des attentions est de rendre les rapports plus faciles, plus agréables et de fortifier les bonnes relations que l'on entretient avec les autres; ainsi la vie devient plus douce et meilleure.

Une petite égoïste ignore ce qu'il en est des attentions; elle ne pense qu'à elle; elle ne voit qu'elle; elle n'a ni le loisir ni la volonté de songer à ce qui peut faire plaisir à autrui : de tous les travers, il n'en est pas de plus odieux.

Français. — *Qu'entend-on par accent local? Exemples. — Que doit-on faire pour corriger l'accent local? — Outre l'accent, il y a en usage dans chaque province des mots et des tournures de phrases incorrectes : qui nous en fera perdre l'habitude? — Quelles lectures viendront à l'appui des conseils que nous recevons?*

On appelle accent local des inflexions ou changements dans le ton de la voix, particuliers aux habitants de certaines provinces ou aux personnes d'une condition peu élevée. Ainsi, à Paris, par exemple, on grasseye excessivement, l'on prononce le *g* suivi de la voyelle *a*, comme s'il était suivi de *ui;* dans le Nord, on traîne sur les syllabes finales; dans le centre, en Bourgogne notamment, les inflexions sont chantantes; dans le Midi, on scande les syllabes; on y prononce *an*, *in*, *on* comme si ces voyelles étaient écrites *anne*, *inne*, *onne*, etc., etc.

Pour corriger ces défauts, il faut écouter avec attention comment s'expriment les personnes instruites qui n'ont jamais eu ou qui ont perdu l'accent local; on s'exercera chez soi à reproduire le plus fidèlement possible leurs intonations.

On remarque, en outre, dans le langage en cours dans la plupart des provinces, des mots et des tournures de phrases vieillies et même incorrectes. Ce sont, presque toujours, des souvenirs de l'ancienne langue ou du patois local, auxquels il faut renoncer dans l'intérêt de l'uniformité de la langue nationale moderne. En s'obstinant à les conserver, on s'expose à n'être pas bien compris et à se rendre ridicule. On en perdra l'habitude par la lecture attentive des bons auteurs et l'étude de la grammaire.

Géographie. — *Tracer la carte de la partie de la France baignée par la Méditerranée. — Y faire figurer le Rhône, le Gard, l'Aude, l'Hérault. — Y marquer les villes citées dans la leçon de lecture, ainsi que Marseille, Perpignan, Narbonne, Carcassonne, Béziers, Cette, Avignon, Arles, Aix, Draguignan, Grasse, Nice.*

Quels sont les produits du Midi?

(Consulter, pour le tracé en question, un bon atlas.)

L'île de Corse et onze départements du littoral de la Méditerranée fournissent la meilleure huile d'olive du monde. Les mêmes régions de la France et d'autres départements du Midi récoltent la feuille du mûrier, qui nourrit le ver à soie; mais la gloire et la grande richesse de la France méridionale, ce sont ses vignobles. Au pied des Cévennes et des Alpes, dans la vallée du Rhône et de la Saône, dans le Bordelais, sur les pentes de l'Angoumois et de la Saintonge tournées vers le soleil, se trouvent les vignobles les plus étendus et les plus productifs de France. Les environs de Nice, de Cannes, d'Hyères sont de vastes champs de fleurs d'où l'on exporte, dans la saison d'hiver, des roses, des lilas, des violettes en quantités vraiment prodigieuses. Enfin, la vallée de la Garonne produit des fruits délicieux; les pruneaux d'Agen sont célèbres.

102. — Un Américain. (*Élève*, p. 215.)

— Voici les grands boulevards, la Madeleine, copiée sur la Maison carrée de Nîmes, dit Mlle Villette; puis,

La Maison carrée, à Nîmes, temple romain de l'époque d'Auguste, parfaitement conservé.

dans le faubourg Saint-Honoré, le palais de l'Élysée, résidence du président de la République.

Comme on y arrivait, l'omnibus s'arrêta net : tous les voyageurs se penchèrent. Une voiture découverte, où se trouvait un monsieur, sortait du palais; les sentinelles présentaient les armes.

— Le président ! le président !

C'était, en effet, le président.

— Mais il a l'air aussi simple que papa ! dit Suzette,

comme l'omnibus suivait la voiture filant devant le Ministère de l'Intérieur*.

Une voix répondit :

— Pourquoi, Mademoiselle, un président de république ne serait-il pas simple, je vous prie? Le voudriez-vous avec des yeux insolents et avec un grand plumet à son chapeau? Nos présidents des États-Unis depuis Washington* se sont montrés simples aussi, comme votre papa, et comme moi.

L'Américain, un homme à figure barbue, joviale, qui parlait ainsi, avec une brusquerie agréable, était assis à côté de Suzette.

Mlle Villette, assise de l'autre côté, se pencha, regarda l'étranger, et lui trouvant honnête mine, continua la conversation, qui en vint vite aux écoles :

— Ah ! ah ! les écoles, oui, nous nous en occupons, Mademoiselle ! Dans le seul État de New-York, dont je suis, — et la république américaine compte quarante-neuf États — nous dépensons par an plus de soixante millions ; nous en dépenserons bientôt cent pour elles, toutes gratuites. Car nous savons que les écoles seules font les nations fortes et les peuples libres, comme l'ignorance fait les esclaves. Aussi, nous, Américains, nous léguons* volontiers, en mourant, une partie de nos biens aux écoles qui nous ont rendus capables de mener notre vie et nos affaires.

Il tira un journal de sa poche, et frappant dessus :

— Voilà pourtant un Français qui, s'adressant aux paysans, ose écrire que « la France dépense trop pour ses écoles » ! Mais où donc veut-il qu'elle place mieux son argent?

On arrivait à l'avenue* de Wagram qui débouche sur l'Arc de triomphe. L'Américain se leva, et, après un léger salut de la tête, descendit.

Questionnaire. — Qu'est-ce que la Madeleine ; — le palais de l'Élysée? — Quelle personne sortait du palais au passage de l'omnibus? — Quelle réflexion échappa à Suzette? — Que dit un Américain voisin de la jeune fille? — Quels détails donna-t-il sur les écoles des États-Unis? — Pourquoi les citoyens des États-Unis attachent-ils autant d'importance aux écoles? — Que font certains d'entre eux en mourant? — Quelle remarque fit l'Américain au sujet d'un article du journal qu'il lisait? — Où s'arrêta l'omnibus?.

DÉVELOPPEMENT DES SUJETS PROPOSÉS POUR EXERCICES.

Morale. — LES ÉCOLES. — *Ce qu'est une école. — Qui la crée? — Qui fait bâtir l'édifice où on l'installe? — De quoi se compose le mobilier d'une école? — Utilité des écoles. — Combien y a-t-il de sortes d'écoles primaires? — Qui les dirige? — Qui les surveille et constate les progrès des élèves?*

Une *école* est un établissement où l'on enseigne, avec la lecture et l'écriture, les éléments des lettres, des sciences et des arts.

On applique quelquefois ce nom au local où l'école est établie.

Les écoles sont créées par l'État, qui nomme et paye les instituteurs et les institutrices chargés de les diriger. Les communes font bâtir le local où l'on installe ces établissements; elles pourvoient à l'achat du mobilier nécessaire à la salle de classe et du matériel d'enseignement, comme les cartes, les tableaux d'histoire naturelle, les modèles de dessin.

Le mobilier d'une école se compose de tables avec siège, pour les élèves, d'un bureau pour la maîtresse, d'un poêle, d'encriers et de tableaux noirs.

Les écoles rendent de grands services, car les parents n'ont ni le temps ni souvent les connaissances nécessaires pour instruire leurs enfants, et dans ces établissements des fonctionnaires choisis par l'État donnent à la jeunesse l'éducation qui développe chez tous les facultés de l'âme, de l'esprit et du corps.

Il y a trois sortes d'écoles primaires :

Les *écoles maternelles*, pour les enfants de deux ans révolus à six ans;

Les *écoles primaires*, pour les enfants de six à treize ans;

Les *écoles primaires supérieures*, pour les enfants plus âgés et munis de leur certificat d'études.

Les écoles maternelles sont confiées à des femmes qui prennent le titre de *directrices d'écoles maternelles;* — les écoles primaires, à des instituteurs et à des institutrices qui ont droit au titre de *directeur* ou de *directrice*, si l'établissement à la tête duquel ils sont placés compte plusieurs classes; — les écoles primaires supérieures ont un *directeur* et des *professeurs* munis au moins du brevet supérieur.

Dans chaque arrondissement, un *inspecteur* est chargé de surveiller les écoles et de constater les progrès des élèves; il a pour collaborateurs des notables qui, sous le nom de *délégués*, s'enquièrent des besoins des établissements d'instruction et les signalent à l'autorité supérieure.

Instruction civique. — *Quel est le titre du chef du gouvernement en France? — Qui nomme le président de la République? — Quels sont : la durée de ses fonctions, — son traitement annuel? — En quoi consistent ses fonctions? — Où réside-t-il? — Quel était le titre du chef du gouvernement français en* 1804, — *en* 1847?

Le chef du gouvernement français a le titre de président de la République; il est élu par les sénateurs et les députés réunis à Versailles en *Assemblée nationale;* la durée de ses fonctions est de sept ans, et il jouit d'un traitement de 1,200,000 francs.

Le président de la République fait exécuter les lois votées par les Chambres, avec le concours de ministres responsables dont il a le choix. Il a le droit de faire grâce; il dispose de la force armée; il nomme à tous les emplois civils et militaires; il peut, sur l'avis conforme du Sénat, dissoudre la Chambre des députés avant l'expiration de son mandat. C'est lui encore qui préside aux solennités nationales et reçoit les ambassadeurs des puissances étrangères.

Le président de la République réside à Paris, au palais de l'Élysée.

En 1864, le chef du gouvernement français était un empereur; avant 1847, c'était un roi.

Histoire. — *Qui a fondé Nîmes? — Qui l'a embellie? — Qu'étaient-ce que les Romains? — Que vous rappelle Wagram? — Pourquoi élève-t-on des arcs de triomphe et des colonnes sur les places publiques des grandes villes? — Citez les arcs de triomphe et les colonnes historiques qu'on remarque à Paris. — Connaissez-vous des villes de France où les Romains ont bâti des arcs de triomphe ou des portes triomphales?*

Nîmes a été fondée aux temps les plus anciens de la Gaule par la tribu de Volces dont elle devint la capitale; elle reçut une colonie de Marseille, et, vers l'an 120 avant J.-C., elle était soumise aux Romains. L'empereur Auguste y envoya une colonie de vétérans; elle prit alors un rapide développement et atteignit une splendeur dont témoignent les magnifiques monuments qui sont encore debout.

Les Romains étaient un peuple du centre de l'Italie qui subjugua d'abord cette contrée, puis toutes les nations établies sur les rivages de la Méditerranée. Leur domination formait un immense empire de plus de 120 millions d'habitants.

Wagram, petit village de la basse Autriche, est célèbre par la victoire que Napoléon Ier remporta sur les Autrichiens, les 5 et 6 juillet 1809, et par laquelle il les rejeta en Bohême.

On élève des arcs de triomphe et des colonnes de pierre ou de bronze sur les places publiques pour perpétuer le souvenir de conquêtes et de victoires. On remarque à Paris l'arc de triomphe de l'Étoile, élevé à la mémoire des immortelles campagnes de Napoléon Ier; les portes Saint-Denis et Saint-Martin, qui rappellent les conquêtes de Louis XIV; la colonne Vendôme, édifiée en souvenir de la campagne de 1805, et dont les plaques de bronze qui la revêtent ont été tirées des canons pris à Ulm et à Austerlitz; la colonne de la place du Châtelet, la colonne de Juillet.

Les Romains édifièrent des arcs de triomphe ou des portes triomphales dans la plupart des grandes villes. Il en existe encore dans les villes de Saintes, Autun, Nîmes, Besançon, Orange.

103. — Un grand magasin. (*Élève*, p. 217.)

Jusqu'aux Ternes, Mlle Villette et Suzette ne tarirent* pas sur la question.

Le panier remis à son adresse, elles remontèrent sur un autre omnibus qui les mena au magasin du Louvre, où la demoiselle devait faire des commandes pour ses amies du Midi. Lorsqu'on revient de province à

Paris, c'est généralement les bras chargés de paniers et de commissions.

Le magasin du Louvre rappela les grandes Halles à Suzette. C'était une abondance pareille à celle des victuailles, un amoncellement de choses à faire croire que toutes les créations de l'industrie se concentraient* ici.

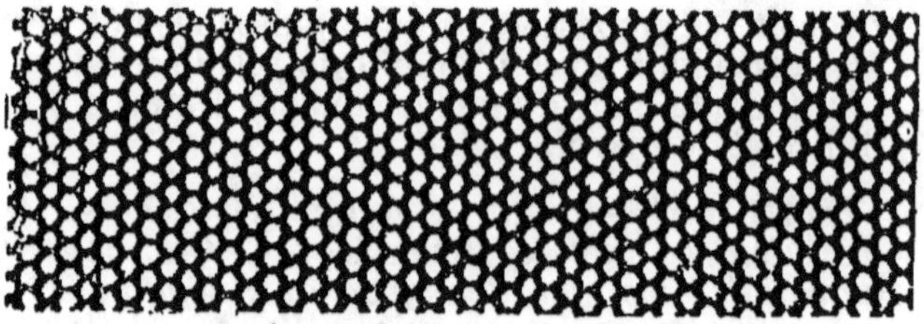

Tulle noir, sorte de tissu en réseau.

Guipure noire.

Dentelle espagnole.

Elle vit au passage les batistes, les toiles de la Flandre et de la Normandie, les tulles du Pas-de-Calais, les draperies de Lodève, de Sedan, d'Elbeuf, les soieries de Lyon, les rubans de Saint-Étienne.

Mlle Villette lui montra particulièrement les broderies de Lorraine, les dentelles d'Auvergne, du Bourbonnais, de la Bretagne, de Valenciennes, d'Alençon, sans oublier celles de Bruxelles, d'Angleterre, de Russie, d'Espagne.

On traversa des salles pleines de bibelots* chinois et japonais. Les vases de bronze ciselé*, les potiches* de faïence aux couleurs inimitables, les merveilleux cloisonnés* où des fils ténus* de cuivre dessinent les ornements coloriés par l'émail*, les paravents, les laques* brillants, tenaient fort ouverts les yeux de la jeune visiteuse.

Mais il fallait se hâter, suivre les jambes frétillantes de Mlle Villette. Elle se disait si pressée qu'on monta tous les étages en ascenseur*.

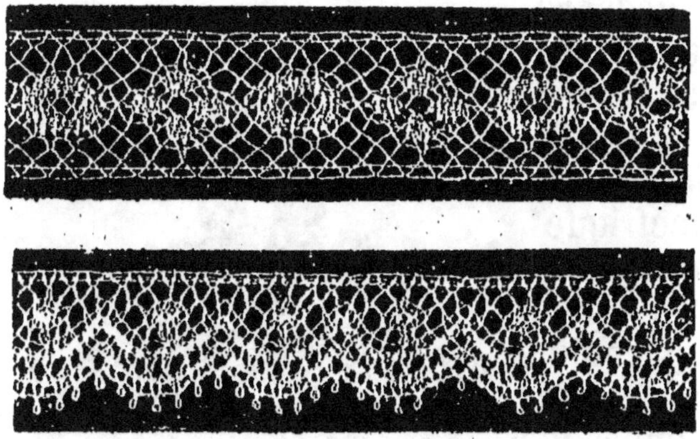

Dentelle de Valenciennes. — Entre-deux et garnitures.

Et là, des chaussures, des chapeaux, de la lingerie à foison, de la confection. On courait : le long des couloirs s'ouvraient de grandes pièces où vous

Le métier à tisser Jacquard.

Jacquard (1752-1834), célèbre mécanicien français, né à Lyon, est l'inventeur d'un métier à tisser qui porte son nom et qui a beaucoup étendu l'art du tissage. Le jacquard sert à tisser des étoffes brochées.

attendait la tentation de meubles sculptés, de tapis

d'Orient, d'Aubusson, de Beauvais et de ces belles moquettes tissées au jacquard.

« La plupart de ces pièces, basses, sans jour, étaient éclairées par une lumière blanche, froide, comme celle d'un clair de lune très intense*, la lumière électrique*, auprès de laquelle celle du gaz n'est plus guère qu'un quinquet fumeux. Ici, comme en bas et partout, à chaque rayon, c'était un tohu-bohu d'acheteurs et d'acheteuses, de vendeurs et surtout de vendeuses pliant, dépliant, offrant la marchandise.

Passementerie.

On donne ce nom à des ornements contournés avec de la gause, qui se cousent sur les vêtements ou sur les étoffes.

Suzette fut frappée de la pâleur de ces demoiselles de magasin.

— Allez, allez, lui dit Mlle Villette en touchant sa joue rose, il vaut mieux vivre aux champs qu'ici.

Toutes les commissions faites, on quitta le Louvre.

— Voilà un omnibus ; courons déjeuner!

Car Mlle Villette l'emmenait déjeuner.

— Et où, Mademoiselle?

— A mon école.

Questionnaire. — Où allèrent les deux jeunes filles après la remise du panier? — Pourquoi le magasin du Louvre rappela-t-il les Halles centrales à Suzette? — Énumérez ce qu'elle vit au passage. — Quelles broderies lui montra Mlle Villette? — Que renfermaient les salles que l'on traversa ensuite? — Par quel moyen arriva-t-on aux étages supérieurs? — Quelles marchandises diverses se trouvent dans les salles de ces étages? — Quel est le mode d'éclairage adopté au magasin du Louvre? — Donnez une idée de la foule qui se trouvait là. — Qu'est-ce qui frappa Suzette en considérant les employées? — Quelle fut la réflexion de Mlle Villette? — Où emmena-t-elle Suzette?

DÉVELOPPEMENT DES SUJETS PROPOSÉS POUR EXERCICES.

Géographie. — *Tracer une carte de France d'à peu près 0m,15, de Calais à l'Espagne. — Y marquer les provinces, les départements, les villes dont il est parlé dans la leçon. — Figurer au nord la côte anglaise ; indiquer Bruxelles.*

On ne dessinera pas le contour des provinces ; mais on inscrira leur nom en grosse écriture à l'endroit de leur plus grande dimension, sur la carte de France, comme cela se pratique d'ailleurs dans les atlas.

Industrie. — *Dire ce que c'est que : la batiste, la toile, le drap, les soieries (nommer quelques-unes de ces étoffes), un ruban, de la dentelle, du bronze, de la faïence, un paravent, un tapis, une moquette.*

La *batiste* est une toile de lin très fine et d'un tissu très serré : ce nom vient de celui du premier fabricant, Baptiste, dont la statue se voit à Cambrai.

La *toile* est un tissu de fils de lin, de chanvre ou de coton.

Le *drap* est une étoffe épaisse de fils de laine.

On entend par *soieries* toutes sortes d'étoffes et de marchandises de soie, telles que la faille, le velours, le damas, le brocart.

Un *ruban* est un tissu de fils de soie ou de laine, plat et mince et qui n'a pas ordinairement plus de trois ou quatre doigts de large.

La *dentelle* est une sorte d'étoffe à jour et à mailles très fines ainsi nommée parce que les premières qu'on fit étaient dentelées.

Le *bronze* est un alliage de cuivre, d'étain et de zinc de couleur jaune brun ; il est extrêmement sonore.

La *faïence* est une sorte de poterie de terre vernissée, ordinairement à fond blanc, ainsi nommée de la ville de *Faenza*, en Italie, où l'on en fabriqua en premier lieu.

Un *paravent* est un meuble dont on se sert dans les chambres pour se garantir du vent : il se compose de cadres de bois, assemblés de manière à pouvoir se replier les uns sur les autres, qu'on a garnis de papier ou d'une étoffe de tenture.

Un *tapis* est une pièce d'étoffe épaisse dont on couvre une table, une estrade, le carreau ou le parquet d'une chambre.

Une *moquette* est une étoffe à chaîne et à trame de fil, veloutée en laine, dont on fait les tapis et dont on recouvre les chaises.

ÉCLAIRAGE AU GAZ. — *Que se produit-il lorsqu'on chauffe de la houille en vase clos? — Propriétés de ce gaz. — Comment l'utilise-t-on? — Où le fabrique-t-on en grand? — Parler du gazomètre, des tuyaux de distribution. — Dangers de l'emploi du gaz d'éclairage. — Comment on les prévient.*

Lorsqu'on chauffe de la houille en vase clos, il se dégage de ce minéral un gaz inflammable, l'*hydrogène*, mélangé à des parcelles infiniment petites de carbone.

Ce gaz brûle avec facilité en donnant une belle lumière dont le pouvoir éclairant est de beaucoup supérieur à celui des chandelles et des bougies. L'idée d'éclairer les rues et les appartements au moyen de ce produit est due à un ingénieur français, *Philippe Lebon*, et date de 1801. L'indifférence de ses concitoyens pour cette belle découverte et la ruine à laquelle ses essais avaient abouti, le firent mourir prématurément. Les Anglais surent habilement mettre ses idées en pratique, et, en 1805, plusieurs fabriques de Birmingham furent éclairées au gaz ; ce fut seulement en 1818 que ce procédé fut introduit en France.

On fabrique le gaz d'éclairage dans des usines ordinairement situées à la partie la plus basse des villes afin qu'en raison de sa grande légèreté, il puisse facilement circuler à l'intérieur des tuyaux de distribution. Le produit de la distillation de la houille, faite dans de gros cylindres de fonte, est purifié, puis amené sous une énorme cloche métallique appelée *gazomètre*. De là, il se répand dans les tuyaux qui alimentent les becs de gaz, soit dans les rues, soit dans les maisons.

Le gaz d'éclairage, lorsqu'il prend feu en grande quantité, à l'air libre, fait explosion ; alors les murailles sont ébranlées, les plafonds défoncés, les vitrines projetées en avant et brisées en mille éclats. Il ne faut donc jamais oublier de fermer les becs de gaz, et, dès que l'odeur de ce produit se manifeste, en rechercher la cause avec la précaution d'éteindre toutes les lumières.

104. — L'école professionnelle. (*Élève*, p. 220.)

Rue Fondary, à Grenelle, sur la porte d'un grand bâtiment où flottait gaiement le drapeau aux trois couleurs, se lisaient ces mots :

« *École professionnelle ménagère de la Ville de Paris.* »

— La Ville de Paris, dit Mlle Villette en entrant, c'est le Conseil municipal qui, sur la question des écoles, pense et agit comme l'Américain de tout à l'heure.

Principaux ustensiles de cuisine.

La *poêle* (1) sert spécialement pour les fritures et les omelettes ; la *marmite* (2), pour le pot-au-feu et la soupe aux choux ; la *casserole* (3) et le *poêlon* (4) servent dans les campagnes pour préparer la nourriture des bestiaux et dans les villes pour faire chauffer de l'eau. Une autre *marmite* (5), plus grande que la première, est souvent employée pour faire bouillir le linge. — Les ustensiles de cuisine sont en cuivre, en fer battu, en terre ou en tôle émaillée. Ceux en cuivre doivent être nettoyés avec du grès, du tripoli et un acide appelé eau de cuivre ; sans ces précautions, on voit se développer la rouille du cuivre, le *vert-de-gris*, qui est un terrible poison. Les ustensiles en fer battu se nettoient avec du grès et du blanc d'Espagne et doivent être étamés ; ceux en terre et en tôle émaillée se nettoient simplement à l'eau bouillante.

Après avoir salué la directrice, Mme Lajotte, elle lui présenta Suzette comme une jeune fermière à qui elle voudrait bien faire goûter les cours, et aussi le déjeuner de l'établissement.

Mme Lajotte répondit gracieusement que Mlle Suzette goûterait des deux, mais du déjeuner avec plus de plaisir, sans doute, si elle allait d'abord faire sa part de cuisine.

— Et vite! on a faim! Mlle Villette poussa rondement la fermière vers la cuisine.

C'était une grande pièce ornée de casseroles, poêles, poêlons et autres ustensiles accrochés le long du mur, au-dessus du fourneau.

Huit jeunes filles assises autour d'une longue table de chêne étaient en train de nettoyer des moules*, de les gratter, d'en enlever le sable ainsi que le byssus * par lequel elles s'accrochent aux rochers.

Moules attachées au rocher et moule ouverte.

Les moules vivent fixées aux rochers des côtes maritimes et principalement sur ceux que découvre la marée basse; on en trouve abondamment sur les rivages de la Normandie et de la Bretagne. Après avoir bien nettoyé les coquilles des moules, on les met sur le feu dans une casserole; en s'entr'ouvrant, elles laissent échapper l'eau qu'elles contenaient; on ajoute du poivre, du persil et de l'oignon et l'on obtient un mets très agréable et prêt à être mangé.

— Attention au sable! disait une grande personne, debout devant la table.

Cette personne semblait n'avoir froid ni aux yeux ni aux mains, et, tout en commandant, travaillait elle-même une purée de pommes de terre.

C'était la maîtresse de cuisine.

— Je vous amène du renfort, madame Pierre, dit Mlle Villette.

— Eh bien! à l'ouvrage, Mademoiselle!

Et Mlle Suzette, débarrassée de son manteau, de son chapeau, est aussitôt mise en relation avec les coquillages.

Elle gratte, gratte, en ménagère qu'aucun épluchage n'embarrasse.

La conversation s'engage entre les jeunes cuisinières: cinq d'entre elles sont couturières; deux, corsetières; une, fleuriste.

Huit par huit, et toute une semaine, à tour de rôle, les élèves cuisinent ainsi.

— Notre école, dit la fleuriste, mignonne blonde de quinze ans, à l'œil gai, notre école est aussi un ménage; nous le faisons, nettoyant et cuisinant.

On nous enseigne encore à récurer, à lessiver, à repasser, à repriser; car fleuriste ou couturière, quand une fois on se marie, il y a un ménage à mener, en outre du métier. Et même on nous conduit au marché, pour nous apprendre à connaître les marchandises, à faire sagement les achats. Le matin, nous continuons nos études scolaires, et en les complétant par la comptabilité *, le dessin, l'économie domestique *.

Elle lui dit aussi que le déjeuner qu'elles préparent ici est celui des dames professeurs et des cuisinières, mais que les élèves de l'école mangent à la cantine *, à côté.

— Elles ont aujourd'hui un menu qui vaut le nôtre : un potage de poireaux et pommes de terre, un rôti de mouton et des haricots. Cela, largement servi, coûte trente-cinq centimes par tête.

— Un si bon déjeuner pour trente-cinq centimes? dit Suzette étonnée.

— Oui, mais vous entendez bien, le Conseil municipal y met du sien.

La maîtresse cuisinière donna l'ordre de laver les coquillages. On les trempa dans quatre eaux. Et à la casserole !

Puis on s'occupa de préparer un reste de bouilli de bœuf au gratin.

Et les mouvements des huit jeunes filles étaient suivis, menés, corrigés par la voix de la maîtresse.

L'heure venue, on déjeuna. On causa; on écouta Mlle Villette qui racontait d'une façon vive et pittoresque son méridional voyage.

Questionnaire. — Quel établissement se trouve à Grenelle, rue Fondary? — Qui a installé l'école professionnelle? — A qui Suzette fut-elle présentée et comment fut-elle accueillie? — Que lui proposa-t-on? — Décrivez la cuisine de l'école. — Que faisaient, dans cette pièce, huit jeunes filles? — Que direz-vous de la maîtresse de cuisine? — A quelle besogne mit-on Suzette? — Quelles étaient les professions qu'apprenaient les huit jeunes filles? — Pourquoi leur enseignait-on encore à faire le ménage? — A qui le déjeuner était-il destiné? — Quel était le menu du jour? — A combien revenait la portion? — Comment s'achevèrent les préparatifs du déjeuner?

DÉVELOPPEMENT DES SUJETS PROPOSÉS POUR EXERCICES.

Morale. — Le Drapeau national. — *En quoi il consiste ; ce qu'on lit sur celui de chaque régiment. — De quoi est-il l'emblème ? — Qui le garde, qui le défend ? — Qu'indique-t-il quand il est placé sur certains édifices ? — Où ne devrait-on pas le voir, et pourquoi ?*

Le drapeau national, en France, est une pièce d'étoffe à trois bandes verticales, bleue, blanche et rouge ; il est attaché à une espèce de lance de manière qu'il puisse se déployer et flotter. Le drapeau sert à désigner la nation qui l'arbore, et, dans les combats, à donner un signal et à indiquer un point de ralliement. Chaque régiment de l'armée a le sien, et sur l'étoffe on brode le nom des batailles où cette troupe s'est distinguée.

« Le drapeau est l'emblème de la patrie ; c'est l'honneur du régiment ; c'est comme la conscience des braves qui marchent à la mort sous ses plis ; c'est le devoir dans ce qu'il a de plus sérieux et de plus fier, il semble que tous les cœurs du régiment tiennent à sa hampe par des fils invisibles.

« Le perdre, c'est la honte éternelle. Autant vaudrait souffleter un à un ces milliers d'hommes, que leur arracher d'un seul coup leur drapeau. Personne ne peut comprendre ce que souffre un soldat qui sait que son drapeau est demeuré aux mains de l'ennemi. » (J. Claretie.)

La garde du drapeau du régiment est confiée à l'élite des soldats, et celui qui le porte est un brave prêt à sacrifier sa vie pour défendre ce symbole auguste de la patrie.

Placé sur certains édifices, il indique que ce sont des établissements de l'État. Il ne devrait flotter que là et non sur ces baraques malpropres des foires et d'autres lieux de divertissements publics, où il est trop souvent le témoin de mille choses honteuses ou ridicules.

Industrie. — *Dire en quelques mots ce qu'est : une casserole, une poêle, une bassine, un poêlon, un ustensile de cuisine, une passoire, une écumoire, une salière, un huilier, un fourneau, une rôtissoire, une coquille.*

(Voir pour la marmite, la casserole, la poêle, le poêlon, les ustensiles de cuisine, la légende des gravures de la page 221, Élève.)

Une *bassine* est une sorte de vase large et profond dont on se sert pour faire chauffer, bouillir et fondre diverses substances.

Une *passoire* est un vaisseau de terre ou de métal percé d'un grand nombre de petits trous, et dans lequel on écrase des pois, des lentilles, pour en tirer la purée ; des groseilles et d'autres fruits pour en extraire le jus. On y jette aussi le bouillon des soupes lorsqu'on veut le débarrasser de certains assaisonnements qui ont contribué à sa préparation.

Une *écumoire* est un ustensile de cuisine fait en forme de cuiller plate, percée de plusieurs petits trous, et qui sert à enlever l'écume qui se forme sur certains liquides en ébullition.

Une *salière* est une pièce de vaisselle pour mettre le sel qu'on sert sur la table ; on donne encore ce nom à un ustensile de cuisine, ordinairement de bois, où l'on met le sel.

Un *huilier* est un vase destiné à contenir les burettes où l'on met l'huile et le vinaigre dont on use à table.

Un *fourneau* est un ustensile de ménage dans lequel on place le feu destiné à faire cuire les aliments.

Une *rôtissoire* est un ustensile de cuisine qui sert à rôtir la viande.

Une *coquille* est un vase auquel on donne la forme d'une coquille. On désigne encore sous ce nom l'ustensile en fonte contenant du charbon allumé que l'on place devant une rôtissoire portative.

Économie domestique. — *Qu'est-ce que récurer, lessiver, repas-*

ser, repriser, mener un ménage? — Qu'est-ce qu'un menu de repas (faites celui de votre dîner et de votre souper), un potage, du bœuf au gratin?

Récurer ou *écurer* la vaisselle ou la batterie de cuisine, c'est nettoyer, frotter, éclaircir avec du sablon, de la lie ou autre chose semblable.

Lessiver, c'est nettoyer au moyen de la lessive.

Repasser, c'est passer un fer chaud sur du linge, de la dentelle, pour les rendre plus unis et pour en ôter les mauvais plis.

Repriser, c'est réparer une étoffe qui a été déchirée ou un tissu dont une maille a été enlevée.

Mener un ménage, c'est diriger toutes les opérations, tous les travaux qu'en exige la bonne tenue.

Le *menu* d'un repas est la note de tout ce qui doit y entrer, disposé selon l'ordre du service.

Un *potage* est un aliment composé de bouillon et de tranches de pain, ou de quelque autre substance alimentaire, comme les pâtes connues sous les noms de vermicelle, gruau, tapioca.

Du *bœuf au gratin* est formé de tranches de bouilli frites dans le beurre ou le lard, saupoudrées de chapelure de pain et assaisonnées de persil coupé menu.

Comment préparez-vous un potage au pain, au vermicelle, au tapioca; — du bouilli au gratin? — Quel avantage y a-t-il à savoir accommoder les restes d'un repas précédent? Exemples.

POTAGE AU PAIN. — Coupez dans la soupière des tranches minces de pain blanc provenant d'une flûte; versez le bouillon très chaud; posez le couvercle, et, cinq minutes après, servez.

POTAGE AU VERMICELLE. — On jette le vermicelle dans le bouillon en ébullition pour le faire cuire, ce qui peut durer un quart d'heure ou vingt minutes. Le *potage au tapioca* se prépare de la même manière.

BOEUF BOUILLI AU GRATIN. — Faites revenir dans une poêle du lard de poitrine coupé par petits morceaux; quand il est revenu, foncez-en un plat qui aille au feu, saupoudrez-le de chapelure et mettez dessus des oignons et du persil hachés, une pointe d'ail également hachée, sel, poivre, épices. Arrangez dessus vos tranches de bœuf; couvrez-les d'oignons, persil et chapelure comme ci-dessus et mouillez de bouillon; faites cuire à petit feu et gratinez ensuite par un feu plus vif et du feu sur le couvercle, ou servez à longue sauce sans gratiner.

Il y a de sérieux avantages à savoir accommoder les restes d'un plat; on peut en obtenir ainsi, à peu de frais, un autre plat abondant et nutritif par l'addition de légumes ou d'une sauce; et ce n'est pas à dédaigner dans les ménages où l'on est obligé de compter. On préparera ainsi en ragoût un reste de gigot, un morceau de bouilli de la veille, etc.

105. — Jeunes travailleuses. (*Élève*, p. 224.)

Après le repas et la récréation, on monta au premier étage, aux ateliers. Il y en avait sept: un pour chacune des professions enseignées: couture et confection, lingerie, blanchissage et repassage, broderie sur étoffe et d'ameublement, fleurs, corsets, modes.

Suzette suivit Mlle Villette dans celui de la broderie: quinze métiers, quelques-uns avec leurs broderies déjà commencées, broderies de soies nuancées*, de fil d'or et d'argent, et de perles. D'autres, tendus d'une bande d'étoffe, n'avaient encore que leur dessin indiqué par un trait. Il s'agissait maintenant de colorier ce dessin par la broderie à l'aiguille ou au crochet.

Broderie sur étoffe au plumetis.
Dans ce genre de broderie on représente en relief, avec du coton ou de la soie, des fleurs, des feuilles, des figures, des lettres.

Les doigts s'y mirent, doigts experts*, agiles, soigneux, ou gauches et incertains. Mlle Villette corrigeait, conseillait, donnait un coup de main.

La directrice entra et, après un regard donné à cet atelier, emmena Suzette vers les autres.

On parcourut rapidement ceux des corsetières, des modistes chiffonnant des nœuds, bouillonnant des ruches, transformant de raides carcasses de laiton* en coiffures coquettes et gracieuses; puis l'atelier des repasseuses, tout agité, retentissant des coups de fer.

Et les fleuristes : une compagnie de fleurs et de jeunes filles. Une rose thé sortait d'un verre d'eau et, devant elle, une brunette la copiait, froissait joliment la mousseline en pétales.

On copiait ainsi des géraniums, des asphodèles*, une grappe de glycine.

La directrice complimenta surtout l'auteur de cette glycine, merveilleuse de naturel et de fraîcheur.

— Achevez-la, dit-elle, nous la garderons pour l'exposition.

Et se tournant vers Suzette :

— Nous exposons les meilleurs travaux ici, et même aux expositions de la Ville de Paris. En voici qui y ont déjà figuré.

Dans une vitrine à côté elle montra de belles robes, ornées de broderies et de perles; d'élégants chapeaux; des

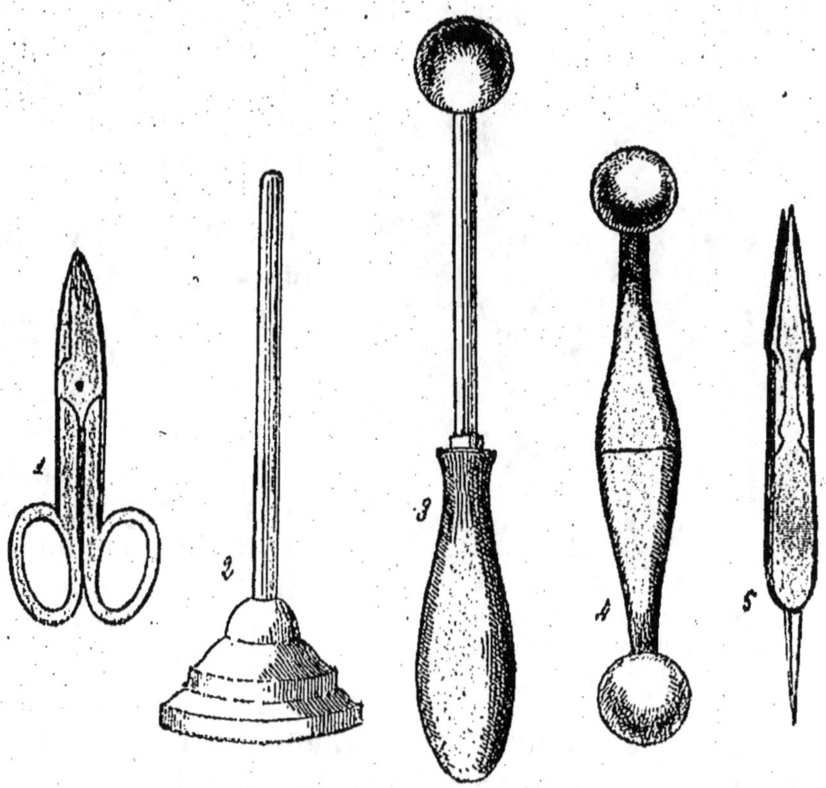

Instruments servant à la fabrication des fleurs artificielles.

1. Ciseaux. — 2. Porte-bobinés du fil qui sert à fixer les pétales autour du cœur de la fleur. — 3. Outil-boule pour préparer sur une pelote les pétales de roses. — 4. Outil-boule spécial pour les jacinthes. — 5. Pince dont l'extrémité effilée sert à prendre la pâte pour coller les pétales et l'autre bout pour saisir la fleur.

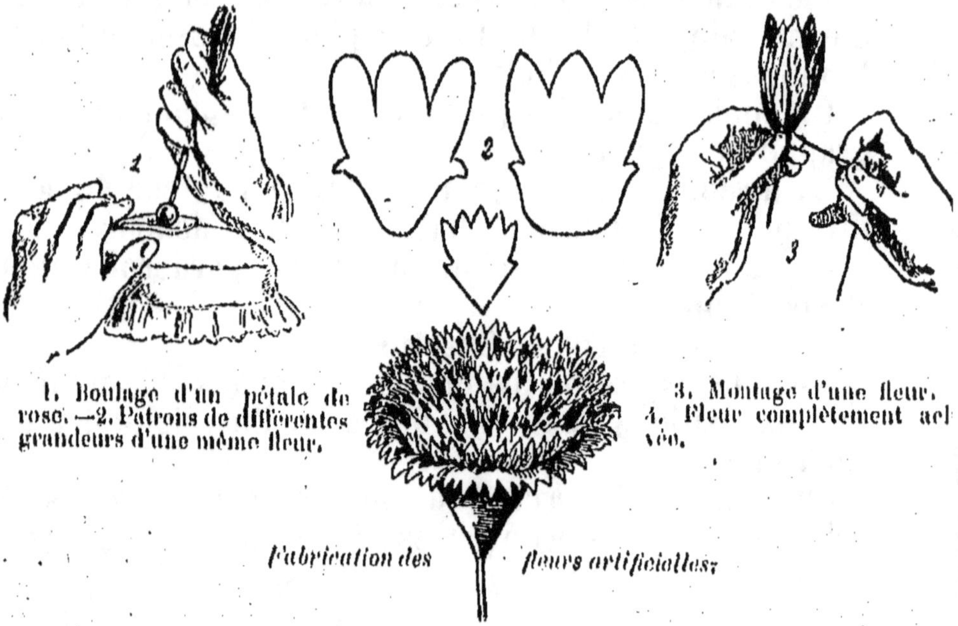

1. Boulage d'un pétale de rose. — 2. Patrons de différentes grandeurs d'une même fleur.

3. Montage d'une fleur. 4. Fleur complètement achevée.

Fabrication des fleurs artificielles.

fleurs, des bouquets qu'on eût dits frais cueillis au jardin.

Cinq heures et demie sonnèrent ; les classes étaient

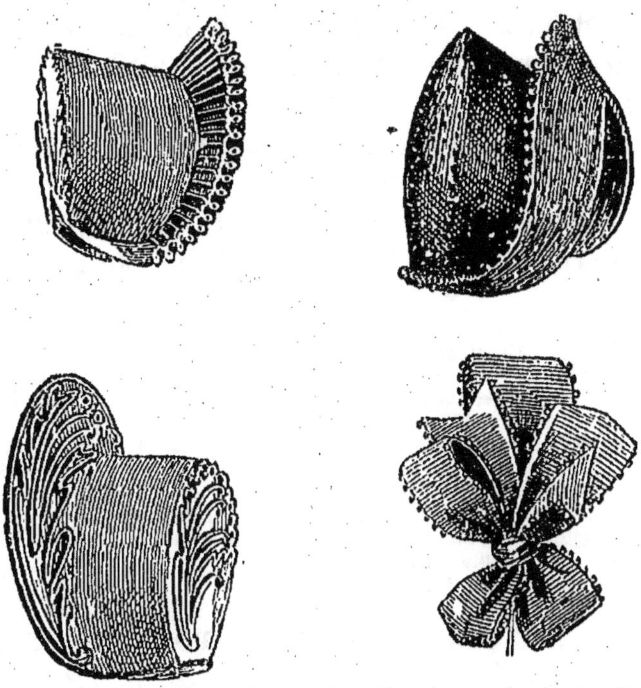

Formes variées de chapeaux non montés. — Nœud en soie, tout prêt à être posé par la modiste.

finies. Suzette prit congé et s'en alla avec Mlle Villette, qui lui dit :

— Il y a d'autres professions féminines que notre établissement, encore jeune, enseignera peu à peu : la peinture sur porcelaine, sur soie, sur ivoire, qui sont des métiers artistiques ; la tapisserie à l'aiguille, fort délicate aussi ; la passementerie. Nombre de travailleuses distinguées en vivent, et cet enseignement est donné dans d'autres écoles profes-

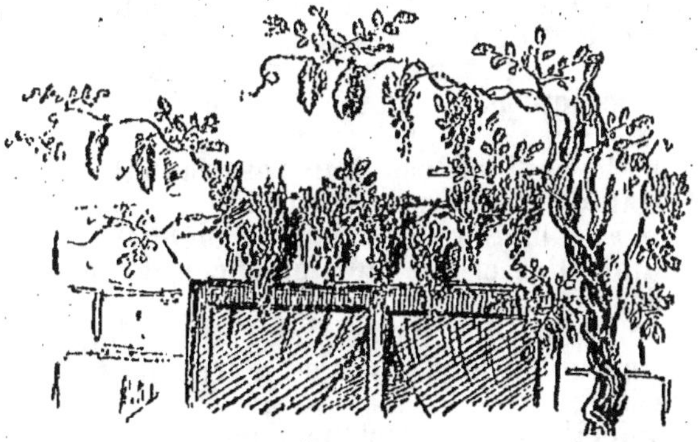

Glycines.
Jolies plantes grimpantes à fleurs bleues en grappes.

sionnelles. Les amis de nos écoles, la femme supérieure qui fonda la première pour les jeunes filles, Mme Élisa Lémonnier, ont voulu élever le rôle de la femme et mettre en honneur, en le perfectionnant, le travail manuel. L'avenir leur devra beaucoup.

Les deux dames rentrèrent; Mme Richard les attendait, et retint à dîner Mlle Villette :

— Il faut, lui dit-elle, que vous nous appreniez à manger vos olives et le reste des bonnes choses de ce panier.

Questionnaire. — Combien y avait-il d'ateliers au premier étage de l'école professionnelle? — Qu'est-ce que Suzette remarqua dans l'atelier de broderie? — Qu'y faisait Mlle Villette? — Que vit-on dans l'atelier des modistes? — Comment était celui des repasseuses? — Que raconterez-vous de celui des fleuristes? — Quels instruments servent à la fabrication des fleurs artificielles? — Que se passa-t-il près d'une élève qui confectionnait une glycine? — Que voyait-on dans les vitrines d'exposition de l'école? — Qu'apprit Mlle Villette à Suzette sur les autres professions féminines enseignées dans l'établissement? — Qu'est-ce que Mlle Élisa Lemonnier? — Quels avantages présentent les écoles professionnelles? — Où dîna Mlle Villette et comment fut-elle invitée?

DÉVELOPPEMENT DES SUJETS PROPOSÉS POUR EXERCICES.

Français. — *Définir : une broderie, les confections, le crochet, le laiton, une rose thé, l'ivoire, la passementerie; ce que c'est que chiffonner des nœuds.*

Une *broderie* est un travail à l'aiguille sur quelque étoffe pour y faire des dessins ou des ouvrages en relief avec des fils d'or ou de soie, et même de coton.

On entend par *confections* des vêtements d'homme ou de femme fabriqués à l'avance et non sur mesure.

Le *crochet* est une sorte de broderie que l'on fait avec du fil et une espèce d'aiguille qui a un petit manche et dont la pointe est recourbée.

Le *laiton* est un alliage formé de 64 parties de cuivre, de 33 de zinc et d'une d'étain; il est d'une belle couleur jaune et sert à la confection d'outils, d'ornements et de bijoux.

Une *rose thé* est une rose dont la couleur est d'un rose jaunâtre très clair : c'est une des plus élégantes variétés de cette fleur.

L'*ivoire* est le nom qu'on donne à la matière des dents d'éléphant, d'hippopotame et de morse, lorsque celles-ci ont été détachées de la mâchoire de l'animal pour être mises en œuvre.

La *passementerie* est l'art de fabriquer des tissus plats et un peu larges, de fils d'or, de soie, de laine qu'on met en guise d'ornements sur des habits ou sur des meubles.

Chiffonner un nœud, c'est le confectionner capricieusement et sous l'inspiration du moment.

Industrie. — *Comment exécute-t-on une broderie : 1° sur une bande de mousseline; — 2° sur canevas? — Qu'entend-on par fleurs artificielles? — A quels usages sont-elles employées?*

(Les élèves répondront sur les deux premières questions après qu'elles auront eu sous les yeux une bande de mousseline brodée et un

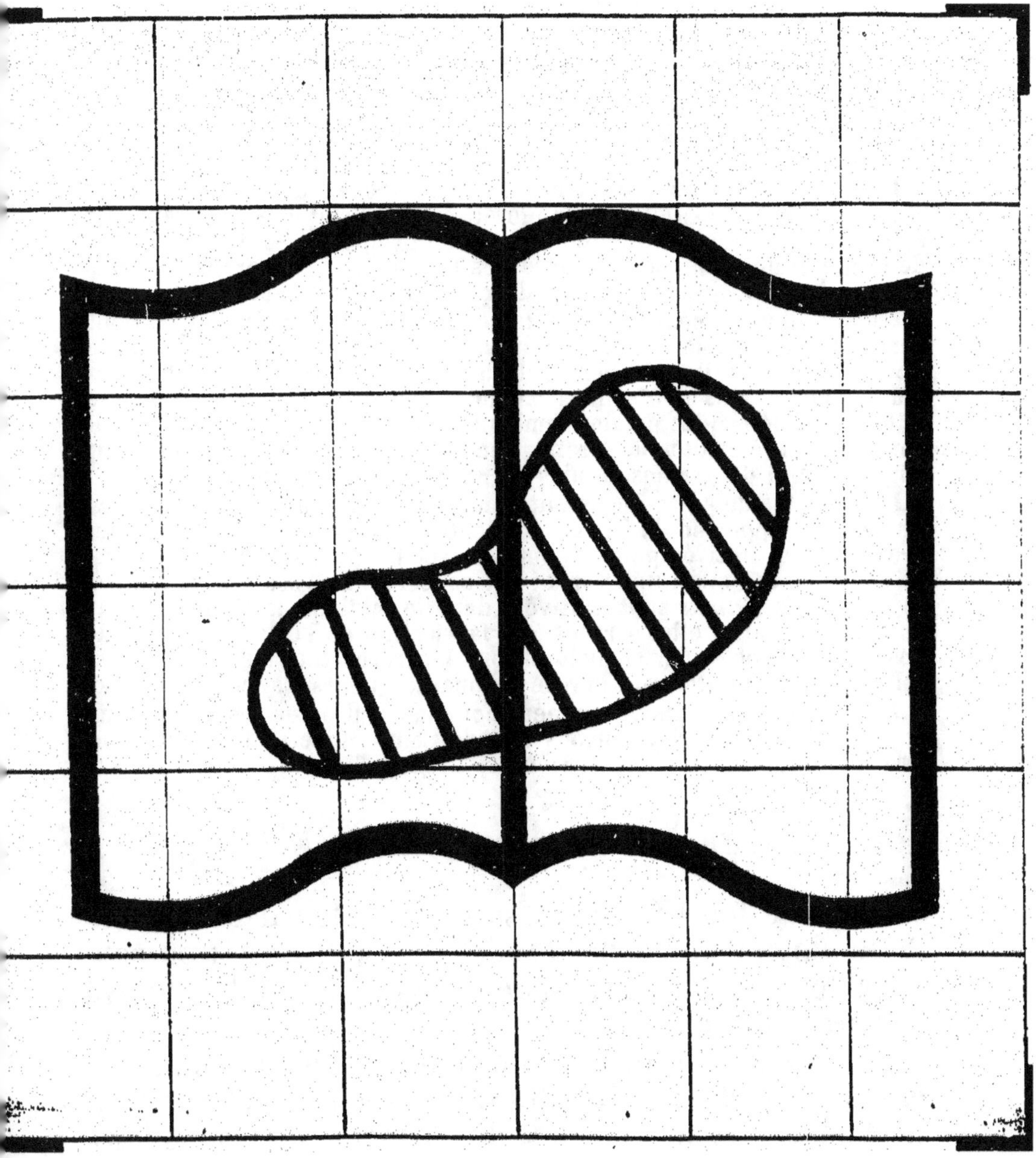

canevas monté sur lequel le travail est commencé. Elles décriront ces travaux en indiquant avec ordre la suite des opérations.)

On entend par *fleurs artificielles* certains ouvrages qui imitent à s'y tromper des fleurs ou des plantes à fleurs, et qui servent à faire des bouquets, à orner les coiffures de femme, à décorer les appartements.

Histoire naturelle. — LA ROSE. — *Dire quelques mots du rosier, de la tige, des rameaux, des boutons ; parler ensuite de la fleur avec son calice, ses pétales, ses étamines, ses graines. — Principales espèces de roses ; ce qui les distingue. — Localités renommées pour la culture des roses.*

La *rose* est la fleur d'un arbuste nommé rosier dont la tige et les rameaux portent des épines dangereuses. Au printemps, les rameaux se couvrent de feuilles dentelées, et bientôt apparaissent des boutons de forme ovale allongée, entourés des sépales qui formeront le calice lorsque la fleur aura atteint son développement complet.

Celle-ci, dont la couleur varie du rouge pâle au rouge violet, et dont certaines variétés sont blanches ou jaunes, présente un grand nombre de pétales ou feuilles, au centre desquelles apparaissent des étamines jaune d'or ; pétales et étamines exhalent une odeur délicieuse. Lorsque la fleur est flétrie, les pétales tombent et il apparaît une sorte de fruit verdâtre qui, à l'automne, prend une belle couleur rouge ; l'intérieur en est rempli de graines munies de piquants extrêmement déliés.

Les variétés de roses dépassent deux mille. La plus connue, dite *rose de Provins*, apportée de Syrie, dans cette dernière ville, au temps des croisades, est cultivée pour ses pétales avec lesquels on prépare le miel rosat ; on en fait aussi un sirop et une conserve. La *rose à cent feuilles* et la *rose de Damas* sont cultivées dans le midi de la France et aux environs de Paris ; elles servent à la fabrication de l'eau de roses et de l'essence de roses. On connaît encore les roses thé, les roses mousseuses, la rose du Bengale, la rose grimpante à fleurs blanches, etc., etc.

Les localités les plus renommées pour la culture des roses sont, aux environs de Paris, Grisy-Suisnes et Brie-Comte-Robert ; puis viennent Provins, Lyon, Metz, Cannes, Hyères, Grasse, Nice.

106. — Au Jardin d'acclimatation*. (*Élève*, p. 227.)

Nouvelle fête ! On traversa une riante partie du bois de Boulogne* ; on coupa la file des équipages* ; on coudoya de beaux messieurs, de belles dames, et l'on arriva au Jardin d'acclimatation.

Là, d'abord, beaucoup de petit monde en jupes et culottes courtes ; petites filles, petits garçons. Ils se promenaient à dos d'éléphant, de chameau, de dromadaire et semblaient des points perdus sur leurs énormes montures. Celles-ci s'avançaient sous les arbres en flânant, l'air bonasse, avec des regards aux passants pour les inviter à leur offrir les gâteaux et les petits pains dont on les régale tout le jour.

D'autres enfants allaient sur de mignons poneys * des Shetland * ou sur des hémiones *.

Dans une allée sablée, une demoiselle d'au moins quatre ans, à très gentil minois, toute mignonne, trônait dans une petite voiture attelée d'une autruche. Elle était là gentiment assise, regardant la foule de ses yeux bleus, profonds et doux. On eût dit la fée Urgande, la jolie fée des vieux contes, essayant un nouvel équipage ; car la chanson, très précise sur celui dont elle se servait, dit que,

Ils se promenaient à dos d'éléphant, de chameau, de dromadaire.

> Dans une conque de saphir
> De huit papillons attelée,
> Elle passait comme un zéphir...
>
> (BÉRANGER.)

Mais ce n'était pas seulement pour cette promenade d'aimables gamins et gamines, et encore moins pour les acclimater sur le dos des éléphants, des chameaux ou des poneys des îles d'Écosse qu'avait été créé ce Jardin d'acclimatation.

Suzette en connaissait déjà, par Louis et par Pascal, le but scientifique : enrichir notre faune d'espèces étrangères, d'animaux utiles ; puis améliorer nos propres races par la sélection et la culture.

La tante Richard se souvenait de sa paysannerie et de ses premières occupations dans la ferme paternelle de Fragicourt. Et elle achemina son monde vers la basse-cour.

Questionnaire. — Quel chemin suivit-on pour se rendre au Jardin d'acclimatation? — Quels animaux montaient les enfants? — Détails sur les éléphants. — Qui vit-on, dans une allée sablée, traînée par l'autruche du Jardin? — Quel effet produisait cette jeune enfant? — Quel est l'objet du Jardin d'acclimatation? — De quoi se souvenait la tante Richard et où conduisit-elle sa nièce?

DÉVELOPPEMENT DES SUJETS PROPOSÉS POUR EXERCICES.

Histoire naturelle. — *Que savez-vous de l'éléphant — (origine, taille, aspect, qualités, défauts; services qu'il rend)? — des poneys? — de l'autruche?*

L'*éléphant* est le plus grand des animaux terrestres; ses proportions sont lourdes, son corps épais, sa démarche pesante, mais sa physionomie est imposante et noble. Il a une tête énorme avec deux immenses et minces oreilles que l'animal fait remuer et claquer à plaisir; l'œil est petit et la bouche est armée de dents énormes dont deux font saillie et peuvent atteindre 2m,50 de longueur; on les désigne sous le nom de *défenses*.

La *trompe* de l'éléphant est le nez prolongé d'une façon démesurée en forme de tube, et qui se termine par les ouvertures des narines. Elle est à la fois l'organe de l'odorat, un membre pour saisir et une arme redoutable; elle accomplit toutes les fonctions de la main, à ce point qu'avec son aide l'éléphant peut ramasser à terre une pièce de monnaie et déboucher une bouteille. Si on l'attaque, il en saisit son ennemi, l'enlace, le presse, le brise, le lance en l'air ou le jette à terre pour le fouler sous ses larges pieds. La trompe lui sert encore à porter les aliments à sa bouche et à soulever de lourds fardeaux; il la remplit d'eau quand il veut boire et laisse tomber ce liquide dans sa gorge.

Les éléphants vivent dans les contrées les plus chaudes de l'Asie et de l'Afrique et, à l'état sauvage, ils se tiennent par troupes plus ou moins nombreuses dans les forêts et les lieux marécageux; leur nourriture consiste en herbes, en racines et en graines. Leur marche est rapide; ils peuvent faire jusqu'à 100 kilomètres par jour et nagent aussi très bien.

L'éléphant est doué d'une grande intelligence; on l'a domestiqué et il rend les plus grands services pour le transport des hommes et des marchandises. Son caractère est doux; il est reconnaissant; mais sa susceptibilité est extrême et il sait se venger de ceux qui le taquinent ou le maltraitent.

Les *poneys* sont une race étrangère de chevaux, originaire des îles Shetland; ce sont de véritables miniatures; il en est qui atteignent à peine à la hauteur des chiens de Terre-Neuve. Malgré leur petite taille, ils sont robustes et résistent parfaitement à la fatigue.

L'*autruche*, que l'on trouve seulement en Afrique et en Arabie, est le plus gros des oiseaux connus; sa tête peut atteindre jusqu'à 2m,50 de hauteur. Cet animal ne peut voler, mais il court très vite sur de longues et fortes pattes armées d'ongles redoutables, surtout lorsque le vent gonfle les larges et belles plumes de ses ailes.

L'autruche pond ses œufs dans le sable où la chaleur solaire concourt à mener à bien leur éclosion. On recherche les plumes de la queue et des ailes de cet animal, et on lui fait, pour cette raison, une chasse active. Cependant on a essayé de le domestiquer, et déjà en Algérie et dans la colonie du Cap, son élevage donne un revenu considérable.

PIERRES PRÉCIEUSES. — *Qu'entend-on par pierres précieuses? — Pourquoi les recherche-t-on? — Nommez-en quelques-unes et dites ce qui les distingue. — Où trouve-t-on les diamants? — Connaissez-vous quelques diamants célèbres?*

On entend par *pierres précieuses* des pierres d'une dureté et d'un brillant extraordinaires, qualités auxquelles se joignent des couleurs éclatantes, sauf chez les diamants. Elles sont recherchées pour leur éclat et leur rareté. Plus communes et moins coûteuses, elles rendraient de grands services dans l'industrie; mais jusqu'ici on ne les emploie que dans la confection des parures.

Les principales pierres précieuses sont : les diamants, les rubis, les émeraudes, les saphirs, les topazes, les améthystes. On entend par *pierres fines* celles qui approchent des pierres précieuses pour la dureté et le brillant : telles sont les agates, les onyx, les cornalines.

Les diamants sont limpides comme du cristal et jettent mille feux quand ils sont taillés; les rubis ont une couleur rouge; les émeraudes sont vertes; les saphirs, bleus; les topazes, jaunes; les améthystes, violettes.

On trouve le diamant dans l'Hindoustan, l'Afrique méridionale et le Brésil. Il se présente sous la forme de cristaux très brillants, limpides et transparents; mais, souvent, ils sont recouverts d'une gangue plus ou moins épaisse. On a remarqué qu'ils accompagnent une sorte de terrain sablonneux et ferrugineux.

Parmi les diamants les plus célèbres, il faut citer : le *Régent*, qui pèse 31 grammes; il appartient à la France et on estime sa valeur à 8 millions; — le *Koh-i-Noor*, ou *Montagne de lumière*, qui est la propriété de la reine d'Angleterre et a été payé 6 millions; — le plus beau diamant de la couronne de Russie pèse près de 40 grammes.

Qu'appelle-t-on faune, flore d'un pays?

On appelle *faune* d'un pays l'ensemble des animaux qui habitent ce pays, et *flore* l'ensemble des plantes qui y croissent.

Économie domestique. — *Qu'entend-on par climat; — par acclimater en France une plante, un animal? — Citez des plantes et des animaux acclimatés en Europe. — Que peut-on retirer d'avantageux d'une visite au Jardin d'acclimatation?*

On entend par *climat* la région, le pays, principalement eu égard à la température de l'air; on désigne encore, par ce mot, la température particulière à une contrée.

Acclimater une plante, un animal en France, c'est accoutumer cette plante et cet animal à la température et à l'influence de notre pays.

Depuis quelques siècles, on a acclimaté en Europe le maïs, le tabac, la pomme de terre, le dahlia, le dindon, qui viennent d'Amérique; la pintade, que nous avons apportée d'Afrique; le sorgho, la patate, originaires de la Chine, sans compter une multitude de fleurs et d'arbustes.

Visiter le Jardin d'acclimatation présente certains avantages, dont le principal est de faire voir et connaître les animaux et les végétaux étrangers qu'on essaye d'introduire dans notre pays; on s'y familiarise encore avec les meilleurs procédés d'élevage pour certaines races de volailles, de chiens, de bestiaux qu'il y aurait intérêt à élever simultanément avec les nôtres dans les fermes et autres exploitations agricoles.

107. — La basse-cour. (*Élève*, p. 229.)

C'était un long treillage divisé en compartiments dont chacun contenait son poulailler. Et il fallait entendre et voir le train de caquetage, de grattage qu'on menait d'un bout à l'autre de ce pays de cocagne*! Les retentissants cocoricos des coqs se répondaient en joyeux clairons ; les poules choisies, admirables, se donnaient des airs de millionnaires.

Poules de Houdan. — Poules de Cochinchine.

On savait à qui l'on avait affaire, grâce aux écriteaux. Ici, c'étaient les crèvecœurs, d'un noir changeant; les houdans, pailletées de blanc et de noir, coiffées presque toujours de travers d'un toupet sous lequel leur œil brillant paraît hardi ; là, les cochinchines fauves, les brahmapoutres au corps balourd et gauche, pattus, et comme chaussés de guêtres ; les bressans, les campines élégants, les dorkings robustes, la race anglaise légère, à l'œil de feu, qui fournit les coqs pour ces combats féroces heureusement interdits en France, et dont les Anglais sont si friands.

On apprend là que telle race, excellente pour la production des œufs, comme les houdans, par exemple, ne s'entend pas à mener à bien une couvée. Telle autre, au contraire, fournit des mères hors ligne, d'ardentes éducatrices de poussins; une troisième ne se distinguera ni par ses couveuses, ni par ses pondeuses, mais bien, comme la cochinchine, la bressane, par la qualité de sa chair, sa facilité à s'engraisser, à donner ces poulets dodus, ces poulardes si recherchés des gourmets.

De savants naturalistes ont étudié ici sans relâche les mœurs de la gent emplumée. C'est sous leur direction que se classent et se vendent aux particuliers, aux fermiers, les plus rares spécimens*, les mieux cultivés qui soient au monde.

Mme Richard mena la troupe à un pavillon couvert de tuiles de diverses couleurs, d'un effet de mosaïque* très riant.

Questionnaire. — Sous quel aspect se présentait la basse-cour? — Qu'y entendait-on, qu'y voyait-on? — Quelles races de poules y signalaient les écriteaux? — Quels caractères sont particuliers aux crèvecœurs, aux houdans, aux cochinchines, aux brahmapoutres, aux campines, aux dorkings (prononcez : dorkignes)? — Quels avantages et quels inconvénients présente la race de Houdan? — Quels sont ceux d'autres races? — Quels services rendent les naturalistes?

DÉVELOPPEMENT DES SUJETS PROPOSÉS POUR EXERCICES.

Composition. — *Décrivez le coq, la poule, les poussins. — Leur caractère. — Produits que nous en retirons. — Leur nourriture. — Doivent-ils être renfermés dans la basse-cour? — Le poulailler; soins à donner à ce local.*

(Voir comme modèles : *Le lapin*, page 226, *Les souris et les rats*, page 228, COURS DE COMPOSITION FRANÇAISE (*Degré élémentaire et moyen*), par E. LAPORTE.)

Sciences naturelles. — *Quelles sont les parties qui composent un œuf? — De quelle matière chacune est-elle formée? — Combien donne-t-on d'œufs à couver à une poule? — Soins que l'animal réclame. — Durée de l'incubation. — Soins que réclament les poussins.*

L'œuf comprend trois parties : la *coque*, constituée par une matière calcaire; l'*albumine*, substance blanchâtre, filante qui donne le blanc après la cuisson; le *jaune*, qui forme au milieu une petite sphère demi-liquide, où se trouve le germe de l'animal.

Au commencement du printemps, le besoin de couver se manifeste chez la poule; alors, dans un lieu retiré, on lui confie de 12 à 14 œufs qui n'ont pas plus de cinq jours. Généralement, elle se montre très assidue à sa besogne de couveuse, et grâce à la température de 40 à 41 degrés qu'elle leur communique, au bout de 21 jours, les petits poulets viennent au monde. Pendant cette période, il faut éviter tout ce qui troublerait l'animal, et placer à sa portée une nourriture abondante.

Les premiers jours de leur naissance, les petits poulets n'ont pas besoin de manger; le troisième jour, et pendant une dizaine de jours, on ajoutera des œufs durs à de la mie de pain trempée dans l'eau ou mieux, au début, dans du lait. Enfin, on substitue peu à peu à la pâtée des premiers jours quelques menus grains qu'on ramollit d'abord en les trempant dans l'eau chaude.

Industrie. — *Qu'est-ce qu'un poulailler? — Comment établit-on un poulailler? — Comment sera-t-il à l'extérieur, à l'intérieur? — A quelle exposition le placera-t-on?*

Le poulailler est un abri construit pour les poules, où elles se retirent la nuit, où elles pondent et où on les fait couver.

Généralement on l'adosse à un mur de la basse-cour, à l'exposition du midi; un solide grillage en clôt l'entrée, qui est pratiquée à un mètre environ au-dessus du sol afin que les belettes, les fouines, les renards ne puissent y accéder. A l'intérieur, on établit des perchoirs et l'on installe des corbeilles garnies de paille ou de foin lorsque le moment de couver est venu. Les poulaillers doivent être tenus proprement, sinon les volailles seraient couvertes d'insectes qui les fatiguent et contrarient leur développement; un milieu malpropre est d'ailleurs éminemment favorable à l'éclosion des épidémies qui déciment les basses-cours.

Économie domestique. — *Comment et avec quoi nourrit-on les poules? — Comment les engraisse-t-on?*

On nourrit les poules avec un peu de grain et les débris de la table; c'est un supplément à la nourriture qu'elles trouvent à la campagne en picorant le long des chemins et dans les champs; on a remarqué qu'elles recherchent les vers de terre. Trois fois par jour, on leur distribue ce qui leur est réservé, en l'éparpillant le plus possible afin que chaque volatile puisse en prendre sa part.

On engraisse les poules en les enfermant dans un endroit frais et obscur, et en leur donnant une nourriture abondante.

Comment sert-on un poulet rôti? — Comment le découpe-t-on? — Quels sont les morceaux les plus délicats? — A qui devra-t-on les offrir?

On sert le poulet rôti sur un plat garni préalablement d'un lit de cresson. Pour le découper, on enlève successivement les quatre membres en commençant par la cuisse et l'aile d'un même côté, puis les sot-l'y-laisse (1) et les blancs. On rompt ensuite le croupion et l'on coupe horizontalement la carcasse. On divise chaque cuisse en deux, chaque aile en trois morceaux; la carcasse et le croupion doivent en faire six bien distincts. On dispose chaque morceau dans le plat de manière qu'on puisse les voir tous, et l'on fait circuler. Tout cela doit être mené le plus lestement possible, afin d'empêcher le refroidissement de la pièce.

Les morceaux les plus délicats sont l'aile et le blanc; on devra les offrir aux dames, en commençant par les plus âgées.

108. — Heureuses gens. (*Élève*, p. 231.)

* On entra. Quelle chaleur!

Une température d'étuve*, trente degrés centigrades, constatés par un gros thermomètre* pendu au mur. Au milieu de la pièce, sur une table, plusieurs boîtes. La première, fermée, était munie, sur un côté, d'un petit vitrage derrière lequel se voyaient des œufs de poule, mollement couchés sur de l'ouate. La boîte, la couveuse artificielle, maintenait les œufs à la température où ils se trouveraient sous le corps de la poule.

Couveuse artificielle.

Les petits sont éclos. En voyez-vous dans la sécheuse, cette cloche, tout à côté, chauffée et douillettement capitonnée* de duvet? Et séchez-vous, petits poussins!

(1) Le *sot-l'y-laisse* est un morceau placé sous la cuisse, à la naissance de l'aile, dont la chair est très délicate, quoique moins blanche.

Vous voilà secs, et en disposition de picorer quelque chose, hein ?

Bon ! autre appareil. Là, des graines appropriées à la petitesse de votre bec d'enfant; et aussi du gravier pour votre bonne digestion, et de l'eau ; et la plus étrange, la plus curieuse, la plus belle chose de l'endroit, une mère artificielle !

Gaveuse pour engraisser les volailles.

Cette mère est un abri, en forme de deux ailes soulevées, rembourrées de plumes tièdes et douces. Tout y est, sauf le gloussement affectueux de la maman répondant à vos pépiements légers.

Mais les petits poulets sont gens d'estomac plutôt que de sentiment ; ils becquètent, grattent, mangent à plaisir, sans songer aux gloussements absents.

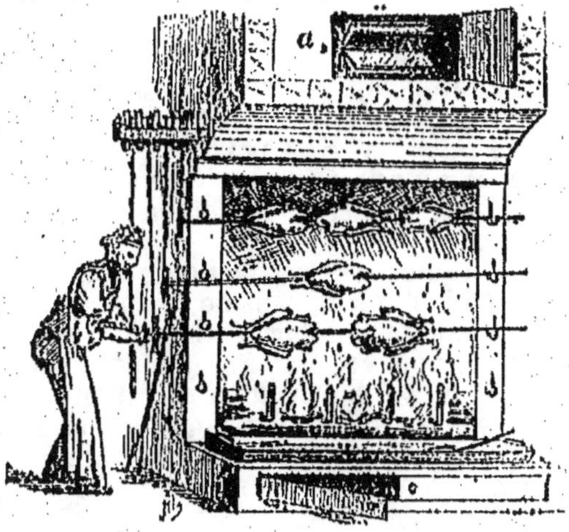

La rôtissoire mécanique.

Ce système de mise à la broche pour les volailles est très usité à Paris et dans les grandes villes; il fonctionne par la chaleur même du foyer; l'air chaud, dans son mouvement ascensionnel, fait tourner les aubes du moulin *a* que l'on aperçoit au-dessus de la cheminée, moulin qui communique le mouvement aux broches par un système d'engrenages fixés à l'axe *b*.

Ils grandissent et échangent bientôt leur duvet jaune pour les plumes de l'adolescence.

Alors, comme ils eussent déserté l'aile maternelle, ils désertent l'aile factice *, et on les porte au grand air.

Cocorico ! cocorico ! Ah ! se font-ils de la joie et du muscle sur cette jolie pelouse !

Mais, cela fait, on vous reprend les petits messieurs qu'il ne s'agit plus que d'engraisser; on vous les met en cellule, dans cette tour mobile sur un pivot. La tour se meut. Les cous des captifs s'allongent par une meurtrière*. Les uns après les autres ils reçoivent, par un tuyau que dirige un employé, la pâtée cuite, mouillée, salée à point. Il faut s'engraisser ou dire pourquoi !

La gaveuse est le lieu de bénédiction, c'est la grande et tranquille gogaille* à l'abri de la fouine, du renard, de la pluie et du soleil.

Enfin, nous sommes gavés ! superbes d'embonpoint ! nous sommes d'admirables pelotes de graisse, et nous sortons de la tour hospitalière !

Et où allons-nous, maintenant, ô mes gras, mes insoucieux amis ?...

A la broche !

Questionnaire. — Parlez de la température de la couveuse. — Que voyait-on au milieu de la pièce ? — Qu'y avait-il dans chaque boîte ? — Comment la couveuse agit-elle sur les œufs ? — Que remarquait-on sous la sécheuse ? — Que voyait-on dans un autre appareil ? — Décrivez la mère artificielle. — Que sont les petits poulets et que font-ils ? — Où les porte-t-on quand ils ont grandi ? — Où vont-ils ? — Pourquoi les met-on en cellule ? — Parlez de la tour mobile et de la singulière manière de nourrir les petits poulets. — Qu'est la gaveuse pour ces jeunes oiseaux ? — Et qu'advient-il enfin des poulets ?

DÉVELOPPEMENT DES SUJETS PROPOSÉS POUR EXERCICES.

Sciences naturelles. — LE THERMOMÈTRE. — *L'eau, en s'échauffant, augmente-t-elle ou diminue-t-elle de volume ? — Exemples. — En est-il de même pour les autres liquides ? — Si l'on met de l'esprit-de-vin ou du mercure dans un tube, qu'adviendra-t-il quand ces liquides s'échaufferont ? — Décrire le thermomètre. — Comment est-il gradué ? — Ses usages.*

En s'échauffant, l'eau augmente de volume, et il est facile de le constater en plaçant un vase plein devant un feu vif ; peu de temps après que le *liquide* a subi l'influence de la chaleur, il déborde. C'est une propriété commune à tous les corps qui sont en cet état à la température ordinaire ; par exemple, au mercure et à l'esprit-de-vin. Si l'on en introduisait dans un tube fermé à la partie inférieure, laquelle serait soumise à l'action d'un foyer allumé, ces liquides monteraient rapidement dans le tube en question, preuve évidente de leur dilatation sous l'influence de la chaleur.

Cette propriété a été appliquée à la mesure de la température des corps et l'on a imaginé à cet effet un instrument nommé *thermomètre*. Il se compose d'un tube fin comme un cheveu à l'intérieur, soudé à un réservoir cylindrique de même matière. Le réservoir ainsi qu'une partie de la tige sont remplis de mercure ou d'alcool, et une échelle graduée, tracée sur une règle plate à laquelle le tube est fixé, fait connaître, par l'examen ou le compte des divisions, la dilatation du liquide et, par suite, l'intensité de la chaleur.

Le thermomètre compte 100 divisions égales ou degrés entre la température de la glace et celle de l'eau bouillante. Il sert à mesurer la température de l'air, des liquides, du corps des malades, d'une chambre, etc.

La Digestion. — *Comment introduit-on les aliments dans l'estomac? — Fonction des dents, de la salive, de la langue. — Que se passe-t-il dans l'estomac? — La bile. — Que deviennent les aliments après leur sortie de l'estomac?*

La digestion est une fonction naturelle des animaux qui a pour objet : 1° de transformer la partie nutritive des substances alimentaires en un liquide propre à se mêler au sang pour nourrir le corps; — 2° de séparer la partie nutritive des aliments d'avec les parties qui ne possèdent pas cette qualité et qui doivent être rejetées.

C'est dans la bouche que se passe le premier acte de la digestion. Les aliments y sont broyés par les dents, opération très importante, parce qu'à mesure qu'ils sont divisés, ils sont humectés de salive, et ce liquide facilite le travail de décomposition dont on va parler. De la bouche, la nourriture, réunie en une masse arrondie, est soulevée par la langue et précipitée dans l'estomac par le canal de l'*œsophage*.

L'*estomac* est une grande poche membraneuse dont les parois secrètent un liquide doué de la propriété de réduire les aliments en une substance semi-liquide à laquelle on donne le nom de *chyme*.

Le chyme se rend, par l'ouverture du *pylore*, dans l'intestin grêle où il se mélange avec la *bile*, matière verdâtre, de saveur amère, que produit le *foie*, organe situé à côté de l'estomac. Les parois de l'intestin absorbent une partie du nouveau liquide, lequel entre dans la circulation du sang par des vaisseaux très minces débouchant, d'une part, dans l'intestin grêle et, de l'autre, dans une veine voisine du cœur. Ce qui reste ne peut servir à la nutrition et passe dans le gros intestin.

Économie domestique. — *Lorsqu'on digère mal, que doit-on prendre? — Quels soins faut-il donner aux enfants, en cas d'indigestion? — Quelles sont les causes qui peuvent amener des indigestions? — Citez les aliments qui sont le plus indigestes pour les enfants.*

Lorsque la digestion se fait difficilement, on conseille de prendre un exercice modéré, tel que la marche dans la chambre, ou mieux au dehors, s'il se peut. Mais au cas où le malaise persisterait, il faudrait boire une infusion de thé bien chaude ou de camomille ; on provoquerait les vomissements, en chatouillant le gosier avec une plume, si la personne n'éprouvait aucun soulagement. Ensuite, il est nécessaire de coucher le malade et de lui faire prendre l'une des infusions citées précédemment.

Les causes qui peuvent provoquer des indigestions sont nombreuses : l'excès de nourriture, l'absorption de mets lourds à l'estomac, un exercice trop violent avant ou après le repas. Comme ces indispositions ont souvent un caractère dangereux, les parents tiendront à nourrir de préférence les enfants avec une soupe le matin ; vers onze heures, un œuf à la coque, un peu de viande et des légumes ; à trois heures, légère collation faite à la promenade ou à l'air libre, composée de pain et de fromage, de confitures ou de chocolat ; le soir, ils dîneront avec de la soupe, de la viande, un légume, un fruit ou quelque friandise. Des aliments simples et doux, d'une préparation naturelle, assaisonnés d'un peu de sel, des viandes bien cuites, des repas à des heures réglées, constituent pour eux le régime le plus favorable.

Évitons de leur donner des viandes trop cuites et des mets trop épicés, de la chair de porc sans légumes, des aliments très gras, des fruits à demi mûrs; ils les digéreraient avec difficulté, même dans les meilleures conditions hygiéniques.

109. — La vacherie. (*Élève*, p. 233.)

Tout en admirant ces superbes volailles, la petite caravane se trouva devant la vacherie. Le bâtiment était en forme de chalet ; le long des murs blancs, deux rangées de vaches choisies, normandes, flamandes, bretonnes, hollandaises, luisantes de santé.

Un foin frais et fleuri remplissait les râteliers. Elles mangeaient : quelques-unes, tout en ruminant *, tournaient vers les visiteurs leur tête nonchalante, aux gros yeux pleins de vague songerie.

Elles étaient là dans l'air oxygéné * des bois, soignées en princesses et donnaient un lait aussi pur, aussi délicat que pouvait l'être celui de Trianon* dont la reine Marie-Antoinette et les dames de sa cour, déguisées en fermières, faisaient, de leurs propres mains, leur fromage à la crème et leur beurre.

Aussi le lait du Jardin d'acclimatation est-il réservé aux Parisiens qui peuvent le payer un franc le litre. On le leur apporte, ou ils viennent le boire, là, dans des tasses fines.

Parmi les buveurs, nos amis reconnurent quelques jolis cavaliers de l'éléphant, des chameaux et des poneys.

La petite fée Urgande, descendue de son équipage mené par l'autruche, avait le nez dans sa tasse; elle le leva pour respirer ; de ses yeux doux elle regarda la compagnie, et répondit au sourire que Suzette lui adressait, par un autre, tout blanc de lait.

— Ah! dit la tante Richard, si tous les enfants de Paris pouvaient boire à pareil bol! Mais que de pauvres bébés, dans cette grande ville, y végètent *, y meurent par le lait inondé d'eau ou falsifié * qu'on leur sert!

Une grosse et blonde dame en blanc bonnet, qui venait d'entrer, se mit aussitôt de la conversation :

— Madame, dit-elle, c'est dans mon pays, en Belgique, ou même en Hollande qu'il faut aller pour boire du lait, *savez-vous?* Là, il y a des vacheries auprès desquelles celle-ci n'est que de la Saint-Jean *, *savez-vous?*

Et elle fit un tableau flamand de ces vacheries constamment lavées du haut en bas, des épaisses litières plus vite nettoyées que salies. Le sol y est en pente, avec une rigole au bas, pour l'écoulement du purin*, et

Il faut les voir, le matin, sur de petites voitures, traînées par de gros chiens.

Canards, oies et dindons.

Ces trois animaux de basse-cour nous sont d'une grande utilité. — La chair du canard domestique (1) est de bonne qualité ; on peut la conserver en la salant ou en la faisant mariner. Avec celle des canetons on confectionne des pâtés d'Amiens et les foies servent à faire les terrines de Nérac et de Toulouse. — L'oie (2) est le mets de prédilection des petits ménages dans les fêtes de famille pendant l'hiver; sa chair est délicate et sa graisse très utile pour bien des préparations culinaires. Avec la plume des oies on garnit les coussins, les oreillers et l'on fait des plumes pour écrire. — Le dindon (3) est un gros oiseau dont la chair est très estimée et préférée à celle du canard et de l'oie.

les vaches, quand elles se couchent, n'ont pas même la permission de traîner leur queue à terre; on la relève en l'attachant. Des étables! ce sont des salons, *savez-vous?* J'ai été servante, moi, dans une ferme hollandaise. Il fallait voir la laiterie! blanche comme neige, ventilée, mais sans fenêtres, fraîche! Et la vaisselle pour le lait, comme tout cela était rincé ! Mais aussi quelle crème ! quel beurre ! quel fromage ! Et à Bruxelles, il faut voir, le matin, dans les rues, les grandes boîtes à lait de cuivre poli, brillant comme or. Les laitières les promènent de porte en porte. Et c'est ça des laitières et du lait, *savez-vous ?*

En parlant ainsi, la Flamande, heureuse de faire valoir son pays, accompagna un moment nos amis, et les quitta au détour d'un bout de rivière.

Là, des canards bons enfants s'exerçaient à la culbute, au plongeon, et autres amusettes de la natation ; on apercevait, à travers les branches fleuries d'un cytise, un spectacle devant lequel Mme Richard arrêta sa troupe.

Questionnaire. — Donnez une idée du bâtiment affecté à la vacherie. — Qu'est-ce qui remplissait les râteliers et que faisaient les vaches ? — Quelle sorte de lait donnaient-elles, et pourquoi ? — A qui est réservé le lait du Jardin d'acclimatation ? — Qui reconnut-on parmi les buveurs ? — Que direz-vous de la petite fille que l'on compara à la fée Urgande ? — Quel souhait forma la tante Richard ? — Quelle personne vint à entrer ? — Que se mit-elle à dire ? — Que raconta-t-elle des vacheries de Belgique et de Hollande ? — Que voit-on le matin dans les rues de Bruxelles ? — Que voyait-on, de la vacherie, à l'autre bout de la rivière ?

DÉVELOPPEMENT DES SUJETS PROPOSÉS POUR EXERCICES.

Sciences naturelles. — L'Air. — *Qu'est-ce que l'air ? — Quels gaz entrent dans sa composition ? — Propriétés de chacun d'eux. — Qu'est-ce que l'atmosphère ? — Son épaisseur ; phénomènes qui s'y passent.*

L'air est un mélange de deux gaz : l'oxygène pour 21 parties sur 100, en volume, et l'azote pour 79. Il forme autour de la terre une couche dont on évalue l'épaisseur à 50 ou 60 kilomètres ; au delà est un air extrêmement raréfié, et à 100 kilomètres de hauteur il n'y a plus que le vide absolu.

Un litre d'air pèse 1 gramme 3 dixièmes, soit un 1 kilog. 300 par mètre cube, à la surface du sol.

L'*oxygène* est un gaz incolore, sans saveur et sans odeur ; il se combine avec tous les corps en dégageant de la chaleur et parfois de la lumière ; seul il peut entretenir la vie, et c'est grâce à sa présence dans l'air et dans l'eau que les animaux terrestres et les poissons y conservent l'existence ; mais il est dangereux de le respirer pur pendant longtemps.

L'*azote* est un gaz également incolore, sans saveur ni odeur ; il est impropre à entretenir la combustion ; une lumière plongée dans un flacon rempli de ce gaz s'éteint immédiatement. Il tempère l'activité de l'oxygène, et se combine à une foule de corps.

L'atmosphère contient en outre de la vapeur d'eau et quelques dix-millièmes d'un gaz formé d'oxygène et de charbon : l'*acide carbonique*. Les animaux en exhalent pendant l'acte de la respiration, de même que les plantes durant la nuit, et certains végétaux en fermentation. Comme il est impropre à la vie, on comprend qu'il soit malsain de ne pas renouveler fréquemment l'air des lieux fermés où se réunissent plusieurs personnes ou plusieurs animaux. C'est pour ce motif que l'on ne conserve pas sans danger des plantes et des fleurs dans une chambre à coucher.

La Vache. — *Que savez-vous de la vache, du veau et du bœuf? — Produits et services dont nous leur sommes redevables. — Usages de la peau, des os, des cornes, des tendons, du sang de ces animaux.*

La *vache* est le plus précieux peut-être de nos animaux domestiques; elle nous donne à la fois son lait, sa chair et son travail, lequel, dans certaines contrées, n'est pas sans importance.

Le *bœuf* est, après le cheval, le plus utile auxiliaire de l'homme; il tire la charrue et traîne les chariots; engraissé, il fournit une chair succulente et fortifiante.

Le *veau* et la *génisse* sont les petits de la vache; un certain nombre d'entre eux sont destinés à la boucherie; ils donnent une viande délicate et de facile digestion.

Ces animaux appartiennent à l'ordre des ruminants, c'est-à-dire que la nourriture exclusivement végétale dont ils s'accommodent passe d'abord dans un premier estomac, revient à la bouche pour être mâchée de nouveau, redescend dans un second estomac, puis se rend dans un troisième et, enfin, dans un quatrième.

Les services que le bœuf, la vache et leurs petits rendent à l'homme se prolongent au delà de leur existence : on met à profit toutes leurs dépouilles. Avec leur peau, on fait un cuir excellent; avec leurs cornes, on confectionne mille petits objets utiles : des boîtes, des peignes, des manches de couteau, des vitres de lanternes. Les os du bœuf remplacent l'ivoire et se vendent à bas prix; s'ils sont frais, on en fait de la gélatine, et, s'ils sont secs, du noir animal; les tendons donnent un fil très fin employé par les selliers; les pieds fournissent une huile précieuse; le sang est employé dans la fabrication du bleu de Prusse et de la graisse on tire un suif excellent.

On estime qu'il y a en France douze millions de têtes de l'espèce bovine.

Agriculture. — *Qu'est-ce qu'une prairie? — Qu'entend-on par prairies naturelles et par prairies artificielles? — Quels terrains leur conviennent? — Décrire la récolte du fourrage.*

Une *prairie* est un terrain qui produit de l'herbe, du foin ou d'autres plantes servant aux mêmes usages que les deux premières.

Il y a deux espèces de prairies :

1° Les *prairies artificielles*, terres labourables sur lesquelles on a semé, pour quelques années, différentes espèces d'herbes propres à la nourriture des animaux domestiques, telles que le trèfle, la luzerne, la minette, le sainfoin.

2° Les *prairies naturelles*, terrains sur lesquels le foin vient naturellement ou a été semé en vue de produire pendant plusieurs années.

Les terrains qui conviennent aux prairies naturelles doivent être frais et profonds; il en est de même pour la luzerne. Le trèfle, la minette, le sainfoin réussissent dans les terres maigres et même pierreuses; ce sont des plantes précieuses lorsque le sol n'est pas arrosé par des fontaines ou des ruisseaux et ne peut, par conséquent, se prêter à l'établissement de prairies naturelles et à la culture de la luzerne.

Les prairies de toutes sortes sont fauchées quand elles sont en fleur;

on étend l'herbe sur le terrain; on la retourne pour qu'elle sèche bien également, et on la rentre ensuite dans les granges, à moins qu'on ne l'entasse dans les champs, en masses coniques connues sous le nom de *meules*.

Histoire. — *Racontez ce que vous savez de la reine Marie-Antoinette, du palais de Versailles et de Trianon.*

Marie-Antoinette d'Autriche, reine de France, naquit à Vienne en 1755 et fut guillotinée le 16 octobre 1793. Elle épousa en 1770 le Dauphin de France, qui fut depuis le roi Louis XVI; à peine ce dernier était-il sur le trône, que la légèreté et la hauteur de Marie-Antoinette augmentèrent les embarras de la royauté et du gouvernement; elle fut en butte à l'inimitié d'une partie de la cour, et, comme elle s'opposait à toutes les réformes, l'opinion publique se tourna contre elle. Sa conduite fut plus qu'imprudente au début de la révolution et, aux journées des 5 et 6 octobre 1789, elle n'échappa que par miracle aux poignards des assassins. Emprisonnée au Temple avec son mari et ses enfants après le 10 août 1792, elle y souffrit tous les outrages, tous les tourments, comme reine, comme épouse et comme mère; sa captivité fut un véritable martyre. Traduite devant le tribunal révolutionnaire et condamnée à mort après avoir entendu formuler contre elle les plus lâches et les plus infâmes accusations, elle marcha au supplice avec beaucoup de fermeté et mourut en pardonnant à ses ennemis.

Le *palais de Versailles* est un immense édifice, de 450 mètres de façade sur les jardins, qui fut construit sous le règne de Louis XIV. Les architectes Levau et Hardouin Mansart, le peintre Lebrun, le jardinier Le Nôtre le construisirent ou l'ornèrent; la dépense a été estimée à un milliard de la monnaie de l'époque.

Le grand roi y habita de 1672 jusqu'à sa mort; Louis XV et Louis XVI y fixèrent leur résidence, et ce dernier jusqu'à ce que le peuple de Paris le ramenât aux Tuileries, en octobre 1789. Sous le règne de Louis-Philippe, ce magnifique édifice fut converti en un musée des gloires nationales de la France (1837).

Le palais du *Grand Trianon*, bâti sous Louis XIV vers 1676, et celui du *Petit Trianon*, créé par Louis XV, sont de beaux édifices contigus au jardin du palais de Versailles. Marie-Antoinette aimait beaucoup à résider au Petit Trianon.

Économie domestique. — *Usages du lait de vache; — comment on le conserve. — Détails sur une laiterie. — Quels produits sont fabriqués avec le lait de vache, celui des chèvres et des brebis. — Détails sur le beurre et le fromage.* (Voir, pour ce dernier point, la leçon 29.)

Le *lait* est à la fois un aliment solide et une boisson, une source d'albumine et de graisse, de sucre et de sel : c'est l'aliment des aliments, à la fois très nourrissant et digestif. On l'emploie pur; il entre dans la confection des *soupes*, des *potages*, de divers *ragoûts*, de la plupart des *crèmes* et des *pâtisseries*, sans en excepter celle du *beurre* et du *fromage*.

En été, on ne peut conserver le lait que dans des vases très propres, en le faisant bouillir et en le tenant dans un lieu frais. Un peu de bicarbonate de soude produit, dit-on, le même effet; mais ce procédé n'est pas hygiénique.

Une *laiterie* est une pièce demi-souterraine ordinairement, exposée au nord, munie d'une seule fenêtre pour que la lumière n'y arrive qu'en petite quantité. Les murs en doivent être épais; intérieurement, ils sont garnis de tablettes de pierre ou de bois dur sur lesquelles on pose les vases de lait ; le pavé, formé de larges dalles, a besoin d'être fréquemment lavé à l'eau fraîche.

110. — Le rucher. (*Élève*, p. 236.)

C'étaient une dizaine de minuscules* maisonnettes haut perchées, les unes de bois, semblables à des chalets, les autres de paille, en forme de cloche. Elles formaient un cercle.

— Cela ressemble à un petit douar* arabe, dit l'explorateur Pascal.

Des gens étaient rangés là, autour d'un vieux monsieur qui parlait. Ce monsieur, grand, maigre, portait un haut chapeau sur ses cheveux blancs, et un tablier bleu, à bavette, sur son vêtement noir.

Il s'interrompit pour inviter les arrivants à entrer.

Sans doute, à cause du douar, Pascal entra le premier ; la famille suivit.

Le monsieur les mit aussitôt au fait en leur disant :

— Il s'agit d'apiculture, de culture des abeilles.

Larve de l'abeille.
Reste six jours dans cet état avant de devenir nymphe.

Abeilles.
1. Reine. — 2. Mâle ou faux-bourdon. 3. Ouvrière.

Et montrant les maisonnettes :

— Vous voyez le rucher. J'étais en train de demander si, parmi les personnes qui m'écoutent, il y a un habitant, une habitante de la campagne.

On ne répondit pas ; mais Pascal, Louis, Marthe regardèrent Suzette qui toussa, légèrement embarrassée.

Le monsieur la regarda aussi, et Mme Richard, prenant la parole, dit que mademoiselle, sa nièce, était fermière à Fragicourt.

— Mademoiselle est fermière !

— Oui, Monsieur, répondit Suzette.

— A la bonne heure! on va s'entendre... Vous élevez des abeilles?

— Des abeilles? non, Monsieur.

— Comment non? alors vous êtes une fermière millionnaire?

Abeille butineuse.

Elle s'introduit dans la fleur, y plonge sa trompe, espèce de langue qui aspire la liqueur sucrée, et elle s'envole emportant sur le duvet de son corps, ainsi que dans les brosses et les corbeilles de ses pattes, le pollen de la fleur, sous forme de pelote.

Il vit bien au rire de Suzette qu'elle avait encore moins de millions que d'abeilles.

— Et dans votre village de Fragicourt, on agit sans doute comme vous, en fait d'apiculture?

— Oui, Monsieur.

— C'est cela! c'est cela! Et vous n'êtes probablement pas les derniers en France à vous plaindre de la dureté des temps et de la peine qu'on a à vivre?... Eh bien! Mademoiselle, reprit-il, si vous aviez mon âge, je me fâcherais tout rouge contre vous!

Il se fâchait, et comme il faut, mais c'était la très pardonnable fâcherie de la science contre l'ignorance :

— Est-il donc possible qu'une fermière ne se soucie pas d'avoir au midi de sa ferme un bel et bourdonnant et lucratif* rucher! Y a-t-il de l'esprit à se priver d'une précieuse ressource en même temps que d'une très intéressante occupation!

Il ajouta :

— Quoique je ne vous fasse pas trop de compliments, vous plaît-il, Mademoiselle, d'écouter, de regarder un moment?

Pattes d'une abeille.

Brosses (1) et corbeilles (2) dans lesquelles l'abeille emmagasine le pollen.

Toute cette brusquerie ne déplut pas à Mlle Suzette, qui, quoique un peu gênée, voyait bien d'où elle partait.

Elle répondit :

— Monsieur, j'écoute, et je regarde.

Questionnaire. — Sous quel aspect se présentait le rucher? — Quelle singulière réflexion fit Pascal? — Que voyait-on autour d'un monsieur dont vous ferez le portrait? — Que dit le monsieur aux arrivants? — Qu'était-il en train de demander à ses auditeurs? — Comment sut-il que Suzette était de la campagne? — Quel dialogue s'engagea entre le monsieur et Suzette? — Pourquoi ce monsieur se fâcha-t-il? — Que dit-il à propos des fermières qui ne se soucient pas d'avoir un rucher? — Que proposa-t-il à Suzette? — Pourquoi sa brusquerie ne déplut-elle pas à la jeune fermière?

DÉVELOPPEMENT DES SUJETS PROPOSÉS POUR EXERCICES.

Morale. — *Qu'est-ce que travailler isolément? — Exemples. — Qu'est-ce que s'associer pour exécuter un travail? — Exemples. — Avantages de l'association. — Parler des sociétés de secours mutuels.*

Travailler isolément, c'est commencer seul et achever seul une tâche quelconque. Un homme qui voudrait faire, sans aide aucune, une maison d'habitation, un outil, travaillerait isolément. La fermière qui fait son pain, allume son four, y met le pain, l'y laisse cuire, le retire, est dans le même cas.

Un travail demande beaucoup plus de temps, lorsqu'il est long et compliqué, si la même personne l'exécute; il est encore bien plus dispendieux. Aussi y a-t-il longtemps que les hommes se sont associés afin que chacun, exécutant toujours la même tâche, puisse la faire mieux, plus vite et à meilleur compte. Qu'en serait-il, par exemple, si chaque père et mère de famille étaient tenus de bâtir leur maison, de confectionner leurs meubles, leurs outils, les étoffes des vêtements, les chaussures, etc., etc ? ils n'auraient pas un instant pour cultiver le champ et le jardin qui doivent produire la nourriture nécessaire.

Qui pourrait d'ailleurs se passer entièrement de l'aide et du secours d'autrui? Nous en avons besoin dans l'enfance ; nous en avons besoin en tout et toujours. Représentez-vous un homme seul, sans relations avec ses semblables, n'en recevant rien, ne leur rendant rien : ce serait le sauvage au milieu des bois; ce serait bien moins que le sauvage, car le sauvage vit en famille, en société; ce serait bien moins que l'animal qui a sa femelle et ses petits dont il prend soin, et qui s'associe souvent encore, soit pour la défense réciproque, soit pour un travail commun, avec des individus de même espèce.

A côté de cette association générale qui constitue ce que nous appelons les sociétés humaines ou simplement la société, il existe des associations particulières entre un certain nombre de personnes ; leur objet est de pourvoir aux nécessités qui résultent de l'incapacité de travail, de la maladie, de la vieillesse pour chacun des membres successivement. On les dénomme *sociétés de secours mutuels.*

Elles se constituent en choisissant parmi les membres un président, un bureau, un caissier, un secrétaire. Le bureau, à la tête duquel est le président, vérifie les comptes du caissier auquel tous les membres versent chaque année une somme fixe appelée *cotisation ;* il examine ensuite les demandes de secours et détermine le montant de la somme à allouer à chacun des solliciteurs. Le secrétaire prend note de toutes les décisions du bureau.

Ainsi, chaque membre de l'association est assuré d'avoir toujours le nécessaire, pour lui d'abord, puis pour les siens, s'il tombe malade ou s'il lui devient impossible de travailler, enfin s'il meurt sans laisser de ressources.

Parmi ces associations dont l'État surveille les opérations, il y a :

La *société d'assurance* contre les accidents, qui garantit à chaque membre une pension de 300 francs dès qu'il sera incapable de travailler;

La *Caisse des retraites*, institution dont l'objet est de procurer aux plus pauvres, par le versement annuel d'une faible somme, une existence assurée pour leurs vieux jours (1).

Il y a des assurances sur la vie. En versant annuellement une somme de 50 francs à partir de l'âge de 30 ans, la veuve, et à son défaut les enfants, recevra, à la mort de son mari, une somme de 2,000 francs.

D'autres associations, qui ordinairement s'établissent entre les ouvriers d'un même corps d'état ou d'une grande usine, ont pour objet l'achat en commun des denrées et des effets d'habillement, lesquels sont vendus aux associés, à peu de chose près, au prix d'achat. Chaque sociétaire verse toutes les semaines une somme fixe, et la réunion des cotisations forme le fonds sur lequel on prélève l'argent nécessaire aux achats. Les bénéfices, tout faibles qu'ils soient, finissent par constituer un capital dont le revenu permet d'acquérir les denrées et autres objets à meilleur marché encore. Une association de ce genre constituée entre les pauvres ouvriers de Rochdale, en Angleterre, fait par an, après les plus humbles débuts, un bénéfice d'un demi-million, dont on distribue la moitié aux membres participants. Il en existe de semblables à Roubaix, à Grenoble, à Vienne (Isère), et toutes sont très prospères.

Industrie. — *Décrire une ruche ; donner d'abord des détails sur l'extérieur, puis sur ce qu'on voit à l'intérieur.*

(Prendre pour modèle la lecture 111.)

Sciences naturelles. — *Décrire l'abeille sous ses différents états. — Décrire un rayon de miel. — Forme des alvéoles.*

L'*abeille ouvrière* est un petit insecte d'une couleur brun roux, ayant deux paires d'ailes et trois paires de pattes dont les postérieures sont garnies de palettes et de brosses pour récolter le pollen des fleurs, dont elle composera son miel. Sa bouche est munie d'une trompe qu'elle applique contre les pétales; elle en aspire le suc, rentre sa trompe dans sa bouche et dépose son butin dans un conduit d'où il passe dans l'estomac. Un aiguillon lui sert d'arme pour se défendre.

La *femelle* ou *reine* est une abeille plus grosse que les autres, dont l'unique fonction est de pondre les œufs d'où naîtront les petites larves qui, convenablement nourries, arriveront à l'état d'abeilles parfaites.

Les *faux bourdons* sont les abeilles mâles ; ils ne vont pas à la recherche du miel ; aussi, dès la ponte des œufs de la reine, ils sont mis à mort. Leur nombre est à peine le dixième de celui des ouvrières.

Une ruche compte de 15,000 à 30,000 individus. Les abeilles déposent le miel qu'elles produisent dans de petites constructions de cire, à six faces latérales, appelées *alvéoles;* la régularité de ce travail est vraiment extraordinaire. C'est encore dans les alvéoles qu'elles placent les œufs et que grossissent les larves. Leur réunion forme un gâteau.

Hygiène. — *Comment doit-on se vêtir, se nourrir, se rafraîchir pendant la période des chaleurs?*

Pendant la période des chaleurs, il est sage de porter des vêtements légers et plutôt de laine ou de coton que de toile ; amples, de manière que nulle partie du corps ne soit comprimée ; et il faut renouveler fréquemment ceux qui sont en contact avec la peau, comme les flanelles, les chemises, les bas. Une nourriture confortable est nécessaire, mais elle doit comporter beaucoup de légumes et quelques fruits bien mûrs. Les cerises et les fraises sont très saines.

On évitera de boire froid surtout lorsqu'on sera en transpiration :

(1) En versant 102 francs par an, et à partir de l'âge de 30 ans, une personne a droit, à l'âge de 60 ans, à une rente annuelle de 600 francs; après sa mort, sa femme touchera 400 francs de rente, et, après la mort de la femme, les enfants ou autres héritiers recevront encore un capital de 1,530 francs.

des fluxions de poitrine, des fièvres malignes et des congestions mortelles résultent d'une telle imprudence : on peut boire frais, et encore, au lieu d'avaler tout de suite, il est prudent de conserver quelques instants le liquide dans la bouche ; il sera alors plus hygiénique et le besoin de la soif exigera moins pour être satisfait.

Les boissons qui conviennent le mieux en été sont : le vin, le thé ou le café étendus d'eau ; l'infusion de réglisse et de gentiane où l'on aura versé un peu d'eau-de-vie est également excellente. Il ne faut abuser ni du lait, ni de la bière, ni de l'eau pure, qui provoquent des sueurs débilitantes.

111. — Notre amie l'abeille. (*Élève*, p. 238.)

Le professeur marcha vers une ruche carrée semblable à un livre relié en bois, monté sur un pivot.

On le suivit. Il ouvrit ce livre, et une exclamation de surprise sortit de toutes les bouches. C'était un merveilleux livre d'histoire naturelle à images vivantes.

Emprisonné entre deux feuilles de verre, un gâteau d'alvéoles de cire montrait sa population, son remue-ménage, sa vie industrieuse et jolie.

Le vieux monsieur donna des explications :

Vers le milieu du gâteau était le couvain. C'est là que se trouvent les jeunes larves, récemment écloses des œufs pondus par la mère abeille, dont la tête, à gros yeux, émergeait * en ce moment de son minuscule palais.

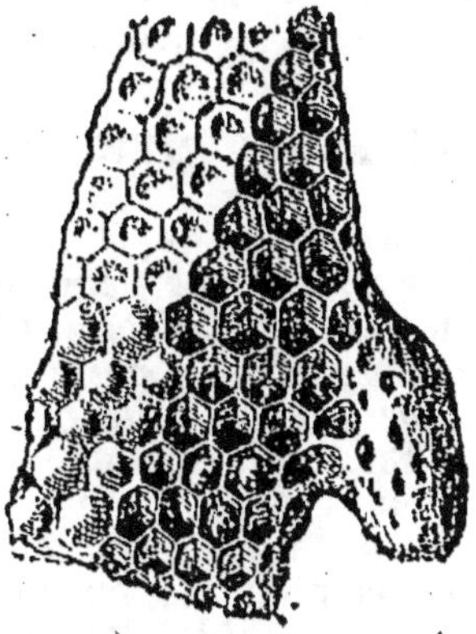

Gâteau suspendu verticalement dans la ruche avec ses entrées, moitié à droite, moitié à gauche.

Des ouvrières aux longues ailes s'agitaient à l'entour, distribuant la pâtée et les soins aux larves, leurs petites sœurs, leurs futures compagnes de travail lorsqu'elles se seront transformées en nymphes, puis en insectes ailés.

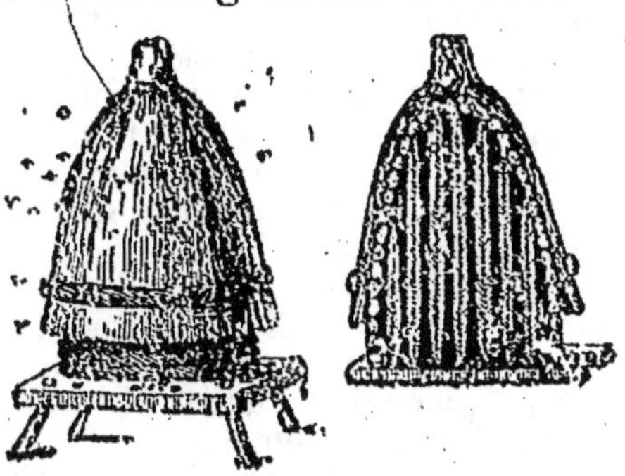

Ruche.
Vue extérieurement et intérieurement.

D'autres ouvrières passaient, montaient vers le haut de la ruche ; et là, se penchant au-dessus de quelque alvéole, dégorgeaient le nectar qu'elles venaient de butiner sur les fleurs. Puis elles s'envolaient, pour aller faire une provision nouvelle.

Déjà des files d'alvéoles bouchées d'un petit couvercle de cire, vrais petits pots de miel, montraient qu'on n'avait pas flâné dans la tribu, et que, dès à présent, on pouvait se rire de l'hiver et de la faim.

— Voilà l'abeille! voilà notre admirable modèle de travail et d'économie, dit le maître apiculteur en refermant les volets de bois sur la ruche transparente. Écoutez maintenant :

Questionnaire. — De quel côté le professeur se dirigea-t-il? — Que fit-il et que vit-on? — Qu'y avait-il au milieu du gâteau? — Donnez quelques détails sur le couvain. — Que faisaient autour du couvain les abeilles ouvrières qui en avaient le soin? — Quelle était l'occupation des autres abeilles? — Que témoignaient les files d'alvéoles? — Quelle sage réflexion fit le professeur?

DÉVELOPPEMENT DES SUJETS PROPOSÉS POUR EXERCICES.

Morale. — *Quelle leçon nous donnent les abeilles en amassant des provisions pendant la saison des fleurs? — Que font les pères de famille prévoyants? — Où les petites économies doivent-elles être déposées? — Expliquer ce qu'est une caisse d'épargne. — Quel avantage y a-t-il à ne pas conserver ses économies à la maison?*

En amassant des provisions pendant la saison des fleurs, les abeilles nous donnent une belle leçon de travail et de prévoyance que bien des gens devraient méditer, aujourd'hui que le cabaret a tant d'attraits pour les ouvriers, et la toilette pour leurs femmes et leurs filles. Combien en est-il qui chôment non seulement le dimanche, mais encore le lundi et parfois davantage; combien en est-il qui veulent se vêtir aussi élégamment que les riches, tout en ne disposant que du produit d'une journée de travail!

L'oisiveté n'est jamais bonne à rien ; celui qui l'épouse prend à sa charge cinq enfants qu'elle a déjà et qui ne la quittent point: le jeu, l'intempérance, la curiosité, l'indiscrétion et la médisance. Quant au goût exagéré de la toilette, il y a longtemps qu'un proverbe dit *qu'il éteint le feu de la cuisine.*

Travaillons donc, mais ne dépensons pas en entier le produit de nos labeurs. Imitons l'abeille : mettons chaque jour quelque chose de côté pour les besoins de l'avenir; si faible que soit l'économie, elle fera somme à la fin de l'année. C'est ainsi qu'agissent les pères de famille *prévoyants.*

Ils déposent tous les mois le montant de leurs économies dans un établissement public, la caisse d'épargne, qui en conserve le dépôt et sert un intérêt de 3^{fr},75 p. 100 ; c'est-à-dire que celui qui, le 1er janvier, a placé 100 francs, possède un an après 103^{fr},75. Aucun placement n'est plus sûr.

Lorsqu'on a besoin de la totalité ou d'une partie de ses fonds, on adresse une demande au caissier de l'établissement, et, huit jours après, on touche la somme demandée.

Remarquons que si l'on eût conservé ses fonds à la maison, ils seraient restés improductifs ; en second lieu, les ayant sous la main, on est souvent tenté d'en user; enfin, à la caisse d'épargne, on ne craint ni les voleurs, ni les accidents imprévus.

Calcul. — *Quelle somme annuelle produisent 0 fr. 15 économisés pendant chacun des six jours de travail de la semaine ?*

Économies réalisées pendant la semaine = 0 fr. 15 × 6 = ...

Il y a 52 semaines dans l'année.

Les économies annuelles de l'ouvrier = ... × 52 = ...

Français. — *Dites ce que c'est que : un professeur, un livre relié, des images vivantes, le remue-ménage, une larve, un apiculteur. — Qu'est-ce que : éclore, se transformer, dégorger, butiner sur les fleurs?*

Un *professeur* est celui qui enseigne une science dans un établissement d'instruction public ou libre.

Un *livre relié* est celui dont on a cousu solidement les feuilles et auquel on a mis une couverture formée de deux feuilles de carton recouvertes extérieurement d'une peau tannée.

Des *images vivantes* sont des images qui représentent avec beaucoup de vérité les actes de la vie.

Un *remue-ménage* est un dérangement de plusieurs meubles, de plusieurs choses que l'on transporte d'un lieu à un autre.

Une *larve* est l'insecte dans l'état où il se trouve à la sortie de l'œuf, c'est-à-dire sous la forme d'un ver.

Un *apiculteur* (de *apis*, abeille) est celui qui fait profession d'élever des abeilles.

(Les explications données page 390 permettront d'expliquer facilement la signification des mots proposés.)

Composition. — *Pourquoi j'aime les abeilles. — Leur vie laborieuse, paisible; leur sollicitude pour les larves ; services qu'elles rendent aux agriculteurs; produits dont nous leur sommes redevables. — Qu'est-ce qui ressemble à une ruche ?*

Quelles vaillantes petites bêtes! A peine le soleil a-t-il séché la rosée qu'on les voit sortir par groupes de la ruche, s'élever dans les airs, puis prendre leur vol vers le calice des fleurs ; elles s'y plongent tout entières; leur trompe mignonne pompe le nectar des étamines, tandis que leurs pattes se chargent du pollen qui deviendra de la cire.

La charge est complète après l'exploration de plusieurs autres fleurs; alors elles retournent alourdies à la ruche, y pénètrent et déposent le fruit de leurs labeurs où le besoin s'en fait sentir. Puis elles repartent, sans avoir pris un moment de repos.....

(On continuera de cette sorte.)

112. — Un stimulant. (*Élève*, p. 239.)

En un court exposé, il fit l'historique du précieux insecte. Il montra l'homme d'autrefois à la chasse des ruches sauvages et de leurs rayons à travers les forêts. C'est ainsi que font encore aujourd'hui les nègres d'Afrique. Un fin petit oiseau, friand de miel, mais incapable de le cueillir par lui-même, les précède, leur indique les creux d'arbres où vivent les abeilles ; les nègres, dans leur langue, l'appellent « l'indicateur ». Ils lui laissent un peu de miel en payement. L'homme primitif connaissait sans doute aussi ce petit fureteur ailé.

Mais, une fois fixé sur le sol, où il fait pousser les moissons, les arbres, les fleurs, l'homme appelle l'abeille à une picorée facile. Et, en récompense, elle accepte d'habiter près de lui et de lui céder son superflu *.

Et comment, à l'heure de progrès où nous sommes, ne pas songer à l'appeler de plus en plus, à la bien loger, à la traiter doucement, à lui procurer de vastes espaces fleuris, où elle puisse largement cueillir à son gré, exercer sa prodigieuse faculté de travail à notre avantage? Ayons une apiculture savante et généreuse. Loin, loin, l'avarice comme l'ignorance!

Il cita le Canada *, où, avec de la science et de la méthode, une ruche donne de trente à cinquante kilos de miel.

— Combien produit-elle chez nous? demanda Louis.

Le vieux monsieur mit un doigt devant sa bouche, et baissant la voix :

— Je n'ose vous dire en quel pays d'Europe l'apiculture est le plus négligée, le plus arriérée, le plus routinière, le moins rémunératrice... ni en quel autre elle est le plus pratiquée, savante et lucrative... non, en vérité, je n'ose pas vous le dire! — Son visage exprimait un sentiment douloureux : — Sachez seulement que dans le premier une ruche donne à grand'peine de trois à quatre kilos.

On se taisait; on avait compris.

— Et voilà pourquoi, reprit-il, j'ai parlé un peu brusquement à cette jeune fermière.

Il regardait Suzette.

— Vous avez bien fait, Monsieur, répondit-elle tout émue; il y aura bientôt un rucher à Fragicourt!

L'apiculteur lui tendit la main; la leçon était finie. On se dispersa; et nos cinq amis quittèrent le Jardin d'acclimatation en gens enchantés de n'y avoir pas perdu leur après-midi.

C'était la dernière fête parisienne. Le lendemain, Suzette retournait au village.

Questionnaire. — Comment l'homme d'autrefois se procurait-il le miel? — Comment font les nègres aujourd'hui? — A quel moment l'homme appelle-t-il les abeilles auprès de lui? — A quoi doit-on songer, à cet égard, dans nos campagnes instruites et amies du progrès? — Quel est le produit d'une ruche au Canada, et en France? — Comment se termina l'entretien? — Dans quels sentiments la famille Richard et Suzette quittèrent-elles le Jardin d'acclimatation?

DÉVELOPPEMENT DES SUJETS PROPOSÉS POUR EXERCICES.

Morale. — L'AVARICE. — *Comment doit-on régler sa dépense? — Comment appelle-t-on celui qui conserve son argent sans jamais l'employer? — Cette façon d'agir ne cause-t-elle pas un préjudice à tout le monde? — Que sont les avares à l'égard des gens qui sont dans le besoin? — Que sont-ils pour eux-mêmes? — Que pensez-vous des avares?*

Chacun doit régler sa dépense selon ses revenus; de même que le pauvre ne saurait agir raisonnablement en voulant se nourrir, se loger et s'habiller comme les gens aisés ou riches, de même ces derniers ne peuvent, sans être blâmables, adopter le train de vie des gens peu favorisés de la fortune.

L'avare est celui qui ne dépense pas ce qu'il doit; c'est encore l'homme qui amasse l'argent et le conserve improductif pour le seul plaisir de le regarder, et de pouvoir se dire à chaque instant: « Je suis riche. »

L'argent étant l'élément nécessaire du commerce, on conçoit que plus il est abondant, plus les échanges sont faciles et, alors, que plus aussi s'accroît le bien-être général: l'avare cause donc un préjudice réel à ses concitoyens.

Il n'est pas de gens moins sensibles que les avares aux misères des pauvres; rien ne les touche, rien ne les émeut, ni le dénûment des orphelins, ni la détresse de la veuve, ni les besoins des vieillards; ils passent le cœur sec à côté de ces douleurs; pour eux, il n'existe qu'une satisfaction: contempler leur or, manier leur or, compter leur or. Plaignons-les plutôt que de les haïr; ils ignorent les plus douces et les plus pures jouissances de la vie. Ils vivent de privations et meurent littéralement de faim au sein des richesses; cette détestable passion étouffe en eux tous les sentiments; ils ne sont ni pères, ni époux, ni citoyens, mais seulement les gardiens inquiets d'un trésor.

Français. — *Donnez la définition de: un exposé, un insecte friand, un fureteur, une apiculture savante, une apiculture arriérée, une culture lucrative.*

On entend par *exposé* le récit d'un ou de plusieurs faits et des circonstances qui les ont accompagnés.

Un *insecte friand* est un insecte qui aime à manger des choses fines et délicates et qui s'y connaît.

Un *fureteur* est celui qui s'enquiert de tout, qui cherche à tout savoir, soit par curiosité, soit pour son profit.

Une *apiculture arriérée* est celle qui se pratique selon les procédés défectueux de la vieille routine, tandis qu'une *apiculture savante* s'inspire de toutes les améliorations dont on est redevable à la science et à l'expérience.

Une *culture lucrative* est une culture qui apporte du gain à celui qui la met en œuvre.

Calcul. — *On estime qu'il y a quatre millions de familles agricoles en France; si, dans trois millions d'entre elles, on entretenait* *seulement une ruche et que cette ruche donnât 8 kilogrammes de miel à 2 fr. 25 et 1 kilog. 750 de cire à 3 fr. 60, quel serait le produit total ?*

Le miel serait vendu...........	2 fr. 25 × 8	=	18 fr. »
La cire........................	3 fr. 60 × 1,750	=	6 fr. 30
Le produit total de la ruche....		=	24 fr. 30
Celui des 3.000.000 de ruches = 24 fr. 30 × 3.000.000		=	72.900.000 fr.

QUITTANCE DE LOYER.

Je, soussignée, propriétaire d'une maison située à Montauban, rue de Bordeaux, numéro 7, reconnais avoir reçu de M. MAUDUIT, locataire, la somme de deux cent vingt-cinq francs pour six mois de loyer, échus au 5 août dernier, de ladite maison qu'il tient de moi, en vertu d'un bail sous seing privé, en date du 2 février 1888 ; dont quittance pour solde dudit loyer jusqu'à ce jour, et sans préjudice du terme courant.

A Montauban, le 8 août 1888.

JEANNE FAYEMENDIT.

113. — Le retour. (*Élève*, p. 241.)

— La voici! la voici! crièrent Charlot et François. Suivis de M. Dumay, ils coururent à la porte de la cour, où arrivait la carriole que menait Jacques, assis auprès de sa sœur.

— Bonjour! bonjour!

— Ma fille!

— Papa!

Légère comme un oiseau, la Parisienne sauta à terre, se jeta dans les bras qu'on lui tendait.

— Ah! la bonne mine!

— Et la tante va bien?

— Et l'explorateur?

— Et l'Exposition?

Tout en répondant à droite et à gauche, elle atteignit la porte ouverte de la maison :

— Ah!!!...

Voilà les bottes, le chaudron, la grosse soupière, le gros chat gris, les épluchures, les escarbilles! tout cela était de retour, là, à terre, pêle-mêle!

Et la poussière s'étalait partout comme en pays conquis. Là-haut, au beau milieu de la maîtresse poutre, une araignée, au bout de son fil, gigotait gaiement de ses huit pattes avec l'air de se moquer des gens et du balai.

Suzette sourit. On a beau se dire : Il va m'en coûter un fameux coup de torchon! on n'est pas fâchée de constater son utilité en ce monde et l'importance de la place qu'on tient au foyer.

Oui, sans vous, petite ménagère, rien ne va plus ici. Reparaissez, et, par la vertu de votre baguette, tout redeviendra propre et délicat!

La voici! la voici!... Ma fille!

— Les bottes, le chaudron n'ont qu'à se bien tenir, hein? dit en riant doucement M. Dumay, qui lisait sur le visage de sa fille. Ce sont ces vilains garçons qui ont remis les choses en cet état par leur refus de...

— D'empiéter* sur les droits de notre sœur, dit François en riant aussi.

A ce moment, on entendit dans la rue des voix joyeuses et le bruit d'une ribambelle de pieds. Les fillettes sortaient de l'école; c'était l'instant d'aller embrasser Mme Valon.

Suzette y courut, et resta bien trois quarts d'heure avec cette bonne et intelligente amie. Elle lui parla de son beau voyage, en personne qui, selon les recommandations, avait ouvert les yeux et les oreilles. Ses lettres, d'ailleurs, l'avaient déjà prouvé. Mme Valon le lui dit.

Retournée à la ferme, elle y trouva un autre salut de bienvenue amicale. Sylvain était là depuis une minute. Il profitait, dit-il, d'une course au Catelet pour faire, en passant, une visite à ses amis et prendre des nouvelles de son camarade l'explorateur.

Il tenait une corbeille de paille reliée d'écorce de ronce qui semblait lui embarrasser beaucoup les mains. Enfin il dit assez timidement :

— Je me suis amusé à la tresser. Si elle pouvait vous faire plaisir, mademoiselle Suzette, vous y serreriez des œufs, des fruits.

Suzette la regardait.

— Elle est très jolie, dit-elle; je vous remercie. Mais, dites-moi, n'est-ce pas ainsi avec de la paille et de l'écorce qu'on tresse les ruches d'abeilles?

— Oui, et je saurais bien tresser aussi des ruches.

Elle battit des mains :

— Ah! dit-elle, aux jours de loisir, n'est-ce pas? vous enseignerez cela à François, qui a les doigts agiles. Savez-vous que je vais avoir des abeilles?

Elle parla de sa visite au Jardin d'acclimatation et de la bonne fâcherie du vieux monsieur. Sylvain hochait joyeusement la tête, se frottait doucement les mains.

Le récit achevé, et le temps pressant, il prit congé en disant qu'il reviendrait bientôt.

Questionnaire. — Comment Charlot et François annoncèrent-ils l'arrivée de Suzette? — Reproduisez le dialogue entre la jeune fille et son père. — Quel aspect présentait la chambre? — Pourquoi cela ne faisait-il pas honneur aux frères de Suzette? — Que se dit-elle gaîment? — Que dit M. Dumay en riant? — Qu'entendit-on en ce moment dans la rue? — Où alla Suzette? — Que dit-elle à Mme Valon? — Qui trouva-t-elle à son retour et quel était l'objet du voyage du jeune homme? — Que tenait-il à la main et comment l'offrit-il? — Que dit Suzette et quel renseignement demanda-t-elle? — Qu'ajouta Sylvain et que lui répondit-on? — De quoi parla Suzette à cette occasion?

DÉVELOPPEMENT DES SUJETS PROPOSÉS POUR EXERCICES.

Morale. — *Quelle différence y a-t-il entre une amie et une camarade? — Que doit-on rechercher dans la société d'une amie? — Que faut-il faire pour conserver son estime et son affection? — Quel avantage résulte d'une amitié qui existe dans ces conditions? — Est-il possible d'avoir beaucoup d'amies, et pourquoi?*

Une *amie* est une jeune fille avec laquelle on est unie par une affection réciproque fondée sur l'estime et comportant une confiance entière. C'est comme une sœur pour qui nous n'avons pas de secrets, auprès de laquelle nous cherchons un appui dans les circonstances difficiles, une consolation dans les chagrins, et avec qui nous sommes heureuse de partager nos bonheurs. La mort seule peut rompre les liens d'une véritable amitié.

Une *camarade* est une jeune personne qui partage nos travaux parce qu'elle se trouve dans la même situation que nous. Telles sont les écolières, les ouvrières d'un atelier. Entre camarades, on a des égards, des attentions, on se rend volontiers service ; mais il n'existe pas d'intimité proprement dite, c'est-à-dire de liaison étroite.

On doit rechercher, dans la société d'une amie, la *vertu* qui constitue la beauté du sentiment qui nous unit à elle, la *sincérité*, le *dévouement* et le *bon exemple*. Pour conserver l'affection d'une amie véritable, il faut mériter son estime en pratiquant les vertus que nous venons d'indiquer et prouver que nos sentiments sont désintéressés. L'amie par intérêt n'est pas une amie reelle.

Une véritable amitié met tout en commun : la fortune, les qualités de l'esprit, les sentiments du cœur ; elle se manifeste par un continuel échange de bons offices; l'amie devient pour nous comme notre conscience visible; pour elle, rien de plus naturel que de se dévouer, de s'intéresser aux nôtres, de nous ménager d'agréables surprises, d'adoucir nos peines, de soutenir nos espérances.

Les qualités que réclame la véritable amitié sont très difficiles à pratiquer : c'est pourquoi les amies sincères se rencontrent si rarement ; nous ne saurions donc trop les apprécier lorsque nous avons le bonheur d'en avoir.

Industrie. — La Houille. — *Qu'est-ce que des escarbilles* (1) ? *D'où provient la houille? — Donnez un aperçu de la formation de la houille. — Où se trouvent en France des dépôts de houille? — Comment est une mine de houille ? — Montrez combien est pénible le travail des mineurs. — A quels dangers sont-ils exposés? — Comment prévient-on les explosions de gaz dans les houillères?*

La *houille* est un combustible minéral qui provient d'immenses tourbières où les végétaux accumulés ont subi d'abord une sorte de fermentation qui n'a laissé que le carbone, et c'est sous la pression des couches de terrain qui ont recouvert ces matériaux, et par l'action de la chaleur terrestre, que la tourbe s'est transformée en une matière bitumineuse laquelle développe, en brûlant, une chaleur considérable. La houille contient 72 à 90 p. 100 de carbone ; elle se divise en *houille grasse* à longue flamme, et en *houille maigre* ou *anthracite* à courte flamme.

Les principaux dépôts ou mines de houille de la France sont celles du bassin de l'Escaut, à *Anzin* et vers *Valenciennes*, — celles de l'Artois, à *Lens* et *Somain*, — celles du centre au *Creusot*, à *Blanzy*, à *Montchanin*, — celles du bassin du Cher supérieur, à *Commentry*, — d'entre la Loire et le Rhône, à *Saint-Etienne* et *Rive-de-Gier*, — enfin celles des vallées de l'Aveyron et du Gard, à *Alais*, la *Grand'Combe*, *Decazeville*. Elles produisent de 120 à 130 millions de tonnes de combustible.

Une mine de houille se compose d'un ou de plusieurs *puits* qui descendent jusqu'aux couches à exploiter, et de *galeries* en nombre

(1) On entend par *escarbilles* des fragments de houille incomplètement brûlés qui se mêlent aux cendres d'un poêle ou d'un foyer.

considérable. Ce sont de longs, étroits et obscurs corridors creusés dans le charbon, et qu'on remplit de pierres à mesure qu'ils ne servent plus.

Quelques-unes de ces galeries sont basses, mal aérées ; le mineur y travaille souvent couché sur le dos et de côté, frappant de sa pioche la couche de combustible, éclairé par une petite lampe fumeuse, et souffrant de l'extrême chaleur que l'on ressent toujours dans les profondeurs du sol. Parfois, il se dégage de la houille un gaz analogue au gaz d'éclairage ; s'il se trouve en contact avec une flamme, il prend feu et une explosion terrible se produit, renversant ou bouleversant la galerie et brûlant les mineurs.

On prévient cet affreux danger en munissant les ouvriers de lampes entourées d'une toile métallique qui ne laisse point passer la flamme, parce qu'elle la refroidit au contact des mailles du tissu de fils d'acier.

Économie domestique. — *Comment peut-on employer la houille dans le ménage? — Quels avantages présente-t-elle sur le bois et la tourbe? — Quels en sont les inconvénients ?*

La houille est employée dans le ménage, soit pour alimenter le feu des cheminées et des poêles, soit pour la cuisson des aliments dans des fourneaux de fonte, communément appelés cuisinières. Elle donne beaucoup plus de chaleur que le bois et surtout que la tourbe ; enfin, elle coûte sensiblement moins cher que le premier de ces combustibles. Toutefois, son usage présente certains inconvénients : elle dégage des vapeurs sulfureuses et bitumineuses malsaines à respirer, et elle salit les appartements, tant la fumée qu'elle produit est noire et épaisse.

Comment récure-t-on les diverses pièces de la batterie de cuisine et principalement celles de cuivre ?

Les ustensiles *en fer* se récurent avec du grès et de l'eau seulement, en frottant avec un chiffon ou avec une petite lame de bois blanc. Ceux de *fer-blanc* ne pourraient souffrir le récurage au grès; on doit se contenter de les mettre quelque temps dans de l'eau bouillante additionnée de beaucoup de cendre et de les frotter avec une torche de paille ou un chiffon. On conseille de tremper les objets de fer et de fer-blanc sujets à la rouille dans une eau de chaux vive, un peu épaisse, et de les laisser sécher. On les essuie ensuite et ils sont aussi brillants que s'ils sortaient de la main de l'ouvrier.

Les ustensiles *en étain* se nettoient parfaitement avec du blanc d'Espagne et de l'eau, et on les finit avec un chiffon sec.

Pour les casseroles et chaudrons *de cuivre*, on se sert de grès ou de sablon, mêlé à un demi-quart en volume de farine ; on frotte avec un chiffon en ajoutant de l'eau, ou encore avec la main, ce qui rend l'ouvrage plus parfait. On lave et l'on fait sécher. Les chandeliers et autres ustensiles se nettoient de préférence avec de l'eau de cuivre. On verse un peu de cette eau sur un chiffon de laine et on en frotte le cuivre, dont on a enlevé les matières grasses ; quand il est bien éclairci, on achève au moyen du tripoli sec en frottant avec un chiffon.

114. — Un cadeau. (*Élève*, p. 243.)

Le surlendemain, à la fin du jour, M. Dumay, rentré des champs, les pieds dans de bons et spacieux sabots qu'il appelait ses pantoufles, regardait paternellement Suzette.

En robe claire et tablier à carreaux, elle vaquait au

ménage, qui, en ces quarante-huit heures, avait repris toute sa gentillesse passée. Elle vint ensuite s'asseoir près de la fenêtre, devant un panier de belles laitues, bien pommées, et d'une fraîcheur à vous mettre l'eau à la bouche. Elle commençait l'épluchage, quand le gros loquet de la porte s'ébranla.

Laitue. — *Romaine.* — *Chicorée.*

Les salades sont des plantes crues que l'on mange assaisonnées avec de l'huile, du vinaigre, du poivre, du sel et quelquefois de la moutarde. Pour en relever le goût, on y ajoute souvent de l'ail, de la ciboule, du cerfeuil, de la civette, de la pimprenelle, de l'estragon, dont la réunion forme ce qu'on appelle de la *fourniture*. Chaque saison apporte sa salade particulière. En épluchant la salade, ayez bien soin d'examiner s'il n'y reste pas de limaçons ou d'insectes. Les salades sont en général rafraîchissantes.

— Bon! dit-elle, sans même pencher la tête pour regarder au dehors, voilà nos écoliers! et probablement avec les dents longues, comme à l'habitude.

Mais ce fut Sylvain qui entra, guêtré de toile bleue, tout embourbé de l'argile des labours, par lesquels il avait pris pour abréger les deux lieues de chemin qui séparaient la ferme de son patron de celle des Dumay.

— Bonsoir, Monsieur! bonsoir, Mademoiselle!

Sa voix tremblait d'une joie contenue.

— Qu'y a-t-il, mon ami? demanda le père.

— J'ai pensé aux abeilles, répondit-il, je vous apporte une ruche avec son essaim*.

— Avec son essaim! s'écria Suzette.

— Mon patron me l'a donné; moi, j'ai fait la ruche, en paille de seigle bien tressée, solide et légère. Elle est là dans la cour. Voulez-vous la voir?

On courut à la cour; on vit la ruche soigneusement enveloppée d'une toile, et on alla aussitôt la mettre en place dans le jardin.

— Ah ! monsieur Sylvain, que je vous remercie ! dit Suzette. Voilà la seule chose qui pût me faire plaisir ; vous l'avez deviné.

Elle lui tendit la main. Il semblait encore plus heureux qu'elle et montrait la vérité du vieux dicton * : « Plus doux est donner que recevoir. » On le retint à souper. Après le repas d'œufs à la coque et de fraîches laitues, on alla en famille faire un bout de conduite à l'ami Sylvain.

Le garçon, maintenant bien traité, estimé pour son travail, avait perdu sa physionomie un peu dure d'autrefois. A cette heure, sa parole, toute sa personne respiraient la paix d'un cœur adouci.

En revenant avec les siens après un quart d'heure de route, M. Dumay dit :

— Le voilà hors d'affaire, content de son sort. Je ne suis pas fâché que monsieur mon neveu, l'explorateur, nous ait procuré l'occasion de nous montrer les amis de ce pauvre enfant. Un peu de bonté envers les déshérités, il n'en faut pas plus, souvent, pour faire des heureux et de braves gens.

Questionnaire. — Comment était M. Dumay le surlendemain et que faisait-il ? — A quoi s'était occupée Suzette depuis quarante-huit heures et quel travail la tenait auprès de la fenêtre ? — Que dit-elle quand on frappa à la porte ? — Qui arrivait ? — Comment était Sylvain ? — Que dit-il à M. Dumay, puis à Suzette ? — Que vit-on dans la cour ? — Comment fut-il remercié ? — Que lui offrit-on ? — Quel changement s'était fait en Sylvain ? — Quelle réflexion fit M. Dumay au sujet de Sylvain quand ce dernier fut parti ?

DÉVELOPPEMENT DES SUJETS PROPOSÉS POUR EXERCICES.

Morale. — *Quand peut-on dire qu'une jeune fille est bonne ? — Exemples. — La bonté empêche-t-elle qu'on blâme ce qui est mal ? — Pourquoi celle qui ne s'élève pas contre le mal n'est-elle pas vraiment bonne ? — Pourquoi la mère qui ne reprend pas les défauts de ses enfants n'est-elle pas une bonne mère ? — Comment peut-on être bonne et, en même temps, sévère à l'égard de ce qui est contraire au devoir ? — Exemples.*

La *bonté*, qui est la plus grande vertu de la femme, consiste à satisfaire et à soulager les besoins des autres avant même qu'ils aient été exprimés ; elle va au secours de la pensée qui n'ose se produire, lit dans les regards baissés, entend le soupir qu'on étouffe, comprend et saisit le désir à peine formé. Elle n'oublie personne, ne manque à rien. Le mot qui va blesser, s'arrête sur les lèvres de la jeune fille vraiment bonne ; elle reprime dans son cœur tout sentiment capable d'affliger autrui. (Sur ces données, les élèves trouveront elles-mêmes des exemples qu'elles emprunteront à la vie de l'école et de la famille.)

La bonté n'est pas *faiblesse;* la bonté n'est ni tendresse ni obligeance banales, ni parti pris de trouver tout bien et d'être indifférent à tout; la bonté n'est pas non plus indulgence aveugle et sensibilité au service du premier venu. Céder à tous, c'est ne rendre justice à la raison de personne; aimer et obliger tout le monde, c'est n'aimer, c'est n'obliger personne. Trouver tout bien, c'est couvrir toutes les fautes de la même indulgence; c'est traiter le mal à l'égal du bien; c'est n'avoir la notion juste ni de l'un ni de l'autre.

Une mère *qui ne reprend pas* les défauts de ses enfants, les encourage à mal faire et les expose à contracter des habitudes qui, plus tard, seront des vices. Quand la plante est jeune, c'est là, dit-on, qu'il la faut redresser. Une mère peut reprendre ses enfants sans cesser d'être bonne, si elle le fait avec modération et réflexion, avec justice et indulgence, si elle est prompte à saisir l'éclair du repentir et à se servir de cette disposition pour que le châtiment soit accepté et subi avec résignation, comme une réparation nécessaire. Qu'elle ne sourie jamais à une action maligne, à un sentiment égoïste, à un mensonge ingénieux de l'enfant, mais qu'elle témoigne froidement et sur-le-champ le mécontentement qu'elle éprouve : l'enfant, qui la regarde comme sa conscience visible, retombera bien plus rarement dans pareilles fautes.

Histoire naturelle. — *Quelles plantes sont employées pour préparer les salades? — Décrivez les laitues diverses, la chicorée, le cresson, le pissenlit. — Ajoutez quelques détails sur la culture des laitues et de la chicorée.*

Les plantes employées pour les salades sont : la *laitue*, dont il y a plusieurs variétés telles que la *laitue frisée* et la *romaine;* la *chicorée*, le *cresson*, le *pissenlit*, le *céleri*.

La *laitue ordinaire* porte des feuilles larges, vertes ou brunes, qui se réunissent en une sorte de boule lorsque la plante acquiert son complet développement; la *laitue romaine* a des feuilles allongées, raides, et forme des touffes d'où l'on tire souvent la matière de plusieurs salades.

La *chicorée* est remarquable par ses feuilles extrêmement découpées que l'on réunit en faisceau, comme celles de la laitue, pour les faire blanchir et les rendre ainsi plus tendres à manger.

Le *cresson* présente des tiges herbacées de faible consistance qui portent des feuilles vert foncé, de forme arrondie et de saveur forte. On mange les unes et les autres.

Le *pissenlit* ordinaire croît naturellement dans les prairies; c'est une plante de petite dimension du pied de laquelle sortent des feuilles très allongées, de saveur amère; on arrache les pieds au printemps, dans la première période de leur croissance, et on les mange ainsi en salade.

Les laitues et les chicorées sont semées sur couche et sous châssis dès que les froids les plus rigoureux ont pris fin; on les repique dans des plates-bandes bien fumées et on peut les récolter dès la fin de mai, ou de juin, s'il s'agit de la chicorée. Si l'on veut obtenir des laitues au mois d'avril, on repique des pieds pris également sur couche au mois d'octobre. On a soin de les planter à l'exposition du midi, le long d'un mur, par exemple.

Économie domestique. — *Qu'est-ce qu'une salade? — Comment prépareriez-vous une salade à la laitue, à la chicorée, au cresson, aux pissenlits? — Prix du pied de chacune de ces salades au dernier marché.* (Il n'est pas question du cresson ni des pissenlits.)

Une salade est un mets composé de certaines herbes ou de certains légumes assaisonnés avec du sel, du vinaigre et de l'huile, quelquefois avec du poivre et de la moutarde.

Laitue. — Enlevez les feuilles vertes extérieures et les plus grosses côtes; fendez les plus grandes feuilles dans le sens de la longueur et coupez-les en deux ou trois morceaux; lavez à plusieurs eaux et égouttez en vous servant d'un panier à claire-voie, dit vulgairement panier à salade. Assaisonnez ensuite de sel, de poivre, d'huile et de vinaigre (ce dernier condiment, dans la proportion du tiers de l'huile); retournez jusqu'à ce que toutes les feuilles soient imbibées, enfin présentez aux convives le saladier.

Chicorée. — La salade de chicorée, celles de cresson et de pissenlits se préparent de la même manière, sauf en ce qui concerne les feuilles. On ajoute à celle de chicorée des croûtes de pain frottées d'ail qui en relèvent le goût.

115. — Apiculture. (*Élève*, p. 245.)

Le rucher était en bon lieu. Adossé au pignon du sud, protégé contre le vent du nord par une palissade de fanes * d'œillettes entremêlées de liens de paille, il pouvait attendre que la haie vive de sureau eût la hauteur et la force voulues pour donner, avec l'abri et la verdure, les fleurs, si chères aux abeilles.

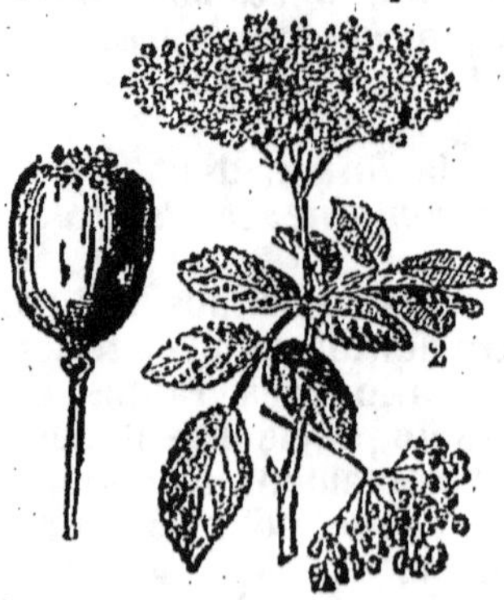

Œillette et sureau.

L'œillette (1) est un pavot dont on extrait une huile comestible appelée huile d'œillette. — Les fleurs de sureau (2) sont employées en infusion pour provoquer la sueur.

Il y avait là maintenant six ruches bourdonnantes.

Autour, quelques champs de colza, d'œillettes, de sainfoin, de luzerne s'épanouirent au printemps nouveau. Sur les bords du canal, les acacias, les marronniers, les tilleuls éclatèrent en floraison. Le long des routes, au revers des talus, foisonnèrent les fleurs sauvages : silènes, boutons d'or, liserons, campanules, serpolet.

Et voilà votre table servie! butinez, amies abeilles!

C'était le temps de la miellée, où l'apiculteur se réjouit. Suzette guettait les mouvements des six laborieuses républiques. Le va-et-vient, le brouhaha des ouvrières indiquait qu'au dedans le couvain prospérait. Elle épiait le moment où il faudrait mettre à leur service la science apportée de Paris.

Et c'est pourquoi, un dimanche matin, par le plus beau temps, elle se tenait en observation sous un petit cerisier du jardin, tout chargé de ses fruits de corail*, et surveillait très attentivement la sortie des butineuses.

Pendant plusieurs heures, et à mesure que le soleil montait, ce furent des envolées, des départs sans trêve. Puis les sorties se firent plus rares, et, tout au contraire, le va-et-vient des rentrées augmenta.

Voilà l'instant! Elle appela Jacques. Le nez en trompette de M. François se montra aussitôt. Mais les abords du rucher étaient absolument interdits à ce nez pour lequel on craignait quelque affaire plus fâcheuse encore que celle du cliquet de l'éteignoir à chandelle.

Jacques arriva à l'appel et, tout doucement, avec les plus grandes précautions, la sœur et le grand frère transportèrent la première ruche à cinq mètres de la place qu'elle occupait et la posèrent sur un support, préparé à l'avance. Puis ils attendirent.

Bientôt les butineuses, de retour, gagnèrent leur logis; celles de la ruche déplacée cherchèrent le leur, restèrent un moment à bourdonner sur place, et finalement, ne le trouvant pas, passèrent dans la ruche la plus proche.

Les portières, car il y a là des portières, les laissèrent entrer, les voyant chargées de miel; sans quoi, les étrangères eussent été reçues à coups d'aiguillon.

1. — *Jeune fille cueillant du tilleul.* — 2. *Fleur du tilleul.*

Le bois du tilleul est très employé en ébénisterie. Cueillez et conservez les fleurs du tilleul; elles vous serviront à faire des tisanes sudorifiques et à préparer des bains calmants pour les petits enfants.

L'opération délicate du passage d'ouvrières, d'une ruche dans une autre, avait réussi. Suzette poussa une exclamation de joie.

Questionnaire. — Où Suzette avait-elle installé son rucher? — Qu'est-ce qui fournissait la nourriture des abeilles : 1° dans le voisinage des ruches ; — 2° aux alentours? — Que faisait un jour Suzette au temps de la miellée? — Où se tenait-elle un dimanche matin? — Que vit-on pendant les premières heures? — Qui appela-t-elle à son aide? — Comment Jacques arriva-t-il? — Quelle opération firent-ils ensemble? — Que vit-on bientôt de la part des abeilles? — Pourquoi les accueillit-on dans les ruches voisines? — Qu'est-ce que cela prouvait?

DÉVELOPPEMENT DES SUJETS PROPOSÉS POUR EXERCICES.

Sciences naturelles. — LE VENT. — *Ce qu'est le vent. — Comment est le vent selon le point cardinal d'où il arrive? — Services que rendent les vents. — Vitesse des vents. — Qu'entend-on par ouragan, trombes? — Dites ce que vous vous rappelez sur les désastres causés par les trombes.*

(Voir le développement de la 57e leçon pour ce qui concerne les trois premières questions.)

Les *ouragans* ou *cyclones* sont de vastes tourbillons qui se forment dans l'atmosphère, et dans lesquels la force du vent augmente jusqu'à une certaine distance du centre. Un calme absolu règne dans la région centrale, sur mer, mais les flots y sont cependant horriblement agités.

Autour de cet espace, l'air circule avec l'effrayante vitesse de 20 à 240 kilomètres à l'heure, et décrit sur le globe un ovale immense; malheur aux navires ou aux maisons, plantations, forêts qui se trouvent sur la route du terrible météore! Le vent déchaîné soulève les vagues en montagnes colossales; sur terre, il renverse tout, au milieu du bruit formidable du tonnerre qui gronde sans interruption.

Une *trombe* est un phénomène analogue aux cyclones; c'est un amas de vapeurs descendant des nuages sous la forme d'une colonne conique très allongée, touchant le sol par son extrémité la moins volumineuse, et qui tournoie avec rapidité en formant des ondulations comme un serpent gigantesque.

Voici un exemple du spectacle que présente ce météore et des ravages qu'il commet :

« Une nuée extrêmement épaisse et fort basse, poussée par un vent « du nord, couvrit la surface du sol sur lequel est placé le bourg de « Mirabeau. Différents tourbillons se formèrent en même temps dans « cette masse noire chargée de vapeurs épaisses; il en sortit de la « grêle; le tonnerre se fit entendre; les arbres et les haies furent « arrachés; l'eau de la petite rivière de Mirabeau fut transportée à plus « de soixante pas de son lit, qui resta à sec; pendant ce temps, deux « hommes qui se trouvèrent enveloppés dans un des tourbillons furent « portés assez loin sans qu'il leur arrivât rien de fâcheux. Un jeune « pâtre fut enlevé plus haut et rejeté au bord de la rivière sans que sa « chute fût violente; le tourbillon qui l'avait emporté, le posa à l'endroit « où il cessa d'agir. Toute la fureur du météore se dissipa dans l'espace « d'une lieue de longueur sur une demi-lieue de largeur. » (RICHARD, *Histoire naturelle de l'air et des météores.*)

ESSAIMS D'ABEILLES. — *Qu'entend-on par essaims? — A quelle époque de l'année se forment-ils? — Où se posent-ils? — Comment sont-ils recueillis?*

On appelle *essaim* un groupe considérable d'abeilles qui, sous la conduite de la reine, abandonne la ruche pour fonder ailleurs une colonie nouvelle. Cette curieuse émigration a lieu aux mois de mai et de juin; elle se renouvelle deux fois par an dans le Nord et jusqu'à quatre fois dans le Midi.

A la suite d'une visite de la reine dans toutes les parties de la ruche, une agitation générale se manifeste, et une quantité d'abeilles, la reine en tête, se précipitent au dehors, formant une masse compacte qui se fixe sur une branche d'arbre et s'y tient immobile.

C'est le moment où l'apiculteur doit s'emparer de l'essaim et lui offrir une ruche préparée à l'avance; il pose au-dessous cette ruche renversée, imprime une secousse à l'arbre, dont l'essaim se détache et tombe. On transporte immédiatement la ruche au lieu où elle doit être installée; on la place sur la pierre ou la planche formant support, et aussitôt les abeilles commencent leur travail fécond.

Agriculture. — *Que signifie le terme oléagineuse appliqué à certaines plantes? — Nommez des plantes oléagineuses; — des fruits oléagineux. — Dans quelles provinces de France cultive-t-on le plus le colza, l'œillette, le lin? — Quel produit tire-t-on encore du lin? — Décrire la fleur du lin.*

Le terme *oléagineuse* appliqué à certaines plantes indique que l'on peut tirer de l'huile de ces plantes.

Parmi les *plantes oléagineuses*, on citera l'œillette, le colza, la navette, et parmi les *fruits oléagineux*, la noix, l'olive, la faîne, la noisette. La graine du lin donne également de l'huile, ainsi que celle du chanvre.

Le colza, l'œillette et le lin sont cultivés principalement dans la région septentrionale de la France. On tire encore du lin une matière textile avec laquelle on fait des toiles estimées. Comme nous l'avons dit précédemment, le lin n'a pas les dimensions du chanvre; sa tige atteint à peine 50 à 60 centimètres, et elle porte au printemps une mignonne fleur bleue formée de cinq pétales réunis en clochette.

Géographie. — *Qu'est-ce qu'un canal? — Pourquoi creuse-t-on un canal? — Que représente le profil d'un canal? — A quoi servent les écluses? — Donnez une idée de la disposition d'une écluse. — Citez les principaux canaux de France.*

Un *canal* est une sorte de rivière creusée de main d'homme, où l'eau reste immobile, et qui sert à faciliter le transport des marchandises et des denrées encombrantes. Sur un canal, un cheval peut traîner 30 ou 40 fois plus que sur une route.

On creuse un canal lorsqu'il n'existe pas de cours d'eau navigable entre deux villes ou deux régions qui ont entre elles des relations commerciales importantes. Comme l'eau ne doit pas couler dans le canal (car on ne saurait comment s'y prendre pour l'alimenter), on le forme de parties longues de 1 à 2 ou 3 kilomètres au maximum, qu'on appelle biez, et qui se trouvent respectivement les unes au-dessus ou au-dessous des autres de 7 à 8 mètres.

Un canal, dans son profil, représente donc une sorte d'escalier à marches très longues qui s'élèvent successivement jusqu'au point le plus élevé séparant les lieux à mettre en communication, puis redescendant jusqu'au lieu terminal.

Les *écluses* sont des fossés à bords perpendiculaires, solidement maçonnés, profonds de 7 à 8 mètres, et qui servent à faire communiquer deux biez entre eux.

Toute écluse présente à chacune de ses deux extrémités une porte énorme. Voici comment le tout fonctionne. Supposons qu'il faille faire remonter un bateau du biez inférieur au biez supérieur : l'écluse est pleine d'eau; on ouvre deux petites vannes à la partie la plus basse de la porte du biez inférieur; l'écluse se vide rapidement et l'eau y descend au niveau du biez inférieur; la chose achevée, on ouvre les portes et le bateau est amené dans l'écluse. Les portes étant fermées, on lève les vannes de la porte supérieure; l'écluse se remplit et bientôt le bateau est au niveau du biez où il doit entrer. La porte supérieure est alors ouverte, et le bateau pénètre sans difficulté dans le biez en question.

Les principaux canaux de France sont ceux de la région de la Flandre, le canal de Saint-Quentin, celui de la Marne au Rhin, du Rhône au Rhin, de Bourgogne, de Briare, du Centre, de Nantes à Brest, du Nivernais, du Midi.

116. — Joli succès. (*Élève*, p. 248.)

Ce que les abeilles ne savent pas et que savait Suzette, c'est qu'une ruche dont on réussit à doubler la population d'ouvrières rapporte à elle seule autant de miel que trois ruches à l'état ordinaire. Car il y a ainsi augmentation de travail, partant de produit, sans aggravation* de charges, la quantité de couvain à nourrir restant la même. Et tripler la population d'ouvrières, c'est quintupler* la production du miel.

Telle est la méthode *intensive* qui, scientifiquement appliquée à toutes les productions, fournirait, en France, l'aisance à une population au moins décuple de la nôtre.

Suzette soumit à l'expérience du doublement des abeilles ouvrières deux de ses ruches. Et ces deux donnèrent, à elles seules, autant qu'eussent produit les six, laissées à elles-mêmes : douze kilogrammes chacune, au lieu de trois ou quatre.

Tout compte fait, le rucher, dès cette première année d'essai, procura soixante-dix francs. Il en promettait le double pour l'année prochaine, par les essaims issus des premiers.

C'était une ressource toute nouvelle dont la création avait été plutôt un passe-temps qu'un travail ; ce qui faisait dire plaisamment à la jeune fermière qu'elle avait gagné cet argent à regarder voler les mouches.

Il est vrai, qu'avec ce spectacle, elle s'était donné également le plaisir de promenades à Saint-Quentin, le samedi. Elle avait porté son miel d'or aux belles dames de la ville, en compagnie des autres friandises auxquelles elles s'étaient si bien faites dès le premier jour,

Questionnaire. — Que connaissait Suzette des avantages qu'il y a à augmenter la population des ruches? — Quel serait pour la France le profit de cette méthode?, — Quel bénéfice tira Suzette de l'application de la méthode intensive? — Que disait-elle de cette nouvelle ressource? — Pourquoi était-elle allée plus souvent à Saint-Quentin?

DÉVELOPPEMENT DES SUJETS PROPOSÉS POUR EXERCICES.

Sciences naturelles. — LE MIEL. — *Expliquer ce qu'est ce produit. — Comment doit-on s'y prendre pour le recueillir dans les ruches? — Comment est-il extrait des rayons et mis en vente? — Quel est le meilleur miel?*

Le *miel* est une substance liquide et sucrée que les abeilles pompent dans les fleurs ou recueillent sur les feuilles des plantes. Elles l'apportent dans leur estomac et le dégorgent dans des cellules pour le conserver; il est destiné à la consommation journalière des habitantes de la ruche, et doit aussi servir de réserve pour l'époque où les plantes n'en fourniront plus.

La principale récolte du miel a lieu en mai, en juin ou en juillet, suivant les localités. On opère la taille des gâteaux dans des conditions plus ou moins fortes, selon la quantité du miel préparé et l'état de la saison. Seulement, les abeilles ne verraient pas sans colère cette violation de leur domicile et ce vol de leurs provisions d'hiver. Pour s'emparer des gâteaux de miel qui remplissent la ruche, il faut mettre ces insectes irritables hors d'état de nuire. On y parvient, on les rend paisibles en les enfumant. On envoie pour cela de la fumée de chiffons, dans l'intérieur de la ruche, à l'aide d'un soufflet de forme particulière; les abeilles s'agitent, se redressent sur leurs pattes de derrière; on peut alors faire ce que l'on veut, c'est-à-dire tailler les rayons, sans qu'elles s'inquiètent; seulement, il ne faut pas trop faire durer la chose, parce qu'on pourrait asphyxier ces utiles insectes.

On extrait le miel des rayons en les faisant égoutter au-dessus d'un vase, et ce miel, dit *miel vierge*, est le meilleur. Ce qui reste adhérent à la cire s'obtient en faisant fondre les gâteaux; le miel surnage et il est facile de le recueillir. On met cette substance en vente, soit en rayons, soit renfermé dans des pots de verre.

LA CIRE. — *Indiquer d'où elle provient. — Qu'est-elle dans les rayons? — Comment est-elle blanchie lorsqu'on l'a moulée en pains?*

La *cire* est un produit sécrété par l'insecte, et non le simple pollen recueilli dans les fleurs. On aperçoit très bien les petites plaques de cire en soulevant un peu les derniers anneaux du ventre de l'abeille. Cette matière sert à la confection des alvéoles où les insectes de la ruche déposent le miel et les œufs que pond seule la reine. (FIGUIER, *Les insectes*.)

Chaque alvéole constitue un petit godet à six pans, fermé d'un côté, et la masse des alvéoles réunis en double couche constitue les gâteaux.

On blanchit la cire en l'exposant à la lumière du soleil et à la fraîcheur des nuits sous forme de copeaux très minces ou en la traitant par certains acides.

Industrie. — *Indiquer comment on fabrique les bougies et les cierges avec de la cire. — Quelle substance remplace presque toujours la cire, pour la fabrication des bougies, depuis quelques années?*

On fabrique les bougies au moyen de moules de fer-blanc ou d'étain à la base desquels est adaptée une moitié de tuyau servant d'entonnoir à la matière liquide. Chaque moule est garni en son milieu vertical d'une mèche tressée, fixée en bas par un nœud et en haut par une cheville de bois posée de travers. La cire en fusion, versée dans le tuyau supérieur, remplit les moules où elle se fige et donne les bougies.

La fabrication des cierges a lieu de la même manière.

On remplace la cire, dans la fabrication des bougies, par du suif qu'on purifie pour le débarrasser de son infecte odeur et de la matière huileuse qu'il renferme; on se sert, dans cette opération, d'eau de chaux à laquelle on ajoute en second lieu de l'acide sulfurique. Après ce traitement, le suif prend une consistance ferme et il est d'une blancheur parfaite; on le désigne alors sous le nom de *stéarine*. Les bougies de l'*Étoile*, si connues, sont fabriquées avec cette substance.

Économie domestique. — *Usages du miel dans la médecine domestique. — Que le boisson fabrique-t-on avec ce produit? — Donnez quelques détails sur l'hydromel. — Prix, à ce moment, soit au marché, soit chez les épiciers, du demi-kilogramme de miel en rayons et de miel en pots, qualité ordinaire. — Usages de la cire dans le ménage.*

On emploie le miel, au lieu de sucre, dans les tisanes rafraîchissantes à l'orge et au chiendent.

On fabrique avec le miel une boisson, l'*hydromel*, qui était en grande faveur chez nos pères, les Gaulois. A cet effet, on prend huit litres d'eau et un de bon miel; on fait bouillir le tout jusqu'à ce que ce mélange soit réduit de moitié, et l'on y ajoute à la fin un peu d'eau-de-vie. Le liquide étant refroidi, on le met en bouteilles, et il peut être gardé de dix à douze ans.

Dans le ménage, la cire sert à donner du brillant aux parquets et aux meubles. On les frotte avec des pains de cette substance, et l'on passe la brosse sur la surface ainsi enduite jusqu'à ce que la cire soit également étendue; il ne reste plus qu'à frotter en second lieu avec un chiffon ou une peau souple.

117. — La conscription. (*Élève*, p. 249.)

Jacques est assis sur un banc dans la cour; ses yeux rêveurs* errent sur la grange, sur les étables, le rucher, le jardin, sur la chère maison.

Elle est silencieuse. La voix de pinson de Suzette, si gaie au matin, ne s'entend pas. Sans quelques rares bruits d'ustensiles remués, sans la colonne de fumée qui, de la cheminée, monte vers les nuages, on croirait que Suzette dort encore.

Au lieu de cette voix, il s'en entend de lointaines. Elles chantent en chœur :

« Nous allons tirer au sort,
Tirer au sort,
Tirer au sort!... »

M. Dumay paraît sur le seuil de la porte. Jacques se lève :

— Nous sommes prêts, père?

M. Dumay tousse d'abord pour s'éclaircir le gosier; mais la toux n'y fait rien ; la voix sort difficilement :

— Oui, mon fieux, mon Jacques, nous sommes prêts. Partons.

Le chant lointain reprend :

« Nous allons tirer au sort,
Tirer au sort,
Tirer au sort!... »

— Moi aussi, dit le jeune homme avec un sourire.

Voilà Suzette. Elle s'avance lentement. Elle prend la main de Jacques, la presse, et en la regardant :

— Chère main de mon frère, main pacifique de laboureur, bonne à la terre et aux tiens, va, et en plongeant dans l'urne*, ne te trompe pas!

— Vous voilà prévenue, ma main! dit Jacques, en affectant la gaieté.

Il embrasse Suzette et s'éloigne avec son père.

MM. François et Charlot n'avaient pas paru à cette scène Pris, ce matin-là, d'un zèle rare et beau, ils étaient déjà partis du côté de l'école pour une pressante préparation de leçon de géographie, dirent-ils.

Mais on sait l'histoire de l'Anglais John : très pressé de rentrer chez lui, il choisit et enfourche un cheval au galop si impétueux que, quatre fois, John, impuissant à le retenir, passe et repasse, comme un vent d'orage, devant sa demeure, sous les yeux et aux cris de Mme John, qui ne sait que penser de cette course effrénée.

Le coursier de François et de Charlot, c'était leur passion de voir tirer au sort, passer les jeunes conscrits avec leurs chansons et leurs chapeaux ornés du numéro. C'est pourquoi, partis, les jambes à leur cou, ils ne parvinrent pas à s'arrêter devant l'école et filèrent comme flèches sur le Catelet.

Leurs frimousses émoustillées de plaisir furent les premières qu'aperçurent M. Dumay et Jacques en y arrivant. Sans le frère aîné qui intercéda en leur faveur, elles eussent fortement changé d'expression.

Et ce furent eux qui, avec la rapidité dont ils étaient partis, vinrent en estafette annoncer à Suzette la nouvelle qu'elle attendait fiévreusement.

Questionnaire. — Où est Jacques et que regarde-t-il ? — Qu'est-ce qu'on n'entend pas? — Pourquoi croirait-on que Suzette dort ? — Que chantent des voix lointaines? — Que dit M. Dumay et que répond Jacques? — Où allaient-ils ensemble ? — Quel souhait fit Suzette en serrant la main de son frère? — Qu'était-il advenu de François et de Charlot ? — Que raconte-t-on, à ce sujet, d'un Anglais ? — Pourquoi les deux enfants n'étaient-ils point allés à l'école? — Qu'aperçurent Jacques et M. Dumay en entrant au Catelot? — Quelle commission firent-ils ?

DÉVELOPPEMENT DES SUJETS PROPOSÉS POUR EXERCICES.

Instruction civique. — *Que doivent, au service de la patrie, tous les jeunes gens valides? — Qu'est-ce qu'un conscrit? — En quoi consiste le tirage au sort? — Pourquoi le fait-on?*

Tous les jeunes gens valides doivent à la patrie le service militaire; pendant trois ans, ils restent à l'armée; on les y forme à la pratique des armes et aux manœuvres de la guerre; et, le cas échéant, ils partent à la frontière pour repousser ou attaquer l'ennemi.

Être soldat! ce n'est pas seulement un devoir, c'est un honneur ; l'uniforme est interdit aux Français que les tribunaux ont condamnés pour des actes coupables.

Un *conscrit* est un jeune homme âgé de vingt ans qui est appelé au service militaire. Il se rend alors au chef-lieu de son canton où lui et ses camarades nés la même année doivent tirer au sort.

Quoique tout le monde doive être soldat, chacun vient tirer un numéro dans une urne, en présence du préfet ou de son représentant et des maires du canton; cette opération est nécessaire afin que la non-désignation pour certains services dangereux ou l'inscription sur la liste de ceux qui ne servent qu'un an, ne soient point accordées à la faveur, mais relèvent uniquement du hasard.

L'Armée. — *Qu'est-ce qu'une armée? — Qu'entend-on par infanterie, infanterie de marine, cavalerie, artillerie, train des équipages, flotte de guerre, escadre; — par un régiment, un bataillon, une batterie? — Que commandent : 1° un commandant, 2° un colonel, 3° un général.*

Une *armée* est un nombre plus ou moins considérable de troupes assemblées sous la conduite d'un général. Elle comprend ordinairement un ou plusieurs *corps* comprenant les uns et les autres un certain nombre de *divisions* dont chacune compte au moins quatre régiments, non compris l'artillerie.

On entend par :

Infanterie, les gens de guerre qui combattent à pied; ils sont armés de fusils;

Infanterie de marine, un corps de soldats d'infanterie préposés à la garde des colonies, sauf l'Algérie;

Cavalerie, toutes les troupes qui combattent à cheval;

Artillerie, le matériel de guerre qui comprend les canons, les mortiers, les boulets, les bombes. On désigne également sous ce nom les troupes affectées à cette arme;

Train des équipages, tout l'attirail des voitures nécessaires au service de l'artillerie et au transport des vivres, et aussi les troupes spécialement chargées de ce service;

Flotte de guerre, un certain nombre de navires de guerre qui vont ensemble sous le commandement d'un chef unique;

Escadre, un nombre de vaisseaux de guerre moins considérable qu'une flotte;

Régiment, un corps de gens de guerre (3,000 à 3,000 hommes) composé de plusieurs bataillons, et dont le chef s'appelle colonel;

Bataillon, un corps de troupes faisant partie d'un régiment, formé de huit compagnies ordinairement, et comptant de 800 à 1,200 hommes; une compagnie est forte de 100 à 150 hommes; un capitaine la commande;

Batterie, un ensemble de six pièces de canon, y compris les hommes qui les manœuvrent et les voitures portant les munitions et les pièces de rechange.

Le commandant est à la tête d'un bataillon; un colonel, à la tête d'un régiment; un général, à la tête d'une brigade (2 régiments) ou d'une division.

Composition. — *Votre frère va tirer à la conscription; qu'est-ce qui vous rend à la fois triste et joyeuse? — L'exposer dans une lettre à votre grand'mère.* (Voir COURS DE COMPOSITION FRANÇAISE (*Degré élémentaire et moyen*), par E. LAPORTE, Partie du maître, page 317.)

Géographie. — *Qu'est-ce qu'une ville forte? — Donnez une idée de ce que sont des fortifications si vous avez eu occasion d'en voir. — Quelles sont les principales villes fortes des frontières du Nord, de l'Est? — Qu'est-ce qu'une garnison?*

Une *ville forte* est une ville entourée d'ouvrages de terre et de maçonnerie pour empêcher l'ennemi de s'en emparer.

Les *fortifications* consistent en un fossé profond de 8 ou 10 mètres dont un des côtés, formé de terres en pente, est opposé à une muraille à pic surmontée de terrassements destinés à abriter les pièces d'artillerie. Cette muraille n'a pas une direction rectiligne ni circulaire, mais elle comporte des angles rentrants et saillants en vue de mieux accabler de feux l'ennemi qui donnerait l'assaut.

Les principales villes fortes des frontières du Nord sont : Lille, Douai, Valenciennes, Avesnes, Rocroi, Mézières, Sedan.

Celles de l'Est sont : Montmédy, Verdun, Toul, Nancy, Épinal et Belfort.

On entend par *garnison* les troupes qu'on met dans une place de guerre ou une forteresse pour la défendre contre l'ennemi, tenir le pays en respect ou simplement pour y faire un séjour de quelque durée.

118. — Les bras longs. (*Élève*, p. 251.)

La main de Jacques s'était trompée!

12! c'est le numéro qu'elle ramena du fond de l'urne : cinq ans de service militaire, et probablement une promenade aux colonies, à mille lieues, sous l'uniforme de l'infanterie de marine! Car, pour pouvoir user du privilège du volontariat, auquel lui donnaient droit ses trois années de l'École d'agriculture, il fallait donner 1,500 francs. M. Dumay ne les avait pas.

Le soir, à la ferme, on reçut des condoléances et des encouragements, Suzette et le père silencieusement, Jacques répondant avec un visage ferme :

— Autant lui qu'un autre, disait-il; deux Fragicourtois, Joseph Michon et Jean Brunet, avaient été aussi peu chanceux. Il ne se sentait pas plus intéressant qu'eux.

M. et Mme Valon, venus les premiers, n'eurent donc pas de peine à lui inspirer la résignation* et les sentiments patriotiques. Le service de la patrie est le premier devoir qu'on doive attendre d'un homme de cœur, dirent-ils. Jacques savait déjà cela.

L'institutrice et son mari partis, ce fut le tour des voisins, parmi lesquels le vieux père Benoît en compagnie de sa pipe, de sa fille Ludivine, de Vincent et de Lisa, ses petits-enfants.

— Ça y est, hein! dit-il en s'asseyant. Puis il alluma sa pipe et après deux ou trois bouffées : — Ceux d'aujourd'hui ont déboisé. Autrefois, il y avait ici de grands bois. Et savez-vous ce que faisaient les mauvais numéros du vieux temps? Ils filaient dans les bois. Et va les chercher! On les traitait de réfractaires, c'était tout. Mon père, mon oncle Petit-Claude furent des réfractaires. Ma mère allait, la nuit, leur porter la pitance. Les gendarmes n'y voyaient que du feu. Mais vous autres, malins, vous avez déboisé!

Il tira une forte bouffée et se mit à rire. Vincent, qui, en grandissant, n'avait pas pris une mine bien agréable, rit aussi. Jacques et Suzette se contentèrent de lever les épaules, et François s'écria :

— Mais c'étaient des poltrons, des lâches, vos réfractaires!

— Tiens! ils sauvaient leur peau, dit le père Benoît.

— Oui, répondit Jacques, c'est là justement ce que vous dit François.

Pendant ce temps, d'un clin d'œil, Ludivine avait appelé à part M. Dumay et l'entreprenait dans un coin.

La bouche abritée de la main, l'air mystérieux, à voix basse, elle semblait lui souffler dans le tuyau de l'oreille un bon secret contre la conscription :

— Vous m'entendez, Denis!.. les bras longs! il les a!

— Qui a les bras longs?

— Le député, donc! Les députés sont là pour faire exempter nos enfants du service, et pour nous obliger de toutes les manières. Allez donc le voir, mais sans le dire à Jacques, qui est une tête fière. Vous avez besoin de lui ici; vous voilà vieillissant; est-ce le moment de vous charger de la besogne de ces jeunes mains-là?

— Non, ni de ces mains, ni, en vérité, de cette tête. Il est brave, intelligent au travail, mon fieux, et si gentil! J'ai le cœur déchiré, à la pensée qu'il va partir!

— Allez donc voir qui je vous dis! Il vous obtiendra que Jacques ne fasse que quelques mois de service, et tout près d'ici; vous verrez ça!

Elle parlait de plus en plus mystérieusement, et il avançait l'oreille.

Questionnaire. — Quel numéro avait tiré Jacques et quelles devaient être les conséquences de la chose? — Quelles sont les conditions dans lesquelles on est admis à ne servir qu'un an, sous le titre de volontaire? — Que répondait Jacques aux condoléances des voisins? — Que firent et dirent M. et Mme Valon? — Quel singulier discours tint le père Benoit, après le départ de tous les voisins, à la famille Dumay? — Comment Jacques et Suzette accueillirent-ils ce discours? — Que dit François? — A qui Ludivine conseille-t-elle à M. Dumay de s'adresser pour faire exempter Jacques ou réduire son service à quelques mois? — Pourquoi M. Dumay prête-t-il l'oreille à cette proposition?

DÉVELOPPEMENT DES SUJETS PROPOSÉS POUR EXERCICES.

Morale. — *Qu'est-ce qu'un conscrit réfractaire? — Que pensez-vous des réfractaires dont parlait le père Benoit? — Justifiez votre opinion. — Pourquoi risque-t-on ou perd-on la vie sur les champs de bataille? — Quelles raisons portent les soldats à combattre avec bravoure? — Que peut dire une mère à son fils partant pour l'armée?*

Un conscrit réfractaire est celui qui se dérobe par la fuite au devoir de servir et de défendre sa patrie.

Je pense que les réfractaires dont parlait le père Benoit étaient des cœurs faibles et des âmes sans énergie; quoique, à cette époque, Napoléon fit périr chaque année des centaines de mille hommes pour satisfaire son ambition, et qu'il fût terrible pour les jeunes gens de partir à l'armée sans chance de retour, il fallait accepter courageusement cette terrible situation. C'était le drapeau de la France qu'on était appelé à défendre, et jamais on ne peut sans crime manquer à ce devoir, quel que soit celui qui nous y appelle.

On risque et l'on perd la vie sur les champs de bataille pour la cause de la patrie, c'est-à-dire pour protéger contre les fureurs et la rapacité de l'ennemi, père, mère, sœurs, vieux parents, nos biens, nos économies, le toit qui abrite la famille, le cimetière où reposent les cendres des aïeux. Rien de plus sacré que cette obligation, de plus fort que les sentiments dont elle relève; quand on sent qu'on a derrière soi tout ce qu'on aime, la vie n'est rien, et, comme le répète un chant de guerre :

Mourir est le sort le plus beau, le plus digne d'envie.

Toute mère qui comprend ce qu'est le devoir envers la patrie, dira à ses fils comme la mère d'un poète, lors de nos désastres de 1870 :

« Partez : ils sont vaincus les soldats de la France !
« Mon cœur, pour conquérir ne vous eût pas prêtés ;
« Ce n'est plus la conquête, enfants, c'est la défense ;
« Le sol est envahi ; je vous donne, partez ! »

(DÉROULÈDE.)

Géographie. — *Expliquer ce qu'est une colonie. — Pourquoi fonde-t-on des colonies? — Quel peuple a les plus vastes colonies et quel avantage en retire-t-il? — Quelles sont nos plus florissantes colonies?*

Une *colonie*, dans le sens primitif, est une réunion d'hommes sortis d'un pays pour aller en habiter un autre. Dans le sens le plus commun, c'est un territoire d'une partie du monde, autre que l'Europe, où un État établit sa domination.

On fonde des colonies pour obtenir à meilleur compte les matières premières nécessaires à l'industrie et à la consommation qu'on ne peut tirer de son propre pays. Tels sont : le coton, la soie, le café, le cacao, le sucre, les épices, etc.

L'Angleterre a les plus vastes colonies ; elles sont peuplées d'environ deux cents millions d'âmes : elle y trouve non seulement les matières premières que réclament ses fabriques, mais des débouchés considérables pour son industrie. « Si l'Angleterre n'avait plus l'Inde, dit-on, les métiers de Manchester cesseraient de battre. »

Nos plus florissantes colonies sont : l'Algérie, les îles de la Réunion, de la Martinique et de la Guadeloupe, la Cochinchine.

Histoire. — L'ALGÉRIE. — *Qu'entendait-on, avant* 1830, *par les pirates d'Alger ? — A quelle occasion la France leur déclara-t-elle la guerre? — Racontez la prise d'Alger, celle de Constantine, la bataille de l'Isly.*

Les pirates d'Alger étaient des habitants de cette ville et du territoire placé sous sa dépendance qui, montant des vaisseaux légers et bien armés, poursuivaient les bâtiments marchands de la Méditerranée, s'en emparaient, réduisaient l'équipage en captivité et s'appropriaient la cargaison. Parfois ils descendaient sur les côtes, et, après une brusque attaque, pénétraient dans les villes et les villages. Ils les pillaient et emmenaient les jeunes gens, les jeunes filles à Alger afin de les vendre comme esclaves.

A maintes reprises, ils avaient été punis par l'Europe ; en 1816, une expédition anglaise leur avait infligé une cruelle leçon ; mais ces châtiments ne produisaient qu'un effet passager, et Colbert, au temps de Louis XIV, avait déjà pensé que, pour en finir, il faudrait s'emparer de ce nid de corsaires.

Depuis longtemps des démêlés existaient entre la France et le dey d'Alger, Hussein-Pacha. On négocia, on bloqua avec une puissante flotte de guerre les côtes de l'Algérie ; cela n'aboutit qu'à faire insulter deux fois la France dans la personne de son représentant (1827-1830). Le gouvernement du roi Charles X décida alors une expédition malgré l'opposition de l'Angleterre, de l'Italie et de l'Espagne ; une armée de 40,000 hommes débarqua, le 13 juin 1830, près d'Alger, et, le 5 juillet, la ville capitulait. Les jours suivants, Bone et Oran ouvrirent leurs portes.

Après avoir soumis la province d'Alger, le gouvernement français fit, en 1836, une première tentative pour prendre Constantine ; elle échoua. En 1837, une seconde expédition fut résolue, et la bravoure de nos soldats leur donna la victoire, malgré les formidables obstacles dont la nature a entouré cette ville.

Un chef arabe, *Abd-el-Kader*, dès 1834, souleva l'Ouest et le Sud de l'Algérie contre notre domination : rusé, entreprenant, possédant une merveilleuse connaissance du pays, il soutint vaillamment la lutte. Toutefois, il lui fallut céder et, en 1846, réfugié au Maroc, il obtint du sultan que celui-ci combattrait pour la cause de l'indépendance de l'Algérie.

Le fils du sultan arriva en juillet 1846 sur les bords de la rivière Isly, qui forme la frontière; il était à la tête d'une armée de 45,000 hommes. Le maréchal Bugeaud se trouvait de l'autre côté avec 10,000 hommes. La bataille s'engagea le 14 juillet : la lutte fut terrible; des masses énormes de cavalerie entouraient nos bataillons; mais pas un soldat français ne broncha devant leurs furieuses attaques; des feux de bataillon et d'artillerie mirent le désordre dans les troupes ennemies; les nôtres s'élancèrent et bientôt les Marocains prirent la fuite, laissant sur le champ de bataille 3,000 morts ou blessés avec tout leur matériel; de notre côté, on ne compta que 30 morts et 100 blessés, tant les dispositions du maréchal avaient été habilement prises.

119. — Chez le député. (*Élève*, p. 253.)

Un mercredi matin, M. Dumay, en tenue de dimanche, se faisait annoncer à M. Thierry, le député, qui, une fois la semaine, se tenait à la disposition de ses électeurs dans l'hôtel du *Dragon d'Or*, à Saint-Quentin.

Un peu gêné dans la demande qu'il allait faire, M. Dumay avait prié Suzette de l'accompagner, et remis à un peu plus tard de lui dire pourquoi.

Le député fit entrer le père et la fille. C'était un homme grisonnant, au visage sympathique. M. Dumay exposa sa requête longuement, en s'embrouillant un peu.

Il s'agissait d'obtenir que Jacques partît, non pour les colonies, mais pour une garnison des environs, Saint-Quentin, par exemple, et en revînt au plus vite à Fragicourt.

— Bon, répondit le député, écrivez une demande; vous me l'enverrez à Paris, à la Chambre; je l'apostillerai*.

— Monsieur, vous êtes bien bon.

— Votre fils n'est d'ailleurs ni manchot, ni borgne, ni sourd ?

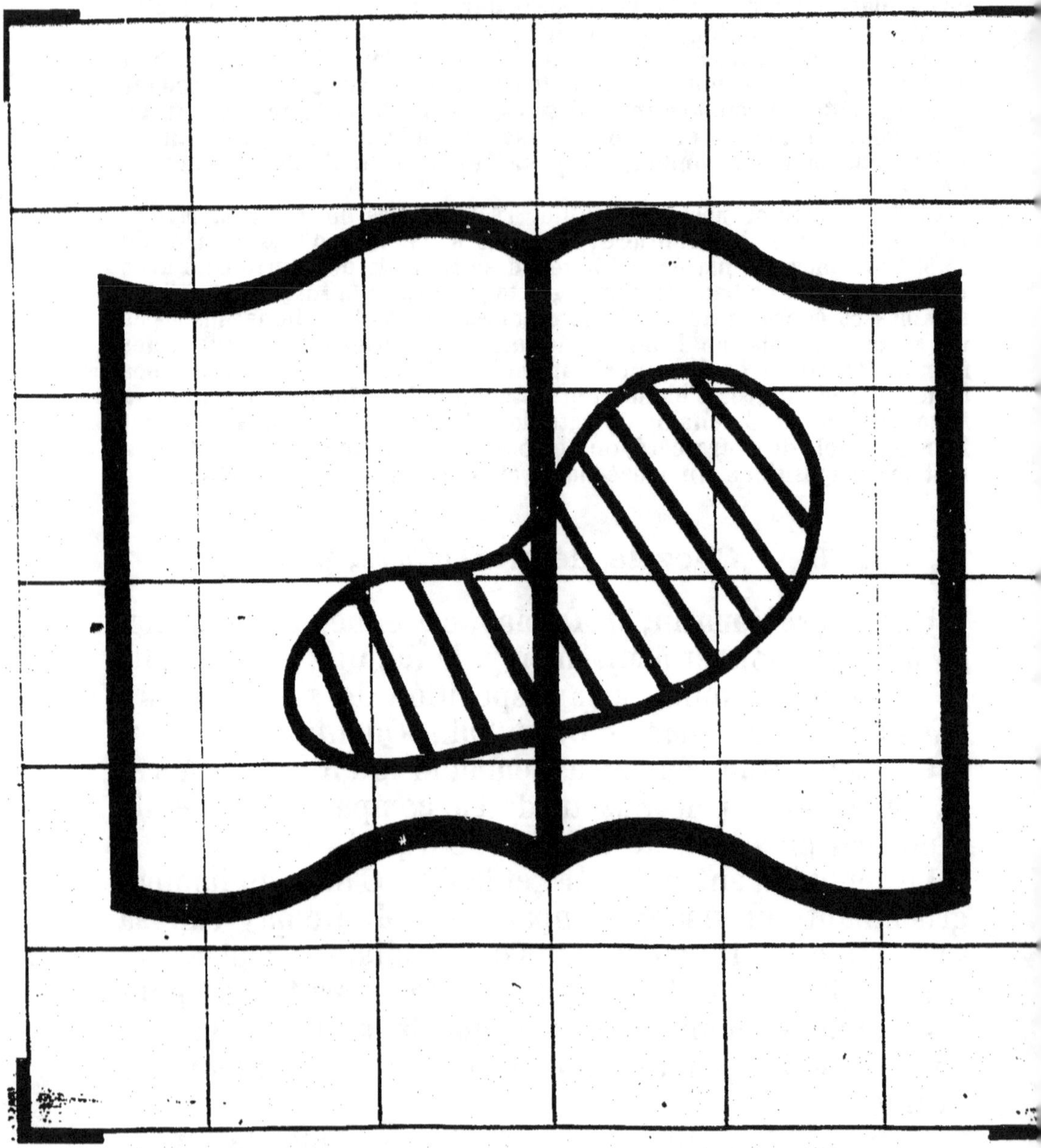

— Non, Monsieur, heureusement.

Avec une pointe d'ironie, M. Thierry regardait le père, puis la fille. En voyant passer dans les yeux de Suzette un éclair de fierté, il reprit gravement :

Une séance à la Chambre des députés.

— Cette promesse d'apostille, je l'ai déjà faite six fois ce matin. Deux pères, quatre mères sont venus de meilleure heure que vous me demander de tirer leurs fils de la conscription. Chaque année, pour mon seul compte, je reçois trois ou quatre cents prières de ce genre. Et si on les accordait, qui serait soldat ?

— Monsieur, dit Suzette, mon père et moi nous sommes venus vous demander, avant tout, s'il est bon que des travailleurs quittent pour un temps si long la terre qu'ils cultivent, et si c'est le profit d'un pays de remplacer en leurs mains la charrue qui fertilise et nourrit, par le fusil qui tue. Oui, nous demandons pourquoi il faut des soldats ; pourquoi, à l'heure où nous sommes, les peuples se battent encore, s'égorgent, comme le font entre eux les lions et les tigres, et se ruinent, au lieu de s'entr'aider !

Questionnaire. — Où se rendit M. Dumay, un certain mercredi ? — Pourquoi avait-il demandé à Suzette de l'accompagner ? — Que voulait obtenir le fermier en faveur de son fils aîné ? — Que répondit le député ? — Quelle demande fit-il ensuite ? — Que remarqua le député dans les yeux de Suzette ? — Que déclara-t-il alors au sujet des demandes dont il était assailli ? — Quelle réponse sensée et énergique fit Suzette ?

DÉVELOPPEMENT DES SUJETS PROPOSÉS POUR EXERCICES.

Instruction civique. — *Chaque Français a-t-il la capacité et le loisir de s'occuper de la confection des lois et de la direction du gouvernement ? — Qu'en résulterait-il d'ailleurs, s'il le pouvait ? — Quels citoyens sont choisis par les électeurs pour remplir cette mission ? — Qu'est-ce qu'un député ? Durée de son mandat ; traitement dont il jouit.*

Les lois règlent, ordonnent, permettent ou défendent les choses et les actes qui correspondent soit aux intérêts d'une nation, soit d'une portion notable des citoyens. Elles ont encore pour objet de surveiller les grands services de l'Etat, et d'y pourvoir, comme les impôts, la justice et les cultes, l'instruction publique, l'armée, les travaux d'intérêt général. Or, pour établir les lois, il faut des connaissances nombreuses, approfondies, une grande expérience, beaucoup de jugement et de prévoyance. Il en résulte que peu de personnes sont capables de s'occuper avec profit de ce travail si important.

Tous les citoyens de l'Etat le pourraient-ils, comment les convoquer tous, entendre leurs opinions, les discuter, les résumer ? C'est tout simplement une impossibilité, d'autant plus que nombre de lois concernant chacune une localité particulière, n'ont point assez d'importance pour motiver une telle enquête et de tels déplacements.

On a donc été amené de tous temps à inviter les citoyens à choisir, à *élire* quelques-uns d'entre eux pour s'occuper de la confection des lois. En France, ces élections ont lieu tous les quatre ans, et les électeurs de chaque département nomment un certain nombre de *députés* pour les représenter dans l'assemblée chargée de préparer les lois. Cette assemblée, qu'on nomme la *Chambre des députés*, se réunit à Paris sur la convocation du Président de la République.

Une autre assemblée, le *Sénat*, nommée par les délégués des conseils municipaux, se réunit également à Paris. Elle a aussi le pouvoir de faire des lois ; mais son rôle principal est d'examiner les lois votées par les députés, pour les approuver, les repousser ou les modifier.

Le mandat d'un député dure quatre ans ; chacun touche annuellement une indemnité de 9,000 francs, depuis 1871. Auparavant leurs fonctions, comme celles des sénateurs, étaient gratuites.

Composition. — *Donnez, d'après la gravure de votre livre de lecture, une idée de la salle où se réunissent les députés. — Parlez du président, des orateurs, des votes.*

La salle où délibèrent les députés, est une vaste pièce au fond de laquelle est une tribune où se tient le *président*, lequel est élu au commencement de chaque session annuelle. Aux côtés de ce dernier se placent les *ministres*. En avant de lui, on voit une seconde tribune moins élevée où montent les députés pour soutenir, critiquer ou combattre les projets de lois; on appelle ceux qui parlent ainsi les *orateurs*.

Quand la discussion est close, les députés qui sont assis, en face du président, sur des sièges disposés en amphithéâtre, votent, c'est-à-dire déposent dans des urnes que font circuler les *huissiers*, une boule blanche ou noire selon qu'ils sont favorables ou non au projet de loi. Si le nombre des boules blanches excède celui des noires, le projet est adopté; dans le cas contraire, il est repoussé.

Le public peut être admis à assister aux séances de la Chambre des députés et à celles du Sénat, dans des galeries placées au-dessus et en arrière des sièges des députés, des sénateurs et du président.

N. B. — L'homme qui se tient debout en avant de la table placée au-dessous de la tribune des orateurs, est un huissier; on le reconnaît à la chaîne qu'il porte au cou et qui tombe sur sa poitrine.

Calcul. — *L'armée française compte* 450,000 *soldats dont l'entretien coûte en moyenne* 1,095 *francs par tête; chacun d'eux, s'il n'était pas au régiment, pourrait gagner à peu près* 14 *fr.* 75 *par semaine : quel sacrifice s'impose la France et quelle perte résulte des nécessités de la défense nationale?*

SOLUTION.

L'entretien d'un soldat coûte en moyenne 1,095 francs.
Celui de 450,000 soldats = 1,095 francs × 450,000 = ...

Le sacrifice que s'impose la France est donc de.....

Chaque soldat pouvant gagner, par semaine, 14 fr. 75,
En un an, il gagnerait 14 fr. 75 × 52 = ...
Les 450,000 soldats gagneraient..... × 450,000 = ...
La perte subie est donc de.....

120. — La France ! (*Élève*, p. 255.)

Suzette avait parlé d'une voix contenue où vibrait l'émotion.

Le député lui adressa de la main un signe approbatif :

— Voilà de bonnes paroles, Mademoiselle, et de très intelligents sentiments qui devraient être dans toutes les têtes en Europe. Oui, pourquoi la haine, pourquoi la guerre, pourquoi le massacre, pourquoi la ruine? Ces grandes misères durent depuis le commencement des temps. L'ignorance, la faim, les sentiments de race* et la soif de conquête les ont créées. Mais l'homme a enfin conçu aujourd'hui un bel idéal* de paix et de solidarité* entre les nations.

Il y a cent ans, la France, la première, appela les peuples à la fraternité. Mais, à ce mot, les rois de tous ces peuples tremblèrent, levèrent des armées pour écraser la grande idée !...

Le député s'arrêta une seconde, le front soucieux :

Jeanne d'Arc à Orléans.

En 1429, Orléans, assiégée par les Anglais, était à bout de résistance ; les ennemis avaient élevé des bastilles ou forteresses autour de la place ; Jeanne d'Arc les en chassa en dix jours (mai 1429) et les culbuta dans leur retraite ; les bords de la Loire étaient redevenus libres.

— Et à cette heure, reprit-il, ils en lèvent encore. D'immenses amas de troupes, de canons, de fusils nous entourent, nous menacent du démembrement de la France, c'est-à-dire de sa mort ! Et la mort de la France ferait un vide immense dans la civilisation. Car, il n'y a pas de vanité nationale à le dire, seule, entre les nations, la France a franchi le cercle de son intérêt personnel pour s'occuper de l'intérêt du monde! Elle a pensé à l'humanité!...

Eh bien! au jour du péril, ce ne sera pas trop de tous ses enfants autour de cette mère, de tous, entendez-vous? car ses filles doivent être à la hauteur de ses fils! Elles doivent tirer de leur cœur, non des larmes, mais des exhortations à l'héroïsme! elles doivent mépriser le lâche! elles doivent, comme l'a dit le grand appel de la Convention *, faire les habits et les tentes des soldats, s'il en est besoin! elles doivent panser les blessés! enfin, elles doivent se souvenir que, jadis, à l'heure où la France sombrait sous l'invasion, où les hommes perdaient courage, le patriotisme éclata brusquement, magnifiquement, dans une âme de femme, la grande Jeanne d'Arc, et sauva tout!... Aujourd'hui encore, le patriotisme compte sur l'âme des femmes. Elles ne peuvent pas vouloir que le sacrifice qu'une telle patrie commande, un seul de nous le repousse.

Il parlait avec force.

Le père et la fille s'étaient levés comme électrisés.

— Non, non, pas un seul! s'écria Suzette.

— Pas un seul! répéta M. Dumay. Monsieur, pardonnez-moi ma démarche... Il est vrai que si je ne l'avais pas faite, je n'aurais pas entendu ces réconfortantes paroles. Elles sont là! — il frappa sur sa poitrine: — J'ai trois fils, Monsieur; dès ce moment, je les donne à la patrie!

Le député serra la main de M. Dumay, puis celle de la jeune fille dont les yeux brillaient des belles larmes de l'enthousiasme.

— Oui, oui, dit-il, le cœur de notre Jeanne d'Arc n'est pas mort parmi les femmes de France!

Questionnaire. — Comment Suzette avait-elle parlé? — Que lui répondit à peu près le député? — Que rappela-t-il au sujet de ce que firent les Français, il y a cent ans? — Que dit-il de l'aspect actuel de l'Europe; — du résultat de la mort de la France? — Que conclut-il sur ce qui devra se faire lors de la prochaine guerre? — Quel sera le rôle des femmes? — De quelle femme héroïque doivent-elles se souvenir? — Aujourd'hui, sur quoi compte encore le patriotisme? — Que répondirent Suzette et son père? — Que fit le député, et sur quelles paroles se séparèrent-ils?

DÉVELOPPEMENT DES SUJETS PROPOSÉS POUR EXERCICES.

Morale. — La Guerre. — *Quelles peuvent être les causes des guerres? — Qu'est-ce qui rend souvent les guerres inévitables? Exemples. — Qu'est-ce qui doit nous les faire regarder comme une affreuse calamité? Exemples à l'appui.*

Les causes de la guerre sont malheureusement nombreuses. Nous citerons : la nécessite de repousser une invasion, comme nous le fîmes en septembre 1792; — l'entrée en campagne de troupes ennemies revendiquant des territoires cédés par les traités, comme la chose eut lieu en 1806, lorsque les Prussiens sommèrent les Français d'evacuer les provinces conquises par Napoléon; — une insulte à nos representants : consuls, ambassadeurs; tel fut le principal motif de la guerre déclarée en 1830 au dey d'Alger; — le refus par un gouvernement étranger de faire droit aux justes réclamations d'un autre gouvernement, pour pillage des biens de ses nationaux, pour mauvais traitements à eux infliges. Ainsi, en 1868, l'Angleterre déclara la guerre au roi d'Abyssinie, qui avait chargé de fers et fait mourir des citoyens anglais au mépris de toute justice.

Rien ne peut alors dispenser les chefs des États et les nations elles-mêmes de se résoudre à cette terrible nécessité. Il s'agit de défendre les intérêts les plus essentiels d'un pays, et souvent encore plus que cela, son honneur, son existence; on ne saurait reculer. Seuls des esclaves dégradés pourraient se résoudre à subir de telles hontes; mais notre France ignore de pareils abaissements, et quand, en 1792, 1796, 1799, par exemple, elle fut envahie, ce fut un élan extraordinaire de toutes les âmes; nos soldats électrisés coururent à la frontière et infligèrent à l'ennemi de sanglantes défaites.

Mais de tels résultats ne sont point obtenus sans de cruels sacrifices. Les morts et les blessés se comptent par milliers, et les familles en deuil pleurent ceux en qui leurs espérances étaient placées; les campagnes sont ravagées, épuisées par les réquisitions de l'ennemi; les villes bombardées, incendiées, pillées; l'ennemi vainqueur dispose en maître de la liberté, de la fortune et de l'existence de tous. Aussi, combien sont criminels les gouvernements qui provoquent sans cause légitime ces terribles calamités! Souvenons-nous des malheurs de la dernière guerre : Strasbourg dévasté, les régions du Nord, de l'Est et du centre foulées par les Prussiens arrogants et brutaux, épuisées de réquisitions, victimes des plus iniques exécutions; souvenons-nous de nos pauvres prisonniers affamés, dépouillés, frappés avec brutalité et abandonnés sans soins dans des casemates humides ou sous des tentes pendant les rigueurs d'un hiver prolongé!

Histoire. — *Quelles transformations et améliorations dans le gouvernement et dans la société demandaient, en* 1789, *les députés des États généraux? — Pourquoi les souverains des nations voisines nous déclarèrent-ils la guerre? — Racontez l'invasion des Prussiens en* 1792, *la bataille de Valmy et la retraite de l'ennemi.*

Les députés des *États généraux* réclamaient qu'il fût donné satisfaction aux demandes suivantes qui, se trouvant dans presque tous les *cahiers* (1), n'etaient l'objet d'aucune contestation :

Urgence de donner une constitution à la France; — droit pour les États généraux de faire les lois qui, avant d'être exécutoires, devaient

(1) On désignait sous le nom de *cahiers* les mémoires que rédigeaient les divers ordres, clergé, noblesse et tiers état, réunis dans les assemblées des États généraux, pour exprimer leurs plaintes et leurs vœux.

obtenir la sanction royale, de contrôler les dépenses publiques, de voter l'impôt; — abolition des priviléges financiers et autres, du clergé et de la noblesse; — admissibilité de tous les citoyens aux emplois publics; — liberté du culte et de la presse (1); éducation par l'Etat des enfants pauvres et abandonnés; — unité de la législation, publicité des débats judiciaires; adoucissement des lois pénales; — création d'assemblées provinciales pour contrôler la gestion des fonctionnaires; — unité de poids et de mesures; nouvelle division du royaume; — liberté de l'industrie, suppression des douanes intérieures; remplacement des divers impôts par un impôt territorial et mobilier qui atteindrait seulement les revenus.

Les *puissances étrangères*, sur les sollicitations des émigrés, dévoilèrent hautement, en 1791, leur intention de rétablir Louis XVI dans ses anciens droits, et la noblesse comme le clergé dans les priviléges auxquels ils avaient renoncé dans la nuit du 4 août 1789. Ils firent de nombreux rassemblements de troupes sur nos frontières afin d'arriver à ce but, et ils refusèrent de se retirer à moins que la monarchie ne fût rétablie sur ses anciennes bases. C'était une insulte au roi, à la nation, à la constitution jurée par l'un et faite par l'autre. Le roi déclara, le 20 avril, la guerre à l'Autriche et à ses alliés.

Les Prussiens entrèrent en campagne les premiers, et pénétrèrent dans la Lorraine, mal défendue par Luckner. L'émotion fut immense; l'Assemblée législative déclara la patrie en danger; on fit de nombreux enrôlements auxquels le généralissime prussien, le duc de Brunswick, répondit par une proclamation menaçante. Longwy fut pris le 20 août; Verdun capitula le 1er septembre.

Ces tristes événements furent à Paris l'occasion d'affreux massacres dans les prisons.

Les généraux Dumouriez et Kellermann marchèrent à la rencontre des Prussiens; l'effort principal de la bataille, qui s'engagea le 20 septembre 1792, porta sur la butte de Valmy. Nos conscrits supportèrent le feu avec un sang-froid sur lequel l'ennemi ne comptait pas; la bataille ne fut guère qu'une canonnade de plusieurs heures, pendant laquelle l'infanterie française repoussa vaillamment les charges de la cavalerie de Brunswick. Le lendemain, l'ennemi battait en retraite.

A quelles nations la France a-t-elle donné aide et assistance, et à quelles dates (depuis 1790), soit pour assurer leur indépendance, soit pour les soutenir dans l'établissement d'un gouvernement constitutionnel?

Pendant la première République, elle a donné aide et assistance aux Pays-Bas, à la Suisse, à l'Italie; sous le règne de Louis-Philippe, à la Belgique et à l'Espagne; sous Napoléon III, à l'Italie, qui, grâce à nos soldats et à notre or, s'est constituée en une monarchie indépendante.

121. — Nous entrerons dans la carrière...

(*Élève*, p. 257.)

Friande de nouvelles, Ludivine guettait sur la route au moment où Jacques revenait des champs pour le

(1) La *presse* désigne ici la liberté d'imprimer ce que l'on veut.

dîner de midi. Elle le suivit dans la maison, avec le père Benoît qui flânait aussi de ce côté.

La langue leur démangeait visiblement.

— Tiens ! dit-elle, on n'est pas encore de retour de la ville ?

—Non.

—Ton père y est allé avec Suzette chercher des semences ?

— Oui.

— Tu es notre voisin ; je t'ai vu naître ; c'est pourquoi je m'intéresse à toi, mon garçon. Il faut, vois-tu, s'arranger pour ne pas partir.

Le père Benoît soupira :

— Hum ! aujourd'hui, c'est difficile. Je t'ai parlé des bois de jadis, mais il y avait aussi autre chose : des cas d'exemption, qu'il n'y a plus. Il suffisait de se couper l'index ou de s'arracher les deux dents du devant, celles d'en haut qui servaient à déchirer la cartouche. Eh bien ! à cette heure, ils ont inventé des cartouches qui se déchirent toutes seules ! Inutile de se priver de ses dents, et ceux qui se couperaient le pouce seraient châtiés et point exemptés. Voyons ! est-ce juste, ça ? Mais quand on eut retiré aux gens ce droit de s'estropier à leur guise, il leur restait encore une ressource, l'argent. Avec un billet de mille à quinze cents francs dans un bas de laine, les gens dormaient tranquilles sur le compte de leur enfant. Il tirait le numéro 1 ; c'est bon ! je m'en moque ! On le rachetait, on le remplaçait. Il ne manquait jamais de pauvres diables qui, pour quelques centaines de francs, partaient, se faisaient tuer à votre place... C'était commode, ça, n'est-ce pas ?

— Oui, répondit ironiquement Jacques, c'était commode ! ceux-là surtout qui ne possédaient pas un pouce de la terre française étaient chargés de la défendre !...

— Ah ! ah ! interrompit Ludivine, qui avait mis le nez à la fenêtre, voilà ton père et ta sœur.

On alla au-devant d'eux sur la porte.

— Ils semblent contents du député, ajouta Ludivine.

— Vous êtes allés chez le député, père? demanda Jacques, un peu inquiet.

— Oui, mon fils, sans te le dire. Suzette, que j'avais emmenée pour me soutenir dans mon discours, n'a su mon projet qu'un peu tard. Et comme tu t'es montré plus brave, plus patriote que moi, tu peux rester brave, tu as gagné la partie! Ecoutez ceci, enfants! ajouta-t-il en s'adressant à François et à Charlot qui entraient.

Avec feu il répéta les nobles paroles du député; Suzette, encore toute vibrante, aidait sa mémoire quand elle faiblissait.

Les enfants étaient de bonne souche *, ils furent très émus. Charlot dit les vers sublimes :

« Nous entrerons dans la carrière
Quand nos aînés n'y seront plus!
Nous y trouverons leur poussière
Et la trace de leurs vertus! »

Alors le père Benoît, qui n'en pouvait croire ses oreilles, fit sortir sa fille Ludivine tout ébaubie. Et, sur le seuil, secouant sa pipe :

— Non! cria-t-il, ce n'est pas d'aujourd'hui qu'on sait que les Dumay sont de très mauvaises têtes!

Là-dessus il claqua la porte et s'en alla fier comme Artaban *.

Car le brave homme, en qui n'entraient ni raison, ni vérité, ni beaux sentiments, se regardait, lui, comme une très bonne tête.

Questionnaire. — Quelles personnes vinrent trouver Jacques à la maison? — Que lui demanda Ludivine? — Que se proposait le père Benoît à l'égard de son jeune voisin? — Que lui raconta-t-il des procédés dont certains poltrons usaient de son temps pour ne point aller à l'armée? — Pourquoi ces moyens ne seraient-ils d'aucune utilité aujourd'hui? — En quoi consistait le remplacement militaire supprimé en 1872? — Quelle observation fit Jacques sur l'injustice du système d'exemption? — M. Dumay, étant de retour, répondit à Jacques sur le résultat de sa démarche; reproduisez son récit. — Que répéta-t-il avec feu? — Que dit Charlot? — Que signifient les mots carrière, aînés? — Quelle belle sortie fit le père Benoît? — Que pensez-vous de cet homme?

DÉVELOPPEMENT DES SUJETS PROPOSÉS POUR EXERCICES.

Morale. — *Que pensez-vous :*
1° *De ceux qui s'estropient pour n'être point soldats;*
2° *Du remplacement qui avait lieu autrefois dans l'armée?*

(Les élèves trouveront elles-mêmes la réponse; rien à cet égard ne doit leur être suggéré; d'ailleurs la leçon de lecture donne tous les éléments de ce qu'on leur demande. — Voir encore COURS DE COMPOSITION FRANÇAISE (*Degré élémentaire et moyen*), par E. LAPORTE, Partie du maître, page 325.)

Français. — *Définir ou expliquer : friand de nouvelles, guetter, la langue lui démange, un cas d'exemption, l'index, un pauvre diable, répondre ironiquement, entrer dans la carrière, une mauvaise tête, une bonne tête.*

Être friand de nouvelles, c'est les aimer beaucoup et les rechercher avec empressement.

Guetter, c'est observer adroitement et secrètement les autres dans le but de les surprendre et de leur nuire.

La langue lui démange signifie : Il a grande envie de parler.

Un cas d'exemption est une circonstance, un état qui peut procurer l'exemption du service militaire, comme d'être fils aîné de veuve, avoir perdu un œil.

L'index est le doigt le plus proche du pouce; il est ainsi désigné parce qu'il sert ordinairement à montrer, à indiquer quelque chose.

Un pauvre diable est un homme qui est dans la misère.

Répondre ironiquement, c'est répondre en disant, par manière de plaisanterie et malicieusement, le contraire de ce qu'on pense.

Entrer dans la carrière, c'est embrasser une profession. Ici, il est question de celle des armes.

Une mauvaise tête se dit d'une personne sujette à beaucoup d'écarts et de travers, soit dans sa conduite, soit dans ses opinions.

Une bonne tête désigne un homme d'un esprit droit, de beaucoup de jugement, de beaucoup de capacité.

Industrie. — LA POUDRE. — *Qu'est-ce que la poudre? — Quelles sont ses propriétés? — Faut-il en laisser à portée des enfants? Pourquoi? — A quoi sert-elle? — Rappeler les services que rend cette substance dans les travaux des routes, des chemins de fer, des carrières. — Précautions qui s'imposent aux mineurs.*

La *poudre* est un composé intime de salpêtre, de soufre et de charbon. Elle s'enflamme avec facilité et dégage une quantité considérable de gaz auxquels elle doit sa force explosive. Quand elle est renfermée dans un petit espace, elle brise ou fait éclater, soit la boîte, soit l'objet qui la contenait, avec un bruit terrible; aussi est-il prudent de ne jamais laisser ce mélange dangereux à portée des enfants : de graves accidents pourraient résulter de l'oubli de cette précaution.

La poudre, en raison de ses effets brisants et de sa force d'expansion, sert à lancer des projectiles et à mettre en morceaux des masses pierreuses considérables faisant obstacle à des travaux. Lorsqu'on ouvre une route, un canal, un chemin de fer; si l'on creuse une cave, une galerie, une mine; si l'on exploite une carrière, on pratique des trous cylindriques dans la pierre; on dépose au fond une certaine quantité de poudre accompagnée d'une mèche qui se prolonge au dehors et l'on bourre solidement; il ne reste plus qu'à enflammer la mèche. Une explosion se produit et le rocher est brisé en morceaux faciles à enlever.

Cette opération n'est pas sans danger si l'on bourre la poudre avec une barre de fer, laquelle peut donner des étincelles, ou bien si l'on s'approche après avoir mis le feu et avant que l'explosion n'ait eu lieu.

Nota. — La poudre a été découverte par les Chinois, qui en connaissaient tous les effets, plusieurs siècles avant J.-C. Le feu grégeois avec lequel les Grecs et les Sarrasins combattaient les croisés, était de la poudre.

L'usage de cette composition comme force pour lancer des projectiles, date du treizième siècle; elle fut employée en 1257 au siège de Niebla, en Espagne, par les Arabes. Le canon est mentionné pour la première fois au siège de Baza (Andalousie) par le roi de Grenade, en 1323; il pénètre en France peu après, et des comptes de dépense le montrent employé en 1338 et 1345. Les Anglais s'en servirent à Crécy (1346).

122. — Après le départ. (*Élève*, p. 259.)

Jacques partit au printemps pour Cherbourg. C'était l'acheminement vers les colonies.

Mais à la séparation, les cœurs furent fermes, les larmes se continrent : le sentiment du devoir est la plus grande des forces. On s'étreignit * longuement : Et au revoir le fils ! au revoir le frère !

Maintenant il fallait remplacer le soldat à la charrue.

M. François, grand garçon de mine joviale, pas trop laid, malgré son nez toujours en trompette, et de santé robuste, était le remplaçant désigné. Dès le lendemain, à l'alouette, le père lui dit :

— François, attelle la charrue.

— La neuve, papa ?

M. Dumay eut un soubresaut :

— La neuve ! y penses-tu? la neuve entre tes mains, pour commencer? La vieille, s'il vous plaît?

— Bien, papa.

Maître François sortit la vieille, puis les deux chevaux, le Pommelé et la Rousse, les attela. Ce fut fait en un tour de main. Suzette admira son agilité, et lui passa au cou, en bandoulière, un bissac de toile.

— Voilà ! dit-elle; le bon laboureur a bon appétit ; tu trouveras là dedans un croûton frais, deux œufs durs et une poire pour ton déjeuner. Va, mon François, et travaille gentiment.

Le père, le fils et l'attelage s'en allèrent.

La charrue roulait sur le gravier de la rue en grinçant avec un cliquetis de ferraille, et François, tirant sur le cordeau, criait de toute sa voix : Hue ! hue ! en garçon qui n'est pas fâché d'attirer l'attention des voisins.

Questionnaire. — Où Jacques alla-t-il rejoindre son régiment? — Comment eut lieu la séparation? — Quel était le remplaçant de Jacques à la charrue? — Faites le portrait de François. — Quel dialogue eut lieu le matin entre François et son père? — Que fit alors le jeune garçon? — Que lui passa Suzette et que dit-elle? — Comment eut lieu le départ pour le champ à labourer?

DÉVELOPPEMENT DES SUJETS PROPOSÉS POUR EXERCICES.

Géographie. — *Faire le croquis de la France septentrionale au nord de la Loire et de la Marne. — Y tracer la route suivie par Jacques pour se rendre à Cherbourg : il passera par Saint-Quentin, Tergnier, Amiens, Beauvais, Evreux, Bernay, Lisieux, etc. Figurer le chemin de fer par un gros trait à l'encre.*

(Il faudra marquer d'abord par des points Dunkerque, Calais, le cap Gris-Nez, l'embouchure de la Somme, celle de la Seine, la baie de Carentan au S.-E. de la presqu'île de Cotentin; ce qui permettra de tracer aisément le littoral. Figurer ensuite le parcours de la Somme, de la Seine, de la Marne, de l'Yonne, de l'Eure, de l'Orne, de la Vire; il sera alors facile de déterminer la position exacte des villes.)

Sciences naturelles. — LE CHEVAL. — *Donner une idée de ce bel animal au point de vue de la forme, de la taille, du caractère, de ses aptitudes à servir l'homme. — Services qu'il nous rend. — Comment on doit le traiter, le nourrir. — Réflexions sur la brutalité de certains charretiers.*

« Le cheval est, de tous les animaux, celui qui, avec une grande « taille, a le plus de proportion et d'élégance dans les parties de son « corps; la régularité de sa tête lui donne un air de légèreté qui est « bien soutenu par la beauté de son encolure. Il semble vouloir se « mettre au-dessus de son état de quadrupède en élevant la tête; dans « cette noble attitude, il regarde l'homme face à face; ses yeux sont « vifs; ses oreilles bien faites et d'une juste grandeur; sa crinière « accompagne bien sa tête, orne son cou et lui donne un air de force « et de fierté; sa queue est formée de crins épais et longs qui semblent « sortir de la croupe.

« Ce fier et fougueux animal partage avec l'homme les fatigues de « la guerre et la gloire des combats; à la chasse, à la course, il brille, « il étincelle; mais, docile autant que courageux, il sait réprimer ses « mouvements; non seulement il fléchit sous la main qui le guide, « mais il semble consulter ses désirs; il se livre sans réserve, ne se « refuse à rien, sert de toutes ses forces, s'excède, et même meurt « pour mieux obéir. » (D'après BUFFON.)

Cet animal paraît avoir été originaire de l'Asie, et sa domestication remonte aux temps les plus reculés. Il nous rend aujourd'hui mille services pour le transport des marchandises et des personnes, et ceux-ci sont trop connus pour qu'il soit nécessaire de les énumérer.

Quand le cheval est bien traité, il a pour son maître un attachement et une fidélité inaltérables; mais il ressent vivement l'injustice et se venge des mauvais traitements; on a donc toutes raisons pour agir à son égard avec douceur et patience. Les charretiers qui le frappent sans motifs, comme cela se voit trop fréquemment, non seulement commettent un acte de lâche brutalité, mais compromettent leurs intérêts, car un cheval traité de la sorte ne rend pas tous les services qu'on serait fondé à attendre de lui.

On nourrit le cheval avec de l'avoine, du foin, de la paille principalement; il aime à manger à des heures régulières et néanmoins supporte patiemment la faim lorsque les circonstances l'exigent.

Hygiène. — *Comment faut-il régler ses repas? — Inconvénients de manger à toute heure. — Comment doit-on satisfaire son appétit? — Quelles boissons conviennent le mieux aux jeunes filles? — Qu'appelle-t-on enfants difficiles? — Quelles sont les fâcheuses suites de ce travers?*

Les heures du repas ne doivent être ni trop rapprochées ni trop éloignées. Le temps nécessaire à la digestion des aliments varie de deux à cinq heures (1); c'est, en général, après ce dernier terme que l'appétit renaît; pour les grandes personnes, l'intervalle le plus convenable à observer entre les repas est de six heures, ce qui porterait à trois nos repas journaliers.

Les vieillards et les enfants mangent moins, mais plus souvent.

L'essentiel, à cet égard, est que les repas petits et fréquents, rares et copieux, se répètent journellement avec régularité, que l'habitude ramène la faim aux mêmes heures afin que nos besoins soient satisfaits quand ils se font sentir.

Si l'on mange à toute heure, la digestion du repas précédent peut n'être pas achevée, elle se poursuit dès lors avec difficulté, et des maux d'estomac très douloureux, qui déterminent quelquefois de graves maladies, en sont presque toujours le résultat.

Manger de peu et peu à la fois est la règle universelle; tous les animaux la suivent, excepté l'homme. Rien n'est plus sage que de se faire une mesure et de s'arrêter dès que l'appétit est satisfait.

Les boissons qui conviennent le mieux aux jeunes filles sont l'eau pure, le vin largement étendu d'eau la bière légère, le cidre; les boissons alcooliques ont des effets nuisibles sur la constitution, surtout dans le jeune âge, et les enfants n'en doivent user qu'en des circonstances exceptionnelles. L'usage du café noir et du thé leur est quelquefois préjudiciable et rarement nécessaire : le mieux est donc de s'en abstenir.

On appelle *enfants difficiles* ceux qui montrent de la répugnance pour un grand nombre d'aliments, et en général pour ceux qui conviennent le mieux à leur âge. C'est un travers regrettable, dont la santé souffre toujours, et que les parents doivent combattre avec persévérance en même temps qu'avec prudence; il trouble d'ailleurs l'ordre et le service des repas et impose aux mères un surcroît de travail dont elles se passeraient volontiers, étant donnée la multitude de leurs occupations.

123. — Un début. (*Élève*, p. 260.)

Par un chemin creux, tout fleuri de serpolet, charrue et laboureurs débusquèrent dans une parcelle bien

(1) Durée de la digestion de quelques aliments : 1° d'environ 1 heure : pieds de cochon bouillis, ris de veau, riz éclaté; — 2° de 1 à 2 heures : œufs frais fouettés, pommes douces crues, venaison grillée, cervelles, foie grillé, lait bouilli, tapioca, œufs frais crus, compote de pommes, morue salée bouillie; — 3° de 2 à 3 heures : lait cru, dinde, oie rôtie, agneau, pommes de terre, poulet fricassé, choux crus en salade, côtelette de veau, bifteck, œufs à la coque, mouton grillé ou bouilli; — 4° de 3 à 4 heures : bœuf bouilli, porc grillé, mouton rôti, carottes bouillies, œufs sur le plat, fromage, pain, veau rôti, canard domestique, soupe au bœuf; — 6° de 4 à 5 heures : bœuf salé, porc salé, veau frit, canard sauvage, choux bouillis, lard, mouton salé, bouillon d'os.

plane, bien droite, dont les éteules* reluisaient comme or, aux premiers rayons du jour.

Tout autour, les champs de luzerne et de betteraves scintillaient sous la rosée. Le ciel était bleu; dans l'air, portés par la brise, voltigeaient des flocons blancs soyeux; à quelque distance, les cailles rappelaient*.

Caille.
Cet oiseau est un gibier très recherché.

M. Dumay prit la parole d'un air grave :

— C'est à pareil jour, qu'autrefois, devant mon père, je traçai mon premier sillon, comme tu vas le faire devant moi, mon fils.

— Oui, père.

Au plaisir de la nouveauté, les yeux de François brillaient comme d·s lucioles *.

Eh bien! regarde-moi.

— Sache que c'est un honneur de travailler une terre faite par tes ascendants, et qui est toute pimpante encore des soins de Jacques. Ni eux, ni ton frère n'auront à te reprocher de l'avoir laissée dépérir en tes mains, n'est-ce pas, mon François ?

— Soyez tranquille, papa. Hardi ! vite, commençons.

Il était pressé; la main lui démangeait de se mettre à l'œuvre.

— Eh bien! regarde-moi.

Le père prit le mancheron, toucha les deux bêtes, deux solides normands, l'un bai brun, l'autre gris pommelé. Ils démarrèrent lentement, d'un pas égal, et ils parcoururent la longueur de la parcelle. Derrière eux, sous la main savante du maître, la terre, au tranchant du soc, se creusait, se divisait à plaisir.

— A ton tour! dit-il, au bout de ce bon morceau d'ouvrage.

Avec fougue François empoigna le mancheron :

— Et hue! Pommelé! et hue! la Rousse! et hue! la charrue!

Mais la charrue se mit à sauter, à danser derrière les chevaux, comme une grosse folle. Et pour la remettre à la raison, il fallut se laisser conduire soi-même. La main tenue par le père, François traça deux sillons, moins droits, moins profonds que le premier, mais où il n'y avait pourtant pas trop à redire.

Le quatrième, il le fit seul; trois autres suivirent. Le père le complimenta :

— Le reste, ajouta-t-il, ne doit pas te mener plus loin que onze heures. Tu rentreras. Comme en ce moment de semailles le temps est précieux, je vais préparer le grain pour l'après-midi. Allons, fieux, ça ne va pas trop mal.

— Vous verrez, vous verrez, papa!

M. Dumay partit.

Questionnaire. — Comment le père et le fils arrivèrent-ils au champ à labourer? — Quel était l'aspect de cette parcelle de terrain? — Parlez de l'aspect de la campagne environnante. — Que dit M. Dumay d'un air grave? — Comment François écouta-t-il ses paroles? — Qu'est-ce qui est un honneur pour un cultivateur? — Quels sont ceux qui jusqu'alors n'avaient pas laissé dépérir le domaine? — Comment le père donna-t-il une leçon de labourage à son fils? — Comment François se mit-il à l'œuvre? — Comment parvint-il à bien s'acquitter de sa tâche? — Que lui dit le père en le quittant? — Que répondit François?

DÉVELOPPEMENT DES SUJETS PROPOSÉS POUR EXERCICES.

Composition. — *Décrire, d'après l'image, une scène de labour. — Montrer en quoi ce travail n'a rien de très pénible et ce qui le rend souvent agréable aux cultivateurs.*

(Voir Cours de composition française (*Degré élémentaire et moyen*), par E. Laporte, Partie du maître, page 104.)

Industrie. — UNE CHARRUE. — *C'est la plus utile des machines agricoles; la décrire dans ses diverses parties en indiquant la fonction de chacune. — Si on le peut, nommer quelques espèces de charrues.*

La *charrue* est une machine à labourer la terre, composée d'un train monté ordinairement sur deux roues, qui porte un gros fer pointu et un soc pour ouvrir et couper la terre ; elle est tirée par des chevaux ou par des bœufs.

Le *soc* est une sorte de coin tranchant en fonte de fer ou en acier; e fer pointu fixé en avant et au-dessus du soc s'appelle *coutre;* il détermine, en la coupant verticalement, la largeur de la bande de terre.

L'*âge* de la charrue, ou *flèche*, est une longue tige de bois ou de fer, qui porte en arrière les *mancherons* sur lesquels le laboureur pose les mains pour diriger la machine. Le *sep*, pièce de bois de 80 à 90 centimètres de longueur, porte le *soc ;* il est relié à l'âge par deux autres pièces obliques appelées *étançons*.

Le *train* ou *avant-train* soutient l'âge.

Les principales sortes de charrues sont :

1° La *charrue Brabant* simple, employée de préférence dans les pays à terre argileuse ; quelquefois le soc est double, ce qui facilite le travail.

2° La *charrue Dombasle*, inventée par le célèbre agronome de ce nom auquel la ville de Nancy a élevé une statue.

3° L'*araire*, employée dans les sols de peu de consistance et les pays montagneux ; elle ne comporte point de roues.

Géographie. — *Nommer les régions de la France où l'on élève les meilleures races de chevaux.*

Les régions de la France où l'on élève les meilleurs chevaux sont : la *Normandie*, dont les deux centres d'élevage comprennent la plaine de Caen et une partie du département de l'Orne ; l'arrondissement de Cherbourg possède une excellente race de constitution athlétique. Dans les landes de *Bretagne*, on trouve une race de petite taille, rustique et vigoureuse. Les chevaux du *Limousin* formaient les chevaux de selle les plus élégants et les plus estimés de nos pères ; les chevaux d'*Auvergne* sont sobres, rustiques, pleins d'énergie et de vivacité ; ceux des *Pyrénées* sont très recherchés pour le service de la cavalerie. Le cheval *flamand* est de haute taille et de forte corpulence ; cette race massive fournit aux brasseurs de Paris leurs meilleurs attelages. L'*Eure-et-Loir* produit le cheval percheron si recherché pour le service des omnibus : c'est le modèle des chevaux de trait ; enfin, les *Ardennes* procurent de bons animaux pour le service de l'artillerie.

Agriculture. — *Quelle est la meilleure manière de semer les grains? — Quels inconvénients résultent de l'ancienne méthode? — Avantages du semoir.*

Il y a deux manières de semer le blé et les autres céréales : en lignes, au moyen d'un instrument appelé semoir, ou bien à la volée, c'est-à-dire à la main, par un ouvrier qui suit la charrue. Le semoir dispose les grains d'une manière très régulière, en économisant un tiers de semence sur l'ancien procédé.

Les lignes de blé doivent être à 20 ou 25 centimètres de distance ; la profondeur qui convient le mieux aux grains est de 3 centimètres environ.

(POUR LES ENFANTS DES VILLES : *Avantages qu'il y a à embrasser la profession de ses parents. — Est-il permis de rougir de la profession de ses parents?*)

L'apprentissage de la plupart des professions dévolues aux femmes est ordinairement long et minutieux; il exige de la part de la jeune fille une attention soutenue, de l'application, de la persévérance; il demande à la maîtresse beaucoup de patience et de douceur. Or, n'est-ce pas à la maison paternelle, auprès de sa mère que la jeune fille se trouvera, à cet égard, dans les meilleures conditions? Où rencontrera-t-elle mieux une sollicitude de tous les instants pour sa santé, les encouragements dont elle a besoin afin de supporter sans défaillance l'assujettissement du travail quotidien?

A un autre point de vue, n'y a-t-il pas lieu de remarquer que, l'apprentie étant familiarisée dès son enfance avec les détails de la profession de sa mère, ses débuts seront moins pénibles et qu'elle aura pour stimulant la vocation sans laquelle le succès est impossible? Nous disons la vocation, car les parents tiennent toujours à faire correspondre le choix d'un état pour leurs enfants, avec les dispositions et les goûts que manifestent ces derniers. Si la mère a décidé que sa fille embrasserait la même profession qu'elle, elle a certainement constaté que l'enfant possède les aptitudes nécessaires.

La jeunesse aime la nouveauté; l'inconnu a mille attraits pour elle, et elle ne voit guère des choses que les apparences extérieures, si trompeuses en général; que de mécomptes, que de déceptions en résultent! Aussi conseillerons-nous avec insistance aux adolescentes appelées à faire choix d'une profession, de consulter leurs parents et de préférer entre toutes celle de leur mère.

Rougir de la profession de ses parents indique autant de sottise que d'ingratitude. Qui a donné à ces derniers le moyen d'élever leur enfant, de pourvoir à son éducation et aux frais d'études ou d'apprentissage, si ce n'est cette profession? Toutes d'ailleurs sont honorables dès qu'elles sont utiles, et les plus estimées ne sont pas toujours celles qui procurent une fortune rapide. L'enfant qui méprise la profession de son père et de sa mère, inspire un sentiment de répulsion à tous les honnêtes gens et l'on se plaît à humilier sa ridicule vanité.

124. — Pauvre remplaçant. (*Élève*, p. 263.)

Le soleil marqua midi, puis, dans un coin de la cuisine, l'horloge, qui était en retard de huit minutes, sonna douze coups et les resonna; Charlot revint de l'école; le dîner, cuit plus que de raison, dut être retiré du feu: M. François ne rentrait pas.

— Diable de François! murmurait M. Dumay impatient, en marchant de long en large, diable d'enfant! il va me mettre en retard pour les semailles; il devrait être ici depuis une heure!

A tout instant Suzette, un peu inquiète, allait sur la porte d'où l'on voyait un bon ruban de route. Pas de François.

Midi et demi!

— Le plus court, dit le père, en sortant, est d'aller voir ce qu'il en retourne.

Bon! tout n'allait pas au pire, car à quelques centaines de pas du village, un coup de vent apporta une chanson familière à M. François dans ses bons moments, quand ses petites affaires marchaient à son gré.

— Ça va, mais plus lentement que je n'avais cru, se dit M. Dumay; il n'a pas voulu rentrer avant la tâche faite; c'est de bon amour-propre.

Pressant le pas, il fut bientôt au bout du chemin creux, et là, s'arrêta consterné. A peine si, depuis son départ, deux autres sillons, et encore quels sillons! s'étaient ajoutés au travail. La Rousse et le Pommelé dételés, immobiles, comme étonnés de cette nouvelle manière de labourage, tournaient mélancoliquement la tête vers le laboureur.

Celui-ci, assis par terre, la charrue renversée devant lui, continuait de chanter. Sa main, armée d'un caillou comme d'un marteau, cognait, cognait sur le soc.

— Eh! qu'est-il arrivé? cria le père.

— Papa!

— La charrue s'est cassée?

— Non, papa.

— Que fais-tu donc?

— Voilà! j'ai voulu l'améliorer; il m'a semblé que si le soc s'inclinait un peu plus sur le sep*.....

Il n'alla pas plus loin dans l'exposé de son projet l'amélioration.

— Marchez, Monsieur! Il est indigne d'agir ainsi avec le travail qu'on vous a confié!

Le père releva la charrue, attela les chevaux qui, à le revoir, hennissaient d'aise.

— Et passez devant! galopin!

Ce fut là le premier jour de labourage de M. François.

Questionnaire. — Que se passa-t-il quand midi fut sonné? — Que murmurait M. Dumay? — Où allait Suzette inquiète? — Quelle détermination prit le père et qu'entendit-il à quelque distance du village? — Quelle réflexion fit-il? — Quel spectacle frappa ses yeux lorsqu'il fut près du champ? — Que faisait François? — Reproduisez le dialogue entre le père et le fils. — Quelle en fut la conclusion? — Appréciez la façon d'agir de François.

DÉVELOPPEMENT DES SUJETS PROPOSÉS POUR EXERCICES.

Morale. — *Un travail vous est donné à la maison par votre mère ; comment devez-vous préparer et exécuter cette tâche? — Faire ressortir l'utilité de suivre les conseils donnés. — Citer quelques exemples. — Une enfant doit-elle murmurer quand elle reçoit les ordres de ses parents, et pourquoi?*

« Lorsque maman me donne quelque travail à faire, disait une jeune « fille, j'écoute avec attention ses ordres, ses avis ; lorsqu'elle est « éloignée, je les repasse en ma mémoire, puis je me mets posément « à l'œuvre, cherchant moins à terminer à la hâte que de m'acquitter « avec soin de ma tâche. Je me garde de céder à la tentation d'es- « sayer quelques procédés de ma façon ; cela n'est permis d'ailleurs « qu'aux personnes expérimentées et à celles qui ne relèvent pas « d'autrui ; je suis ponctuellement ce qui m'a été recommandé, m'es- « timant très heureuse lorsque, tout étant achevé, ma mère me dit : « Tu as fidèlement tenu compte de mes instructions. »

Combien y a-t-il de petites demoiselles qui n'ont pas cet esprit pratique et modeste : elles veulent agir à leur guise, et Dieu sait les beaux résultats qu'elles obtiennent! Tantôt c'est le lait qui se répand sur le feu tandis qu'on prépare, en dehors de l'heure dite, une chose ou une autre ; c'est un morceau de viande qui brûle parce qu'on a cru inutile de l'arroser de son jus ; c'est une fenêtre qui se ferme violemment après avoir été ouverte contrairement aux ordres donnés ; quelques carreaux se brisent et la maman gronde ; c'est un ourlet qu'il faut recommencer, une pièce à démonter, etc., etc.

Un autre travers, plus blâmable encore que le précédent, est celui de murmurer quand papa ou maman donne un ordre ; on est mécontente d'interrompre une partie de jeu, une lecture amusante, une causerie avec une amie, et l'on ne se gêne pas pour l'exprimer en termes peu respectueux dont, parfois, quelques grimaces augmentent l'inconvenance. Je demanderai à ces maussades petites personnes si elles ne profitent pas du travail continuel que s'imposent leurs parents, si ces derniers ne songent qu'à eux lorsqu'ils se lèvent avant l'aube et prolongent leurs veilles laborieuses fort avant dans la nuit. Je demanderai encore si ce père, si cette mère si occupés ont le droit de réclamer à leurs fillettes quelque part des loisirs que laisse l'école ; et je suis sûre qu'on aura l'oreille basse, qu'on rougira beaucoup, car on ne manque pas de cœur après tout, et qu'on ne se mettra plus dans le cas de recevoir pareilles observations.

Français. — *Définir ou expliquer : le soleil marque midi, l'horloge est en retard, un dîner cuit plus que de raison, un ruban de route, une chanson familière, une personne familière, de petites affaires, l'amour-propre.*

Par l'expression « *le soleil marque midi* », on constate que le soleil est parvenu dans le ciel à sa plus grande hauteur pour le jour présent, d'où l'on déduit que c'est le milieu de ladite journée, *midi*, en d'autres termes.

L'horloge est en retard lorsqu'elle marque une heure moins avancée que l'heure réelle.

Un dîner est *cuit plus que de raison* lorsqu'il est cuit plus qu'il ne convient pour qu'il soit bon à servir.

Un ruban de route est une partie de route assez longue pour qu'elle apparaisse, sur la verdure de la plaine, comme un ruban blanc.

Une chanson familière est une chanson d'un style simple et d'une musique sans recherche.

Une personne familière est celle qui prend avec les autres plus de liberté que la bienséance ne le permet.

De petites affaires sont des affaires de peu d'importance.

L'amour-propre n'est ni un vice ni une vertu; c'est un désir qui nous fait aspirer au bonheur, un mouvement intérieur qui nous pousse vers tout ce qui peut nous rendre heureux. Quand il nous porte aux grandes choses, il devient la fierté; c'est encore une disposition qui nous excite à faire tout le possible pour ne pas être inférieur aux autres.

Industrie. — LE MARTEAU. — *Décrire cet outil. — A quels usages le marteau peut-il servir à une mère de famille adroite? — Quelles économies, quels avantages résulteront de cette habileté? Exemples.*

Le *marteau* est un outil de fer, à manche de bois ordinairement, propre à battre, à forger, à cogner. Ceux dont se servent les tonneliers pour assujettir les cercles sont entièrement de bois.

Le *fer* des marteaux est carré à l'une de ses extrémités; l'autre est façonnée en pointe, en lame, en fourche.

Une mère de famille industrieuse a de nombreuses occasions de se servir du marteau : c'est une pointe, un piton, un clou à enfoncer dans un mur pour suspendre un tableau, un miroir, un ustensile, un portemanteau, pour consolider une partie de meuble ou une caisse, c'est un petit pieu à enfoncer dans le jardin, etc., etc. Elle s'épargne ainsi le concours onéreux d'un ouvrier et n'est pas obligée d'attendre pour remédier à un accident ou introduire quelque amélioration dans le ménage.

125. — L'étoffe d'un honnête homme.

(*Élève*, p. 264.)

Le sourcil de M. Dumay ne dérida pas de longtemps devant M. François. Et c'est, sans doute, à cela que herses, rouleaux, brabants * et autres instruments aratoires de la ferme durent de ne pas être « améliorés ».

Le *rouleau* sert en agriculture tantôt à briser les mottes, tantôt à tasser la terre.

Mais si la crainte peut opérer de ces prodiges, elle n'a jamais produit encore un bon ouvrier. François retourna aux champs, pour y faire seulement de l'à peu près, pauvre besogne.

— Pourtant il n'est ni fainéant ni sot, disait Suzette au père, qui se plaignait du garnement.

— Bon, il n'est pas! parbleu! il n'est pas!... Mais

est-ce de ce qu'il n'est pas, ou de ce qu'il est, que l'étoffe d'un honnête homme est faite? Je ne saurais me contenter que mon fils ne soit pas un voleur, un méchant; il faut encore qu'il se montre laborieux, vertueux, bon, comme l'est Jacques, et comme le sera, j'espère, aussi Charlot. François ferait-il le premier propre à rien parmi les Dumay? Pour notre honneur, pour notre fierté de famille, je ne veux pas cela!

— Papa, François est si jeune...

— Oui, il l'était aussi quand il tua l'hirondelle et brûla la maison. Je pardonnai.... Aujourd'hui, il flâne à l'ouvrage.

— C'est peut-être qu'il est fait pour autre chose que pour cet ouvrage-là...

— Oui, il est fait, n'est-ce pas, pour éteindre les chandelles! Il est fait pour frayer avec le Vincent à Ludivine, un mauvais gars qui fume et déjà connaît le chemin du cabaret!

— Papa, je vous assure que François ne sait pas ce chemin!

— Je le crois, mais ne l'apprendra-t-il pas bientôt?

A ce moment le facteur entra, remit une lettre.

— De Paris! de ma tante! dit Suzette après un coup d'œil à l'enveloppe.

M. Dumay tira ses lunettes, tourna, retourna la lettre:

— Bonne ou mauvaise nouvelle?

Il décacheta; et après avoir parcouru des yeux le papier, il le remit à sa fille, avec un sourire:

— Tiens, lis-moi cela.

Suzette lut:

Questionnaire. — Comment se montra M. Dumay à l'égard de François? — Quel bien résulta de cette sévérité? — Pourquoi François ne faisait-il point de bonne besogne aux champs? — Que répondait, à ce sujet, Suzette à son père? — Quelles remarques amères faisait M. Dumay? — Qu'objectait Suzette? — Que rappelait le père? — Qu'est-ce qui le contrariait dans les fréquentations et les habitudes de son fils cadet? — Qu'apporta le facteur? — Que dit M. Dumay sur l'objet de la lettre? — Que fit-il après l'avoir parcourue?

DÉVELOPPEMENT DES SUJETS PROPOSÉS POUR EXERCICES.

Morale. — La Vocation. — *Qu'entend-on par avoir de la vocation pour telle ou telle profession? — Qu'est-ce qui doit nous guider* *dans le choix d'une profession? — Qui la jeune fille doit-elle consulter à cet égard, et pourquoi? — Quelle profession vous plait le mieux, et pourquoi?*

Avoir de la *vocation* pour telle ou telle profession, c'est montrer une disposition naturelle à l'exercer; par exemple, l'enfant qui aime à instruire ses condisciples plus jeunes, a la vocation de l'enseignement; celle qui s'exerce à coudre et à tailler des vêtements pour sa poupée, a la vocation de la couture; un petit garçon batailleur, courageux, celle de soldat.

Ce qui doit nous guider dans le choix d'un état, c'est la vocation que nous avons, et il importe que chacun ait toute licence et toute facilité de la reconnaître et de la suivre. A cette condition seulement le travail sera fécond et agréable; l'homme qui a choisi sans discernement la profession qu'il exerce, ne trouve que des difficultés dans sa tâche quotidienne.

Il ne faut pas confondre avec la vocation le désir qu'on éprouve d'embrasser telle ou telle profession parce qu'elle nous met souvent en évidence et procure quelques satisfactions d'amour-propre; bientôt on n'y trouverait plus que des déceptions. Une jeune fille a le devoir de consulter son père et sa mère au moment de se prononcer, et elle ne prendra une décision qu'après avoir longuement médité leurs conseils. Elle s'adressera également à Mme l'institutrice, dont l'expérience et l'affection désintéressée doivent lui inspirer toute confiance.

La profession qui me plaît le plus, est celle de. . . . .
. . . .
parce que... (ici, énumérer les avantages et atténuer les inconvénients).

Industrie. — *De quoi a-t-on besoin lorsqu'on veut écrire une lettre? — Exposez comment on fabrique le papier; — l'encre noire; — les crayons; — les plumes métalliques. — D'où provient la gomme?*

Pour écrire une lettre, bien des choses sont nécessaires : papier, encre, plumes, et parfois un crayon pour en faire le brouillon, sans compter la gomme qui sert à effacer les mots ou lettres à supprimer et remplacer. Il n'est pas sans intérêt de savoir comment sont fabriqués et d'où proviennent ces divers objets.

Papier. — Rappelons qu'autrefois les anciens écrivaient leur histoire sur des pierres ou des briques; plus tard, ils se servirent de tablettes enduites de cire, sur lesquelles on traçait les caractères au moyen d'un poinçon; puis de *papyrus*, tissu formé des lames minces et longues d'une sorte de roseau qui croît en Égypte; enfin de *parchemin*, qui n'est autre chose que de la peau de chèvre ou de mouton préalablement décharnée et polie à la pierre ponce.

Le *papier*, découvert, dit-on, par les Chinois, qui en firent connaître l'usage aux Arabes vers le neuvième siècle, ne fut d'usage général en Europe qu'au treizième siècle, et les premières papeteries françaises datent seulement de 1340.

On fabrique le papier avec de vieux chiffons triés par des ouvrières; on enlève les coutures et les ourlets, puis un battage énergique suivi d'un lessivage les débarrasse des poussières; après quoi on opère le blanchiment de ceux qui sont teints.

Les chiffons sont réduits en pâte dans un grand bac au moyen d'un cylindre armé de lames d'acier, qui tourne sur lui-même avec rapidité; un courant d'eau chaude circulant dans l'appareil amène la pâte sur un plan incliné, où on la recueille. A l'aide d'une dissolution (1) de

(1) *Dissolution*, séparation des parties d'un corps par le moyen de son séjour dans un liquide. L'eau sucrée est une dissolution de sucre.

chlorure de chaux, on décolore la pâte, puis on la verse dans un autre bac rempli d'eau colorée si le papier doit être teinté; enfin, on l'encolle afin que l'encre ne pénètre pas dans l'intérieur du tissu des feuillets et ne s'étende pas à leur surface.

On transforme en papier la pâte ainsi préparée, soit à la main, soit à la mécanique.

Dans le premier cas, l'ouvrier étend sur la toile métallique d'un châssis le contenu d'une poche de pâte ; un autre cadre, qui s'applique sur le premier, détermine l'épaisseur de la feuille. On laisse égoutter, puis on renverse le châssis sur un feutre mince. Les feuilles, en cet état, sont entassées les unes sur les autres et soumises à l'action de la presse; on les transporte ensuite au séchoir; on met en presse une seconde fois et l'on obtient alors le papier de vente.

Le papier à la mécanique se fabrique en amenant la pâte sur une toile sans fin où elle se débarrasse de son excès d'eau par le moyen d'un ventilateur; elle passe en second lieu sur des cylindres de feutre, et enfin entre des laminoirs de cuivre chauffés; après quoi la feuille ainsi obtenue s'enroule sur un dévidoir. Des ouvriers la coupent ensuite et la plient selon le format qu'on entend donner au papier.

Les papiers communs se fabriquent avec des déchets de cordes, de la paille, du bois, de l'alfa, etc.

L'*encre noire* se fabrique avec les matières suivantes dans les proportions que nous allons indiquer : noix de galle concassée, 1 kilogramme; sulfate de fer ou couperose verte, 500 grammes; gomme arabique, 500 grammes; eau, 15 litres. On fait une forte décoction de noix de galle dans 13 à 14 litres d'eau; on passe à travers une toile; on ajoute à cet extrait de la gomme, puis de la couperose qu'on a fait dissoudre séparément dans l'eau qui reste; on agite le mélange de temps en temps, et on l'abandonne au contact de l'air jusqu'à ce qu'il ait acquis une belle teinte d'un noir bleuâtre. On laisse alors reposer; on tire à clair, et l'on verse l'encre dans des bouteilles qu'on bouche avec soin.

Plumes. — Autrefois, l'on écrivait avec des plumes tirées de l'aile des oies et qu'on taillait soi-même au moyen d'un canif. Depuis le commencement de ce siècle, on se sert de plumes métalliques inventées par un Danois; la première fabrique établie à Paris date de 1807.

Le métal employé est d'excellent acier réduit en lames minces et souples qu'on divise en rubans et où l'on découpe les plumes au moyen d'un outil appelé découpoir. D'autres instruments prennent ces plumes informes, y pratiquent des trous, y figurent des dessins, y pratiquent les fentes, en arrondissent les pointes et en adoucissent les arêtes. On donne le dernier poli avec de l'émori et l'on achève en trempant l'acier.

Crayons. — Les crayons se composent d'une substance minérale appelée graphite, formée de charbon très pur. On la taille en petits bâtonnets qu'on enchâsse et encolle dans des fourreaux cylindriques de cèdre ou d'un autre bois tendre.

Gomme. — La gomme élastique employée pour effacer les traces du crayon sur le papier, est le suc d'un arbre appelé hévé, originaire des régions tropicales de l'Afrique et de l'Amérique. L'ingénieur La Condamine apporta pour la première fois en Europe, vers 1736, ce produit dont il avait pressenti le parti que pouvait en tirer l'industrie ; un Français, M. Mérigot, trouva l'arbre sur les terres baignées par l'Aprouague, en 1740, dans la Guyane, et un colon nommé Fresneau le cultiva le premier dans ses plantations.

Agriculture. — *Qu'est-ce qu'une herse; — un rouleau? — Qu'est-ce que herser et rouler un champ? — Quel est l'objet de chacune de* ces opérations? — A quel moment de l'année sont-elles pratiquées?

La *herse* est un instrument composé d'un cadre de bois ou de fer, armé de pointes également en fer, qu'on emploie pour ameublir le sol, détruire les mauvaises herbes et enterrer les petites graines. On herse après les labourages et les semailles de printemps et d'automne.

Le *rouleau* est un énorme cylindre de fer ou de bois traversé par un essieu. Deux courroies le rattachent directement au cheval qui traîne l'appareil, ou même à un léger avant-train. Le rouleau tasse le sol après les gelées qui ont déchaussé les céréales; il sert encore à écraser les mottes de terre au printemps.

(POUR LES ENFANTS DES VILLES : *Comment opère-t-on le nettoyage des rues? — Qu'arriverait-il si on le négligeait? — Quels instruments et quels ouvriers sont employés pour ce travail?*)

Le nettoyage des rues dans les villes est confié à des cantonniers et à des balayeurs qui réunissent les immondices en tas après avoir lavé la partie de la chaussée la plus voisine du trottoir. Des voituriers emmènent ces matières que les cultivateurs et les jardiniers utilisent comme engrais. Des voitures portant à l'arrière de gros cylindres munis de crin, comme les brosses, balayent les grandes voies de communication plus rapidement et mieux que les manouvriers précédemment chargés de ce soin. Si l'on négligeait le nettoyage des rues et l'enlèvement des détritus jetés sur la voie publique, la circulation deviendrait difficile et la décomposition des matières dégagerait des odeurs pestilentielles dangereuses pour la santé publique.

126. — Un mariage. (*Élève*, p. 266.)

« Paris, 1er septembre.

« Mon cher frère,

« Préparez votre habit de noce : votre neveu Louis se marie. Il s'est choisi, avec mon agrément, sa compagne d'existence.

« Vous rappelez-vous, mon frère, nos lectures de Télémaque* autrefois, et mon admiration de jeune fille pour sa fiancée, dont le portrait commence par ces mots : « Antiope est douce, simple et sage » ?

« La fiancée de Louis ne s'appelle pas Antiope ; elle se nomme Madeleine; mais à part cela, c'est Antiope, douce, simple et sage.

« Elle n'apporte pas de dot* à un bon travailleur qui peut s'en passer; elle a mieux que quelques écus : une profession. Elle est institutrice adjointe dans une école maternelle de Paris.

« Louis a voulu que je la visse au milieu de sa classe de cinquante bébés de trois à cinq ans.

« Rien ne pouvait me la rendre plus chère. Ah! comme elle sait faire manœuvrer, chanter, travailler ce petit peuple, l'instruisant, l'amusant d'une façon si attentive, si sérieuse et si gaie à la fois! Je me disais : Quelle excellente, intelligente et dévouée maman elle fait déjà! Elle est fille de veuve et soutient sa mère, de faible santé.

« Louis et moi, nous vous demandons, mon frère, d'être témoin au mariage. Dans ma vie, je n'ai pas trop souvent regretté de n'être pas millionnaire; mais voilà pourtant une belle occasion de regret! J'aurais tant voulu vous avoir tous, mon cher Denis, réunir nos deux familles! la petitesse de notre bourse nous retient des deux côtés.

« Voici toutefois comment, s'il vous plait, les choses pourraient s'arranger :

« Vous viendriez seul au mariage, — il se fera le 23 septembre; — nous réserverions aux cousins et à la cousine, qui ont du temps devant eux, les noces d'argent*, d'or, de diamant qui suivront en leur temps, je l'espère. Mais il est bon que Suzette et notre mariée n'attendent ni soixante ans, ni cinquante, ni même vingt-cinq pour se connaître, s'aimer comme deux bonnes cousines qu'elles vont être. Donc Louis et Madeleine iraient en voyage de noce à Fragicourt vous voir tous, et voir aussi le cher village, la terre paternelle. Qu'en dites-vous?

« Pascal, qui n'est pas encore reparti pour l'exploration de l'Afrique, me charge de vous dire qu'il n'y manquera pas, dès que je le lui permettrai.

« En tout cas il n'entend pas se marier avant d'avoir fait une visite à Zanzibar, au Sahara et au Congo. Il travaille bien ; surtout il lit.

« Nous vous envoyons à tous nos tendresses ; nous embrassons de cœur chacun de vous.

« Veuve Richard. »

Suzette était ravie :

— Oh! c'est là un bon mariage! Et vous verrez Paris, papa!

M. Dumay se grattait l'oreille. Il souriait, après la

lecture, comme avant. L'idée d'un voyage à Paris ne lui déplaisait pas du tout.

Mais peu à peu son visage devint sérieux :

— Non, non, vraiment, je ne puis partir, abandonner la ferme à François.

— Je suis là, papa; François m'écoutera un peu; puis Charlot sera alors en vacances; et il a déjà la main solide et de la bonne volonté.

Elle lui représenta que le 23 septembre tombait juste entre la moisson finie et l'arrachage des betteraves non commencé, et que, si le fermier pouvait jamais prendre des vacances, c'en était bien l'heure.

Elle le poussa si bien que le voyage fut décidé.

Questionnaire. — Qu'écrivait Mme Richard à son frère? — A qui comparait-elle la fiancée de son fils? — Qu'est-ce que la jeune fille lui apportait en dot? — Quels étaient sa fonction, son nom? — Où Mme Richard était-elle allée la voir? — Que pensait Mme Richard en quittant l'école maternelle? — Que demandait-elle à son frère? — Comment proposa-t-elle d'arranger les choses? — Qu'annonça-t-elle à propos de Suzette? — Quelle commission lui avait donnée Pascal? — Que pensait M. Dumay d'un voyage à Paris? — Qu'est-ce qui le faisait hésiter à quitter la ferme? — Que lui dit Suzette pour le décider à assister au mariage de Louis?

DÉVELOPPEMENT DES SUJETS PROPOSÉS POUR EXERCICES.

Morale. — *Quand peut-on dire qu'une jeune fille est douce? Donner des exemples. — En quoi consiste la simplicité dans les paroles, dans les manières, dans les vêtements, dans les goûts? — A quoi reconnait-on qu'une jeune fille est sage?*

Une jeune fille est douce lorsqu'elle traite avec bonté ses compagnes, surtout les plus petites et les plus faibles; elle ne méprise pas les personnes qui sont au service de ses parents; elle répond avec soumission à sa mère et d'un ton gracieux; elle ne parle ni d'une façon brusque ni avec la nonchalance des gens indifférents; elle reprend avec mesure, conteste sans opiniâtreté, refuse sans sécheresse, reçoit avec empressement les excuses et ne garde de ressentiment contre qui que ce soit.

La douceur n'exclut pas la fermeté; c'est pour cette raison que la plupart des personnes molles, craintives, indifférentes, ne sauraient être taxées de douceur. On peut être douce et vive à la fois.

La *simplicité* n'est point un mérite vulgaire; il faut avoir beaucoup de mérite pour être simple; on dit avec raison que, dans le caractère, dans les manières, la suprême excellence est la simplicité. Une jeune fille simple ne se préoccupe pas d'attirer les regards, car, pour se montrer avec tous ses avantages, il n'y faut point penser; elle ne cherche pas les petits succès et elle s'impose une sévère attention sur les motifs qui la font parler et agir. Elle est éloignée de toute recherche dans sa parole et dans ses vêtements; elle se garde de copier la toilette des personnes qui lui sont supérieures en fortune, et encore moins de celles qui affectent une mise extraordinaire; elle devine ce qui est de bon goût; elle comprend où se trouve le ridicule. Son langage est correct, clair, naturel; elle évite les tournures prétentieuses, les mots qu'une mode bizarre met en circulation, les liaisons multipliées et l'emploi de formes de conjugaison que l'usage n'admet plus.

On reconnaît qu'une jeune fille est sage lorsque sa conduite est conforme à la morale et aux conseils de ceux qui ont autorité sur elle; elle fait le bien au lieu de le prêcher.

Elle obéit aux lois et coutumes de son pays; elle pratique les habitudes admises dans la bonne société; ferme et résolue dans ses actions, elle ne se laisse entraîner au mal ni par l'appât des louanges, de l'argent, ou des honneurs, mettant une bonne réputation au-dessus de tout. Prudente dans ses discours, retenue dans ses pensées, elle montre une juste défiance d'elle-même en s'éloignant des occasions de commettre des fautes; elle a peu d'amies, et seule sa mère possède toute sa confiance; elle ne recherche pas le plaisir, et ne trouve rien de plus doux que les occupations de l'école ou du ménage. Elle se détermine pour une action, pour une opinion, sans consulter autre chose que sa conscience et sans s'inquiéter du choix des autres; elle cultive sa raison et cherche la vérité en toute chose.

Instruction civique. — *Qu'est-ce qu'une dot; — un trousseau de mariage? — Quelle est la plus précieuse richesse qu'une jeune fille puisse apporter dans son futur ménage? — Prouvez-le par des exemples. — Qu'est-ce qu'un contrat de mariage; — les témoins du mariage?*

Une *dot* est le bien qu'une jeune fille apporte en mariage; elle reste la propriété de la femme, quoique le mari en partage la jouissance et en ait le plus souvent l'administration.

Un *trousseau* est l'ensemble des habits et du linge qu'on donne à une jeune fille lorsqu'on la marie; si elle est laborieuse, c'est elle-même qui doit le préparer en grande partie.

La plus précieuse richesse qu'une jeune fille puisse apporter dans son futur ménage, c'est non l'argent, les terres et un trousseau considérable, mais, avec une conduite irréprochable, de l'instruction, des habitudes de simplicité, d'ordre et de travail. Ainsi l'aisance régnera dans son intérieur à côté du bonheur domestique. Autrement, la discorde y entrera; le gaspillage des ressources du ménage, la prodigalité, l'habitude de dépenser sans compter, les goûts de toilette, amèneront une prompte ruine. Des exemples trop nombreux le démontrent chaque jour, et devraient inspirer des idées sérieuses aux jeunes personnes pour qui les choses de toilette et les satisfactions de la vanité paraissent être le principal objet de la vie.

Le *contrat de mariage* sert à déterminer les conditions pécuniaires du futur mariage, suivant que les époux vivront sous le régime de la communauté, sous le régime dotal ou sous le régime de la séparation de biens. Le contrat de mariage doit être rédigé, avant le mariage, par-devant un notaire.

Les *témoins* sont les personnes qui assistent le père et la mère de chacun des futurs époux dans la célébration de l'acte du mariage. Ils signent sur les registres où les actes auxquels donne lieu cette cérémonie sont inscrits tant à la mairie qu'à l'église.

Industrie. — *Qu'est-ce que le sucre? — Quelles plantes en contiennent? — Indiquez les principales opérations de la fabrication du sucre de betteraves.*

Le *sucre* est le produit de la cristallisation de la partie solide d'un suc très doux qu'on extrait de certaines plantes, telles que la canne à sucre, la betterave, les melons, les figues, les raisins, les poires, les fraises. Le miel en est presque entièrement formé.

La *canne à sucre*, grand roseau qui croît dans les régions tropicales, est remplie à l'intérieur d'une moelle juteuse et sucrée. On en exprime le suc en écrasant les roseaux entre deux cylindres ; après qu'on l'a chauffé et qu'il a subi diverses opérations, on en obtient le sucre sous la forme de cassonade ; puis on le raffine et on le vend en pains coniques très blancs.

La *betterave* donne la plus forte partie du sucre consommé en France, et l'on préfère pour cet objet l'espèce à chair blanche. Après le lavage des racines, on les réduit en pulpe. Cette pulpe, introduite dans des sacs de laine, est soumise à une forte pression, et le jus qui s'en écoule est recueilli dans des auges ou cuves. On le chauffe jusqu'à consistance de sirop, et au cours de cette opération, on y jette un peu de chaux pour le clarifier. On l'amène ensuite dans des vases appelés *turbines* qui tournent avec une rapidité extrême et dans lesquels la cassonade se sépare de la partie visqueuse et non cristallisable appelée mélasse.

Il ne reste plus qu'à épurer la cassonade et à mettre en moules le produit obtenu.

Économie domestique. — *Prix du demi-kilogramme de sucre. — Usages du sucre à la maison. — Qu'entend-on par plats sucrés? Citez-en. — Comment prépare-t-on une crème au café? — Faut-il donner à manger du sucre aux enfants, et pourquoi ?*

Le demi-kilogramme de sucre coûte...

Dans le ménage, le sucre sert à préparer plusieurs boissons et tisanes, à faire des sirops, des confitures, à assaisonner le café, le thé, le chocolat, diverses pâtisseries, des fruits cuits, et à confectionner nombre de plats.

On entend par *plats sucrés* certains mets où le sucre forme le principal et parfois l'unique assaisonnement ; tels sont : les *beignets*, les *charlottes de pommes*, les *croquettes de riz*, les *crèmes renversées*, les *pommes au beurre*, les *pots de crème*, les *soufflés de fécule*, etc.

Crème au café. — Pour préparer une crème au café, faites bouillir un litre de bon lait auquel vous ajouterez environ une demi-tasse de café noir très fort et 200 grammes de sucre cassé ; retirez du feu après cinq minutes d'ébullition. Cassez à part six jaunes d'œufs dont un ou deux entiers, battez-les ; mêlez-les avec le lait, passez au tamis, versez dans le plat ou dans de petits pots, et faites prendre au bain-marie avec couvercle de feu dessus.

Il faut donner le moins possible de sucre à manger aux enfants, car il attaque la matière des dents et les fait noircir ou tomber.

127. — Vingt sous ! (*Élève*, p. 268.)

C'était dimanche. Le mariage de Louis avait eu lieu la veille.

Charlot, pris depuis quelque temps d'une studieuse passion pour la botanique *, bonne passion, aussi pleine de plaisir que d'enseignement, furetait aux environs. Il recherchait pour son herbier * la stramoine et la belladone, deux empoisonneuses, devenues rares heureusement aux abords de Fragicourt et des lieux cultivés. Car la première se plaît surtout dans les décombres et la belladone se cache au fond des bois humides pour tendre aux enfants son joli fruit mortel.

Charlot avait prévenu Suzette de sa promenade.

François n'en avait pas fait autant. Et elle s'inquiétait de lui, quand il arriva par le jardin.

Stramoine.

Belladone.

Ce sont deux poisons très violents : la belladone surtout, dont le fruit, qui ressemble aux cerises, attire les enfants, qu'on ne saurait trop mettre en garde contre ce dangereux poison ; en cas d'ingestion, on doit le combattre par un énergique vomitif et faire venir immédiatement un médecin.

— D'où viens-tu?

— De chez Ludivine.

— Avant de partir, papa t'a invité à n'y pas aller trop souvent; Vincent ne lui plaît pas, du reste.

Plant de tabac.

Les feuilles de cette plante, originaire de l'Amérique, sont séchées, puis roulées ou réduites en poudre.

— Bon, je n'irai nulle part; je me ferai ermite, là dans ce coin de la cour, le nez au mur.

— Voyons, ne raille pas.

— Et toi, continue de me traiter en marmot. Ses parents n'en usent pas ainsi avec Vincent.

— En effet, Vincent a une pipe, une blague à tabac; il porte de côté sur l'oreille une casquette trop petite; il a une blouse de toile bleue, raide et brillante comme zinc, au col bien ouvert pour laisser voir un gros nœud de cravate groseille; il marche d'un air bien dégingandé, les pouces dans les entournures; il imite de loin M. Florentin Lejoly. Et c'est là un fameux garçon à singer, n'est-ce pas, monsieur François?

Ce portrait de son ami Vincent était si ressemblant que François ne put s'empêcher de sourire ; mais ce ne fut qu'une seconde. Il répondit :

— Tu as oublié de dire que Vincent a toujours au moins vingt sous en poche, chaque dimanche.

— Oui, pour le cabaret.

— C'est aujourd'hui dimanche ; donne-moi vingt sous.

Avec un soupir, Suzette secoua négativement la tête.

— Donne-moi vingt sous ! je travaille et ne suis plus un enfant, que diable !

— Il fallait t'adresser à papa avant son départ.

— Tu refuses ?

— Oui.

François avança sur elle, menaçant :

— Tu sais que je peux prendre ton porte-monnaie tout entier !

Elle répondit :

— Je le sais, tu es plus fort que moi ; mais je sais aussi que tu as du cœur : un lâche seul pourrait profiter de la supériorité de ses bras pour m'enlever cet argent, surtout en l'absence de notre père, à qui seul appartient de te le donner, s'il le juge bon !

Elle parlait avec un tel chagrin qu'il baissa les yeux. Une lueur d'attendrissement venait d'y passer. Puis les relevant :

— C'est bon. Il me serait trop facile de te réduire. Mais sache une chose : tu me rends ridicule et je ne veux pas être ridicule ! Oui, tout le village n'a qu'une voix pour dire que chez nous c'est le monde renversé, que tu nous mènes par le bout du nez ! Le père Benoît ajoute que tu ressembles à notre grand'mère qui empêcha toujours son mari, ses enfants, d'aller à leur fantaisie et de faire comme les autres. Cependant, on le sait bien, « ombre d'homme vaut cent femmes » !

— Ombre d'homme vaut cent femmes ?... C'est aussi du père Benoît que tu tiens cela ? Eh bien ! tâche, pour valoir encore davantage, d'être, non pas une ombre d'homme comme tu l'es en ce moment, mais un homme véritable, c'est-à-dire fort contre toi-même, et sachant te conduire. Avec le plus grand plaisir, sois-en sûr, nous saurons alors reconnaître ton immense supériorité.

— Tu peux plaisanter, dit François, mais tu ne me mèneras pas, je t'en réponds bien! Bonjour!

Il fila à grandes enjambées vers la porte du jardin, par où il était venu.

Questionnaire. — Quand avait eu lieu le mariage de Louis? — Quelle passion s'était emparée de Charlot? — Quelles plantes recherchait-il pour son herbier? — Où se plaisent la stramoine et la belladone? — Où était allé François? — Quelle observation lui fit Suzette? — Continuez le dialogue. — A qui donnez-vous raison, et pourquoi? — Dites quelques mots de la tenue de Vincent. — Qu'est-ce qui fit sourire François? — Que demanda-t-il à Suzette? — Reproduisez le dialogue. — Que répondit la jeune fille à la menace de son frère? — Que dit François à son tour? — Que pensait de Suzette le vieux père Benoît? — Que répondit Suzette à la citation du proverbe? — Que dit François et que fit-il?

DÉVELOPPEMENT DES SUJETS PROPOSÉS POUR EXERCICES.

Morale. — *Quand et dans quelle mesure faut-il donner de l'argent aux enfants et aux adolescents? — Inconvénients de prodiguer l'argent à la jeunesse.*

On a pris pour habitude de donner de l'argent aux enfants le jour de certaines fêtes; quelques parents même ont la faiblesse de leur en remettre chaque dimanche. Beaucoup de personnes doutent que la chose soit très utile, et pensent que c'est inviter les jeunes filles à dissiper ce qu'elles possèdent. Les enfants munis d'argent ne devraient le dépenser que sous les yeux de leur père ou de leur mère. Ainsi ils ne contracteraient point la manie des dépenses inutiles, et tiendraient davantage à ne pas gaspiller l'argent de leur bourse.

On a remarqué que les enfants qui ont beaucoup d'argent à leur disposition, non seulement le gaspillent, mais s'en servent pour commettre nombre de fredaines; ils contractent de mauvaises habitudes et sont disposés à travailler le moins possible. La plupart en achètent des bonbons et en mangent continuellement, chose fort préjudiciable à leur santé.

Sciences naturelles. — *Décrire la belladone et ses fruits. — Symptômes auxquels on reconnaît l'empoisonnement par cette plante. — Quel remède à appliquer? — (Mêmes questions pour la stramoine.)*

Il y a un certain nombre de plantes, dites *vénéneuses*, dont le suc ou les fruits sont un poison. Parmi les plus dangereuses, nous citerons la *ciguë*, qui a une grande ressemblance avec le persil, mais dont on la distingue facilement en raison de son odeur désagréable, — la *jusquiame*, aux feuilles velues et aux fleurs en clochettes, de couleur jaunâtre, veinées de noir ou de violet, — la *belladone*, la *stramoine* ou *datura*, ou *pomme épineuse*, et les *champignons*, la *digitale*, la *colchique* des prés aux fleurs violettes.

La *belladone* ne se trouve généralement que dans les bois élevés; elle porte de grandes fleurs en cloche, d'un violet sale. A ces fleurs succèdent des fruits noirs, de la forme et de la grosseur d'une cerise. Ils ont un goût un peu sucré; aussi arrive-t-il très souvent que les enfants les cueillent, les mangent et meurent bientôt dans d'horribles souffrances. L'agrandissement de l'ouverture de l'œil ou pupille, le regard fixe et hébété sont les caractères de l'empoisonnement par la belladone.

Le traitement à appliquer dans le cas d'empoisonnement par les végétaux est le suivant : Faire prendre 10 ou 15 centigrammes d'émétique avec un gramme d'ipécacuana dans un quart de verre d'eau, puis un *purgatif* composé de 10 centigrammes d'émétique avec 45 grammes de sulfate de magnésie ou même de sel gris. Après les évacuations, donner des boissons acides, et entretenir la chaleur du corps du petit malade.

La *stramoine* est facile à reconnaître à ses fruits hérissés de piquants et du volume d'une petite pomme. Les feuilles sont de teinte sombre et d'odeur repoussante; quant aux fleurs, elles affectent la forme d'entonnoirs allongés, blancs ou violets, à plis longitudinaux. Cette plante dangereuse atteint jusqu'à un mètre de hauteur.

Les *champignons* sont non moins dangereux, et certaines espèces font périr dans des souffrances atroces ceux qui les consomment. L'agaric champêtre ou champignon de couche et les bolets peuvent être mangés sans danger.

Industrie. — *D'où provient le tabac qu'on fume et qu'on prise? — A quelle époque cette mode a-t-elle pris naissance? — Quel avantage trouve l'Etat à vendre lui-même le tabac?*

Le *tabac* n'est autre chose que le résultat de la préparation spéciale des feuilles d'une plante originaire de l'Amérique. Vers 1500, il fut apporté en Europe par les Espagnols, qui s'étaient habitués à le fumer comme les indigènes du nouveau monde, et, en 1560, il faisait son entrée dans notre pays.

L'Etat s'étant réservé depuis 1674 le monopole de la fabrication du tabac, la culture n'en est autorisée que dans les départements d'Ille-et-Vilaine, du Nord, du Pas-de-Calais, de la Gironde, du Lot, de Lot-et-Garonne et du Var; elle occupe plus de 2,000 hectares dont la récolte, d'environ 20 millions de kilogrammes, est livrée en totalité à l'administration de la régie. L'Algérie nous en fournit une quantité supérieure à 2 millions de kilogrammes.

L'Etat trouve dans la vente du tabac un bénéfice net de plus de 150 millions.

Hygiène. — *Quels sont les nombreux inconvénients qui résultent de l'abus du tabac? — Quelles maladies sont particulières aux fumeurs?*

Le tabac irrite et enflamme les organes du nez et de la bouche; il agit très violemment aussi sur le système nerveux, dont il suspend les fonctions. L'haleine des fumeurs et des priseurs est infecte; leurs vêtements sont imprégnés de l'odeur du vieux tabac, et l'habitude dont ils sont les esclaves devient la cause de malpropretés repoussantes.

L'usage continuel du tabac trouble les fonctions de l'estomac; il attaque et noircit les dents, affaiblit la vue, irrite la poitrine; il développe sur les lèvres et dans le larynx des tumeurs de mauvaise nature qui déterminent souvent des cancers. Si l'on avale du tabac, des vomissements ne tardent pas à se produire; ils sont suivis de vertiges, de tremblements, de défaillances, de convulsions, de paralysie et même de la mort. (D'après le Dr Riant. — *Alcool et tabac*, libr. Hachette.)

128. — Les Trois Agaces. (*Élève*, p. 271.)

Elle le suivit en l'appelant, rouvrit cette porte, fouilla les alentours et revint désolée à la maison.

Pourtant il n'est pas à cent lieues, monsieur François. Caché derrière le rucher, il attend que sa sœur soit rentrée. Alors, gagnant la haie, il escalade le vieux sureau qui la termine et saute.

Le voilà à terre, nez à nez avec une autre « ombre d'homme qui vaut cent femmes ». Celle-là est en petite casquette sur l'oreille, blouse bleue toute neuve et cravate groseille; c'est M. Vincent, tel que l'a dépeint Suzette.

Tige de houblon.

La bière, boisson fermentée, est faite avec du grain de blé, d'orge et du houblon. Les peuples du Nord font de la bière leur boisson habituelle.

D'un air faraud*, il fume une cigarette :

— Eh bien? demande-t-il.

— Peuh!... répond M. François, je n'ai pas voulu en prendre de force.

M. Vincent sourit et dit :

— J'ai trente sous; je régalerai! tu me rendras ça quand tu pourras. Viens!

Il montre à l'horizon un petit village, et, un peu en avant du village, le cabaret des « Trois Agaces », une maison rouge entourée d'arbres verts.

C'est celle de sa tante Arzélie, qui a de la bière et des liqueurs comme on n'en boit pas dans tout le canton, des bocaux de cerises longs comme le bras, des bouteilles où nagent de petites paillettes d'or. Oui, on boit même de l'or chez la tante Arzélie! Et quand on manque d'argent, elle fait crédit à ses neveux, et aux amis!

François résiste, jetant des regards du côté de sa propre maison, où il y a, non pas de ces bocaux de cerises et de ces bouteilles aux paillettes d'or, mais un cœur qui se désole, des yeux qui sans doute en ce moment pleurent sur lui.

— Non, dit-il, attendons que j'aie de l'argent.

M. Vincent se moque de lui : Oh! oh! le poltron! Voilà bien un Dumay comme tous les autres! Puis tirant de sa poche un paquet de cigarettes, il lui en offre une.

Doucement on la prend, on la regarde, enfin on

l'allume. La fumée bleuâtre, poussée par le vent, file du côté des « Trois Agaces », et les deux ombres d'hommes finissent par suivre ensemble la fumée des cigarettes.

Le souper du soir attendit longtemps François.

Charlot était allé le guetter aux quatre points cardinaux. Pour distraire le chagrin de sa sœur, il proposa ensuite de lui lire quelques pages d'un livre pris le matin à la bibliothèque de l'école.

— Oui, lis, dit Suzette.

Il ouvrit le livre au hasard et lut :

Questionnaire. — Où s'était caché François et que fit-il? — Parlez du triste individu qu'il attendait. — Que se dirent-ils? — Qu'est-ce que Vincent montra à François? — Quel était le commerce de la tante Arzélie? — Pourquoi faisait-elle souvent crédit aux buveurs? — Pourquoi François résistait-il à l'invitation de Vincent? — Comment ce dernier vint-il à bout des hésitations de François? — Comment les deux ombres d'hommes se dirigèrent-elles vers l'auberge? — Pourquoi Suzette était-elle chagrine quand l'heure du souper fut venue? — Que lui proposa Charlot?

DÉVELOPPEMENT DES SUJETS PROPOSÉS POUR EXERCICES.

Morale. — LES MAUVAISES COMPAGNIES. — *Que dit un proverbe connu sur les fréquentations? — Que signifient ces mots? — Quels enfants et quelles gens une jeune fille se gardera-t-elle de fréquenter? — De qui fera-t-elle sa société habituelle?*

Un proverbe connu : « Dis-moi qui tu hantes, je te dirai qui tu es », indique ce qu'il peut résulter des fréquentations. Si nous voyons habituellement des personnes honnêtes et vertueuses, nous nous formerons à leur modèle, tandis qu'en fréquentant des gens vicieux, on court grand risque de le devenir. Si, par certaines nécessités, nous sommes forcés d'avoir des rapports avec eux, il faut savoir regarder sans voir et entendre sans écouter, car il est difficile de résister à l'épreuve des mauvais exemples. Le vice d'abord effarouche, mais insensiblement on se familiarise avec lui; la vertu est délaissée, les bons principes s'altèrent, et l'on ne s'en aperçoit que lorsqu'il n'est plus temps d'y remédier. L'oreille se blase, le cœur perd sa pudeur; on finit par aimer ce qui repoussait, et des paroles on arrive aux actes qui achèvent de corrompre.

Une jeune fille se gardera de fréquenter les enfants de son âge chez lesquelles elle ne voit ni goûts sérieux, ni discrétion, ni amour du travail et de la propreté. Elle s'éloignera des grandes personnes dont les propos blessent la délicatesse et la pudeur. Elle fera sa société habituelle de celles de ses compagnes en qui elle remarquera une tenue modeste, une grande réserve dans les paroles, de la franchise, une gaieté qui ne s'épanche jamais mieux qu'au grand jour, des habitudes d'ordre et de soin. Toute fille négligente est à l'avance désignée pour le vice; l'absence des occasions seule l'empêche de commettre le mal.

Industrie. — BIÈRE ET HOUBLON. — *Avec quel grain obtient-on la bière? — Donnez une idée de la fabrication de cette boisson. —*

Qu'est le houblon? — A quoi sert-il dans la préparation de la bière? — Donnez une définition de la bière. — Dans quels départements boit-on la bière de préférence?

La *bière* est une infusion d'orge germée et de fleur de houblon qu'on soumet très légèrement à l'action du feu et à laquelle on fait subir la fermentation, sorte de décomposition donnant naissance à de l'alcool.

Pour fabriquer la bière, on fait germer les grains d'orge dans une pièce humide et chauffée; ces grains, soumis à l'action légère du feu, se dessèchent et on les moud grossièrement, ce qui donne une farine appelée *malt*. On verse de l'eau tiède sur le malt, puis on y ajoute de l'eau de plus en plus chaude, de manière que le tout finisse par acquérir une température de 75 à 80°. Pendant ce temps, on remue bien la masse de temps à autre, et à la fin on la laisse reposer pendant quelques heures.

On tire le liquide obtenu auquel on a ajouté l'infusion de houblon avant de le faire bouillir; dès qu'il est refroidi à 22°, on y ajoute de la levure (1) et l'on maintient la même température. Quand la fermentation provoquée par la levure est presque terminée, on tire la bière dans des tonneaux où la liqueur s'éclaircit au fur et à mesure que la fermentation s'achève.

L'infusion de *houblon* donne à la bière une saveur amère aromatique.

On boit de préférence la bière dans les départements où le raisin ne peut mûrir et où l'on ne récolte pas beaucoup de pommes à cidre, comme le Nord, le Pas-de-Calais, la Somme, l'Aisne.

Économie domestique. — *Calcul des dépenses annuelles d'un fumeur.*

Tabac	0 fr. 10 × 365	= ....
Pipes ou papier à cigarettes	0 fr. 60 × 12	= ....
Blague à tabac		= 0 fr. 65
Boissons, rafraîchissements	0 fr. 75 × 52	= ....
	Total......	....

Que pourrait-on acheter pour le ménage ou payer avec cette somme?

Avec cette somme, on pourrait acheter..... (s'inspirer du cours des denrées, des fruits, du cidre, du vin dans la localité, — du prix de la toile, du drap, des chaussures, des coiffures, — du prix de location d'un jardin, d'un verger, etc., etc.)

129. — Le Galibis. (*Élève*, p. 272.)

On ne sait pour quelle cause, un homme de la race rouge, un Galibis, traversait par un beau dimanche une bourgade de France.

Il était d'une de ces lointaines et rares tribus* de l'Amérique qui ne connaissent encore, pour étancher leur soif, que l'eau du ciel et des sources.

— Qu'est-ce donc, demanda-t-il, que ces maisons sur lesquelles je vois d'agréables devises et de plaisants tableaux?

(1) La *levure* est de l'écume de bière qu'on emploie comme levain.

— Ce sont, lui répondit-on, les cabarets où l'on s'assemble pour boire.

En ce moment les cabarets étaient bondés ; on y buvait, criait à tue-tête.

Un Galibis.

— Mais, reprit le Galibis, quelle est donc la cause de la grande soif de ce pays ? Il n'y fait pourtant pas si chaud.

On lui apprit qu'en ce pays-là l'usage était de boire sans soif, des liqueurs de toute sorte et qui coûtaient cher.

— Et aux frais de qui boit-on ainsi sans soif, s'il vous plaît ?

— Mais aux frais des buveurs, qui y dépensent gros.

— Vous auriez dû m'avertir tout de suite, dit le sauvage, que je suis ici en pays de millionnaires ne sachant que faire de leur argent. Si je n'aimais ma tribu, je m'établirais volontiers dans votre riche village.

Vinrent à passer des loqueteux*, et des enfants aux joues creuses n'ayant contre le froid que de pauvres haillons. Ils mendiaient.

— Ah ! reprit le Galibis, ceux-ci viennent probablement de loin, d'une contrée misérable.

On lui dit que c'étaient les vieux parents, les femmes, les enfants des buveurs qu'il voyait là rassemblés, et que ces buveurs, au lieu de millions, n'avaient que leur travail pour vivre. Leur maigre salaire, la pièce de monnaie lentement, péniblement gagnée en six jours, le pain de la famille, la paix, la dignité du foyer, se noyaient ainsi dans les verres.

Une bataille qui s'éleva entre des ivrognes interrompit l'explication. Les bouteilles volèrent, les bouches hurlèrent, le sang coula.

Le Galibis leva les mains au ciel :

— Mais quel est, s'écria-t-il, quel est le despote* abominable qui condamne ainsi ces malheureux à la dégradation de leur humanité et de leur santé ?

Aucun despote. Ils étaient libres. De leur plein gré, ils couraient à cette misère, à cette honte.

Alors le sauvage secoua la poussière de ses pieds et partit en disant :

— Les animaux n'ont pas l'entendement qui a été donné à ceux-ci ; mais j'aimerais mieux faire ma compagnie des bêtes des bois que de pareils hommes !

Questionnaire. — Qu'est-ce qu'un Galibis ? — D'où venait-il ? — Quelle question fit-il en traversant une bourgade ? — Qu'est-ce que faisaient les gens dans les cabarets ? — Que demanda le Galibis à propos de la soif de ces gens ? — Que pensait-il de la richesse du pays à la vue de tant de gens au cabaret ? — Qu'étaient les loqueteux et les enfants qui mendiaient autour des cabarets ? — A quoi les chefs de famille emploient-ils souvent le meilleur de leur gain ? — Quel hideux spectacle vit-on dans le cabaret ? — Quelle exclamation fit le sauvage ? — Que lui apprit-on ? — Que dit-il en partant ?

DÉVELOPPEMENT DES SUJETS PROPOSÉS POUR EXERCICES.

Industrie. — Les Boissons. — Le Vin : *Donnez une idée de la récolte du raisin, de la fabrication du vin, de la fermentation qu'il subit et des fûts où on le place.* — Eau-de-vie : *Avec quoi fabrique-t-on cette liqueur ? — Quelle sensation produit-elle quand on l'absorbe ? — Citez les pays vignobles de France.*

On récolte le raisin en France vers la fin de septembre et pendant la première quinzaine d'octobre; cette époque de l'année s'appelle la vendange, et c'en est une des plus joyeuses.

Au jour fixé, les vendangeurs, armés de serpettes, se rendent dans la vigne ; ils coupent les grappes qu'ils déposent à mesure dans de larges paniers d'osier dont le contenu est recueilli par des ouvriers portant des hottes.

Les hottes sont vidées dans des tonneaux ou des cuves qu'on transporte au pressoir. S'il s'agit de faire du vin blanc, le raisin de la récolte est immédiatement écrasé, et le liquide qui en résulte versé dans des fûts neufs de chêne. Il y commence et achève sa fermentation, durant laquelle les impuretés du vin s'échappent par la bonde. On soutire ensuite, et l'on ferme avec soin les fûts.

Si l'on entend fabriquer du vin rouge, on laisse les raisins fermenter dans de grandes cuves, où on les foule quotidiennement à diverses reprises. Au bout de huit à neuf jours, on soutire le liquide, qui s'est rendu à la partie inférieure des cuves; c'est du vin de première qualité, qu'on traite comme le vin blanc. Les grappes restantes sont portées au pressoir et on les y écrase; un vin de deuxième qualité est ainsi obtenu.

L'*eau-de-vie* est le produit de la distillation du vin, du marc de raisin ou de fruits sucrés, tels que les cerises, les prunes. C'est un liquide incolore, de saveur chaude et même brûlante. La plus renommée est celle qui provient de la ville et des environs de Cognac. Le *rhum* se tire du jus des cannes à sucre; le *kirsch*, des cerises amères écrasées avec leurs noyaux ; le *marasquin*, des pêches et des prunes. Les Chinois font de l'eau-de-vie de riz.

Les principaux pays vignobles de France sont : la Champagne, la vallée de la Meuse et celle de la Moselle, la Bourgogne, la Franche-

Comté, l'Orléanais, la vallée de la Loire, l'Auvergne, la Gascogne et notamment le Bordelais, les Charentes, la région du Languedoc baignée par la Méditerranée, et enfin la vallée du Rhône.

Agriculture. — *Décrire un cep de vigne, les rameaux ou sarments, les bourgeons, les fleurs, les feuilles. — Détails sur les raisins et leurs variétés. — Qu'est-ce que le chasselas? Qualités de ce raisin. — Où obtient-on les meilleurs chasselas?*

Un cep ou pied de vigne est un arbrisseau à tige noueuse, ordinairement tortue où il pousse des rameaux grimpants, longs et flexibles appelés sarments. La vigne porte des feuilles découpées et des rameaux appelés vrilles; les fleurs sont nombreuses, d'une odeur suave, disposées en grappes qui se transforment en raisins.

Ce végétal croît avec rapidité, et de ses bourgeons délicats naissent des tiges et des branches qui grimpent jusqu'au sommet des plus grands arbres. Sa culture et la préparation du vin remontent à l'antiquité la plus reculée; ce sont les Phéniciens qui l'apportèrent sur les côtes d'Espagne et de France.

Il y a d'innombrables variétés de raisins. En France, on distingue d'abord les *raisins blancs* et les *raisins noirs*, et, parmi les variétés ou cépages : le *chasselas* et le *muscat*, qui sont pour la table, — le *pineau*, le *gamay*, le *verreau*, le *gouais*, qui donnent des vins de différentes qualités.

Le chasselas est un beau raisin blanc qui atteint de grandes dimensions et dont les grains se colorent d'un blond doré sous l'influence du soleil. Il est sucré et parfumé. L'espèce la plus estimée se récolte dans les environs de Fontainebleau, à Thomery principalement.

Hygiène. — *Quel est le résultat de l'abus des boissons au point de vue de la santé, de la durée de la vie? Son influence fatale sur l'esprit, la raison et le caractère.*

Si les boissons alcooliques prises en quantité modérée et convenablement étendues d'eau sont saines et produisent une action favorable sur notre organisme tout entier, qu'elles réchauffent et stimulent, leur abus trouble les fonctions de l'estomac, surexcite les nerfs et amène le tremblement des membres; il provoque enfin des congestions presque toujours mortelles.

L'abus des boissons alcooliques a les plus déplorables effets sur l'homme au point de vue moral et intellectuel. « Il tarit les sources de « l'intelligence, brise, anéantit la volonté, et amène rapidement avec « la paresse, sa compagne obligée, la misère. Il porte les plus rudes « atteintes à la raison, et quand elle ne succombe pas complètement, « le sens moral est perverti au point de ne plus laisser subsister la « notion du bien et du mal : état d'abrutissement qui mène au crime « et au suicide.

« Le mal produit par la passion de l'ivrognerie n'atteint pas seule« ment le malheureux qui en est la victime honteuse; l'altération des « facultés de l'intelligence et du cœur, la folie, les penchants vicieux « et coupables, se transmettent aux enfants, et assurent à la famille, « comme au pays, d'indignes soutiens et une population nombreuse « pour les hôpitaux et les bagnes. » (D'après le Dr Riant.)

Économie domestique. — *Qu'entend-on par liqueurs de ménage? — Comment fabriqueriez-vous un litre de cassis, de brou de noix, de ratafia? — Prix de revient de ces liqueurs.*

On entend par *liqueurs de ménage* celles dont la fabrication très simple ne nécessite rien autre chose que les matières dont on use pour la nourriture ordinaire. Elles reviennent beaucoup moins cher que les autres.

Cassis. — Égrenez et écrasez un kilogramme et demi de grains de cassis très mûrs; mettez-les dans une cruche avec 4 litres et demi d'eau-de-vie blanche ordinaire à 52°, 250 grammes de framboises, deux clous de girofle et 4 grammes de cannelle. Au bout de deux mois, tirez la liqueur et pressez les grains; remettez le jus dans un vase avec un kilogramme de sucre et filtrez (1).

Brou de noix. — Prenez 80 noix un peu grosses, mais assez peu formées pour qu'une épingle puisse passer à travers; pilez-les et faites-les infuser deux mois dans 4 litres d'eau-de-vie. Égouttez-les dans un tamis; mettez dans cette liqueur 1 kilogramme de sucre; laissez reposer encore trois mois et filtrez.

Ratafia de framboises. — Faites fondre un kilogramme de sucre dans le jus de 600 grammes de framboises, 125 grammes de cerises et 4 litres d'eau-de-vie; pressez et filtrez.

(On établira le prix de revient du litre de chacune de ces liqueurs en calculant, proportionnellement à la quantité employée, ce que coûtent séparément les matières qui les composent.)

130. — Terrible scène. (*Élève*, p. 274.)

Suzette, qui s'était contenue pendant cette lecture, se leva vivement quand elle fut finie et jetant un petit châle sur ses épaules :

— Viens avec moi, dit-elle à Charlot, qui, comprenant, la suivit en silence.

Ils se mirent à parcourir Fragicourt. Le village comptait près de deux cent cinquante maisons, dont quinze portaient enseigne. Les belles plaines onduleuses qui lui font une riante ceinture, la douceur salutaire * d'une promenade en famille, les petits jouant, courant, cueillant des fleurettes sous les yeux du père et de la mère, rien ne valait l'attrait de ces quinze cabarets.

Ces hommes de Fragicourt, braves ouvriers tisseurs, eussent été irréprochables si la semaine avait eu six jours seulement. Mais il y avait le septième, le dimanche. Ce jour-là, ils s'habillaient de leurs plus beaux habits, prenaient en poche quelque vingt, trente sous, de ces sous dont la ménagère, la mère, quand on les lui

(1) On emploie un filtre formé d'un sac conique d'étoffe. On le suspend par plusieurs attaches de ruban de fil à un cercle de jonc, suspendu lui-même par un clou à un anneau au moyen de trois cordes. L'étoffe sera ou de la flanelle, ou du drap, ou du molleton et même du feutre.

laisse, sait tirer un peu de bien-être, de propreté, de gâterie même. Et les voilà partis du côté de l'eau-de-vie.

Restées à la maison, les femmes, les mères n'y mènent pas grand bruit. Quelques-unes, le soir venu, à l'heure du souper, se hasardent à aller guetter, à travers un écartement de rideau, où en est le fils, le mari. Des soupirs, des plaintes s'échappent de leur bouche ; parfois les pauvres femmes ont avec elles de petits enfants qui pleurent...

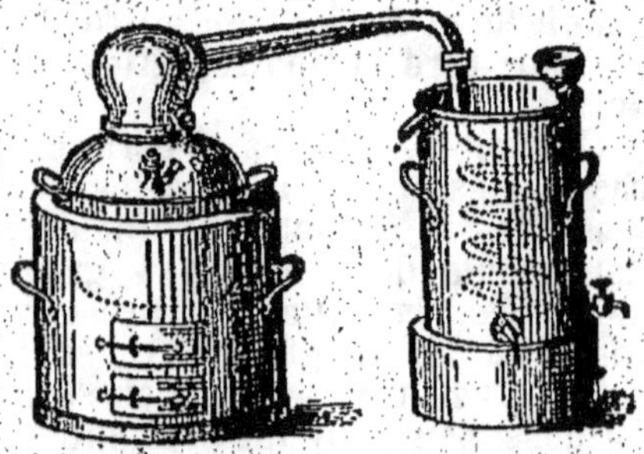

Fabrication de l'alcool.

L'eau-de-vie est une liqueur spiritueuse qu'on obtient par la distillation. L'appareil qui sert à distiller s'appelle un alambic. On met dans la marmite les produits à distiller. On chauffe, et les vapeurs qui s'élèvent de la marmite, traversent le serpentin qui est plongé dans un vase rempli d'eau froide; elles s'y refroidissent pour passer ensuite à l'état liquide.

Ce soir-là, tremblante, honteuse, le cœur déchiré, la pauvre Suzette fait comme elles. De fenêtre en fenêtre, elle glisse le long des cabarets ; Charlot, qui l'accompagne, y fait un pas sur le seuil pour tâcher de voir dans la fumée des pipes.

Il a le cœur gros aussi, le brave enfant. Il essaie de rassurer sa sœur. Dans leur triste promenade, ils passent devant le cimetière.

— Charles, lui dit doucement Suzette dans un sanglot, si la pauvre maman nous voit, nous entend, elle doit bien pleurer !

Ils regagnaient la ferme, quand des cris : Au secours ! se font entendre du côté de la maison de Ludivine.

Ils y courent. Et là, quel spectacle ! La grande pièce était jonchée de débris de vaisselle. De toute sa force, Vincent, furieux d'ivresse, horrible à voir, jetait les dernières assiettes dont l'une venait de frapper sa mère au front.

Le vieux père Benoît, Lisa s'efforçaient en vain de le contenir. Charlot, d'autres voisins accourus, purent enfin s'en rendre maîtres.

Ludivine repoussa Suzette qui voulait lui bassiner* le front avec de l'eau et parlait d'arnica.

— Va, j'ai mieux que ça, merci, dit-elle aigrement. Pars avec ton frère qui a emmené mon Vincent aux Trois Agaces !

Les pupilles dilatées, paraissant ne rien voir, François s'accotait au mur. Sans répondre à Ludivine, Suzette le prit par un bras ; Charlot le prit par l'autre et ils sortirent.

A la maison non plus, il n'y eut pas une parole d'échangée. Le visage de François semblait changé en pierre. Sans chapeau, — il l'avait perdu en route — les cheveux collés aux tempes, les vêtements en désordre, il donnait un spectacle navrant.

Charlot le mit au lit et, après un quart d'heure, revint dire à Suzette, qui s'apprêtait à veiller :

— Il dort. Tu peux aller te reposer.

Questionnaire. — Que fit et dit Suzette, une fois la lecture achevée ? — Quel aspect présentait le village ? — Comment les tisseurs de Fragicourt employaient-ils la journée du dimanche ? — Que faisaient les femmes et les mères pendant ce temps ? — Où allait, ce soir-là, Suzette avec Charlot ? — Quelle pensée vint à leur cœur en passant près du cimetière ? — Que virent-ils en passant devant la maison de Ludivine ? — Qui s'efforçait de contenir Vincent ? — Que répondit Ludivine à Suzette lui proposant de la panser ? — Dans quel état ramena-t-on François à la maison ?

DÉVELOPPEMENT DES SUJETS PROPOSÉS POUR EXERCICES.

Morale. — L'Ivrognerie. — *Quand dit-on qu'un homme est un ivrogne ? — Qu'est-ce qui donne cette funeste passion ? — Comment peut-on retenir un homme à la maison le dimanche ? — Qu'y a-t-il de plus hideux qu'un homme ivre ? — Réflexions et résolutions.*

Un ivrogne est un homme qui a contracté l'habitude de boire avec excès ; la même désignation s'applique également aux malheureuses femmes tombées dans ce vice repoussant. Une pareille qualification est une tache honteuse.

On devient ivrogne lorsqu'on ne se plaît pas chez soi et qu'on ne sait comment occuper ses loisirs ; alors le cabaret tente ; on sait y trouver joyeuse compagnie, et l'on s'y rend. D'abord on boit et l'on fume modérément ; mais bientôt le penchant devient plus vif ; on consomme davantage, et plus on absorbe de liqueurs, plus le besoin de la soif augmente. Alors la tête s'alourdit, les jambes vacillent, la raison s'obscurcit et la langue peut à peine formuler les paroles que profère l'ivrogne. Le voici dehors, chancelant, abruti, ne regagnant qu'avec peine sa demeure et au prix de chutes répétées sur le grand chemin. Il entre, et tombe ou plutôt s'affaisse sur un siège ; puis, témoin du dégoût qu'il inspire, la fureur l'anime ; il crie, il profère d'odieuses menaces, frappe lâchement sa femme et ses enfants ; enfin, se jetant sur le lit, il s'endort d'un ignoble sommeil pendant que les siens pleurent.

Souvent une femme peut empêcher son mari de s'installer le dimanche au cabaret en lui donnant le spectacle d'un intérieur bien tenu joint au plaisir de prendre part à des repas préparés avec soin.

Elle réussira encore mieux si elle montre de l'ordre, si elle économise et fait entrevoir pour l'avenir la possibilité d'assurer leur vieillesse contre les suites de l'affaiblissement des forces et les conséquences de la maladie ou du chômage. Bien des maris vont au cabaret parce que leur femme est malpropre, négligente, acariâtre, brusque avec les enfants, et qu'elle n'a nul souci de se rendre agréable son intérieur.

Il n'y a rien de plus hideux qu'un homme ivre; le seul spectacle de cet être abruti et dégoûtant est bien fait pour guérir à jamais la jeunesse d'un vice aussi dégradant.

Industrie. — L'ALAMBIC. — *Qu'est-ce qui peut altérer l'eau? — Comment peut-on obtenir de l'eau très pure avec l'alambic? (En l'expliquant, nommer les pièces de cet appareil.) — Indiquez des liquides et des fruits qu'on soumet à la distillation.*

En traversant certaines couches du sol, l'eau y dissout des substances qui l'altèrent et lui communiquent un goût désagréable. Ainsi, en Algérie, on trouve des puits dont l'eau est salée et amère. On obtient dans ce cas de l'eau pure en procédant par la distillation; à cet effet, on place sur un foyer un cylindre contenant l'eau à distiller; par l'action du feu, cette eau se change en vapeurs qui se rendent sous un couvercle nommé chapiteau, et de là en un tuyau de cuivre qui serpente dans un tonneau d'eau froide. Les vapeurs s'y condensent et l'eau ainsi obtenue tombe goutte à goutte dans un vase à ce destiné. Il n'y a plus qu'à la laisser refroidir et à l'agiter violemment afin d'y faire pénétrer de l'air; elle sera alors propre à nous désaltérer et à tous les usages domestiques.

On distille non seulement de l'eau, mais encore, comme nous l'avons déjà fait connaître, du vin, des fruits, du marc de raisin, etc.

Hygiène. — *Quels soins réclame le malheureux en état d'ivresse? — Quelles sont, pour la santé, les suites des habitudes de boisson?*

Il faut traiter l'ivrogne comme un malade, le placer dans un lieu où l'air soit pur et frais, le débarrasser promptement des vêtements qui exercent sur lui une compression, notamment au cou. On l'abritera soigneusement contre le froid, qui peut amener une congestion.

Le premier degré d'ivresse cède à quelques tasses de café ou de thé léger, à une potion composée d'un demi-verre d'eau et de dix à douze gouttes d'ammoniaque. Dans le deuxième degré, on cherche à débarrasser l'estomac des liquides qui le surchargent, et l'on donne une potion dans laquelle on mêle jusqu'à 40 gouttes d'ammoniaque.

(Voir la leçon précédente pour la seconde question.)

Économie domestique. — *Supposons qu'un ouvrier dépense par dimanche 1 fr. 50 au cabaret; combien pourrait-il, avec l'argent dont il dispose ainsi, acheter par an de kilogrammes de pain à 0 fr. 30?*

Dépense annuelle.......................... = 1 fr. 50 × 52 = 78 fr.
Prix du kilogramme de pain.......... = 0 fr. 36.
Quantité de pain qu'on peut acheter avec 78 fr. = $\frac{78}{0,36}$ = 216 kilogr.

131. — Conscience et volonté. (*Élève*, p. 276.)

Le lendemain matin, comme Suzette préparait le petit déjeuner, François parut. Il était pâle, avec les traits tirés. S'arrêtant à deux pas de sa sœur qui, toute frémissante, attendait :

— Je viens, dit-il à demi-voix, de demander pardon à Charlot; je te demande aussi pardon.

Des larmes jaillirent des yeux de Suzette. Elle le regarda!

— Mais, dit-elle, cela suffit-il?

Il reprit :

— Écoute, j'ai fait cette nuit un rêve affreux : j'étais à la place de Vincent; tu étais à la place de Ludivine; je te frappais, je te tuais... toi!

Il se couvrit le visage de ses mains.

— Moi, dit-elle, toute la nuit, j'ai vu notre pauvre mère pleurant sur toi.

Absinthe.

Les feuilles d'absinthe sont employées en médecine pour faire périr les vers intestinaux. La liqueur verte que l'on obtient en faisant macérer dans l'alcool les feuilles d'absinthe est un véritable poison dont l'usage habituel produit souvent la folie ou une paralysie générale progressive.

— Ma mère, c'est toi, Suzette! c'est toi avec ta tendresse malgré toutes mes fautes, toi avec ton cœur inépuisable!...

Il s'arrêta comme épouvanté :

— Ah! reprit-il, à quoi a-t-il tenu hier que ce qui s'est passé dans la maison de Vincent ne se soit pas passé ici? cela a tenu à un verre d'absinthe que Vincent a bu de plus que moi. J'avais, dans ma griserie, répandu un second verre d'absinthe qu'on venait de me servir. Vincent, lui, avait bu le sien. Maintenant, je le sais, boire de l'absinthe ou de l'eau-de-vie, c'est boire de la folie, du meurtre! c'est boire au moins sa mort morale *.

Et après un silence : — Regarde-moi, ma sœur, entends-moi! — Le visage dur à force de résolution, il leva la main :

— Devant toi, comme devant ma mère, je jure de ne plus franchir le seuil d'un cabaret!

Suzette lui tendit les bras :

— Non, dit-il; quand je l'aurai mérité; pas avant! J'ai refusé aussi de prendre la main que me donnait Charlot.

— Ah! François, s'écria Suzette, maintenant tu es sauvé! car tu as la conscience et la volonté sans lesquelles une bonne résolution ne compte pas plus que la résistance d'une feuille au vent. La conscience et la volonté sont notre vraie force contre le mal.

Questionnaire. — Dans quel état François se présenta-t-il le lendemain devant Suzette? — Que dit-il? — Que raconta-t-il avoir rêvé pendant la nuit? — Qu'ajouta-t-il pour Suzette? — A quoi avait-il tenu qu'il n'eût imité Vincent? — Quelle promesse fit-il? — Pourquoi ne voulut-il pas embrasser Suzette? — Que lui dit cette dernière?

DÉVELOPPEMENT DES SUJETS PROPOSÉS POUR EXERCICES.

Morale. — *Quelle voix intérieure nous donne l'idée du bien et nous dit ce qui est mal? — Donnez alors une définition de la conscience. — Citez quelques circonstances où votre conscience vous a donné ces idées. — Qu'est-ce que faire son devoir? — Qu'est-ce que le repentir, le remords? — Quel est le vrai bonheur?*

La *conscience* est une voix intérieure qui nous donne l'idée du bien et nous fait connaître ce qui est mal. Ses jugements, pour être certains, n'ont pas besoin d'autre témoignage qu'elle-même; ce qu'elle condamne est mal; ce qu'elle approuve est bien. Que nous le voulions ou non, elle prononce en nous, pour nous ou contre nous, des arrêts contre lesquels il est impossible de protester.

La conscience devient de plus en plus délicate à mesure que l'intelligence se développe; travaillons donc chaque jour à l'éclairer par la science, à la purifier par le spectacle de nobles actions.

(L'élève devra trouver elle-même les circonstances dont il est question.)

Faire son devoir, c'est dire ce qui est vrai et faire ce qui est bien; en d'autres termes, suivre les avis de sa conscience. C'est une règle dont rien ne peut nous affranchir, parce qu'elle n'est pas du fait de l'homme ou de notre volonté propre. On doit obéir au devoir parce qu'il est le devoir.

« C'est le devoir seul qui peut tenir en paix et en union des hommes « vivant en société, se rencontrant à chaque pas, se touchant sur « chaque point, parce que seul il peut régler leurs mouvements, de « manière à ce qu'ils ne se heurtent jamais : il ne leur permet de « s'approcher que pour s'unir et se secourir. » (Mme Guizot.)

Le *repentir* est un regret sincère d'avoir fait ou de n'avoir pas fait quelque chose; généralement il s'applique aux fautes commises. Pour que le repentir ait quelque mérite, il doit se produire lorsqu'on peut réparer le mal que l'on a commis. « Les pleurs du dernier soupir, a « écrit Chateaubriand, ne rachètent personne; ils ne mouillent que la « poitrine et ne tombent pas sur la conscience. »

Le *remords* est un reproche violent que le coupable reçoit de sa conscience. « Comme la vertu a ses jouissances, le crime aussi a ses « douleurs. La souffrance qui suit la faute, est la juste rançon du plai- « sir que nous y avons trouvé, et elle naît souvent avec lui. Elle em- « poisonne les joies coupables et les succès qui ne sont pas légitimes. « Elle blesse, elle *mord*, pour ainsi dire, et c'est de là que lui vient « son nom. Cette souffrance, il suffit d'être homme pour l'avoir connue : « c'est le remords. » (Cousin.)

Le vrai bonheur est la félicité que donne une conscience qui n'a rien à se reprocher.

Composition. — *Exposez quelle est, selon vous, la meilleure manière de ramener au devoir celle qui s'en écarte. — Inspirez-vous de la manière dont Suzette agit pour atteindre ce but.*

(La lecture attentive des leçons 130 et 131 suggérera à l'élève le plan du devoir.)

Sciences naturelles. — *Qu'est-ce que la plante appelée absinthe et où croît-elle? — A quoi servent ses feuilles? — Quel est l'aspect de la liqueur qui porte ce nom?*

L'*absinthe*, plante à fleur composée, très amère et aromatique, croît dans les pays montagneux; la Suisse et le Jura la produisent en abondance.

On en compose une liqueur de table en faisant infuser ses feuilles dans de l'eau-de-vie. Cette liqueur, de couleur verte, a une action violente sur l'estomac et excite l'appétit; par cela même, elle engage à en faire un usage immodéré.

Château de Blois; château historique où se tinrent les États généraux de 1576 et de 1588 et où le duc de Guise fut assassiné par ordre de Henri III.

Hygiène. — *Quelle liqueur a les plus dangereux effets sur la raison et la santé? — Que diriez-vous à une personne de votre famille pour la détourner de l'habitude de boire de l'absinthe?*

Il n'y a pas d'habitude plus pernicieuse pour la santé que celle de l'absinthe; elle occasionne des maladies graves dont l'une des formes est l'épilepsie, puis viennent la folie et la mort. Le malheureux qui s'abandonne à cette fatale passion a, sous l'influence de l'ivresse particulière que produit l'absinthe, des accès de délire furieux où il attente à la vie des autres et à la sienne. Ce n'est plus la brute imbécile comme dans l'ivresse causée par le vin, c'est une bête furieuse que rien n'arrête.

Les eaux-de-vie de pomme de terre et de grain produisent également de désastreuses conséquences lorsqu'on en use habituellement. On ne saurait dire avec quelle rapidité elles désorganisent les tissus de l'estomac et amènent l'abolition des facultés intellectuelles par leur action fatale sur les nerfs et le cerveau.

Répétons-le sans cesse dans les familles, aujourd'hui surtout que le commerce des liqueurs frelatées a pris une si grande extension.

132. — Une arrivée. (*Élève*, p. 278.)

Sur la cheminée s'épanouissait un large bouquet de fleurs des champs et, sur la table, un autre de fleurs de jardin. Une rose blanche parait le corsage de Suzette. Sur les appuis des deux fenêtres, une rangée de géraniums en pots montaient la garde; tout cela attendant la jeune mariée.

— Papa, est-elle jolie ?

Revenu depuis deux jours, M. Dumay avait précédé de trois les mariés. Et le troisième jour on était à ses onze heures du matin.

— Papa, est-elle jolie ?

— Jolie?... jolie?.. Je n'en sais trop rien, ma fille. Elle a un visage plaisant avec des yeux... tiens ! de la couleur de ces petites fleurs-là.

Château d'Amboise (Indre-et-Loire); ancien château royal où les protestants essayèrent de surprendre la cour de François II en 1560.

Juste comme il montrait des myosotis sur la table, le marié et la mariée arrivèrent, conduits par François.

Eh bien ! non ! elle n'était pas jolie, Mme Louis Richard.

Figure trop longue, traits un peu gros. Mais dans les joues, deux aimables fossettes; aux coins de la bouche, un sourire très bon, et les yeux, ces fleurs bleues dont on avait parlé, compensaient au moins la beauté.

Les deux cousines se plurent au premier regard. Et

Château de Plessis-lès-Tours, où résida et mourut Louis XI (1483).

les deux institutrices aussi. Car si l'on conduisit vite Mme Louis chez Mme Valon, vous n'en doutez guère.

Celle-ci avait déjà invité la famille à déjeuner pour le lendemain et accepté elle-même de dîner à la ferme.

A ce dîner, on parla de Paris, et aussi de Blois et de Tours. Car Mme Valon et Mme Richard, par une heureuse rencontre, étaient nées toutes deux non loin de ces bords charmants de la Loire, assez riches en monuments, en souvenirs historiques pour défrayer* la conversation de plus d'un dîner de Fragicourt.

Et à travers les souvenirs échangés des deux dames, les convives virent passer devant leurs yeux les admirables châteaux de Chenonceaux, de Blois, d'Amboise, de Chambord et les ruines du vieux Plessis de Louis XI.

Tout le temps de ce repas, M. François se tint très coi, mais pourtant sans confusion.

Spontanément, le jour du retour de son père, il lui avait tout dit, sa faute et son serment, et cela avec un si vigoureux accent de volonté que M. Dumay, comme Suzette, sentit François guéri par le coup de folie même qui eût dû le perdre.

Depuis, il le traitait avec une gravité plus douce.

Questionnaire. — Comment Suzette avait-elle tiré parti des fleurs de son jardin? — Qui était de retour à la ferme? — Que répondit-il à une question de Suzette? — Que dit-il des yeux de Mme Louis Richard? — Faites son portrait. — A votre avis, pourquoi Mme Louis Richard, Mme Valon et Suzette se plurent-elles au premier regard? — De quoi parla-t-on au dîner de la ferme? — Quels châteaux citèrent les deux dames originaires de la Touraine? — Décrivez, d'après les images, les châteaux de Blois, d'Amboise et de Plessis-les-Tours. — Comment se tint François pendant le dîner? — Qu'avait-il spontanément avoué à son père?

DÉVELOPPEMENT DES SUJETS PROPOSÉS POUR EXERCICES.

Morale. — *Que préféreriez-vous, ou d'être belle, ou seulement d'avoir une figure passable avec des qualités solides et une instruction suffisante? — Donnez vos raisons.*

La beauté plaît aux regards, mais elle n'a que ce privilège; elle attire des hommages, mais combien aussi elle excite l'envie! elle rend heureuse celle qui en est douée, mais comme elle l'expose à la vanité, au goût de la parure et des frivolités; que de folles espérances elle suscite, que de pièges elle recouvre! Rien d'ailleurs de plus fragile que cet avantage; une maladie la détruit sans retour, et bientôt l'âge la fait disparaître. On s'y habitue vite, et si la personne qui la possède n'y joint pas des qualités solides, on n'en tient nul compte.

Au contraire, les qualités du cœur et de l'esprit sont durables; elles contribuent chaque jour au bonheur et à l'aisance de la famille; elles charment l'intérieur le plus pauvre; elles consolent, elles soutiennent. Rien ne peut nous les ravir; les années, loin d'y porter atteinte, en augmentent le mérite.

Une jeune fille raisonnable a donc les meilleurs motifs pour préférer à la beauté des qualités solides rehaussées par l'instruction.

Civilité. — *Comment reçoit-on des parents, des amis? — Comment dispose-t-on les maisons dans une telle circonstance?*

Nous dirons d'abord d'une manière générale qu'il faut recevoir avec bienséance et s'occuper de rendre la visite agréable; faites tous vos efforts pour que les gens vous quittent satisfaits et pleins du désir de revenir.

Si l'on a un *salon*, on ne saurait recevoir ailleurs sans manquer aux bienséances; sinon, on fait entrer les personnes dans la pièce dont on peut disposer, laquelle sera très propre et d'un ordre parfait.

Dès qu'on voit entrer quelqu'un, on se lève vivement; on va vers lui, on l'engage à s'asseoir en évitant la vieille formule : *Donnez-vous la peine de vous asseoir*. Si c'est un vieillard ou une dame, on insiste pour qu'ils acceptent le siège le plus confortable.

En hiver, les places les plus honorables sont celles du coin de la cheminée. Aussi, lorsqu'il survient une dame respectable, une personne à qui l'on désire faire honneur, on la conduit à l'une de ces places.

A mesure qu'il entre un nouveau venu, le maître ou la maîtresse du logis se lève, et les personnes présentes sont obligées de l'imiter. Quelques-unes s'éloignent alors, en faisant un salut discret; en ce cas, le maître ou la maîtresse de la maison les reconduisent jusqu'à la porte de la salle, et prient un membre de la famille de les remplacer jusqu'à ce que les visiteurs soient hors de la maison.

La façon dont on reconduit ordinairement les visiteurs est réglée d'une manière invariable. S'il doit accompagner une dame, le maître de la maison lui présente le bras; lorsque deux dames sortent ensemble, c'est à la plus jeune à s'effacer pour laisser le maître du logis guider l'autre dame.

Lorsqu'on attend des visites, il convient de donner à la pièce où l'on recevra l'aspect le plus agréable; on l'orne de fleurs; on y allume un bon feu en hiver; on la tient fraîche et dans une demi-obscurité pendant l'été; enfin, on y dispose les sièges de façon à former facilement un cercle intime.

Géographie et Histoire. — *Tracer le cours de la Loire avec ses affluents et indiquer les villes importantes qu'ils arrosent tous, puis la situation des châteaux nommés dans la lecture. — Quels souvenirs historiques vous rappellent : le château de Plessis-les-Tours et ceux d'Amboise, de Blois, de Chambord?*

(Accoutumer les élèves à marquer quatre ou cinq points indiquant les principaux changements de direction du fleuve, avant d'en tracer le cours : Chenonceaux est situé sur le Cher, dans l'arrondissement de Tours, et Chambord à 16 kilomètres de Blois, au sud de la Loire.)

Le château de *Plessis-les-Tours* fut bâti par Louis XI, qui y séjourna longtemps et y mourut en 1483; le 30 avril 1589, Henri III et son beau-frère Henri de Navarre y conclurent une alliance contre la Ligue.

Le château d'*Amboise*, bâti sur les ruines d'un château romain, fut reconstruit au huitième siècle, puis, une seconde fois, sous les règnes de Charles VIII, Louis XII et François Ier. Les rois y résidèrent souvent. Louis XI y institua l'ordre de Saint-Michel (1469); Charles VIII y naquit (1470) et y mourut (1498). François II s'y réfugia lors de la première prise d'armes des calvinistes (1560), connue sous le nom de *conjuration d'Amboise*. Abd-el-Kader y fut interné de 1848 à 1852.

Le château actuel de *Blois* fut commencé par Louis XII, continué sous François Ier et achevé par Gaston d'Orléans, frère de Louis XIII. Louis XII aimait à y séjourner : c'était d'ailleurs le lieu de sa naissance; il y signa divers traités. Il s'y tint des États généraux en 1577 et 1588; c'est pendant la réunion de ceux de 1588 que Henri III y fit assassiner le duc et le cardinal de Guise qui voulaient le détrôner. Marie de Médicis y fut reléguée après l'assassinat de Concini (1670). C'est à Blois que Marie-Louise se retira, le 2 avril 1814, pour en repartir avec son fils le 9 mai suivant.

Le château de *Chambord*, le plus beau de France, fut construit sous le règne de François Ier par Pierre Nepveu, sur l'emplacement d'une maison de plaisance des comtes de Blois. Il fut donné par Louis XV à son beau-père Stanislas, puis au maréchal de Saxe. Louis XVI en accorda la jouissance aux Polignac, Napoléon en fit don à Berthier, prince de Wagram, et, en 1821, il fut acquis au moyen d'une souscription et offert au petit-neveu du roi Louis XVIII, futur héritier du trône, connu plus tard sous le nom de comte de Chambord.

133. — Un départ. (*Élève*, p. 281.)

Comme on allait se lever de table, quelqu'un frappa à la porte. C'était Sylvain. On présenta ce compagnon d'exploration de M. Pascal aux mariés, qui lui serrèrent la main. Après quoi M. Dumay, l'interpellant :

— Hé ! quel jour est-ce donc au calendrier de votre ferme, Sylvain, que je vous vois endimanché ?

Sylvain tendit un papier au fermier :

— On a reçu sa feuille de route : on part !

Sa voix trembla un peu sur ce dernier mot. Il baissa les yeux, mais pour les relever aussitôt avec un brave sourire.

— Mon fils Jacques avait tiré le numéro 12 ; notre ami Sylvain l'a dépassé, il a pris le 11, dit M. Dumay.

Et regardant le papier :

— Mais je vois qu'on part pour Cherbourg !

— Oui, Monsieur.

— On va retrouver Jacques, être son frère d'armes* ! Il en sera heureux comme nous le sommes. Quand partez-vous ?

— Dans une demi-heure.

Alors, pendant qu'on faisait asseoir Sylvain, Suzette se leva et sortit.

Quand elle rentra, ce fut avec une petite bourriche :

— Monsieur Sylvain, dit-elle, j'ai choisi les plus belles poires, les plus belles pommes du jardin ; vous les partagerez avec mon frère. Il y a là aussi un petit pot de miel ; nos abeilles l'ont fait dans vos ruches. Vous penserez à nous.

Il était tout ému et put à peine répondre.

Peu d'instants après, il dit adieu, et M. Dumay l'embrassa.

Questionnaire. — Pourquoi Sylvain rendait-il une visite à la famille Dumay ? — De quel ton annonça-t-il qu'il avait reçu sa feuille de route ? — Quel numéro avait-il tiré ? — Où se rendait-il ? — Comment le dit-il à M. Dumay ? — Que lui prépara Suzette ?

DÉVELOPPEMENT DES SUJETS PROPOSÉS POUR EXERCICES.

Morale. — Des Présents. — *Qu'est-ce qu'un présent? — A qui offre-t-on des présents? — Pour quels motifs? — Comment convient-il de les remettre? — Un présent fait dans un but intéressé doit-il être accepté? — Pourquoi? — Pourriez-vous raconter une historiette à l'appui?*

On désigne sous le nom de *présent* ou de *cadeau* ce que l'on donne gratuitement.

Les présents ou cadeaux s'offrent aux parents, aux amies en diverses circonstances, telles que fêtes, anniversaires, premier jour de l'année; on prie encore d'en accepter certaines personnes dont le dévouement et les services nous touchent particulièrement.

Les cadeaux les plus favorablement appréciés sont les produits de notre travail personnel : dessins, ouvrages à l'aiguille, cadres en cheveux. On envoie encore des fruits à l'automne, et du gibier dans la saison de la chasse.

Aux yeux des personnes délicates, les cadeaux n'ont de prix que par la manière dont ils sont offerts; ils doivent exciter la surprise, le plaisir; aussi devez-vous en faire un mystère et les présenter avec une joyeuse amabilité. Quand vous aurez fait votre offrande et que les remerciements seront épuisés, ne ramenez jamais la conversation sur cet objet; gardez-vous bien surtout de le faire valoir. Au contraire, lorsqu'on en relèvera le mérite, dites que la chose tient tout son prix de vos sentiments.

Quelque peu d'agrément que puisse avoir un cadeau, ne pas témoigner beaucoup de plaisir en le recevant serait une grossièreté. Il faut encore, quand une occasion se présente d'en parler, ne pas manquer de dire au donateur combien son attention vous a été agréable. La délicatesse la plus vulgaire exige que l'on ne provoque jamais un cadeau par des éloges ou des allusions indirectes.

Un présent fait dans un but intéressé, comme il arrive parfois entre inférieurs et supérieurs, doit être refusé froidement, mais poliment : se prêter à un tel marché a quelque chose de honteux et de déshonorant.

Civilité. — *Que doit faire une jeune fille qui a été reçue dans une maison ou qui va s'éloigner de son pays pour quelque temps? — Sera-t-elle seule pour faire ses visites? — Quelles convenances observe-t-on selon les personnes auxquelles on rend visite? — Qu'entend-on par cartes de visite?*

Une jeune fille qui a été reçue dans une maison ou qui va s'éloigner de son pays pour quelque temps, est tenue de rendre visite à la personne qui l'a reçue et à celles avec qui elle a des relations fréquentes, comme ses parents, son institutrice, ses meilleures amies de classe.

Les convenances lui prescrivent de ne jamais faire seule ses visites; elle doit accompagner sa mère, à moins qu'elle n'ait été confiée à une amie de la famille ou à une parente. Il n'est pas d'usage qu'une toute jeune fille ait des cartes de visite personnelles; si sa mère a coutume d'en remettre, elle inscrit au-dessous du sien le nom de celle-ci.

Chacun sait que les cartes de visite sont de petites feuilles d'un carton léger sur lesquelles le nom d'une personne est gravé ou imprimé; elles sont déposées à la maison où l'on fait une visite, lorsque les maîtres en sont absents. Elles s'envoient également par la poste le premier janvier, aux anniversaires, à l'occasion d'événements heureux ou malheureux, aux personnes avec qui l'on entretient des relations.

La convenance dans le maintien est indispensable à une jeune fille en visite; on juge ainsi de son mérite et de sa bonne éducation. Après avoir salué gracieusement, elle acceptera le siège qui lui est offert et s'y tiendra de façon à se présenter un peu de côté à la personne à laquelle elle fait vis-à-vis. Elle ne doit ni croiser les jambes, ni se pencher, encore moins s'appuyer sur le dos de la chaise ou du fauteuil; elle ne sera ni trop remuante ni trop immobile, et se gardera des airs hardis ou dédaigneux; sa physionomie doit respirer la franchise, la modestie et la satisfaction.

Quelle part une jeune fille doit-elle prendre à la conversation dans les réunions de famille ou autres? (Tenue, gestes, art d'écouter et de bien répondre.) — Qu'observera-t-elle pour la correction du langage?

La part que peut prendre une jeune fille à la conversation, au cours d'une visite, se résume souvent dans l'art d'écouter et de répondre à propos; elle se gardera surtout de parler la première.

Au cours d'un entretien où elle est appelée à participer, elle regardera à demi la personne qui lui parle, l'écoutera avec attention et témoignera par des gestes discrets l'intérêt que lui inspire le sujet. Elle ne se permettra jamais une interruption; rien ne donne une preuve plus évidente de légèreté ou de mauvaise éducation. Si le narrateur s'égare dans de longs détails, il faut montrer de la patience, et cette condescendance est de rigueur envers un vieillard ou une dame âgée.

Lorsqu'on a besoin de se faire expliquer quelque circonstance ou si l'on ne saisit pas bien l'explication, on ne demandera à la personne de répéter qu'avec des ménagements polis : *Je vous demande bien pardon; — Je craindrais de perdre quelque chose de votre récit; — Si vous vouliez répéter*, etc. Choisissez pour cela un moment opportun, par exemple, lorsque cette personne fait une pause, cherche une expression, prend son mouchoir.

Si l'on vous raconte une imposture évidente, prenez un air froid, de manière à ne passer ni pour une sotte ni pour une malhonnête, car il serait vilain de donner un démenti.

L'interruption n'est pardonnable que s'il s'agit de prouver ou d'éclaircir un fait en faveur d'un absent.

Gardez-vous d'écouter en hochant la tête, en gesticulant, en demeurant les yeux fixes et la bouche béante, d'avoir l'air distrait ou rêveur, de bâiller sans cacher avec la main ou le mouchoir ce témoignage d'ennui et de fatigue, de regarder fréquemment la pendule; toutes ces manières pèchent contre les convenances.

En parlant à votre tour, évitez les longues phrases, les répétitions, les *et puis*, les *alors* qui sont si fatigants, les imparfaits du subjonctif en *asse* et *isse* qu'il faut savoir remplacer par d'autres tournures, les *liaisons* affectées et multipliées. Attachez-vous à avoir un langage clair, correct et préférez les mots et les expressions adoptés par les personnes sérieuses; enfin, n'ayez jamais l'air de vous apercevoir des fautes de français ou de prononciation des autres, encore moins de vous permettre un sourire ou un regard moqueur.

134. — Plaisirs des champs. (*Élève*, p. 282.)

— Habitants des villes, venez un peu aux champs faire connaissance avec la bonne nature, savourer la pureté de l'air, la fraîcheur des œufs, la saveur crémeuse du lait, tel que la vache nourricière le donne, sans bicarbonate de soude*, sans mélange d'acide* ni d'eau ; venez cueillir les fraises du bois joli et les fleurettes du gazon ! disait Louis.

Et sa jeune femme, avec qui il se promenait autour de la ferme, ajoutait :

— Plus tard, à la vieillesse, nous reviendrons ici, près de Suzette, finir nos jours dans cette paix, cette simplicité des champs : nous y vivrons comme Philémon et Baucis,

« Heureux de ne devoir à pas un domestique
« Le plaisir ou le gré des soins qu'ils se rendaient. »

Je vois l'emplacement de notre maisonnette future : là, au bord de ce pré où elle attrapera le premier sourire du soleil levant. Elle sera couverte en chaume, car les orpins*, les sédums*, les mousses, les joubarbes* aiment les toits de chaume ; ils les couvrent de leurs floraisons joyeuses et colorées !

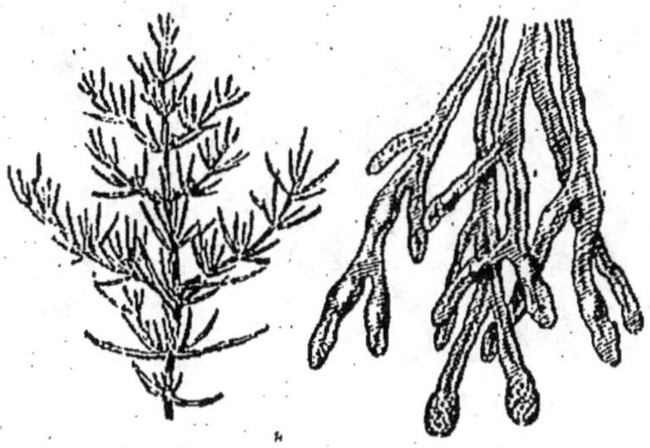

Soude. *Varech.*

La soude et le varech sont des herbes propres aux rivages de la mer; on en extrait de la soude en les brûlant dans des fosses pratiquées à cet effet. — Les varechs constituent en outre un excellent engrais végétal.

Mais Louis n'accepte pas le toit de chaume, qui, dit-il, brûle assez souvent. Il préfère l'ardoise, moins poétique, sans doute, mais réfractaire* à l'incendie. Et d'ailleurs, vue de loin, à travers la verdure, l'ardoise brille avec des reflets d'acier, pas du tout désagréables à l'œil.

On discute le mérite des deux toits.

— Mais, dit derrière eux une voix connue, et la gaie tuile rouge ? Elle ne s'enflamme guère plus que l'ardoise, et le temps la brode, de place en place, de mousses menues, veloutées. Mettez-vous donc d'accord sur la tuile rouge !

C'était Suzette qui leur parlait ainsi en riant. Et l'on s'entendit presque tout de suite sur la question du toit des vieux ans. Il est vrai que, d'ici là, on avait le temps de changer d'idée.

Suzette venait chercher sa cousine, car on avait, pour ce matin-là, fait de grands projets. Il ne s'agissait de rien moins que d'un tournoi* culinaire entre Paris et Fragicourt :

Mme Louis allait faire une crème renversée, et Suzette répondrait par une tarte aux prunes de reine-Claude. Les messieurs donneraient ensuite le prix.

Intérieur d'une tuilerie.

La tuile est une pierre artificielle de forme rectangulaire, faite de terre glaise ou d'argile cuite au feu. L'ardoise, au contraire, est une pierre bleuâtre qui se trouve dans la terre; on l'exploite dans des carrières, à ciel ouvert, appelées ardoisières; le Finistère, les Ardennes, le Calvados, le Maine-et-Loire, la Manche ont des ardoisières très réputées.

La villageoise n'était pas trop ignorante en pâtisserie, et même, ce qui est rare aujourd'hui, en boulangerie. De temps en temps, pour les grands régals, elle faisait le pain, un pain léger à croûte bien dorée, et savoureux, de la bonne saveur naturelle du froment.

— Commençons par la crème, dit Suzette par politesse, tout en dépliant deux blancs tabliers que l'une et l'autre s'attachèrent.

Questionnaire. — Si les habitants des villes venaient à la campagne, qu'y trouveraient-ils? — Qui se promenait autour de la ferme de Fragicourt? — Quel projet faisait la jeune femme de Louis? — Comment était la maison de ses rêves d'avenir? — Qu'est-ce que Louis n'acceptait pas et que préférait-il? — Que dit Suzette? — Pourquoi Suzette venait-elle chercher sa cousine? — Que devait faire chacune d'elles? — Qui décernerait le prix? — Quels talents possédait la jeune fermière? — Que savait-elle préparer pour les grands régals? — Que proposa-t-elle?

DÉVELOPPEMENT DES SUJETS PROPOSÉS POUR EXERCICES.

Composition. — *Reproduisez, en l'abrégeant, l'histoire de Philémon et de Baucis mise en vers par La Fontaine.*

(Il sera nécessaire de lire aux élèves ce morceau de poésie; une seule fois paraît suffisante, étant donné le caractère simple du récit.)

Sciences naturelles. — Les Sols. — *Qu'est-ce que l'argile, le sable, la craie, la marne, l'humus? — Qu'appelle-t-on sol arable? — Quels sont les avantages et les inconvénients des sols où domine, soit l'argile, soit la craie, soit le sable?*

L'*argile* est une terre grasse, douce au toucher, tenace et presque imperméable; elle se fend et se contracte par la sécheresse; soumise à l'action prolongée d'une chaleur violente, elle durcit et prend une belle couleur rouge, comme on peut le voir pour les briques et les tuiles.

Le *sable* est une agglomération de grains très fins de grès pulvérisé; ses molécules n'ont qu'une faible adhérence et il se laisse facilement pénétrer par l'eau.

La *craie* est une substance calcaire formée au fond de la mer et qui renferme une quantité prodigieuse de petites coquilles d'animaux. C'est une pierre blanche, ordinairement de faible consistance, facile à travailler et qui se convertit en chaux sous l'action d'un feu ardent. Lorsqu'on verse dessus un acide, du vinaigre, par exemple, elle bouillonne et il se forme à sa surface des bulles qui dégagent de l'acide carbonique.

La *marne* est une terre calcaire mêlée d'argile dont on se sert pour amender les terrains trop argileux ou trop sableux.

L'*humus* est une substance brune ou noirâtre qui provient de la décomposition des matières animales et végétales : c'est l'amendement par excellence de tous les terrains.

Le *sol arable* est la couche de terre que l'on cultive pour en retirer les produits nécessaires à l'alimentation et à l'industrie.

Les sols argileux sont difficiles à travailler par la sécheresse comme par l'humidité et l'eau y séjourne durant la saison des pluies pour peu que cette saison se prolonge; mais ils ont l'avantage de conserver l'eau qu'ils absorbent à la longue et de favoriser ainsi la végétation des céréales et des fourrages dans bien des cas.

Les sols sableux ne présentent aucune difficulté à la culture; mais ils sont secs et ne retiennent pas les engrais; aussi leurs produits couvrent à peine les frais d'exploitation.

Les terrains calcaires gardent mal l'eau et décomposent trop rapidement les engrais; ils ne redoutent pas les années humides, tandis qu'ils souffrent de la sécheresse.

Industrie. — *Qu'est-ce que des tuiles, des briques? — Décrire sommairement les procédés de fabrication des briques, tuiles, tuyaux.*

Les *tuiles* sont des espèces de carreaux rectangulaires de peu d'épaisseur, faits d'argile pétrie, séchée et cuite au four, dont on se sert pour couvrir les maisons et le sommet des murs de clôture.

Les *briques* sont des pierres artificielles de même matière que les tuiles, avec cette différence qu'elles sont moitié moins larges et trois fois plus épaisses.

Pour confectionner les tuiles et les briques, on choisit de l'argile de bonne qualité qu'on débarrasse des corps étrangers et qu'on pétrit afin de la rendre plus liante. On en forme une pâte molle qui est moulée en forme de briques ou de tuiles. Placées sous des hangars, après avoir séché quelques heures au grand air sur des plates-formes, elles achèvent de s'y débarrasser de l'eau qu'elles contiennent. On les entasse ensuite dans de grands fours qu'on chauffe à grand feu; lorsqu'elles y ont subi quelques jours de cuisson, elles sont terminées et propres aux usages divers de l'industrie du bâtiment. La fabrication des tuyaux s'opère à peu de chose près de la même façon.

Économie domestique. — *Quand dit-on que le lait est falsifié? — Quels dangers présente l'usage du lait falsifié, pour les enfants surtout? — Comment reconnaît-on que le lait n'est pas pur, — que des œufs ne sont pas frais, — qu'un poisson est avancé?*

Le lait est falsifié lorsqu'on l'écrème, qu'on y mêle de l'eau et que, pour rétablir sa consistance, comme pour faire disparaître la teinte bleue qu'il a prise, on y ajoute du sucre de canne, de la glucose, de la farine, des infusions de riz, d'orge, de son, etc. Ainsi altéré, il est d'une saveur désagréable et d'une digestion difficile; ayant perdu en outre la plupart de ses qualités nutritives, il constitue un aliment peu favorable aux jeunes enfants.

On reconnaît que le lait n'est pas pur à son odeur fade, à sa couleur bleuâtre, à son manque de consistance. Quant aux œufs pondus déjà depuis longtemps, l'évaporation de l'eau qui y est contenue forme un vide à l'une des extrémités, ce qui est facile à constater lorsqu'on les examine en les plaçant entre l'œil et une source de lumière. Dans ces mêmes œufs, le jaune descend à la partie inférieure, et quand on les secoue, on perçoit très bien un ballottement intérieur, ce qui ne se remarque jamais lorsqu'ils sont de date récente.

Quand le poisson n'est pas frais, le tissu des chairs est lâche et les ouïes pâles; il dégage, de plus, une odeur nauséabonde et ammoniacale qui se fait particulièrement sentir dans celui qui provient de la mer.

135. — Affaires de cuisine et de famille.

(*Élève*, p. 284.)

La Parisienne manipula les œufs, le lait, le sucre qui attendaient sur la table. Le lait, sucré, bouillit, se mélangea avec les œufs battus, le tout aromatisé de vanille, puis attendit. Une autre portion de sucre cuisait, et remplissait la maison d'une odeur particulière.

— Ça brûle! cria Charlot qui entrait.

— Ça ne brûle pas! c'est le caramel!

C'était le caramel, en effet. Il était là transparent, joliment vitrifié autour du moule.

Un moment plus tard, la crème se coagulait*, irréprochable, dans le four du poêle. Et, bientôt, une main légère et vive la renversait sur le plat, tout d'une pièce, admirablement moulée, onctueuse, brune, caramélisée.

— A toi, Suzette! A la tarte!

Elle s'y mit.

Ce fut d'abord un mélange assez confus des ingrédients de la pâte, et au-dessus une paire de mains enfarinées qui pétrissaient, allaient, voltigeaient, jouant du rouleau, du couteau; et ce fut ensuite une jolie assiette de pâte au triple bord gentiment tuyauté, et relevé encore d'un savant petit coup de doroir*. Les

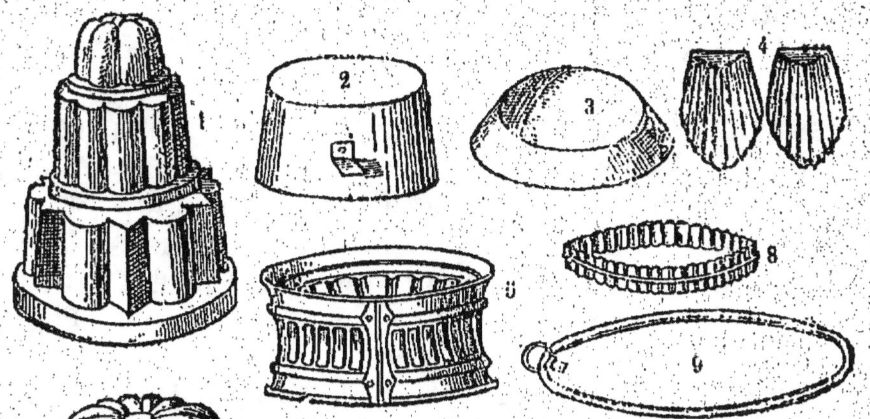

Moules à pâtisserie.

1. Moule pour fromages et crèmes; — 2. Moule pour gâteau de riz; — 3. Moule pour gâteaux divers; — 4. Moule pour madeleines; — 5. Moule rond pour pâtés; — 6. Moule ovale pour pâtés; — 7. Moule pour biscuits; — 8. Cercle pour les tartes; — 9. Plaque pour mettre au four les galettes et les tartes.

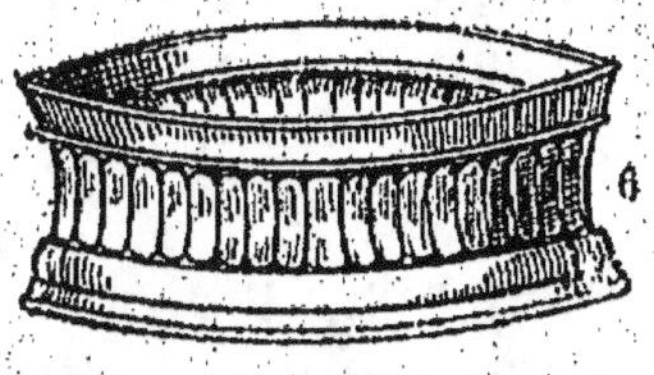

prunes de reine-Claude préparées à l'avance, débarrassées de leurs noyaux, s'y rangèrent; quelques bonnes pincées de sucre en poudre: — et preste au four vif!

Quand elle en sortit, pour une tarte aux prunes, c'était une tarte aux prunes!

On la posa en face de la crème renversée. Les deux cordons bleus se regardèrent en souriant; et se tournant ensemble du côté de la porte :

— A table! pour le prix! crièrent-elles.

Mais on ne vint pas. De l'autre côté de la porte, s'accomplissait aussi une importante affaire, entre M. Dumay et le neveu Louis :

— Vraiment! tu veux l'emmener à Paris, le faire instruire dans la mécanique?

— Oui, mon oncle; mieux vaut être un bon mécanicien qu'un mauvais laboureur. Vous traitez vos terres suivant leurs qualités; il est bon aussi de traiter les esprits suivant leurs facultés. J'ai fait causer François; ce n'est point un sot.

— Parbleu, je le sais bien qu'il n'est point un sot!... Et Suzette est de ton avis?

— Oh! il y a longtemps!

— Voyez-vous ça!

Visiblement, M. Dumay achevait de se débattre, et quand Mme Louis cria de nouveau: A table! et que la porte s'ouvrit, il était complètement rendu.

Un moment, en présence des deux friandises, la famille, avant de s'asseoir, tint conseil. Charlot en fut. Il accepta la succession de Jacques, car celle de François ne comptait pas.

— Eh bien, soit! puisque tout le monde le veut, dit enfin le père.

M. François, qui, averti de la délibération, se tenait fort anxieux* au jardin, fut appelé. On l'informa de la décision. Tout ému de joie, il sauta successivement au cou de tout le monde.

On se mit alors à table, où l'on prit une autre décision, également unanime, sur la question de la crème renversée et de la tarte aux reines-Claude.

Toutes deux furent couronnées *ex æquo** — et achevées jusqu'à la dernière miette.

Deux jours après, M. François bien chapitré, bien embrassé, partait pour la capitale avec Louis et Madeleine.

Questionnaire. — Exposez la manière dont Mme Louis prépara la crème renversée. — A quel moment Charlot se mit-il à crier? — Comment acheva-t-on la crème? — Dites comment Suzette s'y prit pour confectionner une tarte aux prunes. — Que fit-on quand la tarte fut cuite? — Pourquoi ne vint-on pas à l'appel des deux cordons bleus? — Racontez comment Louis décida son oncle à lui confier François. — Quel conseil fut tenu avant de se mettre à table? — Racontez le retour de François qui était resté au jardin. — Comment apprécia-t-on et jugea-t-on crème et tarte? — Qu'est-ce qui se passa deux jours après?

DÉVELOPPEMENT DES SUJETS PROPOSÉS POUR EXERCICES.

Industrie. — *Nommez des machines. — Indiquez quelques pièces qu'on rencontre dans presque toutes les machines; — ce qui les met en mouvement quand elles sont très fortes. — Donnez la définition*

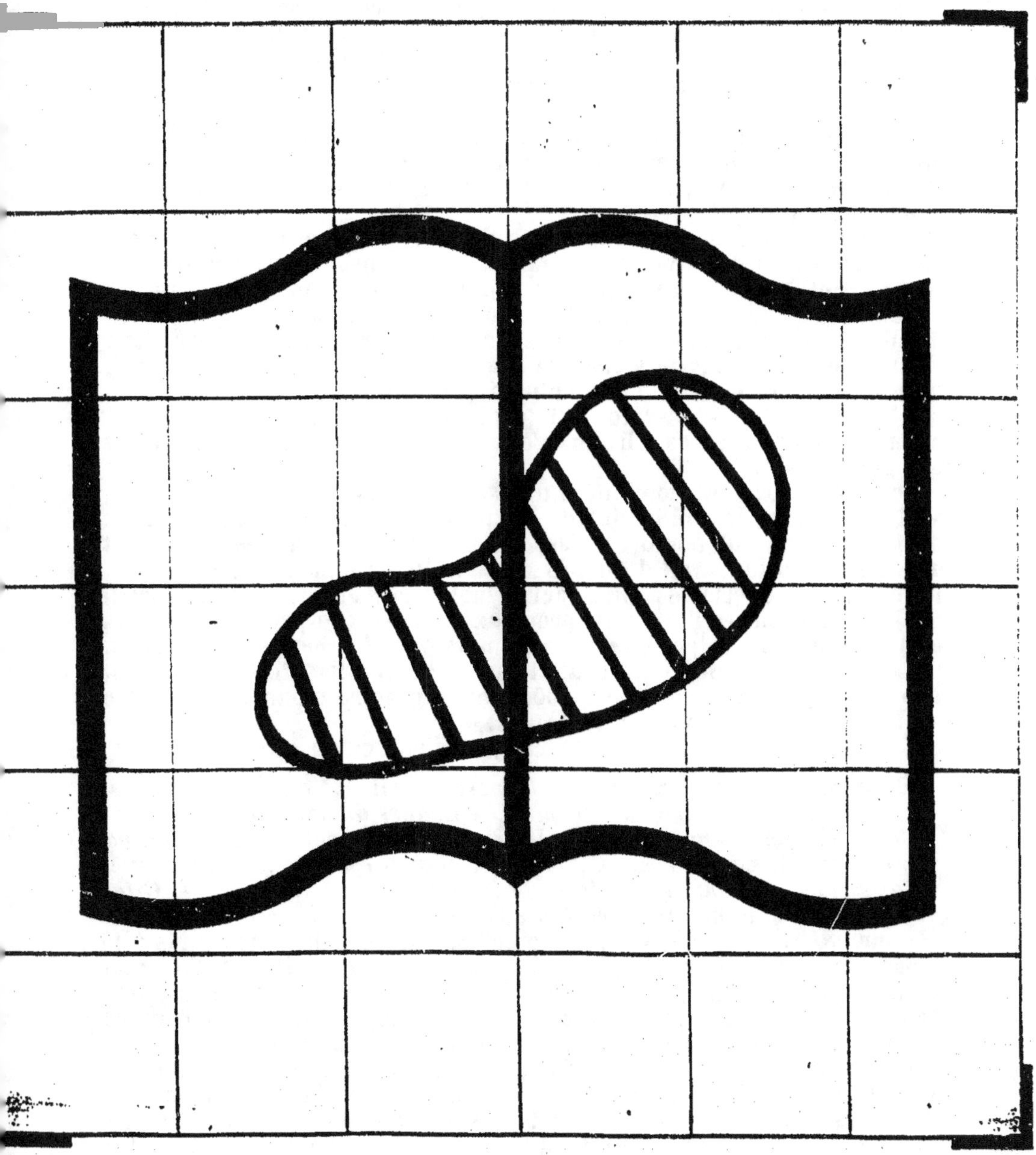

d'une machine. — Services que rendent les machines. Exemples. — Qu'est-ce qu'un mécanicien?

Parmi les machines, on peut citer les horloges, les machines à coudre, les moulins, les locomotives, les pompes, les charrues, les grues, les lampes Carcel, etc. — Dans chacune d'elles, on rencontre des roues simples ou des roues dentées, des pièces qu'actionne la force motrice, des écrous, des boulons, des tiges métalliques.

Lorsqu'il s'agit de mettre en mouvement des machines très puissantes, on a recours aux forces naturelles, telles que le vent, l'eau, la vapeur.

Une *machine* est donc un ensemble de pièces fixes ou mobiles propre à faire mouvoir, à lever, à tirer, à traîner, à lancer quelque chose. Elle est mise en jeu par l'action directe de l'homme, d'un animal ou d'une force naturelle.

On connaît les merveilleux effets de l'*association* des efforts vers un même but ; c'est une force productive immense. En vain multiplierait-on cent fois par lui-même le travail d'un seul homme, il n'aura pas la centième partie de la puissance que possèdent les efforts combinés et simultanés de cent travailleurs tendant vers un même résultat. C'est ainsi que 10 ouvriers chargés chacun de l'une des opérations que nécessite la fabrication d'une épingle, en fabriquent 48,000 environ par jour, soit 4,800 par tête. S'ils avaient tous travaillé indépendamment les uns des autres, chacun n'eût certainement pas fabriqué vingt épingles.

Les *machines* sont combinées de façon à réunir dans la main d'un seul travailleur les mille détails d'une fabrication qui, sans cela, en exigerait un grand nombre; c'est ainsi que les machines exécutent en Angleterre le travail de douze cents millions d'hommes. Par elles, le travail de l'ouvrier est plus facile, moins fatigant et plus productif. On leur doit encore l'avantage précieux d'abaisser le prix des produits et de les mettre à la portée des consommateurs les moins aisés. Ainsi, par exemple, une Bible qui coûtait, avant l'invention de l'imprimerie, une somme correspondant à 3,200 francs de notre monnaie, peut être acquise aujourd'hui pour 4 à 5 francs.

Un mécanicien est celui qui invente, construit ou dirige des machines.

Économie domestique. — *Exposez comment on bat les œufs, — comment on prépare du caramel. — Usages du caramel.*

Comment feriez-vous un gâteau simple, une brioche, une tarte aux pommes ou aux confitures, un gâteau de Savoie? — Parlez des moules à pâtisserie. — Donnez une idée de la confection d'un pâté. — Citez quelques villes dont les pâtés jouissent d'une certaine renommée.

Pour *battre les œufs*, en vue de faire, par exemple, des œufs à la neige, on prend des œufs que l'on casse en deux au-dessus d'un plat creux assez profond; on verse les blancs dans ce plat en transvasant le blanc et le jaune successivement d'une coquille dans l'autre; ensuite on fouette avec une fourchette dans un lieu frais.

On entend par *caramel* du sucre qu'on a fait fondre sur le feu et même un peu brûler. Pour préparer du caramel, on met dans un poêlon 200 grammes de sucre, par exemple, et un verre d'eau ordinaire; on active le feu de manière à obtenir une ébullition rapide. Bientôt le caramel se forme, et le liquide prend d'abord une teinte blonde qui tourne au brun. Retirez alors du feu, versez un verre d'eau froide, et remettez le tout sur le feu afin que la fusion s'achève.

Le caramel sert à colorer le bouillon du pot-au-feu, à dorer certains gâteaux, la crème renversée, entre autres,

GATEAU SIMPLE OU GALETTE DE MÉNAGE. — Disposez sur une table ou sur une de ces planchettes rondes préparées à cet effet, 500 grammes de farine très fine; mettez dans un trou fait au milieu 300 grammes de beurre et 10 de sel. Pétrissez avec un verre d'eau, et pendant le cours de l'opération versez par portions un autre verre. Fraisez une fois la pâte; au bout d'une heure, pendant laquelle on a laissé cette pâte au frais, formez et dorez la galette; faites le dessin avec une pointe mousse de couteau, et mettez au four pendant une demi-heure.

BRIOCHE. — On prépare d'abord le levain, puis la pâte.

Pour le levain, mettre dans une assiette 125 grammes de fleur de farine, 12 grammes de levure de bière ou 25 de levain de pain, et un demi-verre d'eau tiède; délayer de manière à obtenir une pâte molle; couvrir le tout d'une assiette et déposer dans un lieu chaud sous une couverture.

Pour la pâte, mettre sur la table 300 grammes de farine et placer, dans un trou fait au milieu, un égal poids de beurre, 8 grammes de sel, un demi-verre de lait ou de crème, 9 œufs entiers. Délayer et faire entrer peu à peu la farine; pétrir la pâte en foulant à plusieurs reprises avec la paume de la main; incorporer le levain sans trop fatiguer la pâte; fariner un linge blanc dont on couvre une sébile, une terrine ou une corbeille à pain. Y placer la pâte recouverte du linge et laisser reposer pendant 12 heures dans un lieu chaud à 15°.

Au bout de ce temps, aplatir la pâte, en replier cinq ou six fois les bords vers le centre, et la laisser reposer encore 3 ou 4 heures, recouverte d'un linge. Aplatir encore deux fois, et replier les bords vers le centre sans la fouler; faire alors une boule; donner la forme; poser la tête du morceau en le collant avec de l'eau; mettre la brioche sur une plaque de tôle un peu beurrée, dorer et enfourner de suite à une bonne chaleur. Il faut environ une demi-heure de cuisson.

TARTE AUX POMMES OU AUX CONFITURES. — Faites de la pâte brisée; étendez-la mince et la placez sur une tourtière plate qui sera beurrée pour que rien ne s'y attache. Coupez la pâte qui dépasse. Façonnez le bord avec la pince et dorez-le.

Faites cuire la pâte à four gai après avoir placé contre les bords de la tarte, pour les soutenir, de la farine, du papier ou du carton. Piquez le fond afin d'éviter au four le soulèvement de la pâte.

Placez alors sur la pâte cuite les fruits dont on aura enlevé les noyaux et les queues. Garnissez votre tarte et remettez-la au four. Cette cuisson préalable de la pâte la rend plus croustillante que lorsqu'on fait cuire le tout ensemble. Cependant on fait aussi ces tartes en mettant cuire en même temps la pâte avec les fruits arrangés et bien serrés dessus.

Dans les tartes aux confitures, on remplace les fruits par des confitures.

GATEAU OU BISCUIT DE SAVOIE. — Séparez avec beaucoup de soin les jaunes de cinq œufs; mettez-les dans une terrine avec 250 grammes de sucre et le zeste d'un citron râpé sur le sucre avant de le réduire en poudre; battez le tout. Ajoutez 125 grammes de farine séchée au four et passée au tamis pour éviter les grumeaux, de la fleur d'oranger pralinée, hachée fin, en battant encore le tout. Faites ce mélange légèrement pour ne pas donner trop de corps à la pâte, ce qui l'empêcherait de faire son effet au four.

Fouettez dans une autre terrine les blancs de telle manière qu'ils soient durs au point de supporter une pièce de deux francs; mêlez ces blancs avec les jaunes peu à peu au moyen de la cuiller, et en soulevant la pâte sans la battre,

Vous avez à l'avance beurré un moule ou une casserole et saupoudré ce beurre de sucre; mettez-y votre pâte, en prenant soin qu'elle ne remplisse que la moitié du moule. Placez celui-ci sur un feu doux de cendres, avec feu plus vif sur le couvercle et sous le four de campagne. Au bout d'une heure, le gâteau est parfaitement cuit. Démoulez-le presque froid.

MOULES. — On appelle *moule* un objet creux taillé et façonné de telle sorte que la matière molle ou détrempée qu'on y introduit reçoit une forme déterminée. Les moules à pâtisserie sont ordinairement en fer-blanc.

PATÉ DE CAMPAGNE. — Hachez 500 grammes de veau et 250 grammes de chair à saucisses et assaisonnez à volonté. Placez cette farce à froid sur une abaisse de pâte faite comme la pâte brisée pour galettes; posez le tout sur une plaque de four de $0^{m},32$. Recouvrez d'une pareille abaisse; dorez et faites cuire trois quarts d'heure environ dans un four quelconque. Il faut un litre et demi de farine. (D'après AUDOT, *Cuisinière pratique*.)

Les pâtés de foies gras de Strasbourg, ceux de canards d'Amiens, ceux d'alouettes de Pithiviers, jouissent d'une grande réputation.

136. — Extraits des Lettres de Jacques.

(*Élève*, p. 287.)

« Fort-de-France, Martinique.

« Cher père,

« Ma première lettre d'arrivée ne contenait que quelques mots; le courrier pour la France allait partir. Voici la seconde que je vous promettais.

« C'est par le chemin des écoliers que nous sommes venus; on a voulu nous aguerrir à la mer, nous dit le commandant. De Cherbourg à Brest, à Saint-Nazaire, à Bordeaux, puis aux côtes de l'Espagne, du Portugal et de l'Afrique jusqu'au Sénégal, et même à la Guinée, nous avons touché un peu partout, mais sans le loisir de regarder beaucoup autour de nous.

« Pendant ce temps, notre Suzette, comme elle me l'avait annoncé par sa dernière lettre, suivait attentivement des yeux, sur la carte, notre vaisseau de parallèle* en parallèle, de méridien * en méridien, par la ligne directe de Cherbourg à la Martinique.

« Enfin nous touchons l'île que Christophe Colomb découvrit le 12 octobre 1492.

« Ah! c'est une douce émotion de retrouver la patrie à quinze cents lieues d'elle, de pouvoir presser des mains de tout côté tendues! Toute la ville a joyeusement fêté les nouveaux venus de la grande France.

« Mais c'est le soir de l'arrivée que j'ai vu la marque la plus touchante de sympathie. Je prenais l'air aux abords de la citadelle pour reconnaître un peu les environs. Un nègre passait, en train de manger un morceau de canne à sucre. Il s'arrêta; nous liâmes conversation :

« — Hé! dit-il de son accent créole, vous arrivez de

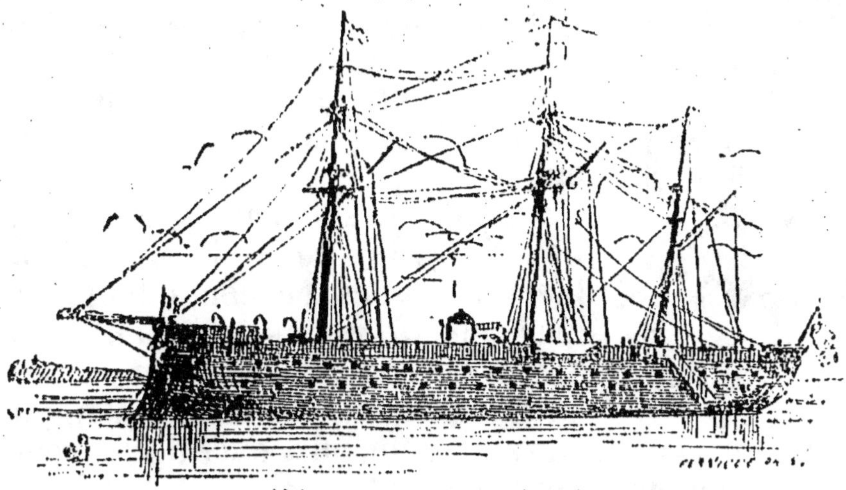

Vaisseau de guerre cuirassé.

Certains vaisseaux de guerre sont revêtus de plaques d'acier qui les protègent contre les boulets et les obus. Les vaisseaux de guerre sont attachés aux ports militaires de Cherbourg, Brest, Lorient, Rochefort et Toulon; ils sont destinés à défendre les côtes de la France, les colonies et à lutter, en cas de guerre, contre les navires des autres puissances.

France? — Et chaleureusement il me parla de son désir de voir, avant de fermer les yeux, la terre libératrice; puis il ajouta :

« — Les pauvres pères noirs! ils vécurent et moururent méprisés, fouaillés comme des chiens. Mais la loi française a aboli l'esclavage; leurs fils sont Français! citoyens d'une grande République!

« — Oui, lui dis-je, nous sommes frères!

« A ce mot, il se mit à pleurer en me pressant la main.

« Il s'appelle Philémon. Il est menuisier. Sur sa demande, je suis allé le voir. Il m'a présenté sa femme, ses deux enfants, bonnes gens très doux. Voilà des amis. . . . .

« Le soldat porte ici, comme un bourgeois, un vaste

chapeau de paille contre les insolations *. Car ce soleil du tropique * ne flâne jamais comme chez nous. Toujours en train de chauffer, de brûler. Et malgré la soif, ordre de ne pas boire, surtout de liqueurs fortes. Les intempérants sont enlevés en peu de jours.

Tige de manioc.

« Dans les premiers moments, Sylvain et moi, nous avons beaucoup plus souffert ici de la soif que le cousin Pascal dans le désert du Sahara, quand il n'y trouvait pas l'oasis — vous vous rappelez ? — Mais la raison et la volonté nous ont acheminés assez vite à l'habitude qui fait tout endurer.

« Contre le soleil aussi, il faut une nourriture légère. A la Martinique, bien des gens se contentent pour leur repas d'un morceau de canne à sucre, de lait de coco ou de quelque igname, patate, banane, mangue, orange ; tous ces fruits sont délicieux, avec des saveurs intenses que leur donne le soleil.

« Le pain est assez étrange et mauvais, fait de râpures de manioc ; ce manioc, vous le connaissez au moins par sa fécule que nous appelons, en Europe, tapioca. On n'a pas pu décider le froment à s'acclimater ici.

Mulâtresse.

« Figurez-vous qu'hier, en promenade, nous avons traversé un bois d'orangers. Quelle merveille pour les yeux et l'odorat que tout cet or et ce parfum ! Chacun, après s'être désaltéré et rassasié d'oranges, en a rempli ses poches.

« Mais quelque chose de plus singulier encore, c'est, au retour, le spectacle d'un légume trônant, sur la place, au milieu d'un étal de fruitière.

« Celle-ci, une mulâtresse, coiffée d'un madras jaune,

se tenait derrière, avec un sourire de triomphe. Autour d'elle, un cercle de curieux en arrêt. Et quel était ce prodige, s'il vous plaît?

« Eh bien! c'était un chou cabus, et pas trop frais, ni trop beau. Nous regardions ce pauvre compatriote avec attendrissement. Il avait été cédé à la fruitière par le cuisinier d'un navire venu de France; elle nous le dit.

« Puis des amateurs sont arrivés. Et comme il fallait contenter tout le monde, le cabus s'en est allé, feuille par feuille, à quatre, six, huit et même dix sous la feuille, selon la qualité. Elle en a retiré six francs. La rareté, c'est la cherté.

« Suzette, ma mignonne, si vous ne trouvez pas à placer vos choux au marché de Saint-Quentin, vous avez ici un superbe débouché. Il n'est qu'à quinze cents lieues; mais nous avons bien fait ce bout de chemin!

Questionnaire. — Quelle route suivirent Jacques et Sylvain pour se rendre de Cherbourg à la Martinique? — Où Suzette trouva-t-elle le tracé de cette route? — Que rappelle la date du 12 octobre 1492? — Que retrouvèrent-ils en débarquant? — Racontez la rencontre que Jacques fit d'un nègre affranchi. — Quel est le costume du soldat aux colonies? — Quelle règle d'hygiène lui est imposée en ce qui concerne les boissons? — Quelle fut, au début, la plus grande souffrance des deux jeunes militaires? — Quel régime de nourriture suit-on dans les climats tropicaux? — De quelle matière est fait le pain? — Racontez l'épisode du bois d'orangers. — Racontez encore comment un chou fut reçu, dépecé et acheté par les Européens sur le marché de Fort-de-France.

DÉVELOPPEMENT DES SUJETS PROPOSÉS POUR EXERCICES.

Géographie. — *Croquis de l'Atlantique; y figurer par une ligne pointée le voyage de Jacques. — Indiquer l'équateur, les tropiques, par de grosses lignes, — le 40° méridien à l'ouest de Paris et le 20° parallèle nord. — Dessiner le groupe des Antilles.*

(L'Atlantique est compris entre le littoral de l'Europe et de l'Afrique occidentales et celui de l'Amérique orientale; on tracera ces limites. Le groupe des Antilles fera l'objet d'une seconde carte; il comprendra les grandes et les petites Antilles, et l'on indiquera le littoral, dans tout le pourtour du grand golfe où émergent ces îles.)

Composition. — *Récit de la découverte de l'Amérique.* (Voir page 294 de ce livre.)

Industrie. — *Dire ce qu'est un bateau, une chaloupe, un vaisseau.*

On appelle *bateau* une construction de bois creusée à l'intérieur, et à laquelle on donne une forme allongée en pointe à l'avant pour l'aider à mieux fendre l'eau. On fait avancer un bateau avec une perche là où le lit de la rivière a peu de profondeur, à la rame ou à la voile dans les autres cas.

Une *chaloupe* est un fort bateau non ponté dont on se sert principalement dans les ports et les rades; on l'embarque aussi sur les navires pour le service des marins.

Un *vaisseau* est un grand bateau ponté, c'est-à-dire recouvert d'une sorte de plancher à sa partie supérieure; il est construit de manière à pouvoir transporter des hommes et des marchandises sur mer et sur les grands fleuves. On donne le nom de vaisseau aux navires de guerre.

DESCRIPTION D'UN VAISSEAU. — *Parler de la coque, de la quille, de la cale, des ponts, des sabords, de la proue, de la poupe, du gouvernail, de l'ancre, des mâts, des vergues, des voiles. — Quels services rendent les navires de guerre* (1)?

La première chose que l'on remarque dans un vaisseau, est l'enveloppe extérieure, ou *coque*, faite de fortes planches de chêne clouées sur des madriers fixés à la partie inférieure d'une longue pièce de bois connue sous le nom de *quille*. Il existe des vaisseaux dont la coque est en fer. On appelle *cale* l'espace réservé aux marchandises dans la partie intérieure du navire. Afin d'empêcher l'accès des vagues dans l'intérieur du bâtiment, on recouvre la coque d'un solide plancher, ou *pont*, au-dessous duquel d'autres *ponts* divisent le vaisseau en plusieurs étages. Pour la ventilation et pour donner accès à la lumière, on pratique sur le pourtour de petites ouvertures, les *sabords*, dont un certain nombre donnent passage à la gueule des canons. L'avant du navire, autrement dit, la *proue*, est tranchant; l'arrière est arrondi : c'est la *poupe*, à laquelle le *gouvernail* est fixé; le gouvernail est une pièce mobile de bois qui, selon la position qu'on lui donne, imprime au bâtiment telle ou telle direction. A la proue sont suspendues les *ancres*, énormes pièces de fer dont les branches recourbées et aiguës se fixent au fond de la mer pour arrêter le vaisseau et le maintenir en un endroit donné. La balustrade qui entoure le pont est connue sous le nom de *bastingages*.

Sur le pont, on remarque les *mâts*, longues pièces de bois ou de fer maintenues par de solides cordages et croisées par les *vergues*, barres transversales qui portent les *voiles*. Le mât du milieu est le *grand mât;* celui qui est à l'avant est le mât de *beaupré;* l'autre, le mât d'*artimon*.

Actuellement, la plupart des vaisseaux de guerre sont pourvus d'une machine à vapeur faisant tourner une *hélice*, pièce de cuivre formée de quatre branches inclinées qui impriment au bâtiment une vitesse considérable, quelque chose comme 20 à 30 kilomètres à l'heure.

Les vaisseaux de guerre défendent les côtes et les ports contre l'attaque des ennemis; ils protègent sur mer les vaisseaux marchands et poursuivent les pirates.

LA BOUSSOLE. — *Qu'est-ce que l'aimant; — du fer aimanté? — Propriétés d'une aiguille aimantée librement suspendue. — Qu'est-ce qu'une boussole? — Services qu'elle rend.*

L'*aimant* est un oxyde de fer qui jouit de la propriété d'attirer le fer et quelques autres métaux tels que le nickel, le cobalt et le chrome.

Le *fer aimanté* ou plutôt l'*acier aimanté* est une barre ou une aiguille d'acier qui, par des frictions avec un aimant, en a acquis les propriétés. Le fer aimanté de cette manière ne garde pas cette propriété.

Une *aiguille aimantée* librement suspendue, à un fil, par exemple, ou posée sur un pivot autour duquel elle peut facilement tourner, se fixe, après une suite d'oscillations et de mouvements, dans la direction de la ligne du nord au sud.

(1) On donne le nom de *navires* aux vaisseaux affectés au transport des marchandises; les *paquebots* sont ceux à qui l'on confie le service de la poste.

L'action directrice de la terre sur l'aiguille aimantée (dont la pointe se tourne vers le nord) a reçu une importante application dans la *boussole marine*. C'est une sorte de boite circulaire qui renferme une aiguille aimantée, posée sur un pivot. En la consultant, les marins reconnaissent immédiatement la direction du nord à toutes les heures et par tous les temps, ce qui leur permet de suivre sans erreur la route qui les doit mener à destination.

137. — Extraits des Lettres de Jacques (*suite*).
(*Élève*, p. 290.)

« Pour un homme de la plaine comme moi, la nature de ce sol est un étonnement. Partout soulevé, déchiré. Des volcans, depuis longtemps éteints, ont formé des chaînes de montagnes sur toute la surface de l'île. De grandes coulées * de lave, joignant les sommets, s'étendent en hauts plateaux, qu'on appelle des mornes.

« Avec le temps, ces mornes se sont chargés d'humus ; des graines y ont germé, et ils sont aujourd'hui couverts d'épaisses forêts de manguiers, de bananiers, de cocotiers, de hauts palmiers de toute espèce.

« La vanille, plante parasite comme le gui, vient enlacer aux arbres ses tiges où pendent des gousses parfumées, à l'odeur et à la saveur délicieuses.

Palmiers. *Cocotiers.*

Le bois de ces arbres est employé pour l'ébénisterie ; leurs feuilles servent à couvrir les cases des indigènes, à fabriquer des éventails, des paniers, des chapeaux, etc. L'eau ou lait de coco est une boisson douce et rafraîchissante ; la noix de coco, qui contient ce lait, est de la grosseur de la tête d'un homme.

« La terre donne en abondance les productions de la zone torride*. De tout côté, des plantations de grands roseaux : c'est la canne à sucre, dont le produit n'arrive guère en

Europe que sous la forme de tafia et de rhum. D'autres plantations de grands arbustes, à petites fleurs blanches, envoient au loin des bouffées exquises ; on dirait le parfum du jasmin. Cette fleur blanche se noue, devient une sorte de cerise d'abord verte, puis rouge, contenant deux graines dans deux petites coques ; et c'est le café! le café de la Martinique qui, pour les gourmets*, se mélange avec ceux de Bourbon et de Moka. Malheureusement, il se fait rare.

Branche de vanillier, dont la graine, la *vanille*, est utilisée pour les crèmes et certains gâteaux.

Branche de cacaoyer et sa graine, le *cacao*, qui sert à fabriquer le chocolat.

« J'ai vu aussi un grand arbre tout chargé de longs fruits, comme des concombres, qui contiennent, par trentaine, d'assez grosses amandes : ces amandes sont le cacao dont se fait le chocolat. Celui des Antilles n'a pas la réputation du cacao de l'Amérique centrale ; mais quelle merveille encore auprès de la fécule de haricots, de la brique pilée, de la graisse suspecte qui font en Europe les chocolats à bas prix dont tant de gens déjeunent !

Exploitation de la canne à sucre.

La canne à sucre est un grand roseau de 2 à 3 mètres et plus. C'est une plante vivace dont la tige, garnie de nœuds, est remplie d'une moelle contenant un liquide sucré qui fournit le sucre ; on la cultive dans tous les pays chauds. Pour en extraire le jus, on l'effeuille et on en coupe les tiges. On fait aussi avec la canne à sucre des sirops qui servent à fabriquer le rhum et le tafia.

. . . .

« Il est quatre heures et c'est dans la chambrée, où l'on cause et joue, que je vous écris. Vous, à cette heure, vous dormez déjà, car votre horloge avance à peu près de six heures sur la nôtre.

« Pendant que je dormirai, à mon tour, en rêvant du cher village, que Suzette m'écrive bientôt! Il me manque des nouvelles de vous et de la ferme.

« Sylvain en est aussi très désireux.

« En qualité de sergent-fourrier *, car le voilà sergent comme moi, c'est lui qui va chercher à la poste les lettres de France. Quelle double joie quand il en apporte une! ta dernière, par exemple, ma gentille sœur, nous contant la visite de noces de Louis et de Madeleine. Quelle excellente idée de leur avoir confié François en le remplaçant à la ferme par notre brave Charlot! Voilà enfin François à sa place! Je lui ai écrit, il m'a répondu. Il a joliment employé ses six premiers mois de Paris. Louis entend qu'il devienne un mécanicien complet et veut le faire passer par tous les ateliers de l'usine. Mais vous savez déjà cela.

« Le nouveau, le meilleur, c'est qu'on commence à parler ici d'une libération anticipée *. Oh! si elle a lieu, quelle fête au retour!

« C'est gaiement que je vous embrasse tous du fond du cœur. Sylvain, que j'aime comme un frère, se rappelle à votre souvenir.

« JACQUES DUMAY. »

Questionnaire. — Donnez une idée du sol de l'île de la Martinique. — Qu'est-il advenu des mornes avec le temps? — Quels arbres y croissent? — Qu'est-ce que la vanille? — Quels produits la terre y donne-t-elle en abondance? — Donnez une idée de la plante dont nous tirons le café. — Que direz-vous du café de la Martinique? — Quel aspect présente le cacaoyer? — D'où tire-t-on le meilleur cacao? — Avec quels ingrédients compose-t-on les chocolats à bas prix? — Que disait Jacques au sujet de l'heure? — Que demandait-il à Suzette? — Quels grades avaient obtenus les deux amis? — Que disait Jacques sur les lettres qu'on lui envoyait de France, — sur François notamment? — De quoi parlait-on à la colonie?

DÉVELOPPEMENT DES SUJETS PROPOSÉS POUR EXERCICES.

Géographie. — *Que remarque-t-on, au point de vue de la chaleur, à mesure qu'on s'enfonce dans le sol? — Eaux thermales. — Que produisent les eaux marines qui s'infiltrent dans les profondeurs de la terre? — Qu'est-ce qu'un tremblement de terre? — Décrire un volcan,* *parler de ses ravages. — Rappelez la catastrophe de Pompéi, d'Herculanum.*

Lorsqu'on creuse le sol, par exemple pour l'établissement d'une mine, on rencontre en France, à la profondeur de 27 mètres, une couche de terrain dont la température reste constante en toute saison; puis on remarque qu'au-dessous de cette couche la température augmente d'un degré centigrade par 30 à 40 mètres. Cette loi de l'accroissement de la chaleur a été vérifiée dans les puits de mine et les puits artésiens. A 3,500 mètres de profondeur, la température serait déjà de 100 degrés, c'est-à-dire celle de l'eau bouillante. On attribue ce phénomène, dont les eaux thermales et les volcans démontrent la réalité, à ce que la masse centrale de la terre est en fusion, et, comme elle est recouverte d'une écorce solide de 50 à 60 kilomètres d'épaisseur, son refroidissement est extrêmement lent.

Les eaux qui glissent sur les couches inclinées des montagnes pénètrent quelquefois jusqu'à celles dont la température est très élevée; alors elles s'échauffent et remontent à la surface du sol en bouillonnant. Au moment où elles s'épanchent, il en est qui atteignent 30°, 40°, 50° et jusqu'à 80 ou 90° de chaleur. C'est ce qu'on entend par *eaux thermales*, et comme elles se sont assimilé des substances minérales propres à la guérison de certaines maladies, elles sont recherchées et employées pour les bains.

Les sources thermales les plus remarquables sont celles du Parc-National, aux États-Unis, celles de l'Islande, de la Californie, de la Nouvelle-Zélande; il en est qui jaillissent parfois à plus de 100 mètres de hauteur; un de ces *geysers* (tel est le nom de ces sortes de fontaines) s'élève à 170 mètres, aux États-Unis.

Le nombre des sources thermales est considérable en France; les principales sont celles de Chaudesaigues et du Mont-Dore en Auvergne, de Vichy dans le Bourbonnais, de Plombières dans les Vosges, de Bagnères et de Barèges dans le Béarn.

Les *eaux minérales* sont celles qui tiennent en dissolution des matières minérales; elles peuvent être froides ou chaudes.

Lorsque les eaux marines pénètrent par des fissures dans les profondeurs du globe et qu'elles se trouvent en contact avec les matières dont la température est très élevée, elles se transforment en vapeurs, et soulèvent la croûte terrestre pour s'échapper au dehors. C'est l'une des causes des tremblements de terre. Durant ce terrible phénomène, le sol se soulève et s'abaisse brusquement; alors les maisons sont renversées, les montagnes se fendent et s'écroulent, d'énormes crevasses se forment et engloutissent arbres, édifices, hommes, animaux. Rien n'est plus redoutable.

Un *volcan* est une montagne qui lance, par une large ouverture appelée *cratère* (1), des torrents de feu, de fumée et de matières fondues. Voici comment un auteur moderne décrit une éruption :

« Le moment suprême est proche; la terre tremble plus fortement, « et les détonations souterraines se succèdent sans interruption. Tout « à coup le bruit cesse et, pendant quelques secondes, il règne dans « la nature un silence absolu, effrayant. Puis la terre oscille de nou- « veau; un nuage épais couvre de ténèbres la contrée et une explosion « formidable ébranle la montagne jusque dans ses fondements : c'est « le volcan qui mugit et entre en fureur.

(1) Un *cratère* est, à proprement parler, une coupe demi-circulaire; comme l'ouverture du volcan présente cette forme, il n'est pas surprenant qu'on lui en ait appliqué le nom.

« De sa bouche sortent de lourdes bouffées de vapeurs; des craquements effroyables se font entendre au sein du gouffre et un nuage de fumée en jaillit avec fracas. Il est aussitôt suivi d'autres jets semblables qui se pressent, qui se poussent et qui montent vers le ciel. Soulevé par des forces d'une incalculable puissance, un amas énorme de cendres et de scories brûlantes s'élance hors du cratère et va se mêler à la colonne de fumée qui, se dilatant horizontalement, prend la forme d'un gigantesque palmier.

« En même temps, le volcan lance des pierres enflammées; des globes de feu éclatent comme des bombes; les courants atmosphériques se précipitent vers l'immense brasier qui les attire; le vent souffle avec impétuosité et la tempête se déchaîne. Aux mugissements du volcan vient se mêler le roulement du tonnerre; la foudre éclate, les éclairs illuminent la scène et ajoutent à la grandeur du spectacle.

« Au plus fort de cette effroyable convulsion, la montagne s'ouvre et de ses entrailles jaillit un fleuve de feu : c'est la lave qui sort en bouillonnant. Elle déborde de toutes parts; elle s'élève au-dessus du cratère; en retombant, elle forme un torrent de feu qui se précipite en cascades sur les pentes de la montagne et les embrase; elle roule ses ondes vers les villes et les villages qu'elle consume, tandis que les habitants fuient épouvantés. » (BOSCOWITZ, *Volcans et tremblements de terre.*)

Le 23 août 79, le Vésuve, qui depuis longtemps ne donnait plus signe de vie, eut une éruption subite et épouvantable. Les villes de Pompéi et d'Herculanum, situées dans le voisinage de la montagne, furent ensevelies sous une couche de cendres qui dépassa, à Pompéi, le toit des édifices de plus de 5 mètres et, à Herculanum, de 30 à 37 mètres. On a découvert les ruines de ces villes au siècle dernier, et les déblaiements opérés depuis ont permis de faire les trouvailles les plus intéressantes.

Sciences naturelles. — *Donner une idée des animaux et des productions végétales des pays chauds, d'après vos lectures. — Avantages et inconvénients que présente le séjour de ces contrées.*

La nature déploie une incroyable fécondité dans les contrées tropicales suffisamment arrosées; le sol se couvre d'une multitude de plantes et d'arbres aux formes les plus élégantes et les plus variées; les feuillages présentent les plus riches teintes et les fleurs les plus suaves parfums. Dans les forêts, les arbres atteignent de prodigieuses dimensions : on y rencontre le baobab, les palmiers, les eucalyptus, l'arbre à acajou, le palissandre; sur le bord des ruisseaux et dans les marécages croissent à rangs pressés les bambous, les rotins dont l'industrie tire un si bon parti. On y cultive les plantes les plus utiles et elles donnent d'abondantes récoltes : riz, café, cacao, manioc, canne à sucre, thé, bananes, ananas, maïs, raisin exquis, oranges, citron, vanille, etc., etc.

Dans ces régions favorisées, on remarque une foule d'animaux, parmi lesquels l'éléphant, le chameau, le cheval, le bœuf, la chèvre, l'âne, domestiqués par l'homme. Les bêtes féroces ou malfaisantes y abondent; nous citerons : les singes, les lions, les tigres, les hyènes, les panthères, des serpents venimeux, le boa gigantesque, des oiseaux admirables de plumage et de forme, enfin des légions d'insectes nuisibles et incommodes, dont les moustiques et les fourmis ne sont pas les moins redoutés.

Les contrées tropicales présentent d'immenses ressources à tous les points de vue; elles sont admirablement dotées et leur climat ne connaît pas les rigueurs de l'hiver; mais un long séjour y est presque toujours mortel à l'Européen, dont la vie n'est qu'une lutte continuelle contre des animaux malfaisants, une végétation exubérante et des phénomènes atmosphériques qui parfois changent, en quelques instants, la plus riante contrée en un désert couvert de ruines.

Économie domestique. — *Exposer comment on prépare une tasse de chocolat et une tasse de café au lait. — Calculer le prix de revient de chacune.*

(Ces opérations culinaires sont si connues qu'il a paru inutile d'entrer dans des détails à leur sujet.)

Prix de revient d'une tasse de chocolat :

1° Prix du chocolat calculé à 1 fr. 80 le 1/2 kilo...	=
2° Prix du lait, ... litre à.............. id....	=
3° Prix du sucre, ... grammes à.. ...... id....	=
4° Prix du pain, ... grammes à.......... id....	=
5° Prix du charbon employé....................	=
6° Valeur du temps consacré à ce travail........	=
Total.........	=

138. — Mauvais temps. (*Élève*, p. 293.)

La bise sifflait, balayant les feuilles mortes. Déjà, aux derniers jours d'octobre, des flocons de neige voltigeaient dans l'air. Sous le ciel gris, le rude hiver s'avançait.

Ce jour-là, le village de Fragicourt paraissait triste, quoiqu'on y connût depuis longtemps la bise et la neige; les fronts étaient soucieux.

Des bruits d'arrêt de travail et de baisse de salaire arrivaient des environs. Et, comme au spectacle de la grêle ravageant les champs voisins le laboureur tremble pour les siens, les tisseurs de Fragicourt tremblaient de voir fondre aussi sur eux la grande misère du chômage *.

La ferme, moins directement intéressée à la crainte générale, n'en était pas moins préoccupée, car on y savait penser à la peine d'autrui.

Suzette achevait de ranger dans l'armoire son linge tout éblouissant de blancheur.

Certes, il n'y avait pas de luxe, et les draps, par exemple, n'étaient pas de cette toile dont vingt aunes * roulées passaient, comme dit le vieux conte, par le trou d'une aiguille; non, mais c'était de bonne toile de lin au fil bien rond, bien tors, rappelant celui que filaient jadis à la quenouille les « fileresses », nos mères.

Quelle bonne odeur fraîche en sortait après la lessive, l'herbée*, le repassage ! Et comme on le choyait ! Ne nous parlez pas d'une ménagère sans souci de son linge. Ici on avait une devise : « Fais bien ce que tu fais. » Aussi repassait-on comme on lessivait et rangeait. C'est une besogne proprette que le repassage. Et Suzette la faisait d'ordinaire en caraco rose ou lilas, ce qui lui donnait un air de fleur printanière.

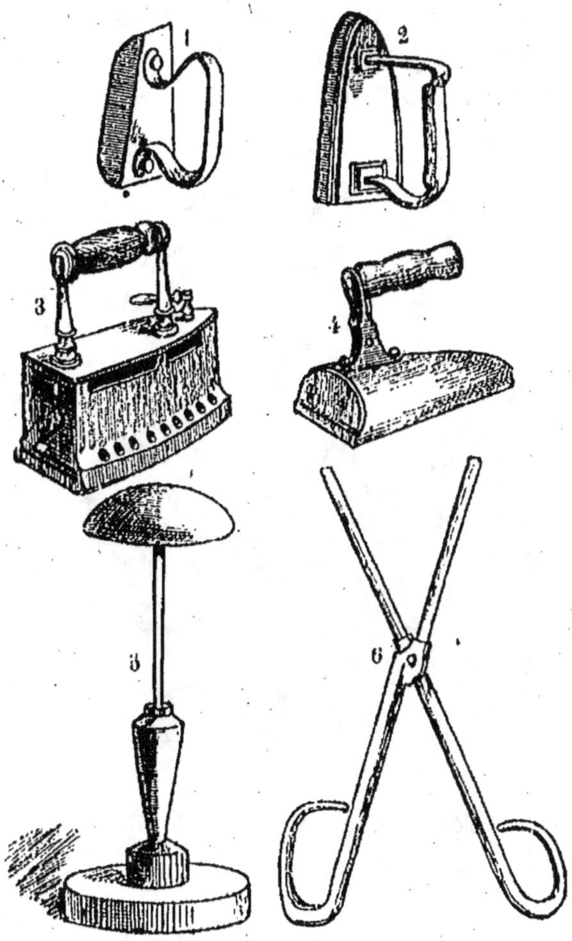

Fers à repasser.

1 et 2. Fer ordinaire des blanchisseuses ; — 3 et 4. Fers creux dans lesquels on met de la braise ou un charbon allumés ; — 5. Fer spécial pour repasser les bonnets : on chauffe la demi-boule qui surmonte la tige et l'on passe ensuite sur cette demi-boule le bonnet, que l'on tient avec les mains ; — 6. Fer à tuyauter pour les étoffes empesées et les dentelles.

Tant qu'il s'agissait du linge plat, mouchoirs, taies d'oreillers, serviettes, etc., elle chantait. Et pan ! pan ! pan ! allez, le fer ! Et pan ! pan ! pan ! revenez-y !

Mais au linge empesé, cols, manchettes, chemises d'homme, son visage devenait sérieux. Attentivement elle approchait de sa joue le fer pour bien juger de son degré de chaleur. Et alors, c'était une façon posée de le glisser sur les cols, les poignets, les plastrons, de souffler sur la moindre poussière, de gratter prestement les petits amas d'amidon pour les empêcher de se fixer là, d'y former ces sortes de galettes si laides à l'œil et qui affichent si bien l'inexpérience de l'ouvrière.

Et alors, c'était une façon posée de le glisser sur les cols, les poignets, les plastrons, de souffler sur la moindre poussière....

Elle n'était pas arrivée du premier coup à ce talent. M. Dumay, que la coquetterie n'étouffait pourtant pas, avait jadis plus d'une fois souri devant les arabesques de faux plis, les empreintes de fer décorant ses plastrons de chemise.

Aujourd'hui, vous pouvez mettre vos lunettes, papa, regarder ! même au microscope *... non, pas ça à reprendre !

Comme elle posait sur le dernier rayon de l'armoire la dernière rangée de mouchoirs de poche, M. Dumay entra, le visage grave. Elle se retourna :

— Père, qu'y a-t-il ?... Ah ! le chômage !

— Non, ma fille, pas encore, mais la baisse des salaires. Les meilleurs ouvriers, ceux qui gagnaient quarante sous, ne pourront aller au delà de trente ou trente-cinq.

Elle leva les mains au ciel. Elle savait ce que sont trente sous et même quarante, dans une maison de quatre, six, huit personnes :

— Que vont faire ces pauvres gens ?

— L'entrepreneur * n'est pas un méchant homme; il leur a montré ses comptes; la concurrence étrangère l'écrase. Ils ont accepté.

Questionnaire. — Décrivez les premiers jours de la mauvaise saison. — Quels bruits arrivaient des environs? — Quelle sorte d'ouvriers renfermait le village? — Pourquoi s'affligeait-on à la ferme de la baisse des salaires? — Que faisait Suzette durant l'après-midi? — Qu'était son linge? — Quels soins lui donnait-elle? — Quel est l'objet du repassage? — Faites connaître les diverses sortes de fers. — Comment s'y prenait la jeune fille pour repasser : 1° le gros linge, — 2° le linge fin? — Que savez-vous de ses débuts dans l'art de repasser? — Pourquoi M. Dumay avait-il le visage grave en rentrant? — Que dit Suzette? — Qu'entend-on par concurrence; — par concurrence étrangère? — Quel était l'effet de cette dernière concurrence?

DÉVELOPPEMENT DES SUJETS PROPOSÉS POUR EXERCICES.

Composition. — *Aspect que présente en hiver, soit un village avec la campagne environnante, soit la ville. — Plaisirs et misères de l'hiver.*

(Voir Cours de composition française (*Degré supérieur*), Partie du maître, par E. Laporte, page 300.)

Industrie. — De la Toile. — *Qu'est-ce que la toile? — De quelles plantes textiles proviennent les fils avec lesquels on fabrique les toiles? — Qualités et défauts de chacune de ces sortes de toiles. — Blanchiment des toiles.*

La *toile* est un tissu de fils de lin, de chanvre et de coton. Par analogie, on donne encore ce nom à quelques autres tissus : toiles métalliques, toile d'amiante. On fabrique la toile avec des métiers mis en œuvre par les tisserands, qui sont très nombreux dans les villes manufacturières du Nord, de l'Est et dans quelques villes des autres régions, telles que Flers, Cholet, Rouen.

Les toiles de lin et de chanvre sont résistantes et de longue durée; elles ne blessent pas les peaux délicates, mais elles donnent une sensation désagréable de froid lorsqu'elles sont mouillées par la transpiration. Celles de coton sont plus chaudes et ne présentent pas l'inconvénient que nous venons de signaler; mais elles ont le défaut de causer souvent des démangeaisons par les aspérités de leur tissu. Enfin, si elles ont l'avantage de coûter moins que les autres, elles durent peu, surtout dans les villes, où l'on use de procédés destructeurs pour blanchir le linge.

Blanchiment des toiles. — Le *blanchiment*, qu'il ne faut pas confondre avec le blanchissage, est une opération qui a pour objet de donner une blancheur convenable aux toiles récemment tissées qui ne sont pas destinées à être teintes.

Le procédé le plus commun consiste à laver la toile dans une dissolution de potasse et de soude, puis de l'étendre pendant des semaines entières, jour et nuit, sur l'herbe des prairies.

On emploie une méthode beaucoup plus expéditive dans les grandes fabriques, au détriment toutefois de la solidité de la toile; on plonge le tissu dans une dissolution de chlore ou on l'expose simplement à l'action de ce gaz.

N. B. — Le *chlore* est un gaz de couleur verdâtre qui provoque une toux violente quand on le respire, et qui jouit de la propriété de détruire les couleurs végétales. Aussi ne l'emploie-t-on jamais pour la laine et la soie, qu'il réduirait en bouillie. On blanchit la laine à la vapeur du soufre.

Économie domestique. — *Avec quelle toile feriez-vous de préférence : des draps de lit, des nappes, des serviettes, des essuie-mains, des torchons, des mouchoirs, du linge de corps? — Manière de préparer l'amidon et le linge qu'on veut repasser. — Comment fait-on chauffer les fers?*

Les meilleures toiles pour le linge de ménage, comme draps, serviettes, nappes, essuie-mains, torchons, sont celles de chanvre. On préfère cependant la toile de lin pour le linge fin. Celle de coton s'emploie pour les chemises, guimpes, cols, poignets, jupons; elle ne coûte guère et prend au blanchissage une belle couleur blanche.

En faisant tomber de l'eau sur de la farine, cette eau entraîne une substance qui la colore en blanc et se dépose au fond du vase où l'on a recueilli le liquide. Séchée et réduite en poudre, on lui donne le nom d'amidon. L'autre partie de la farine est une matière molle, gluante, élastique qu'on appelle gluten; c'est la partie nourrissante du pain. On trouve encore l'amidon dans les pommes de terre, les haricots, les pois, mais alors on le désigne sous le nom de fécule.

L'amidon est sans odeur ni saveur : c'est une poudre blanche et brillante, insoluble dans l'eau froide. Traitée par l'eau bouillante, elle se convertit en une gelée connue sous le nom d'empois, qui sert à donner au linge qu'on repasse une certaine fermeté et un certain éclat.

On fait chauffer les fers sur un fourneau à charbon qu'on a soin de placer sous le manteau d'une cheminée ou au dehors, à cause du dégagement de gaz malsains qui se produirait sur un poêle, un fourneau de cuisine et même devant le foyer. On se sert encore pour cet usage de la flamme du gaz d'éclairage.

Calcul. — *Que coûtent, dans votre commune, le blanchissage et le repassage de 3 bonnets de nuit, de 6 cols, de 4 guimpes, de 12 mouchoirs de poche, de 3 pantalons, de 2 jupons blancs tuyautés?*

(Disposer ce compte sous forme de facture.)

FOURNIER Éléonore, blanchisseuse à Chailly-en-Bière (S.-et-M.).

Doit Mlle LENOIR Henriette, le blanchissage de :

3 bonnets de nuit à .. fr. .. l'un................

6 cols........... à .. fr. .. l'un ....

....

TOTAL...........

Pour acquit :

Chailly-en-Bière, le 28 juillet 1878.

E. FOURNIER.

139. — Il se faut entr'aider. (*Élève*, p. 296.)

Bientôt commença la procession des affamés, des mal vêtus, le long des portes où l'on pouvait frapper. La neige tombait toujours, gelant les gens et la terre. Heureux les toits dont les cheminées fumaient encore!

La lampe était allumée; M. Dumay et Charlot se chauffaient les pieds sur la pierre du poêle.

Suzette faisait ses comptes. Plume en main, attentive, elle semblait fureter le long des colonnes de chiffres pour y trouver quelque chose de précieux qui s'y serait caché. Puis, ayant fermé le livre, et après un moment de silence :

— Voilà! dit-elle, je ne trouve que ceci : d'abord nous priver d'habits neufs, cette année, en prolongeant les vieux par des reprises et des pièces. Cela ne coûtera qu'un peu de fil et de sommeil; nous pourrons ainsi distribuer cinq kilos de pain par semaine.

Charlot secoua la tête. Il trouvait sa sœur déjà assez occupée et s'attristait de ce surcroît de besogne.

Suzette reprit :

— Autre chose encore : nos abeilles qui, jusqu'ici, ont travaillé à mettre du linge dans cette armoire, butineront cette année pour faire cinq kilos de pain à ajouter aux cinq autres. Plaise au printemps d'être doux et fleuri; elles nous rendront bien ce que nous allons donner à l'avance! Donc, dix kilos de pain par semaine.

On approuva. Elle hocha la tête :

— Mais cela ne suffit pas; l'aumône ne tire pas les gens d'affaire. Il faut encore, comme le dit Mme Valon.....

La porte venait de s'ouvrir brusquement. Un homme hâve*, farouche, était là, immobile au milieu de la pièce, les deux mains appuyées, avec une visible ostentation, sur un gros gourdin.

— Du pain! dit-il d'une voix brève. Il m'en faut!

M. Dumay s'était levé :

— Tu auras du pain, Antoine, répondit-il; mais pourquoi, toi, un jeune homme, t'appuies-tu ainsi comme un vieillard sur ce bâton?

Les yeux d'Antoine regardèrent un moment avec fixité le fermier, qui le regardait aussi. Puis, lentement, sans un mot, il alla rouvrir la porte, jeta le bâton dans la rue et revint :

— J'ai dans la cassine*, dit-il, quatre petits qui pleurent la faim. Et pas même une loque de linge pour habiller le cinquième, une petite fille, qui vient de naître. A quatre portes on m'a repoussé, sous prétexte que je suis un homme de cabaret... Alors j'ai pris ce bâton. On ne peut pas laisser mourir ainsi ses enfants, sa femme !...

— Oui, Antoine, tu es malheureusement un homme de cabaret ; mais, tu devrais le savoir, moi et les miens nous avons toujours fait profession de croire que les torts du père ne doivent pas être la condamnation des enfants ! Assieds-toi ; ma fille va revenir.

En effet, Suzette, qui venait de sortir, rentra presque aussitôt. Elle tenait un pot à fleurs bleues, un pain et un paquet.

— Tenez, dit-elle, voilà du pain et du lait, de quoi faire une soupe. Et voici du linge doux et un petit châle pour envelopper l'enfant. Il y aura autre chose. J'irai voir votre femme.

Il prit ce qu'on lui tendait, essaya de remercier, ne le put, et s'en alla.

Puis Suzette servit le souper, une maigre fricassée de pommes de terre. Ah ! ce n'était plus le temps de la bonne cuisine ! On se mit à table en silence, mais c'est du bout des dents qu'on mangeait. A la troisième bouchée, M. Dumay repoussa son assiette :

— Non, dit-il, je ne peux pas ; les morceaux m'étranglent... Trop de misère en ce monde ! Ce sont nos frères, ces malheureux ! En vérité, cette terre est-elle si avare, si impuissante à nourrir tous ses fils ? ou bien l'humanité, faute de science et de justice, ne sait-elle pas se conduire ?

Questionnaire — Quelle triste procession commença ? — Que faisait Suzette ? — Pourquoi revoyait-elle son livre de comptes ? — Quelles économies trouva-t-elle d'abord à proposer ? — Que pensez-vous de Suzette ? — A quoi destinait-elle le produit des ruches, et comment en parla-t-elle à son père ? — Qu'ajouta-t-elle ? — Qui entra brusquement ? — Que demanda l'homme et que répondit le fermier ? — Que fit Antoine et que dit-il ensuite ? — Pourquoi Antoine était-il si misérable ? — Qu'aurait-il dû faire ? — Que lui répondit M. Dumay ? — Que lui apporta Suzette ? — Quelles bonnes paroles ajouta-t-elle ? — Quel fut le souper de la ferme ? — Pourquoi en était-il ainsi ? — Qu'est-ce qui empêchait le bon fermier de manger ?

DÉVELOPPEMENT DES SUJETS PROPOSÉS POUR EXERCICES.

Morale. — *Qu'entend-on par pauvres, en général ? — par vrais* *pauvres, mauvais pauvres, pauvres honteux? — Quels sont nos devoirs à l'égard des pauvres? — Manière de donner et de secourir pour que l'aumône n'humilie pas et ne soit pas un encouragement à la paresse. — Comment un pauvre doit-il solliciter l'aumône? — Montrez que chacun peut faire l'aumône.*

On entend par *pauvres* ceux qui manquent du nécessaire ou qui ne se le procurent qu'à grand'peine.

Les *vrais pauvres* sont les gens qu'une incapacité réelle de travailler, le chômage ou un excès de charges mettent dans l'impossibilité de gagner ce qui est indispensable à leurs besoins et à ceux de leur famille. Ce sont d'honnêtes gens que le malheur frappe et qui ont droit à toute notre pitié.

Les *mauvais pauvres* sont des paresseux, des débauchés, des ivrognes ennemis du travail, qui sont réduits à solliciter l'aumône et qui ne rougissent pas d'en faire un métier.

Les *pauvres honteux* n'osent pas demander les secours que leur position réclame; ils préfèrent souffrir. Nulle infortune n'est plus touchante que la leur : c'est une obligation de la découvrir et de la soulager.

L'*aumône* est le premier devoir qu'impose la charité ou amour du prochain; lorsqu'un homme s'offre à nous avec la recommandation du malheur, ne demandons rien de plus; aidons-le, secourons-le. La plus belle aumône à faire aux gens de cœur à qui le travail manque, c'est de leur en procurer; quant aux autres, donnons avec mesure ce qui convient et en proportion de nos ressources; donnons de préférence aux vieillards impotents, aux malades, aux infirmes incapables de se livrer à un métier quelconque; mais gardons une certaine réserve et montrons du discernement. S'il en était autrement, on courrait le risque d'augmenter le nombre de ces incurables vagabonds de tout âge à qui l'aumône fournit les moyens de satisfaire les honteuses passions de l'ivrognerie et de la fainéantise.

Dans les villes, il est sage de remettre son offrande aux bureaux de bienfaisance, dont la mission est de répartir les secours selon ce qu'exigent les circonstances. Donner à ces mendiants valides et importuns qui pullulent dans certains quartiers, est une mauvaise action ou plutôt une générosité imprudente.

Un pauvre doit solliciter l'aumône poliment et remercier, quelle que soit l'offrande.

Chacun peut faire l'aumône, et la plus profitable est souvent un conseil, une indication grâce à laquelle on trouve du travail; les enfants mêmes doivent se montrer charitables et ne point hésiter à se priver du superflu pour soulager d'honorables et pressantes misères. Ils donneront de bonne grâce, avec un mot aimable, encourageant; on l'a dit avec raison : « La manière de donner vaut mieux que ce qu'on donne. »

Sciences naturelles. — *Que sont les nuages? — Que s'y forme-t-il selon les saisons? — Expliquer ce qu'est : la pluie, la neige, le grésil, la grêle. — Que marque le baromètre? — Sur quoi peut-il donner des indications?*

Une partie de l'eau des mers, des rivières, des lacs et de celle que contient le sol, se réduit en vapeur.

Quand cette vapeur, dont l'air est imprégné, se refroidit, elle prend une teinte grise qui indique qu'elle se condense, c'est-à-dire revient à l'état liquide sous forme de bulles infiniment petites.

Les *brouillards* sont des masses de vapeur d'eau qui, volatilisées dans l'atmosphère, en occupent les basses régions.

Les *nuages* ne sont autre chose que des amas de vapeurs transformées en petites gouttelettes, et qui se maintiennent dans les hautes régions de l'atmosphère. Selon les saisons, il s'y forme de la pluie, de la neige, du grésil, de la grêle.

La *pluie* est la chute, à l'état de gouttelettes, de l'eau provenant de la condensation des vapeurs nuageuses.

La *neige* est de la vapeur condensée que le froid a solidifiée en petits cristaux étoilés, d'une blancheur très pure, et qui flottent dans l'atmosphère avant de tomber sur le sol.

La pluie qui tombe sur la terre glacée forme du *verglas*.

Le *grésil* est la chute de petits grains de vapeurs condensées et gelées; elle a lieu surtout aux mois de mars et d'avril.

La *grêle* est une chute de morceaux de glace, plus ou moins arrondis et volumineux, qui a lieu durant la saison d'été et aux heures les plus chaudes de la journée; elle accompagne ordinairement les orages.

Le *baromètre* est un instrument qui sert à mesurer la pression de l'air, à la surface du sol principalement. Il est formé d'un tube rempli de mercure, recourbé et ouvert à l'extrémité de sa plus petite branche. Selon que la pression de l'air est plus ou moins forte, le niveau du mercure descend ou monte dans la plus petite branche et, par conséquent, monte ou descend dans la plus grande, divisée en degrés.

On a remarqué que les plus fortes pressions atmosphériques coïncidaient avec le beau temps, et les plus basses avec la pluie et les orages. On a tiré de là des indications précieuses relatives aux changements de temps.

Économie domestique. — *Établir pour un mois, et par doit et avoir, le livre de caisse d'un ménage. — Balancer les comptes à la fin de chaque semaine.*

LIVRE DE CAISSE

Doit. *Avoir.*

			fr.	c.				fr.	c.
Juillet	1er	4 k. 600 pain à 0,45.	2	02	Juillet	1er	Montant de la semaine		
	»	1 k. 250 veau à 2,10.	2	62			de travail du père..	30	»
	2	0 k. 500 sel à 0,30..	»	15		»	Coupon de rente 4 1/2	15	25
	»	4 m. 25 toile à 1,80.	7	65		4	Vente d'une vieille		
	»	1 paire de bottines.	12	50			table..............	3	70
	»	1 l. 250 huile pétrole	»	90					
		....							
		Total de la semaine.	»	»			Total de la semaine.	»	»

140. — En taillant une layette. (*Élève*, p. 298.)

Le repas ne fut pas long. Le couvert ôté, Suzette chercha dans l'armoire, et elle en tirait un vieux drap et un jupon de piqué encore bon, quand M. et Mme Valon entrèrent pour passer la soirée, comme cela leur arrivait assez souvent.

— Madame, je vais faire une layette pour un petit enfant.

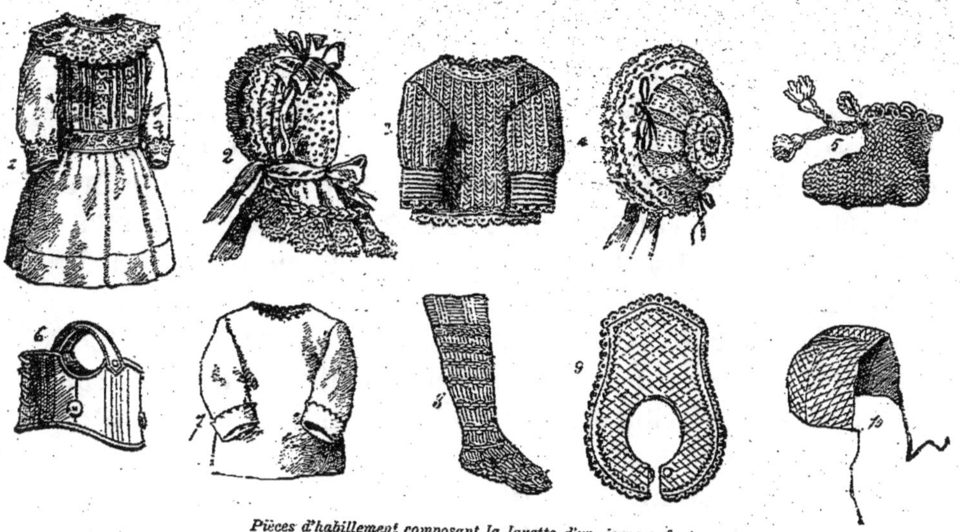

Pièces d'habillement composant la layette d'un jeune enfant.

Les diverses pièces qui constituent généralement la layette d'un jeune enfant sont : 1. la robe de dessus ; — 2. la capote ; — 3. la brassière en laine ; — 4. le petit bonnet de mousseline ; — 5. les chaussons de laine tricotés ; — 6. le corset ; — 7. la chemise, qui devra être aussi fine que possible pour ne pas écorcher la peau du bébé ; — 8. les bas de laine tricotés ; — 9. la bavette en piqué ; — 10. le béguin de toile, sans oublier les jupons de laine et de finette. Pour les tout jeunes enfants, il faut encore ajouter à cette nomenclature les couches, les langes et les maillots en laine.

M. Dumay conta la visite d'Antoine, et Mme Valon, renfermant dans son sac à ouvrage un tricot qu'elle venait d'en tirer :

— Mais tout de suite ! il faut la faire tout de suite, cette layette ! Et comme cela me connaît, passe-moi les ciseaux.

Sans hésitation, les ciseaux taillèrent vivement dans le drap et dans le jupon de piqué. Car, bien que Georges et Lucie Valon fussent maintenant de belle taille, leur mère n'avait pas oublié les mesures des petits messieurs, des petites demoiselles au berceau.

Les ciseaux posés, elle prit une à une les pièces qui ressemblaient beaucoup à des vêtements de poupée.

— Voici, dit-elle, des béguins, des bonnets, des brassières, des chemises, des bavettes, des couches. Je t'en emporterai une forte partie, Suzette ; je ferai coudre cela demain, en récompense, à mes meilleures élèves. Elles seront contentes de s'associer à un bon acte de fraternité.

— Oui ! dit Suzette, je vais leur faire concurrence.

Elle prit l'aiguille, se mit à une petite chemise et ses doigts volèrent. Ceux de Mme Valon battirent aussitôt la même marche sur un béguin.

Après un silence, elle dit :

— Nous ne pouvons pourtant pas nous laisser ainsi frapper par les événements sans nous rebiffer un peu. Suzette et moi, nous causions récemment de la misère du village.

— J'allais en parler à mon père quand Antoine est entré.

— Eh bien ! parle-lui-en.

Mais Suzette passa la parole à Mme Valon, qui la passa à son mari ; et celui-ci la laissa aux dames.

— Eh bien ! reprit Mme Valon, n'y a-t-il pas un remède à la maladie de la misère ?

— Si vous le trouvez, Madame, dit M. Dumay, ni vous ni le pauvre monde n'aurez perdu votre journée.

— Je parle d'un remède pressant. Voyons ! les salaires, déjà bas, des ouvriers d'ici ont baissé de cinquante centimes.

— C'est énorme !

— Oui, c'est énorme, mais pourquoi ? Parce qu'avec trente sous la pauvre mère de famille ne peut plus se procurer ce qu'elle avait pour quarante. Eh bien ! supposez que demain, brusquement, le prix des vivres diminuât de moitié ? Combien vaudraient les trente sous des ouvriers ? Trois francs, du coup. Or ne pouvons-nous pas diminuer le prix des vivres ?

— De moitié ?

— Non, pas de tant. Mais que diriez-vous d'une ménagère qui achèterait directement au producteur, ou, à défaut du producteur, au marchand en gros* ? Voilà tout de suite une économie plus large encore que ne la fit autrefois Suzette sur le café en l'achetant par demi-kilo, et non plus par quart. Cette ménagère va trouver ses commères en petite bourse et en grosses dépenses. Elle leur dit : Il nous faut à chacune un demi-kilo de graisse, de sucre, de café, de haricots, de savon, sans compter le pétrole et le reste. Mettons en commun le prix de ce demi-kilo ; achetons pour nous toutes, et nous aurons chacune un kilo, ou peu s'en faut, au lieu d'un demi, avec le même argent. Et de la sorte, nous rattrapons, et au delà, les quarante sous de la journée de nos hommes ! Quand on est dans le fossé, il faut s'ingénier* pour en sortir ; quand on peut créer de meilleures conditions d'échange de sa pauvre monnaie, c'est une sottise que de continuer à souffrir. Le plus douloureux chez nous, c'est que chacun vit pour soi, quand il faudrait s'associer pour l'aide et le profit communs.

Haricots.

Les graines de haricots se mangent soit à l'état sec, soit à l'état frais. La gousse, cueillie bien avant la maturité et lorsque les grains sont encore tout petits, constitue un légume nourrissant, connu sous le nom de *haricots verts*, et qu'on peut conserver indéfiniment dans des boîtes en fer-blanc bien fermées.

Sur ces mots, M. Valon raconta une histoire fort

connue, mais qu'il est toujours bon de répéter: celle d'une poignée d'ouvriers anglais qui, il y a environ cinquante ans, devant une situation pareille à celle des ouvriers de Fragicourt, eurent un jour l'idée, leur salaire abaissé, de réduire non pas leur chère, car réduire sa chère c'est diminuer ses forces, mais leurs frais d'achat.

Ils se cotisèrent, achetèrent en commun, et du coup mangèrent plus abondamment. Puis ils étendirent leurs achats, et purent bientôt ouvrir une boutique où ils cédèrent, avec très peu de bénéfices, à leurs frères ouvriers, les marchandises de première nécessité.

A la longue, par le nombre croissant des associés, ces tout petits bénéfices devinrent si considérables qu'il s'en fit trois parts : une qui se divisa entre tous les acheteurs ; une autre qui fonda des écoles, des bibliothèques et des asiles pour les vétérans* et les infirmes de l'atelier. La troisième, réservée à l'extension de la société, créa des magasins de vêtements, de cordonnerie, d'ameublement, d'ustensiles de ménage, et aussi des filatures, des tissages mécaniques pour alimenter ces magasins. Aujourd'hui, les Pionniers de Rochdale — c'est leur nom — ont des vaisseaux à eux qui vont chercher au loin, à leur source même de production, les matières premières*, les laines d'Australie, les cuirs de Buenos-Ayres*, les épices des îles ! Cela a l'air d'un conte ; ce n'est pourtant que la véridique histoire d'une association de gens pratiques.

— Mais, s'écria M. Dumay en se levant, allons vite la conter aux ouvriers de Fragicourt !

— Ils la savent depuis longtemps, répondit M. Valon avec un soupir.

— C'est aux femmes qu'il faut la conter ! reprit vivement Mme Valon ; c'est elles, les pauvres acheteuses, qu'il faut gagner à l'idée d'association ! Et je voudrais bien savoir si la fraternelle idée des Pionniers de Rochdale n'a pas été inspirée par quelque bonne et ingénieuse femme d'ouvrier ! Il y a des questions que nous entendons plus vite que les hommes.

Questionnaire. — Que fit Suzette après le repas? — Quelles personnes survinrent? — Que décida Mme Valon? — Que tailla-t-elle? — Qu'est-ce qu'elle n'avait point oublié? — Quels vêtements d'enfants prépara-t-elle? — Comment se proposa-t-elle de les faire coudre? — A quoi s'occupèrent ces dames pendant la veillée? — De combien avaient baissé les salaires? — Quelle supposition fit Mme Valon à propos de la baisse des salaires? — Comment peut-on diminuer le prix de revient des objets de consommation journalière? — Que pourrait alors proposer une ménagère à ses voisines? — Que faut-il faire lorsqu'on est dans le fossé, c'est-à-dire dans l'embarras? — Racontez l'histoire des Pionniers de Rochdale. — Que possède et que fait aujourd'hui cette société? — Que proposa M. Dumay? — Qui avait déjà conté cette histoire aux gens de Fragicourt? — Que proposa Mme Valon?

DÉVELOPPEMENT DES SUJETS PROPOSÉS POUR EXERCICES.

Morale. — *Que pensez-vous de Suzette, et pourquoi aimeriez-vous avoir une amie telle que cette jeune fille?*

Je pense que Suzette est une jeune personne d'un excellent cœur, active, raisonnable et pratique. Il ne faut pas se contenter de voir le bien à faire, mais, comme elle, se mettre à l'ouvrage résolument, promptement et vivement. Suzette pratique la vraie charité, celle qui ne fait pas attendre, qui n'humilie pas et qui sait ce qu'il convient de donner. Que d'autres sont prodigues de plaintes, de condoléances et qui pensent avoir rempli leur devoir lorsqu'elles se sont apitoyées sur les misères d'autrui!

J'aimerais à avoir une amie telle que Suzette, car auprès d'elle je ne trouverais que de bons exemples et des encouragements à faire le bien.

Industrie. — *Qu'est-ce qu'une layette? — un béguin? — des brassières? — une bavette? — des langes ou couches?*

On donne le nom de *layette* au linge et aux effets destinés à un enfant nouveau-né.

Un *béguin* est une coiffe pour les enfants qui s'attache sous le menton avec une petite bride.

Les *brassières* ne sont autre chose qu'une petite camisole qui sert à maintenir le corps, et qui est particulièrement à l'usage des enfants.

Une *bavette* est une petite pièce de toile qu'on attache sur la poitrine des jeunes enfants pour recevoir la salive qui tombe de leurs lèvres.

On appelle *langes* ou *couches* des pièces d'étoffes ou de toile dont on enveloppe les enfants au berceau; on en fait en toile, en molleton, en piqué.

Économie domestique. — *Établissez le détail des pièces d'une layette telle que celle dont votre mère eut besoin pour vous. — Faites le compte de ce qu'on a dépensé pour la préparer (achat, couture, repassage).*

Chaque enfant demandera à sa mère la liste des effets en question, puis elle disposera le compte, pour chacun, de la manière suivante :

Etoffe pour un béguin... mèt. à............ =
Façon et fournitures, repassage............ =
Prix de... béguins = × .... =

Qu'est-ce qui produit la cherté des vivres, même quand le producteur les vend à bon compte? — Citez des exemples. — Comment pourrait-on, dans votre pays, ramener les prix à un taux raisonnable?

La cherté des vivres provient le plus souvent de leur rareté; elle est encore causée par la multiplication exagérée des maisons de vente.

Écrasés par les frais d'installation et de loyer, vendant peu, ces établissements élèvent les prix à un taux ruineux pour le consommateur; la chose se produit souvent dans les grandes villes et dans leur banlieue.

On pourrait ramener les prix à un taux raisonnable en opérant ainsi que les Pionniers de Rochdale, ou bien encore en s'entendant à plusieurs pour se fournir exclusivement chez le marchand qui débiterait des produits de bonne qualité à des prix modérés, et non au double du prix d'achat sur les lieux de production, comme cela se voit fréquemment.

Hygiène. — *Comment doit-on s'y prendre pour emmailloter un bébé pour la nuit? — Donnez un aperçu des soins que réclament les tout jeunes enfants.*

Lorsqu'on veut emmailloter un enfant pour la nuit, il faut l'envelopper avec un lange de toile très douce qu'on attachera sur le pourtour du corps plutôt avec des cordons qu'avec des épingles; par-dessus, on mettra de la même manière un lange de laine ou de molleton, en observant les mêmes précautions, et l'on se gardera d'emprisonner les jambes de manière à leur interdire tout mouvement; par la gêne qu'imposerait une telle situation à une grande personne, on peut juger de la souffrance que ressentirait l'enfant, dont les membres sont si délicats.

Les bébés doivent être tenus avec une extrême propreté si l'on ne veut pas les exposer à de douloureuses affections de la peau; on leur donnera à manger fréquemment, à des heures réglées, et selon que leur âge l'exigera. Les mettre trop tôt au régime des soupes, des bouillies, c'est s'exposer à fatiguer leur estomac et à provoquer soit des indigestions, soit des dérangements d'entrailles dont les conséquences peuvent être fatales.

L'enfant passe presque entièrement à dormir les premiers temps de sa vie. L'usage veut encore aujourd'hui qu'il repose dans un berceau, quoiqu'on ne le berce plus guère, car les médecins blâment ce moyen généralement adopté autrefois pour amener le sommeil. Ce petit lit doit être bien simple, assez long pour que le bébé puisse y coucher jusqu'à six ou sept ans, garni d'une paillasse rembourrée de feuilles de maïs, d'une couverture de laine, et surmonté d'un rideau léger de mousseline.

141. — Quatre lavandières. (*Élève*, p. 303.)

Le surlendemain jeudi, au coup de midi, comme le gravier de la rue résonnait sous une multitude de petits sabots sabotant, plusieurs de ces sabots s'arrêtèrent à la porte de la ferme.

Deux écolières, en sarrau de cotonnade, entrèrent, et une demi-douzaine, les yeux curieux, restèrent sur le seuil de la porte.

Suzette sortit du fournil, où elle veillait au coulage de la lessive. Les deux premières fillettes lui présentèrent l'une un paquet, l'autre un billet de Mme Valon.

— Bon, dit Suzette, après avoir lu.

Elle délia le paquet. C'étaient les objets de la layette

emportés à l'école. Après avoir examiné le travail et coiffé son poing d'un petit béguin :

— Bien, très bien. C'est toi, Margot, qui as cousu cela ?

Margot, qui venait de remonter ses bas, se baissa, les remonta de nouveau et, se redressant :

— Oui, dit-elle, et Adèle a cousu les chemises.

Adèle appuya de la tête.

— Mme Valon m'écrit de vous donner une récompense. Eh bien ! que voulez-vous comme récompense ?

— Mme Valon nous a dit que, peut-être, vous nous feriez laver cette layette, répondit Margot doucement, comme si elle craignait un refus.

— Ah ! Madame, que c'est amusant, la lessive !

— Très bien, vous reviendrez cette après-midi.

— Reviendrons-nous avec Rose et Louise, qui ont aussi bien travaillé à la layette que nous, mademoiselle Suzette?

— Avec Rose et Louise, c'est entendu. Plus il y a de lavandières, plus vite va le lavage. Je vous attends à une heure.

Quand, à l'heure dite, parurent les lavandières, le gros poêle ronflait. Auprès de la couleuse à lessive, un chaudron de cuivre, plein d'eau déjà fumante, attendait; sur l'aire, un peu plus loin, un petit baquet posé sur un trépied.

— Approchez ! ajustez devant vous ce grand torchon propre ! et retroussons nos manches, haut !.. plus haut... jusqu'aux coudes !

Alors Suzette mit au baquet toute la layette, qui y fit

un assez joli tas ; puis elle versa l'eau chaude dessus et tâta ; trop chaude ! Elle l'additionna d'eau froide jusqu'au degré voulu. Les fillettes regardaient ces préparatifs, tout impatientes de barboter. Et de temps en temps la brunette Margot remontait activement ses bas, comme si cela eût dû hâter l'affaire.

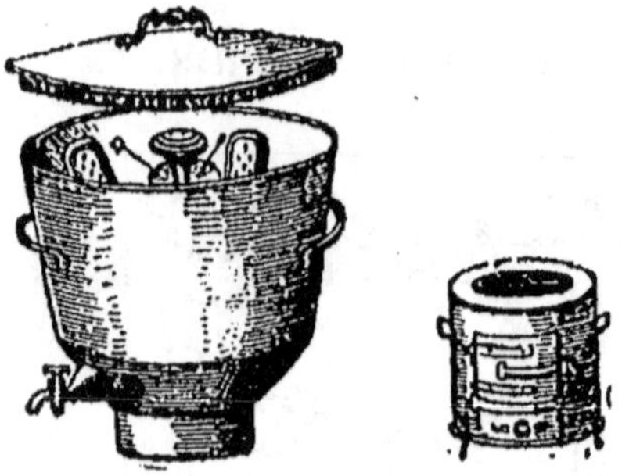

La lessiveuse.

Le nettoyage du linge par l'action des cendres, ou *lessive*, est une opération très importante. On dispose le linge sale dans une grande cuve, au-dessus on met une couche de cendres, puis l'on verse de l'eau chaude sur le tout. Cette eau filtre au travers du linge et le débarrasse de ses souillures ; on la recueille par un orifice laissé ouvert dans le fond du baquet, pour la remettre sur le feu et la verser de nouveau sur les cendres, dès qu'elle est chaude. Il faut toute une journée pour faire ce travail. Les appareils à lessiver rendent un réel service en ce sens qu'ils suppriment la personne employée à faire la lessive, puisqu'il n'y a que le feu à entretenir. Ces appareils se composent de deux parties principales : 1° une chaudière et son fourneau ; 2° une cuve dans laquelle on met le linge. L'eau en ébullition dans la chaudière se répand en jet d'eau par la pomme d'arrosage fixée à l'extrémité supérieure d'un tube dont l'autre bout communique avec la chaudière ; il s'établit, à travers toutes les couches du linge sur lequel on a jeté des cendres ou du carbonate de soude, un courant d'eau savonneuse qui détache et entraîne les impuretés dont le linge est souillé.

Enfin nous y sommes ! les bras se trémoussent dans le chaudron, le savon mousse ; une neige légère, diaprée, voltige en flocons, et parfois se pose sur la face, sur le nez des laveuses. Mais on fait bien attention à cela ! on barbote, on barbote !

Suzette surveille l'opération. A mesure qu'une bavette, une chemise, une brassière est lavée, elle la prend, l'examine, et, suivant le cas, la rejette aux lavandières ou la plonge dans le baquet d'eau claire placé un peu plus loin.

— Et frottons, frottons vivement ! — C'est Mme Valon qui entre avec cette invitation à ne pas muser.

— Ah ! Madame, que c'est amusant, la lessive ! s'écrie la brunette ; et elle profite de la circonstance pour remonter ses bas.

— Margot, à force d'être tiraillés, tes bas sont tout de travers, dit la maîtresse ; et tes idées sur la lessive le sont aussi. Tu fais là, non la lessive, mais seulement le savonnage, qui en est la seconde partie.

Suzette découvre alors la couleuse, y montre le

linge en train de se nettoyer une première fois par le carbonate de soude.

— La layette n'a pas passé par là parce qu'elle était déjà presque propre avant de voir l'eau, ajoute Mme Valon.

Le savonnage achevé, et dans les règles, car il y a là deux paires d'yeux joliment ouverts, on commence le rinçage. Attention ! il s'agit maintenant de noyer les derniers vestiges de savon, qui prendraient en séchant une teinte rousse et gâteraient le meilleur blanchissage.

On plonge, on presse la layette dans deux eaux claires; car la peau tendre et irritable des bébés veut un linge pur. On parachève* par une immersion* dans un baquet d'eau azurée.

Puis on tend des cordes, on y suspend tout l'attirail et même une petite robe d'indienne à mille raies blanches et roses, qui habilla jadis l'enfance de Mlle Lucie Valon. La petite déshéritée qui vient de naître sera gentiment nippée pour quelque temps.

Vous pouvez maintenant aller jouer, les quatre lavandières! et vous, Margot, remonter vos bas tout à l'aise, la layette séchera pendant la nuit.

Le lendemain matin, après y avoir donné un coup de fer, Suzette alla la porter chez Antoine. Pauvre maison !

Les quatre enfants tâchaient de se chauffer autour du poêle, brûlant à peine. Le cinquième, emmailloté du châle et du peu de linge donnés la veille, était sur les bras de la mère aux joues creuses. Dans la pièce à côté, s'entendait le terlic-terlac du jacquard d'Antoine.

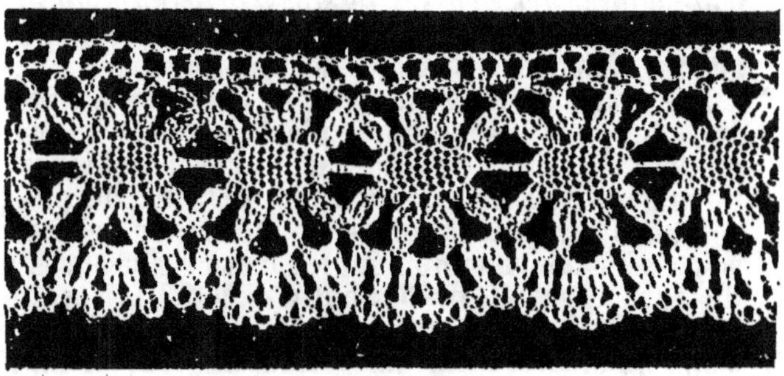

Dentelle au crochet et mignardise.

Ce genre de dentelle sert spécialement à garnir la lingerie et les vêtements d'enfants.

Devant toute la richesse étalée la mère appela le tisseur. Il vint, le visage adouci. Le bébé, dont les yeux grands ouverts regardaient le plafond, fit une légère grimace, pendant que Suzette montrait à la mère un petit bonnet, garni d'un bout de dentelle au crochet.

— Voyez, Suzette Dumay, voyez ! elle sourit ; elle est contente aussi !

— Vous reviendrez nous voir, Antoine, dit Suzette.

— Oui.

Et comme elle sortait :

— Savez-vous, reprit-il, qu'il devrait y avoir beaucoup de braves gens comme vous ?

— Peut-être, répondit-elle, tout le monde ne sait-il pas la joie qu'on peut donner avec un peu de vieux linge.

Questionnaire. — Qu'entendit-on le surlendemain jeudi, au coup de midi ? — Qui entra dans la ferme ? — Que fit Suzette et que lui présenta-t-on ? — Que trouva-t-elle dans le paquet ? — Reproduisez la conversation avec les deux fillettes. — Qu'est-ce qui fut décidé pour Rose et Louise ? — Que virent les petites lavandières à leur retour ? — Que leur dit Suzette ? — Comment Suzette mit-elle la layette au baquet ? — Quelle manie avait Margot ? — Pourquoi ? — Dites comment on savonne le linge. — Que faisait Suzette quand une pièce de la layette était savonnée ? — Que dirent les fillettes à Mme Valon qui entrait ? — Quel conseil fut donné à Margot ? — Où le linge fut-il placé par Suzette ? — Exposez la manière de rincer le linge ; — de le faire sécher. — Comment renvoya-t-on les bonnes petites fillettes ? — Quel aspect présentait, le lendemain matin, la chambre du logis d'Antoine ? — Que fit la mère ? — Que devait penser le père ? — Reproduisez la conversation qui s'engagea. — Par quelle réflexion touchante Suzette la termina-t-elle ?

DÉVELOPPEMENT DES SUJETS PROPOSÉS POUR EXERCICES.

Industrie. — *Décrire une lessiveuse extérieurement et intérieurement. — Avantages de cet appareil. — Qu'est-ce qui est nécessaire pour couler les grosses lessives à la campagne ?*

(Voir, pour la première question, la note de la page 805, *Livre de l'élève,* placée au-dessous de la lessiveuse.)

Les *lessiveuses* présentent de grands avantages dans les villes et dans les campagnes où il n'existe point de rivières ni de ruisseaux propres au lavage en grand du linge, par la raison qu'elles exigent peu de place, peu de combustible, et que, de plus, l'opération peut être conduite sans qu'on cesse de s'occuper des soins du ménage. Si l'on sait doser convenablement les matières propres au blanchissage et bien diriger l'appareil, on obtient d'excellents résultats.

Pour couler une *grosse lessive*, il faut une cuve de grandes dimensions qu'on pose sur un solide trépied, et un fourneau sur lequel on puisse faire bouillir une quantité d'au moins 12 à 15 litres d'eau à la fois. On doit se munir de bois sec, susceptible de donner une flamme claire, ainsi que d'une certaine quantité de bonnes cendres de bois.

On commence par laver avec du savon, dans de l'eau froide, le linge à mettre en lessive, puis on en remplit la cuve en le froissant et non en le pliant, et en plaçant au fond le linge le plus sale ; au-dessus, les draps, puis les chemises, enfin les linges de cuisine. On verse de l'eau froide sur le tout, et on laisse tremper pendant une nuit.

Le lendemain, on recouvre la cuve d'une ample et forte toile sur laquelle on répand la quantité voulue de cendres en couches d'égale épaisseur. On verse sur ces cendres d'abord de l'eau froide qui dissout la potasse et la soude qu'elles contiennent, filtre à travers le linge et s'écoule lentement par le robinet dans un baquet destiné à la recueillir. Dès que le baquet est plein, on en verse l'eau dans une chaudière d'où, une fois tiède, on la retire pour la verser de nouveau sur les cendres. On soutire l'eau à nouveau et on la fait chauffer de plus en plus de façon à obtenir un liquide porté à l'ébullition, qu'on appelle lessive, et qui est versé une dernière fois dans la cuve, où la chaleur finit ainsi par pénétrer. On n'enlève les cendres que lorsque la température est la même partout, et l'on continue à couler après avoir mis sur la cuve les tissus fins, tels que les rideaux. L'opération entière dure de 12 à 14 heures, suivant la quantité du linge ; le robinet doit rester ouvert toute la nuit.

Le lendemain, on lave le linge dans de l'eau chaude, puis on le rince à l'eau froide en le battant pour le débarrasser des dernières parcelles de lessive. La meilleure eau pour cette dernière opération est celle des rivières ou celle de pluie.

Économie domestique. — *En quoi peut-il être utile de faire un peu de crochet dans ses moments de loisir?*

Qu'est-ce que les cristaux de soude? — Quelles en sont les propriétés? — À quelle dose convient-il de les employer? — Quelle est la meilleure méthode de laver le linge? — Que pensez-vous de l'emploi des brosses? — Comment doit être l'eau du lavoir pour que le linge soit propre, blanc et sain? — Que voit-on souvent à la campagne dans certains lavoirs?

Pendant ses moments de loisir, principalement pendant les longues soirées d'hiver ou les jours durant lesquels il pleut, au cours des voyages encore, une jeune fille s'occupe agréablement et utilement à confectionner quelques ouvrages de crochet ; ce travail est de beaucoup préférable aux conversations oiseuses, à la lecture des journaux ou à l'observation de choses sur lesquelles il est bon que les regards des jeunes filles ne se portent jamais.

Les *cristaux* ou *carbonate de soude* sont un sel blanc, âcre, légèrement caustique, très soluble dans l'eau, et plus à chaud qu'à froid, qu'on tire de la soude du commerce. On s'en sert de préférence aux cendres dans le blanchissage du linge, et lorsqu'on n'en exagère pas la dose, ils donnent les résultats les plus satisfaisants.

Dans une lessiveuse de 0m,38 de profondeur sur 0m,30 de diamètre moyen, on peut entasser 3 kil. 500 de linge. Cette quantité nécessite l'emploi de 200 grammes de carbonate de soude et 100 grammes de savon, soit 100 grammes de carbonate de soude et 50 grammes de savon pour 1 kil. 750 de linge.

La meilleure manière de laver le linge est de le frotter à la main pour y faire pénétrer le savon, et de le frapper ensuite avec des battoirs de bois. On l'use énormément en le lavant à la brosse et surtout en le tordant. Aujourd'hui, on emploie avec grand avantage l'*épureuse à force centrifuge*, ou mieux encore l'*essoreuse*, formée de deux cylindres de bois revêtus de caoutchouc entre lesquels on fait passer le linge mouillé pour en extraire l'eau avant de l'étendre à l'air sur la corde.

L'eau du lavoir doit être courante afin d'être constamment renouvelée ; sinon elle se charge d'impuretés et donne le spectacle d'une bouillie infecte qui empoisonne le linge et y introduit le germe de maladies de peau. Ce triste état de choses se constate trop fréquem-

ment encore dans certaines campagnes où l'eau est rare ; dans ce dernier cas, on aura toujours avantage à se rendre à un ruisseau ou à une fontaine, quelle qu'en soit la distance.

142. — Un sauvetage. (*Élève*, p. 307.)

Encore une fois la terre avait parcouru le long chemin qui la mène du noir hiver au gai printemps. Le soleil avait reparu, le bon et adoucissant soleil. Et devant lui fuyait la grande misère du village. Grâce à une reprise du travail, les salaires se relevaient et les ménagères, entreprises par Mme Valon et Suzette, commençaient à mettre en commun leurs dépenses et se réjouissaient de voir la maisonnée manger plus et mieux, à moins de frais.

Les gazons étaient pleins de fleurs, les arbres de chansons; l'abeille reprenait ses courses à travers prés et vallons, et Suzette voltigeait aussi, ce jour-là, de fleur en fleur, dans son jardin. De roses de mai, de petits œillets blancs, de narcisses, de pervenches elle composait de ces jolis bouquets qu'aimaient tant les belles dames de Saint-Quentin: c'était demain samedi, et on l'attendait au marché.

Elle tournait le fil autour des tiges d'un paquet d'œillets blancs, lorsque son père parut, en compagnie de M. Cartier, le fermier du Bois-Maillard.

— Hé! Suzette, voilà M. Cartier qui nous apporte des nouvelles... des nouvelles de la Martinique!

— De la Martinique, Monsieur?

— Oui, Mademoiselle, de la Martinique... d'où pourtant je ne viens pas. Je n'arrive que de Cherbourg. — Et ouvrant un journal qu'il tenait à la main: — Voici un journal, *Les Colonies*, qui m'est tombé sous les yeux dans une auberge.

— Lis-moi ça, ma fille, quoique M. Cartier m'en ait déjà touché un mot.

Assez timidement, Suzette, qui connaissait très peu M. Cartier, commença cette lecture :

« Un événement dramatique vient de jeter l'émoi* dans la population de Fort-de-France.

« Jeudi dernier, le jeune Paul Cellier, fils de M. Cellier, planteur*, prenait un bain à la marée montante, tout en riant de la peur de sa mère qui l'appelait de la plage.

« Les vagues devenaient houleuses*. Le petit téméraire, obéissant enfin à un dernier appel d'effroi, se résignait à venir, quand il est brusquement saisi par une lame* et emporté.

« Mme Cellier, jetant des cris de détresse, se précipite au secours de son fils, parvient à le rejoindre, à le saisir... Une autre lame le lui arrache.

« De la plage, quelques personnes qui voient ce spectacle frémissent, hèlent un canot... Sous leurs yeux, la mère est emportée aussi! Tour à tour, les deux corps apparaissent, disparaissent. On s'écrie: Plus d'espoir! le sauvetage est impossible!

« Mais un jeune soldat qui passait est accouru. Impétueusement il se jette à l'abîme. On le suit des yeux dans sa lutte contre les flots. Il disparaît: lui aussi, il est perdu!.... »

Ici Suzette, toute palpitante, courut au dernier alinéa; puis, avec un soupir de soulagement, reprit:

« Après deux secondes qui sont deux siècles, on le revoit. Il avance; nageur intrépide, il lutte contre la fureur des vagues, se maintient; le voici qui nage vers la plage... Il aborde. Il les a sauvés tous les deux! la mère est évanouie, l'enfant presque mourant est cramponné aux vêtements maternels.

« Alors ce sont des acclamations, des pleurs de joie. On cherche le sauveur. Il est déjà parti.

« Mais le nom d'un brave est bon à apprendre et doux à proclamer. On s'informe à la citadelle. Et ce nom est celui du sergent Sylvain Manceau. »

— Nous savions, dit Suzette, les yeux humides, nous savions ici que Sylvain a du cœur.

— Nous le savions depuis longtemps! ajouta M. Dumay.

Et M. Cartier conclut:

— C'est de vous que je tiens ce brave garçon! Vous

ne sauriez croire quel attachement j'ai pour lui et combien je souhaite son retour.

Ami Sylvain, qu'en ce moment elles durent joyeusement tinter, vos oreilles, là-bas, à quinze cents lieues! et deux jours après encore, quand arriva une lettre de Jacques répétant la nouvelle de votre beau courage!

L'excellent Jacques était ravi : son frère, comme il l'appelait, allait passer sergent-major. Enfin, pour le complément de la fête, l'heure du retour approchait!

Questionnaire. — Qu'est-ce qui venait de s'écouler? — Qu'est-ce qui s'était amélioré? — Que faisaient les ménagères et qu'en résultait-il? — Dites un mot de l'aspect de la campagne. — Que composait Suzette au jardin? — Quelles personnes vinrent la trouver au jardin? — Quelles nouvelles apportait M. Cartier? — Quel accident était survenu sur la plage à Fort-de-France? — Que fit la mère de l'enfant? — Racontez l'acte courageux d'un jeune soldat. — Qui était-il? — Quelle fut la réflexion de Suzette? — Qu'ajouta M. Cartier à la réponse de M. Dumay? — Quelle lettre confirma la nouvelle?

DÉVELOPPEMENT DES SUJETS PROPOSÉS POUR EXERCICES.

Morale. — Dévouement. — *Pourquoi n'est-on pas rigoureusement obligé d'exposer sa vie pour sauver celle d'autrui? — Qu'est-ce que se dévouer? — Quelles qualités suppose le dévouement? — Citez des actes de dévouement dont les auteurs sont des femmes.*

Notre bien le plus précieux est la vie; d'ailleurs, elle ne nous appartient pas tout entière : fils, fille, nous devons en consacrer une part aux auteurs de nos jours : père, mère; elle est en quelque sorte à notre famille; donc nous ne sommes pas tenus de nous exposer à la perdre pour sauver celle d'autrui.

Mais il est des circonstances où l'homme, en présence du danger qui menace la vie du prochain, s'élance sans calculer au secours de l'individu en péril et brave la mort pour le sauver. Tel est le dévouement; rien ne montre mieux la grandeur de l'âme que ces mouvements d'une générosité spontanée; ils honorent la nature humaine.

Il existe encore d'autres dévouements qui, pour être moins éclatants, n'en sont pas moins méritoires, parce qu'ils supposent une volonté héroïque dans sa persévérance. Qui ne connaît le dévouement des mères que rien ne rebute ni ne décourage lorsqu'il s'agit de leurs enfants? — des maîtres et maîtresses qui se consacrent avec joie, avec cœur à la tâche ingrate de l'éducation de la jeunesse? — des médecins, des sœurs de charité qui s'exposent mille fois à la mort au chevet des malades et souvent avec la certitude d'y contracter les germes d'un mal incurable? Ils peuvent marcher de pair avec nos braves soldats, les pompiers héroïques, les marins de nos ports, les sauveteurs dont les associations sont si nombreuses dans notre généreuse France.

Le dévouement suppose l'oubli de soi-même et cet esprit de sacrifice qui met les satisfactions du devoir au-dessus de toutes les autres.

(C'est aux élèves à trouver les actes de dévouement qu'on leur demande de citer; elles devront les choisir de préférence parmi ceux dont les héroïnes sont des jeunes filles.)

Composition. — *Décrire soit votre jardin, soit celui d'un voisin,* *dans la saison des fleurs, ou un jardin public, un square, si vous habitez la ville.*

(Voir Cours de composition française (*Degré élémentaire et moyen*), par E. Laporte, Partie du maître, page 240, et page 239, *Degré supérieur.*)

Sciences naturelles. — Les Fleurs. — *Quelles sont les fleurs particulières : 1° aux champs ; 2° aux prairies ; 3° aux bois? Donner quelques détails sur les plus belles.*

Rien de charmant comme les fleurs! Elles sont semées à profusion dans les champs, les prairies et les bois; elles les parent, les embaument et en font une fête pour les regards.

Dans les champs, on aperçoit les coquelicots aux larges pétales d'un rouge éclatant, l'azur des bluets qui tranche sur les teintes blondes des blés, les liserons aux clochettes d'argent qui escaladent les haies, les jaunes pissenlits dont chaque tête est un soleil d'or, etc., etc.

Dans les prairies se balancent au souffle du vent les blanches marguerites; le myosotis brille au bord des ruisseaux, les renoncules étincellent sous les rayons du soleil.

A l'ombre des bois croissent les pâles anémones bordées d'un liséré rose, les violettes parfumées, les clochettes délicates du muguet, les grandes digitales pourprées, les ancolies bleues, etc., etc. (*Les élèves poursuivront de cette manière ; on pourra leur demander de former des bouquets de ces fleurs qu'ils étiquèteront chacune.*)

Géographie. — *Qu'appelle-t-on marées? — Causes des marées. — Aspect du rivage au moment du flux ; — du reflux. — Hauteur des marées sur certains points de nos côtes. — Quelle grande mer n'a point ou presque point de marées?*

On appelle *marées* les mouvements des eaux de la mer qui, deux fois par jour, les soulèvent, les portent en avant sur le rivage, et, deux autres fois, les ramènent au point de départ.

Ces phénomènes, dont le premier est connu sous le nom de *flux* et l'autre sous celui de *reflux*, sont attribués à l'attraction qu'exercent le soleil et la lune sur la surface du globe.

C'est au *mont Saint-Michel*, au sud-ouest de la presqu'île de Cotentin, que la marée modifie le plus l'aspect du rivage. « A mer basse, l'immense plaine de sable de 250 kilomètres carrés qui entoure le mont, ressemble à un lit de cendres que borne au lointain le liséré d'écume de l'Océan; mais lorsque la marée, plus rapide qu'un cheval au galop, remonte en écumant la pente presque insensible, il lui suffit de quelques heures pour transformer toute la baie en une nappe d'eau grisâtre. Au reflux, les eaux se retirent avec la même rapidité à plus de 10 kilomètres du rivage et laissent à nu la grande plage déserte que parcourent des ruisseaux, en formant çà et là des gouffres perfides de vase molle où les voyageurs risquent de s'engloutir. » (D'après E. Reclus, *L'Océan.*)

La hauteur de la marée est plus grande dans les golfes que sur les plages largement découvertes. Au fond de la baie du mont Saint-Michel, elle marque 14 à 15 mètres entre le niveau du flux et celui des plus basses eaux ; elle n'est que de 5 à 6 mètres à Dunkerque et au Havre.

La *Méditerranée*, qui est une mer fermée, a des marées presque insensibles. Sur nos côtes et celles d'Espagne ou d'Italie, la différence n'est que de $0^m,30$ entre le flux et le reflux ; de $0^m,60$ à $0^m,90$ à Venise, au fond de l'Adriatique ; de $0^m,15$ à l'île de Zante et de $0^m,020$ à Corfou.

143. — Salut à la fermière! (*Élève*, p. 309.)

Il avait fait une de ces chaudes journées de juillet, belles doreuses d'épis. La nuit tombait. M. Dumay et Charlot, après le grand labeur d'un premier jour de moisson, somnolaient, accoudés sur la table du souper.

Assise dans la cour, à la délicieuse fraîcheur du soir, Suzette rêvait, les yeux sur la profondeur du firmament.

La lune, montant de l'horizon, éclairait de sa blancheur la cour et la campagne endormies.

Tout à coup, sur la route une voix s'éleva, une voix claire qui chantait :

« Salut à la fermière ! elle est
Si gentille et si douce !
C'est l'oiseau des bois qui se plaît
Loin du bruit, dans la mousse.
Vieux vagabond qui tends la main,
Enfant pauvre et sans mère,
Puissiez-vous trouver en chemin
La ferme et la fermière ! »

Suzette s'était dressée, l'oreille tendue :

La voix de Jacques? Ce serait la voix de Jacques? Mais non! Il n'arrivait que dans huit jours; sa dernière lettre le disait.

Et aussitôt une autre voix, celle-là un peu tremblante, reprit :

« De l'escabeau vide au foyer,
Là, le pauvre s'empare,
Et le grand bahut de noyer,
Pour lui, n'est pas avare.
C'est là qu'un jour je vins m'asseoir,
Les pieds blancs de poussière;
Un jour... puis en marche, et bonsoir
La ferme et la fermière! »

(Hégésippe Moreau.)

Un bruit de pas suivit la chanson. Suzette, tout émue, courut à la porte.

Sur la route, sous les arbres, s'apercevaient deux ombres. Elles arrivèrent en pleine clarté de la lune : et c'étaient deux soldats de l'infanterie de marine.

Suzette poussa un grand cri :

— Père! les voilà! les voilà!

Et elle courut se jeter au cou de son frère ; puis elle tendit la main à Sylvain.

Sur la route, sous les arbres, s'apercevaient deux ombres.

Le père était déjà là avec Charlot :

— Mon fils! mon Jacques! Ah! que je te presse sur mon cœur... Et vous aussi, Sylvain! mon brave Sylvain!

On entra dans la maison ; on haussa la flamme de la lampe. Ah! qu'ils étaient beaux dans leur vareuse bleue, à boutons d'or! à galons d'or! Grandis, barbus, de vrais hommes ; et leur honnête cœur brillait sur leur visage épanoui.

Ils avaient mis trois semaines seulement en mer au lieu de quatre ; et voilà la raison de la surprise! Ils arrivaient de la ville à pied, n'ayant pas voulu attendre le courrier, qui n'en partait qu'à minuit.

Suzette avait déjà placé sur la table tout ce qui restait de vivres. Et tandis que les voyageurs causaient et mangeaient en gens qui viennent de faire quinze cents lieues, on admirait de nouveau leur belle mine et leurs galons, les galons de sergent-major de Sylvain, dont on rappela la cause, et les galons de sergent de Jacques.

A la fin du repas, Suzette se plaignit de n'avoir pas de dessert à donner. Alors Sylvain alla prendre un paquet qu'il avait, en entrant, posé sur une chaise. Il l'ouvrit :

— Mademoiselle Suzette, dit-il, je vous rapporte la petite bourriche que vous me confiâtes au départ. Mais les pommes, les poires, le petit pot de miel n'y sont plus. Pourtant, il y a du dessert, si vous me permettez de vous l'offrir.

Gingembre.

Cette plante est cultivée dans les contrées tropicales de l'Amérique; on l'utilise en médecine et en cuisine. En Angleterre et en Allemagne, on fait une grande consommation de racines fraîches de gingembre confites au sucre; on en prépare aussi une sorte de confitures. Avec la poudre de gingembre, on fabrique de la bière et un vin de gingembre.

Elle prit la bourriche, l'ouvrit. Et là se trouvaient un beau régime* de bananes, encore suspendu à sa branche, plusieurs bouts de canne à sucre, une noix de coco, d'odorantes gousses de vanille enveloppées de papier d'étain, et deux pots de confitures de cédrat*.

Jacques, lui aussi, avait un paquet, dont il tira un sac de café vert, un autre de manioc en poudre et de la confiture de gingembre.

Les deux Martinicains voulaient qu'on goûtât tout de suite aux confitures ; mais le père et la fille remirent la fête au surlendemain, où l'on inviterait les Valon et les Cartier.

Car depuis la première visite de M. Cartier on s'était lié avec lui. Il ne lui restait qu'une fille, Cécile, après la perte de sa femme et de deux garçons. Suzette et Mlle Cécile, une bonne personne, avec du naturel, qui est la plus aimable des grâces, s'étaient plu à première vue.

Comme on parlait d'elle, une voiture s'arrête à la porte ; et voilà que M. Cartier et sa fille en descendent; la seconde d'après, M. et Mme Valon arrivent de leur côté.

Ce furent de nouvelles embrassades, de nouvelles poignées de main.

— Hé ! s'écria M. Cartier avec bonne humeur, ai-je eu bon nez de passer par ici en revenant du Catelet !

On causa quelques instants et après avoir accepté pour le surlendemain l'invitation à dîner de M. Dumay, M. Cartier emmena Sylvain.

En s'en retournant, Mme Valon dit à son mari :

— Je crois bien que nous irons cette année à la noce.

— Et même à une double noce, répondit M. Valon.

Elle ajouta :

— Sylvain est un cœur honnête et généreux ; le choix de ma Suzette ne me fâchera pas.

Questionnaire. — Comment avait été la journée? — Que faisaient M. Dumay et Charlot, accoudés sur la table du souper ? — Où était Suzette ? — Récitez le couplet qu'elle entendit chanter. — Quelle voix reconnut Suzette dans celle du chanteur? — Que chanta ensuite une autre voix? — Qu'aperçut la jeune fille sur la route? — Racontez la scène touchante du retour. — Où entra-t-on? — Comment étaient les jeunes soldats? — Quelle était la raison de leur retour imprévu? — Comment se passa le souper des nouveaux arrivants? — A quelle occasion et en quels termes Sylvain offrit-il une bourriche à Suzette? — Qu'est-ce qui s'y trouvait? — Qu'avait apporté Jacques? — Que voulaient les deux Martiniquais? — Quelle décision prit-on? — Quelles relations s'étaient établies avec la famille Cartier? — Quelles personnes survinrent? — Racontez les incidents de cette dernière partie de la soirée.

DÉVELOPPEMENT DES SUJETS PROPOSÉS POUR EXERCICES

Géographie et Cosmographie. — *Quel nom donne-t-on à une bande blanchâtre, semée d'étoiles, qui traverse le ciel? — De quoi est-elle formée? — Qu'est le soleil? — Donnez une idée de la vitesse de propagation de la lumière. — Combien la lumière met-elle de temps pour nous parvenir des étoiles les plus rapprochées?*

Pendant les belles nuits, on aperçoit dans le ciel, et à peu près dans la direction du nord au sud, une grande traînée lumineuse qui se divise en deux branches principales, sur près de moitié de sa longueur; c'est la *voie lactée*. Elle forme comme un cercle dont nous ne verrions que la moitié.

La voie lactée est une immense agrégation d'étoiles ; on estime qu'elle n'en contient pas moins de 18 millions dans la partie accessible à nos regards. Le soleil est l'une de ces étoiles, et il paraît comme perdu, dans cette fourmilière de mondes, avec son cortège de planètes; c'est un atome dans la poussière lumineuse de la voie lactée.

On sait que la lumière parcourt en une seconde au moins 300,000 kilomètres, soit environ huit fois la circonférence du globe ; or les dimensions de la voie lactée sont si prodigieuses que, pour franchir l'espace qui sépare ses deux extrémités, un rayon lumineux mettrait plus de *dix mille années*. Cependant elle-même n'est qu'un point dans l'immensité du ciel, où l'on a déjà reconnu près de 4,500 amas semblables d'étoiles. Quelques-uns sont si éloignés que leur lumière met deux millions d'années à nous parvenir.

La lumière des étoiles emploie un temps considérable à franchir la distance qui les sépare de la terre : ainsi, celle de la plus proche de nous met 3 ans et demi ; il faut 21 ans à celle de l'éclatant *Sirius*, le plus bel astre du ciel ; à celle de l'étoile polaire, 50 ans ; à celle de la *Chèvre*, 72 ans.

L'imagination est confondue en face de tels nombres et de ces espaces prodigieux où l'œil de l'homme n'avance que pour rencontrer d'autres espaces, et où la pensée se perd anéantie devant la toute-puissance du Créateur.

Sciences naturelles. — *Que savez-vous des bananes? — des noix de coco? — des cédrats, du gingembre? — Où croît le thé? — Que recherche-t-on dans cet arbrisseau?*

Les *bananes* sont des fruits des pays tropicaux qui croissent par groupes ou *régimes* sur un arbre appelé bananier. Elles ressemblent à des concombres de $0^m,10$ à $0^m,12$ de longueur ; leur couleur est jaunâtre, leur saveur douce et sucrée : c'est le fond de l'alimentation de la classe laborieuse dans les pays chauds de l'Amérique.

On appelle *noix de coco* le fruit du cocotier. Elle est composée d'une enveloppe filamenteuse, ovale et très dure, qui renferme une amande creuse, blanche et succulente, laquelle contient une liqueur laiteuse, agréable au goût.

Le *cédrat* est un citron d'une odeur fort agréable.

Le *gingembre* est une plante originaire des Indes dont la racine est d'un goût approchant de celui du poivre.

Le *thé*, arbrisseau de la famille des camélias, est originaire de la Chine et du Japon ; il s'élève à une hauteur de $1^m,30$ à 2 mètres. On n'en utilise que les feuilles, lesquelles sont récoltées deux fois par an, au printemps et en automne, lorsqu'elles commencent à s'épanouir. Après les avoir fait sécher un peu au soleil, on les expose sur des plaques de fer chauffées, puis on les roule sur des nattes avec la paume de la main. On répète plusieurs fois ces opérations, et lorsque le thé, bien desséché, a été privé du principe âcre qu'il renfermait, on le met dans des caisses doublées de lames de plomb où on le tasse autant que possible, pour l'expédier en Europe et en Amérique. L'usage du thé a été introduit en Occident vers la fin du dix-septième siècle ; on en fait surtout usage en Angleterre, en Hollande et aux États-Unis.

Économie domestique. — *Comment prépare-t-on une tasse ou infusion de thé? — Usages de cette infusion. — Comment sert-on le thé? — De quoi se compose un dessert? — Comment sert-on et mange-t-on les gâteaux, les fruits, les confitures?*

Il y a lieu de rappeler que les *espèces vertes* de thé ont plus de force et d'arome que les *espèces noires*; mais elles irritent et agitent les nerfs ; leur mélange par moitié n'a pas ces inconvénients.

On met dans la théière la quantité de thé nécessaire, laquelle varie selon le goût ou le besoin que l'on a d'une infusion plus ou moins forte (1). On verse dessus de l'eau bouillante, et l'infusion est parfaite

(1) Il faut environ 8 grammes de thé ou une forte cuillerée à café pour 2 tasses ; pour 4 tasses, 12 grammes ; 30 grammes suffisent pour 12 tasses.

aussitôt que les feuilles sont développées et tombées au fond (de 5 à 10 minutes). On verse alors le thé dans une tasse; on sucre et l'on additionne quelquefois de lait ou d'une petite quantité de rhum.

Le thé, pris après le repas, facilite la digestion des aliments. Presque indispensable aux grands mangeurs, il est très utile aux gens sobres dont les forces digestives ont décliné; aux personnes replètes, lymphatiques; aux constitutions rhumatismales; à ceux qui se nourrissent d'aliments gras, huileux ou farineux; aux habitants de climats humides; enfin, aux vieillards. Il agit avec une merveilleuse efficacité dans les fatigues d'estomac, dans la paresse de digestion qui succèdent aux excès de table et aux veilles.

Quelquefois le thé sert de demi-repas, de collation, comme pour le premier déjeuner et le second souper. Alors il est accompagné de pâtisseries et de pains au beurre, qu'on pose sur la table en même temps qu'un pot de lait et un flacon de rhum. Il constitue ainsi un aliment réparateur.

Un *dessert* se compose de fromages, de pâtisseries, telles que brioches, babas, gâteaux feuilletés, biscuits de Savoie, biscuits en caisse, nougats, massepains, macarons, meringues; de compotes diverses, de tranches de pêches au sucre, de prunes, d'oranges, de pommes, de poires, etc., de gelées, de raisins, de conserves, etc.

Pour bien servir un dessert, on l'apprête à l'avance en arrangeant sur chacune des assiettes le couvert et le couteau destinés aux convives, et on les dispose en attendant sur une desserte ou une table supplémentaire. On garnit ensuite de grandes assiettes à fruits avec des feuilles vertes ou de la mousse sur lesquelles on pose les fruits en pyramide, puis on s'occupe des sucreries. Sur le milieu de la table, et au moment voulu, on dispose une pièce plus grande que les autres, telle qu'une pâtisserie, une crème; aux deux extrémités sont des vases en cristal pour les fruits à l'eau-de-vie et les confitures; les autres assiettes sont placées dans les intervalles des lumières, des bouteilles et carafons. Une assiette doit toujours avoir son assiette correspondante.

On sert dans l'ordre suivant : le fromage, les pâtisseries, les fruits, les compotes, les petits fours et les sucreries.

On *mange les gâteaux* en les portant délicatement à la bouche avec la main droite; les fruits doivent être pelés et coupés auparavant, excepté, bien entendu, les cerises, les raisins et autres analogues. Quant aux confitures, on les mange à l'aide d'une cuiller à dessert et jamais avec son couteau.

144. — Trois ans après. (*Élève*, p. 313.)

Deux fillettes, un bambin, rieurs et bruyants, précèdent la famille.

Derrière eux, Louis et Madeleine, Jacques et Cécile vont gaiement. Ils sont suivis de Charlot, de Marthe, de Mme Richard donnant le bras à M. Cartier, et de M. Dumay, qui tient par la main une petite fille de dix-huit mois, Marguerite.

Marguerite, aux joues rondes, aux yeux clairs, rayonnants d'esprit et de bonté, est la chérie du vieillard, qui l'appelle Suzette II.

Auprès d'elle, sa mère et Sylvain ; puis M. et Mme Valon avec leurs enfants, et un grand garçon de bonne mine, le nez en trompette, M. François, maintenant mécanicien distingué.

Toute la famille s'est réunie pour ce beau jour de septembre : c'est l'anniversaire du double mariage de Suzette et de Jacques, et c'est aussi l'anniversaire de naissance du père.

Il a voulu rassembler tous les Dumay. Et ils sont venus se ranger autour du chef de la famille. Seul Pascal manque.

Pascal accomplit à cette heure le voyage d'exploration que, par un coup de mémoire anticipée, il était venu raconter jadis. Il a suivi l'expédition de Brazza et compte, au printemps prochain, faire une visite à ses vieilles connaissances, les Touaregs, le Grand Désert, etc.

Sa mère donne de ses nouvelles, tout en montant la petite côte au haut de laquelle on va déjeuner sur l'herbe. Le déjeuner est arrivé le premier.

C'est Ludivine qui, là-haut, garde les plats, les bouteilles, — la pauvre Ludivine décrépite*, misérable, ruinée par monsieur son fils, et qui vit maintenant des petites commissions qu'on lui donne dans les deux fermes. Avec ses secrets, c'est tout ce qui lui reste. Le père Benoît, plus heureux qu'elle, est mort.

La caravane familiale passe le long des champs. Complaisamment M. Dumay en montre de joyeux, gras et choyés : ceux-ci sont de Fragicourt, ceux-là de Bois-Maillard, les perles du pays !

Mais sa petite fille Marguerite le ramène à une autre question. Elle veut arriver la première à ces buissons, là-bas.

Obéissant, il la met sur son dos.

— Et vite, vite, grand-père !

Il presse le pas et si bien qu'il prend la tête. Bientôt, au haut de la colline, les deux silhouettes, la grande et la petite, se dessinent sur le fond clair du ciel.

Comme si elle avait conscience du radieux tableau qu'elle offre en ce moment à tous les regards, Marguerite pousse un triomphant cri de joie.

Son visage, ses beaux et bons yeux d'enfant aimé, sain et charmant, jettent un rayonnement de vie qui pénètre tous les cœurs.

Sylvain, attendri, prend la main de sa femme. Il montre au loin la ferme, nichée dans la verdure.

Et Suzette presse cette main. Elle a compris :

C'est ici, en ce même endroit, qu'un jour, le pauvre garçon solitaire, abandonné, avait rêvé le foyer, la famille, la communauté de tendresse, de peines et de joies qui sont le meilleur de cette vie.

Et maintenant, il les avait !

Questionnaire. — Quels petits personnages précédaient la famille ? — Qui venait derrière dans cette promenade ? — Faites le portrait de Marguerite. — Qui se trouvait auprès de la charmante enfant ? — A quelle occasion se réunissaient la famille et les amis ? — Qui manquait seul, et pourquoi ? — Que devait-on faire au sommet de la colline ? — Quel était le rôle de Ludivine dans cette réunion, et comment la retrouvait-on ? — Que montrait M. Dumay à ses hôtes ? — Que lui demanda Marguerite ? — Comment apparurent-ils tous deux au sommet de la colline ? — Quel aspect joyeux présentait le visage de l'enfant ? — Que fit Sylvain ? — Que lui rappelait ce lieu ? — Qu'avait-il maintenant ?

FIN DE SUZETTE.

LEXIQUE

DES MOTS SUIVIS D'UN ASTÉRISQUE DANS LE CORPS DU VOLUME.

Sous des numéros correspondant à ceux des leçons, et selon l'ordre du texte, on a réuni les mots qui, dans chaque leçon, ont paru devoir être expliqués. Ainsi la préparation des lectures quotidiennes sera facilitée, et de longues recherches épargnées aux élèves.

(*Les mots sont définis dans l'***acception** *où ils sont employés par l'auteur.*)

---

1. — **Atre**. L'endroit de la cheminée où l'on fait le feu.

Ramages. Représentation de rameaux, de feuillages, de fleurs sur vases ou étoffes.

Pampe. Feuille des céréales.

Physionomie. Les traits du visage.

Affabilité. Qualité de celui qui reçoit ou écoute avec bonté ceux qui s'adressent à lui.

Lignée. Les descendants d'un ancêtre ou les enfants d'un père ou d'une mère.

2. — **Spacieux**. Qui est de grande étendue.

Volubilis. Plante grimpante ayant de jolies fleurs en clochette.

Moulures. Ornements en saillie sur des pierres ou des meubles.

Cannelures. Rayures verticales ou sillons à demi circulaires qu'on fait sur des colonnes.

Scintillant. Qui a un vif mouvement dans la lumière qu'il envoie.

Falaise. Ville de Normandie.

Strident. Qui produit un son aigre.

Sérénade. Concert de voix et d'instruments. Ici on veut désigner le chant de l'insecte.

3. — **Dodeliner**. Balancer lentement la tête de droite à gauche.

Soubresaut. Saut subit, inattendu.

Le vieux temps. Le temps antérieur au moins d'un siècle à l'époque actuelle.

Sur le bout du doigt. Sans faire une faute.

Maisonnée. Les habitants de la maison.

Vaguement. Sans but bien déterminé, bien fixé.

4. — **Caverne**. Lieu en creux dans des rochers ou sur le flanc et l'intérieur d'une colline.

Store. Espèce de rideau qui se lève ou se baisse à l'aide d'un ressort.

Tamisé. Dans ce sens : qui a été adouci, rendu moins vif.

Reflet. Rayons lumineux renvoyés par une surface polie.

Surplomber. Qui dépasse le support.

Clématite. Plante grimpante.

Raviné. Se dit d'un endroit creusé de sillons par l'eau des pluies.

Liane. Plante qui grimpe sur les arbres.

Inextricable. Qui ne peut être démêlé.

Pépiement. Petit cri joyeux et répété, poussé par certains oiseaux.

Epieu. Gros bâton à bout pointu et durci.

Baies. Fruits mous et charnus de certains arbustes.

Aire. Espace non pavé entre les murs d'une maison.

5. — **Œil songeur**. Manière de regarder d'une personne préoccupée.

Netteté. Qualité de ce qui est sans souillure.

Prélasser (se). Marcher avec un air de gravité orgueilleuse.

Escarbilles. Morceaux de charbon de terre de petite dimension.

Gouverner. Donner la direction.

Résolution. Disposition à faire une chose malgré les obstacles.

6. — **Encombrement**. Amas d'objets qui occupent une place qui n'est pas la leur.

Savoir-faire. Qualité de celui qui réussit dans les travaux qu'il entreprend.

Feindre. Paraître vouloir faire une chose, avec l'intention de ne pas l'exécuter.

7. — **Héroïsme**. Disposition à faire des actions utiles et désintéressées.

Charles le Téméraire. Duc de Bourgogne, ambitieux, cruel, qui vécut au XVe siècle.

Etendard. Pièce d'étoffe suspendue à une lance et qui sert à rallier les soldats.

Spontanément. Agir spontanément, c'est faire une chose sans que personne vous y excite.

Cheval emporté. Cheval furieux qui ne se soumet plus à l'action du frein.

Effacé. Dans ce sens: qui ne cherche pas à être vu, remarqué.

Balourd. Qui est grossier et maladroit.

8. — Ragoût. Mets assaisonné, composé de légumes et de viande découpée.

Clapoter. Un liquide clapote quand il fait du bruit par suite d'une légère agitation.

Saveur. Qualité qu'on apprécie par le goût.

Aromate. Substance à odeur forte dont on parfume les mets.

Réconfortant. Qui fortifie.

Rasséréné. Qui n'a plus ni crainte ni chagrin.

9. — Anniversaire. Époque ou cérémonie que ramène le souvenir d'un événement arrivé à pareil jour.

Stérilité d'esprit. État d'une personne incapable de tirer parti de ce qu'elle sait.

Almanach. Petit livre ou calendrier qui contient la liste des jours de l'année avec des prédictions relatives au temps.

Bibliothèque. Lieu ou meuble dans lequel on réunit beaucoup de livres.

Réfléchi. Le contraire d'étourdi.

10.— Indienne, cotonnade. Étoffes de coton d'un prix peu élevé.

Sentir la main. S'apercevoir qu'on est dirigé, guidé.

École d'agriculture. Établissement où l'on forme les jeunes gens à la culture intelligente.

Contrebande. Faire entrer ou passer des marchandises sans payer les droits; ici, agir en cachant ce qu'on fait.

Appeaux. Pièges tendus aux oiseaux.

Imaginations (des). Actes, projets bizarres contraires à ce qui est naturel.

Tatouer. Tracer des dessins sur la peau au moyen de piqûres.

Rébellion. Résistance faite les armes à la main.

11. — Secouer le souci. En éloigner le souvenir.

A tire-d'aile. De toute la vitesse de ses ailes.

Onduler. Voler en abaissant et en élevant lentement son vol.

Guetter. Observer quelqu'un ou quelque chose pour arriver à le surprendre.

Déserter. Abandonner un lieu ou un poste où l'on devait rester.

12. — Sanglot. Soupir poussé avec une voix entrecoupée.

Sanglot déchirant. Qui cause, qui fait grande peine.

Mauvais esprit. Tendance à faire le mal.

Trouver le joint. Trouver le meilleur moyen de réussir.

Ironique. Qui dit une chose de façon qu'on en croie une autre opposée.

Inverse. Opposée à ce qu'on cite ou voit.

Empeigne. Pièce de cuir qui constitue le dessus d'un soulier.

13. — Se piquer d'une chose. Se glorifier de la bien connaître.

Denrée. Tout ce qui se vend pour la nourriture des hommes et des animaux.

Comptabilité. L'ensemble des comptes d'un ménage ou d'une maison de commerce.

Probant. Qui donne ou fournit la preuve.

Ingénieux. Plein d'invention.

Bien-être. Ce qui contribue à rendre l'existence commode ou agréable.

Char à bancs. Voiture longue et légère garnie de plusieurs bancs.

14. — Jalon. Bâton droit qu'on plante en terre pour prendre des alignements.

File indienne. Façon de marcher un à un, à la suite l'un de l'autre.

Patois. Langue particulière à une région et qui se rattache à la langue principale.

Chaussée. Partie principale d'un chemin.

Prétentieux. Qui affecte de se croire plus instruit et plus habile.

Austrasie. Région N.-E. de la France mérovingienne.

15. — Charte. Acte écrit où l'on mentionnait, au moyen âge, les droits ou les redevances des vassaux ou des communes.

Carillon. Réunion de cloches de différents tons.

Hôtel de ville. Édifice où délibèrent les autorités municipales.

Ogive. Arcade présentant deux lignes courbes se réunissant en pointe.

Rosace. Ornement sculpté en forme de rose.

Tente. Habitation de toile dont se servent les nomades.

Renaissance. Partie du XVe et du XVIe siècle pendant laquelle les arts et les sciences semblèrent renaître.

Corporation. Association de gens de métier autorisée par l'État.

Armoiries. Figures peintes sur les armes, les boucliers et les édifices, comme signes distinctifs.

Parchemin. Peau de brebis ou de mouton préparée pour écrire.

Scribe. Homme qui gagne sa vie à copier.

Écarquillé. Se dit d'yeux largement ouverts.

Narguer. Braver avec mépris.
Vermandois. Région du N.-E. de la France ayant Saint-Quentin pour capitale.
Evoquer des souvenirs. Rappeler ce qu'on a vu ou appris.
Manant. Gens tenus d'habiter le domaine d'un seigneur.
Souquenille. Vêtement sale.
Emancipation. Mise en liberté.
Beffroi. Tour munie d'une cloche, où l'on faisait le guet.
Commune. Ville dont les citoyens avaient le droit de s'administrer eux-mêmes.
Cloche banale. Cloche pour le service de la ville entière.
Droits de la cité. Ce que pouvaient faire et exiger les habitants de la cité.

16. — Lambrequin. Ornement qui pend aux contours d'un objet.
Affriandé. Attiré par quelque chose d'agréable.
Tohu-bohu. Grande confusion de gens.
Juif-Errant. Personnage qu'une légende représente comme devant marcher, errer, jusqu'à la fin du monde.
Boniment. Annonce de charlatan.
Cachemire. Tissu de laine très fin.
Sergé. Etoffe de laine croisée.
Broché. Tissu dans lequel on a entremêlé des fils de soie.
Cheviotte. Etoffe de laine d'imitation ou de fabrique anglaise.
Bourrette. Etoffe faite de la soie grossière qui entoure le cocon du ver à soie.
Mérinos. Étoffe de laine très fine, moins cependant que le cachemire.
Popeline. Etoffe dont la chaîne est de soie et la trame de laine.
Perplexe. Qui ne sait quelle résolution prendre.

17. — Luisant. Éclat que donne aux étoffes un certain degré d'usure.
Tante Aurore. Bonne vieille dont il est question dans certains contes enfantins.
Lazzi. Gestes et propos plaisants.
Parade. Scène burlesque qu'on donne à la porte des théâtres forains.
Porter aux nues. Attribuer de grands mérites.
Air délibéré. Qui a de l'aplomb.
Bon teint. Dans ce sens : bien teinte.

18. — Parfiler. Défaire un tissu fil à fil.
Trame. Fil conduit par la navette entre les fils qui constituent la chaîne d'une étoffe.
Chaîne. Les fils tendus sur les deux rouleaux de gauche et de droite d'un métier.
Compact. Qui est épais et serré.
Caractéristique. Qui fait connaître les qualités ou défauts propres à une chose.
Briquet. Petite pièce d'acier servant à tirer du feu d'un caillou.
Analyse. Opération qui a pour objet de distinguer les parties d'une chose.
Contrefaçon. Action de copier, d'imiter l'œuvre qu'un autre a découverte ou qu'il a seul le droit de faire.
Aix-la-Chapelle. Ville d'Allemagne située près de la Belgique.
En permanence. Se dit de ce qui demeure longtemps dans un même lieu.

19. — Concours. Réunion de gens ou d'élèves qui prétendent à une place ou à un prix.
Bourse. Pension fondée par le gouvernement pour l'entretien d'un écolier dans un établissement d'instruction.
Bachelier. Titre qui constate qu'un élève ayant achevé ses classes latines possède bien les matières qu'il a étudiées.
Avocat. Celui qui fait profession de défendre les accusés en justice.
Député. Citoyen envoyé par ses concitoyens dans une assemblée où se discutent les choses qui intéressent la nation.
Evoquer. Faire apparaître.
Richesse publique. On entend par ce mot ce que possède la nation.

20. — Trousseau. Habits et linge qu'on donne à une jeune fille en se mariant, ou à un enfant qui va en pension.
Discret. Qui ne cherche pas à paraître.
Iris. Plante qui croît dans les lieux humides.
Inexpérimenté. Dans ce sens : qui n'a pas le talent de faire une chose.
Recueillement. Etat de celui qui rappelle ses idées, ses souvenirs.
S'émouvoir. Éprouver quelque trouble, quelque chagrin.
Affiner. Cultiver par l'instruction.

21. — Charmant. Très agréable.
Chimie. Science qui étudie ce qui peut changer l'état des corps et les applications utiles qui en résultent.
Physique. Science qui étudie les propriétés des corps matériels sans les décomposer, comme on le fait en chimie.
Laboratoire. Local disposé pour faire les expériences de physique et de chimie.
Greffer. Fixer, dans la fente d'une tige d'arbre, une petite branche que l'on coupe sur un arbre de meilleure espèce.
Agronome. Celui qui s'occupe de perfectionner l'agriculture.
Éléments. Les parties, les substances dont un corps est composé.

Azote. L'un des deux gaz qui forment l'air ; il ne peut entretenir la combustion.
Carbone. Corps qui, à l'état de pureté, est le diamant, et qui constitue la base du bois et du charbon.
Oxygène. Celui des deux gaz de l'air qui peut entretenir la combustion.
Hydrogène. Gaz 14 fois et demie plus léger que l'air.
Radicelles. Petites ramifications d'une racine.
Charme. Parfaitement bien.
Olivier de Serres. Grand agronome contemporain de Henri IV.
Mobiles. Les mobiles étaient de jeunes soldats qui n'avaient pas été formés au service militaire.

22. — Bac à charbon. Caisse où l'on place le charbon.
Eclopé. Celui dont l'état n'est pas satisfaisant.
Grands frais. Avec grande dépense.
Idée ingénieuse. Idée qui inspire des améliorations auxquelles on ne songeait pas.
Couveuse. Poule qui couve.
Surcroît. Ce qui s'ajoute à quelque chose pour en augmenter le poids ou l'importance.

23. — Inventeur. Celui qui fait une invention.
Cliquet. Petit levier pour empêcher une roue dentée de revenir en arrière.
Bassiner une blessure. Humecter, mouiller avec un liquide tiède ou chaud.
Grommeler. Murmurer, se plaindre entre ses dents.
Déserter. Voir n° 11.
Onguent. Mélange ou composition molle qu'on étend sur du linge, du papier, et qu'on applique sur une plaie.
Expérience. Épreuve, essai que l'on fait pour découvrir ou pour arriver à démontrer une vérité.

24. — Le patient. Celui qui souffre.
Surgir. Sortir de, s'élever au-dessus, apparaître sans être attendu.
Etrange. Qui n'est point comme les choses ou personnes ordinaires.
Tenter une chose. Essayer ; mettre, pour réussir, un moyen quelconque en usage.
A pas de loup. Sans bruit et lentement.
Margelle. Pierre creuse qui forme le rebord d'un puits.
Conjuration. Paroles et gestes par lesquels certains fripons prétendent guérir les gens ou les animaux malades.
Tournée (en). En excursion.

25. — Pailleté. Plumage pailleté, celui qui présente des taches nombreuses de teintes variées.
Défaillir. Tomber en faiblesse.
Secret. Moyen connu de peu de personnes.
Traitement. Manière de soigner une maladie.
Exaspérer. Irriter le mal.
Suppuration. Écoulement de pus.

26. — Fièvre typhoïde. Maladie que caractérise une grande inflammation intérieure.
Choléra. Maladie épidémique et le plus souvent mortelle, caractérisée par des vomissements et des crampes.
Absorber. Introduire dans le corps par les ouvertures du nez ou de la bouche.
Plaie à vif. Qui laisse voir la chair.
Infecté. Communiquer une mauvaise odeur ; gâter, corrompre.
Acide phénique. Liquide désinfectant que l'on tire de la houille.
Caustique. Qui désorganise les chairs ou membranes comme une brûlure.

27. — Aveu. Action de dire ce qu'on a fait de mal.
Escroquerie. Action de prendre ou d'obtenir quelque chose par tromperie.
Quotidien, diurne. Qui a lieu chaque jour, pendant le jour.
Noctambule. Celui qui circule ou travaille pendant la nuit.
Cécité. Privation de la vue.
Emblème. Figure d'un objet qui rappelle une sentence.
Toton. Dé traversé par une cheville et que l'on fait tourner.
Brune (à la). A l'entrée de la nuit.

28. — Édenté. Privé de ses dents.
Faire long feu. Ne pas durer longtemps, ne pas produire d'effet.
Foie. Organe intérieur où se forme la bile.
Détaler. Se sauver.

29. — Belle lurette. Longtemps.
La nature. Ce qui nous entoure.
Éducation. Science qui a pour objet de développer et de cultiver les facultés de l'enfant.
Reconstitué. Tel qu'il était auparavant.
Jardinière. Meuble d'ornement qui supporte une caisse où l'on met des fleurs.
Cordial. Qui vient du cœur.
Gâcher. Employer mal, ne pas tirer profit par maladresse ou négligence.

30. — Des charges. Les dépenses qu'on est obligé de faire.
Ressources. Argent, choses à vendre

avec quoi l'on peut solder ses dépenses.
Rechigner. Témoigner de la répugnance avec mauvaise humeur.
Innovation. Pratique nouvelle qu'on introduit dans sa manière habituelle de faire une chose.
Ancré. S'affermir obstinément dans un procédé routinier, dans une habitude.
Ivraie. Mauvaise herbe qui croît parmi les blés.
Méthode. Procédés de culture.

31. — Antique. Qui a été composé, fait, à une époque très éloignée de nous.
Domestique. Qui est de la maison.
Lune. Le temps pendant lequel la lune effectue sa révolution autour de la terre ; il dure 27 jours et demi.
Précocité. Floraison hâtive.
Provenu. Venu de...
Grande muraille. Mur fortifié de plus de 2,000 kilomètres de long, entre la Chine et la Mongolie.

32. — Fécondité. Qualité attribuée à la plante qui produit beaucoup.
Se perpétuer. Se reproduire sans cesse.
Se féliciter. Se savoir bon gré, être content de ce qu'on a fait.
Inépuisable. Qui ne cesse de produire.
Fournil. Le lieu où est le four.
Outillage. Ensemble des outils, des machines nécessaires à une fabrication, à une exploitation.
Modification. Changement, perfectionnement.
Agencement. Arrangement du local et du matériel employé.
Prospérité. Situation où l'on gagne autant qu'on le peut espérer.

33. — A pic. Avec pointe escarpée.
Vertige. Indisposition dans laquelle il semble que les choses tournent autour de vous.
Suffocation. État de celui qui ne peut plus respirer à cause d'une vapeur nuisible.
Acre. Qui cause dans la bouche ou la gorge une sensation piquante et brûlante.
Crépiter. Bruit causé par un corps qui brûle en pétillant.
Asphyxie. Suspension de la vie causée par la respiration de certaines vapeurs ou par l'impossibilité de respirer.
Maîtresse poutre. La poutre qui supporte le plancher.
Lamentation. Plainte accompagnée de gémissements, de marques de douleur.

34. — Radieux. Qui brille en jetant des rayons de lumière.
Navré. Qui montre une vive et profonde affliction.
Décombres. Amas de matériaux inutiles qui restent sur le terrain après une démolition ou un écroulement.
Sinistre. Ici, l'incendie.
Raser. Passer très près d'une construction.
Battre les environs. Courir de tous les côtés.

35. — Silhouette. Dessin réduit au trait fait autour de l'ombre d'un corps.
Tronqué. Se dit d'un arbre dont on a coupé les branches.
Vestiges. Faibles marques qui rappellent ce qui fut dans un lieu.
Fourré. Partie d'un bois où se trouve un assemblage épais d'arbrisseaux et de broussailles.

36. — Convulsé. Tel que s'il était atteint de convulsions.
Hagard. Qui marque l'épouvante.
Délire. Égarement de l'esprit par la maladie.
Fantaisie. Ce que l'on veut ou désire.
Détresse. Grande peine d'esprit.
Affolé. Qui est sans direction.

37. — Auvent. Petit toit en saillie au-dessus d'une porte ou d'un étalage.
Détérioré. En mauvais état, gâté.
S'assurer. Payer une somme convenue pour être remboursé de la valeur de certains objets.
Compagnies d'assurances. Sociétés où l'on s'assure contre l'incendie, la grêle et autres risques.

38. — Argent comptant. Argent en pièces de monnaie.
Épier. Monter en épis.
Litière. Paille ou autre fourrage qu'on répand sur le sol pour le coucher des bestiaux, des chevaux, etc.
Exploitation. Domaine, ferme qu'on fait valoir par ses mains.
Ancêtres. Les aïeux ; ceux de qui l'on descend.
Robinson. Personnage imaginaire qu'on raconte avoir vécu longtemps seul dans une île.
Mettre du sien. Donner sa part d'argent ou de travail.

39. — Grand Turc. — Le sultan, le souverain des Turcs.
Usurier. Celui qui prête de l'argent à des conditions très excessives.
Crédit foncier. Société qui prête de l'argent aux propriétaires de fonds de terre.
Immeuble. Les terres que l'on possède, les maisons.
Sommeil de plomb. Sommeil très profond.
Cérébral. Qui se rapporte au cerveau.
Anxieux. Qui a des chagrins d'esprit mêlés d'inquiétudes.

40. — Éteindre de la chaux. La délayer en y versant de l'eau.

Equipe. Compagnie d'ouvriers réunis pour un même travail.

Exhausser. Élever en hauteur.

Aérage. Renouvellement de l'air d'un lieu.

Brou. L'enveloppe verte des noix.

Etager. Disposer les rayons les uns au-dessus des autres.

Bancal. Qui n'est pas d'aplomb sur ses pieds.

Disloqué. A moitié brisé.

Fioritures. Ornements de peu d'importance.

Encaustique. Mélange de cire et d'essence de térébenthine.

Balle d'avoine. Pellicule des grains d'avoine.

Inertie. Manque d'activité, d'énergie.

41. — Veiller au grain. Faire attention à ce qui doit ou peut survenir.

Par aventure. Par extraordinaire.

Râble. Dos du lapin et du lièvre, des épaules à la queue.

42. — Larve. L'insecte dans l'état où il est à partir de sa sortie de l'œuf jusqu'à sa transformation.

Consterné. Dans un étonnement douloureux.

Invasion. Entrée dans un pays pour le ravager, le piller.

Repiquer. Déplanter et replanter ailleurs de jeunes plants.

Chômer. Rester sans produire.

Incurie. Négligence persistante.

Perdition. Qui cause du dégât.

43. — Rapiécetage. Action de mettre des pièces à des vêtements.

Garde-robe. Les vêtements, les hardes de jour et de nuit.

Main industrieuse. Qui sait faire les choses avec soin et économie.

Chef-d'œuvre. Œuvre supérieure.

Muscadin. Jeune homme prétentieux et élégant.

Ratatiné. Rapetissé par l'âge, ridé.

44. — Grandes occasions. Époques marquées par un événement peu ordinaire.

Mélilot. Plante qui ressemble au trèfle.

Ensorceler. Causer des maladies, des accidents par des pratiques bizarres à l'effet desquelles on ne croit plus.

Intact. En bon état.

45. — Compliqué. Qui est composé d'un grand nombre de choses.

Rapetasser. Raccommoder grossièrement de vieux habits.

Délégué. Celui qui est envoyé par d'autres pour agir et décider en leur nom.

Etats généraux. Assemblée des députés des trois ordres de la nation sous l'ancienne monarchie.

Rôle. Manière d'agir dans les affaires du monde.

Humain. Qui se rapporte à l'homme.

Fierté attendrie. Fierté mêlée de tendresse.

46. — Mirliflore. Jeune homme qui fait le coquet, l'agréable.

Terrée. Dont le sol est formé de terre battue.

Millionnaire. Celui qui possède une fortune au moins égale à un million.

Diable à quatre. C'est-à-dire ce qui fait grand bruit, ce qui produit beaucoup d'effet.

Fins morceaux. Mots choisis.

Raffiné. Celui qui ne pratique pas la simplicité dans ses goûts et ses manières.

Groupement. Action de réunir les gens pour agir en commun.

Affiner. Devenir plus délicat, plus fin.

Stimuler. Exciter à faire une chose.

Faculté. Le talent, l'aptitude, le pouvoir de faire une chose.

Jachère. Terre cultivée que l'on a laissée reposer.

47. — Coup de collier. Effort énergique.

Grenu. Qui porte beaucoup de grain.

Insensé. Celui qui ne jouit pas de toute sa raison.

Routine. L'ancien usage avec ses inconvénients, ses défauts.

Singularité. Façon d'agir qui ne ressemble point à celle des autres.

Gorges chaudes. Faire en société des plaisanteries sur quelqu'un.

Distingué. Qui a une apparence, un extérieur annonçant des qualités peu ordinaires.

Aster. Plante vivace ; la reine-marguerite est un aster de Chine.

48. — Victuailles. Provisions qui servent à la nourriture des hommes.

Disette. Manque des choses nécessaires à la vie.

49. — Romarin. Arbuste aromatique à fleurs labiées (qui ont comme des lèvres).

Intermédiaire. La personne qui achète au producteur pour vendre au consommateur.

Fondre sur. S'abattre impétueusement sur un objet.

S'ingénier. Chercher, tâcher de trouver quelque chose pour réussir.

50. — Clapier. Lieu où l'on élève des lapins.

Ingéniosité. Qualité d'un esprit inventif.

Industrie. Habileté.

Claire-voie. Clôture dont les planches laissent du jour entre elles.

Enumération. Action de compter, de dénombrer les choses.

Intérêt. Revenu qu'on tire d'une somme prêtée ou placée.

Sans trop tirer dessus. Sans trop d'effort.

51. — Gui. Plante qui croît sur divers arbres, tels que pommiers, peupliers.

Buée. Vapeur blanchâtre très légère.

Manne. Ici, nourriture qu'on a seulement la peine de recueillir.

Gala. Grand repas.

Mené. Dirigé, conduit.

Suppléer. Ajouter ce qui manque.

52. — Ingrédients. Choses qui entrent dans la composition d'un mets.

Ebullition. Action de bouillir.

Animal inférieur. De peu d'intelligence; au-dessous des autres.

Flanquer. Placer à côté, entourer.

Sort. Mal dû à des influences malfaisantes, d'après les gens ignorants.

53. — Destinée. Ce mot est pris ici dans le sens de ce qu'est la vie.

Digestion. Fonction de la vie par laquelle les aliments réparent les pertes du corps.

Flan. Tarte faite avec de la crème.

54. — Glandée. Les glands tombés sur le sol.

Portée. L'ensemble des petits d'une truie.

Cochon de lait. Cochon qui tette encore sa mère.

Instinct. Disposition naturelle qui fait agir sans qu'il y ait réflexion.

Réitéré. Qui se reproduit de nouveau.

Sorcellerie. Art prétendu de jeter ou d'enlever des sorts (Voir n° 52).

Prix fous. Prix très élevés au-dessus de la valeur réelle.

55. — Explorateur. Celui qui va ou qu'on envoie dans un pays étranger pour le faire connaître.

Politesse assurée. Qui indique une certaine confiance en soi.

Coi. Sans bouger.

Fin fond. L'endroit le plus éloigné.

56. — Goguenard. Air plaisant et railleur, mais avec mauvais goût.

Topographie. Description détaillée d'un lieu, d'un canton particulier.

Anthropologie. Histoire naturelle de l'homme.

Trappeur. Chasseur des régions du N. et des prairies de l'Amérique.

Pelleteries. Peaux qu'on emploie comme fourrures.

Acquiescement. Acte de consentir à une chose.

57. — Caquet-Bon-bec. Nom familier qu'on donne aux bavards.

Cabine. Petite chambre pour les passagers à bord des navires.

Pont. Le plancher supérieur et les planchers intérieurs des vaisseaux.

Désemparé. Privé de ses mâts.

Sombrer. Disparaître sous les flots.

58. — Burnous. Grand manteau de laine à capuchon.

Tatouer. Voir n° 10.

Placide. Qui a beaucoup de calme.

Jungles. Plaines marécageuses couvertes de roseaux.

Forêts vierges. Forêts dont on n'a jamais coupé les arbres.

59. — Interprète. Celui qui traduit en notre langue les paroles d'un étranger.

Dialecte. Langage particulier d'une ville, d'une province.

60. — Caravane. Troupe de marchands, de pèlerins, qui voyagent de compagnie par crainte des pillards.

Robe. Couleur du poil.

Gazelle. Quadrupède doux et gracieux des contrées tropicales.

Verroteries. Menus objets fabriqués en verre, comme perles, bagues, etc.

Sorgho. Grande graminée dont nous utilisons les feuilles comme fourrage.

Ablution. Acte de se laver.

Rugueux. Dont la surface présente des aspérités.

61. — Moulu. Sentir des douleurs par tout le corps par suite de fatigue.

Manioc. Arbrisseau dont la racine donne le tapioca.

Soudan. Région très chaude de l'Afrique au S. du désert de Sahara.

62. — Condiment. Substance qui sert à assaisonner les mets.

Somnolent. Qui est à demi endormi tout en agissant ou marchant.

Mutilée. Privée d'une partie de son personnel.

Incandescent. Porté à une haute chaleur.

Cristallin. Qui a l'éclat, la limpidité du cristal.

63. — Tortures. Souffrances très vives.

Rafale. Coup de vent violent.

Affolé. Qui s'élève et se déplace dans toutes les directions.

Susurrer. Faire entendre un léger murmure.

64. — Nomade. Se dit des tribus, des peuples qui n'ont pas d'habitation fixe.

Linceul. Drap de toile dont on se sert pour ensevelir un mort.

Héberger. Recevoir chez soi; loger.

Couscoussou. Mets arabe composé de mouton cuit avec du riz.

Mortier. Vase de métal ou de

pierre dont on se sert pour y piler certaines choses.

Granit. Pierre fort dure formée de petits morceaux d'autres pierres.

Henné. Pâte que les femmes arabes appliquent sur leurs lèvres.

65. — Dignité. Gravité noble qui commande le respect.

Audace. Excessive hardiesse.

Vivifier. Ramener la vie, la fertilité.

Luxuriant. Abondant à l'excès.

Cellier. Lieu au rez-de-chaussée où l'on serre le vin et d'autres provisions.

Pionnier. Travailleur qui ouvre les chemins.

66. — Ciselé. Tracé au burin sur une plaque de métal.

Réprimer. Arrêter l'action, l'effet, le progrès de quelque chose.

Mauresque. Originaire du pays des Maures (Afrique septentrionale).

67. — De Brazza. Officier de la marine française qui a exploré le Gabon.

68. — Imagination. Faculté par laquelle on se représente les choses dans son esprit.

Palpiter. Trembler, s'agiter.

Assistance publique. Ensemble des institutions de bienfaisance : hôpitaux, hospices, dépôts de mendicité, colonies agricoles, etc.

Villepreux. Village de Seine-et-Oise où l'Assistance publique a installé une ferme pour former à l'agriculture les enfants abandonnés.

Jeter le manche après la cognée. Désespérer de réussir, de sortir d'embarras.

69. — Ressentiment. Souvenir qu'on garde des injures, avec désir de s'en venger.

Déconfit. Réduit à ne plus savoir que dire.

Télégraphier. Faire parvenir un avis par le télégraphe.

70. — Préjugé. Opinion, manière de voir adoptée sans examen.

Profiler. Représenter de profil ; — se dessiner au loin par une ligne qui se détache sur un fond quelconque.

71. — Déshérité. Celui qui n'a rien recueilli de sa famille, — qui est abandonné de tous.

S'embusquer. Se cacher dans un bois, un ravin, pour surprendre le gibier, l'ennemi.

Un fauve. Les bêtes à poil fauve; ici, les grands carnassiers du désert.

72. — Lézardé. Qui présente des crevasses dans la maçonnerie.

Glacis. Pente douce et unie aboutissant à un fossé.

Belliqueux. Qui se rapporte à la guerre.

Vicissitudes. Changement de choses qui se succèdent les unes aux autres.

73. — Manipulateur. Appareil pour transmettre les dépêches télégraphiques.

Batterie. Succession de petits coups frappés sur un timbre ou sur une pièce différente de métal.

Phénomène. Tout ce qui apparaît de nouveau dans l'air, dans le ciel ou sur la terre.

Electricité. Cause, force inconnue qui produit la foudre.

Annihiler. Réduire à rien.

Dégingandé. Se dit d'une personne dont la contenance et la démarche sont mal assurées.

74. — Vagabond. Qui erre par les chemins sans but déterminé.

Aisance. Liberté de corps et d'esprit dans le travail, les manières.

Exposition universelle. Exposition dans laquelle figurent les produits de l'industrie et des arts de tous les pays.

Deviser. S'entretenir familièrement.

Ecole Turgot. Grande école de Paris dont le nom rappelle celui d'un ministre célèbre de Louis XVI.

Mécanicien. Celui qui invente, construit ou dirige des machines.

75. — Planer. Se dit d'un oiseau qui se soutient en l'air, les ailes étendues et immobiles.

Allégresse. Joie qui éclate au dehors.

Les rênes de la maison. La direction de la maison.

76. — Tergnier. Localité du département de l'Aisne où aboutissent plusieurs lignes de chemin de fer.

Sans-façon. Habitude de prendre ses aises sans s'inquiéter de l'embarras qu'on peut causer.

Confins. Les extrémités d'un pays, d'une contrée, etc.

77. — Ahuri. Troublé.

Quai. Trottoir le long d'une voie de chemin de fer.

Halètement. On compare ici la locomotive à un animal haletant, hors d'haleine.

Affolé. Qui perd la raison.

78. — Gaucherie. Manque d'aisance, de grâce, d'adresse.

Constructeur-mécanicien. Celui qui s'occupe de construire des machines.

Usine. Établissement où l'on s'aide

de machines puissantes pour une fabrication ; telles sont les verreries, les moulins.

79. — Prévôt des marchands. Magistrat qui était le chef de l'hôtel de ville, le maire, en quelque sorte.

Revendiquer. Réclamer une chose qui vous appartient et qui est dans les mains d'un autre.

Gaspiller. Dissiper de l'argent avec une folle prodigalité.

Deniers publics. Le produit des impôts.

Guerre civile. Guerre entre les citoyens d'un même pays.

Clameur. Grand cri.

80. — Proportions harmonieuses. On désigne ainsi les dimensions des diverses parties d'un édifice, quand elles donnent un ensemble agréable aux regards.

Sphinx. Monstre imaginaire avec une tête de femme et le corps d'un lion.

Obélisque. Monument en forme de pyramide très allongée, ordinairement d'une seule pierre.

Trocadéro. Fort voisin de Cadix qui fut pris par les Français en 1823.

Alma. Petit fleuve de Crimée sur les bords duquel les Français vainquirent les Russes en 1854.

82. — Silex. Pierre très dure, à demi transparente, qui donne du feu sous le briquet.

Solidarité. La responsabilité mutuelle qui s'établit entre plusieurs personnes.

Haine de race. Haine qui se perpétue entre un peuple et un autre.

Engin. Machine dont on se sert à la guerre.

83. — Génération. L'ensemble de tous les hommes du même âge.

Morbide. Qui cause des maladies.

Blutage. Opération ayant pour objet de séparer la farine du son.

Parcimonie. Épargne excessive.

84. — Honni. Qui a été couvert de haine et d'injures.

Génie. Celui qui a des dispositions naturelles extraordinaires pour une chose.

S'expatrier. S'éloigner de sa patrie sans pensée de retour.

Corporation. Voir nº 15.

Frénésie. Ardeur poussée à l'extrême.

85. — Académie des sciences. Compagnie de savants choisis qui se réunissent pour s'occuper des sciences.

Hudson. Fleuve du N.-E. des États-Unis qui se jette dans l'Océan à New-York.

86. — Beaux-arts. On désigne sous ce nom la peinture, la sculpture, l'architecture, la musique.

Légende. Inscription près du bord d'un livre ou sur la tranche d'une pièce de monnaie.

Diaphane. Qui se laisse traverser par les rayons lumineux, qui est transparent.

Subtil. Délié, fin, menu ; ce mot est opposé à grossier.

Insatiable. Qui ne peut être rassasié.

87. — Square. Sorte de jardin public au milieu d'une place.

Silhouette. Dessin au trait qui représente le profil d'une chose.

Nymphe. Divinité fabuleuse que les anciens disaient habiter les bois, les fontaines.

Vasque. Sorte de bassin recevant l'eau d'une fontaine.

88. — Murmure perlé. Murmures qui imitent le bruit de perles qui se choquent.

89. — Gargantua. Personnage gigantesque et fabuleux d'un appétit extraordinaire.

Parcs. Le lieu où l'on élève les huîtres.

Turbot. Poisson de mer large et plat dont la chair est fort délicate.

Saumon. Poisson de mer qui remonte les rivières et dont la chair est rosée.

Crevette. Petite écrevisse de mer qu'on recueille sur les plages.

90. — Funéraire. Qui concerne les cérémonies ayant trait à un enterrement.

Quatre saisons. On entend par ces mots les légumes et les fruits qu'on recueille dans chaque saison de l'année.

91. — Argenteuil. Petite ville des environs de Versailles.

Tohu-bohu. Bruit confus d'une foule.

Maraîcher. Jardinier qui cultive les terrains à légumes qu'on appelle marais.

Denier. Pièce de monnaie de peu de valeur et qui est hors d'usage.

92. — Flasque. Qui n'a plus de fermeté ni de forme, parce qu'il est vide.

Substantielle. Qui renferme beaucoup de matière solide ou nourrissante.

Grand tralala. En cérémonie.

Fanfreluche. Ornement vain, frivole et de peu de valeur.

Emulation. Sentiment qui excite à égaler ou à surpasser ses égaux.

93. — Industrie. L'art de travailler les matières premières pour en faire des objets utiles.

Brocart. Étoffe de soie dans le tissu de laquelle il entre des fils d'or ou d'argent.

Castes. Classes de personnes qui, dans une nation, vivent séparément les unes des autres et ont chacune des privilèges particuliers.

Drap d'or. Drap dans le tissu duquel il entre des fils d'or.

Edit somptuaire. Edit qui règle la dépense de chacune des classes de la nation.

Procédé primitif. Qui suppose peu d'habileté.

Jacques Bonhomme. Terme injurieux sous lequel les nobles désignaient les paysans.

94. — Aumônière. Sorte de bourse qu'on portait autrefois à la ceinture.

Gaze. Étoffe de soie fort claire.

Démesurées. D'une grandeur extraordinaire.

Frivolité. Goût des choses qui n'ont pas d'importance.

95. — Extravagance. Action qui est contraire au bon sens, à la raison.

Importer. Introduire une chose venant d'une contrée étrangère.

Intrigue. Manière secrète d'agir, qu'on emploie pour faire réussir ou manquer une affaire.

Garrotter. Attacher avec de forts liens.

96. — D'arrache-pied. Avec une ardeur que rien ne décourage.

Fantaisie. Toute chose qui est moins utile qu'elle n'est curieuse par sa nouveauté.

Buste. Dans ce sens : partie du corps entre le cou et les hanches.

97. — Rectifier. Corriger les défauts d'une chose ou les erreurs qu'on y a commises.

Bonne marque. Provenant d'une maison recommandable.

Pédale. Pièce de métal ou appareil qu'on meut avec le pied pour faire tourner une roue.

Préliminaire. Qui précède les autres choses.

Volant. Pièce cylindrique de métal munie de quatre ailes, ou encore roue pesante de fonte qui, l'une et l'autre, règlent un mouvement circulaire.

Le nez perle. Il se couvre de gouttelettes de sueur.

98. — Couture mécanique. Faite au moyen d'une machine.

Arlequin. Personnage de comédie dont le vêtement est formé de pièces de diverses couleurs.

Colombine. Personnage de comédie : la femme de Polichinelle.

99. — Baisser verticalement. Baisser en suivant la direction d'un fil à plomb.

Commissaire. Le commissaire de police, dans la comédie de Polichinelle.

Jacquard. Mécanicien français, inventeur d'un métier à tisser (1752-1834).

100. — Conservatoire. Grand édifice, situé à Paris, où l'on conserve les modèles de toutes les machines.

Coup de pouce. La dernière appropriation faite à un objet travaillé avant de le livrer.

Brevet. Pièce écrite que le gouvernement délivre à un inventeur pour lui assurer la propriété de sa découverte.

Impressions. Ce que le spectacle des choses laisse de souvenirs dans le cœur et dans l'esprit.

101. — Accent méridional. Inflexion de voix particulière aux habitants des provinces du midi de la France.

Arènes. Anciens amphithéâtres romains où l'on faisait combattre des hommes et des animaux.

Port. Petit golfe que les hommes ont aménagé pour recevoir des vaisseaux.

Peyrou. Place et jardin public à Montpellier.

Ternes. Quartier du N.-O. de Paris.

102. — Ministère de l'intérieur. Celui qui veille à l'exécution des lois et à la bonne administration de la France.

Washington (1732-1799). Général et premier président de la république des États-Unis.

Léguer. Donner une chose par testament.

Avenue. Large allée bordée d'arbres.

103. — Tarir. Ne pas arrêter de parler.

Concentrer (se). Rassembler des personnes et des choses en un lieu donné.

Bibelot. Petite œuvre d'art de curiosité ou de luxe.

Bronze ciselé. Travaillé avec un ciseau d'acier pour obtenir certaines figures ou certains dessins.

Potiche. Vase de porcelaine de la Chine ou du Japon.

Un vase cloisonné. Vase dont la surface extérieure présente des compartiments séparés par des fils de métal.

Ténu. Qui est fin comme un cheveu.

Email. Matière analogue au verre, susceptible de recevoir différentes couleurs, et qu'on applique à l'aide du feu sur des poteries ou des métaux.

Laques. Meubles recouverts d'une gomme-résine appelée laque elle-même.
Ascenseur. Appareil vertical destiné à remplacer les escaliers.
Intense. Qui agit fortement.
Lumière électrique. Produite par l'électricité.

104. — Moule. La moule est un coquillage à deux valves.
Byssus. Filaments par lesquels la moule se fixe aux rochers ou aux autres corps.
Comptabilité. Voir n° 13.
Economie domestique. Tout ce qui concerne les besoins du ménage.
Cantine. Lieu où l'on distribue des mets et des boissons aux élèves de l'établissement.

105. — Nuancé. Qui présente des couleurs disposées de manière qu'il y ait une diminution insensible d'une couleur à l'autre.
Expert. Fort habitué à s'acquitter d'un travail des mains ou de l'esprit.
Laiton. Cuivre rendu jaune par un alliage d'étain.
Asphodèle. Plante à racines charnues et nourrissantes.

106. — Bois de Boulogne. Grand parc et lieu de promenade à l'O. de Paris.
Equipage. Voiture de maître.
Poney. Petit cheval à long poil.
Shetland. Iles au N. de l'Ecosse.
Hémione. Quadrupède du genre cheval qui vit en Asie.
Faune. L'ensemble des animaux d'une grande contrée.

107. — Pays de cocagne. Pays où tout abonde, où l'on fait bonne chère à bon marché.
Spécimen. Modèle, échantillon.
Mosaïque. Ouvrage dans lequel on représente des objets, des personnes, etc., au moyen de petits cubes de pierres de diverses couleurs.

108. — Étuve. Lieu clos dont on échauffe plus ou moins la température.
Thermomètre. Instrument pour indiquer les degrés de chaleur ou de froid.
Capitonné. Rembourré, matelassé.
Factice. Qui imite les choses naturelles.
Meurtrière. Ouverture étroite pratiquée dans une muraille fortifiée et par laquelle on tire à couvert sur l'ennemi.
Gogaille. Repas joyeux.

109. — Ruminer. Faire revenir de l'estomac des mets avalés pour les mâcher.
Oxygéné. Qui contient beaucoup d'oxygène.
Trianon. Petit château dans l'enceinte du parc de Versailles.
Végéter. Vivre misérablement.
Falsifié. Qui a été altéré par le mélange de substances étrangères.
De la Saint-Jean. Peu de chose; quelque chose d'inférieur.
Purin. Liquide qui s'écoule de la litière ou du fumier.

110. — Minuscule. Tout petit.
Chalet. Maison de bois que l'on construit surtout dans les montagnes.
Douar. Village arabe formé de tentes.
Lucratif. Qui produit un bon revenu.

111. — Nymphe. Insecte au premier degré de ses différentes formes.

112. — Le superflu. Ce qui n'est pas nécessaire à nos besoins.
Canada. Région de l'Amérique du N.

113. — Empiéter. Exercer des droits qu'on n'a pas.

114. — Dicton. Sentence passée en proverbe.

115. — Fanes. Rameaux cueillis et munis encore de leurs feuilles.
Corail. Production marine en forme d'arbuste et de couleur rouge.

116. — Aggravation. Augmentation.
Quintupler. Rendre cinq fois plus grand.

117. — Yeux rêveurs. Qui regardent sans attention, parce qu'on est absorbé par une idée.
Urne. Vase où l'on met les billets pour le tirage au sort ou pour les votes des élections.

118. — Résignation. Soumission à la volonté de celui qui a pouvoir sur nous.

119. — Apostiller. Recommander, par une note en marge, l'objet d'une pétition.

120. — Sentiments de race. Sentiments qui nous viennent des ancêtres.
Idéal. Ce qui existe seulement dans notre imagination.
Solidarité. Voir n° 82.
Convention. Célèbre assemblée de députés pendant la première République.

121. — Bonne souche. Bonne famille.
Fier comme Artaban. Très fier.

122. — S'étreindre. Se serrer dans les bras les uns des autres.

123. — Éteule. Ce qui reste des tiges coupées pendant la moisson.
Rappelaient. Elles criaient pour faire revenir au gîte celles qui étaient éloignées.

Luciole. Un des noms du ver luisant.

124. — Sep. La partie du corps de la charrue à laquelle s'emmanche ou s'ajuste le soc.

125. — Brabant. Charrue à double soc.

126. — Télémaque. Livre de Fénelon qui traite des aventures de Télémaque.

Dot. Le bien qu'une fille apporte en mariage.

Noces d'argent, d'or, de diamant. Le 25e, le 50e, le 60e anniversaire d'un mariage.

127. — Botanique. Science qui a pour objet l'étude des plantes.

Herbier. Sorte de livre dans lequel on conserve des spécimens de plantes.

128. — Faraud. Fier de ses habits.

129. — Tribu. Petit peuple; réunion de familles sauvages.

Loqueteux. Gens pauvrement vêtus.

Despote. Souverain qui gouverne sans aucun contrôle.

130. — Salutaire. Utile, avantageux pour la conservation de la vie.

Bassiner. Laver avec un linge mouillé.

131. — Mort morale. La destruction de tout ce qu'il y a de bon dans le cœur.

132. — Défrayer. Fournir à l'entretien d'une chose.

133. — Frère d'armes. Celui qui combat avec nous pour la même cause.

134. — Bicarbonate de soude. Espèce de sel (en forme de cristaux) avec lequel on lessive le linge.

Acide. Liquide ou gaz qui rougit la teinture bleue du tournesol.

Orpins, sédum. Plantes qui croissent sur les toits et les murs.

Joubarbe. Plante parasite.

Réfractaire. Qui s'oppose à quelque chose.

Tournoi. Combat simulé dans une fête; ici, sorte de concours, d'épreuve.

135. — Coaguler. Se dit d'un liquide épais qui prend de la consistance.

Doroir. Sorte de plume avec laquelle on dore les pâtisseries.

Anxieux. Qui est en peine, embarrassé d'esprit.

Ex æquo. A mérite égal.

136. — Parallèle. Cercle parallèle à l'équateur figuré sur la sphère ou les cartes.

Méridien. Cercle qui fait le tour de la terre en passant par les pôles.

Insolation. Grave maladie causée par une trop longue station au soleil.

Tropiques. Cercles figurés au N. et au S. de l'équateur à 13° 27′ de distance.

137. — Coulée de lave. Espace considérable couvert de lave.

Zone torride. Partie très chaude de la terre comprise entre les deux tropiques.

Sergent-fourrier. Sergent chargé de contribuer à l'administration d'une compagnie.

Anticipé. Avant l'époque fixée, prévue.

138. — Chômage. Temps pendant lequel le travail est suspendu.

Aune. Ancienne mesure égale à 1 m. 20.

Herbée. Exposition du linge sur l'herbe.

Microscope. Instrument qui grossit les objets qu'on y regarde.

Entrepreneur. Celui qui se charge d'exécuter un travail considérable.

139. — Hâve. Pâle et maigre.

Cassine. Vieille et pauvre maison.

140. — Marchand en gros. Celui qui vend les marchandises par quantités considérables.

S'ingénier. Voir n° 49.

Vétéran. Vieil ouvrier incapable de travail.

Matières premières. Celles qui constituent la base de toute fabrication.

Buenos-Ayres. Ville de l'Amérique du S.

141. — Parachever. Terminer avec soin.

Immersion. Action de plonger dans l'eau.

142. — Émoi. Émotion mêlée d'inquiétude.

Planteur. Habitant des colonies qui cultive le sol en grand.

Houleuse. Formant de fortes ondulations.

Lame. Vague très courte sur la mer.

143. — Régime. Rameau de bananier avec ses fruits.

Cédrat. Citron d'une odeur fort agréable.

144. — Décrépit. Usé, cassé comme un vieillard.

FIN DU LEXIQUE.

BIBLIOTHÈQUE NATIONALE R.F. IMPRIMÉS

CLASSIFICATION

DES

SUJETS PROPOSÉS POUR EXERCICES ORAUX ET ÉCRITS

CONFORMÉMENT AUX INDICATIONS DU PROGRAMME OFFICIEL

notamment pour

LES LEÇONS DE MORALE ET LES LEÇONS DE CHOSES

MORALE.

N. B. Les chiffres indiqués à la suite de chacun des sujets proposés, correspondent aux numéros des lectures et non pas aux pages du volume.

Devoirs envers nos semblables.

Devoirs envers Dieu.

INSTRUCTION CIVIQUE.

CIVILITÉ.

FRANÇAIS.

COMPOSITION (1).

Récits.

(1) Voir, pour les *Directions* et les *Sommaires*, le COURS DE COMPOSITION FRANÇAISE (*Degré élémentaire et moyen*) à l'usage des aspirants au certificat d'études, par E. LAPORTE.

Récits historiques.

Descriptions.

Sujets moraux ou d'imagination.

Lettres.

HISTOIRE.

GÉOGRAPHIE.

Europe.

Asie.

Afrique.

Amérique.

Océanie.

France.

SCIENCES NATURELLES.

Minéraux, etc.

Végétaux.

1° ARBRES NON CULTIVÉS.

2° HERBES OU PLANTES SAUVAGES.

3° ARBRES CULTIVÉS.

4° ARBUSTES CULTIVÉS.

5° CÉRÉALES.

6° LÉGUMES, RACINES, ETC.

7° DIVERS.

Animaux.

1° L'HOMME.

2° ANIMAUX DOMESTIQUES.

3° ANIMAUX SAUVAGES.

NOTIONS RELATIVES AUX SCIENCES PHYSIQUES.

INDUSTRIE.

Matières et objets fabriqués.

Constructions.

Machines, appareils, ustensiles, vases.

Outils.

Étoffes, habillement.

Divers.

ÉCONOMIE DOMESTIQUE.

Aliments et cuisine.

Vêtements.

Basse-cour.

HYGIÈNE.

Corps et habitations.

Vêtements.

Aliments.

Maladies, etc. ; remèdes.

R.F. ... IMPRIMÉS

TABLE DES MATIÈRES

FIN DE LA TABLE DES MATIÈRES.

216-88. — Corbeil. Imprimerie Crété.

www.ingramcontent.com/pod-product-compliance
Lightning Source LLC
Chambersburg PA
CBHW070839230426
43667CB00011B/1856